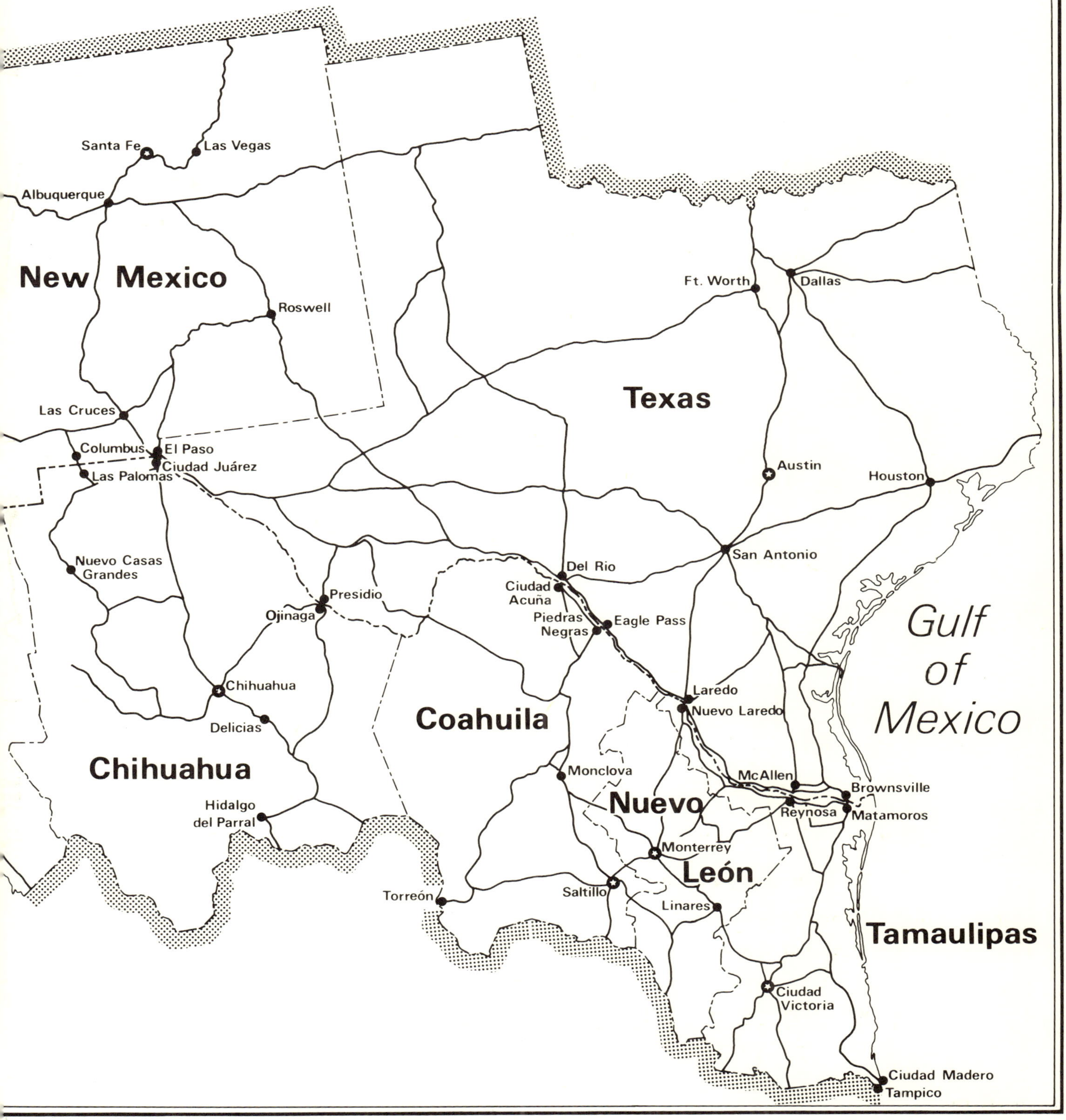
Santa Fe
Las Vegas
Albuquerque
New Mexico
Roswell
Las Cruces
Columbus
El Paso
Ciudad Juárez
Las Palomas
Nuevo Casas Grandes
Presidio
Ojinaga
Chihuahua
Delicias
Chihuahua
Hidalgo del Parral
Texas
Ft. Worth
Dallas
Austin
Houston
San Antonio
Del Rio
Ciudad Acuña
Piedras Negras
Eagle Pass
Laredo
Nuevo Laredo
Coahuila
Monclova
Torreón
Saltillo
Nuevo León
Monterrey
Linares
McAllen
Reynosa
Brownsville
Matamoros
Gulf of Mexico
Tamaulipas
Ciudad Victoria
Ciudad Madero
Tampico

United States–Mexico Border Statistics
since 1900

STATISTICAL ABSTRACT OF LATIN AMERICA
Supplement Series Volume 11
James W. Wilkie, Series Editor

EDITORIAL STAFF

Production Editor, Colleen H. Trujillo
Contributing Editors, Stephen Haber, Enrique Ochoa, Adam Perkal

Senior Researcher, Christof A. Weber
Researchers, Arturo Grunstein, Arthur Heath, Judy Lee, William C. Nicholas, Keith Pezzoli, Alejandra Rodríguez, Martín Valadez, Liesbeth Vandenbosch, James Wiltgin, Kerry Zachariasen

---

INTERNATIONAL ADVISORY BOARD

Dauril Alden, *University of Washington*
Oscar Altimir, *Economic Commission for Latin America, Santiago de Chile*
Jorge Balán, *Centro de Estudios de Estado y Sociedad, Buenos Aires*
Marcello Carmagnani, *Università di Torino*
John H. Coatsworth, *University of Chicago*
Manuel García y Griego, *El Colegio de México*
Stephen Haber, *Stanford University*
Bruce H. Herrick, *Washington and Lee University*
Herbert S. Klein, *Columbia University*
John Lombardi, *The Johns Hopkins University*
William Paul McGreevey, *World Bank*

Markos Mamalakis, *University of Wisconsin–Milwaukee*
Sergio Melnick, *Universidad de Chile*
Carmelo Mesa-Lago, *University of Pittsburgh*
Hans Jürgen Puhle, *Universität Frankfurt*
Peter L. Reich, *Whittier College School of Law*
Clark W. Reynolds, *Stanford University*
Samuel Schmidt, *Universidad Nacional Autónoma de México*
Susan Schroeder, *Loyola University of Chicago*
Peter H. Smith, *University of California, San Diego*
John J. TePaske, *Duke University*
Victor Bulmer-Thomas, *University of London*

UCLA COMMITTEE ON STATISTICAL RESEARCH FOR LATIN AMERICA

Clifford Behrens, *Anthropology*
Sebastián Edwards, *Economics*
David K. Eiteman, *Management*
Jeffrey Frieden, *Political Science*
Edward Gonzalez, *Sociology*
David Lopez, *Sociology*
David E. Lorey, *Program on Mexico*

José Moya, *History*
Linda A. Rodríguez, *Latin American Center*
Susan C. M. Scrimshaw, *Public Health*
Kenneth L. Sokoloff, *Economics*
Edna Monzón de Wilkie, *Latin American Center*
Mary A. Yeager, *History*

UNITED STATES-MEXICO BORDER STATISTICS SINCE 1900

Edited by **DAVID E. LOREY**

UCLA Latin American Center Publications
UCLA Program on Mexico
University of California, Los Angeles

UCLA Latin American Center Publications
University of California
Los Angeles, CA 90024

Copyright © 1990 by The Regents of the University of California
All rights reserved
Printed in the United States of America

The preparation of this volume was made possible in part by a grant from the National Endowment for the Humanities, an independent Federal agency.

Financial support from the William and Flora Hewlett Foundation is gratefully acknowledged.

Library of Congress Cataloging-in-Publication Data

United States–Mexico border statistics since 1900 / edited by David E. Lorey.
      p.   cm. — (Statistical abstract of Latin America. Supplement series ; suppl. 11)
   Includes index.
   ISBN 0-87903-251-0
   1. Mexican-American Border Region—Statistics.   2. Mexican-American Border Region—Economic conditions.   I. Lorey, David E.   II. Series.
HA218.U56   1990
317.21—dc20   90-42727
                                                                                                              CIP

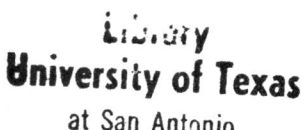

Contents

Preface · vii
Tables · xiii
Sources, Abbreviations, and Symbols · xxvii

STATISTICS AND TIME SERIES

Part I Life on the Border · 3

1. Demography, *5*
2. Vital Statistics, *47*
3. Housing and Health, *65*
4. Education, *87*
5. Religion and Politics, *103*
6. Transportation and Communications, *117*

Part II Work and Migration · 131

7. Employment and Unemployment, *133*
8. Wages, Income, and Prices, *163*
9. Border Crossings and U.S. Border Patrol, *181*
10. Migrants and Migration, *201*

Part III The Border Economy · 223

11. Agriculture, *225*
12. Livestock, Fisheries, and Forestry, *263*
13. Mining, *277*
14. Industry, *297*
15. Maquila Industry, *327*
16. Gross Product, *351*

Continued on overleaf

Part IV Trade, Tourism, and Finance   361

    17. Trade: Licit and Illicit, *363*
    18. Tourism, *387*
    19. State Income and Expenditure, and Banking, *401*

QUANTITATIVE ANALYSIS OF THE BORDER REGION

    20. The United States–Mexico Border Region: Security and Interdependence
         Paul Ganster and Alan Sweedler   417

    21. Prices and Wages in Tijuana and San Diego: A Binational Comparative Overview
         Jeffrey Bortz   443

    22. Social Costs and Revenues of the Maquiladora Industry
         George Baker   457

Guide to Background Reading and Quantitative Studies   467

Contributors   471

Index   473

Preface

It is by now a commonplace that the two thousand-mile international border between the United States and Mexico is unique in the world because it separates a highly developed country from a developing one. The reality is even more complex than this conception suggests, for the international boundary demarcates a region in which "two different civilizations face each other *and overlap*."[1] The border unites as well as divides Mexico and the United States. From the dual nature of the border arises a great historical irony: although the border is a barrier that divides two peoples and their historical experiences, it is at the same time an arbitrary line submerged by the flow of goods, people, and culture in the border region. The boundary is a reality for the thousands who cross it illegally every year to seek work but it is also a legal fiction, a line which has ceased to represent a real economic and social boundary as the economies of Mexico and the United States become progressively integrated. This volume facilitates the exploration of these and many other aspects of the fascinating and increasingly important U.S.-Mexican border region.

We present here a comprehensive collection of statistics on the society and economy of the United States-Mexico border region in the twentieth century. Quantitative data on all major aspects of life in the Mexican North and the U.S. Southwest, in the form of statistical time series, are organized into thematic chapters for use in studying the historical evolution of the region. We include three articles by scholars who develop and analyze quantitative data in examining the history of the U.S.-Mexican border.

The ten states which make up the U.S.-Mexican border region and which are represented in the statistics of this volume have greatly influenced the historical development of both the United States and Mexico. They have played important roles in the economies and cultures of the individual countries and, equally significant, they constitute a region which has itself developed a distinct economy, society, and culture.

Since at least the time of the Mexican Revolution of 1910, the six northern states of Mexico have been on the forefront of political change in Mexico. The Revolution of 1910 began in the Mexican North under the Coahuilan landowner Francisco Madero, and some scholars have seen the first, violent phase of the revolution as a "war of succession fought between the federal army and the northern states."[2] By 1914, men from the North had emerged victorious from the civil wars.[3] The dominance of the North, and particularly of the State of Sonora, in Mexican political life lasted through the mid-1930s. In the election of 1940, opposition to the rule of the official party came from General Juan Andreu Almazán, the military commander of Monterrey, Nuevo León, the North's most important industrial city. More recently, serious challenges to the 60-year rule of the government party, the PRI (Partido Institucional Revolucionario), have arisen in the North in the form of the opposition party, PAN (Partido de Acción Nacional). In July of 1989, the PAN won the governorship of the state of Baja California, defeating for the first time ever the PRI in a gubernatorial election.

Economically as well as politically, the Mexican North has been, since at least the late nineteenth century, one of Mexico's most dynamic regions. During the Porfiriato (the 34-year rule of Porfirio Díaz, 1876–1910), the North attracted the attention of both Mexican and foreign investors. It wasn't until the 1960s, however, that the region began to receive attention from the central government, which had long neglected the distant, arid states along the northern border in its drive for national economic development. Under presidents Luis Echeverría (1970–76) and José López Portillo (1976–82), the border economy was stimulated by government plans to industrialize the northernmost states. The economic boom in the North caused many important changes in Mexico, ranging from the increased contribution of the region in the national economy to

---

[1] Stanley Ross, *Views across the Border* (Albuquerque: University of New Mexico Press, 1978), p. xii. Emphasis mine.

[2] D. A. Brading, ed., *Caudillo and Peasant in the Mexican Revolution* (Cambridge: Cambridge University Press, 1980), p. 8.

[3] See Frank Brandenburg, *The Making of Modern Mexico* (Englewood Cliffs: Prentice-Hall, 1964).

attitudinal changes reflected in the increasing strength of opposition political parties noted above.

Mirroring the impact of the Mexican North on the Mexican nation, California and the Southwest have had an important influence on the economy and society of the United States. The era of settlement of the region was one of the most dramatic phases of U.S. history, and the process of settlement of the West and Southwest left a permanent mark on the nation's institutions and people. In more recent times, the Southwest has been one of the most economically dynamic areas of the United States—California alone has developed since World War II into the sixth largest economy in the world. Culturally, California and the Southwest have led the nation with lifestyle innovations as diverse as blue jeans, freeways, and decentralized, suburban-urban living.

The ten U.S. and Mexican states that straddle the international boundary have been closely related from early on in their histories. Spanish settlers found their way into what are now California, New Mexico, and Texas beginning in the sixteenth century. With the Louisiana Purchase of 1803, the United States and the Spanish province of Mexico became neighbors. Shortly after the independence of Mexico in 1821, the new nation and the United States fought a bloody war (1846–48). At the end of the war in 1848 over 50 percent of what had been Mexican territory became U.S. territory, planting seeds of bitterness which continue to bear fruit in the relations between the two countries.[4] In the early phase of the Mexican Revolution of 1910, the border states, and the international boundary itself, played key strategic and logistical roles in the armed conflict.[5]

Economic and social interconnections firmly bind the ten states of the two countries into one region. The economy of the U.S. Southwest has depended on the flow of Mexican laborers into the border region since the beginning of the century. Since the mid-1960s, the rise of U.S. investment in in-bond industrial plants (the maquilas or maquiladoras) of the Mexican North has profoundly affected the economy and society of the entire border region and the national economies of both countries.[6] A highly interdependent economic region has developed around the international border, and this region is key to the economic well-being of both countries. The economic integration of the border region has brought with it numerous problems, most important the gap in urban services along both sides of the border and the environmental effects of rapid industrialization and population growth.[7]

Cultural mixing and cultural innovation have long characterized the border region, giving it a unique flavor and variety. The Southwest is the region of the United States most influenced by Mexican culture; likewise, the northern states of Mexico are generally perceived as the most "Americanized" in Mexico. The border region has produced cultural traits considered by inhabitants of the United States to be "American" and by residents of Mexico to be "Mexican": a good example is the dress and behavior of the "cowboy." Cultural mixing and innovation are nowhere more apparent than in the impact of the local foods of the border region on the cuisine of the two countries. The Mexican taco has taken its place alongside the Italian spaghetti and the German apple pie as "American" food, while the hamburger has become a staple of the northern Mexican states. "Tex-Mex" has arisen as a unique border-region cuisine. In the most unambiguous sign of the creation of a culture distinct to the border region, the region is increasingly becoming bilingual in fact, if not in law: many residents of the immediate border area speak Spanish and English, most speak at least some "Spanglish," and a good portion of the population is semiliterate in both languages. Basic services can be obtained on either side of the border in both languages.

For all the importance of the ten border states to both the United States and Mexico, and for all the fascinating history of their interaction in the twentieth century, we know very little about the quantitative dimensions of life in the border region since 1900. There are few sources of reliable data on the economic development of the region or on the integration of the region's economy into the national economies of the two countries. Statistics on life and economics of the border quoted in the mass media and popular press, whether they involve illegal immigrants, the flow of drugs, or the development of maquiladoras in the region, tend to focus on short time periods and frequently differ by large margins.

United States–Mexico Border Statistics since 1900 seeks to redress this gap in our quantitative knowledge about the border region in three basic ways:

1. it presents statistical time-series data that allow for historical analysis of the region;
2. it defines the state of our current knowledge of the

---

[4] For a concise history of the creation of the international boundary and the early period, see Oscar Martínez, *Troublesome Border* (Tucson: University of Arizona Press, 1988).

[5] See Linda B. Hall and Don M. Coerver, *Revolution on the Border: The United States and Mexico, 1910–1920* (Albuquerque: University of New Mexico Press, 1989).

[6] A maquiladora is an industrial plant that imports inputs duty free to Mexico, assembles the final product, and pays export taxes on the value added by manufacture in Mexico.

[7] See, for example, Lonnie Shavelson, "[Mexican] Border Plants Polluting Salton Sea [in California]," *The Times of the Americas*, Nov. 15, 1989, p. 16.

quantitative dimensions of the historical evolution and current problems in the border region, and thus indicates areas for further research, data gathering, and data development; and

3. it serves as a guide to extant sources of statistics for the study of the border region.

The first goal of the book is to present data that make possible quantitative analysis of the emergence of the border region in the twentieth century. Too frequently border issues are approached from outside the context of the historical evolution of the border region as a whole. The demographic and economic history of this region is absolutely unique in the historical experience of both the United States and Mexico and deserves in-depth study. The longterm data presented here reveal the complexity of the evolution of the ten border states as a region over the course of the twentieth century.

The second aim of the book is to establish the state of our present knowledge about the border region and its history. By doing so, it indicates areas that need to be examined and filled. The data presented herein make clear that there is a great deal that we still do not know about the border region that we know about other areas of the world. The data indicate equally clearly areas of needed future research efforts. The international border itself has impeded the gathering and analysis of data about a region that leads a life different in many aspects from those of the two national units that divide it.

The third purpose of this book is to present a guide to sources of statistical data on border phenomena. All of the most important sources of reliable information on the border region are employed here. The volume is based on three basic sets of sources: U.S. government sources, Mexican government sources, and published and unpublished research by Mexican and U.S. scholars. This volume provides a comprehensive introduction to the information on the U.S.–Mexican border region contained in these sources.

Three general notes on definitions and on the data gathered here are necessary: care must be exercised in working with information on the "border region," with binational statistics, and with statistics in general. The definition of the border region employed in this volume has been especially adopted for the purposes of gathering and presenting historical statistics on the region. The border region is defined for our purposes as the area comprised by the ten U.S. and Mexican border states: Arizona, California, New Mexico, and Texas in the United States and Baja California, Chihuahua, Coahuila, Nuevo León, Sonora, and Tamaulipas in Mexico. Our definition of the region by state boundaries is imposed principally by the nature of available data: the state is the basic unit for the presentation of data by data-gathering agencies in both countries. Data gathered by county in the United States and *municipio* (municipality) in Mexico have been included when available and useful in the context of other data series. Although use of state-level data introduces certain distortions and complexities to the statistical series, aggregation by state remains the best way, and in many cases, the only possible way, to abstract statistics on the border region.[8]

The bilateral nature of the statistical data makes certain cautions necessary. Data for this volume were not collected by agencies in the United States and Mexico in a collaborative or cooperative fashion. For this region, care must be exercised in comparing the data from Mexican and those from U.S. sources. Methods of collection, and more important, definitions and categories used in collection of data, differ between the two countries. Methods of data collection also differ *among* states within each country, a factor that is probably more important in the United States than in Mexico, with the highly decentralized nature of much U.S. statistical gathering.[9]

A general caution on the nature of statistics and their use is also in order. All data for any topic in this volume vary according to definition, parameters, methods of compilation and calculation, completeness of coverage, and completeness of data gathered by original source. In a more general sense, readers are reminded that statistics do not reveal "truth," but rather serve as proxies to interpret reality. We have focused on developing and presenting time-series data in this volume to circumvent this central problem in the use of statistics: the trends in data over time are much

---

[8] The two most problematic cases are the states of California and Nuevo León with their large, non-border populations and economies. The economies of Los Angeles and Monterrey are clearly affected by their proximity to the U.S.–Mexican border, and yet they are much more independent of the border than such twin-city pairs as Ciudad Juárez–El Paso and Tijuana–San Ysidro. Restricting ourselves to the border states involves other limitations as well: the effects of the border economy, and the impact of its social structure, are felt far and wide in the non-border United States, prominently in the states of Colorado, Oregon, Washington, Illinois, and Indiana and the Standard Metropolitan Statistical Area of Chicago, to mention only the most important regions. Our attempt here, however, is to present basic statistics on the economy and society of the immediate border region: to this end, we have limited our research to the ten states that abut the international boundary in Mexico and the United States.

[9] Differences in national currencies and rates of inflation pose many problems for analysts of U.S.–Mexican economic relations. To make the data in this volume most accessible to users, we have left all data in national currencies in current (non-deflated) terms unless deflated in the original data source. For GDP and price deflators for the United States, see HSUS and SAUS; for the Mexican case, see the exchange-rate series and comparison of deflators and price indexes in James W. Wilkie, "From Economic Growth to Economic Stagnation in Mexico: Statistical Series for Understanding Pre- and Post-1982 Change," in James W. Wilkie, David Lorey, and Enrique Ochoa, eds., *Statistical Abstract of Latin America*, Vol. 26 (Los Angeles: UCLA Latin American Center Publications, 1989), pp. 913–936.

more useful for quantitative historical analysis than the data for a given year. Although statistics may be misleading, particularly static statistics without a historical spread over several years or decades, they are very important for interpreting events. For example, although data on imports and exports of the border region are suspect because they do not take into account the extensive smuggling of goods across the border, such figures are important because national and international policy decisions are made on the basis of such data. "Statistical reality" often becomes as important as "reality" itself as statistical data interact with events to shape policy.[10]

While we believe this volume is a well-rounded representation of available data on the border region, the book does not include all data on the border region. There is a vast amount of quoted data, from published and unpublished sources, that we have judged inadequate for inclusion because their reliability cannot be assessed or because they are not useful for the study of long-term evolution of the border region. Rather, we present data that are derived from reliable and easily obtainable sources, data that can be used for study of historical changes, and data that can be compared with other statistical series on the region.

The book is organized in two large sections, the first containing statistics and time series on the society and economy of the border region, the second containing three essays which employ quantitative approaches to U.S.-Mexican border history. The section of statistics and time series is organized into four parts. Part I, "Life on the Border," focuses on the basic dimensions of daily existence in the region—how many people inhabit the borderlands, the state of their health, their access to education and communications media. Part II, "Work and Migration," presents data on employment, unemployment, wages, prices, border crossings, and legal and illegal migration along the border. Part III, "The Border Economy," presents data on economic production in the border region by sector—agriculture, mining, industry—and includes chapters on maquiladoras and gross product for states and municipalities. Part IV, "Trade, Tourism, and Finance," details legal and illegal commercial relationships between the two countries at the border; tourism in the border region; banking, and state income and expenditure. To illustrate major themes throughout the book, each chapter begins with a figure which graphs data taken from the statistical tables.

The second section, "Quantitative Analysis of the Border Region," includes three brief studies written by scholars of the border region. Paul Ganster and Alan Sweedler use historical statistics to place the border region in the context of regional, national, and international issues of interdependence and national security. In his chapter, Jeffrey Bortz presents the development of original historical data on the long-term trends in prices and wages at one point along the border, giving a closeup view of one key aspect of life on the border. In a third study, George Baker introduces an innovative way of approaching the increasingly acute problem of paying for the social costs imposed by the rapid industrialization of the border region since the 1960s. These three chapters serve a dual purpose. On the one hand, they offer an introduction to the complexity of the border region and, we hope, will stimulate discussion of border issues. On the other hand, they have been carefully chosen because they illustrate three major currents in the developing scholarly treatment of the border which are relevant to the pursuits of academics and policymakers: a synthetic, historical overview; a presentation of original time-series data for analysis of border phenomena; and, finally, a study that addresses border policy issues and in a more general sense the political economy of the border region.

The volume includes two guides to facilitate the use of the statistics and the data contained in the essays. The first is a selected bibliography of works that provide background for the statistics in this volume or that use quantitative approaches in their historical analysis of the border region. The reading list can be used in conjunction with the statistics presented here for conceptualizing research on the border region as well as for further reading on border topics. The second aid for users of the volume is a subject index to the statistical tables.[11]

Acknowledgments

This book is the result of a team effort. It is the product of the work of a series of contributing editors and graduate researchers who since 1985 have gathered and edited statistics on the border region under the auspices of the UCLA Program on Mexico and the Latin American Center. This volume is the statistical component of a project funded by the National Endowment for the Humanities to publish an atlas of the U.S.-Mexican borderlands. Norris Hundley of the UCLA department of history has coordinated the atlas project and has provided invaluable advice and other support for this statistical volume since its inception.

---

[10] See James W. Wilkie and David Lorey, eds., *Statistical Abstract of Latin America*, Vol. 25 (Los Angeles: UCLA Latin American Center Publications, 1987), p. xxviii.

[11] The list of tables that follows the Preface is the main guide to the subjects contained in the statistical tables, however. The Index at the end of the book provides access to topics represented in more than one chapter.

Three contributing editors and many researchers donated considerable time and energy to the project at various stages. This volume is the successor to the *Statistical Abstract of the United States–Mexico Borderlands*, edited by Peter L. Reich and published by the UCLA Latin American Center in 1984. The research to expand upon that volume began with the efforts of three scholars: Stephen Haber organized the updating and research phase during 1984–85; Adam Perkal assembled the data in manuscript form in 1986; Enrique Ochoa added many new tables and sources to the database during 1987–88. These scholars prepared the way for my work during the last two years which has culminated in the present book. I am indebted to the efforts of many researchers over the years who uncovered much new statistical material which contributed greatly to the volume. In particular, I want to thank Christof Weber, who checked, double-checked, and rechecked the data for accuracy and completeness and also compiled the index. I want to add a special note of thanks to Colleen Trujillo, Publications Director at the UCLA Latin American Center, who edited the complex manuscript and coordinated production of the book.

The publication of this volume was made possible by financial support from several sources. A generous grant from the National Endowment for the Humanities provided support throughout the life of the project. A USIA Linkages Grant supported the first phase of expansion from the charter volume. The William and Flora Hewlett Foundation funded part of the research for the volume in its final phase.

Finally, the editor wishes to thank James W. Wilkie, editor of the Statistical Abstract of Latin America Supplement Series, who provided advice on all aspects of the book from the beginning. His extensive knowledge of Mexican statistical sources enriched the volume; his enthusiasm benefited all participants in the project.

D.E.L.

Tijuana, August 1986
Beverly Hills, June 1989

Tables

STATISTICS AND TIME SERIES

Part I Life on the Border

1 Demography

100 State Population, Urban and Rural, 10 SC*, 1900–80
101 State Population as Percentage of Border and National Population, 10 SC, 1900–80
102 Population Density, 10 SC, 1900–80
103 Population Projections, 10 SC, 1970–2000
104 City, Municipality, and County Population, 10 S, 1900–80
105 Mexico Border Municipality Population, 6 S, 1930–80
106 U.S. Farm Population, 4 SC, 1940–80
107 Mexico Border Municipality Urban Population, 4 S, 1900–70
108 U.S. Border State and County Population and Percent Change, 4 SC, 1980, 1980–84
109 Texas Population of Sixteen Border Counties, 1930–80
110 Twin City Populations, 1900–80
111 Twin City Population Change, 1900–70
112 Ciudad Juárez Population, 1850–1974
113 Mexico Foreign-Born Population, 6 SC, 1910–70
114 Mexico Population of Foreigners, by Sex, 6 SC, 1921–60
115 Mexico Population Born Outside State, 6 S, 1950–70
116 Mexico Border City Population, by State of Origin, 1970
117 Mexico Border Municipality Population, by State of Origin, 1970
118 Selected Characteristics of the U.S. Population, by Country of Birth, 1980
119 U.S. Population According to Various Measures of Ethnic Status, 4 SC, 1970
120 U.S. Population of Mexican Origin, 4 SC, 1880–1980
121 U.S. Population of Spanish Origin in the Southwest, 4 SC, 1950, 1960, 1970, 1978
122 U.S. Population of Mexican Origin or Descent, 4 SC, 1970, 1980
123 California Foreign-Origin Population, by Year of Immigration, 1980
124 California Mexican-Origin Population, by Age and Generation, 1980
125 Los Angeles Foreign-Origin Population, by Year of Immigration, 1980
126 U.S. Residents in Mexico, 1968–86

*C = Comparison with border region and/or nation; S = states. Example: 10 SC = Data on all ten U.S. and Mexican border states and comparison with border-region data and/or national-level data.

127 Chinese Population in Mexico, 1900–40
128 Mexico Population Speaking Only an Indian Language, 6 SC, 1910–70
Appendix, Population Series for the Nineteenth Century

2 Vital Statistics

200 Live Births, 10 SC, 1930–84
201 Birth Rate, 10 SC, 1930–83
202 Births in the U.S. to Parents of Mexican Origin, 4 SC, 1979, 1981
203 Deaths, 10 SC, 1930–84
204 Mexico Deaths of Infants Under 1 Year, 6 SC, 1922–80
205 Texas Infant Mortality Rates, by Border State Economic Area, 1970–72
206 Marriages, 10 SC, 1930–84
207 Divorces, 10 SC, 1930–84
208 Mexico Monthly Milk Consumption, Selected Municipalities, 1984
209 U.S. Families in Poverty, by Ethnic Category, 4 SC, 1970
210 Texas Border County Poverty, 1973
211 U.S. Spanish-Origin Families in Poverty and Family Size, 4 S, 1980

3 Housing and Health

300 Occupied Housing Units, Rural and Urban, 10 SC, 1940–80
301 Occupied Housing Units, by Number of Occupants, 10 SC, 1930–80
302 Occupied Housing Units, Percentage Share, 10 SC, 1930–80
303 Occupied Housing Units, by Number of Rooms, 10 SC, 1930–80
304 Occupied Housing Units, by Type of Occupancy, 10 SC, 1960–80
305 Occupied Housing Units with Piped Water and Drainage, 10 SC, 1950–80
306 Mexico Potable Water and Drainage, by Number of Works, 6 SC, 1978–81
307 Mexico Public Investment in Housing and Completed Housing Units, 6 SC, 1979–81
308 Mexico Cost Index for Construction of One Housing Unit Financed by the Public Sector, 1973–81
309 U.S. Federal Aid to State and Local Governments by the Housing and Urban Development Program, 4 SC, 1976–83
310 Mexico Hospitals, 6 SC, 1960
311 Mexico Hospitals, 6 SC, 1970
312 Mexico Insured Population, by Economic Activity, Selected Cities and States, 1980–87
313 U.S. Hospitals and Hospital Beds, 4 SC, 1950–80
314 Texas Health Personnel, by Border County, 1970
315 Mexico Principal Causes of Death, 6 SC, 1971
316 U.S. Principal Causes of Death, by Border Municipality, 1971
317 California Principal Causes of Death, 1983
318 New Mexico Principal Causes of Death, 1981
319 Texas Principal Causes of Death, 1985
320 Texas Principal Causes of Death, Five Border Counties, 1969–71
321 Texas Reported Rates of Enteric Disease, 1976–80
322 Mexico First Time In-Patients, by Disease, 6 SC, 1940–60
323 Mexico Reported Rates of Enteric Disease, 1976–79
324 Mexico Suicides, 6 SC, 1943–70

4 Education

- 400 Mexico Primary Schools, 6 SC, 1910–84
- 401 U.S. Public Primary Schools, 4 SC, 1950–80
- 402 Mexico Primary School Enrollment, 6 SC, 1910–84
- 403 U.S. Public Primary School Enrollment, 4 SC, 1910–80
- 404 Mexico Primary School Teachers, 1910–84
- 405 U.S. Public Primary School Teachers, 4 SC, 1920–80
- 406 Mexico Movement of Primary Students, 6 SC, 1950–80
- 407 Mexico Secondary Schools, by Course of Study, 6 SC, 1930–84
- 408 U.S. Public Secondary Schools, 4 SC, 1950–80
- 409 Mexico Secondary School Enrollment, 6 SC, 1930–84
- 410 U.S. Public Secondary School Enrollment, 4 SC, 1930–80
- 411 U.S. Private Primary and Secondary School Enrollment, 4 SC, 1940–80
- 412 Mexico Secondary School Teachers, 6 SC, 1950–84
- 413 U.S. Public Secondary School Teachers, 4 SC, 1940–80
- 414 U.S. Average Annual Salary of Instructional Staff, Elementary and Secondary Schools, 4 SC, 1930–80
- 415 Mexico Movement of Secondary Students, 6 SC, 1950–80
- 416 U.S. High School Graduates, 4 SC, 1940–80
- 417 Mexico Enrollment in Institutions of Higher Education, 6 SC, 1950–87
- 418 U.S. Enrollment in Institutions of Higher Education, 4 SC, 1940–80
- 419 Mexico Expenditure on Education and Instruction, 6 SC, 1950–80
- 420 U.S. Education Budget for Instruction, 4 SC, 1940–80
- 421 U.S. Hispanic Enrollment in Public Primary and Secondary Schools, 4 SC, 1980
- 422 U.S. Public and Private University Enrollment, by Ethnicity and Sex, 1978, 1980
- 423 California Enrollment in Public Elementary and Secondary Schools, by Ethnicity, 1966–2000
- 424 U.S. Movement of Hispanics in Schools, by Age, 1970, 1988
- 425 U.S. Years of School Completed by Mexican American and Non-Spanish-Origin Population, by Age, 1978
- 426 Texas Median Years of School Completed, by County, ca. 1970

5 Religion and Politics

- 500 Mexico Population, by Religion, 6 SC, 1900–80
- 501 Mexico Catholic Population, 6 SC, 1900–80
- 502 Mexico Population without Religious Affiliation, 6 SC, 1900–80
- 503 U.S. Catholic Population, 4 SC, 1960–80
- 504 U.S. Jewish Population, 4 SC, 1960–80
- 505 U.S. Christian and Jewish Population, 4 S, 1980, 1984
- 506 U.S. Priests in Ten Largest Archdioceses
- 507 Los Angeles Archdiocese Priests, 1940–88
- 508 Mexico Voter Preferences, 6 SC, 1961–82
- 509 Mexico Voter Preferences in Presidential Elections, 1934–88
- 510 Mexico Voter Abstention, 6 SC, 1961–82
- 511 Mexico Voter Abstention, 6 SC, 1982, 1988
- 512 Baja California Gubernatorial Elections, 1953–89

513 U.S. Popular Vote in Congressional and Presidential Elections, 4 SC, 1976–88

514 California Popular Vote in Various Political Contests, by Region, 1982–88

6 Transportation and Communications

600 Length of Roads, 10 SC, 1940–85

601 Mexico Motor Vehicles Registered, 6 SC, 1925–83

602 U.S. Motor Vehicles Registered, 4 S, 1900–85

603 Mexico Bus Companies, Buses, and Bus Passengers, 6 SC, 1940–75

604 Mexico Truck Companies, Trucks, and Freight, 6 S, 1940–75

605 Mexico Gasoline Stations, 6 SC, 1979–83

606 Length of Railroad Lines, 10 SC, 1935–82

607 Airports, 10 SC, 1947–86

608 Mexico Flights and Passengers, Commercial Airlines, 6 SC, 1976–85

609 Telephones in Use, 10 SC, 1907–82

610 Length of Telephone Lines, 10 SC, 1898–1982

611 Post Offices, 10 SC, 1898–1983

612 Films Shown in Mexico, by National Origin, 6 SC, 1966–83

613 Mexico Homes with Television and Radio, 6 S, 1970

Part II Work and Migration

7 Employment and Unemployment

700 Economically Active Population, 10 SC, 1900–80

701 Mexico Economically Active Population, by Economic Sector, 6 SC, 1970–80

702 U.S. Employed Persons, by Economic Sector, 4 SC, 1970, 1980

703 U.S. Employment Estimates, by Economic Sector, 4 SC, 1969, 1976

704 Mexico Economically Active Population in Agriculture, 6 SC, 1960, 1970, 1980

705 U.S. Employees on Nonagricultural, Manufacturing, and Government Payrolls, 4 SC, 1945–83

706 California Economically Active Population, by Sector, 1967, 1975, 1982

707 Mexico Economically Active Population, by Border Municipality and Sector, 1970, 1975, 1980

708 U.S. Border Employment, by Sector, 1969, 1976

709 Mexico Economically Active Population (12 Years and Older) in Urban Areas and Border Urban Areas, by Economic Sector, 1940, 1970

710 Mexico Economically Active Population in Selected Border Municipalities, by Economic Sector, 1950, 1960

711 El Paso Occupational Distribution, by Surname, 1910–70

712 Tijuana Economically Active Population, by Economic Sector, 1960, 1970, 1980

713 Mexico Growth of Employment in Agriculture, Trade, and Industry, Selected Municipalities, 1930, 1940

714 U.S. Agricultural and Nonagricultural Workers, 4 SC, 1900–40

715 Mexico Employment in Maquiladoras, by Border Municipality, 1975–85

716 U.S. Employment in Trade, Services, and Manufacturing, by Border County, 4 SC, 1976
717 Mexican Workers Departing to and Returning from the United States, 6 SC, 1942–67
718 Undocumented Mexican Workers in the United States, 1970–85
719 U.S. Hispanic-Origin Workers: Civilian Labor Force, Employment, and Unemployment, 5 SC, 1979, 1980
720 U.S. Commuter Workers, by Occupational Class, 4 S, 1967
721 Los Angeles County Labor Force Status of Mexican-Origin Immigrants, 1980
722 Los Angeles County Experienced Workers, by Occupational Class, 1980
723 Los Angeles County Occupational Distribution, by Ethnic Group, 1980
724 U.S. Major Employers of Illegal Aliens, 1980
725 U.S. Nonagricultural Employers of Illegal Aliens, 1980
726 Texas Illegal Alien Workers, by Industry, 1980
727 Mexico Unemployed and Unemployment Rate, Selected Border Cities, 3 S, 1960, 1970, 1980
728 Mexico Estimated Underemployment, 6 SC, 1970
729 Mexico Industrial Underemployment, Selected Municipalities, 1970
730 Mexico Unemployment, Border Municipalities, 6 SC, 1970
731 U.S. Unemployment Rate, 4 SC, 1970–86
732 U.S. Unemployment Rate of Hispanic-Origin Workers, 4 SC, 1976–83
733 U.S. Unemployment and Underemployment, Selected Border Labor Market Areas, 1969
734 U.S. Labor Organization Membership, 4 SC, 1970, 1980
735 U.S. Average Weekly Hours of Production Workers on Manufacturing Payrolls, 4 SC, 1950–83

8 Wages, Income, and Prices

800 Mexico Minimum Wage, Border Cities, 1970–87
801 Mexico Minimum Wage, Border Cities, 1975–86
802 Mexico Index of Minimum Wage and Consumer Price Index, Border Cities, 1976–84
803 Mexico Average Monthly Income of Family Heads, 3 SC
804 U.S. Per Capita Personal Income, 4 SC, 1930–87
805 U.S. Per Capita Personal Income, by County, 4 SC, 1984
806 U.S. Personal Income, by Type of Income and Economic Sector, 4 SC, 1978–86
807 U.S. Change in Per Capita Personal Income in Standard Metropolitan Statistical Areas Bordering Mexico, 1975–79
808 U.S. Mexican-Origin Population Personal and Household Income, for Persons with Occupations, by Sex, 1980
809 U.S. Median Income of Spanish-Origin, White, and Black Families, 4 S, 1969, 1975
810 U.S. Income of All Families and Mexican American Families, 1978
811 Texas Income Levels, by Border County and Ethnic Group, ca. 1970
812 Laredo Occupational Wage Structure

813 U.S. Average Hourly Earnings of Production Workers on Manufacturing Payrolls, 4 SC, 1950–83
814 Los Angeles Wages and U.S. Wages Compared, 1972–80
815 Los Angeles County Change in Wage Distribution, 1969, 1979, 1986
816 Phoenix Illegal Alien Wages and Employment, FY 1984
817 Mexico Consumer Price Index, Border Cities, 3 SC, 1970–84
818 San Diego Consumer Price Index, 1970–84

9 Border Crossings and U.S. Border Patrol

900 U.S. Entries of Aliens and Citizens over International Land Boundaries, 1928–85
901 U.S. Entries of Aliens over International Land Boundaries, 4 S, 1980–85
902 Border Crossings of Aliens and Citizens, 4 S, 1980–85
903 Border Crossings, by Mode of Transportation, 3 S, 1979–85
904 Border Crossings at San Ysidro, California, 1954–79
905 Border Crossing Cards Issued in Southwest Region, 1960–69
906 Mexican Commuters with Green Cards and Americans Unemployed, 4 S
907 Mexican Commuters with Green Cards, by Occupation, Selected Border Municipalities, 1973
908 Estimated Border Commuters, Selected U.S. Border Municipalities, 4 S, 1986
909 U.S. Citizens and Aliens Entering through Border and El Paso, 1928–73
910 Border Patrol Agents and Activities, 1970–86
911 Border Patrol and Illegal Aliens, 1970–85
912 U.S. INS Man-Hours per Deportable Alien, 1978–82
913 Illegal Mexican Aliens Apprehended and/or Deported, 1924–73
914 Deportable Aliens Located by Border Patrol, Western and Southern Regions, 1972–85
915 Deportable Aliens Located by Border Patrol, by Nationality, 1973–85
916 Aliens Deported by Border Patrol, by Country to Which Deported, 1972–85
917 Deportable Aliens Apprehended by Western Region Border Patrol, 1979–85
918 Alien Smugglers and Principals Apprehended by Western Region Border Patrol, 1979–82
919 Border Patrol Apprehensions, Chula Vista, California, Sector, 1981–82
920 Mexican Braceros Entering and Leaving the United States, 6 SC, 1942–64
921 Comparison of Mexican Braceros Admitted and Illegal Mexican Aliens Expelled, 1942–73

10 Migrants and Migration

1000 Legal Immigration from Mexico to the United States, 1869–1973
1001 Mexican Immigration to the United States, 1930–85
1002 U.S. Immigration to Mexico, 1930–73
1003 Foreign-Born Persons in the United States, by Country of Birth and Citizenship Status, 1980
1004 Mexican Immigrants Admitted to the United States as Commuters, 1952–68

1005 Age Distribution by Immigrant Status and Sex, and Sex Ratios by Immigrant Status and Age, Mexican-Origin Population in the United States, 1980
1006 Household Type Distribution, by Immigrant Status and Sex, Mexican-Origin Population in the United States, 1980
1007 Education Level, by Immigrant Status and Sex, Mexican-Origin Population in the United States, 1980
1008 English Proficiency, by Immigrant Status and Sex, Mexican-Origin Population in the United States, 1980
1009 Industry Classification, by Immigrant Status and Sex, Mexican-Origin Population in the United States, 1980
1010 Mexican Immigrants to California, by Period of Entry, 1960–80
1011 Geographic Distribution of Mexican Immigrants within California, 1980
1012 Mexican Illegal Aliens in the United States, 1924–85
1013 U.S. Deportable Aliens from Mexico
1014 U.S. Alien Population in the United States, by State of Residence, 4 SC, 1940–80
1015 Aliens Reporting Under Alien Address Program, 3 SC, 1960–80
1016 Nonimmigrants Admitted to the United States, by Selected Country of Birth, 1971–84
1017 Mexican Aliens Naturalized in the United States, 1970–83
1018 Aliens Naturalized in the United States, 3 SC, 1970, 1975, 1979
1019 Estimate of Mexican Undocumenteds in the United States, by Period of Entry, 1960–80
1020 Mexican Immigrant Workers Detained without Visas, 1924–73
1021 Sources of Undocumented Mexican Migration to the United States, Selected States and Regions, ca. 1930–1980s
1022 Mexico Municipalities with More Than Fifteen Undocumented Migrants Entering the United States per Year
1023 Mexico Internal Migration, by Length of Residence, 6 S, 1980
1024 Mexico Births, by Residence of Parents, 6 SC, 1980

Part III The Border Economy

11 Agriculture

1100 Irrigated Land, 10 S, 1930–80
1101 Mexico Federal Expenditure on Irrigation and Water Resources, by Region, 1926–58
1102 U.S. Farms and Farmland, 4 SC, 1935–86
1103 Mexico Land Held in Ejidos, 6 S, 1930–60
1104 Mexico Land Distributed, by Presidential Period, 6 SC, 1900–85
1105 Mexico Beneficiaries of Agrarian Reform Land Distribution, by Presidential Period, 6 SC, 1900–85
1106 Mexico Land Surface Lost, by Type of Tenancy, 6 SC, 1970
1107 Mexico Land Surface Lost, by Cause, 6 SC, 1970
1108 Mexico Sale of Fertilizers, 6 SC, 1982–85
1109 Mexico Border States Distribution of Agricultural Production, by Crop, 1960–83

xx Tables

1110 Mexico Border States Participation in Total Agricultural Production, by Crop, 1960–83
1111 Mexico Cultivated Land Area, by Crop, 6 S, 1960–83
1112 U.S. Agricultural Production, 18 Crops, 4 SC, 1972–87
1113 Mexico Harvested Land, by Principal Products, 6 SC, 1965, 1970, 1978
1114 Mexico Agricultural Production, by Crop, 6 S, 1960–83
1115 Mexico Bean Production, 6 S, 1940–70
1116 Bean Production, 7 SC, 1977–85
1117 Corn Production, 10 S, 1940–70
1118 Corn Area and Production, 10 SC, 1975–85
1119 Cotton Production, 10 S, 1940–70
1120 Cotton Production, 9 SC, 1975–85
1121 Orange Production, 9 SC, 1940–80
1122 Tomato Production, 8 S, 1940–80
1123 Mexico Tomato Production, 6 SC, 1977–80
1124 U.S. Tomatoes for Fresh Market, 2 SC, 1974–87
1125 U.S. Tomatoes for Processing, 3 SC, 1974–87
1126 U.S. Vegetable Production, 4 S, 1900–78
1127 Wheat Production, 6 SC, 1940–70
1128 Wheat Production, 10 SC, 1975–85

12 **Livestock, Fisheries, and Forestry**
1200 Mexico Cattle, 6 SC, 1930–80
1201 U.S. Cattle, 4 S, 1900–78
1202 Mexico Cattle Slaughtered, 5 S, 1949–60
1203 Mexico Livestock for Dairy Production, 6 S, 1972–83
1204 Mexico Horses, 6 SC, 1930–80
1205 U.S. Horses, 4 S, 1900–78
1206 Mexico Mules, 6 SC, 1930–80
1207 U.S. Mules, 4 S, 1900–78
1208 Mexico Hogs and Pigs, 6 SC, 1930–80
1209 U.S. Hogs and Pigs, 4 SC, 1930–78
1210 Mexico Goats, 6 S, 1930–80
1211 Mexico Sheep, 6 SC, 1930–80
1212 U.S. Sheep and Lambs, 4 SC, 1930–78
1213 Mexico Poultry, 6 SC, 1940–80
1214 U.S. Poultry, 4 SC, 1930–78
1215 Mexico Pasturelands, 3 SC, 1930–60
1216 Mexico Natural and Cultivated Grasses for Livestock, 5 SC, 1970
1217 U.S. Hay and Forage, 4 S, 1900–78
1218 Fisheries Production, 7 SC, 1960–83
1219 Mexico Fisheries Production, by Species, 6 SC, 1981
1220 Mexico Forestry Production, 6 SC, 1981–84
1221 U.S. Forestry Production, 4 SC, 1979–87

13 **Mining**
1300 Mexico Metal Production, 6 SC, 1922–80
1301 U.S. Metal Production, 4 SC, 1920–80
1302 Barite Mine Production, 8 SC, 1967–83
1303 Copper Mine Production, 8 SC, 1967–86

1304 U.S. Copper Ore Mining, 4 S, 1902-77
1305 Mexico Fluorite Mine Production, 2 SC, 1980-83
1306 Gold Mine Production, 7 SC, 1967-86
1307 U.S. Gold and Silver Mining, 4 S, 1902-77
1308 Mexico Iron Ore Production, 2 SC, 1967-83
1309 U.S. Iron Ore Mining, 2 S, 1939-77
1310 Lead Mine Production, 8 SC, 1967-86
1311 Manganese Mine Production, 3 SC, 1967-83
1312 Silver Mine Production, 8 SC, 1967-86
1313 Sulfur Mine Production, 4 SC, 1967-86
1314 Zinc Mine Production, 7 SC, 1967-83
1315 U.S. Coal Production, 4 SC, 1880-1980
1316 U.S. Bituminous Coal Mining, 4 S, 1902-58
1317 Mexico Petroleum Discovery and Production in Tampico-Tuxpan Embayment, 1901-76
1318 Mexico Crude Oil and Natural Gas Production, 3 SC, 1979
1319 Mexico Crude Oil and Natural Gas Production, 3 SC, 1981-84
1320 U.S. Petroleum Production, 4 SC, 1880-1980
1321 U.S. Crude Petroleum and Natural Gas Production, 4 SC, 1971-85
1322 U.S. Crude Petroleum and Natural Gas Production, 4 S, 1902-77

14 Industry

1400 Mexico Employees and Value Added in Manufacturing, by Principal Branch, 6 S, 1950, 1965, 1970, 1980
1401 U.S. Employees and Value Added in Manufacturing, by Principal Branch, 4 S, 1947, 1963, 1972, 1982
1402 Mexico Gross Product of Industry, 6 SC, 1970, 1975, 1980
1403 Mexico Gross Product of Manufacturing Industry, by Industrial Division, 6 SC, 1970, 1975, 1980
1404 Mexico Border State Share of Manufacturing Gross Product, 6 SC, 1980
1405 U.S. Value Added, Cost of Materials, and Value of Shipments, 4 S, 1972, 1977, 1982
1406 Baja California Selected Characteristics of Industry, 1940-80
1407 California Selected Characteristics of Industry, 1977
1408 Mexico Production of External Clothing, 6 S, 1960, 1965, 1970, 1975
1409 U.S. Production of Men's and Women's External Clothing, 4 S, 1977, 1982
1410 Mexico Food and Beverage Industry, 6 SC, 1970, 1975
1411 Mexico Manufacture of Butter, Cheese, and Cream, 4 SC, 1975
1412 Mexico Pasteurization of Milk Products, 6 SC, 1970, 1975, 1980
1413 Mexico Paper Production, by Group, 3 SC, 1981-84
1414 Mexico Production of Pharmaceuticals and Medicines, 6 S, 1960-75
1415 U.S. Pharmaceutical Production, 3 S, 1982
1416 Mexico Industrial Steel Sales, 6 S, 1972-80
1417 Mexico Electricity, Installed Capacity, Public Sector, by Type of Generation, 6 S, 1977-83
1418 U.S. Electricity, Installed Capacity, 4 SC, 1975-86
1419 Mexico Electric Power Generation, 6 S, 1977-84
1420 U.S. Electric Power Generation, 4 S, 1980-87

1421 U.S. Construction Contracts, 4 SC, 1970–83
1422 Mexico Industrial Parks, 4 SC, 1980
1423 Mexico Employment in the Automobile Industry, by Region, 1983
1424 Mexico Restructuring of the Automobile Export Industry, Early 1980s
1425 Mexico Border and Total Factor Productivity, 1940–80
1426 Mexico Measures of Productivity, by Region and Type of Activity
1427 Federal Investment in the Industrial Sector, 6 S, 1969–78
1428 Financing by Fondo de Garantía y Fomento to Medium and Small Industry, 6 SC, 1973–85

15 Maquila Industry
1500 Mexico Total Maquiladoras, Employees, and Value Added, 1965–88
1501 Maquiladoras and Value Added
1502 Maquiladoras, by Type of Good Produced, 1979–86
1503 Employees, Man-Hours, and Salaries
1504 Employees, Man-Hours, and Salaries, by Type of Good Produced, 1979–86
1505 Employees, by Category
1506 Employees, by Sex, Category, and Type of Good Produced, 1979–86
1507 Average Employees per Maquiladora, Selected Municipalities, 1975, 1980, 1985
1508 Coahuila Maquiladoras and Employees, 1975–87
1509 Inputs and Value Added, by Municipality, 5 SC, 1975–86
1510 Inputs and Value Added, by Type of Good Produced, 1979–86
1511 Imported and Domestic Inputs, by Type of Good Produced, 1979–86
1512 Coahuila Maquiladora Imports, Exports, and Balance, 1975–85
1513 Maquiladoras Producing Automobile Parts, 1974–85
1514 Strikes and Declared Strikes in Maquiladoras, Selected Cities, 1967–83

16 Gross Product
1600 Mexico Gross State Product, 6 SC, 1950–80
1601 Mexico Gross State Product, by Economic Sector, 6 SC, 1970, 1980
1602 Mexico Per Capita Gross State Product, 6 SC, 1970, 1975, 1980
1603 Mexico Gross State Product, Percentage Distribution, 6 SC, 1970, 1975, 1980
1604 U.S. Gross State Product, 4 SC, 1963–86
1605 U.S. Gross State Product, by Economic Sector, 4 SC, 1963–86
1606 California Gross State Product, by Economic Sector, 1986
1607 Baja California Value of Primary Sector Production, 1971–80

Part IV Trade, Tourism, and Finance

17 Trade—Licit and Illicit
1700 Shipping Tonnage, 5 S, 1945, 1960, 1984
1701 Mexico–U.S. Trade Totals, 1900–86
1702 U.S. Commerce with Mexico, 1980
1703 Mexico–U.S. Border Trade, 1950–74
1704 Mexico Border Transactions, 1970–84
1705 Mexico Border Transactions, Selected Cities, 1970–78
1706 Mexico Exports, 5 S, 1970–88

1707 Mexico Imports, 5 S, 1970–88
1708 Arizona Domestic and Foreign Exports, by Customs District, 1970–88
1709 California Domestic and Foreign Exports, by Customs District, 1970–88
1710 Texas Domestic and Foreign Exports, by Customs Distict, 1970–88
1711 Arizona Imports for Consumption, by Customs District, 1970–88
1712 California Imports for Consumption, by Customs District, 1970–88
1713 Texas Imports for Consumption, by Customs District, 1970–88
1714 Mexico Imports of "Artículos Gancho," Selected Cities, 1972, 1973
1715 Coahuila Commercial Balance, 1970–84
1716 Coahuila Principal Exports, 1980–84
1717 San Diego–Imperial Valley Economic Impact of Sales in Tijuana and Mexicali, 1978
1718 San Diego Economic Impact of Sales in Tijuana, 1978
1719 Mexico Campaign Against Drug Trafficking, 1988, 1989, 1987–88
1720 Mexico Campaign Against Drug Trafficking, 6 S, 1987–88
1721 U.S. Estimated Drugs Entering, by Region, 1986
1722 Value of INS Drug Seizures, 1981–84
1723 Value of Western Region Narcotics Seizures, 1979–83
1724 Narcotics Seizures, Three Border Stations, 1983–85

18 Tourism

1800 Mexico Tourists, 5 SC, 1965–84
1801 U.S. Tourists in Mexico, by U.S. State of Departure, 4 SC, 1932–73
1802 Mexico Incoming Tourists, by Land, Selected Border Cities, 1981–84
1803 Mexico Passenger Arrivals, Domestic and International Commercial Flights, Selected Border Cities, 1980–84
1804 Mexico Fluctuations in Passenger Arrivals, Domestic and International Commercial Flights, Selected Border Cities, 1980–84
1805 Mexico Boarding Establishments and Rooms, 6 SC, 1978–81
1806 Mexico Available Hotel Rooms and Occupancy, Selected Border Cities, 1975–83
1807 Mexico Hotel Occupancy, Selected Border Cities, 1975–83
1808 Articles Purchased in Retail Establishments by U.S. Visitors to Mexican Border Zones, by Type, 1983
1809 Annual Income of U.S. Visitors to Mexican Border Zones, 1983
1810 Mexico Tourism and Border Transactions, Revenue and Expenditure, 1970–84
1811 Mexico Tourism in Current Account Revenue, Expenditure, and Balance, 1970–84
1812 U.S. Receipts from Foreign Travel, Selected Nations and Regions, 1970–86
1813 Mexico Authorized and Actual Public Federal Investment in Tourism, 6 SC, 1971–84
1814 Projects Financed by FONATUR, 6 SC, 1973–84

19 State Income and Expenditure, and Banking

1900 Mexico Gross State Revenue, 6 SC, 1979, 1984
1901 Mexico State Revenue, by Source, 6 SC, 1950–83

1902 Mexico State Expenditure, by Category, 6 SC, 1950–88
1903 U.S. State and Local Government Revenue and Expenditure, 4 SC
1904 Mexico Gross Municipal Income, 6 SC, 1979–86
1905 U.S. Municipal Finances, Selected Cities, FY 1984
1906 U.S. Federal Aid to State and Local Governments, 4 SC, FY 1985
1907 Mexico Credit Allocated to the Banking Establishment, by Sector of Economic Activity, 6 SC, 1978–81
1908 Mexico Bank Resources, by Principal Instrument, 6 SC, 1981–85
1909 Baja California Bank Resources, by Principal Instrument, 1978–80
1910 U.S. Commercial Banks and Commercial Bank Deposits, 4 SC
1911 Texas Ten Largest Border Banks
1912 California Resources of Foreign Banks with Subsidiaries in the State, by Country, 1979–82
1913 U.S. Investment in Mexico, 6 S, 1902
1914 Mexico Corporations, 6 SC, 1980, 1985

QUANTITATIVE ANALYSIS OF THE BORDER REGION

20 The United States–Mexican Border Region: Security and Interdependence
Paul Ganster and Alan Sweedler

2000 Mexican Sales to the Strategic Petroleum Reserve, 1977–87
2001 Legal Northbound Crossings at the San Diego–Tijuana Border, 1985–89
2002 Crossings into the U.S. along the U.S.–Mexican Border, 1985–89
2003 Annual Growth Rates of Twin Cities, by Decade, 1940–80
2004 Racial and Ethnic Composition of U.S. Border States, 1980
2005 Annual Population Growth Rates, 1950–80
2006 U.S.–Mexican Merchandise Trade, 1981–87
2007 U.S. Industrial Exports to Mexico, 1981–85
2008 U.S. and Mexican Trade, All Sectors, 1988
2009 Peso–Dollar Exchange Rate, Selected Years, 1970–87
2010 Per Capita Income, Border Municipalities, 1980
2011 Growth of the Maquiladora Industry since 1980
2012 Mexican Visitors to the United States, 1986
2013 Commercial Banks and Mexico's External Debt, 1987

21 Prices and Wages in Tijuana and San Diego: A Binational Comparative Overview
Jeffrey Bortz

2100 Mexico City Composite Consumer Price Index, 1939–83
2101 U.S. Consumer Price Index, 1915–83
2102 Consumer Price Index, Mexicali, B.C., and Federal District, 1968–83
2103 U.S., California, and San Diego Consumer Price Indexes, 1965–82
2104 Daily Minimum Wage, Naucalpan and Tijuana, 1946–83
2105 Daily Minimum Wage, Naucalpan and Tijuana, 1946–83
2106 U.S. and California Hourly Minimum Wage, 1916–85
2107 Ratio of U.S. Daily Minimum Wage to Tijuana Daily Minimum Wage, 1948–83

22 Social Costs and Revenues of the Maquiladora Industry
George Baker

- 2200 Maquiladora Base Pay and Mexican Federal Housing Taxes, 1980–86
- 2201 Official Financial Data on Maquiladora Operations, 1980–86
- 2202 Cost of Goods Sold (COGS) to Maquiladora Parent Company, 1980–86
- 2203 Elements of COGS as Share of Total, 1980–86
- 2204 Base Estimate of U.S.-Side Costs, 1980–86
- 2205 Alternative Estimate of U.S.-Side Costs, 1980–86
- 2206 Comparison of Global and Itemized Estimates for U.S.-Side Costs, 1980–86
- 2207 Wholesale Income Statement of Maquiladora Output, 1980–86
- 2208 Retailer Income Statement of Maquiladora Output, 1980–86
- 2209 Sensitivity Test of the Relationship between Manufacturing Cost and Retail Price, 1980–86
- 2210 U.S. Federal and State Taxes Collected from Maquila Operations, 1980–86

Symbols, Abbreviations, and Sources

Symbols

~	Data not available in source
#	Zero or negligible (less than half of unit employed)
--	Source does not specify whether data are recorded separately, not applicable, zero, or negligible
‡	Preliminary, provisional, or unofficial
†	Estimate by or in source
**	Data not applicable

Abbreviations

B	billion
C	comparison with border region and/or nation. *See also* S.
CPI	consumer price index
cwt	hundredweight
GNP	gross national product
H	hundred
Ha	hectare
I	inhabitant
km	kilometer
kw	kilowatt
M	million
Me³	cubic meter
MET	metric ton
Mw	megawatt
N	number
NC	national currency
P	per
PC	percent change
PTI	per thousand inhabitants
S	states; example: 10 SC = Data on all ten U.S. and Mexican border states and comparison with border-region data and/or national-level data

Sources

AE	INEGI, *Anuario Estadístico de los Estados Unidos Mexicanos*. Mexico.
AEE	INEGI, *Anuario de Estadísticas Estatales*. Mexico.

Symbols, Abbreviations, Sources

AEPM	Dirección General de Estadística, *Anuario Estadístico de Producción Minera.* Mexico, D.F.
ANUIES	Asociación Nacional de Universidades e Institutos de Enseñanza Superior.
ANUIES-AE	*Anuario Estadístico.* Mexico.
AS	United States Department of Agriculture, *Agricultural Statistics.* Washington, D.C.
BANAMEX	Banco Nacional de México
BM-MSD	Banco Nacional de México, *Mexico Statistical Data.* Mexico.
CA	U.S. Department of Commerce, Bureau of the Census, *Census of Agriculture.* Washington, D.C.
CEPAL	Comisión Económica para América Latina y el Caribe
CGP	Dirección General de Estadística, *Censo General de Población.* Mexico.
CGP-RG	*Censo General de Población. Resumen General.* Mexico.
CGPV-RG	Secretaría de Programación y Presupuesto, Coordinación General de los Servicios Nacionales de Estadística, Geografía e Informática, *Censo General de Población y Vivienda. Resumen General.* Mexico.
CH	U.S. Department of Commerce, Bureau of the Census, *Census of Housing.* Washington, D.C.
CM	U.S. Department of Commerce, Bureau of the Census, *Census of Manufactures.* Washington, D.C.
CMI	U.S. Department of Commerce, Bureau of the Census, *Census of Mineral Industries.* Washington D.C.: USGPO.
CP	U.S. Department of Commerce, Bureau of the Census, *Census of Population.* Washington, D.C.: USGPO.
DES	U.S. Department of Health, Education, and Welfare, *Digest of Education Statistics.* Washington, D.C.: USGPO.
EHM	INEGI, Instituto Nacional de Antropología e Historia, *Estadísticas Históricas de México.* Mexico.
HLS	U.S. Bureau of Labor Statistics, *Handbook of Labor Statistics.* Washington, D.C..: USGPO.
HSUS	U.S. Department of Commerce, Bureau of the Census, *Historical Statistics of the United States.* White Plains, NY: Kraus International Publishers.
IDB-SPTF	Inter-American Development Bank Social Progress Trust Fund
INEGI	Instituto Nacional de Estadística, Geografía e Informática
INEGI-EI	*Encuesta Industrial Anual.* Mexico.
INEGI-IM	*Industria Maquila.* Mexico.
INS	Immigration and Naturalization Service
INS-AR	*Annual Report.* Washington, D.C.
INS-BP	*Border Patrol.* Washington, D.C.
INS-SY	*Statistical Yearbook.* Washington, D.C.
IP-AE	*Informe Presidencial. Anexo Estadístico.*
LFN	Secretaría de Industria y Comercio, *La Frontera Norte: diagnóstico y perspectivas.* Mexico, D.F.
MRUS	U.S. Geological Survey, *Mineral Resources of the United States.* Washington, D.C.: USGPO.
MVSR	U.S. Department of Health and Human Services, *Monthly Vital Statistics Report.* Washington, D.C.
MY	U.S. Bureau of Mines, *Minerals Yearbook.* Washington, D.C.: USGPO.

SALA	*Statistical Abstract of Latin America.* Los Angeles: UCLA Latin American Center Publications.
SAUS	U.S. Department of Commerce, Bureau of the Census, *Statistical Abstract of the United States.* Washington, D.C.
SPP	Secretaría de Programación y Presupuesto
SPP-CI	*Censo Industrial.* Mexico.
SPP-DGE	Secretaría de Programación y Presupuesto, Dirección General de Estadística
SPP-MM	*Minería mexicana*
USBOM-MY	U.S. Bureau of Mines, *Minerals Yearbook.* Washington, D.C.
USDA-CP	United States Department of Agriculture, Statistical Reporting Service, *Crop Production.* Washington, D.C.
VSUS	U.S. Department of Health, Education, and Welfare, Public Health Service, National Center for Health Statistics, *Vital Statistics of the U.S.* Washington, D.C.
VSSR	U.S. Department of Commerce, Bureau of the Census, *Vital Statistics Special Reports.*

STATISTICS AND TIME SERIES

Part I

Life on the Border

1

Demography

POPULATION OF BORDER STATES, 1900–80

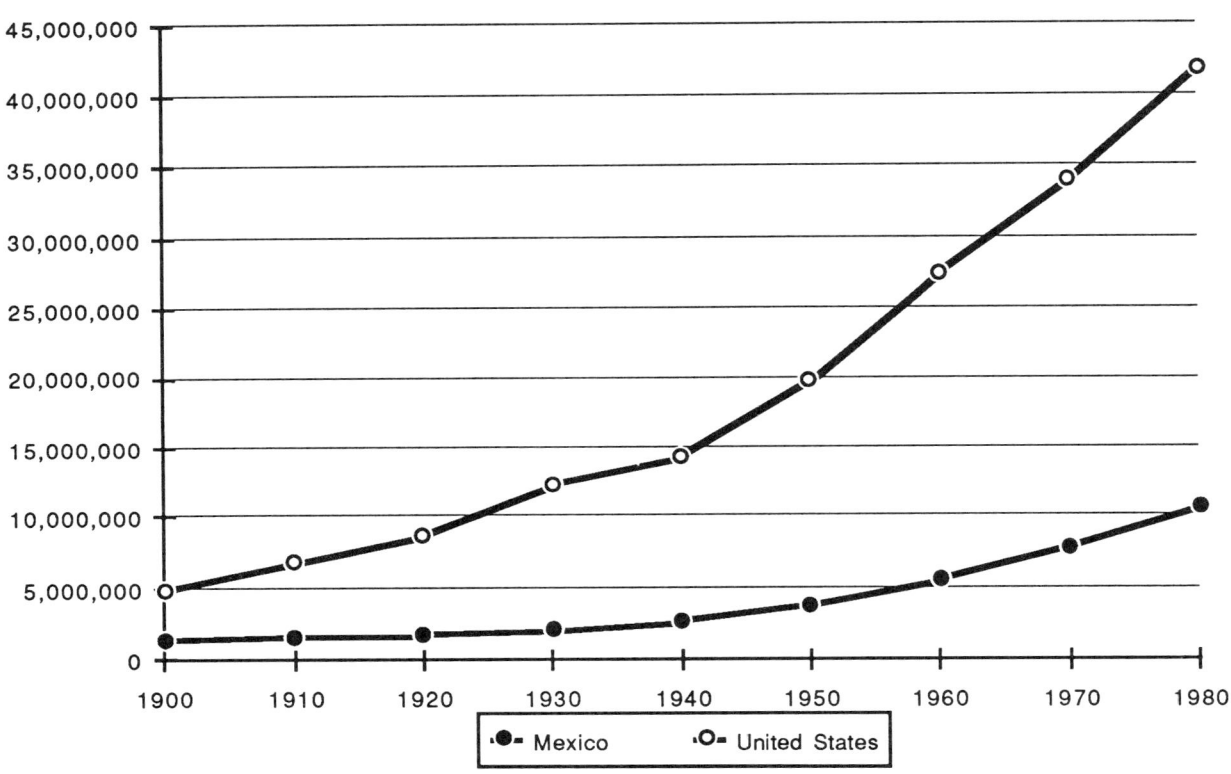

SOURCE: Table 100.

Table 100

STATE POPULATION, URBAN AND RURAL, 10 SC, 1900–80

PART I. Absolute Data

State	1900	1910	1920[a]	1930	1940	1950	1960	1970	1980
A. BAJA CALIF.									
Total	7,583	9,760	23,537	48,327	78,907	226,965	520,165	870,421	1,177,886
Urban	0	0	6,782	26,268	39,877	146,391	404,063	733,805	1,004,194
Rural	7,583	9,760	16,755	22,059	39,030	80,574	116,102	136,616	173,692
B. CHIHUAHUA									
Total	327,784	405,707	401,622	491,792	623,944	846,414	1,226,793	1,612,525	2,005,477
Urban	104,752	104,799	113,286	162,099	228,807	373,357	701,150	1,055,256	1,410,799
Rural	223,032	300,908	288,336	329,693	395,137	473,057	525,643	557,269	594,678
C. COAHUILA									
Total	296,938	362,092	393,480	436,425	550,717	720,619	907,734	1,114,956	1,557,265
Urban	102,646	153,359	199,555	227,276	278,711	413,978	605,841	811,094	1,204,971
Rural	194,292	208,733	193,925	209,149	272,006	306,641	301,893	303,862	352,294
D. NUEVO LEON									
Total	327,937	365,150	336,412	417,491	541,147	740,191	1,078,848	1,694,689	2,513,044
Urban	110,205	123,648	126,856	172,175	237,725	413,911	759,061	1,296,843	2,197,288
Rural	217,732	241,502	209,556	245,316	303,422	326,280	319,787	397,846	315,756
E. SONORA									
Total	221,682	265,383	275,127	316,271	364,176	510,607	783,378	1,098,720	1,513,731
Urban	40,206	59,880	80,064	116,225	119,039	231,424	451,003	730,775	1,067,861
Rural	181,476	205,503	186,063	200,046	245,137	279,183	332,375	367,945	445,870
F. TAMAULIPAS									
Total	218,948	249,641	286,904	344,039	458,832	718,167	1,024,182	1,456,858	1,924,484
Urban	63,442	59,162	126,330	147,367	208,763	380,281	612,757	1,004,435	1,445,960
Rural	155,506	190,479	160,574	196,672	250,069	337,886	411,425	452,423	478,524
Mexico Border									
Total	1,400,872	1,657,733	1,717,082	2,054,345	2,617,723	3,762,963	5,541,100	7,848,169	10,691,867
Urban	421,251	500,848	661,873	851,410	1,112,922	1,959,342	3,533,875	5,632,208	8,331,073
Rural	979,621	1,156,885	1,055,209	1,202,935	1,504,801	1,803,621	2,007,225	2,215,961	2,360,794
Mexico Total									
Total	13,607,272	15,160,369	14,334,780	16,552,722	19,653,552	25,791,017	34,923,129	48,225,238	66,846,833
Urban	3,892,876	4,351,172	4,465,504	5,540,631	6,896,111	10,893,483	17,705,118	28,308,556	44,299,526
Rural	9,714,396	10,809,197	9,869,276	11,012,091	12,757,441	14,807,534	17,218,011	19,916,682	22,547,104
G. ARIZONA									
Total	122,931	204,354	334,162	435,573	499,261	749,587	1,302,161	1,775,399	2,718,215
Urban	19,495	63,260	120,788	149,856	173,981	416,000	970,616	1,408,864	2,278,728
Rural	103,436	141,094	213,374	285,717	325,280	333,587	331,545	362,036	439,487
H. CALIFORNIA									
Total	1,485,053	2,377,549	3,426,861	5,677,251	6,907,387	10,586,223	15,717,204	19,871,069	23,667,902
Urban	776,820	1,468,419	2,326,958	4,160,596	4,902,265	8,539,420	13,573,155	18,144,552	21,607,606
Rural	708,233	909,130	1,099,902	1,516,655	2,005,122	2,046,803	2,144,049	1,808,582	2,060,296
I. NEW MEXICO									
Total	195,310	327,301	360,350	423,317	531,818	681,187	951,023	1,017,055	1,302,894
Urban	27,381	46,571	64,960	106,816	176,401	314,889	626,479	708,775	938,963
Rural	167,929	280,730	295,390	316,501	355,417	339,298	324,544	307,225	362,931
J. TEXAS									
Total	3,048,710	3,876,542	4,663,228	5,824,715	6,414,824	7,711,194	9,579,677	11,188,655	14,229,191
Urban	520,759	938,104	1,512,689	2,389,348	2,911,389	4,838,060	7,187,470	8,922,211	11,333,017
Rural	2,527,951	2,958,438	3,150,539	3,435,367	3,503,435	2,873,134	2,392,207	2,274,519	2,896,174
U.S. Border									
Total	4,852,004	6,805,746	8,784,601	12,360,856	14,353,290	19,728,191	27,550,065	33,962,178	41,918,202
Urban	1,344,455	2,516,354	4,025,396	6,806,616	8,164,036	14,108,369	22,357,720	29,184,372	36,159,314
Rural	3,507,549	4,289,392	4,759,205	5,554,240	6,189,254	5,619,822	5,192,345	4,752,362	5,758,888
U.S. Total									
Total	76,212,168	92,228,496	106,021,537	123,202,624	132,164,569	151,325,798	179,323,175	203,302,031	226,545,805
Urban	30,214,832	42,064,001	54,253,282	69,160,599	74,705,338	96,846,817	125,268,750	149,646,629	167,050,992
Rural	45,997,336	50,164,495	51,768,255	54,042,025	57,459,231	54,478,981	54,054,425	53,565,287	59,494,813

a. Data for Mexico are for 1921.
SOURCE: Mexico: AE, 1984, table III.1.3.
United States: CP, 1980, U.S. Summary, vol. 1, chap. A, tables 8, 13.

Table 100 (Continued)

PART II. Percentage Data

State	1900	1910	1920	1930	1940	1950	1960	1970	1980
A. BAJA CALIF.									
Urban	0	0	28.8	54.4	50.5	64.5	77.7	84.3	85.3
Rural	100.0	100.0	71.2	45.6	49.5	35.5	22.3	15.7	14.7
B. CHIHUAHUA									
Urban	32.0	25.8	28.2	33.0	36.7	44.1	57.2	65.4	70.3
Rural	68.0	74.2	71.8	67.0	63.3	55.9	42.8	34.6	29.7
C. COAHUILA									
Urban	34.6	42.4	50.7	52.1	50.6	57.4	66.7	72.7	77.4
Rural	65.4	57.6	49.3	47.9	49.4	42.6	33.3	27.3	22.6
D. NUEVO LEON									
Urban	33.6	33.9	37.7	41.2	43.9	55.9	70.4	76.5	87.4
Rural	66.4	66.1	62.3	58.8	56.1	44.1	29.6	23.5	12.6
E. SONORA									
Urban	18.1	22.6	32.4	36.7	32.7	45.3	57.6	66.5	70.5
Rural	81.9	77.4	67.6	63.3	67.3	54.7	42.4	33.5	29.5
F. TAMAULIPAS									
Urban	29.0	23.7	44.0	42.8	45.5	53.0	59.8	68.9	75.1
Rural	71.0	76.3	56.0	57.2	54.5	47.0	40.2	31.1	24.9
Mexico Border									
Urban	30.0	30.2	38.5	41.4	42.5	52.1	63.8	71.8	77.9
Rural	70.0	69.8	61.5	58.6	57.5	47.9	36.2	28.2	22.1
Mexico Total									
Urban	28.6	28.7	31.2	33.5	35.1	42.2	50.7	58.7	66.3
Rural	71.4	71.3	68.8	66.5	64.9	57.8	49.3	41.3	33.7
G. ARIZONA									
Urban	15.9	31.0	36.1	34.4	34.8	55.5	74.5	79.6	83.8
Rural	84.1	69.0	63.9	65.6	65.2	44.5	25.5	20.4	16.2
H. CALIFORNIA									
Urban	52.3	61.8	67.9	73.3	71.0	80.7	86.4	90.9	91.3
Rural	47.7	38.2	32.1	26.7	29.0	19.3	13.6	9.1	8.7
I. NEW MEXICO									
Urban	14.0	14.2	18.0	25.2	33.2	50.2	65.9	69.8	72.1
Rural	86.0	85.8	82.0	74.8	66.8	49.8	34.1	30.2	27.9
J. TEXAS									
Urban	17.1	24.1	32.4	41.0	45.4	62.7	75.0	79.7	79.6
Rural	82.9	75.9	67.6	59.0	54.6	37.3	25.0	20.3	20.4
U.S. Border									
Urban	27.7	37.0	45.8	55.1	56.9	71.5	81.2	86.0	86.3
Rural	72.3	63.0	54.2	44.9	43.1	28.5	18.8	14.0	13.7
U.S. Total									
Urban	39.6	45.6	51.2	56.1	56.5	64.0	69.9	73.6	73.7
Rural	60.4	54.4	48.8	43.9	43.5	36.0	30.1	26.4	26.3

SOURCE: Calculated from Part I above.

Table 101
STATE POPULATION AS PERCENTAGE OF BORDER AND NATIONAL POPULATION, 10 SC, 1900-80

State	1900	1910	1920[a]	1930	1940	1950	1960	1970	1980
A. BAJA CALIF.									
% Mexico Border	.5	.6	1.3	2.4	3.0	6.0	9.4	11.1	11.0
% Mexico Total	.1	.1	.2	.3	.4	.9	1.5	1.8	1.8
B. CHIHUAHUA									
% Mexico Border	23.4	24.2	23.4	23.9	23.8	22.5	22.1	20.5	18.8
% Mexico Total	2.4	2.7	2.8	3.0	3.2	3.3	3.5	3.3	3.0
C. COAHUILA									
% Mexico Border	21.2	21.6	22.9	21.2	21.0	19.2	16.4	14.2	14.6
% Mexico Total	2.2	2.4	2.7	2.6	2.8	2.8	2.6	2.3	2.3
D. NUEVO LEON									
% Mexico Border	23.4	21.8	19.6	20.3	20.7	19.7	19.5	21.6	23.5
% Mexico Total	2.4	2.4	2.3	2.5	2.8	2.9	3.1	3.5	3.8
E. SONORA									
% Mexico Border	15.8	15.8	16.0	15.3	13.9	13.6	14.1	14.0	14.2
% Mexico Total	1.6	1.8	1.9	1.9	1.9	2.0	2.2	2.3	2.3
F. TAMAULIPAS									
% Mexico Border	15.6	14.9	16.7	16.7	17.2	19.1	18.5	13.0	18.0
% Mexico Total	1.6	1.6	2.0	2.1	2.3	2.8	2.9	3.0	2.9
Mexico Border									
% Mexico Total	10.3	10.9	12.0	12.4	13.3	14.6	15.9	16.3	16.0
G. ARIZONA									
% U.S. Border	2.5	3.0	3.8	3.5	3.5	3.8	4.7	5.2	6.5
% U.S. Total	.2	.2	.3	.4	.4	.5	.7	.9	1.2
H. CALIFORNIA									
% U.S. Border	30.6	35.0	39.0	45.9	48.1	53.7	57.0	58.8	56.5
% U.S. Total	2.0	2.6	3.2	4.6	5.2	7.0	8.8	9.8	10.4
I. NEW MEXICO									
% U.S. Border	4.0	4.8	4.1	3.4	3.7	3.5	3.5	3.0	3.1
% U.S. Total	.3	.4	.3	.3	.4	.4	.5	.5	.6
J. TEXAS									
% U.S. Border	62.8	57.3	53.1	47.1	44.7	39.1	34.8	33.0	33.9
% U.S. Total	4.0	4.2	4.4	4.7	4.9	5.1	5.4	5.5	6.3
U.S. Border									
% U.S. Total	6.4	7.4	8.3	10.1	10.9	13.1	15.4	16.7	18.5

a. Data for Mexico are for 1921.

SOURCE: Calculated from table 100 above.

Table 102

POPULATION DENSITY, 10 SC, 1900–80

PART I. Per km²

State	1900	1910	1920[a]	1930	1940	1950	1960	1970	1980
A. BAJA CALIF.	.1	.1	.3	.7	1.1	3.2	7.4	12.4	17.5
B. CHIHUAHUA	1.4	1.7	1.6	2.0	2.5	3.5	5.0	6.5	7.8
C. COAHUILA	1.8	2.2	2.6	2.9	3.7	4.8	6.0	7.4	10.3
D. NUEVO LEON	5.3	5.6	5.2	6.4	8.3	11.4	16.7	26.3	38.1
E. SONORA	1.1	1.3	1.5	1.7	2.0	2.8	4.2	5.9	8.1
F. TAMAULIPAS	2.6	3.1	3.6	4.3	5.8	9.0	12.8	18.3	24.1
Mexico Border	1.8	2.1	2.2	2.6	3.3	3.9	7.0	9.9	13.3
Mexico Total	6.8	7.6	7.3	8.4	10.0	13.1	17.8	24.5	33.7
G. ARIZONA	.4	.7	1.1	1.5	1.7	2.5	4.4	6.0	9.3
H. CALIFORNIA	3.7	5.9	8.5	14.0	17.0	26.1	38.8	49.3	58.5
I. NEW MEXICO	.6	1.0	1.1	1.4	1.7	2.2	3.0	3.2	4.1
J. TEXAS	4.5	5.7	6.9	8.5	9.4	11.3	14.0	16.5	21.0
U.S. Border	2.9	4.0	5.2	7.3	8.5	11.6	16.2	20.0	24.8
U.S. Total	9.9	12.0	13.7	15.9	17.1	19.6	19.5	22.2	24.7

PART II. Per Square Mile

State	1900	1910	1920[a]	1930	1940	1950	1960	1970	1980
A. BAJA CALIF.	.3	.3	.8	1.8	2.8	8.3	19.2	32.1	45.3
B. CHIHUAHUA	3.6	4.4	4.1	5.2	6.5	9.1	12.9	16.8	20.2
C. COAHUILA	4.7	5.7	6.7	7.5	9.6	12.4	15.5	19.2	26.7
D. NUEVO LEON	13.7	14.5	13.5	16.6	21.5	29.5	43.2	68.1	98.7
E. SONORA	2.8	3.4	3.9	4.4	5.2	7.3	10.9	15.3	21.0
F. TAMAULIPAS	6.7	8.0	9.3	11.1	15.0	23.3	33.2	47.4	62.4
Mexico Border	4.7	5.4	5.7	6.7	8.5	10.1	18.1	25.6	34.4
Mexico Total	17.6	19.7	18.9	21.8	25.9	33.9	46.1	63.5	87.3
G. ARIZONA	1.1	1.8	2.9	3.8	4.4	6.6	11.5	15.6	24.0
H. CALIFORNIA	9.5	15.3	22.0	36.2	44.1	67.5	100.4	126.6	151.4
I. NEW MEXICO	1.6	2.7	2.9	3.5	4.4	5.6	7.8	8.4	10.7
J. TEXAS	11.6	14.8	17.8	22.1	24.3	29.3	36.4	42.7	54.3
U.S. Border	7.4	10.4	13.4	18.9	21.9	30.1	42.1	51.9	64.2
U.S. Total	25.6	31.0	35.6	41.2	44.2	50.7	50.6[a]	57.5	64.1

a. Data for Mexico are for 1921.
b. First year for which data include Alaska and Hawaii.

SOURCE: Mexico: CGP, 1900–80.
United States: HSUS, 1975, vol. 1, series A, pp. 195–209; CP, 1980, U.S. Summary, vol. 1, chap. A, table 17.

Table 103

POPULATION PROJECTIONS, 10 SC, 1970–2000

(T)

State	1970	1980	1990	200
A. BAJA CALIF.	870	1,227	2,000	3,256
B. CHIHUAHUA	1,613	1,935	2,336	2,819
C. COAHUILA	1,115	1,561	2,030	2,275
D. NUEVO LEON	1,695	2,464	3,476	4,537
E. SONORA	1,099	1,498	2,003	2,552
F. TAMAULIPAS	1,457	1,925	2,448	3,065
Mexico Border	7,849	10,610	14,333	18,504
Mexico Total	48,225	67,406	88,400	102,000
G. ARIZONA	1,775	2,715	3,449	4,041
H. CALIFORNIA	19,971	23,533	26,710	29,300
I. NEW MEXICO	1,011	1,295	1,520	1,697
J. TEXAS	11,199	14,170	16,479	18,441
U.S. Border	33,956	41,713	48,158	53,479
U.S. Total	203,306	226,505	248,249	265,378

SOURCE: Security Pacific National Bank, *U.S.-Mexican Border Region Economic Report*, December, 1981.

Table 104
CITY, MUNICIPALITY, AND COUNTY POPULATION, 10 S, 1900–80
(N)
A. BAJA CALIF.

Year	City Rank	City	Population	Municipality Rank	Municipality	Population
1900	1	Ensenada	1,726	1	Distrito Sur	40,041
	2	Tijuana	242	2	Distrito Norte	7,583
	3	Tecate	127			
1910	1	Ensenada	2,170	1	Ensenada	2,965
	2	Tijuana	733	2	Mexicali	1,417
	3	Mexicali	462	3	Tijuana	956
	4	Tecate	116	4	El Rosario	917
				5	Tecate	692
				6	El Alamo	565
				7	Calnali	562
				8	Santo Tomás	445
				9	San Telmo	386
				10	San Quintín	338
				11	Real del Castillo	322
				12	Los Algodones	195
1921	1	Mexicali	6,782	1	Mexicali	14,599
	2	Ensenada	2,178	2	Ensenada	7,922
	3	Tijuana	1,028	3	Tecate	1,016
	4	Tecate	493			
1930	1	Mexicali	14,842	1	Mexicali	29,985
	2	Tijuana	8,384	2	Tijuana	11,271
	3	Ensenada	3,042	3	Ensenada	7,071
	4	Tecate	566			
1940	1	Mexicali	18,775	1	Mexicali	44,399
	2	Tijuana	16,486	2	Tijuana	21,977
	3	Ensenada	4,616	3	Ensenada	12,531
	4	Tecate	1,088			
	5	Venustiano Carranza	1,635			
	6	El Arco	454			
	7	El Sausal	448			
	8	El Centinela	958			
	9	Colorado River Land	420			
	10	Nayarit	436			
	11	Nuevo León	443			
	12	Oaxaca	425			
	13	Progresso	1,079			
	14	Presa Rodríguez	937			
	15	Nacionalista	699			
1950	1	Mexicali	64,609	1	Mexicali	124,362
	2	Tijuana	59,952	2	Tijuana	65,364
	3	Ensenada	18,150	3	Ensenada	31,077
	4	Tecate	3,681	4	Tecate	6,160
1960	1	Mexicali	174,540	1	Mexicali	281,333
	2	Tijuana	152,374	2	Tijuana	165,690
	3	Ensenada	42,561	3	Ensenada	64,934
	4	Tecate	6,588	4	Tecate	8,208
1970	1	Tijuana	277,306	1	Mexicali	396,324
	2	Mexicali	263,498	2	Tijuana	340,583
	3	Ensenada	77,687	3	Ensenada	115,423
	4	Tecate	14,738	4	Tecate	18,091
1980[a]	1	Tijuana	429,500	1	Mexicali	510,664
	2	Mexicali	341,600	2	Tijuana	461,257
	3	Ensenada	120,500	3	Ensenada	175,425
	4	Tecate	23,900	4	Tecate	30,540

a. Estimated from the population figure of the largest class of the locality for the respective municipality.

B. CHIHUAHUA

	City			Municipality	
Year	Rank		Population	Rank		Population
1900	1	Chihuahua	30,405	1	Chihuahua	47,914
	2	Hidalgo de Parral	14,748	2	El Parral	16,712
	3	Jiménez	9,318	3	Batopilas	14,167
	4	Ciudad Juárez	8,218	4	Guerrero	13,954
	5	Camargo	4,709	5	Guadalupe y Calvo	12,716
	6	Rivas Palacio	4,153	6	Jiménez	11,015
	7	Meoqui	4,054	7	Camargo	9,765
	8	Batopilas	3,327	8	Ciudad Juárez	8,780
	9	Aldama	3,025	9	Allende	8,135
	10	Namiquipa	2,782	10	Ocampo	7,483
	11	Buenaventura	2,717	11	Casas Grandes	7,031
	12	Ciudad Guerrero	2,548	12	Ojinaga	6,787
	13	Santa Bárbara	2,406	13	Santa Bárbara	6,591
	14	Ojinaga	1,709	14	Uruachic	6,516
				15	San Buenaventura	6,063
1910	1	Chihuahua	39,706	1	Chihuahua	54,000
	2	Hidalgo de Parral	14,067	2	Guadalupe y Calvo	18,914
	3	Juárez	10,621	3	Batopilas	18,430
	4	Casas Grandes	7,708	4	El Parrala	16,278
	5	Camargo	6,776	5	Guerrero	15,258
	6	Santa Bárbara	6,175	6	Carichic	14,469
	7	Jiménez	5,325	7	Camargo	13,612
	8	Meoqui	3,990	8	Santa Bárbara	12,265
	9	Batopilas	3,554	9	Ciudad Juárez	11,781
	10	Aquiles Serdan	3,483	10	Rosales	11,557
	11	Madera	3,394	11	Casas Grandes	11,337
	12	Villa Escobedo	2,171	12	Cusihuiriachic	11,081
	13	Namiquipa	2,154	13	Jiménez	10,941
	14	Aldama	2,068	14	Allende	10,291
	15	Buena Ventura	2,056	15	Ojinaga	9,558
1921	1	Chihuahua	37,078	1	Chihuahua	48,932
	2	Juárez	19,457	2	Ciudad Juárez	24,891
	3	Hidalgo de Parral	15,181	3	Batopilas	18,208
	4	Camargo	8,545	4	Hidalgo de Parral	17,891
	5	Santa Bárbara	6,847	5	Guadalupe y Calvo	17,337
	6	Jiménez	6,675	6	Camargo	14,995
	7	Aquiles Serda	3,878	7	Jiménez	11,216
	8	Meoqui	3,841	8	Santa Bárbara	10,519
	9	Villa Escobedo	3,150	9	Cusihuiriachic	10,323
	10	Cusihuiriachic	3,017	10	Casas Grandes	9,454
	11	Buena Ventura	2,890	11	Ojinaga	9,391
	12	Aldama	2,727	12	Allende	9,041
	13	Saucillo	2,426	13	Bocoyna	6,997
	14	Batopilas	2,109	14	Temosachic	6,975
	15	Casas Grandes	1,827	15	Balleza	6,605
1930	1	Chihuahua	45,595	1	Chihuahua	61,526
	2	Juárez	39,669	2	Juárez	43,138
	3	Hidalgo de Parral	18,581	3	Hidalgo de Parral	21,507
	4	Santa Bárbara	10,179	4	Guadalupe y Calvo	18,546
	5	Camargo	7,587	5	Batopilas	15,153
	6	Aquiles Serdan	6,045	6	Cuauhtemoc	14,581
	7	Jiménez	6,033	7	Camargo	13,986
	8	San Francisco	5,495	8	Guerrero	13,462
	9	Cusihuiriachic	3,818	9	Santa Bárbara	12,998
	10	Madera	3,785	10	Ojinaga	12,048
	11	Meoqui	3,084	11	Jiménez	10,844
	12	Buenaventura	3,067	12	Santa Eulalia	9,773
	13	San Jerónimo de Aldama	2,374	13	Saucillo	8,769
	14	Saucillo	2,284	14	San Buenaventura	8,591
	15	Cuauhtemoc	2,119	15	Urique	8,119
1940	1	Chihuahua	56,805	1	Juárez	55,024
	2	Juárez	48,881	2	Hidalgo de Parral	29,933
	3	Hidalgo de Parral	24,231	3	Guadalupe y Calvo	23,743
	4	Santa Bárbara	13,902	4	Cuauhtemoc	21,884
	5	Camargo	7,705	5	Santa Bárbara	21,209
	6	Aquiles Serdan	7,368	6	Guerrero	16,914

B. CHIHUAHUA (Continued)

Year		City			Municipality	
	Rank		Population	Rank		Population
	7	Delicias	6,020	7	Saucillo	15,347
	8	Madera	4,549	8	Camargo	15,332
	9	Saucillo	3,826	9	Batopilas	14,245
	10	Meoqui	3,780	10	Buenaventura	14,127
	11	Maguarichic	3,387	11	San Francisco del Oro	12,663
	12	Nuevo Casas Grandes	3,182	12	Ojinaga	12,333
	13	Cuauhtemoc	2,865	13	Delicias	11,860
	14	Aldama	2,818	14	Aquiles Serdan	11,757
	15	Allende	2,400	15	Jiménez	10,834
1950	1	Chihuahua	870,000	1	Juárez	131,308
	2	Juárez	122,566	2	Chihuahua	112,468
	3	Hidalgo de Parral	32,063	3	Hidalgo de Parral	36,740
	4	Delicias	18,290	4	Delicias	30,651
	5	Santa Bárbara	14,808	5	Cuauhtemoc	30,098
	6	Camargo	11,945	6	Guerrero	25,016
	7	San Francisco del Oro	11,465	7	Guadalupe y Calvo	24,750
	8	Jiménez	7,428	8	Batopilas	20,234
	9	Meoqui	6,773	9	Santa Bárbara	19,207
	10	Cuauhtemoc	6,408	10	Camargo	18,618
	11	Nuevo Casas Grandes	6,188	11	Saucillo	17,993
	12	Madera	5,146	12	Ojinaga	16,540
	13	Ojinaga	4,568	13	Meoqui	16,382
	14	Saucillo	4,452	14	Madera	14,255
	15	Aquiles Serdan	3,927	15	Temosachic	13,595
1960	1	Juárez	262,119	1	Ciudad Juárez	276,995
	2	Chihuahua	150,430	2	Chihuahua	186,089
	3	Hidalgo de Parral	41,474	3	Delicias	51,596
	4	Delicias	39,919	4	Hidalgo de Parral	45,080
	5	Camargo	18,951	5	Cuauhtemoc	43,841
	6	Santa Bárbara	15,846	6	Guerrero	29,276
	7	Jiménez	14,904	7	Ciudad Camargo	29,185
	8	Cuauhtemoc	14,686	8	Guadalupe y Calvo	26,751
	9	Nuevo Casas Grandes	11,687	9	Saucillo	26,644
	10	San Francisco del Oro	11,333	10	Madera	26,146
	11	Meoqui	10,287	11	Meoqui	25,129
	12	Ojinaga	8,252	12	Jiménez	24,967
	13	Madera	7,314	13	Batopilas	22,100
	14	Saucillo	6,842	14	Ojinaga	20,373
	15	Villa Ahumada	4,870	15	Namiquipa	19,440
1970	1	Ciudad Juárez	407,370	1	Ciudad Juárez	424,135
	2	Chihuahua	257,057	2	Chihuahua	277,099
	3	Hidalgo de Parral	57,619	3	Cuauhtemoc	66,856
	4	Delicias	52,445	4	Delicias	64,193
	5	Cuauhtemoc	26,598	5	Hidalgo de Parral	61,817
	6	Ciudad Camargo	24,030	6	Ciudad Camargo	36,222
	7	Nuevo Casas Grandes	20,023	7	Nuevo Casas Grandes	30,703
	8	Jiménez	18,095	8	Jiménez	27,635
	9	Santa Bárbara	16,978	9	Santa Bárbara	19,862
	10	San Francisco del Oro	12,116	10	San Francisco del Oro	13,708
1980	1	Ciudad Juárez	544,496	1	Ciudad Juárez	567,365
	2	Chihuahua	385,641	2	Chihuahua	406,830
	3	Hidalgo de Parral	75,570	3	Cuauhtemoc	85,589
	4	Delicias	65,484	4	Delicias	82,215
	5	Cuauhtemoc	43,472	5	Hidalgo de Parral	78,994
	6	Camargo	29,446	6	Camargo	44,623
	7	Nuevo Casas Grandes	28,527	7	Guerrero	40,880
	8	Jiménez	23,777	8	Nuevo Casas Grandes	36,871
	9	Ojinaga	18,144	9	Meoiqui	34,727
	10	Santa Bárbara	14,884	10	Madera	34,614
				11	Jiménez	33,230
				12	Nimiquipa	32,987
				13	Guadalupe y Calvo	30,231
				14	Guachochi	29,067
				15	San Francisco del Oro	12,185

C. COAHUILA

		City			Municipality	
Year	Rank		Population	Rank		Population
1900	1	Saltillo	23,996	1	Parras	118,113
	2	Torreón	13,845	2	Saltillo	40,442
	3	San Pedro las Colonias	8,997	3	San Pedro las Colonias	35,559
	4	Sierra Mojada	8,246	4	Torreón	23,190
	5	Piedras Negras	7,888	5	Matamoros	15,640
	6	Monclova	6,684	6	Monclova	14,580
	7	Parras de la Fuente	6,476	7	Ciudad Porfirio Díaz	13,468
	8	Viesca	4,676	8	Sierra Mojada	12,840
	9	Melchor Muzquiz	4,622	9	Ramos Arizpe	12,582
	10	Allende	3,640	10	General Cepeda	12,101
	11	Zaragoza	3,404	11	Muzquiz	11,208
	12	Candela	2,897	12	Viesca	8,995
	13	San Carlos	2,889	13	Jiménez	8476
	14	San Buenaventura	2,819	14	Arteaga	8,032
	15	Matamoros	2,567	15	Sabinas	6,410
1910	1	Saltillo	35,414	1	Saltillo	53,980
	2	Torreón	34,271	2	San Pedro las Colonias	44,844
	3	San Pedro las Colonias	13,066	3	Torreón	43,382
	4	Piedras Negras	8,518	4	Matamoros Laguna	19,601
	5	Monclova	6,872	5	Monclova	17,032
	6	Parras	6,252	6	Muzquiz	16,377
	7	Muzquiz	5,012	7	Parras	15,284
	8	Allende	4,469	8	Ramos Arizpe	14,650
	9	Matamoros Laguna	4,444	9	Sabinas	14,555
	10	Viesca	4,038	10	Ciudad Porfirio Díaz	12,036
	11	Zaragoza	3,929	11	General Cepeda	11,602
	12	Cuatro Ciénegas	3,484	12	Arteaga	9,332
	13	San Buenaventura	3,456	13	Viesca	8,662
	14	Palau (Sabinas)	3,059	14	Zaragoza	7,493
	15	Palau (Muzquiz)	3,436	15	Cuatro Ciénegas	6,898
1921	1	Torreón	50,902	1	Saltillo	60,705
	2	Saltillo	40,451	2	Torreón	56,449
	3	San Pedro las Colonias	18,200	3	San Pedro	51,464
	4	Piedras Negras	14,233	4	Matamoros	18,508
	5	Monclova	12,622	5	Parras	16,826
	6	Parras de la Fuente	7,284	6	Monclova	14,910
	7	San Juan de Sabinas	6,151	7	Ramos Arizpe	13,545
	8	Allende	5,658	8	Sabinas	13,147
	9	Melchor Muzquiz	5,186	9	Muzquiz	12,094
	10	Matamoros	4,583	10	General Cepeda	11,833
	11	Agujita	4,283	11	Arteaga	9,281
	12	Zaragoza	4,246	12	San Juan de Sabinas	8,035
	13	San Buenaventura	3,962	13	Zaragoza	7,756
	14	Cloete	3,951	14	Allende	7,054
	15	Sabinas	3,086	15	Viesca	6,149
1930	1	Torreón	66,001	1	Torreón	74,906
	2	Saltillo	45,272	2	Saltillo	66,609
	3	Piedras Negras	15,878	3	San Pedro las Colonias	44,158
	4	San Pedro las Colonias	13,196	4	Matamoros	20,278
	5	Parras de la Frontera	11,660	5	Parras	20,019
	6	San Juan de Sabinas	10,418	6	Piedras Negras	19,069
	7	Monclova	6,877	7	Ramos Arizpe	15,941
	8	Matamoros	6,001	8	Muzquiz	15,718
	9	Melchor Muzquiz	5,956	9	Sabinas	14,297
	10	Villa Frontera	5,601	10	San Juan de Sabinas	12,442
	11	Acuña	5,350	11	General Cepeda	12,056
	12	Allende	4,804	12	Arteaga	9,836
	13	Sabinas	4,541	13	Viesca	9,340
	14	Zaragoza	3,663	14	Monclova	8,748
	15	General Cepeda	3,312	15	Acuña	7,098
1940	1	Torreón	75,796	1	Torreón	87,765
	2	Saltillo	49,430	2	Saltillo	75,721
	3	San Pedro	15,713	3	San Pedro	46,319
	4	Piedras Negras	15,663	4	San Juan de Sabinas	29,576
	5	Parras	15,555	5	Matamoros	28,514
	6	Matamoros	7,961	6	Parras	26,406
	7	Monclova	7,181	7	Muzquiz	21,817
	8	Muzquiz	7,040	8	Ramos Arizpe	21,161

C. COAHUILA (Continued)

Year	City Rank	City	Population	Municipality Rank	Municipality	Population
	9	Sabinas	6,825	9	Francisco I. Madero	20,094
	10	Villa Frontera	6,035	10	Piedras Negras	18,667
	11	Allende	5,613	11	Sabinas	17,327
	12	San Buenaventura	3,541	12	Arteaga	13,621
	13	Zaragoza	3,510	13	General Cepeda	13,181
	14	Viesca	3,370	14	Viesca	12,499
				15	Monclova	9,411
1950	1	Torreón	128,971	1	Saltillo	147,233
	2	Saltillo	69,842	2	Saltillo	98,603
	3	San Juan de Sabinas	29,625	3	San Pedro	61,960
	4	Piedras Negras	27,581	4	Matamoros	37,624
	5	San Pedro las Colonias	19,258	5	San Juan de Sabinas	33,442
	6	Monclova	19,049	6	Piedras Negras	31,665
	7	Parras de la Fuente	18,547	7	Parras	31,658
	8	Acuña	11,372	8	Francisco I. Madero	28,810
	9	Sabinas	11,249	9	Muzquiz	23,054
	10	Matamoros	10,154	10	Monclova	21,527
	11	Villa Frontera	9,441	11	Sabinas	20,588
	12	Melchor Muzquiz	8,225	12	Ramos Arizpe	19,727
	13	Allende	7,093	13	General Cepeda	14,478
	14	Agujita	5,151	14	Arteaga	13,845
	15	Francisco I. Madero	4,800	15	Acuña	13,540
1960	1	Torreón	179,901	1	Saltillo	203,153
	2	Saltillo	98,839	2	Saltillo	127,772
	3	Piedras Negras	44,992	3	San Pedro de las Colonias	70,391
	4	Monclova	43,077	4	Piedras Negras	48,408
	5	San Pedro de las Colonias	26,018	5	Matamoros	46,631
	6	Ciudad Acuña	20,048	6	Monclova	45,257
	7	Parras de la Fuente	19,768	7	San Juan de Sabinas	37,305
	8	Sabinas	16,076	8	Francisco I. Madero	35,466
	9	Villa Frontera	14,297	9	Muzquiz	33,563
	10	Matamoros	13,770	10	Parras	33,438
	11	Melchor Muzquiz	12,971	11	Sabinas	25,675
	12	Francisco I. Madero	9,938	12	Acuña	22,317
	13	Allende	9,418	13	Ramos Arizpe	17,212
	14	San Buenaventura	5,793	14	Villa Frontera	16,286
	15	Castanos	4,999	15	General Cepeda	14,192
1970	1	Torreón	223,104	1	Torreón	250,524
	2	Saltillo	116,114	2	Saltillo	190,994
	3	Monclova	78,134	3	Monclova	81,878
	4	Piedras Negras	41,033	4	San Pedro de las Colonias	72,834
	5	San Juan de Sabinas	34,706	5	Piedras Negras	46,698
	6	Villa Acuña	30,276	6	Muzquiz	45,850
	7	San Pedro de las Colonias	26,882	7	Matamoros	44,441
	8	Frontera	25,761	8	San Juan de Sabinas	37,874
	9	Sabinas	20,538	9	Francisco I. Madero	37,343
	10	Parras de la Fuente	18,707	10	Parras	33,208
	11	Matamoros	15,125	11	Villa Acuña	32,500
	12	Francisco I. Madero	12,613	12	Sabinas	29,194
	13	Allende	11,076	13	Frontera	27,979
	14	San Buenaventura	9,188	14	Ramos Arizpe	19,266
	15	Zaragoza	6,797	15	Viesca	16,146
1980	1	Torreón	328,099	1	Saltillo	363,886
	2	Saltillo	284,942	2	Saltillo	321,758
	3	Monclova	115,804	3	Monclova	119,609
	4	Piedras Negras	67,444	4	San Pedro de las Colonias	93,410
	5	Villa Acuña	38,887	5	Piedras Negras	80,290
	6	San Pedro de las Colonias	35,872	6	Matamoros	71,771
	7	San Juan de Sabinas	33,124	7	Melchor Muzquiz	53,906
	8	Villa Frontera	32,580	8	Francisco I. Madero	47,511
	9	Matamoros	28,190	9	Ciudad Acuña	41,948
	10	Sabinas	27,423	10	Parras de la Fuente	39,677
				11	Sabinas	39,515
				12	San Juan de Sabinas	37,127
				13	Ciudad Frontera	35,179
				14	Ramos Arizpe	23,092
				15	Viesca	21,095

D. NUEVO LEON

Year	City Rank	City	Population	Municipality Rank	Municipality	Population
1900	1	Monterrey	62,266	1	Monterrey	72,963
	2	Linares	7,076	2	Doctor Arroyo	22,350
	3	Montemorelos	4,767	3	Linares	19,363
	4	Lampazos de Naranjo	4,733	4	Montemorelos	18,443
	5	Villaldama	4,261	5	Cadereyta Jiménez	18,040
	6	Sabinas	4,089	6	Galeana	13,696
	7	Cadereyta Jiménez	3,654	7	Santiago	12,655
	8	Bustamante	3,341	8	Aramberri	9,922
	9	Doctor Arroyo	3,275	9	General Terán	9,850
	10	Nuevo León	2,813	10	Lampazos	8,586
	11	Los Marín	2,687	11	Sabinas Hidalgo	7,318
	12	Allende	2,626	12	Villaldama	6,440
	13	Salinas Victoria	2,610	13	Allende	6,328
	14	Villa de García	2,507	14	Cerralvo	6,069
	15	San Nicolás de Garza	1,534	15	García	5,107
1910	1	Monterrey	78,528	1	Monterrey	86,294
	2	Linares	7,341	2	Doctor Arroyo	26,318
	3	Montemorelos	5,963	3	Montemorelos	21,930
	4	Sabinas	5,173	4	Linares	21,567
	5	Lampazos de Naranjo	4,542	5	Cadereyta Jiménez	18,599
	6	Villa de García	4,041	6	Galeana	17,433
	7	Villaldama	3,969	7	Santiago	12,312
	8	Cadereyta Jiménez	3,938	8	General Terán	11,894
	9	Doctor Arroyo	3,927	9	Aramberri	11,313
	10	Bustamante	2,895	10	Sabinas Hidalgo	9,472
	11	Cerralvo	2,767	11	Lampazos	7,524
	12	Allende	2,325	12	Villaldama	6,637
	13	Salinas Victoria	2,310	13	Allende	6,633
	14	Hidalgo	1,876	14	García	6,618
	15	Los Marín	1,858	15	Cerralvo	6,570
1921	1	Monterrey	88,479	1	Monterrey	98,305
	2	Linares	9,810	2	Linares	22,090
	3	Montemorelos	6,642	3	Montemorelos	20,905
	4	Sabinas	4,762	4	Cadereyta Jiménez	16,366
	5	Villaldama	3,958	5	Doctor Arroyo	14,948
	6	Cadereyta Jiménez	3,588	6	Santiago	12,232
	7	Lampazos de Naranjo	3,492	7	Galeana	11,506
	8	Doctor Arroyo	3,165	8	General Terán	9,961
	9	Bustamante	2,960	9	Allende	7,165
	10	Cerralvo	2,440	10	Sabinas Hidalgo	7,099
	11	Villa de García	2,231	11	Los Ramones	6,870
	12	General Terán	2,094	12	Villaldama	6,657
	13	Salinas Victoria	1,887	13	Lampazos de Naranjo	6,365
	14	El Cercado	1,838	14	China	5,156
	15	Hidalgo	1,578	15	García	4,440
1930	1	Monterrey	132,577	1	Monterrey	137,388
	2	Linares	9,590	2	Linares	25,136
	3	Sabinas	5,828	3	Montemorelos	21,217
	4	Montemorelos	5,574	4	Doctor Arroyo	19,352
	5	Lampazos de Naranjo	3,639	5	Cadereyta Jiménez	18,017
	6	Cadereyta Jiménez	3,531	6	Galeana	16,771
	7	Doctor Arroyo	3,046	7	Santiago	12,858
	8	Villaldama	3,029	8	General Terán	11,682
	9	Cerralvo	2,759	9	Lampazos de Naranjo	9,741
	10	Bustamante	2,602	10	Sabinas Hidalgo	9,219
	11	Hidalgo	2,346	11	Los Ramones	7,945
	12	Agualeguas	2,082	12	Aramberri	6,959
	13	El Cercado	2,076	13	Allende	6,739
	14	San Nicolás de Garza	2,049	14	China	5,588
	15	General Zuazua	2,021	15	Cerralvo	5,243
1940	1	Monterrey	186,092	1	Monterrey	190,074
	2	Linares	9,918	2	Linares	33,309
	3	Sabinas	6,912	3	Doctor Arroyo	26,883
	4	Montemorelos	5,579	4	Montemorelos	25,551
	5	Cadereyta Jiménez	4,179	5	Galeana	24,970
	6	San Nicolás de Garza	3,038	6	Cadereyta Jiménez	21,180
	7	Doctor Arroyo	2,912	7	General Terán	16,062
	8	Lampazos de Naranjo	2,820	8	Santiago	13,670

D. NUEVO LEON (Continued)

Year	City Rank	City	City Population	Municipality Rank	Municipality	Municipality Population
	9	Anáhuac	2,771	9	Anáhuac	12,498
	10	Cerralvo	2,732	10	Sabinas Hidalgo	11,706
	11	Villaldama	2,648	11	Los Ramones	10,291
	12	Bustamante	2,606	12	Aramberri	9,264
	13	Agualeguas	2,471	13	Allende	7,608
	14	Guadalupe	2,371	14	China	7,377
	15	General Terán	2,348	15	García	6,254
1950	1	Monterrey	333,422	1	Monterrey	333,282
	2	Linares	13,473	2	Linares	33,983
	3	Guadalupe	10,394	3	Doctor Arroyo	31,665
	4	Sabinas	8,631	4	Galeana	30,823
	5	Montemorelos	7,564	5	Montemorelos	27,326
	6	San Nicolás de los Garza	6,665	6	Cadereyta Jiménez	23,786
	7	Cadereyta Jiménez	5,565	7	Anáhuac	20,001
	8	Anáhuac	4,969	8	General Terán	16,562
	9	Bustamante	3,115	9	Santiago	16,528
	10	Doctor Arroyo	3,085	10	Guadalupe	12,610
	11	Cerralvo	3,048	11	Sabinas Hidalgo	12,047
	12	General Terán	2,948	12	Aramberri	11,486
	13	Hidalgo	2,785	13	Los Ramones	10,604
	14	Lampazos de Naranjo	2,699	14	San Nicolás de los Garza	10,543
	15	Garza García	2,659	15	China	8,480
1960	1	Monterrey	596,939	1	Monterrey	601,085
	2	Guadalupe	27,020	2	San Nicolás de los Garza	41,243
	3	San Nicolás de los Garza	15,437	3	Guadalupe	38,233
	4	Linares	13,592	4	Linares	34,893
	5	Montemorelos	11,641	5	Doctor Arroyo	34,373
	6	Sabinas Hidalgo	11,592	6	Galeana	33,212
	7	Cadereyta Jiménez	9,042	7	Montemorelos	28,667
	8	Garza García	7,525	8	Cadereyta Jiménez	24,334
	9	Allende	6,497	9	Anáhuac	18,116
	10	Anáhuac	6,104	10	Santiago	16,993
	11	Santa Catarina	4,608	11	General Terán	15,766
	12	Cerralvo	4,057	12	Garza García	14,943
	13	General Terán	3,739	13	Sabinas Hidalgo	14,182
	14	Hidalgo	3,438	14	Santa Catarina	12,895
	15	Galeana	3,127	15	Aramberri	12,389
1970	1	Monterrey	858,107	1	Monterrey	858,107
	2	Guadalupe	51,899	2	Guadalupe	159,930
	3	San Nicolás de los Garza	28,803	3	San Nicolás de los Garza	113,074
	4	Linares	24,456	4	Linares	49,621
	5	Garza García	20,934	5	Garza García	45,983
	6	Montemorelos	18,642	6	Doctor Arroyo	42,871
	7	Sabinas Hidalgo	17,439	7	Galeana	40,069
	8	Cadereyta Jiménez	13,586	8	Montemorelos	37,265
	9	Allende	9,914	9	Cadereyta Jiménez	29,765
	10	Anáhuac	8,168	10	Sabinas Hidalgo	19,163
	11	Apodaca	5,653	11	Apodaca	18,564
	12	General Terán	5,354	12	General Terán	17,765
	13	Doctor Arroyo	4,290	13	Aramberri	16,300
	14	Villaldama	3,625	14	Allende	14,893
	15	Galeana	3,429	15	Anáhuac	13,341
1980	1	Monterrey	1,084,722	1	Monterrey	1,090,009
	2	Guadalupe	370,515	2	Guadalupe	370,908
	3	San Nicolás de los Garza	280,688	3	San Nicolás de los Garza	280,696
	4	Allende	87,675	4	Santa Catarina	89,488
	5	Garza García	81,967	5	Garza García	81,974
	6	Linares	33,014	6	Linares	53,691
	7	Montemorelos	28,358	7	Cadereyta de Jiménez	45,147
	8	Cadereyta Jiménez	26,536	8	Montemorelos	43,874
	9	General Escobedo	23,623	9	Galeana	42,326
	10	Sabinas Hidalgo	23,195	10	Doctor Arroyo	41,439
				11	General Escobedo	37,756
				12	Apodaca	37,181
				13	Santiago	28,585
				14	Sabinas Hidalgo	24,893
				15	Allende	19,286

E. SONORA

Year	City			Municipality		
	Rank		Population	Rank		Population
1900	1	Hermosillo	10,613	1	Alamos	18,793
	2	Guaymas	8,648	2	Hermosillo	17,618
	3	Alamos	6,180	3	Guaymas	9,758
	4	Torín	3,055	4	Navojoa	8,500
	5	La Colorada	3,054	5	Minas Prietas	7,639
	6	Sahuaripa	2,963	6	Ures	6,752
	7	Navojoa	2,955	7	Huatabampo	5,989
	8	Nogales	2,738	8	Cumpas	5,058
	9	Magdalena	2,497	9	Horcasitas	4,332
	10	Cocorit	2,447	10	San José de Guaymas	4,277
	11	Ures	2,351	11	Altar	3,898
	12	Cumpas	1,532	12	Sahuaripa	3,738
	13	Huatabampo	1,458	13	Baviacora	3,557
	14	Santa Ana	1,244	14	Trinidad	3,330
	15	Nacozari de García	978	15	Nogales	3,311
1910	1	Hermosillo	14,578	1	Alamos	19,696
	2	Guaymas	12,333	2	Hermosillo	22,594
	3	Cananea	8,909	3	Guaymas	31,956
	4	Alamos	5,736	4	Navojoa	10,882
	5	Magdalena	4,264	5	Minas Prietas	6,068
	6	Nogales	3,177	6	Ures	6,647
	7	Ures	2,870	7	Cumpas	10,340
	8	Cumpas	2,802	8	Huatabampo	7,000
	9	Sahuaripa	2,619	9	Magdalena	6,314
	10	Huatabampo	2,592	10	Quirego	5,426
	11	Cocorit	2,441	11	Altar	5,356
	12	Navojoa	2,430	12	Etchojoa	5,342
	13	Torín	2,216	13	Santa Ana	4,471
	14	Pilares de Nacozari	2,187	14	Oputo	4,181
	15	Nacozari de García	2,096	15	Sahuaripa	4,120
1921	1	Hermosillo	14,745	1	Alamos	20,785
	2	Nogales	13,475	2	Hermosillo	19,419
	3	Guaymas	8,558	3	Navojoa	18,907
	4	Cananea	6,974	4	Nogales	14,589
	5	Navojoa	5,473	5	Guaymas	14,162
	6	Magdalena	4,952	6	Cananea	11,610
	7	Nacozari de García	4,521	7	Sonora	9,504
	8	Alamos	4,089	8	Etchojoa	7,840
	9	Huatabampo	3,511	9	Cocorit	6,936
	10	Agua Prieta	3,236	10	Ures	6,354
	11	Cocorit	3,080	11	Magdalena	6,200
	12	Cumpas	3,001	12	Oputo	5,758
	13	Ures	2,857	13	Cumpas	5,662
	14	Pilares de Nacozari	2,851	14	Santa Ana	5,192
	15	Arizpe	1,433	15	Arizpe	5,180
1930	1	Hermosillo	19,959	1	Hermosillo	25,535
	2	Nogales	14,061	2	Navojoa	22,864
	3	Cananea	12,932	3	Alamos	18,857
	4	Navojoa	9,154	4	Guaymas	18,779
	5	Guaymas	8,534	5	Cananea	16,730
	6	Ciudad Obregón	8,469	6	Nogales	15,605
	7	Pilares de Nacozari	6,694	7	Cajeme	14,114
	8	Nacozari de García	5,196	8	Huatabampo	11,810
	9	Agua Prieta	4,674	9	Etchojoa	9,626
	10	Huatabampo	4,508	10	Cocorit	7,481
	11	Magdalena	4,211	11	Pilares de Nacozari	7,029
	12	Alamos	3,008	12	Agua Prieta	6,677
	13	Cocorit	2,969	13	Bacum	6,204
	14	Sahuaripa	2,765	14	Ures	6,063
	15	Cumpas	2,570	15	Cumpas	5,760
1940	1	Hermosillo	18,601	1	Navojoa	31,118
	2	Nogales	13,866	2	Hermosillo	30,065
	3	Ciudad Obregón	12,497	3	Cajeme	27,519
	4	Navojoa	11,009	4	Guaymas	20,550
	5	Cananea	11,006	5	Alamos	19,165
	6	Guaymas	8,796	6	Nogales	15,422
	7	Huatabampo	5,643	7	Huatabampo	14,874
	8	Nacozari de García	4,502	8	Etchojoa	13,365

E. SONORA (Continued)

Year		City			Municipality	
	Rank		Population	Rank		Population
	9	Magdalena	4,249	9	Cananea	11,890
	10	Agua Prieta	4,106	10	Nacozari de García	10,602
	11	Sahuaripa	3,195	11	Ures	7,785
	12	Santa Ana	3,057	12	Santa Ana	7,441
	13	Ures	2,981	13	Magdalena	7,265
	14	Alamos	2,921	14	Sahuaripa	6,585
	15	Arizpe	1,126	15	Agua Prieta	6,552
1950	1	Hermosillo	43,519	1	Cajeme	63,025
	2	Cajeme	30,991	2	Hermosillo	54,503
	3	Nogales	24,478	3	Guaymas	41,795
	4	Guaymas	18,890	4	Navojoa	38,533
	5	Cananea	17,892	5	Nogales	26,016
	6	Navojoa	17,345	6	Etchojoa	23,684
	7	Agua Prieta	10,471	7	Huatabampo	22,701
	8	Huatabampo	7,701	8	Alamos	21,484
	9	Magdalena	6,114	9	Cananea	18,869
	10	San Luis Río Colorado	4,079	10	San Luis Río Colorado	13,593
	11	Caborca	3,997	11	Agua Prieta	13,121
	12	Santa Ana	3,970	12	Santa Ana	9,974
	13	Sahuaripa	3,839	13	Sahuaripa	9,392
	14	Nacozari de García	3,561	14	Magdalena	9,034
	15	Ures	3,462	15	Arizpe	4,659
1960	1	Hermosillo	95,978	1	Cajeme	124,162
	2	Cajeme	67,956	2	Hermosillo	118,051
	3	Nogales	37,657	3	Navojoa	54,412
	4	Guaymas	34,865	4	Guaymas	53,687
	5	Navojoa	30,560	5	San Luis Río Colorado	42,134
	6	San Luis Río Colorado	28,545	6	Nogales	39,812
	7	Cananea	19,683	7	Etchojoa	38,451
	8	Empalme	18,964	8	Huatabampo	29,935
	9	Agua Prieta	15,339	9	Alamos	24,525
	10	Huatabampo	10,228	10	Empalme	22,485
	11	Magdalena	9,445	11	Cananea	21,048
	12	Caborca	9,338	12	Agua Prieta	17,248
	13	Etchojoa	4,075	13	Bacum	13,969
	14	Alamos	3,602	14	Caborca	12,400
	15	Bacum	2,110	15	Magdalena	12,070
1970	1	Hermosillo	176,596	1	Hermosillo	208,164
	2	Ciudad Obregón	114,407	2	Ciudad Obregón	182,904
	3	Guaymas	57,492	3	Guaymas	86,808
	4	Nogales	52,108	4	Navojoa	67,038
	5	Río Colorado	49,990	5	San Luis Río Colorado	63,604
	6	Navojoa	43,817	6	Etchojoa	55,573
	7	Empalme	24,927	7	Nogales	53,494
	8	Caborca	20,771	8	Huatabampo	44,587
	9	Agua Prieta	20,754	9	Empalme	34,136
	10	Huatabampo	18,506	10	Caborca	28,971
	11	Cananea	17,518	11	Alamos	24,170
	12	Magdalena	10,281	12	Agua Prieta	23,272
	13	Puerto Peñasco	8,452	13	Cananea	21,315
	14	Santa Ana	7,020	14	Bacum	16,889
	15	Benjamín Hill	5,366	15	Magdalena	14,070
1980	1	Hermosillo	297,134	1	Hermosillo	340,779
	2	Ciudad Obregón	165,567	2	Ciudad Obregón	255,845
	3	Río Colorado	76,673	3	Navojoa	106,221
	4	Nogales	65,587	4	Heroica Guaymas	97,962
	5	Navojoa	62,900	5	San Luis Río Colorado	92,790
	6	Guaymas	54,802	6	Heroica Nogales	68,076
	7	Caborca	33,708	7	Etchojoa	66,156
	8	Empalme	31,541	8	Huatabampo	60,399
	9	Agua Prieta	28,866	9	Heroica Caborca	50,452
	10	Huatabampo	22,620	10	Empalme	41,063
				11	Agua Prieta	34,380
				12	Alamos	29,091
				13	Cananea	25,327
				14	Bacum	22,182
				15	Magdalena	17,992

F. TAMAULIPAS

Year		City			Municipality	
	Rank		Population	Rank		Population
1900	1	Tampico	16,313	1	Tula	22,114
	2	Victoria	10,086	2	Matamoros	18,444
	3	Matamoros	8,347	3	Tampico	17,569
	4	Tula	6,935	4	Victoria	14,588
	5	Nuevo Laredo	6,548	5	Juamave	9,933
	6	Ocampo	3,599	6	Ocampo	9,707
	7	Guerrero	3,504	7	Laredo	7,984
	8	Mier	2,757	8	San Carlos	7,391
	9	Juamave	2,741	9	Mier	7,198
	10	Guemes	2,612	10	Villagrán	7,144
	11	Ciudad Camargo	2,194	11	Reynosa	7,050
	12	Reynosa	1,915	12	Camargo	6,882
	13	Xicohtencatl	1,548	13	Guerrero	5,883
	14	San Miguel Camargo	1,004	14	Bustamante	5,763
	15	Ciudad Mante	620	15	San Fernando	5,391
1910	1	Tampico	16,528	1	Tula	24,618
	2	Victoria	12,103	2	Tampico	23,310
	3	Nuevo Laredo	8,143	3	Victoria	17,859
	4	Matamoros	7,390	4	Matamoros	16,039
	5	Tula	6,707	5	Juamave	11,071
	6	Guerrero	2,883	6	Ocampo	10,525
	7	Ocampo	2,804	7	Villagrán	9,481
	8	Mier	2,604	8	Hidalgo	9,246
	9	Ciudad Madero	2,219	9	Laredo	8,904
	10	Xicohtencatl	1,633	10	Llera	7,149
	11	Arbol Grande	1,489	11	Mier	6,980
	12	Reynosa	1,475	12	San Carlos	6,971
	13	Juamave	1,436	13	Reynosa	6,780
	14	Ciudad Camargo	1,007	14	Camargo	6,762
	15	Guemes	769	15	Bustamante	6,711
1921	1	Tampico	44,822	1	Victoria	22,599
	2	Ciudad Victoria	17,124	2	Matamoros	20,250
	3	Ciudad Madero	15,298	3	Nuevo Laredo	18,996
	4	Nuevo Laredo	14,998	4	Reynosa	10,001
	5	Llanos del Golfo	9,537	5	Villagrán	7,970
	6	Matamoros	9,215	6	Camargo	7,959
	7	Arbol Grande	8,754	7	Hidalgo	7,598
	8	La Puntilla	3,390	8	Mier	7,150
	9	Tula	3,192	9	San Carlos	6,388
	10	Xicohtencatl	2,342	10	San Fernando	5,909
	11	Reynosa	2,107	11	Tula	5,361
	12	Mier	2,099	12	Altamira	5,335
	13	Guerrero	1,970	13	Juamave	5,232
	14	Ciudad Camargo	1,478	14	Guemez	5,215
	15	San Miguel Camargo	1,418	15	Padilla	4,862
1930	1	Tampico	68,126	1	Tampico	70,183
	2	Ciudad Madero	21,721	2	Victoria	26,808
	3	Nuevo Laredo	21,636	3	Cecilia	25,704
	4	Ciudad Victoria	17,682	4	Matamoros	24,955
	5	Matamoros	9,733	5	Nuevo Laredo	23,128
	6	Reynosa	4,840	6	Reynosa	12,346
	7	Tula	3,629	7	Hidalgo	10,951
	8	Ocampo	2,416	8	Villagrán	10,789
	9	Mier	2,264	9	Camargo	9,918
	10	Xicohtencatl	2,028	10	Juamave	8,650
	11	Ciudad Camargo	1,799	11	Mier	7,756
	12	San Fernando	1,795	12	Llera	7,091
	13	Guerrero	1,731	13	Altamira	6,993
	14	Aldama	1,628	14	Ocampo	6,858
	15	Juamave	1,567	15	Juárez	6,820
1940	1	Tampico	82,475	1	Tampico	84,037
	2	Nuevo Laredo	28,872	2	Matamoros	54,136
	3	Ciudad Madero	28,075	3	Nuevo Laredo	31,502
	4	Ciudad Victoria	19,513	4	Victoria	29,825
	5	Matamoros	15,699	5	Ciudad Madero	28,391
	6	Reynosa	9,412	6	Reynosa	23,137
	7	Ciudad Mante	8,616	7	Camargo	17,526
	8	Tula	4,558	8	Ciudad Mante	16,977

F. TAMAULIPAS (Continued)

Year		City			Municipality	
	Rank		Population	Rank		Population
	9	Ocampo	2,006	9	Hidalgo	15,113
	10	Mier	1,866	10	Tula	13,433
	11	Miquihuana	1,847	11	Juamave	11,491
	12	Juamave	1,839	12	Mier	9,658
	13	Guerrero	1,786	13	Altamira	9,013
	14	Altamira	1,387	14	Llera	8,412
	15	Ciudad Camargo	1,271	15	Villagrán	8,142
1950	1	Tampico	94,345	1	Matamoros	128,347
	2	Nuevo Laredo	57,668	2	Tampico	96,541
	3	Matamoros	45,846	3	Reynosa	69,428
	4	Ciudad Madero	41,074	4	Nuevo Laredo	59,496
	5	Reynosa	34,087	5	Victoria	42,659
	6	Victoria	31,815	6	Ciudad Madero	41,144
	7	Ciudad Mante	21,291	7	Mante	35,397
	8	Xicohtencatl	4,000	8	Camargo	25,845
	9	Tula	3,709	9	Hidalgo	19,458
	10	Camargo	3,433	10	Tula	15,372
	11	Mier	3,057	11	Mier	12,984
	12	Ocampo	2,864	12	Altamira	12,625
	13	Aldama	2,087	13	Llera	12,354
	14	Padilla	2,036	14	Juamave	12,257
	15	Guerrero	1,986	15	San Fernando	11,116
1960	1	Tampico	122,535	1	Matamoros	143,043
	2	Nuevo Laredo	92,627	2	Reynosa	134,869
	3	Matamoros	92,327	3	Tampico	124,894
	4	Reynosa	74,140	4	Nuevo Laredo	96,043
	5	Ciudad Madero	53,628	5	Victoria	60,482
	6	Ciudad Victoria	50,797	6	Ciudad Madero	53,738
	7	Ciudad Mante	22,919	7	Mante	49,974
	8	Valle Hermoso	15,769	8	Valle Hermoso	42,984
	9	Miguel Aleman	6,535	9	Altamira	20,736
	10	Xicohtencatl	4,434	10	Camargo	29,319
	11	Tula	4,210	11	Hidalgo	21,015
	12	Mier	4,120	12	Tula	19,812
	13	Camargo	4,008	13	San Fernando	21,644
	14	San Fernando	3,904	14	Llera	16,264
	15	Mendez	3,768	15	Juamave	14,643
1970	1	Tampico	179,584	1	Matamoros	186,146
	2	Nuevo Laredo	148,867	2	Tampico	185,059
	3	Matamoros	137,749	3	Nuevo León	151,253
	4	Reynosa	137,383	4	Reynosa	150,786
	5	Ciudad Madero	90,830	5	Ciudad Victoria	95,785
	6	Ciudad Victoria	83,897	6	Ciudad Madero	91,239
	7	Ciudad Mante	51,247	7	Mante	82,387
	8	Río Bravo	39,018	8	Río Bravo	71,389
	9	Valle Hermoso	19,278	9	Valle Hermoso	42,287
	10	Miguel Alemán	11,259	10	Altamira	29,386
	11	Gustavo Díaz Ordaz	10,154	11	San Fernand	28,064
	12	Xicohtencatl	6,374	12	González	24,451
	13	San Fernando	6,086	13	Tula	24,157
	14	Altamira	6,053	14	Hidalgo	24,006
	15	Camargo	5,953	15	Llera	21,402
1980	1	Tampico	267,909	1	Tampico	267,957
	2	Nuevo Laredo	201,690	2	Reynosa	211,412
	3	Reynosa	194,657	3	Nuevo Laredo	203,286
	4	Matamoros	188,703	4	Matamoros	186,146
	5	Victoria	140,175	5	Victoria	153,206
	6	Ciudad Madero	132,423	6	Ciudad Madero	132,444
	7	Camargo	70,649	7	Mante	106,426
	8	Río Bravo	55,225	8	Río Bravo	83,522
	9	Valle Hermoso	27,889	9	Valle Hermoso	48,343
	10	Miguel Alemán	14,448	10	San Fernando	45,343
				11	González	39,861
				12	Altamira	36,499
				13	Tula	28,517
				14	Hidalg	24,772
				15	Xicohtencatl	24,708

G. ARIZONA

Year	City Rank	City	Population	County Rank	County	Population
1900	1	Tucson	7,531	1	Maricopa	20,457
	2	Phoenix	5,544	2	Pima	14,689
	3	Prescott	3,559	3	Graham	14,162
	4	Jerome	2,861	4	Yavapai	13,799
	5	Nogales	1,761	5	Cochise	9,251
	6	Winslow	1,305	6	Navajo	8,829
	7	Flagstaff	1,271	7	Apache	8,297
	8	Tempe	885	8	Pinal	7,779
	9	Mesa	722	9	Coconino	5,514
	10	Tombstone	646	10	Gila	4,973
	11	Thatcher	644	11	Santa Cruz	4,545
	12	Pima	521	12	Yuma	4,145
	13	Chloride	465	13	Mohave	3,426
1910	1	Tucson	13,193	1	Cochise	34,591
	2	Phoenix	11,134	2	Maricopa	34,488
	3	Bisbee	9,019	3	Graham	23,999
	4	Globe	7,083	4	Pima	22,818
	5	Douglas	6,437	5	Gila	16,348
	6	Prescott	5,092	6	Yavapai	15,996
	7	Clifton	4,874	7	Navajo	11,471
	8	Nogales	3,514	8	Apache	9,196
	9	Yuma	2,914	9	Pinal	9,045
	10	Jerome	2,393	10	Coconino	8,130
	11	Winslow	2,381	11	Yuma	7,733
	12	Mesa	1,692	12	Santa Cruz	6,766
	13	Flagstaff	1,633	13	Mohave	3,773
	14	Tombstone	1,582			
	15	Tempe	1,473			
1920	1	Phoenix	29,053	1	Maricopa	89,576
	2	Tucson	20,292	2	Cochise	46,465
	3	Douglas	9,916	3	Pima	34,680
	4	Bisbee	9,205	4	Gila	25,678
	5	Globe	7,044	5	Yavapai	24,016
	6	Miami	6,689	6	Pinal	16,130
	7	Nogales	5,199	7	Navajo	16,077
	8	Prescott	5,010	8	Greenlee	15,362
	9	Yuma	4,237	9	Yuma	14,904
	10	Clifton	4,163	10	Apache	13,196
	11	Jerome	4,030	11	Santa Cruz	12,689
	12	Winslow	3,730	12	Graham	10,148
	13	Flagstaff	3,186	13	Coconino	9,982
	14	Mesa	3,036	14	Mohave	5,259
	15	Glendale	2,737			
1930	1	Phoenix	48,118	1	Maricopa	150,970
	2	Tucson	32,506	2	Pima	55,676
	3	Douglas	9,828	3	Cochise	40,998
	4	Glendale	3,665	4	Gila	31,016
	5	Miami	7,693	5	Yavapai	28,470
	6	Globe	7,157	6	Pinal	22,081
	7	Nogales	6,006	7	Navajo	21,202
	8	Prescott	5,517	8	Yuma	17,816
	9	Jerome	4,932	9	Apache	17,765
	10	Yuma	4,892	10	Coconino	14,064
	11	Winslow	3,917	11	Graham	10,373
	12	Flagstaff	3,891	12	Greenlee	9,886
	13	Mesa	3,711	13	Santa Cruz	9,684
	14	Glendale	3,665	14	Mohave	5,572
	15	Tempe	2,495			
1940	1	Phoenix	65,414	1	Maricopa	186,193
	2	Tucson	35,752	2	Pima	72,838
	3	Douglas	8,623	3	Cochise	34,627
	4	Mesa	7,224	4	Pinal	28,841
	5	Globe	6,141	5	Yavapai	26,511
	6	Prescott	6,018	6	Navajo	25,309
	7	Bisbe	5,863	7	Apache	24,095
	8	Yuma	5,325	8	Gila	23,867
	9	Nogales	5,135	9	Yuma	19,326

G. ARIZONA (Continued)

Year	City Rank	City	Population	County Rank	County	Population
	10	Flagstaff	5,080	10	Coconino	18,770
	11	Glendale	4,855	11	Graham	12,113
	12	Miami	4,722	12	Santa Cruz	9,482
	13	Winslow	4,577	13	Greenlee	8,698
	14	Tempe	2,906	14	Mohave	8,591
	15	Clifton	2,668			
1950	1	Phoenix	106,818	1	Maricopa	331,770
	2	Tucson	45,454	2	Pima	141,216
	3	Mesa	16,790	3	Pinal	43,191
	4	Amphitheater	12,664	4	Cochise	31,488
	5	Douglas	9,442	5	Navajo	29,446
	6	Yuma	9,145	6	Yuma	28,006
	7	Wakefield	8,906	7	Apache	27,767
	8	Glendale	8,179	8	Yavapai	24,991
	9	Tempe	7,684	9	Gila	24,158
	10	Flagstaff	7,663	10	Coconino	23,910
	11	Prescott	6,764	11	Graham	12,985
	12	Winslow	6,518	12	Greenlee	12,805
	13	Globe	6,419	13	Santa Cruz	9,344
	14	Nogales	6,153	14	Mohave	8,510
	15	Ajo	5,817			
1960	1	Phoenix	439,170	1	Maricopa	663,510
	2	Tucson	212,892	2	Pima	265,660
	3	Mesa	33,772	3	Pinal	62,673
	4	Tempe	24,897	4	Cochise	55,039
	5	Yuma	23,974	5	Yuma	46,235
	6	Flagstaff	18,214	6	Coconino	41,857
	7	Glendale	15,893	7	Navajo	37,994
	8	Prescott	12,861	8	Apache	30,438
	9	Douglas	11,925	9	Yavapai	28,912
	10	Scottsdale	10,026	10	Gila	25,745
	11	Bisbee	9,914	11	Graham	14,045
	12	Chandler City	9,531	12	Greenlee	11,509
	13	Winslow	8,862	13	Santa Cruz	10,808
	14	Casa Grande	8,311	14	Mohave	7,736
	15	Nogales	7,286			
1970	1	Phoenix	584,303	1	Maricopa	971,228
	2	Tucson	262,933	2	Pima	351,667
	3	Scottsdale	67,823	3	Pinal	68,579
	4	Tempe	63,550	4	Cochise	61,918
	5	Mesa	63,049	5	Yuma	60,827
	6	Glendale	36,228	6	Coconino	48,326
	7	Yuma	29,007	7	Navajo	47,559
	8	Flagstaff	26,117	8	Yavapai	37,005
	9	Chandler	13,763	9	Apache	32,304
	10	Sun City	13,670	10	Gila	29,255
	11	Prescott	13,631	11	Mohave	25,857
	12	Douglas	12,462	12	Graham	16,578
	13	Casa Grande	10,536	13	Santa Cruz	13,966
	14	Nogales	8,946	14	Greenlee	10,330
	15	Bisbee	8,328			
1980	1	Phoenix	789,704	1	Pima	531,443
	2	Mesa	152,453	2	Dona Ana	96,340
	3	Tucson	339,537	3	Pinal	90,918
	4	Tempe	106,743	4	Yuma	90,554
	5	Glendale	97,172	5	Cochise	85,686
	6	Scottsdale City	88,412	6	Coconino	75,000
	7	Yuma	42,433	7	Yavapai	68,145
	8	Sun City	40,505	8	Navajo	67,629
	9	Flagstaff	34,743	9	Mohave	55,865
	10	Chandler	29,673	10	Apache	52,108
	11	Sierra Vista	24,937	11	Gila	37,080
	12	Prescott	20,055	12	Graham	22,862
	13	Nogales	15,683	13	Santa Cruz	20,459
	14	Casa Grande	14,971	14	Greenlee	11,406
	15	Douglas	13,058			

H. CALIFORNIA

Year	City Rank	City	Population	County Rank	County	Population
1900	1	San Francisco	342,782	1	San Francisco	342,782
	2	Los Angeles	102,479	2	Los Angeles	170,298
	3	Oakland	66,960	3	Alameda	130,197
	4	Sacramento	29,282	4	Santa Clara	60,216
	5	San Jose	21,500	5	Sacramento	45,915
	6	San Diego	17,700	6	Sonoma	38,480
	7	Stockton	17,506	7	Fresno	37,862
	8	Alameda	16,464	8	San Joaquin	35,452
	9	Berkeley	13,214	9	San Diego	35,090
	10	Fresno	12,470	10	San Bernardino	27,929
	11	Pasadena	9,117	11	Humboldt	27,104
	12	Riverside	7,973	12	Solano	24,143
	13	Vallejo	7,965	13	Santa Cruz	21,512
	14	Eureka	7,327	14	Mendocino	20,465
	15	Santa Rosa	6,673	15	Orange	19,696
1910	1	San Francisco	416,912	1	Los Angeles	504,131
	2	Los Angeles	319,198	2	San Francisco	416,912
	3	Oakland	150,174	3	Alameda	246,131
	4	Sacramento	44,696	4	Santa Clara	83,539
	5	Berkeley	40,434	5	Fresno	75,657
	6	San Diego	39,578	6	Sacramento	67,806
	7	Pasadena	30,291	7	San Diego	61,665
	8	San Jose	28,946	8	San Bernardino	56,706
	9	Fresno	24,892	9	San Joaquin	50,731
	10	Alameda	23,383	10	Sonoma	48,394
	11	Stockton	23,253	11	Kern	37,715
	12	Long Beach	17,809	12	Tulare	35,440
	13	Riverside	15,212	13	Riverside	34,696
	14	San Bernardino	12,779	14	Orange	34,436
	15	Bakersfield	12,727	15	Humboldt	33,857
1920	1	Los Angeles	576,673	1	Los Angeles	936,455
	2	San Francisco	506,676	2	San Francisco	506,676
	3	Oakland	216,261	3	Alameda	344,177
	4	San Diego	74,683	4	Fresno	128,779
	5	Sacramento	65,908	5	San Diego	112,248
	6	Long Beach	55,593	6	Santa Clara	100,676
	7	Pasadena	45,354	7	Sacramento	91,029
	8	Fresno	45,086	8	San Joaquin	79,905
	9	Stockton	40,296	9	San Bernardino	73,401
	10	San Jose	39,642	10	Orange	61,375
	11	Alameda	28,806	11	Tulare	59,031
	12	Vallejo	21,107	12	Kern	54,843
	13	Santa Barbara	19,441	13	Contra Costa	53,889
	14	Riverside	19,341	14	Sonoma	52,090
	15	San Bernardino	18,721	15	Riverside	50,297
1930	1	Los Angeles	1,238,048	1	Los Angeles	2,208,492
	2	San Francisco	634,394	2	San Francisco	634,394
	3	Oakland	284,063	3	Alameda	474,883
	4	San Diego	147,995	4	San Diego	209,659
	5	Long Beach	142,032	5	Santa Clara	145,118
	6	Sacramento	93,750	6	Fresno	144,379
	7	Berkeley	82,109	7	Sacramento	141,999
	8	Pasadena	76,086	8	San Bernardino	133,900
	9	Glendale	62,736	9	Orange	118,674
	10	San Jose	57,651	10	San Joaquin	102,940
	11	Fresno	52,513	11	Kern	82,570
	12	Stockton	47,963	12	Riverside	81,024
	13	San Bernardino	37,481	13	Contra Costa	78,698
	14	Santa Monica	37,146	14	San Mateo	77,405
	15	Alameda	35,033	15	Tulare	77,442
1940	1	Los Angeles	1,504,277	1	Los Angeles	2,785,643
	2	San Francisco	634,536	2	San Francisco	634,536
	3	Oakland	302,163	3	Alameda	513,011
	4	San Diego	203,341	4	San Diego	289,348
	5	Long Beach	164,271	5	Fresno	178,565
	6	Berkeley	113,805	6	Santa Clara	174,949
	7	Sacramento	105,958	7	Sacramento	170,333
	8	Glendale	82,582	8	San Bernardino	161,108

H. CALIFORNIA (Continued)

	City			County	
Year	Rank		Population	Rank		Population

Year	Rank	City	Population	Rank	County	Population
	9	Pasadena	81,864	9	Kern	135,124
	10	San Jose	68,457	10	San Joaquin	134,207
	11	Fresno	60,685	11	Orange	130,760
	12	Stockton	54,714	12	San Mateo	111,782
	13	Santa Monica	53,500	13	Tulare	107,152
	14	San Bernardino	43,646	14	Riverside	105,524
	15	Alameda	36,256	15	Contra Costa	100,450
1950	1	Los Angeles	1,970,358	1	Los Angeles	4,151,687
	2	San Francisco	775,357	2	San Francisco	775,357
	3	Oakland	384,575	3	Alameda	740,315
	4	San Diego	334,387	4	San Diego	556,808
	5	Long Beach	250,767	5	Contra Costa	298,984
	6	Sacramento	137,572	6	Santa Clara	290,547
	7	Berkeley	113,805	7	San Bernardino	281,642
	8	Pasadena	104,577	8	Sacramento	277,140
	9	Glendale	95,702	9	Fresno	276,515
	10	San Jose	95,280	10	San Mateo	235,659
	11	Fresno	91,669	11	Kern	228,309
	12	Burbank	78,577	12	Orange	216,224
	13	Santa Monica	71,595	13	San Joaquin	200,750
	14	Stockton	70,853	14	Riverside	170,046
	15	San Bernardino	63,058	15	Tulare	149,264
1960	1	Los Angeles	2,479,015	1	Los Angeles	6,038,771
	2	San Francisco	740,316	2	San Diego	1,033,011
	3	San Diego	573,224	3	Alameda	908,209
	4	Oakland	367,548	4	San Francisco	740,316
	5	Long Beach	344,168	5	Orange	703,925
	6	San Jose	204,196	6	Santa Clara	642,315
	7	Sacramento	191,667	7	San Bernardino	503,591
	8	Fresno	133,929	8	Sacramento	502,778
	9	Glendale	119,442	9	San Mateo	444,387
	10	Pasadena	116,407	10	Contra Costa	409,030
	11	Berkeley	111,268	11	Fresno	365,945
	12	East Los Angeles	104,270	12	Riverside	306,191
	13	Anaheim	104,184	13	Kern	291,984
	14	Santa Ana	100,350	14	San Joaquin	249,989
	15	San Bernardino	91,922	15	Ventura	199,138
1970	1	Los Angeles	2,816,061	1	Los Angeles	7,041,980
	2	San Francisco	715,674	2	Orange	1,421,233
	3	San Diego	696,769	3	San Diego	1,357,854
	4	San Jose	445,779	4	Alameda	1,071,446
	5	Oakland	361,561	5	Santa Clara	1,065,313
	6	Long Beach	358,633	6	San Francisco	715,674
	7	Sacramento	254,413	7	San Bernardino	682,233
	8	Anaheim	166,408	8	Sacramento	634,373
	9	Fresno	165,972	9	San Mateo	557,361
	10	Santa Ana	156,601	10	Contra Costa	556,116
	11	Riverside	140,089	11	Riverside	456,916
	12	Torrance	134,968	12	Fresno	413,329
	13	Glendale	132,752	13	Ventura	378,497
	14	Huntington Beach	115,960	14	Kern	330,234
	15	Berkeley	114,091	15	San Joaquin	291,073
1980	1	Los Angeles	2,968,579	1	Los Angeles	7,477,503
	2	San Diego	875,538	2	Orange	1,932,709
	3	San Francisco	678,974	3	San Diego	1,861,846
	4	San Jose	629,442	4	Santa Clara	1,295,071
	5	Long Beach	361,355	5	Alameda	1,105,379
	6	Oakland	339,337	6	San Bernardino	895,016
	7	Sacramento	275,741	7	Sacramento	783,381
	8	Anaheim	219,311	8	San Francisco	678,974
	9	Fresno	217,129	9	Riverside	663,166
	10	Santa Ana	203,713	10	Contra Costa	656,380
	11	Riverside	170,876	11	San Mateo	587,329
	12	Huntington Beach	170,505	12	Ventura	529,174
	13	Stockton	149,779	13	Fresno	514,621
	14	Glendale	139,060	14	Kern	403,089
	15	Fremont	131,945	15	San Joaquin	347,342

I. NEW MEXICO

Year	City Rank	City	Population	County Rank	County	Population
1900	1	Albuquerque	6,238	1	Bernalillo	28,630
	2	Santa Fe	5,603	2	San Miguel	22,053
	3	Las Vegas City	3,552	3	Santa Fe	14,658
	4	Raton	3,540	4	Valencia	13,895
	5	Gallup	2,946	5	Rio Arriba	13,777
	6	Silver City	2,735	6	Grant	12,883
	7	Roswell	2,049	7	Socorro	12,195
	8	Socorro	1,512	8	Taos	10,899
	9	Eddy	963	9	Mora	10,304
	10	Cerrillos	491	10	Dona Ana	10,187
				11	Colfax	10,150
				12	Guadalupe	5,429
				13	Lincoln	4,953
				14	San Juan	4,828
				15	Chaves	4,773
1910	1	Albuquerque	11,020	1	Bernalillo	23,606
	2	Roswell	6,172	2	San Miguel	22,930
	3	Santa Fe	5,072	3	Chaves	16,850
	4	Raton	4,539	4	Rio Arriba	16,624
	5	Las Cruces	3,836	5	Colfax	16,460
	6	Las Vegas City	3,755	6	Quay	14,912
	7	Clovis	3,255	7	Grant	14,813
	8	Silver City	3,217	8	Santa Fe	14,770
	9	Tucumcari	2,526	9	Socorro	14,761
	10	Gallup	2,204	10	Valencia	13,320
				11	McKinley	12,963
				12	Dona Ana	12,893
				13	Mora	12,611
				14	Eddy	12,400
				15	Roosevelt	12,064
1920	1	Albuquerque	15,157	1	Bernalillo	29,855
	2	Santa Fe	7,236	2	San Miguel	22,867
	3	Roswell	7,033	3	Grant	21,939
	4	Raton	5,544	4	Colfax	21,550
	5	Clovis	4,904	5	Rio Arriba	19,552
	6	Las Vegas City	4,304	6	Union	16,680
	7	Las Cruces	3,969	7	Dona Ana	16,548
	8	Gallup	3,920	8	Santa Fe	15,030
	9	Deming	3,212	9	Socorro	14,061
	10	Tucumcari	3,117	10	Mora	13,915
	11	Silver City	2,662	11	Valencia	13,795
				12	McKinley	13,731
				13	Taos	12,773
				14	Luna	12,270
				15	Quay	10,444
1930	1	Albuquerque	26,570	1	Bernalillo	45,430
	2	Roswell	11,176	2	Dona Ana	27,455
	3	Clovis	11,173	3	San Miguel	23,636
	4	Raton	8,027	4	McKinley	20,643
	5	Colfax	6,090	5	Rio Arriba	21,381
	6	Gallup	5,992	6	Santa Fe	19,567
	7	Las Cruces	5,811	7	Chaves	195,497
	8	Las Vegas City	4,719	8	Colfax	19,157
	9	Las Vegas Town	4,378	9	Grant	19,050
	10	Tucumcari	4,143	10	Valencia	16,186
	11	Carlsbad	3,708	11	Eddy	15,842
	12	Silver City	3,519	12	Curry	15,809
	13	Deming	3,377	13	San Juan	14,701
	14	Alamogordo	3,096	14	Taos	14,394
	15	Portales	2,519	15	Sandoval	11,144
1940	1	Albuquerque	35,449	1	Bernalillo	69,391
	2	Santa Fe	20,325	2	Santa Fe	30,826
	3	Roswell	13,482	3	San Miguel	27,910
	4	Hobbs	10,619	4	Rio Arriba	25,352
	5	Clovis	10,065	5	Eddy	24,311
	6	Las Cruces	8,385	6	Chaves	23,980
	7	Raton	7,607	7	McKinley	23,641
	8	Carlsbad	7,116	8	Lea	21,154

I. NEW MEXICO (Continued)

	City			County	
Year	Rank		Population	Rank		Population
	9	Gallup	7,041	9	Valencia	20,245
	10	Tucumcari	6,194	10	Grant	20,050
	11	Las Vegas City	5,941	11	Taos	18,528
	12	Portales	5,104	12	San Juan	17,115
	13	Silver City	5,044	13	Roosevelt	14,549
	14	Artesia	4,071	14	Sandoval	13,898
	15	Alamogordo	3,950	15	Quay	12,111
1950	1	Albuquerque	97,815	1	Bernalillo	145,673
	2	Santa Fe	27,998	2	Eddy	40,640
	3	Roswell	25,738	3	Chaves	40,605
	4	Carlsbad	17,975	4	Santa Fe	38,153
	5	Clovis	17,318	5	Lea	30,717
	6	Hobbs	13,875	6	McKinley	27,451
	7	Las Cruces	12,325	7	San Miguel	26,512
	8	Los Alamos	9,934	8	Rio Arriba	24,997
	9	Gallup	9,133	9	Curry	23,351
	10	Artesia	8,244	10	Valencia	22,481
	11	Portales	8,112	11	Grant	21,649
	12	Las Vegas City	7,494	12	San Juan	18,292
	13	Silver City	7,022	13	Taos	17,146
	14	Alamogordo	6,783	14	Colfax	16,761
	15	Deming	5,672	15	Roosevelt	16,409
1960	1	Albuquerque	201,189	1	Bernalillo	262,199
	2	Roswell	39,593	2	Dona Ana	59,948
	3	Santa Fe	33,394	3	Chaves	57,649
	4	Las Cruces	29,367	4	Lea	53,429
	5	Hobbs	26,275	5	San Juan	53,306
	6	Carlsbad	25,541	6	Eddy	50,783
	7	Farmington City	23,786	7	Santa Fe	44,970
	8	Clovis	23,713	8	Valencia	39,085
	9	Alamogordo	21,723	9	McKinley	37,209
	10	Gallup	14,089	10	Otero	36,976
	11	Los Alamos	12,584	11	Curry	32,691
	12	Artesia	12,000	12	Rio Arriba	24,193
	13	Grants	10,274	13	San Miguel	23,468
	14	Portales	9,695	14	Grant	18,700
	15	Lovington	9,660	15	Roosevelt	16,198
1970	1	Albuquerque	244,501	1	Bernalillo	315,774
	2	Santa Fe	41,167	2	Dona Ana	69,773
	3	Las Cruces	37,857	3	Santa Fe	54,774
	4	Roswell	33,908	4	San Juan	52,517
	5	South Valley	29,389	5	Lea	49,554
	6	Clovis	28,495	6	Chaves	43,335
	7	Hobbs	26,025	7	Eddy	41,119
	8	Alamogordo	23,035	8	Otero	41,097
	9	Farmington	21,979	9	Valencia	40,576
	10	Carlsbad	21,297	10	Curry	39,517
	11	Gallup	14,596	11	Rio Arriba	25,170
	12	Los Alamos	11,310	12	Grant	22,030
	13	Portales	10,554	13	San Miguel	21,951
	14	North Valley	10,366	14	Taos	17,516
	15	Artesia	10,315	15	Sandoval	17,492
1980	1	Albuquerque	331,767	1	Bernalillo	419,700
	2	Santa Fe	48,953	2	San Juan	81,433
	3	Las Cruces	45,086	3	Santa Fe	75,360
	4	Roswell	39,676	4	McKinley	56,449
	5	South Valley	38,916	5	Lea	55,993
	6	Farmington	31,222	6	Chaves	51,103
	7	Clovis	31,194	7	Eddy	47,855
	8	Hobbs	29,153	8	Otero	44,665
	9	Carlsbad	25,496	9	Curry	42,019
	10	Alamogordo	24,024	10	Sandoval	34,799
	11	Gallup	18,161	11	Rio Arriba	29,282
	12	Las Vegas	14,322	12	Grant	26,204
	13	North Valley	13,006	13	San Miguel	22,751
	14	Grants	11,439	14	Los Alamos	17,599
	15	Los Alamos	11,039	15	Roosevelt	15,695

J. TEXAS

Year	City Rank	City	Population	County Rank	County	Population
1900	1	San Antonio	53,321	1	Dallas	82,726
	2	Houston	44,633	2	Bexar	69,422
	3	Dallas	42,638	3	Harris	63,786
	4	Galveston	37,789	4	Grayson	63,661
	5	Fort Worth	26,688	5	McLennan	59,772
	6	Austin	22,258	6	Travis	55,620
	7	Waco	20,686	7	Tarrant	52,376
	8	El Paso	15,906	8	Fannin	51,793
	9	Laredo	13,429	9	Collin	50,087
	10	Denison	11,807	10	Ellis	50,059
	11	Sherman	10,243	11	Lamar	48,627
	12	Beaumont	9,427	12	Hunt	47,295
	13	Paris	9,358	13	Galveston	44,116
	14	Corsicana	9,313	14	Navarro	43,374
	15	Palestine	8,297	15	Hill	41,355
1910	1	San Antonio	96,614	1	Dallas	135,748
	2	Dallas	92,104	2	Bexar	119,676
	3	Houston	78,800	3	Harris	115,693
	4	Fort Worth	73,312	4	Tarrant	108,572
	5	El Paso	39,279	5	McLennan	73,250
	6	Galveston	36,981	6	Grayson	65,996
	7	Austin	29,860	7	Travis	55,620
	8	Waco	26,425	8	El Paso	52,599
	9	Beaumont	20,640	9	Bell	49,186
	10	Laredo	14,855	10	Collin	49,021
	11	Denison	13,632	11	Hunt	48,116
	12	Sherman	12,412	12	Navarro	47,070
	13	Marshall	11,452	13	Hill	46,760
	14	Paris	11,269	14	Lamar	46,544
	15	Temple	10,993	15	Galveston	44,479
1920	1	San Antonio	161,379	1	Dallas	210,551
	2	Dallas	158,976	2	Bexar	202,096
	3	Houston	138,276	3	Harris	186,667
	4	Fort Worth	106,482	4	Tarrant	152,800
	5	El Paso	77,560	5	El Paso	101,877
	6	Galveston	44,255	6	McLennan	82,921
	7	Beaumont	40,422	7	Grayson	74,165
	8	Wichita Falls	40,079	8	Jefferson	73,120
	9	Waco	38,500	9	Eastland	58,505
	10	Austin	34,876	10	Travis	57,616
	11	Laredo	22,710	11	Lamar	55,742
	12	Port Arthur	22,251	12	Ellis	55,700
	13	Denison	17,065	13	Navarro	50,624
	14	Ranger	16,205	14	Hunt	50,350
	15	Amarillo	15,494	15	Collin	49,609
1930	1	Houston	292,352	1	Harris	359,328
	2	Dallas	260,475	2	Dallas	325,691
	3	San Antonio	231,542	3	Bexar	292,533
	4	Fort Worth	163,447	4	Tarrant	197,553
	5	El Paso	102,421	5	Jefferson	133,391
	6	Beaumont	57,732	6	El Paso	131,597
	7	Austin	53,120	7	McLennan	98,682
	8	Galveston	52,938	8	Travis	77,777
	9	Waco	52,848	9	Cameron	77,540
	10	Port Arthur	20,902	10	Hidalgo	77,004
	11	Wichita Falls	43,690	11	Wichita	74,416
	12	Amarillo	43,132	12	Grayson	65,843
	13	Laredo	32,618	13	Galveston	64,401
	14	San Angelo	25,308	14	Ellis	53,936
	15	Abilene	23,175	15	Smith	53,123
1940	1	Houston	384,514	1	Harris	528,961
	2	Dallas	294,734	2	Dallas	398,564
	3	San Antonio	253,854	3	Bexar	338,176
	4	Fort Worth	177,662	4	Tarrant	225,521
	5	El Paso	96,810	5	Jefferson	144,329
	6	Austin	87,930	6	El Paso	131,067
	7	Galveston	60,862	7	Travis	111,053
	8	Beaumont	59,061	8	Hidalgo	106,059
	9	Corpus Christi	57,301	9	McLennan	101,898

J. TEXAS (Continued)

		City			County	
Year	Rank		Population	Rank		Population
	10	Waco	55,982	10	Nueces	92,661
	11	Amarillo	51,686	11	Cameron	83,202
	12	Port Arthur	46,140	12	Galveston	81,173
	13	Wichita Falls	45,112	13	Wichita	73,604
	14	Laredo	39,274	14	Grayson	69,499
	15	Lubbock	31,853	15	Smith	69,090
1950	1	Houston	596,163	1	Harris	806,701
	2	Dallas	434,462	2	Dallas	614,799
	3	San Antonio	408,442	3	Bexar	500,460
	4	Fort Worth	278,778	4	Tarrant	361,253
	5	Austin	132,459	5	Jefferson	195,083
	6	El Paso	130,485	6	El Paso	194,968
	7	Corpus Christi	108,287	7	Nueces	165,471
	8	Beaumont	94,014	8	Travis	160,980
	9	Waco	84,706	9	Hidalgo	160,446
	10	Amarillo	74,246	10	McLennan	130,194
	11	Lubbock	71,747	11	Cameron	125,170
	12	Wichita Falls	68,042	12	Galveston	113,066
	13	Galveston	66,568	13	Lubbock	101,048
	14	Port Arthur	57,530	14	Wichita	98,493
	15	Laredo	51,910	15	Smith	74,701
1960	1	Houston	938,219	1	Harris	1,243,158
	2	Dallas	679,684	2	Dallas	951,527
	3	San Antonio	587,718	3	Bexar	687,151
	4	Fort Worth	356,268	4	Tarrant	538,495
	5	El Paso	276,687	5	El Paso	314,070
	6	Austin	186,545	6	Jefferson	245,659
	7	Corpus Christi	167,690	7	Nueces	221,573
	8	Amarillo	137,969	8	Travis	212,136
	9	Lubbock	128,691	9	Hidalgo	180,904
	10	Beaumont	119,175	10	Lubbock	156,271
	11	Wichita Falls	101,724	11	Cameron	151,098
	12	Waco	97,808	12	McLennan	150,091
	13	Abilene	90,368	13	Galveston	140,364
	14	Odessa	80,338	14	Wichita	123,528
	15	Galveston	67,175	15	Potter	115,580
1970	1	Houston	1,233,535	1	Harris	1,741,912
	2	Dallas	844,401	2	Dallas	1,327,695
	3	San Antonio	654,153	3	Bexar	830,460
	4	Fort Worth	393,455	4	Tarrant	715,587
	5	El Paso	322,261	5	El Paso	359,291
	6	Austin	253,539	6	Travis	295,516
	7	Corpus Christi	204,525	7	Jefferson	246,402
	8	Lubbock	149,101	8	Nueces	237,544
	9	Amarillo	127,010	9	Hidalgo	181,535
	10	Beaumont	117,548	10	Lubbock	179,295
	11	Irving	97,260	11	Galveston	169,812
	12	Wichita Falls	96,265	12	McLennan	147,553
	13	Waco	95,326	13	Cameron	140,368
	14	Arlington	90,229	14	Bell	124,483
	15	Pasadena	89,957	15	Wichita	120,563
1980	1	Houston	1,595,138	1	Harris	2,409,547
	2	Dallas	904,078	2	Dallas	1,556,390
	3	San Antonio	785,880	3	Bexar	988,800
	4	El Paso	425,259	4	Tarrant	860,880
	5	Fort Worth	385,164	5	El Paso	479,899
	6	Austin	345,496	6	Travis	419,573
	7	Corpus Christi	231,999	7	Hidalgo	283,229
	8	Lubbock	173,979	8	Nueces	268,215
	9	Arlington	160,113	9	Jefferson	250,938
	10	Garland	138,857	10	Lubbock	211,651
	11	Amarillo	149,230	11	Cameron	209,727
	12	Beaumont	118,102	12	Galveston	195,940
	13	Pasadena	112,560	13	McLennan	170,755
	14	Waco	101,261	14	Brazoria	169,587
	15	Abilene	98,315	15	Bell	157,889

SOURCE: CP, CGP, various years.

Table 105
MEXICO BORDER MUNICIPALITY POPULATION, 6 S, 1930-80
(N)

State/Municipality	1930	1940	1950	1960	1970	1980
A. BAJA CALIF.						
Tijuana	11,271	21,977	65,364	165,690	340,583	461,257
Tecate	~	~	6,162	8,208	18,091	30,540
Mexicali	29,985	44,399	124,362	281,333	396,324	510,664
Subtotal	41,256	66,376	195,888	455,231	754,998	1,002,461
B. CHIHUAHUA						
Janos	2,234	3,138	4,201	4,397	7,028	8,906
Ascención	2,758	2,460	3,545	6,034	9,316	11,985
Juárez	43,138	55,024	131,308	276,995	424,135	567,365
P. G. Guerrero	5,551	6,392	7,391	6,545	7,950	7,777
Guadalupe	4,927	4,885	7,264	9,120	9,593	8,876
Ojinaga	12,048	12,333	16,540	20,373	25,560	26,421
Subtotal	70,656	84,232	170,249	323,464	483,582	631,330
C. COAHUILA						
Ocampo	4,043	4,744	6,866	8,260	9,934	9,000
Acuña	7,098	8,275	13,540	22,317	32,500	41,948
Jiménez	6,453	7,767	8,111	7,113	8,445	8,636
Piedras Negras	19,069	18,667	31,665	48,408	46,698	80,290
Guerrero	3,326	3,449	3,237	3,391	2,650	2,316
Hidalgo	586	749	693	1,040	619	751
Subtotal	40,575	43,651	64,112	90,529	100,846	142,941
D. NUEVO LEON						
Colombia	519	471	375	446	370	~
Anáhuac	~	12,498	20,001	18,116	13,341	16,479
Subtotal	519	12,969	20,376	18,562	13,711	16,479
E. SONORA						
San Luis Río Colorado	~	2,364	13,593	42,134	63,604	92,790
Puerto Peñasco	~	~	~	5,741	12,436	26,755
Caborca	4,867	5,850	9,192	12,400	28,971	50,452
Altar	2,196	2,178	2,036	2,974	3,886	6,029
Saric	1,873	1,853	1,479	1,787	2,321	2,250
Nogales	15,605	15,422	26,016	39,812	53,494	68,076
Santa Cruz	1,027	1,402	1,458	1,303	1,637	1,587
Cananea	16,730	11,890	18,869	21,048	21,315	25,327
Naco	~	1,668	2,495	3,559	4,200	4,441
Agua Prieta	6,677	6,552	13,121	17,248	23,272	34,380
Subtotal	48,975	49,179	88,259	148,006	215,136	312,087
F. TAMAULIPAS						
Nuevo Laredo	23,129	31,052	59,496	96,043	151,253	203,286
Guerrero	3,220	3,470	3,073	4,237	4,249	4,191
Mier	775	9,658	12,984	5,194	6,193	6,382
Miguel Alemán	~	~	~	12,872	18,218	19,600
Camargo	9,918	17,526	25,845	29,319	15,416	16,014
Gustavo Díaz Ordaz	~	~	~	~	18,261	17,830
Reynosa	12,346	23,137	69,428	134,869	150,786	211,412
Río Bravo	~	~	~	~	71,389	83,522
Matamoros	24,955	54,136	128,347	143,043	186,146	238,840
Subtotal	74,343	138,979	299,173	425,577	621,911	801,077
Total	276,324	395,386	838,057	1,461,369	2,190,184	2,906,375

SOURCE: Roberto Han Charde, "Trayectoría de un poblamiento," *El Cotidiano*, Número Especial 1, 1987.

Table 106
U.S. FARM POPULATION, 4 SC, 1940-80
(T)

	State	1940	1950	1960	1970	1980
G.	ARIZONA	114	77	74	34	14
H.	CALIFORNIA	670	568	463	249	176
I.	NEW MEXICO	178	132	72	45	20
J.	TEXAS	2,160	1,292	806	471	269
	U.S. Total	30,547	23,048	15,635	9,712	5,618

SOURCE: SAUS, 1977, table 1135; 1985, table 1110.

Table 107
MEXICO BORDER MUNICIPALITY URBAN POPULATION, 4 S, 1900-70

	State/Municipality	1900	1910	1921	1930	1940	1950	1960	1970
A.	BAJA CALIF.								
	Mexicali	#	462	6,782	14,842	18,775	65,749	179,539	276,167
	Tijuana	242	733	1,028	8,384	16,486	59,952	152,473	341,067
C.	COAHUILA								
	Piedras Negras	7,888	8,518	14,233	15,878	15,663	27,581	44,992	40,885
	Villa Acuña	667	933	2,423	5,350	5,607	11,372	20,048	30,838
	Ciudad Juárez	8,218	10,621	19,457	39,669	48,881	122,566	262,119	414,908
E.	SONORA								
	Nogales	2,738	3,177	13,475	14,061	13,866	24,478	37,657	53,119
	San Luis Río Colorado	#	#	175	910	558	4,079	28,545	51,118
	Cananea	891	8,909	6,974	12,932	11,006	17,892	19,683	17,085
	Agua Prieta	#	656	3,236	4,674	4,106	10,471	15,339	21,017
	Caborca	915	1,190	1,404	1,880	2,321	3,997	9,338	21,308
F.	TAMAULIPAS								
	Nuevo Laredo	6,548	8,143	14,998	21,636	28,872	57,668	92,627	152,325
	Matamoros	8,347	7,390	9,215	9,733	15,699	45,846	92,327	140,660
	Reynosa	1,915	1,475	2,107	4,840	9,412	34,087	74,140	140,480
	Río Bravo	#	#	525	746	936	4,610	17,500	39,933

SOURCE: Roberto Han Charde, "Trayectoría de un poblamiento," *El Cotidiano*, Número Especial 1, 1987.

Table 108

U.S. BORDER STATE AND COUNTY POPULATION AND PERCENT CHANGE, 4 SC, 1980, 1980–84

State/County	Population	PC (1980–84)
G. Arizona	3,052,983	12.3
Yuma	87,781	12.5
Pima (MSA)[a]	594,829	11.9
Santa Cruz	21,231	3.8
Cochise	93,358	9.0
H. California	25,622,947	8.3
San Diego (MSA)	2,063,902	10.9
Imperial	102,351	11.1
I. New Mexico	1,423,687	9.2
Hidalgo	6,385	5.6
Luna	16,599	6.5
Dona Ana (MSA)	112,184	16.4
J. Texas	15,988,538	12.4
El Paso (MSA)	526,465	9.7
Hudspeth	2,649	−2.9
Culberson	3,476	4.9
Jeff Davis	1,749	6.2
Presidio	5,369	3.5
Brewster	8,096	6.9
Terrel	1,494	−6.3
Val Verde	40,190	11.9
Kinney	2,383	4.6
Maverick	35,419	12.8
Dimmit	11,928	4.9
Webb (MSA)	118,171	19.1
Zapata	8,004	20.8
Starr	32,496	19.2
Hidalgo (MSA)	337,118	19.0
Cameron (MSA)	241,090	15.0
Total U.S. Border Counties	4,474,717	12.0
Total U.S. Border MSAs	3,993,759	12.1

a. Metropolitan Statistical Area.

SOURCE: Jeffery T. Brannon, Wilke D. English, and Patricia Kriner, "Commercial Banking on the U.S.–Mexico Border," *Journal of Borderland Studies*, Vol. 2, no. 1 (Spring 1987).

Table 109
TEXAS POPULATION OF SIXTEEN BORDER COUNTIES, 1930–80
(N)

County	1930	1940	1950	1960	1970	1980
Brewster	6,624	6,478	7,309	6,434	7,780	7,573
Cameron	77,540	83,202	125,170	151,098	140,368	209,727
Culberson	1,228	1,653	1,825	2,794	3,429	3,315
Dimmit	8,828	8,542	10,654	10,095	9,039	11,367
El Paso	131,597	131,067	194,968	314,070	359,291	479,899
Hidalgo	77,004	106,059	106,446	180,904	181,535	283,229
Hudspeth	3,728	3,149	4,298	3,343	2,392	2,728
Jeff Davis	1,800	2,375	2,090	1,582	1,527	1,647
Kinney	3,980	4,533	2,668	2,452	2,006	2,279
Maverick	6,120	10,071	12,292	14,508	18,093	31,398
Presidio	10,154	10,925	7,354	5,460	4,842	5,188
Starr	11,409	13,312	13,948	17,137	17,707	27,266
Terrell	2,666	2,952	3,189	2,600	1,940	1,595
Val Verde	14,924	15,453	16,635	24,461	27,471	35,910
Webb	42,128	45,916	56,141	64,791	72,859	99,258
Zapata	2,867	3,916	4,405	4,393	4,352	6,628
Total	402,597	449,603	569,342	806,122	854,631	1,209,007

SOURCE: David J. Eaton and John M. Andersen, *The State of the Rio Grande/Río Bravo* (Tucson: University of Arizona Press, 1987).

Table 110
TWIN CITY[1] POPULATIONS, 1900–80
(N)

Twin Cities, State	1900	1910	1920	1930	1940	1950	1960	1970	1980
Matamoros, Tamps.	8,347	7,390	9,215	9,733	15,699	45,737	143,043	186,146	188,745
Brownsville, Tex.	6,305	10,517	11,791	22,021	22,083	36,066	48,040	52,522	84,997
Reynosa, Tamps.	1,915	1,475	2,107	4,840	9,412	34,076	134,869	150,786	194,693
McAllen, Tex.	~	~	5,331	9,074	11,877	20,067	32,728	37,636	66,281
Nuevo Laredo, Tamps.	6,548	8,143	14,998	21,636	28,872	57,669	96,043	151,253	201,731
Laredo, Tex.	13,429	14,855	22,710	32,618	39,274	51,510	60,678	69,024	91,449
Piedras Negras, Coah.	7,888	8,518	6,941	15,878	15,663	27,578	48,408	46,698	67,455
Eagle Pass, Tex.	~	3,536	5,765	5,059	6,459	7,267	12,094	15,364	21,407
Ciudad Juárez, Chih.	8,218	10,621	19,457	19,669	48,881	122,566	276,995	424,135	385,603
El Paso, Tex.	15,906	39,279	77,560	102,421	96,810	130,485	276,687	322,261	425,259
Nogales, Son.	2,738	3,117	13,445	14,061	13,866	24,480	39,812	53,494	65,603
Nogales, Ariz.	~	3,514	5,199	6,006	5,135	6,153	7,286	8,946	15,683
Mexicali, B.C.	~	462	6,782	14,842	18,775	64,658	281,333	396,324	341,559
Calexico, Calif.	~	797	6,223	6,299	5,415	6,433	7,992	10,625	14,412
Tijuana, B.C.	242	733	1,028	8,384	16,486	59,950	165,690	340,583	429,500
San Diego, Calif.	17,700	39,978	74,683	147,897	203,341	334,387	573,224	697,027	875,538

1. Contiguous or near-contiguous cities separated by the Mexican-U.S. border. First city listed is Mexican; second is U.S.

SOURCE: Mexico: CGP, 1900–80.
United States: CP, 1900–80.

Table 111
TWIN CITY POPULATION CHANGE, 1900–70

Twin Cities, State	Absolute Change							PC						
	1900–10	1910–20	1920–30	1930–40	1940–50	1950–60	1960–70	1900–10	1910–20	1920–30	1930–40	1940–50	1950–60	1960–70
Matamoros, Tamps.	−957	1,825	518	5,966	30,038	97,306	43,103	−11	25	6	61	191	213	30
Brownsville, Tex.	4,212	1,274	10,230	62	13,983	11,974	4,482	67	12	87	0	63	33	9
Reynosa, Tamps.	−440	632	2,733	4,572	24,664	100,973	15,917	−23	43	130	94	262	296	12
McAllen, Tex.	~	~	3,743	2,803	8,190	12,661	4,908	~	~	70	31	69	63	15
Nuevo Laredo, Tamps.	1,595	6,855	6,638	7,236	28,797	38,374	55,210	24	84	44	33	100	67	57
Laredo, Tex.	1,426	7,855	9,908	6,656	12,236	9,168	8,346	11	53	44	20	31	18	14
Piedras Negras, Coah.	630	−1,577	8,937	−215	11,915	20,830	−1,710	8	−19	129	−1	76	76	−4
Eagle Pass, Tex.	~	2,229	−706	1,400	808	4,827	3,270	~	63	−12	28	13	66	27
Ciudad Juárez, Chih.	2,403	8,836	20,212	9,212	73,685	154,429	147,140	29	83	104	23	151	126	53
El Paso, Tex.	23,373	38,281	24,861	−5,611	33,675	146,202	45,574	147	97	32	−5	35	112	16
Nogales, Son.	379	10,328	616	−195	10,614	15,332	13,682	14	331	5	−1	77	63	34
Nogales, Ariz.	~	1,685	807	−871	1,018	1,133	1,660	~	48	16	−15	20	18	23
Mexicali, B.C.	~	6,320	8,060	3,933	45,883	216,675	114,991	~	1,368	119	26	224	335	41
Calexico, Calif.	~	5,426	76	−884	1,018	1,559	2,633	~	681	1	−14	19	24	33
Tijuana, B.C.	491	295	7,356	8,102	43,464	105,740	174,893	203	40	716	97	264	176	106
San Ysidro, Calif.	~	~	~	~	~	~	~	~	~	~	~	~	~	~

SOURCE: Oscar J. Martínez, *Ciudad Juárez: El Auge de una Ciudad Fronteriza a Partir de 1848* (México, D.F.: Fondo de Cultura Económica, 1982), pp. 214–215.

Table 112
CIUDAD JUAREZ POPULATION, 1850–1974
(N)

Year	Total Population	PC	Total Population	PC
1850	4,000	~	~	~
End of 1850s	~	~	13,000	~
1872	10,000	150.0	~	~
1881–83	~	~	20,000–29,000	53.8–123.1
1887	12,000	20.0	~	~
1895	6,917	−42.4	~	~
1900	8,218	18.8	8,780	−56.1–69.7
1910	10,621	29.2	1,781	34.2
1921	19,457	83.2	24,891	111.3
1930	39,669	103.9	~	~
1940	48,881	23.2	55,024	121.1
1950	122,566	150.7	131,308	138.6
1960	252,119	105.7	276,995	111.0
1970	424,135	68.2	436,054	57.4
1971	446,388	5.2	~	~
1972	456,722	2.3	~	~
1974	~	~	523,962	~

SOURCE: Oscar J. Martínez, *Ciudad Juárez: El Auge de una Ciudad Fronteriza a Partir de 1848* (México, D.F.: Fondo de Cultura Económica, 1982), p. 210.

Table 113
MEXICO FOREIGN-BORN POPULATION, 6 SC, 1910–70
(N)

State	Total	Men	Women
A. BAJA CALIF.			
1910	2,210	1,828	382
1921	5,151	4,319	832
1930	8,107	6,019	2,088
1940	9,734	5,295	4,439
1950	12,650	6,835	5,815
1960	15,417	8,375	7,042
1970	16,662	~	~
B. CHIHUAHUA			
1910	6,641	4,763	1,878
1921	5,323	3,176	2,147
1930	14,012	7,659	6,353
1940	22,271	11,443	10,828
1950	21,017	10,665	10,352
1960	23,117	12,108	11,009
1970	19,545	~	~
C. COAHUILA			
1910	4,446	3,395	1,051
1921	2,693	1,961	732
1930	6,116	3,728	2,388
1940	10,973	5,754	5,219
1950	8,550	4,414	4,136
1960	8,370	4,426	3,944
1970	6,447	~	~
D. NUEVO LEON			
1910	2,366	1,563	803
1921	1,986	1,137	849
1930	4,041	2,231	1,810
1940	10,302	5,022	5,280
1950	8,209	3,771	4,438
1960	10,207	5,394	4,813
1970	14,359	~	~
E. SONORA			
1910	9,328	8,040	1,288
1921	7,223	6,025	1,198
1930	7,939	5,969	1,970
1940	6,297	3,396	2,901
1950	5,366	2,815	2,551
1960	6,147	3,532	2,615
1970	6,154	~	~
F. TAMAULIPAS			
1910	2,870	2,046	824
1921	9,824	7,063	2,761
1930	9,455	6,236	3,219
1940	16,608	9,050	7,558
1950	16,446	8,443	8,003
1960	16,989	8,579	8,410
1970	20,671	~	~
Mexico Total			
1910	116,347	81,760	34,587
1921	108,433	74,686	33,747
1930	140,590	90,967	49,623
1940	177,375	99,461	77,914
1950	182,707	99,270	83,437
1960	223,468	120,118	103,350
1970	216,673	~	~

SOURCE: Moisés González Navarro, *Población y Sociedad en México* (México, D.F.: UNAM, 1974), vol. 2, table 28.

Table 114

MEXICO POPULATION OF FOREIGNERS, BY SEX, 6 SC, 1921-60

(N)

State	Total	Men	Women
A. BAJA CALIF.			
1921	4,806	4,107	699
1930	5,781	4,751	1,030
1940	1,398	1,114	284
1950	4,624	2,876	1,748
1960	2,866	2,515	351
B. CHIHUAHUA			
1921	3,299	2,173	1,126
1930	12,058	6,630	5,428
1940	8,073	4,538	3,535
1950	13,042	6,870	6,172
1960	4,451	3,739	712
C. COAHUILA			
1921	2,411	1,841	570
1930	4,805	2,914	1,891
1940	1,869	1,269	600
1950	3,714	2,106	1,608
1960	1,385	1,239	146
D. NUEVO LEON			
1921	1,412	855	557
1930	2,770	1,554	1,216
1940	1,047	634	413
1950	2,472	1,242	1,230
1960	1,005	869	136
E. SONORA			
1921	5,673	5,081	592
1930	6,962	5,207	1,755
1940	1,098	783	315
1950	2,160	1,248	912
1960	829	743	86
F. TAMAULIPAS			
1921	7,381	5,835	1,546
1930	7,501	5,095	2,406
1940	2,712	1,991	721
1950	4,777	2,850	1,927
1960	2,008	1,856	232
Mexico Total			
1921	100,854	70,134	30,720
1930	159,876	95,717	64,159
1940	67,548	42,610	24,938
1950	106,315	60,921	45,394
1960	52,276	43,724	8,552

SOURCE: Moisés González Navarro, *Población y Sociedad en México* (México, D.F.: UNAM, 1974), vol. 2, table 28.

Table 115

MEXICO POPULATION BORN OUTSIDE STATE, 6 S, 1950-70

(%)

State	1950	1960	1970
A. BAJA CALIF.	65.5	62.2	41.2
B. CHIHUAHUA	14.6	18.7	11.3
C. COAHUILA	21.0	18.1	12.9
D. NUEVO LEON	19.5	24.5	24.3
E. SONORA	13.3	19.0	15.3
F. TAMAULIPAS	33.2	30.1	23.2

SOURCE: Patricia M. Rowe, *Detailed Statistics on the Urban and Rural Populations of Mexico, 1950-2010* (Washington, D.C.: International Demographic Data Center, 1982), table 23.

Table 116
MEXICO BORDER CITY POPULATION, BY STATE OF ORIGIN, 1970
(N)

State	All Border Cities	Juárez	Mexicali	Tijuana	Ensenada	Matamoros	Nuevo Laredo	Reynosa
Aguascalientes	9,258	3,856	1,283	2,232	349	442	581	515
Baja California	1,031	628	~	~	~	145	174	84
Baja California Territory	9,476	60	2,757	1,794	4,736	41	34	54
Campeche	606	67	63	128	76	84	112	76
Coahuila	41,512	17,801	2,029	2,627	441	4,199	9,711	4,704
Colima	5,727	190	922	2,690	1,606	101	112	106
Chiapas	1,241	169	142	352	123	89	219	147
Chihuahua	11,439	~	2,749	5,358	1,295	557	890	590
Distrito Federal	24,998	3,125	3,917	10,699	2,401	1,646	1,924	1,286
Durango	51,769	31,885	6,117	7,095	1,455	1,301	2,267	1,649
Guanajuato	36,964	4,782	11,260	8,560	1,483	3,690	3,421	3,768
Guerrero	2,905	328	403	1,068	490	182	297	137
Hidalgo	2,088	193	276	542	185	324	269	299
Jalisco	89,325	5,315	25,212	44,307	7,620	2,401	2,277	2,193
México	10,608	1,757	1,693	4,289	741	565	860	703
Michoacán	40,850	1,071	15,058	16,128	3,814	1,452	1,801	1,526
Morelos	4,219	739	964	1,447	320	235	243	271
Nayarit	15,885	174	6,097	7,888	1,389	107	109	121
Nuevo Leon	42,937	1,135	620	965	233	9,247	14,610	16,127
Oaxaca	2,677	349	564	664	517	214	184	185
Puebla	3,014	331	492	1,052	285	279	234	341
Querétaro	1,589	129	226	362	105	408	150	209
Quintana Roo	421	49	125	104	66	24	35	18
San Luis Potosí	22,985	1,070	732	1,330	264	7,742	6,305	5,542
Sinaloa	41,489	615	20,414	15,815	4,148	170	177	150
Sonora	36,762	764	20,216	11,288	4,040	167	172	115
Tabasco	684	50	104	130	43	130	95	132
Tamaulipas	4,158	1,243	1,193	1,419	303	~	~	~
Tlaxcala	721	54	173	208	55	101	69	61
Veracruz	8,496	591	694	1,253	506	1,274	821	3,357
Yucatán	1,300	164	220	441	96	89	219	71
Zacatecas	44,705	18,449	8,859	9,526	2,036	1,833	1,892	2,110
Mexico Total	571,839	97,133	135,574	161,761	41,221	39,239	50,264	46,647

SOURCE: LFN, table 111-2.

Table 117
MEXICO BORDER MUNICIPALITY POPULATION, BY STATE OF ORIGIN, 1970
(N)

State	All Border Municipalities	Juárez	Mexicali	Tijuana	Ensenada	Matamoros	Nuevo Laredo	Reynosa
Aguascalientes	6,009	2,448	806	1,511	336	264	316	328
Baja Calif.	2,098	1,481	~	~	~	233	212	172
Baja Calif. Territory	6,033	130	1,644	1,326	2,865	38	12	18
Campeche	440	56	139	64	50	58	41	32
Coahuila	27,370	12,292	1,499	1,924	464	2,417	5,845	2,929
Colima	4,948	130	799	2,296	1,502	60	108	53
Chiapas	1,253	188	234	240	112	97	212	170
Chihuahua	9,617	~	2,237	3,772	1,764	423	767	654
Distrito Federal	31,566	5,262	5,619	11,033	3,487	2,204	2,056	1,905
Durango	39,792	23,827	4,357	6,381	1,634	829	1,807	957
Guanajuato	27,408	2,982	7,577	7,717	1,880	2,022	2,382	2,848
Guerrero	3,653	597	567	1,092	727	249	243	178
Hidalgo	1,605	168	232	385	160	292	148	220
Jalisco	66,651	4,119	17,619	33,094	7,620	1,241	1,593	1,365
México	14,580	3,397	2,194	5,027	1,399	987	847	729
Michoacán	28,066	879	9,211	11,742	3,704	773	959	798
Morelos	1,734	220	310	688	260	108	74	74
Nayarit	16,182	307	5,900	7,990	1,805	58	67	55
Nuevo Leon	28,405	1,706	714	949	308	5,797	8,835	10,096
Oaxaca	2,858	227	477	860	917	154	89	134
Puebla	4,007	1,105	419	1,227	431	332	231	262
Querétaro	1,613	188	175	426	130	366	162	166
Quintana Roo	237	42	45	59	42	26	16	7
San Luis Potosí	17,946	893	709	1,072	354	5,605	5,451	3,862
Sinaloa	37,580	1,264	17,212	14,092	4,523	128	166	195
Sonora	36,363	1,589	19,049	10,095	5,085	214	158	173
Tabasco	837	103	146	99	71	109	55	254
Tamaulipas	3,338	1,271	816	972	279	~	~	~
Tlaxcala	401	75	54	152	34	33	30	23
Veracruz	10,638	790	844	1,281	591	2,048	987	4,097
Yucatán	1,086	125	166	410	99	68	149	69
Zacatecas	28,441	12,875	4,743	5,518	2,087	905	1,219	1,094
Foreigner	40,117	10,005	8,443	9,192	2,663	3,400	3,284	3,130
Not Specified	59,161	14,067	11,510	13,452	6,027	5,100	4,242	4,763
Mexico Total	562,033	104,808	126,466	156,138	53,410	36,638	42,763	41,810

SOURCE: CGP, 1980.

Table 118

SELECTED CHARACTERISTICS OF THE U.S. POPULATION, BY COUNTRY OF BIRTH, 1980[a]

Nativity and Selected Country of Birth	Total (T)	Males per 100 Females	Age (%)		Education (%)		Occupation of Employed Persons (%)		Median Household Income (US 1979)
			Under 15 Years	65 Years and Over	High School Graduates	College Graduates	Professional Specialty	Service Occupations	
Mexico	2,199	111.4	14.7	7.6	21.3	3.0	2.5	16.6	12,747
Cuba	608	88.2	4.1	13.8	54.9	16.1	9.2	12.2	16,326
Jamaica	197	79.7	10.2	7.3	63.5	11.0	10.2	29.9	15,290
Dominican Republic	169	80.5	9.2	4.2	30.1	4.3	3.1	18.5	10,130
Colombia	144	86.4	10.6	3.6	62.8	14.6	8.1	15.8	15,883
El Salvador	94	77.8	10.7	2.9	41.4	6.5	2.6	31.7	12,261
Haiti	92	94.5	8.3	4.1	64.4	13.4	8.0	27.4	13,377
Ecuador	86	88.6	9.1	3.9	56.0	9.3	5.3	14.7	15,402
Argentina	69	102.5	9.3	6.7	70.9	24.2	16.3	13.1	18,892
Trinidad and Tobago	66	82.3	9.4	4.4	70.3	12.4	10.3	23.3	14,733
Guatemala	63	84.9	13.3	2.8	42.7	6.9	3.9	27.9	13,385

a. As of April.

SOURCE: SAUS.

Table 119

U.S. POPULATION ACCORDING TO VARIOUS MEASURES OF ETHNIC STATUS, 4 SC, 1970

(T)

	Mexican Foreign Stock[1]		Spanish Language or Spanish Surname[1]					Persons of Puerto Rican Birth or Parentage[1]	Persons Self-Identified as of Spanish Origin[1]
	Born in Mexico	Native of Foreign Parentage	Spanish Surname	Spanish Mother Tongue	Spanish Language	Others of Spanish Surname	Total, Language or Surname		
U.S.	759.7	1,579.4	~	7,823.6	10,042.3	~	~	1,379.0	9,070.1
Southwest	652.3	1,347.0	4,668.0	4,727.6	5,662.7	525.7	6,188.4	58.3	5,008.5
G. ARIZONA	31.3	82.5	246.4	259.1	306.6	26.7	333.3	1.9	264.8
H. CALIFORNIA	411.0	701.0	2,222.2	2,150.6	2,738.5	363.1	3,101.6	46.1	2,369.3
Colorado	5.4	19.3	211.6	194.7	256.0	30.5	286.5	1.8	225.5
I. NEW MEXICO	11.0	26.8	324.2	329.7	379.7	27.6	407.3	.4	308.3
J. TEXAS	193.6	517.4	1,663.6	1,793.5	1,981.9	77.8	2,059.7	8.1	1,840.6

1. Each column is an independent measure of ethnic status.

SOURCE: José Hernández, Leo Estrada, and David Aluñez, "Census Data and the Problem of Conceptually Defining the Mexican-American Population," *Social Science Quarterly*, vol. 53, no. 4, p. 684.

Table 120

U.S. POPULATION OF MEXICAN ORIGIN,[1] 4 SC, 1880–1980

State	1880	1890	1900	1910	1920	1930	1940	1950	1960	1970	1980
G. ARIZONA	9,330	11,534	14,172	29,987	61,580	47,855	24,902	24,917	105,342	239,811	396,410
H. CALIFORNIA	8,648	7,164	8,086	33,694	88,771	191,346	134,312	162,309	695,643	1,857,267	3,637,466
I. NEW MEXICO	5,173	4,504	6,649	11,918	20,272	15,983	8,875	9,666	34,459	119,049	233,772
J. TEXAS	43,161	51,559	71,062	125,016	251,827	262,672	159,266	196,077	655,523	1,619,064	2,752,487
U.S. Total	68,399	77,853	103,393	221,915	486,418	616,998	377,433	450,562	1,735,992	4,532,435	8,740,439

1. Mexican-born population for 1880–1960; persons of Mexican origin *or descent* for 1970 and 1980.

SOURCE: *Mexican Labor in the United States* (New York: Arno Press, 1974); Mark Reisler, *By the Sweat of Their Brow: Mexican Immigrant Labor in the United States, 1900–1940* (Westport, Conn.: Greenwood Press, 1976); CP Supplementary Reports, "Persons of Spanish Ancestry" and "Persons of Spanish Origin by States."

Table 121

U.S. POPULATION OF SPANISH ORIGIN[1] IN THE SOUTHWEST, 4 SC, 1950, 1960, 1970, 1978

(T)

	1950		1960		1970		1978	
State	N	%	N	%	N	%	N	%
Southwest	2,290	10.9	3,465	11.8	4,668	12.9	7,262	17.9
G. ARIZONA	128	17.1	194	14.9	246	13.9	1,010[a]	16.5[a]
H. CALIFORNIA	760	7.2	1,427	9.1	2,222	11.1	3,590	16.5
I. NEW MEXICO	249	36.6	269	28.3	324	31.9	~	~
J. TEXAS	1,034	13.4	1,418	14.8	1,663	14.9	2,662	20.9
Colorado	118	8.9	157	9.0	212	9.6	~	~

1. Spanish-origin, a U.S. Census category, refers to persons born in countries where Spanish is the principal language.

a. The total for Arizona, New Mexico and Colorado in 1978 was 1,010 and the share held by those states was 16.5.

SOURCE: Niles Hansen, *The Border Economy: Regional Development in the Southwest* (Austin: University of Texas Press, 1981), pp. 128–129.

Table 122
U.S. POPULATION OF MEXICAN ORIGIN OR DESCENT,[1] 4 SC, 1970, 1980

	1970			1980		
	Population of Mexican Origin (N)	As % of Hispanics[2]	As % of Total Population	Population of Mexican Origin (N)	As % of Hispanics[2]	As % of Total Population
G. ARIZONA	240,025	90.6	13.6	396,410	89.9	14.6
H. CALIFORNIA	1,856,841	78.4	9.3	3,637,466	80.0	15.4
I. NEW MEXICO	119,049	38.6	11.7	233,772	49.9	17.9
J. TEXAS	1,619,252	88.0	14.5	2,752,487	92.2	19.3
U.S. Border	3,835,166	80.2	11.3	7,020,435	83.1	16.7
U.S. Total	4,532,552	50.0	2.2	8,740,439	59.8	3.9

1. Persons who self-identified on census questionnaire as being of Mexican origin or descent. Data for 1970 may not be directly comparable with 1980 data because of better coverage of surveyed population in latter year.
2. Persons who self-identified on census questionnaire as being of "Spanish" origin or descent.

SOURCE: CP, 1970 Supplementary Report, "Persons of Spanish Ancestry"; CP 1980 Supplementary Report, "Persons of Spanish Origin by State."

Table 123
CALIFORNIA FOREIGN-ORIGIN POPULATION, BY YEAR OF IMMIGRATION, 1980
(N and %)

Place of Birth	Total	1975–80	1970–74	1965–69	1960–64	1950–59	Before 1950
Asia	876,878	413,805	181,367	105,669	56,927	62,189	56,921
		47.2	20.7	12.1	6.5	7.1	16.5
Mexico	1,277,969	437,268	336,364	174,162	121,702	110,311	98,162
		34.2	26.3	13.6	9.5	8.6	7.7
Central America	225,981	75,454	52,184	41,460	28,542	17,045	11,296
		33.4	23.1	18.3	12.6	7.5	5.0
South America	96,769	25,701	17,896	20,775	19,006	9,126	4,265
		26.6	18.5	21.5	19.6	9.4	4.4
Total	3,580,033	1,123,793	681,042	457,461	358,277	428,684	530,776
		31.4	19.0	12.8	10.0	12.0	14.8

SOURCE: Thomas J. Espenshade and Tracy Goodis, *Recent Immigrants to Los Angeles: Characteristics and Labor Market Impacts* (Washington: D.C.: The Urban Institute, May 1985).

Table 124

CALIFORNIA MEXICAN-ORIGIN POPULATION, BY AGE AND GENERATION, 1980

(%)

		Native-Born		
Age Group	Foreign-Born	1st Generation	2nd Generation	Total
15 years and older	45	40	15	100
Less than 15 years	16	46	38	100
All ages	35	42	23	100

SOURCE: Kevin F. McCarthy and R. Burcraga Valdez, *Current and Future Effects of Mexican Immigratioin in California* (Santa Monica, Calif.: The Rand Corporation, May 1986), p. 9.

Table 125

LOS ANGELES FOREIGN-ORIGIN POPULATION, BY YEAR OF IMMIGRATION, 1980

(N and %)

Place of Birth	Total	1975–80	1970–74	1965–69	1960–64	1950–59	Before 1950
Asia	339,589	175,318	76,733	36,471	17,200	17,498	16,369
		51.6	22.6	10.7	5.1	5.2	4.8
Mexico	697,771	254,861	201,411	95,557	55,723	49,021	41,198
		36.5	28.9	13.7	8.0	7.0	5.9
Central America	158,104	58,613	41,011	29,681	16,616	8,170	4,013
		37.1	25.9	18.8	10.5	5.2	2.5
South America	57,716	15,161	11,754	13,316	11,623	4,285	1,577
		26.3	20.4	23.1	20.1	7.4	2.7
Total	1,664,793	579,257	369,620	215,935	146,791	159,812	193,378
		34.8	22.2	13.0	8.8	9.6	11.6

SOURCE: Thomas J. Espenshade and Trace Goodis, *Recent Immigrants to Los Angeies: Characteristics and Labor Market Impacts* (Washington, D.C.: The Urban Institute, May 1985).

Table 126

U.S. RESIDENTS IN MEXICO, 1968–86

(T)

Year	Total[1]
1968	79
1970	90
1973	105
1974	106
1975	129
1976	131
1977	163
1978	213
1979	208
1981	292
1984	672
1985	497
1986	334

1. For year ending on June 30 for 1968–79; on December 31 for 1981; on May 21 for 1984; on April 18 for 1985; and on May 6 for 1986.

SOURCE: SAUS, 1984–87.

Table 127

CHINESE POPULATION IN MEXICO, 1900–40

(N)

	State	1900	1910	1921	1927	1930	1940
A.	BAJA CALIF.	188	532	2,806	~	2,982	618
B.	CHIHUAHUA	328	1,325	533	1,037	1,127	520
C.	COAHUILA	197	759	523	707	765	256
D.	NUEVO LEON	90	221	89	216	165	66
E.	SONORA	850	4,486	3,639	3,758	3,571	92
F.	TAMAULIPAS	38	213	2,005	2,916	2,117	723
	Mexico Total	2,719	13,203	14,498	24,218	17,865	4,746

SOURCE: Pacific Coast Council on Latin American Studies, *Baja California and the North Mexican Frontier*, Proceedings of the 28th Annual Meeting, (PCCLAS, 1985–86), p. 15.

Table 128

MEXICO POPULATION SPEAKING ONLY AN INDIAN LANGUAGE, 6 SC, 1910–70

PART I. Total

	1910	1921	1930	1940	1950[a]	1960	1970
N[1]	1,617,994	1,261,059	1,185,162	1,237,018	1,069,231	1,104,955	859,854
%	13.0	10.2	8.5	7.4	4.9	3.8	2.1
PC		−21.5	−16.7	−12.9	−33.8	−22.5	−44.7

PART II. % in Federal Entities

State	1910	1921	1930	1940	1950[a]	1960	1970
Aguascalientes	#	#	#	#	#	#	#
Baja California	1.4	.9	.1	#	#	#	.1
Baja Calif. Territory	#	#	#	#	#	#	#
Campeche	32.6	27.2	22.6	16.3	10.0	6.0	2.8
Coahuila	27.4	23.9	20.2	21.3	17.0	15.5	11.4
Colima	8.2	6.9	3.3	2.3	1.3	1.1	.6
Chiapas	.1	.1	#	#	#	#	#
Chihuahua	#	#	#	#	#	#	#
Distrito Federal	1.5	.4	#	#	#	#	#
Durango	.8	.7	.5	#	#	.2	.2
Guanajuato	1.4	1.1	#	.1	#	#	#
Guerrero	20.4	19.6	14.8	14.0	11.3	10.0	6.4
Hidalgo	26.3	25.9	20.5	18.6	13.2	12.2	7.9
Jalisco	.3	.3	.2	#	#	.1	.1
México	14.2	9.2	7.5	7.0	4.1	2.3	.7
Michoacán	5.0	4.7	2.0	2.3	1.5	.8	.6
Morelos	9.0	7.4	.9	2.0	.4	.2	.3
Nayarit	7.5	3.5	.8	1.3	1.5	1.6	.7
Nuevo Leon	#	#	#	#	#	#	#
Oaxaca	48.8	46.2	34.3	31.7	21.8	20.4	12.2
Puebla	17.1	17.6	18.2	14.8	9.8	8.0	4.5
Querétaro	7.1	6.0	2.9	2.0	1.6	1.5	.6
Quintana Roo	29.6	24.7	20.5	16.6	15.4	15.1	11.5
San Luis Potosí	10.1	9.7	7.6	8.8	5.7	4.7	2.5
Sinaloa	2.1	1.4	.3	.3	.2	.1	.1
Sonora	5.5	4.0	2.2	1.9	.8	.3	.2
Tabasco	6.4	5.9	2.2	1.3	.7	.5	.3
Tamaulipas	#	#	#	#	#	#	.1
Tlaxcala	13.6	13.1	5.6	3.8	1.8	.8	.3
Veracruz	17.5	14.5	10.1	9.1	6.4	5.1	2.8
Yucatán	58.9	45.4	33.7	27.4	16.3	12.6	8.8
Zacatecas	#	#	#	#	#	#	#

1. Over five years old.

a. Derived.

SOURCE: James W. Wilkie, *The Mexican Revolution: Federal Expenditure and Social Change* (Berkeley and Los Angeles: University of California Press, 1967), pp. 212–213.

APPENDIX
POPULATION SERIES FOR THE NINETEENTH CENTURY

PART I. Estimated Population of Mexican Border States, c. 1800–c. 1890

Circa	Year	A. BAJA CALIF.	Year	B. CHIHUAHUA	Year	C. COAHUILA
1800		~	1808	79,850		~
1820		~	1823	112,694		~
1830	1831	15,000	1832	138,133	1830	77,795
1840		~	1839	147,600	1839	74,340
1850	1850	7,921	1857	147,600	1849	55,138
1860	1861	9,845	1861	156,070	1857	75,340
1870	1869	21,645	1871	179,942	1870	95,397
1880	1884	30,198	1880	225,610	1882	144,594
1890	1895	42,245	1889	298,073	1889	177,797

Circa	Year	D. NUEVO LEON	Year	E. SONORA	Year	F. TAMAULIPAS
1800	1800	43,739		~		~
1810		~	1810	87,644		~
1820	1826	83,093	1822	58,396		~
1830	1830	95,022	1832	200,000	1827	80,000
1840	1839	101,188	1841	271,000	1839	100,068
1850	1851	137,070	1850	147,133	1846	96,193
1860	1860	145,000	1861	133,300	1856	109,673
1870	1870	174,000	1871	108,211	1869	108,778
1880	1881	210,826	1884	143,924	1875	140,000
1890	1891	271,987	1890	105,892	1895	206,502

SOURCE: EHM; José Agustín de Escudero, *Noticias estadísticas del estado de Chihuahua* (México, 1834); Margarita Urias y Carlos San Juan Victoria, *Población y desarrollo en el México del siglo XIX* (México, D.F.: INAH, n.d.); José Francisco Velasco, *Noticias estadísticas del estado de Sonora 1850* (Hermosillo: Gobierno del Estado de Sonora, 1985).

PART II. Population of U.S. Border States, 1850–1900

Year	G. ARIZONA	H. CALIFORNIA	I. NEW MEXICO	J. TEXAS	U.S. Total
1850	~	92,597	61,547	212,592	2,319,876
1860	~	379,994	93,516	604,215	31,443,321
1870	9,658	560,247	91,874	818,579	39,818,449
1880	40,440	864,694	119,565	1,591,749	50,155,783
1890	88,243	1,213,398	160,282	2,235,527	62,947,714
1900	122,931	1,485,053	195,310	3,048,710	75,994,575

SOURCE: HSUS; SAUS.

PART III. Estimated Population of Selected Mexican Border Cities, c. 1800–c. 1900

Circa	Year	Chihuahua	Year	Hermosillo	Year	Monterrey	Year	Victoria
1800	1803	17,906						
1810		~		~		~		
1820		~		~		~	1821	4,008
1830	1831	10,602						
1840		~		~	1846	15,000		~
1850		~		~	1852	13,534	1852	6,164
1860	1859	14,000		~	1862	14,534	1857	6,164
1870	1870	10,000		~	1869	14,000		~
1880	1882	16,000	1877	8,000	1881	40,000	1877	6,000
1890	1895	18,279	1890	7,071	1890	41,700	1895	14,774
1900	1900	30,405	1900	10,613	1900	62,266	1900	10,086

SOURCE: EHM.

PART IV. Population of Selected U.S. Border Cities, 1850–1900

Year	Los Angeles	San Diego	Phoenix	El Paso	San Antonio
1850	1,610	~	~	~	3,488
1860	4,385	731	~	~	8,235
1870	5,728	2,300	~	~	12,256
1880	11,183	2,637	~	736	20,550
1890	50,395	16,159	3,152	10,338	37,673
1900	102,479	17,700	5,544	15,906	53,321

SOURCE: HSUS; SAUS.

2

Vital Statistics

BIRTH RATE IN BORDER STATES, 1930–80

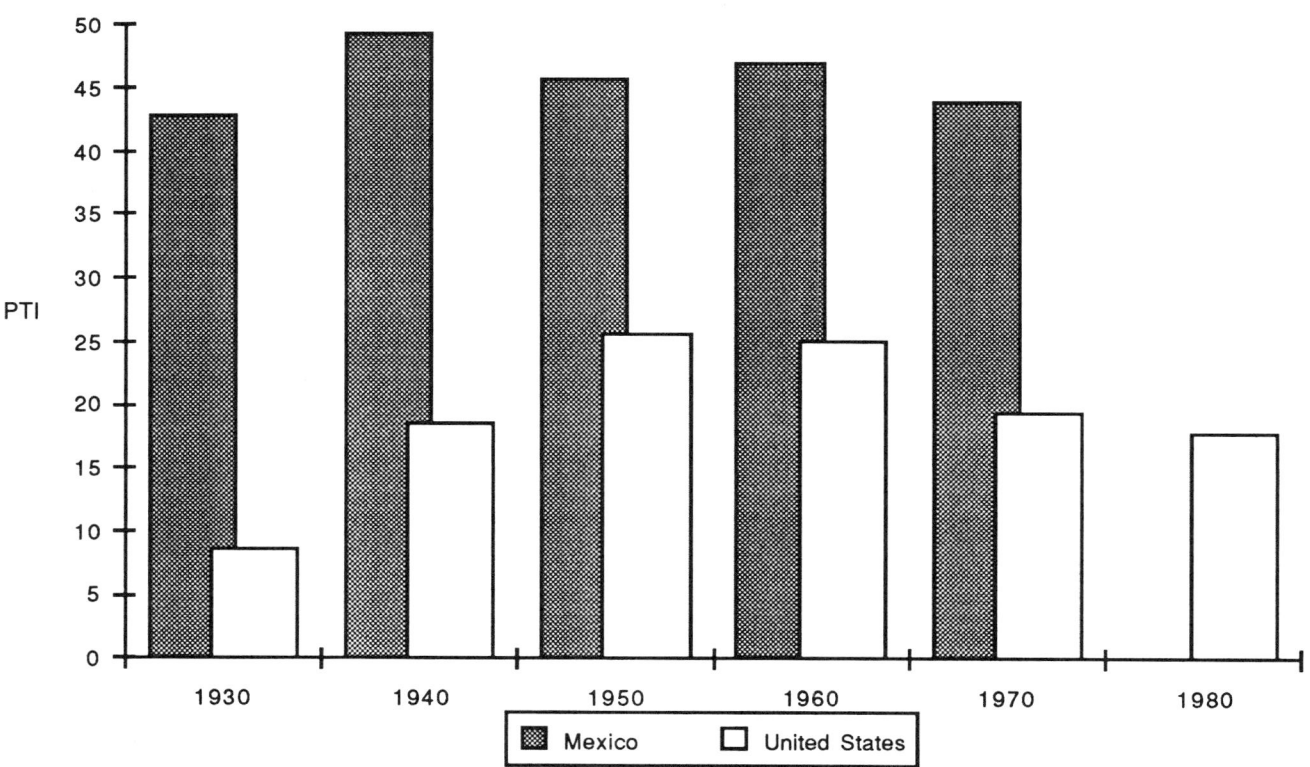

SOURCE: Table 201.

Table 200
LIVE BIRTHS, 10 SC, 1930–84
(N)

State	1930	1931	1932	1933	1934	1935	1936	1937	1938	1939
A. BAJA CALIF.	3,375	2,005	2,070	1,940	2,121	2,104	3,899	2,635	2,791	3,198
B. CHIHUAHUA	20,906	21,436	21,404	21,458	23,874	22,628	23,929	26,126	24,342	24,459
C. COAHUILA	19,817	20,374	20,159	21,784	27,380	24,247	26,260	27,328	26,393	32,296
D. NUEVO LEON	16,298	19,750	19,472	18,699	22,753	20,472	24,509	26,038	23,411	24,738
E. SONORA	12,006	12,228	13,546	14,014	12,272	10,643	11,166	22,483	16,241	17,136
F. TAMAULIPAS	15,202	12,862	12,566	12,505	17,874	13,876	17,096	17,702	15,789	17,139
Mexico Border	87,604	88,655	89,217	90,400	106,274	93,961	106,859	122,312	108,967	118,966
Mexico Total	819,814	738,399	743,150	737,020	787,314	764,326	791,725	826,307	765,547	801,531
G. ARIZONA	10,376	9,369	8,523	8,125	8,492	9,139	9,545	10,494	10,878	10,928
H. CALIFORNIA	84,206	81,426	78,093	75,036	78,346	80,131	84,502	94,230	101,844	103,453
I. NEW MEXICO	12,115	12,322	12,391	12,304	12,769	13,190	12,907	13,837	14,290	14,215
J. TEXAS	~a	~a	~a	107,950	116,603	114,721	111,602	116,057	121,156	121,049
U.S. Border	106,697	103,117	99,007	203,415	216,210	217,180	218,556	234,618	248,168	249,645
U.S. Total	2,203,958	2,112,760	2,074,042	2,081,232	2,167,636	2,155,105	2,144,790	2,203,337	2,286,962	2,265,588

State	1940	1941	1942	1943	1944	1945	1946	1947	1948	1949
A. BAJA CALIF.	3,385	3,771	4,269	4,868	5,077	5,853	6,328	7,961	8,579	9,011
B. CHIHUAHUA	30,767	27,839	29,602	29,241	29,678	29,726	29,639	32,422	34,002	34,014
C. COAHUILA	35,003	28,454	35,150	34,131	33,470	35,963	34,043	33,398	35,376	36,049
D. NUEVO LEON	24,523	26,371	26,646	27,346	27,595	29,105	30,440	29,101	30,789	32,348
E. SONORA	18,629	17,891	19,578	22,371	20,401	20,993	20,507	22,602	22,731	23,358
F. TAMAULIPAS	16,722	17,827	29,545	20,848	23,133	23,307	25,611	25,043	27,527	30,795
Mexico Border	129,029	122,153	144,790	138,805	139,354	144,947	146,568	150,527	159,004	165,575
Mexico Total	875,471	878,935	940,067	963,317	958,119	999,093	994,838	1,079,816	1,090,867	1,123,358
G. ARIZONA	11,503	11,425	12,664	14,297	14,225	13,348	16,345	19,153	19,195	17,520
H. CALIFORNIA	112,287	125,190	154,567	174,420	179,123	184,380	218,484	245,889	240,702	224,785
I. NEW MEXICO	14,792	14,738	14,129	15,211	15,585	15,306	18,087	20,322	20,519	20,118
J. TEXAS	127,072	136,782	144,742	164,513	165,900	157,915	181,579	198,662	197,750	175,709
U.S. Border	265,654	288,135	326,102	368,441	374,833	370,949	434,495	484,026	478,166	438,132
U.S. Total	2,360,399	2,513,427	2,808,996	2,934,860	2,794,800	2,735,456	3,288,672	3,699,940	3,535,068	3,083,721

State	1950	1951	1952	1953	1954	1955	1956	1957	1958	1959
A. BAJA CALIF.	11,017	12,034	13,492	16,336	17,672	19,733	20,744	22,608	23,990	24,631
B. CHIHUAHUA	36,112	38,350	37,834	40,318	43,622	44,310	45,999	50,576	49,655	53,151
C. COAHUILA	35,641	36,484	35,211	36,292	37,812	40,651	39,770	41,130	40,227	44,478
D. NUEVO LEON	32,416	33,207	33,945	32,857	37,280	38,978	40,649	43,839	43,993	48,575
E. SONORA	25,772	25,556	26,210	30,141	32,369	32,850	35,089	36,853	37,668	38,268
F. TAMAULIPAS	30,832	32,567	33,668	33,488	41,996	41,923	42,475	43,047	42,053	43,820
Mexico Border	171,790	178,198	180,360	189,432	210,751	218,445	224,726	238,063	237,586	252,923
Mexico Total	1,174,947	1,183,788	1,195,209	1,261,775	1,339,837	1,377,917	1,427,722	1,485,202	1,447,578	1,589,606
G. ARIZONA	23,013	22,536	26,960	28,011	29,071	29,700	30,036	34,015	35,240	34,975
H. CALIFORNIA	247,146	260,758	283,929	299,962	308,706	315,901	333,144	353,549	352,195	355,288
I. NEW MEXICO	23,468	23,664	25,535	26,424	26,972	27,022	26,406	29,182	29,876	29,509
J. TEXAS	212,531	217,782	234,526	243,775	246,661	246,727	246,372	257,232	252,477	252,193
U.S. Border	506,158	524,740	570,950	598,172	611,410	619,350	636,318	673,981	669,788	671,965
U.S. Total	3,631,512	3,750,850[b]	3,913,115	3,964,750	4,078,055	4,104,112	4,163,090	4,308,351	4,255,005[b]	4,244,796

State	1960	1961	1962	1963	1964	1965	1966	1967	1968	1969
A. BAJA CALIF.	25,241	13,085	29,049	31,508	32,059	32,660	34,025	33,452	36,077	37,442
B. CHIHUAHUA	55,347	57,821	60,019	61,443	62,203	64,902	63,809	65,423	66,708	67,224
C. COAHUILA	44,813	45,517	45,262	45,599	48,279	52,197	52,933	53,890	54,947	56,752
D. NUEVO LEON	51,012	54,287	54,760	55,576	61,334	61,795	65,255	66,947	89,680	72,029
E. SONORA	40,210	40,702	41,440	42,851	43,490	44,864	47,692	46,886	48,857	50,357
F. TAMAULIPAS	43,648	45,812	45,550	49,246	53,173	51,964	54,897	52,221	58,284	56,279
Mexico Border	260,271	257,224	276,080	286,223	300,586	308,382	318,611	318,819	354,553	340,083
Mexico Total	1,608,174	1,647,006	1,705,481	1,756,624	1,849,408	1,888,171	1,954,340	1,981,363	2,058,251	2,088,902
G. ARIZONA	36,760	36,906	37,864	36,785	36,304	33,770	32,556	32,089	32,716	34,100
H. CALIFORNIA	372,210	381,606	378,880	371,813	374,972	352,146	338,184	340,661	339,760	352,966
I. NEW MEXICO	30,680	30,680	29,222	27,228	26,838	24,480	22,324	21,386	20,346	21,326
J. TEXAS	249,142	246,444	246,500	233,931	234,100	217,659	208,144	206,104	211,272	226,942
U.S. Border	688,792	695,636	692,466	669,757	672,214	628,055	601,208	600,240	604,094	635,334
U.S. Total	4,257,850	4,268,326	4,167,362	4,081,000	4,027,490	3,760,358	3,606,274	3,520,959	3,501,564	3,600,206

Table 200 (Continued)
LIVE BIRTHS, 10 SC, 1930–84
(N)

State	1970	1971	1972	1973	1974	1975	1976	1977	1978	1979
A. BAJA CALIF.	38,206	39,820	42,705	47,519	43,079	40,995	38,921	37,390	34,920	38,820
B. CHIHUAHUA	66,238	68,821	69,523	71,378	76,760	70,946	68,399	65,798	61,294	63,482
C. COAHUILA	57,073	61,720	58,717	67,117	62,708	60,838	58,314	57,206	53,741	60,863
D. NUEVO LEON	74,408	79,780	82,365	85,727	92,499	86,886	81,938	73,589	82,246	77,922
E. SONORA	50,926	51,703	52,506	55,906	55,491	53,793	53,124	50,641	48,240	50,945
F. TAMAULIPAS	57,997	58,695	72,921	76,408	69,951	61,078	58,319	61,523	59,889	66,409
Mexico Border	344,848	360,539	378,737	404,055	400,488	374,536	359,015	346,147	340,930	358,441
Mexico Total	2,121,197	2,218,821	2,346,002	2,572,287	2,607,450	2,427,058	2,370,025	2,402,418	2,346,862	2,448,774
G. ARIZONA	37,672	38,398	37,493	37,852	39,841	39,578	40,044	41,822	43,014	46,709
H. CALIFORNIA	362,756	329,954	306,470	298,086	311,820	317,423	332,238	347,436	356,196	379,422
I. NEW MEXICO	22,098	22,200	20,749	20,578	21,319	21,036	21,666	22,600	23,266	25,558
J. TEXAS	231,036	229,152	214,605	218,742	211,063	215,665	227,409	234,985	242,548	254,508
U.S. Border	653,562	619,704	579,317	575,258	584,043	593,702	621,357	646,843	665,024	706,197
U.S. Total	3,731,386[b]	3,555,970[b]	3,258,411	3,146,125	3,159,958	3,144,198	3,167,788	3,326,632	3,333,279	3,494,398

State	1980	1981	1982	1983	1984
A. BAJA CALIF.	38,697	33,714	~	~	~
B. CHIHUAHUA	64,810	64,000	~	~	~
C. COAHUILA	59,059	60,133	~	~	~
D. NUEVO LEON	81,278	82,154	~	~	~
E. SONORA	49,739	50,232	~	~	~
F. TAMAULIPAS	65,263	70,320	~	~	~
Mexico Border	~	~	~	~	~
Mexico Total	2,427,628	2,530,662	~	~	~
G. ARIZONA	50,173	51,322	52,565	52,659	54,821
H. CALIFORNIA	401,581	422,066	435,019	413,915	455,075
I. NEW MEXICO	25,661	28,262	23,711	30,186	26,285
J. TEXAS	268,717	287,272	315,147	287,044	306,192
U.S. Border	746,132	788,922	~	~	~
U.S. Total	3,612,258	3,629,238	3,680,537	3,614,000[‡]	3,697,000[‡]

a. Not in registration area.
b. Based on 50% sample.

SOURCE: Mexico: AE, 1938–81, various tables.
United States: SAUS, 1930–80; VSSR, 1934–37; VSUS, 1937–78; MVSR, vol. 30, no. 13 (December 20, 1982); vol. 30, no. 6 (September 29, 1981); vol. 32, no. 12 (March 26, 1984); vol. 33, no. 6, Supplement (September 28, 1984); vol. 33, no. 12 (March 26, 1985).

Table 201
BIRTH RATE, 10 SC, 1930–83
(PTI)

State	1930	1931	1932	1933	1934	1935	1936	1937	1938	1939
A. BAJA CALIF.	69.1	40.6	40.9	37.6	40.3	39.2	71.3	47.4	49.4	42.8
B. CHIHUAHUA	42.3	42.3	41.3	40.6	44.3	41.1	42.7	45.9	42.1	44.8
C. COAHUILA	42.3	45.3	43.7	46.3	57.1	49.6	52.8	54.0	51.3	60.0
D. NUEVO LEON	38.9	46.0	44.2	41.7	49.7	43.8	51.6	53.9	47.7	46.7
E. SONORA	37.9	37.6	40.6	41.2	35.4	30.1	31.0	61.5	43.7	49.9
F. TAMAULIPAS	44.1	36.3	34.6	33.7	47.3	36.0	43.6	44.4	39.0	38.6
Mexico Border	42.8	~	~	~	~	~	~	~	~	~
Mexico Total	49.4	43.3	42.5	41.4	43.4	41.3	42.0	43.1	39.3	44.6
G. ARIZONA	24.0	22.0	20.3	19.7	20.9	22.5	23.5	25.5	26.4	26.0
H. CALIFORNIA	14.8	14.1	13.4	12.8	13.2	13.4	13.9	15.3	16.5	16.8
I. NEW MEXICO	28.6	29.1	29.4	29.2	30.3	31.3	30.6	32.8	33.9	33.7
J. TEXAS	~	~	~	18.0	19.3	18.9	18.2	18.8	19.6	19.6
U.S. Border	8.6	~	~	~	~	~	~	~	~	~
U.S. Total	18.9	18.0	17.4	16.5	17.1	16.9	16.7	17.0	17.6	17.4

State	1940	1941	1942	1943	1944	1945	1946	1947	1948	1949
A. BAJA CALIF.	42.2	44.7	48.4	52.5	52.5	57.6	59.7	71.3	72.5	71.6
B. CHIHUAHUA	48.9	43.0	44.5	42.8	42.3	41.2	40.2	42.7	43.5	42.1
C. COAHUILA	63.1	49.6	59.4	55.7	52.7	54.7	49.9	47.4	48.5	47.8
D. NUEVO LEON	44.9	46.7	45.6	45.1	44.0	44.6	44.8	41.1	41.8	42.3
E. SONORA	50.9	47.3	50.2	55.1	48.7	48.3	45.7	48.4	46.8	46.3
F. TAMAULIPAS	36.1	37.7	60.8	41.1	44.4	43.2	46.0	43.5	46.2	49.8
Mexico Border	49.3	~	~	~	~	~	~	~	~	~
Mexico Total	44.3	43.5	45.5	45.5	44.2	44.9	43.7	46.1	45.2	45.2
G. ARIZONA	22.8	22.7	24.7	25.5	24.8	25.2	27.7	29.7	27.3	27.9
H. CALIFORNIA	16.2	17.7	21.3	23.0	22.5	22.0	23.6	25.1	23.2	23.4
I. NEW MEXICO	27.6	27.6	27.3	31.1	32.1	32.6	35.1	37.2	35.9	34.2
J. TEXAS	19.8	21.3	22.5	26.3	26.5	25.2	26.6	28.0	26.8	26.4
U.S. Border	18.5	~	~	~	~	~	~	~	~	~
U.S. Total	17.9	18.9	20.9	21.5	20.2	19.6	23.3	25.8	24.2	24.0

State	1950	1951	1952	1953	1954	1955	1956	1957	1958	1959
A. BAJA CALIF.	48.2	47.5	48.1	52.5	51.2	51.6	48.9	49.5	46.0	42.6
B. CHIHUAHUA	42.6	43.9	42.0	43.5	45.7	45.0	45.4	47.9	46.2	48.0
C. COAHUILA	49.4	49.2	46.3	46.5	47.2	49.4	47.1	47.3	45.2	48.7
D. NUEVO LEON	43.7	43.4	43.1	40.4	44.5	45.1	45.6	48.0	46.5	49.8
E. SONORA	50.4	48.3	48.0	53.4	55.4	54.4	56.3	57.3	56.6	55.6
F. TAMAULIPAS	42.8	43.3	42.8	40.8	49.0	46.8	45.4	44.2	41.2	41.1
Mexico Border	45.7	~	~	~	~	~	~	~	~	~
Mexico Total	45.6	44.6	43.8	45.0	46.4	46.4	46.8	46.9	44.8	47.7
G. ARIZONA	30.7	30.5	31.0[a]	31.3[a]	31.3[a]	28.8	29.1	31.6	30.0	29.7
H. CALIFORNIA	23.3	23.8	24.1[a]	24.8[a]	24.7[a]	24.4	25.0	25.5	24.7	24.7
I. NEW MEXICO	34.5	35.4	34.7[a]	34.5[a]	34.7[a]	34.1	34.7	35.9	34.9	35.8
J. TEXAS	27.6	28.0	28.7[a]	29.0[a]	29.1[a]	28.1	28.3	28.0	27.1	26.8
U.S. Border	25.7	~	~	~	~	~	~	~	~	~
U.S. Total	24.1	24.9	25.1[a]	25.0[a]	25.3[a]	25.0	25.2	25.3	24.6	24.1

State	1960	1961	1962	1963	1964	1965	1966	1967	1968	1969
A. BAJA CALIF.	48.3	46.0	47.1	47.3	44.7	42.1	40.9	37.3	37.3	35.9
B. CHIHUAHUA	45.0	45.3	45.3	43.5	42.2	42.2	39.7	39.0	38.1	36.8
C. COAHUILA	49.3	47.5	47.5	43.5	42.2	47.4	46.8	46.4	46.1	46.3
D. NUEVO LEON	47.2	48.3	47.0	43.4	45.8	44.1	44.5	43.6	55.9	42.9
E. SONORA	51.2	49.7	48.4	45.4	44.0	43.3	44.0	41.3	41.0	40.3
F. TAMAULIPAS	42.5	43.1	41.3	41.5	43.2	40.6	41.3	37.9	40.7	37.8
Mexico Border	47.0	~	~	~	~	~	~	~	~	~
Mexico Total	46.0	45.6	45.8	44.1	44.8	44.2	44.3	43.4	43.5	42.7
G. ARIZONA	28.2	26.3	25.8	24.5	23.4	21.1	20.1	19.8	19.7	20.2
H. CALIFORNIA	23.7	23.2	22.3	21.7	20.7	19.1	17.9	17.6	17.6	18.1
I. NEW MEXICO	32.3	31.2	29.9	28.1	26.5	23.6	21.8	21.3	20.2	21.6
J. TEXAS	26.0	25.0	24.3	23.3	22.5	20.4	19.4	19.1	19.3	20.3
U.S. Border	25.0	~	~	~	~	~	~	~	~	~
U.S. Total	23.7	23.3	22.4	21.7	21.0	19.4	18.4	17.8	17.5	17.8

Table 201 (Continued)
BIRTH RATE, 10 SC, 1930–83
(PTI)

State	1970	1971	1972	1973	1974	1975	1976	1977	1978	1979
A. BAJA CALIF.	43.1	41.3	41.8	44.2	38.1	35.5	29.0	31.1	34.3	31.7
B. CHIHUAHUA	40.9	39.7	38.8	38.8	40.6	36.0	24.4	29.0	31.6	30.9
C. COAHUILA	50.1	52.1	48.2	53.9	49.2	44.8	29.0	25.7	28.2	25.6
D. NUEVO LEON	43.4	42.9	42.1	41.9	43.2	39.3	27.2	31.4	29.0	31.6
E. SONORA	46.0	43.6	42.5	43.7	42.0	38.8	26.1	28.2	30.4	29.5
F. TAMAULIPAS	39.4	37.3	44.4	44.9	39.6	33.7	30.9	30.1	31.6	29.2
Mexico Border	43.9	~	~	~	~	~	27.4	29.2	30.5	29.7
Mexico Total	43.4	42.5	43.2	45.8	44.9	40.4	26.0	26.4	27.9	27.5
G. ARIZONA	21.3	20.6	19.1	18.4	18.5	17.8	17.6	18.2	18.2	19.1
H. CALIFORNIA	18.2	16.3	15.0	14.5	14.9	15.0	15.4	15.9	16.0	16.7
I. NEW MEXICO	21.8	21.2	19.3	18.8	19.0	18.3	18.9	19.4	19.7	20.6
J. TEXAS	20.6	20.1	18.5	17.8	17.5	17.6	17.5	17.9	18.2	19.0
U.S. Border	19.3	~	~	~	~	~	~	~	~	~
U.S. Total	18.4	17.2	15.6	14.8	14.8	14.6	14.6	15.1	15.0	15.6

State	1980	1981	1982	1983
A. BAJA CALIF.	~	~	~	~
B. CHIHUAHUA	~	~	~	~
C. COAHUILA	~	~	~	~
D. NUEVO LEON	~	~	~	~
E. SONORA	~	~	~	~
F. TAMAULIPAS	~	~	~	~
Mexico Border	~	~	~	~
Mexico Total	~	~	~	~
G. ARIZONA	18.4	18.4	18.4	17.8
H. CALIFORNIA	16.9	17.4	17.6	16.4
I. NEW MEXICO	19.7	21.3	17.4	21.6
J. TEXAS	18.8	19.5	20.6	18.3
U.S. Border	17.8	~	~	~
U.S. Total	15.9	15.8	16.0‡	15.5‡

a. Based on 50% sample.

SOURCE: Mexico: AE, 1938–81, various tables.
United States: SAUS, 1930–81; VSSR, 1934–37; VSUS, 1937–78; MVSR, vol. 30, no. 13 (December 20, 1982); vol. 30, no. 2 (May 29, 1981); vol. 32, no. 13 (September 21, 1984); vol. 33; no. 6, Supplement (September 28, 1984).

Table 202

BIRTHS IN THE U.S. TO PARENTS OF MEXICAN ORIGIN, 4 SC, 1979, 1981

PART I. 1979

	State	\multicolumn{3}{c	}{Mexican-Origin Father}	\multicolumn{3}{c	}{Mexican-Origin Mother}
		N	As % of Hispanic Origin[2]	As % of All Births	N	As % of Hispanic Origin[3]	As % of All Births
G.	ARIZONA[4]	10,060	91.2	21.5	10,007	90.8	21.4
H.	CALIFORNIA[4]	88,841	89.6	23.4	87,195	89.1	23.0
	U.S. Total	119,756	63.5	7.4	117,989	60.1	7.3

1. Persons who self-identified on census questionnaire as being of Mexican origin or descent.
2. Births from fathers who self-identified on census questionnaire as being of Spanish origin or descent.
3. Births from mothers who self-identified on census questionnaire as being of Spanish origin or descent.
4. Only states reporting.

SOURCE: Stephanie J. Ventura, "Births of Hispanic Parentage, 1979," in MVSR, vol. 31, no. 2, Supplement (May 13, 1982).

PART II. 1981

	State	\multicolumn{3}{c	}{Mexican-Origin Father}	\multicolumn{3}{c	}{Mexican-Origin Mother}
		N	As % of Hispanic Origin[2]	As % of All Births	N	As % of Hispanic Origin[2]	As % of All Births
G.	ARIZONA	11,549	95.6	22.4	11,463	95.3	22.3
H.	CALIFORNIA	106,317	87.1	25.3	104,340	86.1	24.8
I.	NEW MEXICO	2,138	27.4	8.0	2,124	22.4	8.0
J.	TEXAS	71,796	96.9	25.5	81,778	97.0	29.0
	U.S. Total[2]	214,359	71.1	10.2	222,143	69.0	10.6

1. Parents who self-identified on the newborn's U.S. Standard Certificate of Live Birth as of Mexican origin.
2. Percentages and totals are based on data from 22 reporting states which accounted for nearly 95% of the estimated number of Hispanic births nationally in 1981.

SOURCE: Stephanie J. Ventura, "Births of Hispanic Parentage, 1981," in MVSR, vol. 33, no. 8, Supplement (December 11, 1984).

Table 203
DEATHS, 10 SC, 1930–84
(N)

State	1930	1931	1932	1933	1934	1935	1936	1937	1938	1939
A. BAJA CALIF.	1,103	956	880	892	1,082	915	1,271	1,349	1,040	1,249
B. CHIHUAHUA	9,681	9,877	10,605	10,465	12,039	11,909	10,635	12,823	11,424	11,192
C. COAHUILA	11,021	12,778	11,713	11,856	11,786	10,780	10,968	13,992	11,756	12,485
D. NUEVO LEON	8,448	9,506	10,783	10,393	10,648	9,894	8,712	10,517	9,486	9,565
E. SONORA	5,776	5,608	5,920	5,925	6,463	6,484	6,476	7,392	6,410	7,699
F. TAMAULIPAS	5,662	6,175	6,973	8,324	6,875	6,158	6,231	6,669	6,488	5,986
Mexico Border	41,691	44,910	46,874	47,855	48,893	46,140	44,293	52,742	46,604	48,176
Mexico Total	441,717	437,038	447,532	449,149	422,595	408,471	432,673	456,540	436,963	444,032
G. ARIZONA	6,679	6,074	5,420	5,539	5,647	6,077	6,551	6,919	6,002	5,851
H. CALIFORNIA	66,249	67,410	67,680	68,036	68,095	72,456	72,656	80,256	76,187	77,130
I. NEW MEXICO	6,596	6,156	5,968	5,824	6,115	6,272	6,248	6,422	5,962	5,917
J. TEXAS	–[a]	–[a]	–[a]	58,948	59,731	61,663	65,803	65,448	60,208	60,218
U.S. Border	79,524	79,640	79,068	138,347	139,588	146,468	151,258	159,045	148,359	149,116
U.S. Total	1,343,356	1,322,587	1,308,529	1,342,106	1,396,903	1,392,752	1,479,228	1,450,427	1,381,391	1,387,897

State	1940	1941	1942	1943	1944	1945	1946	1947	1948	1949
A. BAJA CALIF.	1,288	1,197	1,555	1,681	1,777	1,897	1,909	2,067	2,303	2,588
B. CHIHUAHUA	11,494	12,032	12,167	12,527	12,369	12,108	12,506	11,106	11,925	11,983
C. COAHUILA	13,373	12,563	13,660	14,086	12,914	12,132	13,287	10,937	10,827	12,110
D. NUEVO LEON	9,766	9,857	9,583	11,282	10,187	9,657	10,273	9,090	9,316	9,392
E. SONORA	6,789	6,733	7,340	7,952	7,583	7,739	7,187	6,920	7,503	6,852
F. TAMAULIPAS	6,462	6,708	7,314	7,621	7,625	6,894	7,560	7,125	7,121	7,940
Mexico Border	49,172	49,090	51,628	55,149	52,455	50,427	52,722	47,245	48,995	50,865
Mexico Total	458,906	446,361	471,600	474,950	447,198	433,694	442,935	390,087	407,708	443,559
G. ARIZONA	5,556	5,452	5,586	5,927	6,205	6,091	5,737	6,032	6,586	6,397
H. CALIFORNIA	79,742	80,943	84,851	89,109	90,802	92,569	94,678	96,697	98,905	100,354
I. NEW MEXICO	5,484	5,639	5,203	5,488	5,500	5,520	5,436	5,471	5,609	5,576
J. TEXAS	62,635	60,581	59,315	62,126	61,565	58,853	59,706	62,662	64,245	63,337
U.S. Border	153,417	152,615	154,955	162,740	164,072	163,033	165,557	170,862	175,345	175,664
U.S. Total	1,417,269	1,397,642	1,385,187	1,459,544	1,411,338	1,401,719	1,395,617	1,445,370	1,444,337	1,443,607

States	1950	1951	1952	1953	1954	1955	1956	1957	1958	1959
A. BAJA CALIF.	2,528	2,877	2,888	3,287	3,350	3,510	3,492	3,899	4,033	4,161
B. CHIHUAHUA	11,204	12,970	12,480	13,677	11,938	11,847	10,782	11,864	13,058	11,382
C. COAHUILA	10,010	12,604	10,606	12,395	10,112	10,524	8,977	10,917	10,462	9,941
D. NUEVO LEON	8,592	11,094	8,106	10,375	8,399	9,036	7,568	9,055	8,707	9,012
E. SONORA	6,458	7,765	6,732	7,222	7,121	7,239	6,655	8,013	7,827	7,676
F. TAMAULIPAS	7,939	9,705	8,117	9,088	8,253	9,284	8,061	9,039	9,657	8,294
Mexico Border	46,731	57,015	48,929	56,044	49,173	51,440	45,535	52,787	53,744	50,466
Mexico Total	418,430	458,238	408,823	446,127	378,752	407,522	368,740	414,545	404,529	396,924
G. ARIZONA	6,422	7,098	7,370	7,750	7,212	7,916	8,464	8,725	9,068	9,602
H. CALIFORNIA	98,760	104,089	108,552	109,903	109,445	113,847	119,851	124,162	125,924	128,464
I. NEW MEXICO	5,471	5,614	5,429	5,578	5,373	5,696	5,618	6,114	6,105	6,190
J. TEXAS	63,349	67,238	64,958	66,271	64,932	65,048	69,665	72,744	73,351	73,563
U.S. Border	174,002	184,039	186,309	189,502	186,962	192,552	203,598	211,745	214,448	217,819
U.S. Total	1,452,454	1,482,099	1,496,838	1,517,541	1,481,091	1,528,717	1,564,476	1,633,128	1,647,886	1,656,814

State	1960	1961	1962	1963	1964	1965	1966	1967	1968	1969
A. BAJA CALIF.	4,326	4,033	4,876	5,132	5,637	5,298	5,853	5,566	5,867	6,334
B. CHIHUAHUA	12,346	13,058	12,822	12,380	13,540	12,178	14,462	12,479	13,342	13,340
C. COAHUILA	9,734	10,462	10,255	9,256	10,211	8,958	10,566	9,936	10,607	11,066
D. NUEVO LEON	9,066	8,707	9,518	9,494	10,049	9,647	10,306	10,441	11,215	11,302
E. SONORA	7,939	7,827	8,238	8,174	8,293	7,974	9,105	8,819	8,370	9,278
F. TAMAULIPAS	8,897	9,657	9,217	9,070	9,697	9,401	9,872	9,986	10,062	9,931
Mexico Border	52,308	53,744	54,926	53,506	57,427	53,506	60,164	57,227	59,463	61,251
Mexico Total	402,545	404,529	403,046	412,834	408,275	404,163	424,141	420,298	452,910	458,886
G. ARIZONA	10,146	10,565	11,177	12,282	12,077	12,357	12,804	13,103	14,021	14,031
H. CALIFORNIA	135,508	137,327	141,395	145,616	150,955	150,821	157,444	159,610	160,839	166,077
I. NEW MEXICO	6,525	6,362	6,520	6,876	6,895	6,957	6,970	6,932	7,150	7,209
J. TEXAS	77,453	76,203	80,752	82,858	82,808	84,142	86,906	86,436	93,908	94,043
U.S. Border	229,632	230,457	239,844	247,632	252,735	254,277	264,124	266,081	275,918	281,360
U.S. Total	1,711,982	1,701,522	1,756,720	1,749,677	1,798,051	1,828,136	1,863,149	1,851,323	1,930,082	1,921,990

Table 203 (Continued)
DEATHS, 10 SC, 1930–84
(N)

State	1970	1971	1972	1973	1974	1975	1976	1977	1978	1979
A. BAJA CALIF.	7,012	6,750	6,688	6,856	7,110	6,765	6,743	6,679	5,732	6,806
B. CHIHUAHUA	14,201	13,504	14,157	14,243	13,133	12,792	13,396	13,781	13,344	12,838
C. COAHUILA	11,602	10,554	11,275	11,459	9,638	9,681	10,151	10,202	8,959	9,294
D. NUEVO LEON	12,540	12,178	12,866	13,413	12,309	12,065	12,706	12,055	11,016	11,706
E. SONORA	9,040	9,590	9,308	9,523	8,997	8,853	9,319	9,456	9,187	9,289
F. TAMAULIPAS	10,949	11,024	10,403	10,848	9,888	10,139	10,201	10,772	10,476	10,504
Mexico Border	65,344	63,600	64,697	66,342	61,075	60,295	62,516	62,945	58,714	60,437
Mexico Total	485,656	458,323	476,206	458,915	433,104	434,515	455,660	450,454	418,381	428,217
G. ARIZONA	15,256	20,385	21,609	22,348	17,050	16,980	17,339	18,028	19,198	19,782
H. CALIFORNIA	166,527	169,954	190,247	187,658	170,403	170,687	171,022	170,399	176,069	177,399
I. NEW MEXICO	7,447	8,596	9,080	8,871	8,030	7,977	8,224	8,073	8,456	8,722
J. TEXAS	95,457	107,493	108,586	112,704	99,491	98,471	100,760	100,185	103,845	104,921
U.S. Border	284,687	306,428	329,522	331,581	294,974	294,115	297,345	296,685	307,568	310,824
U.S. Total	1,922,966	1,927,542	1,963,944	1,973,003	1,934,388	1,892,879	1,909,440	1,899,597	1,927,788	1,913,841

State	1980	1981	1982	1983	1984
A. BAJA CALIF.	6,779	5,845	~	~	~
B. CHIHUAHUA	13,362	12,380	~	~	~
C. COAHUILA	9,837	9,267	~	~	~
D. NUEVO LEON	12,171	11,294	~	~	~
E. SONORA	9,551	9,169	~	~	~
F. TAMAULIPAS	11,358	10,607	~	~	~
Mexico Border	~	~	~	~	~
Mexico Total	434,465	424,274	~	~	~
G. ARIZONA	21,609	22,348	22,613	23,183	24,384
H. CALIFORNIA	190,297	187,658	192,171	187,938	195,430
I. NEW MEXICO	9,080	8,871	8,260	9,927	9,806
J. TEXAS	108,586	112,704	115,859	115,128	119,531
U.S. Border	329,572	331,581	~	~	~
U.S. Total	1,989,841	1,977,981	1,974,797	2,010,000[‡]	2,047,000[‡]

SOURCE: Mexico: AE, 1938–81, various tables.
United States: SAUS, 1930–80; VSSR, 1934–37; VSUS, 1937–78; MVSR, vol. 30, no. 13 (December 20, 1982); vol. 31, no. 6 (September 30, 1981); vol. 33, no. 9, Supplement (December 20, 1984); vol. 33, no. 12 (March 26, 1985), various tables.

Table 204

MEXICO DEATHS OF INFANTS UNDER 1 YEAR, 6 SC, 1922–80

States	1922	1930	1940	1950	1960	1970	1980
A. BAJA CALIF.	198	313	358	882	1,714	2,608	1,202
B. CHIHUAHUA	2,077	2,700	3,236	3,652	4,491	4,906	2,777
C. COAHUILA	3,246	3,291	4,018	3,194	3,195	4,108	1,819
D. NUEVO LEON	2,548	2,561	2,605	2,622	3,048	3,918	2,417
E. SONORA	1,482	1,752	1,875	2,165	2,876	3,145	1,740
F. TAMAULIPAS	1,714	1,396	1,534	2,276	2,697	3,071	1,719
Border Total	11,265	12,013	13,626	14,791	18,048	21,756	11,674
Mexico Total	101,202	107,921	110,037	113,032	119,316	146,008	94,227

SOURCE: INEGI, AE, 1985, pp. 203–207.

Table 205

TEXAS INFANT MORTALITY RATES, BY BORDER STATE ECONOMIC AREA, 1970–72

State Economic Area	Neonatal Mortality Rate			Postneonatal Mortality Rate			Infant Mortality Rate			
	Anglo	Spanish Surname	Black	Anglo	Spanish Surname	Black	Anglo	Spanish Surname	Black	Total
Nonmetropolitan										
Trans-Pecos	22.1	13.0	~	3.3	8.4	~	25.4	21.4	~	23.6
Lower Rio Grande Valley	16.7	12.4	~	7.1	7.1	~	23.8	19.4	~	19.9
Southwest Rio Grande Plain	14.8	14.8	15.5	5.0	3.9	7.8	19.8	18.7	23.3	18.3
Total Texas Nonmetropolitan	15.6	14.4	21.6	4.3	7.5	11.5	20.1	21.9	33.1	22.2
Metropolitan										
San Antonio*	13.6	13.4	23.1	3.7	5.6	8.3	17.3	19.0	31.5	19.2
Corpus Christi*	13.0	13.7	15.4	3.7	6.5	5.9	16.8	20.2	21.3	19.0
El Paso	12.8	12.8	22.8	3.8	4.4	18.7	16.7	17.2	41.5	17.8
Total Texas Metropolitan	13.8	13.1	21.7	3.6	5.4	7.7	17.4	18.5	29.4	19.7
Total Texas	14.4	13.6	21.7	3.8	6.3	8.7	18.2	20.0	30.4	20.5

SOURCE: Charles H. Teller, "Physical Health Status and Health Care Utilization in the Texas Borderlands," in Stanley R. Ross, ed., *Views across the Border: The United States and Mexico* (Albuquerque: University of New Mexico Press, 1978) p. 265.

Table 206
MARRIAGES, 10 SC, 1930–84
(N)

State	1930	1931	1932	1933	1934	1935	1936	1937	1938	1939
A. BAJA CALIF.	744	978	1,161	1,296	1,364	1,435	1,453	1,685	1,780	1,918
B. CHIHUAHUA	3,522	3,532	3,526	4,016	4,793	4,279	5,055	4,996	4,172	4,400
C. COAHUILA	3,123	3,242	2,996	3,507	3,945	3,899	4,547	4,414	4,285	5,004
D. NUEVO LEON	3,223	3,146	3,546	3,630	4,859	4,566	4,809	5,013	4,573	4,997
E. SONORA	1,659	1,570	1,724	1,903	2,621	3,005	2,845	2,784	2,616	2,687
F. TAMAULIPAS	2,721	2,369	2,380	2,643	3,189	2,805	3,243	3,836	3,388	3,665
Mexico Border	14,992	14,837	15,333	16,995	20,771	19,989	21,952	22,728	20,814	22,671
Mexico Total	100,724	99,880	95,390	101,745	119,957	118,960	120,288	129,463	123,695	125,979
G. ARIZONA	7,715	7,575	7,642	~a	~a	~a	~a	~a	12,435	14,585
H. CALIFORNIA	50,154	47,525	43,164	~a	~a	~a	~a	~a	61,850	57,893
I. NEW MEXICO	8,711	8,380	8,879	~a	~a	~a	~a	~a	8,559	9,125
J. TEXAS	45,174	40,512	40,069	~a	~a	~a	~a	~a	75,000	76,800
U.S. Border	111,754	113,992	99,754	~a	~a	~a	~a	~a	157,844	158,403
U.S. Total	1,126,856	1,060,554	981,903	~a	~a	~a	~a	~a	1,319,000	1,375,000

State	1940	1941	1942	1943	1944	1945	1946	1947	1948	1949
A. BAJA CALIF.	2,802	1,051	1,331	1,011	1,081	1,150	1,464	1,547	1,687	1,962
B. CHIHUAHUA	5,570	4,585	6,911	7,276	6,538	5,769	6,278	6,590	6,233	6,210
C. COAHUILA	5,681	4,701	6,973	6,150	6,006	5,713	5,747	5,288	6,325	6,384
D. NUEVO LEON	6,060	4,421	5,524	4,936	4,536	5,073	5,429	4,885	5,129	6,215
E. SONORA	3,393	2,760	3,662	3,926	3,770	3,659	4,044	4,009	3,684	4,114
F. TAMAULIPAS	3,740	3,405	4,627	4,200	4,298	4,340	4,544	4,526	4,761	5,493
Mexico Border	27,246	20,923	29,028	27,499	26,229	25,704	27,506	26,745	27,819	30,378
Mexico Total	156,358	126,859	176,550	159,845	149,490	151,075	156,971	148,642	155,416	166,133
G. ARIZONA	23,643c	26,700c	33,300c	21,200c	17,083	19,804	27,300†	25,600†	24,824	23,139
H. CALIFORNIA	45,069	48,887	76,014	91,808	94,517	102,862	107,995	94,459	88,242	77,961
I. NEW MEXICO	12,170	~	~	~	11,311	13,652	18,144	14,813	16,492	16,794
J. TEXAS	86,500	~	~	~	99,506	108,110	143,092c	123,798c	112,898c	96,214c
U.S. Border	167,382	75,587	109,314	113,008	222,478	244,428	296,531	258,670	242,456	214,108
U.S. Total	1,595,879	1,695,999b	1,772,132b	1,577,050b	1,452,394	1,618,331	2,291,045	1,992,354	1,811,155	1,585,440

State	1950	1951	1952	1953	1954	1955	1956	1957	1958	1959
A. BAJA CALIF.	2,063	2,214	2,423	2,663	3,154	3,536	3,727	4,351	4,651	4,787
B. CHIHUAHUA	8,406	6,955	6,508	6,822	8,188	9,137	9,417	8,945	9,323	10,107
C. COAHUILA	7,313	6,861	7,204	7,188	7,759	7,844	8,125	7,220	7,355	8,562
D. NUEVO LEON	6,601	6,551	7,650	6,804	7,826	8,211	8,368	7,922	7,971	8,887
E. SONORA	4,326	4,448	4,845	4,739	5,214	5,782	5,775	6,122	6,330	6,251
F. TAMAULIPAS	6,473	6,272	6,889	6,813	8,579	8,869	8,768	8,050	8,021	8,071
Mexico Border	35,182	33,301	35,519	35,029	40,720	43,379	44,180	42,610	40,947	46,665
Mexico Total	177,531	178,165	187,473	183,600	205,771	211,875	222,907	215,292	225,491	238,999
G. ARIZONA	20,031	20,198	22,436	23,500	20,588	21,831	22,121	9,652	9,917c	10,171
H. CALIFORNIA	79,360	76,748	78,833	79,662	77,947	81,939	87,611	92,607	96,034	101,503
I. NEW MEXICO	22,717	22,013	22,438	22,511	19,500c	22,300c	21,600	11,439	5,814d	5,657d
J. TEXAS	89,155c	88,943	90,270c	89,000c	89,018	91,210	90,620	89,400	89,821†	93,253
U.S. Border	211,263	207,902	213,977	214,673	207,053	217,280	221,952	203,098	201,586	210,584
U.S. Total	1,667,231	1,594,694	1,539,318	1,546,000†	1,490,000†	1,531,000†	1,067,939	1,518,000†	1,445,000†	1,494,000†

State	1960	1961	1962	1963	1964	1965	1966	1967	1968	1969
A. BAJA CALIF.	4,782	5,321	5,590	5,764	5,811	6,221	6,892	7,031	7,078	7,214
B. CHIHUAHUA	10,090	10,596	10,982	11,292	11,498	12,700	12,894	13,887	14,285	14,905
C. COAHUILA	8,378	8,285	8,095	8,125	9,502	10,139	10,097	9,978	10,583	11,858
D. NUEVO LEON	9,243	9,594	9,280	9,530	10,560	11,500	12,560	12,950	14,192	14,697
E. SONORA	6,161	6,309	6,752	7,066	7,397	7,692	7,959	8,124	8,877	9,282
F. TAMAULIPAS	7,921	7,845	8,248	8,354	8,666	8,497	9,114	8,888	9,780	10,753
Mexico Border	46,575	47,950	48,947	50,131	53,434	56,749	59,516	60,858	65,065	68,709
Mexico Total	239,527	237,069	246,655	257,969	281,389	293,227	307,992	314,263	331,347	347,120
G. ARIZONA	10,153	10,426	10,745	11,428	12,108	12,113	13,511	14,737	16,758	18,012
H. CALIFORNIA	105,352	109,642	113,026	121,883	136,131	136,090	144,084	147,378	163,216	166,832
I. NEW MEXICO	11,051	11,285	5,551	7,997	7,630	13,215†	5,926	8,443	7,314b	11,109
J. TEXAS	91,679	96,244	98,699	103,937	110,913	111,542	116,106	124,191	135,528	142,391
U.S. Border	218,235	227,597	228,021	245,245	266,782	272,950	279,627	294,749	322,816	338,344
U.S. Total	1,523,381†	1,547,945	1,577,360	1,654,003	1,724,697	1,800,207	1,857,294	1,927,023	2,069,258	2,145,438

Table 206 (Continued)
MARRIAGES, 10 SC, 1930–84
(N)

State	1970	1971	1972	1973	1974	1975	1976	1977	1978	1979
A. BAJA CALIF.	7,880	8,424	9,662	9,575	9,846	8,606	8,690	7,795	7,892	~
B. CHIHUAHUA	11,971	12,323	15,503	12,750	15,568	14,554	15,849	15,229	15,929	~
C. COAHUILA	15,023	14,653	19,065	16,436	17,150	16,725	14,307	13,830	12,812	~
D. NUEVO LEON	15,249	15,947	20,475	18,815	21,680	19,531	19,298	20,488	20,644	~
E. SONORA	9,916	10,165	14,937	11,748	12,847	12,106	11,586	11,110	10,764	~
F. TAMAULIPAS	11,282	11,267	21,065	12,362	16,174	14,066	14,860	13,858	13,469	~
Mexico Border	71,321	72,779	100,707	81,686	93,265	85,588	84,590	82,310	81,510	~
Mexico Total	356,658	378,222	622,064	452,640	505,544	472,091	482,810	466,788	463,157	~
G. ARIZONA	18,508	20,865	23,318	26,180	27,038	26,558	26,534	26,955	27,725	29,603
H. CALIFORNIA	172,388	168,049	175,924	169,320	160,887	154,812	151,284	149,461	188,056	199,698
I. NEW MEXICO	12,422	14,008	14,167	15,178	15,886	15,790	15,616	16,385	16,582	16,309
J. TEXAS	139,491	140,232	149,009	152,162	153,002	153,154	157,320	159,576	167,827	172,757
U.S. Border	342,809	343,154	362,418	362,840	356,813	350,314	350,754	352,332	400,190	418,367
U.S. Total	2,158,802	2,190,481	2,282,154	2,284,108	2,229,667	2,152,662	2,154,807	2,178,367	2,282,272	2,331,337

State	1980	1981	1982	1983	1984
A. BAJA CALIF.	9,597‡	8,432‡	~	~	~
B. CHIHUAHUA	17,026‡	16,019‡	~	~	~
C. COAHUILA	14,978‡	14,958‡	~	~	~
D. NUEVO LEON	21,831‡	298‡	~	~	~
E. SONORA	11,088‡	11,497‡	~	~	~
F. TAMAULIPAS	15,239‡	16,145‡	~	~	~
Mexico Border	~	~	~	~	~
Mexico Total	493,151‡	477,874‡	~	~	~
G. ARIZONA	30,230	31,784	29,084	30,322	31,506
H. CALIFORNIA	218,404	214,708	230,694	224,891	226,560
I. NEW MEXICO	16,324	17,130	17,453	16,728	15,171
J. TEXAS	187,118	192,368	205,353	194,962	207,631
U.S. Border	452,076	455,990	~	~	~
U.S. Total	2,390,252	2,422,145	2,495,000‡	2,444,000‡	2,487,000‡

a. U.S. marriage data not collected 1933–38.
b. Includes estimates for states not reported separately.
c. Licenses issued.
d. Incomplete data.

SOURCE: Mexico: AE, 1938–81, various tables.
United States: SAUS, 1930–80; VSSR, 1934–37; VSUS, 1937–78; MVSR, vol. 30, no. 13 (December 20, 1982); vol. 30, no. 4 (July 31, 1981); vol. 32, no. 11, Supplement (February 29, 1984); vol. 32, no. 12 (March 26, 1984); vol. 33, no. 12 (March 26, 1985), various tables.

2, Vital Statistics 59

Table 207
DIVORCES, 10 SC, 1930–84
(N)

State	1930	1931	1932	1933	1934	1935	1936	1937	1938	1939
A. BAJA CALIF.	17	16	18	24	40	56	46	42	~	~
B. CHIHUAHUA	126	123	665	1,475	2,223	1,849	1,457	1,291	~	~
C. COAHUILA	45	58	59	59	56	138	167	188	~	~
D. NUEVO LEON	51	57	45	43	49	62	80	79	~	~
E. SONORA	180	107	132	99	121	102	107	96	~	~
F. TAMAULIPAS	34	47	57	56	43	266	201	236	~	~
Mexico Border	453	408	976	1,756	2,532	2,473	2,058	1,932	~	~
Mexico Total	1,626	1,606	2,346	3,472	4,535	4,752	4,732	4,472	~	4,539
G. ARIZONA	1,136	1,125	848	~	~	~	~	~	1,655	1,738
H. CALIFORNIA	15,603	15,113	14,097	~	~	~	~	~	23,700	23,800
I. NEW MEXICO	770	725	696	~	~	~	~	~	1,000	1,200
J. TEXAS	16,645	15,788	14,172	~	~	~	~	~	25,300	26,100
U.S. Border	34,154	32,751	29,813	~	~	~	~	~	51,655	52,838
U.S. Total	191,591	183,664	160,338	~	~	~	~	~	244,000	251,000

State	1940	1941	1942	1943	1944	1945	1946	1947	1948	1949
A. BAJA CALIF.	72	69	87	97	92	74	73	87	94	101
B. CHIHUAHUA	933	1,067	1,732	3,160	4,154	3,919	3,693	2,744	1,808	1,640
C. COAHUILA	189	261	350	360	376	338	316	330	318	322
D. NUEVO LEON	73	90	85	109	137	127	127	94	154	140
E. SONORA	101	110	139	166	219	231	250	281	230	202
F. TAMAULIPAS	222	284	452	479	537	441	488	532	455	503
Mexico Border	1,590	1,881	2,845	4,371	5,515	5,130	4,947	4,068	3,059	2,749
Mexico Total	4,291	5,179	6,604	7,972	9,297	9,602	9,950	8,693	6,882	6,777
G. ARIZONA	1,913	~	~	~	~	2,500[t]	2,900[t]	24,00	~	4,478
H. CALIFORNIA	24,200[t]	~	~	~	~	~	52,300[t]	~	42,342	38,440
I. NEW MEXICO	1,200[t]	~	~	~	~	3,124	3,898	3,160	2,631	2,884
J. TEXAS	27,500[t]	28,400	32,200	38,100	39,900	49,345	57,112	43,584	39,587	38,027
U.S. Border	54,813[t]	~	~	~	~	54,969[t]	116,210[t]	49,144	84,560[t]	83,829[t]
U.S. Total	264,000[t]	293,000	321,000	359,000	400,000	485,000[t]	610,000[t]	483,000	408,000[t]	397,000[t]

State	1950	1951	1952	1953	1954	1955	1956	1957	1958	1959
A. BAJA CALIF.	112	121	135	138	156	170	214	231	281	356
B. CHIHUAHUA	2,232	2,226	2,738	3,104	4,039	5,606	6,599	6,599	6,769	8,201
C. COAHUILA	353	364	318	455	551	557	611	592	575	650
D. NUEVO LEON	173	199	204	311	442	443	436	413	418	436
E. SONORA	204	208	222	216	218	268	294	287	304	316
F. TAMAULIPAS	469	527	664	665	671	764	769	812	773	733
Mexico Border	3,543	3,645	4,281	4,889	6,077	7,808	8,923	8,934	9,120	10,692
Mexico Total	7,929	7,803	8,533	8,914	10,418	12,208	12,418	13,436	13,451	15,455
G. ARIZONA	4,062	4,240	4,905	5,125	4,790[t]	3,526	5,571	5,328	5,910[t]	6,503[t]
H. CALIFORNIA	38,833	38,542	41,398	40,196	42,093	41,599	42,471	43,999	43,700	47,572[a]
I. NEW MEXICO	2,655	2,942	2,940	~	2,500[t]	2,140	2,337[t]	3,065[t]	2,771[a]	2,093[a]
J. TEXAS	37,400[t]	37,330[t]	37,300[a]	39,000[t]	36,000[a]	34,921[a]	33,831[a]	34,871[a]	33,678[a]	35,623
U.S. Border	82,950	83,054	86,543	84,321	85,383	82,166	84,210	87,263	86,059	91,791
U.S. Total	385,144[t]	381,000[t]	392,000[t]	390,000[t]	379,000[t]	377,000[t]	382,000[t]	381,000[t]	368,000[t]	395,000[t]

State	1960	1961	1962	1963	1964	1965	1966	1967	1968	1969
A. BAJA CALIF.	427	434	495	519	537	563	677	760	747	815
B. CHIHUAHUA	7,669	9,291	10,797	12,187	12,349	16,475	20,173	24,074	16,551	21,085
C. COAHUILA	545	507	519	501	632	688	676	708	724	783
D. NUEVO LEON	452	417	384	428	484	536	566	573	470	543
E. SONORA	355	395	381	347	342	411	386	398	474	430
F. TAMAULIPAS	676	603	326	328	390	409	464	448	420	491
Mexico Border	10,124	11,647	12,902	14,310	14,734	19,082	22,942	26,961	19,386	24,147
Mexico Total	14,964	16,528	17,459	19,277	20,161	24,705	28,623	32,907	25,623	30,504
G. ARIZONA	4,780	6,973	7,788	8,482	8,790	8,575	9,186[t]	10,142	10,701	11,918
H. CALIFORNIA	49,276	51,644	54,011	56,274	59,094	69,926[a]	69,127	69,846	75,416	81,546
I. NEW MEXICO	2,811[a]	3,220[a]	3,645	3,470	3,280[a]	3,662[a]	3,054[t]	1,545[a]	2,585[a]	3,539
J. TEXAS	34,732[a]	35,340[a]	36,918	39,219	40,842	41,323	43,046	45,339	48,852	46,918
U.S. Border	91,599	97,177	102,362	107,445	112,006	123,486	116,145	126,872	137,554	143,921
U.S. Total	393,000[t]	414,000[t]	413,000[t]	428,000[t]	450,000[t]	479,000[t]	499,000[t]	523,000[t]	584,000[t]	639,000[t]

Table 207 (Continued)
DIVORCES, 10 SC, 1930–84
(N)

State	1970	1971	1972	1973	1974	1975	1976	1977	1978	1979
A. BAJA CALIF.	771	736	951	985	916	1,006	1,006	1,146	1,088	1,218
B. CHIHUAHUA	21,500	705	673	710	746	760	1,136	1,294	1,431	1,613
C. COAHUILA	846	2,592	570	699	199	953	897	957	823	919
D. NUEVO LEON	574	531	646	701	967	1,095	1,256	1,232	1,336	992
E. SONORA	455	464	452	611	671	450	595	459	445	589
F. TAMAULIPAS	474	534	544	582	601	705	725	811	857	849
Mexico Border	24,620	5,562	3,836	4,288	4,100	4,969	5,615	5,899	5,980	6,180
Mexico Total	31,181	1,215	11,954	13,517	13,594	16,791	19,002	21,269	21,394	22,849
G. ARIZONA	12,714	14,588	13,197	14,036	16,936	17,577	19,029	16,578	17,320	19,982
H. CALIFORNIA	112,942	68,309	110,718	117,509	121,714	128,492	133,024	132,193	132,850	137,683
I. NEW MEXICO	4,375[b]	4,580[b]	5,251[b]	5,383[b]	7,863[b]	8,413[b]	9,118[b]	9,143[b]	9,608[b]	9,978[b]
J. TEXAS	51,530	55,568	60,343	64,152	69,762	76,685	79,905	82,265	85,784	92,399
U.S. Border	181,561	143,045	189,509	201,080	216,275	231,167	241,076	240,179	245,562	260,042
U.S. Total	708,000[†]	773,000[†]	845,000[†]	915,000[†]	977,000[†]	1,036,000[†]	1,083,000[†]	1,091,000[†]	1,130,000[†]	1,181,000[†]

State	1980	1981	1982	1983	1984
A. BAJA CALIF.	945	963[‡]	~	~	~
B. CHIHUAHUA	1,489	1,442[‡]	~	~	~
C. COAHUILA	847	711[‡]	~	~	~
D. NUEVO LEON	670	790[a]	~	~	~
E. SONORA	565	599	~	~	~
F. TAMAULIPAS	748	940	~	~	~
Mexico Border	~	~	~	~	~
Mexico Total	21,674	22,989	~	~	~
G. ARIZONA	19,921	20,988	20,168	20,891	19,786
H. CALIFORNIA	134,309	134,371	138,435	129,131	~
I. NEW MEXICO	10,444[b]	10,592[b]	9,576[b]	9,063[b]	9,205[b]
J. TEXAS	97,161	99,021	101,580	96,988	98,074
U.S. Border	261,835	264,972	~	~	~
U.S. Total	1,182,000[†]	1,219,000[†]	~	1,179,000[†]	1,155,000[†]

a. The data for Nuevo León correspond to divorces registered only by the Court of Justice; they do not include those registered in the office of the Civil Registry.
b. Incomplete data.

SOURCE: Mexico: AE, 1938–81, various tables.
United States: SAUS, 1930–81; VSSR, 1934–37; VSUS, 1937–78; MVSR, vol. 30, no. 13 (December 20, 1982); vol. 30, no. 2 (May 29, 1981); vol. 32, no. 12 (March 26, 1984); vol. 33, no. 12 (March 26, 1985), various tables.

Table 208

MEXICO MONTHLY MILK CONSUMPTION, SELECTED MUNICIPALITIES, 1984

(Liters)

Consumption/ Income Level[1]	Ensenada	Mexicali	Tecate	Tijuana	Average
Very Low Income					
Average Consumption per Family	9.74	13.39	16.84	17.86	15.25
Families Consuming Milk (%)	78.00	86.49	92.59	93.50	88.57
Low Income					
Average Consumption per Family	10.49	12.86	15.03	15.82	14.14
Families Consuming Milk (%)	87.61	91.73	98.96	97.38	94.19
Average Income					
Average Consumption per Family	10.81	15.50	13.71	15.04	14.60
Families Consuming Milk (%)	93.62	94.39	96.72	98.89	96.79
High Income					
Average Consumption per Family	12.37	14.40	14.41	14.84	14.44
Families Consuming Milk (%)	95.83	96.93	100.00	98.52	97.79
Very High Income					
Average Consumption per Family	8.74	12.72	13.00	14.18	13.40
Families Consuming Milk (%)	97.14	95.60	100.00	97.41	97.03
All Income Groups					
Average Consumption per Family	10.74	13.70	14.74	15.34	14.28
Families Consuming Milk (%)	90.02	93.29	98.31	97.69	94.65

1. Income levels as defined by Departamento de Estudios Económicos and Departamento de Cómputo of CEFNOMEX.

SOURCE: Centro de Estudios Fronterizos del Norte de México, *Boletín CEFNOMEX*, vol. 2, no. 7 (January–February, 1986), p. 3.

Table 209
U.S. FAMILIES IN POVERTY, BY ETHNIC CATEGORY, 4 SC, 1970

State/Ethnicity/Race	All Families N	Families in Poverty N	Families in Poverty %	Poverty Families in Each Category as % of All Poverty
G. CALIFORNIA	5,001,255	421,200	8.4	100.0
White	4,532,512	339,108	7.5	60.7
Negro	313,501	65,623	20.9	15.6
Spanish Surname	690,127	96,329	14.0	22.9
American Indian	19,223	3,377	17.6	.8
H. ARIZONA	438,389	50,359	11.5	100.0
White	409,303	37,650	9.2	47.5
Negro	10,920	3,318	30.4	6.6
Spanish Surname	69,449	14,059	20.2	27.9
American Indian	15,790	9,041	57.3	18.0
I. NEW MEXICO	242,740	44,906	18.5	100.0
White	225,820	37,045	16.4	25.0
Negro	4,117	1,416	34.4	3.1
Spanish Surname	87,857	25,886	29.4	57.6
American Indian	12,353	6,401	51.8	14.3
J. TEXAS	2,818,123	412,598	14.6	100.0
White	2,500,767	310,446	12.4	43.3
Negro	306,658	100,165	32.7	24.3
Spanish Surname	423,780	133,095	31.4	32.2
American Indian	4,082	774	19.0	.2
U.S. Border	8,500,507	929,063	10.9	100.0
White	7,668,402	724,249	9.4	50.5
Negro	635,196	170,522	26.9	18.4
Spanish Surname	1,271,213	269,349	21.2	29.0
American Indian	51,448	19,593	38.1	2.1

SOURCE: Ellwyn R. Stoddard and John Hedderson, *Trends and Patterns of Poverty on the U.S.-Mexico Border*, Borderlands Research Monograph Series no. 3 (El Paso: The University of Texas at El Paso, March 1987).

Table 210
TEXAS BORDER COUNTY POVERTY, 1973
(%)

County	Incidence of Poverty Anglos	Incidence of Poverty Chicanos
El Paso	10.1	28.7
Hudspeth	20.7	41.5
Presidio	24.3	59.2
Brewster	26.1	42.6
Terrell	14.1	37.4
Val Verde	11.9	42.3
Kinney	11.7	75.5
Maverick	—a	56.5
Webb	14.7	49.2
Zapata	—a	67.8
Starr	—a	56.9
Hidalgo	21.4	57.1
Cameron	17.3	54.6

a. Sample size was not sufficiently large to avoid disclosure of information on specific individuals.

SOURCE: Armando Gutiérrez, "The Politics of the Texas Border: An Historical Overview and Some Contemporary Directions," in Stanley R. Ross, ed., *Views across the Border: The United States and Mexico* (Albuquerque: University of New Mexico Press, 1978), p. 121.

Table 211
U.S. SPANISH-ORIGIN FAMILIES IN POVERTY AND FAMILY SIZE, 4 S, 1980

	State/County	Median Family Income	Mean Family Income	Mean Per Capita Family Income	Total Families	Poverty Families	% Families in Poverty	Persons per Family
G.	ARIZONA	15,468	17,186	4,006	92,286	17,524	18.2	4.29
	Yuma	12,259	14,523	3,417	6,341	1,386	21.9	4.25
	Pima	16,144	17,779	4,512	24,473	4,191	17.1	3.94
	Santa Cruz	13,507	16,077	3,855	3,423	618	18.1	4.17
	Cochise	12,694	14,447	3,676	5,099	1,078	21.1	3.93
H.	CALIFORNIA	15,171	17,729	4,432	976,474	164,292	16.8	4.00
	San Diego	15,004	17,784	4,514	55,707	10,109	18.1	3.94
	Imperial	12,930	15,435	3,492	10,592	2,028	19.1	4.42
I.	NEW MEXICO	13,512	15,679	4,137	112,270	23,258	20.7	3.79
	Hidalgo	13,150	15,495	3,743	616	121	19.6	4.14
	Grant	16,096	16,582	4,296	3,231	570	17.6	3.86
	Luna	10,139	12,574	2,966	1,393	446	32.0	4.24
	Dona Ana	11,451	14,114	3,434	11,052	3,051	27.6	4.11
J.	TEXAS	13,293	15,669	3,767	655,102	162,065	24.7	4.16
	El Paso	12,222	14,620	3,930	65,038	17,267	26.5	3.72
	Hudspeth	8,987	10,380	2,495	350	124	35.4	4.16
	Culberson	9,919	11,525	2,825	500	124	24.8	4.08
	Jeff Davis	8,576	10,618	2,495	191	58	30.4	3.83
	Presidio	8,727	10,178	2,577	908	406	44.7	3.95
	Brewster	11,049	10,935	2,789	708	185	26.1	3.92
	Terrell	14,079	15,056	3,841	174	39	22.4	3.46
	Val Verde	9,819	11,787	2,735	4,935	1,804	36.6	4.31
	Kinney	8,125	9,284	2,139	277	133	48.0	4.34
	Maverick	10,893	13,655	3,021	6,023	2,249	37.3	4.52
	Webb	11,346	14,495	3,332	19,661	6,208	31.6	4.35
	Zapata	11,332	14,540	3,635	1,203	368	30.6	4.00
	Starr	8,415	11,226	2,557	5,762	2,664	46.2	4.39
	Hidalgo	10,418	13,073	2,861	48,303	17,688	36.6	4.57
	Cameron	10,984	13,402	3,032	34,578	11,654	33.7	4.42

SOURCE: Ellwyn R. Stoddard and John Hedderson, *Trends and Patterns of Poverty on the U.S.-Mexico Border*, Borderlands Research Monograph Series no. 3 (El Paso: The University of Texas at El Paso, March 1987).

3

Housing and Health

HOUSING WITH PIPED WATER IN BORDER STATES, 1950–80

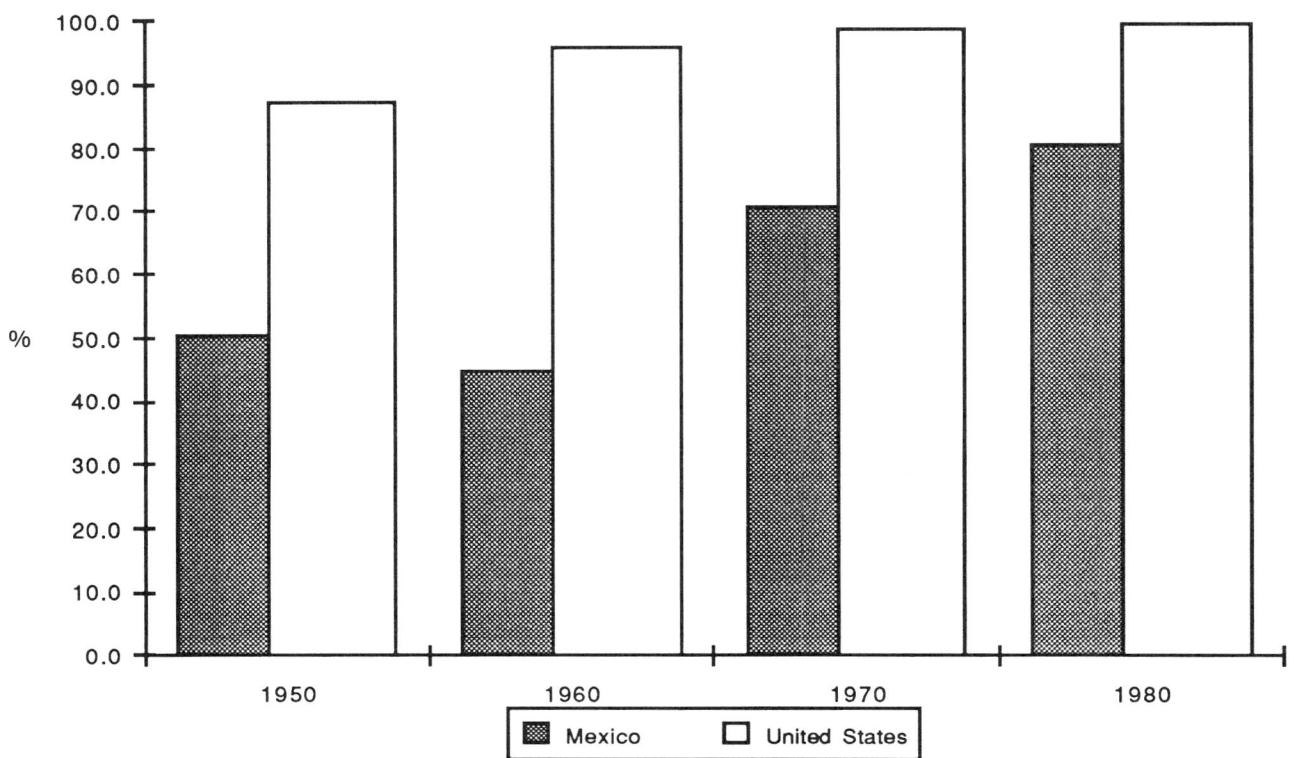

SOURCE: Table 305.

Table 300
OCCUPIED HOUSING UNITS (OHU), RURAL AND URBAN, 10 SC, 1940–80
(N)

State	1940[a]	1950	1960	1970	1980
A. BAJA CALIF.					
Total	17,790	48,472	98,889	158,629	240,825
Urban	10,148	~	72,645	134,837	~
Rural	7,642	~	26,244	23,792	~
B. CHIHUAHUA					
Total	123,624	167,487	226,885	289,960	393,394
Urban	41,989	~	126,740	189,503	~
Rural	81,635	~	100,145	100,457	~
C. COAHUILA					
Total	110,601	141,282	165,130	186,810	284,170
Urban	53,587	~	104,766	137,247	~
Rural	57,014	~	60,364	49,563	~
D. NUEVO LEON					
Total	117,257	146,810	194,641	296,260	462,774
Urban	53,442	~	134,146	225,517	~
Rural	63,815	~	60,495	70,743	~
E. SONORA					
Total	76,647	98,698	137,862	187,544	278,409
Urban	24,259	~	72,417	123,800	~
Rural	52,388	~	65,445	63,744	~
F. TAMAULIPAS					
Total	88,247	148,602	197,115	268,500	381,385
Urban	34,419	~	115,836	187,416	~
Rural	53,828	~	81,279	81,084	~
Mexico Border					
Total	534,166	751,351	1,020,522	1,387,703	2,040,957
Urban	217,844	~	626,550	998,320	~
Rural	316,322	~	393,972	389,383	~
Mexico Total					
Total	3,884,582	5,259,208	6,409,096	8,367,400	12,142,555
Urban	1,134,920	~	3,123,598	4,911,664	~
Rural	2,749,662	~	3,285,498	3,455,736	~
G. ARIZONA					
Total	131,133	210,374	366,630	539,157	957,032
Urban	48,924	123,886	284,448	437,605	821,379
Rural	82,209	86,488	82,182	101,552	135,653
H. CALIFORNIA					
Total	2,138,343	3,333,406	4,982,108	6,573,861	8,629,866
Urban	1,568,552	2,762,530	4,391,398	6,031,328	7,932,411
Rural	569,791	570,876	590,710	542,533	697,455
I. NEW MEXICO					
Total	129,475	176,993	251,209	289,389	441,466
Urban	46,713	96,788	173,279	209,888	329,540
Rural	82,762	80,205	77,930	79,501	111,926
J. TEXAS					
Total	1,678,396	2,189,178	2,778,116	3,433,496	4,929,267
Urban	802,601	1,409,071	2,097,087	2,735,185	3,953,473
Rural	875,795	780,107	681,029	698,811	975,794
U.S. Border					
Total	4,077,347	5,909,951	8,378,063	10,836,403	14,957,631
Urban	2,466,790	4,392,275	6,946,212	9,414,006	13,036,803
Rural	1,610,557	1,517,676	1,431,851	1,422,397	1,920,828
U.S. Total					
Total	34,854,532	42,826,281	53,023,875	63,449,747	80,389,673
Urban	20,596,500	28,482,186	38,320,370	47,571,927	60,557,134
Rural	14,258,032	14,334,095	14,703,505	15,877,820	19,832,539

a. The 1940 data for Mexico include all buildings.

SOURCE: Mexico: *Segundo Censo de Edificios*, 1939, table 1; VIII CGP-RG, 1960, table 35; *Necesidades Esenciales en México* (México, D.F.: Siglo XXI, 1982); CGP, 1980, tables 2, 22. United States: HC, 1940, *U.S. Summary*, tables 22, 24; 1950, *U.S. Summary*, tables 4, 17; 1950, individual states, table 1; 1960, *U.S. Summary*, table 12; 1960, individual states, table 5; 1970, *U.S. Summary*, table 1 (figures corrected in Preface), tables 3, 71; 1970, individual states, tables 1, 5; 1980, individual states, tables 1, 5.

Table 301

OCCUPIED HOUSING UNITS (OHU), BY NUMBER OF OCCUPANTS, 10 SC, 1930–80

(N)

State	1930[a]	1940[a]	1950	1960	1970	1980
A. BAJA CALIF.						
Total OHU	8,233	17,790	48,472	98,889	155,859	240,825
Total Occupants	48,327	78,907	226,965	520,165	870,421	1,177,886
Number of Families	~	15,237	42,932	96,237	158,134	~
Persons per OHU	~	~	4.7	5.3	5.6	4.9
B. CHIHUAHUA						
Total OHU	90,902	123,624	167,487	226,885	287,499	393,394
Total Occupants	491,792	623,944	846,414	1,226,793	1,612,525	2,005,477
Number of Families	~	129,646	161,235	229,106	300,422	~
Persons per OHU	~	~	5.1	5.4	5.6	5.1
C. COAHUILA						
Total OHU	87,217	110,601	141,282	165,130	186,001	284,170
Total Occupants	436,425	550,717	720,619	907,734	1,114,956	1,557,265
Number of Families	~	117,645	135,716	170,188	208,888	~
Persons per OHU	~	~	5.1	5.5	6.0	5.5
D. NUEVO LEON						
Total OHU	81,954	117,257	146,810	194,641	292,153	462,774
Total Occupants	417,491	541,147	740,191	1,078,848	1,694,689	2,513,044
Number of Families	~	114,392	143,208	198,586	313,923	~
Persons per OHU	~	~	5.0	5.5	5.8	5.4
E. SONORA						
Total OHU	60,902	76,647	98,698	137,862	185,607	278,409
Total Occupants	316,271	364,176	510,607	783,378	1,098,720	1,513,731
Number of Families	~	73,182	94,651	136,896	198,412	~
Persons per OHU	~	~	5.2	5.7	5.9	5.4
F. TAMAULIPAS						
Total OHU	62,315	88,247	148,602	197,115	266,032	381,385
Total Occupants	344,039	458,832	718,167	1,024,182	1,456,858	1,924,484
Number of Families	~	98,610	140,098	190,849	276,884	~
Persons per OHU	~	~	4.8	5.2	5.5	5.0
Mexico Border						
Total OHU	391,523	534,166	751,351	1,020,522	1,373,151	2,040,957
Total Occupants	2,054,345	2,617,723	3,762,963	5,541,100	7,848,169	10,691,887
Number of Families	~	548,712	717,840	1,021,862	1,456,663	~
Persons per OHU	~	~	5.0	5.4	5.7	5.2
Mexico Total						
Total OHU	3,176,895	3,884,582	5,259,208	6,409,096	8,286,369	12,142,555
Total Occupants	16,552,722	19,653,552	25,791,017	34,923,129	48,225,238	66,846,833
Number of Families	3,317,627	4,326,181	5,102,358	6,429,150	9,081,208	~
Persons per OHU	~	~	4.9	5.4	5.8	5.5

Table 301 (Continued)
OCCUPIED HOUSING UNITS (OHU), BY NUMBER OF OCCUPANTS, 10 SC, 1930-80
(N)

State	1930	1940	1950	1960	1970	1980
G. ARIZONA						
Total OHU	105,992	131,133	210,374	366,630	539,157	957,032
Total Occupants	435,573	499,261	721,992	1,261,213	1,772,482	2,666,186
Number of Families	105,992	131,133	210,374	366,630	539,157	957,032
Persons per OHU	4.1	3.8	3.4	3.4	3.3	2.8
H. CALIFORNIA						
Total OHU	1,610,030	2,138,343	3,333,406	4,982,108	6,573,861	8,629,866
Total Occupants	5,677,251	6,907,387	10,045,635	15,232,587	19,374,198	23,099,853
Number of Families	1,610,030	2,138,343	3,333,406	4,982,108	6,573,861	8,629,866
Persons per OHU	3.5	3.2	3.0	3.1	2.9	2.7
I. NEW MEXICO						
Total OHU	98,546	129,475	176,993	251,209	289,389	441,466
Total Occupants	423,317	531,818	659,051	929,611	991,664	1,280,108
Number of Families	98,546	129,475	176,993	251,209	289,389	441,466
Persons per OHU	4.3	4.1	3.7	3.7	3.4	2.9
J. TEXAS						
Total OHU	1,380,096	1,678,396	2,189,178	2,778,116	3,433,996	4,929,267
Total Occupants	5,824,715	6,414,824	7,445,609	9,371,217	10,888,347	13,887,703
Number of Families	1,380,096	1,678,396	2,189,178	2,778,116	3,433,996	4,929,267
Persons per OHU	4.2	3.8	3.4	3.4	3.2	2.8
U.S. Border						
Total OHU	3,194,664	4,077,347	5,909,951	8,378,063	10,836,403	14,957,631
Total Occupants	12,360,856	14,353,290	18,872,287	26,794,628	33,026,691	40,933,850
Number of Families	3,194,664	4,077,347	5,909,951	8,378,063	10,836,403	14,957,631
Persons per OHU	3.9	3.5	3.2	3.2	3.0	2.7
U.S. Total						
Total OHU	29,904,663	34,854,532	42,826,281	53,023,875	63,449,747	80,389,673
Total Occupants	122,775,046	131,669,275	145,030,888	175,263,469	197,399,913	220,796,157
Number of Families	29,904,663	34,854,532	42,826,281	53,023,875	63,449,737	80,389,673
Persons per OHU	4.1	3.8	3.4	3.3	3.1	2.7

a. The 1930 and 1940 data on Mexico include all buildings.

SOURCE: Mexico: *Segundo Censo de Edificios*, 1939, tables 2, 17; X CGP-RG, 1930, tables 9, 49, 50; VII CGP-RG, 1950, tables 17, 1; VIII CGP-RG, 1960, tables 32, 35; IX CGP-RG, 1970; X CGPV-RG, 1980, table 22.
United States: HC, 1940, *U.S. Summary*, vol. 2, pt. 1, tables 22, 24; 1950, *U.S. Summary*, vol. 1, pt. 1, table 1; 1960, *U.S. Summary*, vol. 1, pt. 1, table 6; 1970, *U.S. Summary*, vol. 1, pt. 1, table 3; 1980, *U.S. Summary*, vol. 1, pt. 1, tables 3, 71.

Table 302

OCCUPIED HOUSING UNITS (OHU), PERCENTAGE SHARE, 10 SC, 1930–80

(%)

State	1930	1940	1950	1960	1970	1980
A. BAJA CALIF.						
Mexico Border	2.1	3.3	6.5	9.7	11.4	11.8
Mexico Total	.3	.5	.9	1.5	1.9	2.0
B. CHIHUAHUA						
Mexico Border	23.1	23.1	22.3	22.2	20.9	19.3
Mexico Total	2.9	3.2	3.2	3.5	3.5	3.2
C. COAHUILA						
Mexico Border	22.6	20.7	18.8	16.2	13.5	13.9
Mexico Total	2.8	2.8	2.7	2.6	2.2	2.3
D. NUEVO LEON						
Mexico Border	20.9	22.0	19.5	19.1	21.3	22.7
Mexico Total	2.6	3.0	2.8	3.0	3.5	3.8
E. SONORA						
Mexico Border	15.5	14.3	13.1	13.5	13.5	13.6
Mexico Total	1.9	2.0	1.9	2.2	2.2	2.3
F. TAMAULIPAS						
Mexico Border	15.9	16.6	19.8	19.3	19.3	18.7
Mexico Total	2.0	2.3	2.8	3.1	3.2	3.1
Mexico Border						
Mexico Total	12.4	13.8	14.3	15.9	16.6	16.8
G. ARIZONA						
U.S. Border	3.3	3.2	3.6	4.4	5.0	6.4
U.S. Total	.4	.4	.5	.7	.8	1.2
H. CALIFORNIA						
U.S. Border	50.4	52.4	56.4	59.5	60.7	57.7
U.S. Total	5.4	6.1	7.8	9.4	10.4	10.7
I. NEW MEXICO						
U.S. Border	3.1	3.2	3.0	3.0	2.7	3.0
U.S. Total	.3	.4	.4	.5	.5	.5
J. TEXAS						
U.S. Border	43.2	41.2	37.0	33.2	31.7	33.0
U.S. Total	4.6	4.8	5.1	5.2	5.4	6.1
U.S. Border						
U.S. Total	10.7	11.7	13.8	15.8	17.1	18.6

SOURCE: Calculated from table 300 above.

Table 303
OCCUPIED HOUSING UNITS (OHU), BY NUMBER OF ROOMS, 10 SC, 1930–80
(N)

State	1930	1940	1950	1960	1970	1980
A. BAJA CALIF.						
Total OHU	8,233	17,790	48,472	98,889	155,859	238,603
1 Room	~	~	~	38,131	35,984	46,025
2 Rooms	~	~	~	29,760	45,887	66,696
3 Rooms	~	~	~	16,420	32,530	58,043
4 Rooms	~	~	~	8,155	20,215	36,584
5 Rooms	~	~	~	3,328	10,727	16,331
6 Rooms	~	~	~	1,388	5,243	6,383
7 or More Rooms	~	~	~	1,707	5,273	4,955
Not Specified	~	~	~	#	#	3,586
B. CHIHUAHUA						
Total OHU	90,902	123,624	167,487	226,885	287,499	391,464
1 Room	~	~	~	105,975	85,770	97,599
2 Rooms	~	~	~	60,815	84,063	106,929
3 Rooms	~	~	~	28,193	49,821	76,736
4 Rooms	~	~	~	14,508	31,857	55,623
5 Rooms	~	~	~	7,286	16,194	26,242
6 Rooms	~	~	~	3,822	9,122	11,335
7 or More Rooms	~	~	~	6,286	10,672	10,350
Not Specified	~	~	~	#	#	6,650
C. COAHUILA						
Total OHU	87,217	110,601	141,282	165,130	186,001	282,705
1 Room	~	~	~	69,416	53,595	66,027
2 Rooms	~	~	~	50,513	56,249	82,131
3 Rooms	~	~	~	22,302	34,955	60,222
4 Rooms	~	~	~	10,972	19,931	38,199
5 Rooms	~	~	~	5,022	9,716	17,115
6 Rooms	~	~	~	2,819	5,355	7,969
7 or More Rooms	~	~	~	4,086	6,200	7,254
Not Specified	~	~	~	#	#	3,788
D. NUEVO LEON						
Total OHU	81,954	117,257	146,810	194,641	292,153	461,105
1 Room	~	~	~	97,170	104,993	118,176
2 Rooms	~	~	~	51,459	83,149	117,635
3 Rooms	~	~	~	19,787	42,731	87,236
4 Rooms	~	~	~	11,078	29,228	76,129
5 Rooms	~	~	~	5,903	13,621	28,161
6 Rooms	~	~	~	3,484	7,497	13,435
7 or More Rooms	~	~	~	5,760	10,874	14,581
Not Specified	~	~	~	#	#	5,752
E. SONORA						
Total OHU	60,902	76,647	98,698	137,862	185,607	276,848
1 Room	~	~	~	54,521	48,351	57,842
2 Rooms	~	~	~	43,592	60,032	83,320
3 Rooms	~	~	~	20,661	35,408	64,279
4 Rooms	~	~	~	10,023	20,796	38,141
5 Rooms	~	~	~	4,293	10,035	17,762
6 Rooms	~	~	~	1,981	4,953	6,906
7 or More Rooms	~	~	~	2,791	6,030	5,038
Not Specified	~	~	~	#	#	3,560
F. TAMAULIPAS						
Total OHU	62,351	88,247	148,602	197,115	266,032	379,476
1 Room	~	~	~	117,797	107,521	134,131
2 Rooms	~	~	~	42,647	77,799	103,902
3 Rooms	~	~	~	16,848	36,846	65,234
4 Rooms	~	~	~	9,668	20,872	38,760
5 Rooms	~	~	~	4,499	10,441	17,050
6 Rooms	~	~	~	2,278	5,531	7,459
7 or More Rooms	~	~	~	3,378	7,022	6,276
Not Specified	~	~	~	#	#	6,664
Mexico Border						
Total OHU	391,523	534,166	751,351	1,020,522	1,373,151	2,030,201
1 Room	~	~	~	483,010	436,214	519,800
2 Rooms	~	~	~	278,786	407,179	560,613
3 Rooms	~	~	~	124,211	232,291	411,750
4 Rooms	~	~	~	64,404	142,899	283,436
5 Rooms	~	~	~	30,331	70,734	122,661
6 Rooms	~	~	~	15,772	37,701	53,487
7 or More Rooms	~	~	~	24,008	46,071	48,454
Not Specified	~	~	~	#	#	30,000
Mexico Total						
Total OHU	3,517,689	3,884,582	5,259,208	6,409,096	8,286,369	12,074,609
1 Room	~	~	~	3,568,629	3,326,520	3,615,774
2 Rooms	~	~	~	1,562,931	2,395,916	3,463,838
3 Rooms	~	~	~	590,634	1,144,121	2,128,838
4 Rooms	~	~	~	298,720	657,459	1,318,526
5 Rooms	~	~	~	143,647	312,065	577,129
6 Rooms	~	~	~	81,717	174,896	278,481
7 or More Rooms	~	~	~	162,818	160,596	289,279
Not Specified	~	~	~	#	114,796	402,744

Table 303 (Continued)
OCCUPIED HOUSING UNITS (OHU), BY NUMBER OF ROOMS, 10 SC, 1930-80
(N)

State	1930	1940	1950	1960	1970	1980
G. ARIZONA						
Total OHU	105,992	131,133	210,374	366,630	539,157	957,032
1 Room	~	21,832	19,027	19,769	18,186	26,422
2 Rooms	~	22,239	27,592	26,816	31,224	47,091
3 Rooms	~	25,046	40,974	53,542	70,343	104,394
4 Rooms	~	25,696	50,400	84,098	124,653	199,011
5 Rooms	~	19,023	38,821	98,850	135,851	223,914
6 Rooms	~	9,453	19,655	56,787	95,705	184,025
7 or More Rooms	~	5,987	9,426	26,768	63,195	172,202
Not Specified	~	1,857	4,479	#	#	#
H. CALIFORNIA						
Total OHU	1,610,030	2,138,343	3,333,406	4,982,108	6,573,861	8,629,866
1 Room	~	105,803	112,783	154,539	170,222	268,747
2 Rooms	~	232,333	335,287	311,994	356,683	522,897
3 Rooms	~	326,929	548,705	719,092	941,416	1,170,205
4 Rooms	~	408,611	714,822	1,033,824	1,404,131	1,705,225
5 Rooms	~	548,173	848,073	1,448,683	1,632,466	1,897,757
6 Rooms	~	281,292	463,288	883,739	1,216,943	1,563,690
7 or More Rooms	~	175,590	263,284	430,237	849,744	1,501,345
Not Specified	~	59,612	47,164	#	#	#
I. NEW MEXICO						
Total OHU	98,546	129,475	176,993	251,209	289,389	441,466
1 Room	~	16,143	12,256	9,497	7,020	9,642
2 Rooms	~	29,967	27,795	19,118	13,659	18,535
3 Rooms	~	27,425	35,711	37,270	33,502	46,397
4 Rooms	~	24,717	44,356	62,680	65,916	93,054
5 Rooms	~	15,569	28,991	61,661	76,826	107,349
6 Rooms	~	7,811	15,080	40,384	54,319	85,007
7 or More Rooms	~	5,554	7,770	20,599	38,147	81,482
Not Specified	~	2,289	5,034	#	#	#
J. TEXAS						
Total OHU	1,380,096	1,678,396	2,189,178	2,778,116	3,433,996	4,929,267
1 Room	~	93,786	83,306	60,162	43,321	63,703
2 Rooms	~	248,746	242,541	141,779	121,641	182,827
3 Rooms	~	319,226	374,853	332,908	362,220	523,241
4 Rooms	~	369,304	543,473	703,345	780,518	986,770
5 Rooms	~	336,979	499,200	818,106	1,014,892	1,304,142
6 Rooms	~	175,438	251,242	471,483	683,102	1,003,148
7 or More Rooms	~	117,308	154,010	250,333	427,879	865,436
Not Specified	~	17,609	40,553	#	#	#
U.S. Border						
Total OHU	3,194,664	4,077,347	5,909,951	8,378,063	10,836,403	14,957,631
1 Room	~	237,564	227,372	243,972	238,749	368,514
2 Rooms	~	533,285	633,215	499,707	523,207	771,350
3 Rooms	~	698,626	1,000,243	1,142,812	1,407,481	1,844,237
4 Rooms	~	282,328	1,353,051	1,883,947	2,375,218	2,984,060
5 Rooms	~	919,744	1,415,085	2,427,300	2,860,035	3,533,162
6 Rooms	~	473,994	749,265	1,452,393	2,050,069	2,835,850
7 or More Rooms	~	304,439	434,490	727,937	1,378,965	2,620,465
Not Specified	~	81,367	97,230	#	#	#
U.S. Total						
Total OHU	29,904,663	34,854,532	42,826,281	53,023,875	63,449,747	80,389,673
1 Room	~	1,142,708	1,086,350	1,221,250	1,108,398	1,302,015
2 Rooms	~	2,870,678	2,950,184	2,146,294	2,131,502	2,476,820
3 Rooms	~	4,871,445	6,108,476	6,007,302	6,757,879	7,453,852
4 Rooms	~	6,401,053	9,157,569	11,161,894	12,976,505	13,977,186
5 Rooms	~	6,932,855	9,113,406	13,355,082	16,007,056	17,714,436
6 Rooms	~	6,060,317	7,319,089	10,578,051	13,007,834	15,562,266
7 or More Rooms	~	6,167,976	6,419,369	8,554,002	11,460,543	17,985,969
Not Specified	~	407,500	671,838	#	#	3,917,129

SOURCE: Mexico: *Segundo Censo de Edificios*, 1939, table 3, p. 17; VIII CGP-RG, 1960, table 34, pp. 601–604; IX CGP-RG, 1970, table 36, pp. 302–303; X CGPV-RG, 1980, table 25, pp. 379–383.
United States: SAUS, 1930, table 8d; CH, 1940, vol. 1, table 8, Reports by States; 1950, vol. 1, pt. 1, table 19, *U.S. Summary*; 1960, vol. 1, pt. 1, table 4, *U.S. Summary*; 1970, vol. 1, pt. 1, tbale 4, *U.S. Summary*; 1980, vol. 1, pt. 1, tables 12, 72, *U.S. Summary*.

Table 304

OCCUPIED HOUSING UNITS (OHU), BY TYPE OF OCCUPANCY, 10 SC, 1960–80

(N)

State	1960	1970	1980
A. BAJA CALIF.			
Total OHU	98,889	155,859	238,578
Renter Occupied	53,979	64,917	85,095
Owner Occupied	44,910	90,942	153,483
B. CHIHUAHUA			
Total OHU	226,885	287,499	378,736
Renter Occupied	117,717	117,514	131,433
Owner Occupied	109,168	169,985	247,303
C. COAHUILA			
Total OHU	165,130	186,001	288,114
Renter Occupied	88,775	76,121	124,753
Owner Occupied	76,355	109,880	163,361
D. NUEVO LEON			
Total OHU	194,641	292,153	444,164
Renter Occupied	112,563	130,141	157,093
Owner Occupied	82,078	162,012	287,071
E. SONORA			
Total OHU	137,862	185,607	279,631
Renter Occupied	66,715	61,266	65,842
Owner Occupied	71,147	124,341	213,789
F. TAMAULIPAS			
Total OHU	197,115	266,032	378,020
Renter Occupied	96,704	99,893	140,256
Owner Occupied	100,411	166,139	237,764
Mexico Border			
Total OHU	1,020,522	1,373,151	2,007,243
Renter Occupied	536,453	549,852	704,472
Owner Occupied	484,069	823,299	1,302,771
Mexico Total			
Total OHU	6,409,096	8,286,369	12,216,462
Renter Occupied	2,940,615	2,814,957	4,056,665
Owner Occupied	3,468,481	5,471,412	8,159,797
G. ARIZONA			
Total OHU	366,630	539,157	957,032
Renter Occupied	132,283	187,114	303,199
Owner Occupied	234,347	352,043	653,833
H. CALIFORNIA			
Total OHU	4,982,108	6,573,861	8,629,866
Renter Occupied	2,072,015	2,962,514	3,804,614
Owner Occupied	2,910,093	3,611,347	4,825,252
I. NEW MEXICO			
Total OHU	251,209	289,389	441,466
Renter Occupied	87,283	97,158	140,896
Owner Occupied	163,926	192,231	300,570
J. TEXAS			
Total OHU	2,778,116	3,433,996	4,929,267
Renter Occupied	978,639	1,211,527	1,759,755
Owner Occupied	1,799,477	2,222,469	3,169,512
U.S. Border			
Total OHU	8,378,063	10,836,403	14,957,631
Renter Occupied	3,270,220	4,458,313	6,008,464
Owner Occupied	5,107,843	6,378,090	8,949,167
U.S. Total			
Total OHU	53,023,875	63,449,747	80,389,673
Renter Occupied	20,227,155	23,564,567	28,595,128
Owner Occupied	32,796,720	39,885,180	51,794,545

SOURCE: Mexico: VIII CGP-RG, 1960, table 34; IX CGP-RG, 1970, table 35; *Información Estadística Sector Asentamientos Humanos*, Cuaderno núm. 1 (Sedue, 1984). United States: HC, 1960, individual states, table 2; HC, 1970, *U.S. Summary*, table 2; 1980, *U.S. Summary*, table 2.

Table 305

OCCUPIED HOUSING UNITS (OHU) WITH PIPED WATER[1] AND DRAINAGE,[2] 10 SC, 1950-80

(N)

State	1950	1960	1970	1980
A. BAJA CALIF.				
Total OHU	48,472	98,889	155,859	238,603
With Piped Water	26,755	49,734	104,111	186,328
Without Piped Water	21,717	49,155	51,748	50,704
Not Specified	#	#	#	1,571
With Drainage	~	31,740	67,630	147,811
Without Drainage	~	67,149	88,229	81,368
Not Specified	~	#	#	9,424
B. CHIHUAHUA				
Total OHU	167,487	226,885	287,499	391,464
With Piped Water	75,642	94,757	189,323	305,452
Without Piped Water	94,841	132,128	98,176	83,723
Not Specified	#	#	#	2,289
With Drainage	~	77,260	133,985	206,245
Without Drainage	~	149,625	153,514	167,363
Not Specified	~	#	#	17,856
C. COAHUILA				
Total OHU	141,282	165,130	186,001	282,705
With Piped Water	81,247	68,757	136,733	239,904
Without Piped Water	60,035	96,373	49,268	41,044
Not Specified	#	#	#	1,757
With Drainage	~	49,538	81,331	155,102
Without Drainage	~	115,592	104,670	115,476
Not Specified	~	#	#	12,127
D. NUEVO LEON				
Total OHU	146,810	194,641	292,153	461,105
With Piped Water	73,296	103,979	237,412	403,453
Without Piped Water	73,514	90,662	54,741	55,653
Not Specified	#	#	#	1,999
With Drainage	~	88,143	166,009	306,889
Without Drainage	~	106,498	126,144	142,398
Not Specified	~	#	#	11,818
E. SONORA				
Total OHU	98,698	137,862	185,607	276,848
With Piped Water	41,643	51,742	126,858	229,644
Without Piped Water	57,055	86,120	58,749	45,620
Not Specified	#	#	#	1,584
With Drainage	~	41,212	77,657	137,013
Without Drainage	~	96,650	107,950	127,960
Not Specified	~	#	#	11,875
F. TAMAULIPAS				
Total OHU	148,602	197,115	266,032	379,476
With Piped Water	79,475	87,224	177,691	272,143
Without Piped Water	69,148	109,891	88,341	104,611
Not Specified	#	#	#	2,722
With Drainage	~	67,488	125,165	195,714
Without Drainage	~	129,627	140,867	165,005
Not Specified	~	#	#	18,757
Mexico Border				
Total OHU	751,351	1,020,522	1,373,151	2,030,201
With Piped Water	378,058	456,193	972,128	1,636,924
Without Piped Water	376,310	564,329	401,023	381,355
Not Specified	#	#	#	11,922
With Drainage	~	355,381	651,777	1,148,774
Without Drainage	~	665,141	721,374	799,570
Not Specified	~	#	#	81,857
Mexico Total				
Total OHU	5,259,208	6,409,096	8,286,369	12,074,609
With Piped Water	2,283,695	2,069,981	5,056,167	8,533,164
Without Piped Water	2,975,513	4,339,115	3,230,202	3,434,416
Not Specified	#	#	#	107,029
With Drainage	~	1,851,470	3,440,466	6,158,095
Without Drainage	~	4,557,626	4,845,903	5,172,232
Not Specified	~	#	#	744,282

Table 305 (Continued)
OCCUPIED HOUSING UNITS (OHU) WITH PIPED WATER[1] AND DRAINAGE,[2] 10 SC, 1950–80
(N)

States	1950	1960	1970	1980
G. ARIZONA				
Total OHU	240,750	415,834	578,490	1,071,787
With Piped Water	199,503	391,228	565,948	1,063,957
Without Piped Water	36,747	24,562	12,542	7,830
Not Specified	4,500	44	#	#
With Drainage	169,114	380,249	559,751	1,050,527
Without Drainage	67,029	35,541	18,739	21,260
Not Specified	4,607	44	#	#
H. CALIFORNIA				
Total OHU	3,590,660	5,465,870	6,976,744	9,223,120
With Piped Water	3,458,464	5,421,179	6,960,663	9,179,286
Without Piped Water	87,535	44,065	16,081	43,834
Not Specified	44,561	626	#	#
With Drainage	3,275,452	5,372,024	6,940,239	9,172,105
Without Drainage	268,517	93,220	36,505	51,015
Not Specified	46,691	626	#	#
I. NEW MEXICO				
Total OHU	199,706	281,976	321,898	493,489
With Piped Water	134,254	248,535	303,825	485,336
Without Piped Water	58,731	33,359	18,073	8,153
Not Specified	6,721	82	#	#
With Drainage	109,027	233,057	294,534	473,814
Without Drainage	84,574	48,837	27,364	19,675
Not Specified	6,105	82	#	#
J. TEXAS				
Total OHU	2,393,828	3,153,127	3,808,406	5,485,273
With Piped Water	1,819,133	2,876,072	3,710,889	5,452,013
Without Piped Water	542,360	277,023	97,517	33,260
Not Specified	32,335	32	#	#
With Drainage	1,556,360	2,757,116	3,642,298	5,400,115
Without Drainage	803,355	395,979	166,108	85,158
Not Specified	34,113	32	#	#
U.S. Border				
Total OHU	6,424,944	9,316,807	11,685,538	16,273,669
With Piped Water	5,611,354	8,937,014	11,541,325	16,180,592
Without Piped Water	725,373	379,009	144,213	93,077
Not Specified	88,117	784	#	#
With Drainage	5,109,953	8,742,446	11,436,822	16,096,561
Without Drainage	1,223,475	573,577	248,716	177,108
Not Specified	91,516	784	#	#
U.S. Total				
Total OHU	45,983,398	58,326,357	67,656,566	86,758,717
With Piped Water	37,504,903	54,190,630	65,987,259	85,630,053
Without Piped Water	7,783,738	4,127,667	1,669,307	1,128,664
Not Specified	694,757	8,060	#	#
With Drainage	34,174,183	52,340,036	64,954,314	85,167,493
Without Drainage	11,086,857	5,978,261	2,702,252	1,591,224
Not Specified	722,358	8,060	#	#

1. Housing units "with piped water" are units with hot and/or cold running water inside the structure. Housing units "without piped water" are units with access to water from wells, holding tanks, lakes, and other sources not piped into the unit.
2. Housing units "with drainage" are units with access, either for exclusive or shared use, to a toilet connected to a sewer line. Housing units "without drainage" are units with other types of toilet facilities (including the privy) and to units with no toilet.

SOURCE: Mexico: VII CGP-RG, 1950, p. 80; VIII CGP-RG, 1960, p. 629; IX CGP-RG, 1970, pp. 317–319; X CGP-RG, 1980, table 24.
United States: CH, 1950, vol. 1, pt. 1, table 17; 1960, vol. 1, pt. 1, table 3; 1970, vol. 1, pt. 1, table 3; 1980, vol. 1, pt. 1, tables 81, 149.

Table 306
MEXICO POTABLE WATER AND DRAINAGE, BY NUMBER OF WORKS,[1] 6 SC, 1978-81
(N)

State	1978	1979	1980	1981
A. BAJA CALIF.				
Potable Water				
Works	22	12	28	14
Investment	25,530	21,621	57,460	76,921
Drainage				
Works	2	5	5	8
Investment	3,077	103,500	357,400	643,250
Total				
Works	24	17	33	22
Investment	28,607	125,121	414,860	720,171
B. CHIHUAHUA				
Potable Water				
Works	23	17	15	25
Investment	80,742	77,702	45,901	60,691
Drainage				
Works	11	2	8	9
Investment	28,300	980	12,433	40,692
Total				
Works	34	19	23	34
Investment	109,042	78,682	58,334	101,383
C. COAHUILA				
Potable Water				
Works	28	21	20	7
Investment	23,551	26,768	39,115	56,810
Drainage				
Works	7	3	6	#
Investment	18,661	2,480	37,165	70,096
Total				
Works	35	24	26	7
Investment	42,212	29,248	76,280	126,906
D. NUEVO LEON				
Potable Water				
Works	38	28	47	23
Investment	19,025	29,242	37,939	46,841
Drainage				
Works	6	9	12	16
Investment	18,500	21,148	51,577	66,156
Total				
Works	44	37	59	39
Investment	37,525	50,390	89,516	113,017
E. SONORA				
Potable Water				
Works	27	18	12	17
Investment	43,751	15,007	82,220	88,902
Drainage				
Works	7	6	4	4
Investment	4,799	23,800	38,100	18,818
Total				
Works	34	24	16	21
Investment	48,550	38,807	120,320	107,720
F. TAMAULIPAS				
Potable Water				
Works	51	22	18	17
Investment	21,656	44,271	100,142	44,917
Drainage				
Works	7	5	6	13
Investment	7,413	111,433	127,593	104,094
Total				
Works	58	27	24	30
Investment	29,069	155,704	227,735	149,011
Mexico Border				
Potable Water				
Works	189	118	140	103
Investment	214,255	214,611	362,777	375,102
Drainage				
Works	40	30	41	50
Investment	80,750	263,341	624,268	943,106
Total				
Works	229	148	181	153
Investment	295,005	477,952	987,045	1,318,208
Mexico Total				
Potable Water				
Works	961	621	975	582
Investment	1,170,900	1,789,100	2,913,869	2,584,715
Drainage				
Works	166	131	172	205
Investment	286,900	824,739	1,865,600	2,121,193
Total				
Works	1,127	752	1,147	787
Investment	1,457,800	2,613,839	4,779,469	4,705,908
% Mexico Total				
Potable Water				
Works	19.7	19.0	14.4	17.7
Investment	18.3	12.0	12.5	14.6
Drainage				
Works	24.1	23.0	23.8	14.5
Investment	28.1	32.0	33.5	44.5
Total				
Works	20.3	20.0	15.8	19.4
Investment	20.2	18.3	20.7	28.0

1. Data refer to number of works and investment (T NC) realized by the potable water and drainage program of the Secretaría de Asentamientos Humanos y Obras Públicas (SAHOP).

SOURCE: INEGI, *Información Estadística: Sector Asentamientos Humanos* (México, D.F.: Secretaría de Programación y Presupuesto, 1984), table 3 3

Table 307
MEXICO PUBLIC INVESTMENT IN HOUSING AND COMPLETED HOUSING UNITS, 6 SC, 1979-81

State	Completed Housing Units (N)	Total Investment (T NC)
A. BAJA CALIF.		
1979	3,902	1,134,123
1980	7,533	1,369,785
1981	5,545	2,784,610
B. CHIHUAHUA		
1979	4,200	1,233,894
1980	3,664	1,713,632
1981	4,971	2,736,309
C. COAHUILA		
1979	2,482	810,612
1980	2,231	1,074,870
1981	2,133	1,654,118
D. NUEVO LEON		
1979	7,460	2,299,153
1980	6,813	2,636,578
1981	8,638	4,124,885
E. SONORA		
1979	2,545	836,150
1980	2,524	1,345,265
1981	3,937	1,701,016
F. TAMAULIPAS		
1979	2,848	1,044,119
1980	2,243	1,089,416
1981	4,683	2,543,666
Mexico Border		
1979	23,437	7,358,051
1980	25,008	9,229,546
1981	29,907	15,544,604
Mexico Total		
1979	108,964	32,947,146
1980	112,531	39,943,679
1981	152,290	67,417,664
% Mexico Total		
1979	27	26
1980	28	26
1981	24	26

SOURCE: INEGI, *Información Estadística: Sector Asentamientos Humanos* (México, D.F.: Secretaría de Programación y Presupuesto, 1984), table 2.7.

Table 308
MEXICO COST INDEX FOR CONSTRUCTION OF ONE HOUSING UNIT FINANCED BY THE PUBLIC SECTOR, 1973-81
(1974 = 100)

City	1973	1974	1975	1976	1977	1978	1979	1980	1981
Mexico Total	78.3	100.0	115.6	144.6	190.1	226.3	282.7	365.0	471.0
Ciudad Juárez	80.0	100.0	114.1	138.0	189.6	218.1	277.0	344.1	440.5
Mexicali	80.1	100.0	114.9	143.4	201.2	229.5	272.5	338.7	420.0
Monterrey	78.2	100.0	117.0	148.5	195.0	231.8	288.7	388.9	521.5

SOURCE: Banco de México, *Indicadores Económicos, Cuaderno Mensual* 101 (April, 1981), tables 3-5, 3-7.

Table 309

U.S. FEDERAL AID TO STATE AND LOCAL GOVERNMENTS BY THE HOUSING AND URBAN DEVELOPMENT (HUD) PROGRAM, 4 SC, 1976–83

(M NC)

State	1976[a]	1977	1978	1979	1980	1981	1982	1983
G. ARIZONA								
Total Federal Aid	667	648	763	809	838	864	799	845
HUD Low Rent Public Housing	17	20	23	22	25	47	52	48
HUD Community Development	7	15	15	20	36	35	40	44
H. CALIFORNIA								
Total Federal Aid	7,245	6,814	8,013	8,251	8,804	10,008	9,016	9,205
HUD Low Rent Public Housing	137	148	205	228	274	458	396	393
HUD Community Development	126	160	219	226	348	389	315	338
I. NEW MEXICO								
Total Federal Aid	530	449	608	617	668	716	727	676
HUD Low Rent Public Housing	11	12	14	14	19	33	25	24
HUD Community Development	8	19	20	18	21	19	19	14
J. TEXAS								
Total Federal Aid	3,250	2,885	3,295	3,592	3,964	4,146	3,725	3,806
HUD Low Rent Public Housing	78	96	118	113	152	198	201	231
HUD Community Development	26	107	120	156	225	216	197	165
U.S. Border								
Total Federal Aid	11,692	10,796	12,679	13,350	14,274	15,734	14,267	14,532
HUD Low Rent Public Housing	243	276	360	377	470	736	674	696
HUD Community Development	167	301	374	420	630	659	571	561
U.S. Total								
Total Federal Aid	73,517	66,083	75,293	80,800	89,749	93,297	86,580	89,756
HUD Low Rent Public Housing	1,964	1,877	2,506	2,709	3,343	4,918	4,744	5,631
HUD Community Development	1,453	2,036	2,405	3,073	3,783	3,907	3,674	3,450
% U.S. Total								
Total Federal Aid	15.9	16.3	16.8	16.5	15.9	16.9	16.5	16.2
HUD Low Rent Public Housing	12.4	14.7	14.4	13.9	14.1	15.0	14.2	12.4
HUD Community Development	11.5	14.8	15.6	13.7	16.7	16.9	15.5	16.3

a. In 1976 Community Development was recorded as Urban Renewal.

SOURCE: SAUS, 1977, table 465; 1978, table 479; 1979, table 482; 1980, table 491; 1981, table 478; 1982–83, table 472; 1984, table 458; 1985, table 444.

Table 310

MEXICO HOSPITALS, 6 SC, 1960

State	Total	Hospitals	Clinics	Stations in Work Place	Nursing Stations
A. BAJA CALIF.	17	8	9	#	#
B. CHIHUAHUA	18	4	13	#	1
C. COAHUILA	12	4	5	1	2
D. NUEVO LEON	52	8	16	28	#
E. SONORA	61	5	31	#	25
F. TAMAULIPAS	12	#	10	#	2
Mexico Total	699	127	245	233	94

SOURCE: AE, 1960–61, table 5.9.

Table 311
MEXICO HOSPITALS, 6 SC, 1970

			Units for Out-Patient Care							Units of In-Patient Care							
														Units			
														Specialized Hospitals			
	Total		Total							Total Hospital Units and Beds							
State	Units	Beds	Units	Emergency Beds	Health Centers	Clinics	"Consultorios"	Urgent Care	Other	Units	Beds	General	Gynecology Obstetrics	Pediatrics	Psychiatry	Traumatology	Other Specialties
A. BAJA CALIF.	114	1,066	70	80	14	14	30	7	5	44	986	36	6	2	~	~	~
B. CHIHUAHUA	182	2,369	121	188	54	21	5	31	10	61	2,181	50	11	~	~	~	~
C. COAHUILA	161	2,193	106	234	48	24	10	18	6	55	1,959	41	8	2	~	~	4
D. NUEVO LEON	255	3,308	180	323	53	30	35	17	45	75	2,985	48	20	~	2	~	5
E. SONORA	229	2,896	164	203	77	36	19	24	8	65	2,693	50	9	1	2	~	3
F. TAMAULIPAS	218	1,840	154	193	34	19	20	50	31	64	1,647	57	5	~	~	~	2
Mexico Total	5,572	71,318	3,663	6,334	1,497	526	582	743	315	1,909	64,989	1,566	209	47	29	12	46

SOURCE: AE, 1970–71, table 5.1.

Table 312
MEXICO INSURED POPULATION, BY ECONOMIC ACTIVITY, SELECTED STATES AND CITIES, 1980–87

PART I. 1980
(N)

State	Total	Agriculture	Mining	Manufacturing	Construction	Energy and Water	Commerce	Transportation	Services	Other
A. BAJA CALIF.	130,965	13,688	164	41,285	1,697	2,515	26,865	4,455	35,126	5,170
B. CHIHUAHUA	178,839	9,055	4,266	66,437	2,059	1,253	28,339	9,039	43,435	14,956
C. COAHUILA	200,858	16,237	19,545	70,760	2,416	1,344	27,349	4,831	52,863	5,513
D. NUEVO LEON	375,888	5,223	2,006	189,538	7,871	2,366	49,076	15,942	91,526	12,340
E. SONORA	161,987	38,776	4,169	38,517	1,210	1,300	23,887	4,412	43,716	6,000
F. TAMAULIPAS	142,901	14,110	412	45,815	1,487	1,468	25,563	5,547	38,895	9,604
Mexico Total	5,166,251	363,980	56,556	2,065,527	48,953	87,935	751,700	211,343	1,416,404	163,853

SOURCE: IP-AE, 1989.

PART II. 1982–87
(%)

Economic Activity	National			Border			A. BAJA CALIF.			Nogales (Sonora)			Cd. Juárez (Chih.)			G. TAMAULIPAS		
	1982	1985	1987	1982	1985	1987	1982	1985	1987	1982	1985	1987	1982	1985	1987	1982	1985	1987
Agriculture	3.1	2.8	2.7	3.6	2.5	2.2	6.1	3.5	3.2	.4	5.8	4.7	1.0	.9	.7	2.5	1.4	1.3
Extractive	1.6	1.5	1.4	.1	.1	.1	.2	.1	.1	~	.1	~	.1	.1	~	.2	.1	.1
Manufacturing	42.6	42.6	41.1	45.9	51.8	53.6	34.1	39.6	42.1	75.1	65.2	68.3	58.1	64.4	66.6	46.4	51.7	50.8
Construction	2.3	2.4	2.5	2.1	1.9	2.4	2.5	2.7	2.4	1.0	.6	.6	1.4	1.3	1.3	2.4	2.0	4.4
Transportation, Communications, Utilities	9.1	8.3	8.4	6.3	4.9	4.5	7.4	6.0	5.6	1.8	2.1	2.1	4.1	3.2	2.7	7.8	6.6	6.0
Services	41.3	42.4	43.9	42.0	38.8	37.2	49.7	48.1	46.6	21.7	26.2	24.3	35.3	30.1	28.7	40.7	38.2	37.4
Commerce	22.2	21.8	21.8	23.8	22.0	20.7	26.6	25.6	24.4	12.2	15.6	13.9	21.6	18.3	17.8	24.4	22.9	21.2
Restaurants, Hotels	6.0	6.3	~	7.4	6.9	~	8.9	8.9	~	4.8	5.6	~	6.0	5.0	~	6.8	6.2	~
Other	13.1	14.3	~	10.8	9.9	~	14.2	13.6	~	4.7	5.0	~	7.7	6.8	~	9.5	9.1	~

SOURCE: CEPAL, México: Evolución de la Frontera Norte, 1940–86 (New York: CEPAL, 1987), p. 58.

Table 313
U.S. HOSPITALS AND HOSPITAL BEDS, 4 SC, 1950–80
(N)

State	1950	1960	1970	1980
G. ARIZONA				
Hospitals	67	70	80	79
Beds	6,831	8,191	9,514	11,600
H. CALIFORNIA				
Hospitals	377	466	644	600
Beds	105,932	124,380	129,703	112,500
I. NEW MEXICO				
Hospitals	43	54	56	54
Beds	4,108	5,763	5,704	6,100
J. TEXAS				
Hospitals	503	550	556	561
Beds	59,952	65,903	75,481	81,800
U.S. Total				
Hospitals	6,430	6,876	7,123	6,965
Beds	1,456,912	1,657,970	1,615,771	1,364,500

SOURCE: SAUS, various years.

Table 314
TEXAS HEALTH PERSONNEL, BY BORDER COUNTY, 1970
(PTI)

Geographic Area	Patient Care Physicians	Dentists	Pharmacists	Active Registered Nurses	Total Population
United States	1.40	.55	.63	3.53	204,765,000
Texas	1.02	.41	.60	2.15	11,195,416
Border County					
Cameron	.81	.19	.50	.96	140,368
Hidalgo	.59	.14	.48	.94	181,535
Starr	.23	.00	.40	.28	17,707
Zapata	.69	.00	.23	.46	4,352
Webb	.65	.01	.54	.91	72,859
Maverick	.50	.06	.39	.94	18,093
Kinney	.00	.00	.00	.00	1,934
Val Verde	.47	.18	.40	.80	27,471
Presidio	.62	.41	.41	.21	4,842
Hudspeth	.00	.00	.00	.84	2,424
El Paso	.93	.29	.44	1.96	359,291

SOURCE: Charles H. Teller, "Physical Health Status and Health Care Utilization in the Texas Borderlands," in Stanley R. Ross, *Views across the Border: The United States and Mexico* (Albuquerque: University of New Mexico Press, 1978), p. 268.

Table 315
MEXICO PRINCIPAL CAUSES OF DEATH, 6 SC, 1971
(PHTI)

Cause of Death	Mexico Total	A. BAJA CALIF.	B. CHIHUAHUA	C. COAHUILA	D. NUEVO LEON	E. SONORA	F. TAMAULIPAS
All	9.0	7.2	8.0	9.2	6.7	8.3	6.6
Influenza and Pneumonia	138.1	88.8	108.8	116.3	79.7	110.4	62.7
Enteritis and Other Diarrhetic Diseases	126.5	61.1	97.5	137.1	63.0	102.3	77.5
Violent, Including Accidents	68.3	78.8	64.5	57.0	47.6	68.1	55.1
Heart Disease	62.1	74.6	81.7	72.0	84.5	72.4	61.3
Childbirth	48.7	65.4	37.9	54.6	45.9	53.2	40.7
Malignant Tumors	36.2	46.2	51.4	57.7	49.3	52.3	48.8
Cerebrovascular Diseases	24.8	33.4	25.6	34.5	26.4	29.6	30.6
Cirrhosis of the Liver	21.1	~	~	~	~	~	~
Tuberculosis, All Forms	17.9	26.4	25.9	32.4	21.0	26.5	28.6
Diabetes Mellitus	15.7	21.2	17.0	27.3	15.0	18.1	19.7
Nephritis and Nephrosis	~	15.7	~	~	~	~	~
Vitamin Deficiency and Other Forms of Malnutrition	~	~	16.7	19.5	13.9	~	11.9
Bronchitis, Emphysema, and Asthma	~	~	~	~	~	15.0	~

SOURCE: Ricardo Loewe Reiss, "Considerations on the Health Status Along Mexico's Northern Border," in Stanley R. Ross, *Views across the Border: The United States and Mexico* (Albuquerque: University of New Mexico Press, 1978), p. 245.

Table 316
U.S. PRINCIPAL CAUSES OF DEATH, BY BORDER MUNICIPALITY, 1971
(PHTI)

Cause of Death	Border Municipalities	U.S. Total
Influenza and Pneumonia	95.6	156.3
Enteritis and Other Diarrhetic Diseases	91.1	126.5
Violent, Including Accidents	45.2	68.3
Other Causes Surrounding Childbirth	43.4	46.1
Respiratory Tuberculosis	26.5	15.7
Vitamin Deficiency and General Malnutrition	13.5	12.4
Cirrhosis of the Liver	12.1	21.1
Lesions at Childbirth	11.1	2.7
Miscarriage	3.7	6.4
Measles	3.2	14.0
Typhoid Fever	1.5	4.9
Syphilis	.4	.5
Poliomyelitis	.1	.4
Ill-defined Symptoms	55.3	73.4
All Causes	760	900

SOURCE: Ricardo Loewe Reiss, "Considerations on the Health Status Along Mexico's Northern Border," in Stanley R. Ross, *Views across the Border: The United States and Mexico* (Albuquerque: University of New Mexico Press, 1978), p. 246.

Table 317

CALIFORNIA PRINCIPAL CAUSES OF DEATH, 1983

Cause of Death	N	PHTI	%
All Causes	188,018	746.5	100.0
Diseases of the Heart	66,552	264.2	35.4
Malignant Neoplasms	43,058	171.0	22.9
Cerebrovascular Disease	14,939	59.3	7.9
Accidents and Adverse Effects	9,448	37.5	5.0
Chronic Obstructive Pulmonary Disease and Allied Conditions	7,093	28.2	3.8
Pneumonia and Influenza	6,021	23.9	3.2
Chronic Liver Disease and Cirrhosis	4,027	16.0	2.1
Suicide	3,635	14.4	1.9
Homicide	2,702	10.7	1.4
Diabetes Mellitus	2,700	10.7	1.4
All Other Causes	25,320	100.5	13.5

SOURCE: *Statistical Abstract of California*, 1985, p. 67.

Table 318
NEW MEXICO PRINCIPAL CAUSES OF DEATH, 1981

	New Mexico			U.S. Total		
Cause of Death	PHTI	% of Total Deaths	Rank	PHTI	% of Total Deaths	Rank
All Causes	651.2	100.0	--	866.4	100.0	--
Heart Disease	153.9	23.6	1	330.6	38.2	1
Malignant Neoplasms	135.7	20.8	2	184.3	21.3	2
Stroke	40.3	6.2	4	71.7	8.3	3
Accidents	60.1	9.2	3	44.5	5.1	4
Chronic Obstructive Pulmonary Diseases and Allied Conditions	30.8	4.7	5	26.1	3.0	5
Influenza and Pneumonia	17.5	2.7	7	23.7	2.7	6
Diabetes Mellitus	17.2	2.6	8	15.2	1.7	7
Chronic Liver Disease and Cirrhosis	14.4	2.2	9	12.9	1.5	8
Arteriosclerosis	4.4	0.8	13	12.5	1.4	9
Suicide	19.2	2.9	6	12.3	1.4	10
Homicide	12.2	1.9	10	10.7	1.2	11
Certain Conditions Originating in the Perinatal Period	8.1	1.2	12	9.2	1.1	12
Alcoholism[1]	10.7	1.6	11	19	.2	--

1. Includes only deaths from "alcohol dependence syndrome." Deaths due to alcoholic cirrhosis are included in "chronic liver disease and cirrhosis." U.S. for this category based on 1979 data.

SOURCE: *New Mexico Statistical Abstract*, 1985.

Table 319
TEXAS PRINCIPAL CAUSES OF DEATH, 1985

Cause of Death	N	PHTI	% of Total Deaths
All Causes	118,183	721.9	100.0
Heart Disease	40,079	244.8	33.9
Malignant Neoplasms	24,032	146.8	20.3
Cerebrovascular Diseases	8,793	53.7	7.4
Accidents and Adverse Effects	7,095	43.3	6.0
Bronchitis, Emphysema, Asthma, and Allied Conditions	3,730	22.8	3.2
Pneumonia, Influenza	3,521	21.5	3.0
Suicide	2,236	13.7	1.9
Homicide	2,213	13.5	1.9
Diabetes Mellitus	1,911	11.7	1.6
Certain Conditions Originating in the Perinatal Period	1,412	8.6	1.2
All Other Causes	23,161	141.5	19.6

SOURCE: *Texas Almanac*, 1988–89, p. 548.

Table 320
TEXAS PRINCIPAL CAUSES OF DEATH, FIVE BORDER COUNTIES, 1969-71
(PHTI)

Cause of Death	Cameron	Hidalgo	Maverick	Starr	Webb	5 County Total	Texas White	Texas Black
All Causes	751.36	689.30	585.86	617.46	697.46	703.65	822.50	998.74
Infective and Parasitic Diseases	20.19	20.20	14.74	13.18	13.73	18.58	9.85	16.73
Dysentery and Amebiasis	.47	.18	1.84	#	.92	.54	.21	.14
Enteritis	4.99	8.63	#	1.88	2.75	4.34	1.94	3.42
Tuberculosis, All Forms	5.22	2.15	5.53	5.64	3.20	3.87	2.49	3.73
Septicemia	3.56	2.20	#	3.76	1.37	2.48	1.95	3.56
Malignant Neoplasms	125.86	106.70	70.01	97.89	119.87	113.26	141.19	145.14
Benign Neoplasms	2.85	1.84	1.84	5.64	1.83	2.32	1.83	2.53
Diabetes	22.56	18.73	16.58	26.35	28.37	21.83	15.38	23.72
Avitaminosis and Other Nutritional Deficiencies	.71	1.10	#	#	.92	.85	1.04	2.08
Anemia	1.66	1.84	4.84	1.88	.92	1.63	1.40	2.92
Diseases of the Heart	218.71	211.53	176.86	190.13	204.50	210.35	289.58	296.52
Hypertension	3.32	2.57	3.68	1.88	5.49	3.33	2.76	8.25
Cerebrovascular Diseases	63.39	66.10	53.43	56.47	64.97	64.73	90.52	120.28
Diseases of the Arteries	19.24	18.73	#	15.05	20.59	18.27	24.84	19.25
Influenza	2.14	1.84	9.21	3.76	.42	2.09	4.78	2.03
Pneumonia	22.80	27.54	31.32	11.29	24.71	25.00	27.63	34.83
Bronchitis, Asthma, Emphysema	11.87	13.59	9.21	3.76	7.78	11.46	15.85	8.75
Appendicitis	.71	1.10	#	1.88	#	.77	.63	1.00
Cirrhosis of the Liver	9.74	9.18	7.37	#	19.67	10.68	11.91	9.99
Kidney Infections	3.09	4.41	1.84	3.76	.42	3.17	4.49	6.31
Congenital Anomalies	9.45	9.73	14.74	16.94	12.35	10.60	9.15	10.86
Symptoms of Ill-defined Causes	57.47	33.79	18.42	28.24	36.60	41.88	15.77	36.29
Accidents	60.08	57.66	58.66	47.06	44.68	55.82	64.34	71.24
Suicide	5.22	5.32	7.37	3.76	6.41	5.50	12.15	4.78
Homicide	4.27	2.75	5.53	1.88	5.49	3.79	7.81	49.51
Number of Deaths from all Causes	3,164	3,754	428	328	1,525	9,049	250,571	41,776

SOURCE: Charles H. Teller, "Physical Health Status and Health Care Utilization in the Texas Borderlands," in Stanley R. Ross, *Views across the Border: The United States and Mexico* (Albuquerque: University of New Mexico Press, 1978), p. 263.

Table 321
TEXAS REPORTED RATES OF ENTERIC DISEASE, 1976-80
(PHTI)

Year	Amebiasis	Salmonellosis	Shigellosis	Typhoid	Infectious Heptatitis
1976	1.1	7.3	10.4	.1	13.9
1977	1.7	8.1	12.2	.2	16.2
1978	1.6	9.2	14.3	.3	20.7
1979	2.2	16.4	17.2	.5	24.6
1980	2.5	17.3	15.2	.5	20.9
U.S. 1980	2.3	14.9	8.4	**	12.8

SOURCE: Charles H. Teller, "Physical Health Status and Health Care Utilization in the Texas Borderlands," in Stanley R. Ross, *Views across the Border: The United States and Mexico* (Albuquerque: University of New Mexico Press, 1978), p. 263.

Table 322
MEXICO FIRST TIME IN-PATIENTS, BY DISEASE, 6 SC, 1940–60
(N)

Disease	A. BAJA CALIF.	B. CHIHUAHUA	C. COAHUILA	D. NUEVO LEON	E. SONORA	F. TAMAULIPAS	Mexico Total
Veneral Disease[1]							
1940	84	136	117	113	474	694	8,387
1950	38	603	203	83	181	252	5,666
1960	12	437	83	582	257	367	9,551
Malaria							
1940	10	5	44	24	115	307	4,409
1950	11	3	57	109	101	619	4,541
1960	~	52	~	63	15	45	2,934
Tuberculosis							
1940	73	61	183	113	102	293	3,025
1950	71	46	87	549	164	271	5,211
1960[a]	147	1,193	241	321	636	389	11,382
Typhoid/Paratyphoid							
1940	12	24	82	10	6	52	830
1950	22	29	61	74	38	83	1,393
1960	20	237	189	177	203	202	4,843
Dysentery							
1940	13	21	21	9	48	41	987
1950	27	19	38	19	39	46	1,051
1960	11	569	171	84	666	540	8,290
Cold							
1940	44	69	163	5	162	57	2,066
1950	49	309	221	157	179	138	3,700
1960[b]	212	709	405	233	695	178	23,197

1. Includes syphilis, gonorrhea, and other venereal diseases.

a. Includes respiratory tuberculosis and other forms of tuberculosis.
b. Includes influenza.

SOURCE: AE, 1942, table 235; 1951–52, table 122; 1960–61, table 5.9.

Table 323
MEXICO REPORTED RATES OF ENTERIC DISEASE, 4 SC, 1976–79
(PHTI)

State	Year	Amebiasis	Salmonellosis	Shigellosis	Typhoid	Infectious Hepatitis
B. CHIHUAHUA	1976	276.7	55.2	18.2	4.8	24.1
	1977	273.0	113.9	7.5	6.7	34.3
	1978	480.7	67.6	7.4	142.9	31.2
	1979	572.2	~	20.0	3.4	20.4
C. COAHUILA	1976	975.8	180.9	15.3	5.7	8.8
	1977	894.3	239.2	11.4	11.8	32.8
	1978	1,292.8	241.2	12.3	282.8	49.4
	1979	1,283.9	~	38.4	24.9	46.4
D. NUEVO LEON	1976	592.7	5.9	6.7	12.2	6.7
	1977	707.1	4.2	16.4	9.5	10.0
	1978	616.2	3.5	15.9	1.6	3.4
	1979	~	~	~	~	30.0
F. TAMAULIPAS	1976	55.0	3.8	.5	3.3	3.4
	1977	77.1	2.4	1.9	2.1	5.5
	1978	802.5	3.5	26.2	209.6	6.8
	1979	703.4	~	24.0	10.2	50.8

SOURCE: David J. Eaton and John M. Anderson, *The State of the Rio Grande/Rio Bravo: A Study of Water Resource Issues along the Texas/Mexico Border* (Tucson: University of Arizona Press, 1987).

Table 324
MEXICO SUICIDES, 6 SC, 1943–70

State	1943	1950	1960	1970
A. BAJA CALIF.	2	8	10	12
B. CHIHUAHUA	41	52	57	73
C. COAHUILA	14	5	10	3
D. NUEVO LEON	10	17	21	50
E. SONORA	24	12	29	47
F. TAMAULIPAS	22	25	30	35
Mexico Total	324	466	540	740

SOURCE: AE, 1943–52, table 152; 1951–52, table 131; 1960–61, table 7.23.

4

Education

NOTES

Mexican Education System

Primary	Levels 1–6
Secondary	Levels 7–9
Preparatory	Levels 10–12. Includes higher-secondary, college preparatory, and terminal programs.
University	Licentiate degree after four or five years
Graduate	Specialization, master's, and doctoral degrees

United States Education System

Primary	Grades K–8. Division is usually into K–6 and 7–8 ("Middle school"), but published statistics generally are for K–8.
Secondary	9–12
University	Bachelor of arts or bachelor of science after four years
Graduate	Master's and doctoral degrees

Available data on education refer to academic year (e.g., 1949–50) or to calendar year. Some statistics on education are gathered at the beginning of the academic year, others at the end of classes. The data presented here have been standardized to calendar year in all cases to facilitate comparison among years and among data sets for the two countries. The academic year 1949–50, for example, becomes "1950." This modification of data does not significantly affect the basic trends apparent in the data.

Mexico data are for public and private schools; U.S. data are as noted.

U.S. BORDER STATE HISPANIC ENROLLMENT IN PUBLIC PRIMARY AND SECONDARY SCHOOLS, 1980

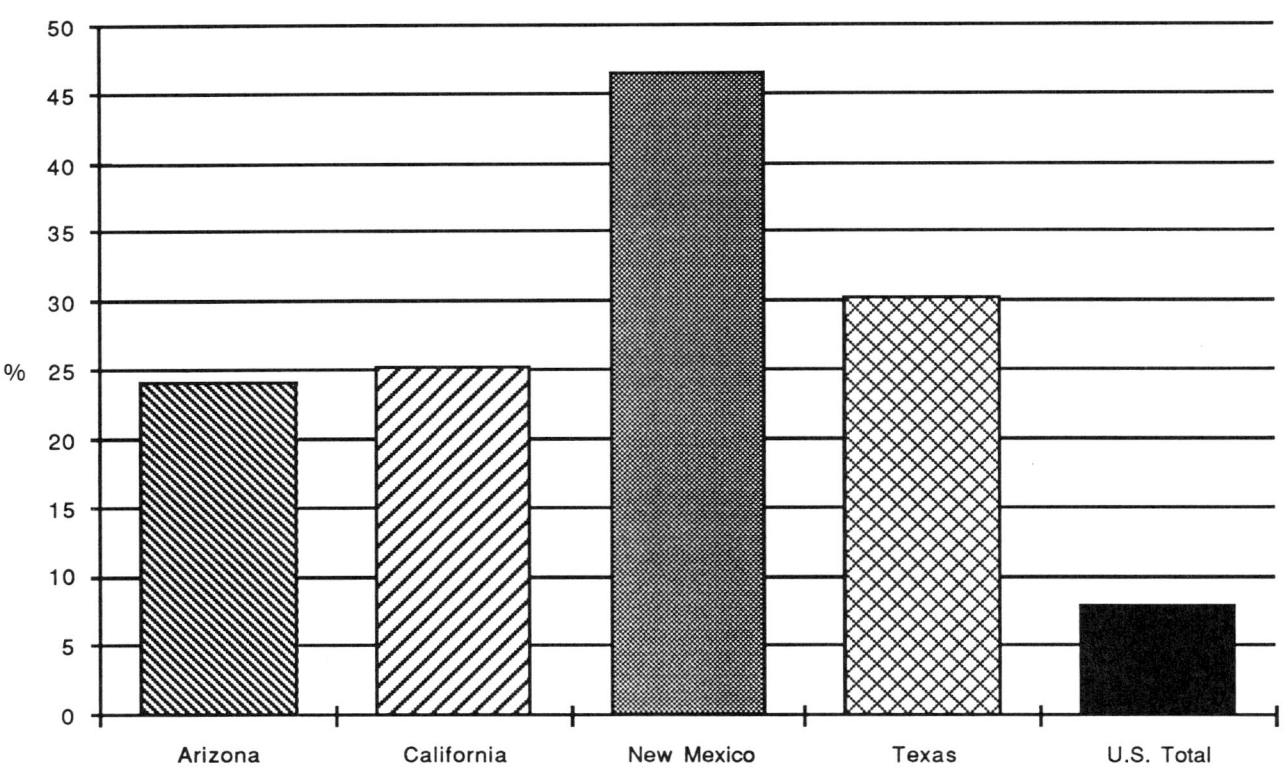

SOURCE: Table 421.

Table 400
MEXICO PRIMARY SCHOOLS, 6 SC, 1910–84
(N)

State	1910	1920	1930	1940	1950	1960	1970	1980	1984[a]
A. BAJA CALIF.									
Total	20	33	21	140	197	286	471	784	823
Rural	~	~	~	~	115	179	~	~	~
Urban	~	~	~	~	42	107	~	~	~
B. CHIHUAHUA									
Total	240	490	164	820	935	1,283	1,787	2,787	2,684
Rural	~	~	~	469	729	964	~	~	~
Urban	~	~	~	351	206	319	~	~	~
C. COAHUILA									
Total	300	175	151	950	739	896	1,033	1,520	1,725
Rural	~	~	~	796	550	650	~	~	~
Urban	~	~	~	154	189	246	~	~	~
D. NUEVO LEON									
Total	384	360	151	889	964	1,176	1,365	2,177	2,291
Rural	~	~	~	508	818	988	~	~	~
Urban	~	~	~	381	146	188	~	~	~
E. SONORA									
Total	391	365	184	562	568	747	894	1,604	1,626
Rural	~	~	~	377	411	536	~	~	~
Urban	~	~	~	185	157	211	~	~	~
F. TAMAULIPAS									
Total	38	153	138	873	905	1,164	1,388	2,033	2,092
Rural	~	~	~	330	732	1,007	~	~	~
Urban	~	~	~	543	173	157	~	~	~
Mexico Total									
Total	11,859	9,222	5,124	13,390	24,075	32,795	44,017	72,727	76,183
Rural	~	~	~	12,561	19,010	25,611	~	~	~
Urban	~	~	~	829	5,065	7,284	~	~	~

a. Figure for beginning of courses, 1983–84; all other figures for end of courses.

SOURCE: AE, various years.

Table 401
U.S. PUBLIC PRIMARY SCHOOLS, 4 SC, 1950–80
(N)

State	1950	1960	1970	1980
G. ARIZONA	449	519	558	735
H. CALIFORNIA	3,491	4,647	5,520	5,534
I. NEW MEXICO	675	506	417	500
J. TEXAS	5,721	3,780	3,258	4,209
U.S. Total	128,225	91,853	64,539	61,196

SOURCE: DES, SAUS, various years.

Table 402

MEXICO PRIMARY SCHOOL ENROLLMENT, 6 SC, 1910–84

(N)

State	1910	1920	1930	1940	1950	1960	1970	1980	1984[a]
A. BAJA CALIF.									
Total	1,001	1,892	5,293	14,207	32,859	76,001	188,092	257,790	241,415
Rural	~	~	~	~	8,739	18,821	~	~	~
Urban	~	~	~	~	24,120	57,180	~	~	~
B. CHIHUAHUA									
Total	30,532	16,958	36,209	69,021	120,178	179,793	337,838	459,798	437,851
Rural	~	~	~	19,148	48,362	57,000	~	~	~
Urban	~	~	~	49,873	71,816	122,793	~	~	~
C. COAHUILA									
Total	32,718	36,430	29,228	84,562	99,328	137,599	237,484	341,842	356,204
Rural	~	~	~	43,467	33,023	37,598	~	~	~
Urban	~	~	~	41,095	66,305	100,001	~	~	~
D. NUEVO LEON									
Total	30,652	33,647	26,173	81,564	108,607	168,385	355,409	522,760	523,204
Rural	~	~	~	26,037	41,474	47,550	~	~	~
Urban	~	~	~	55,527	67,133	120,835	~	~	~
E. SONORA									
Total	19,101	36,255	33,311	58,708	78,901	127,087	231,109	331,306	340,612
Rural	~	~	~	18,821	24,611	32,430	~	~	~
Urban	~	~	~	39,887	54,290	94,657	~	~	~
F. TAMAULIPAS									
Total	17,946	19,136	26,208	71,932	100,419	119,563	295,470	407,604	389,525
Rural	~	~	~	15,811	41,563	55,556	~	~	~
Urban	~	~	~	56,121	58,856	64,007	~	~	~
Mexico Total									
Total	848,062	743,896	860,476	1,960,750	3,031,691	4,762,062	9,127,226	14,634,857	15,219,245
Rural	~	~	~	720,642	1,359,623	1,973,552	~	~	~
Urban	~	~	~	1,240,108	1,672,068	2,788,510	~	~	~

a. End of courses; all other figures for beginning of courses.

SOURCE: AE, various years.

Table 403

U.S. PUBLIC PRIMARY SCHOOL ENROLLMENT (K–8), 4 SC, 1910–80

(N)

State	1910	1920	1930	1940	1950[a]	1960	1970	1980
G. ARIZONA	30,177	70,587	88,547	87,960	112,000	236,491	304,585	357,112
H. CALIFORNIA	333,217	533,588	836,701	827,560	1,358,000	2,282,000	2,864,287	2,760,725
I. NEW MEXICO	54,961	77,529	89,497	109,257	121,000	133,138	152,947	185,874
J. TEXAS	791,244	927,869	1,071,890	987,489	1,078,000	1,678,809	1,577,800[b]	2,048,684
U.S. Total	16,898,791	19,378,927	21,278,593	18,832,098	19,405,000	24,349,932	27,496,754	27,664,973

a. Figures given in even thousands in source.
b. Data are for K–6.

SOURCE: DES, various years.

Table 404
MEXICO PRIMARY SCHOOL TEACHERS,[1] 1910–84
(N)

State	1910	1920	1931	1939	1950	1960	1970	1980	1984
A. BAJA CALIF.	54	92	154	338	504	1,537	4,451	6,726	7,115
B. CHIHUAHUA	607	396	1,304	2,089	2,754	4,336	8,103	12,435	13,659
C. COAHUILA	284	1,144	1,904	1,239	2,225	3,358	5,843	8,819	10,727
D. NUEVO LEON	437	1,059	1,410	2,168	2,546	3,866	8,438	14,715	16,800
E. SONORA	771	959	1,099	783	1,969	3,133	5,349	7,974	9,602
F. TAMAULIPAS	521	358	1,224	1,796	2,355	3,810	7,142	10,423	11,778
Mexico Total	20,432	19,524	36,178	46,653	65,823	105,883	212,610	359,463	437,408

1. Rural and urban schools.

SOURCE: AE, various years.

Table 405
U.S. PUBLIC PRIMARY SCHOOL TEACHERS, 4 SC, 1920–80
(N)

State	1920	1930	1940	1950	1961	1970	1980
G. ARIZONA	1,604	2,586	3,384	3,852	9,004	12,985	17,900
H. CALIFORNIA	13,884	22,392	38,304	35,115	76,750	116,000	115,200
I. NEW MEXICO	2,495	2,717	3,798	3,280	5,028	6,090	6,900
J. TEXAS	23,252	27,196	45,205	32,576	51,960	68,280	86,300
U.S. Total	576,246	~	875,477	589,578	870,631	1,131,774	1,186,000

SOURCE: DES, various years.

Table 406
MEXICO MOVEMENT OF PRIMARY STUDENTS, 6 SC, 1950–80
(%)

State	1950	1960	1970	1980
A. BAJA CALIF.				
Present at Termination of Courses	82	89	91	92
Passed Final Examinations	~	84	87	91
B. CHIHUAHUA				
Present at Termination of Courses	86	89	90	93
Passed Final Examinations	~	78	82	88
C. COAHUILA				
Present at Termination of Courses	86	90	92	95
Passed Final Examinations	~	89	91	92
D. NUEVO LEON				
Present at Termination of Courses	87	89	89	94
Passed Final Examinations	~	90	91	94
E. SONORA				
Present at Termination of Courses	83	85	88	92
Passed Final Examinations	~	83	87	92
F. TAMAULIPAS				
Present at Termination of Courses	89	90	95	96
Passed Final Examinations	~	84	88	91
Mexico Total				
Present at Termination of Courses	89	91	93	95
Passed Final Examinations	~	80	84	87

SOURCE: AE, various years.

Table 407

MEXICO SECONDARY SCHOOLS, BY COURSE OF STUDY, 6 SC, 1930–84

(N)

State	1930	1950	1960	1970		1980[a]	1984
A. BAJA CALIF.							
Secondary	1	4	19	80	Secondary	248	252
Preparatory	#	#	2	12	Bachillerato	69	80
Prevocational	#	1	#	4			
Vocational	#	1	1	2	Vocational	152	118
Normal	~	2	4	6	Normal	12	12
Commercial	#	#	~	11			
Professional	#	#	3	11	Terminal Medio	9	#
Special	#	#	#	1	Profesional Medio	~	50
B. CHIHUAHUA							
Secondary	2	8	11	116	Secondary	276	327
Preparatory	#	5	3	15	Bachillerato	75	92
Prevocational	#	1	1	8			
Vocational	#	1	1	4	Vocational	101	115
Normal	3	4	6	6	Normal	14	11
Commercial	7	16	23	28			
Professional	1	7	8	54	Terminal Medio	13	#
Special	#	9	11	20	Profesional Medio	~	46
C. COAHUILA							
Secondary	3	12	26	100	Secondary	227	283
Preparatory	#	5	7	15	Bachillerato	77	95
Prevocational	#	#	#	8			
Vocational	#	#	1	4	Vocational	89	102
Normal	2	2	6	6	Normal	7	11
Commercial	20	28	39	54			
Professional	2	5	4	28	Terminal Medio	17	#
Special	1	2	1	20	Profesional Medio	~	49
D. NUEVO LEON							
Secondary	3	19	52	97	Secondary	326	369
Preparatory	#	5	7	18	Bachillerato	68	89
Prevocational	#	#	#	3			
Vocational	#	#	1	6	Vocational	203	192
Normal	2	3	8	9	Normal	17	16
Commercial	16	18	43	42			
Professional	3	5	8	30	Terminal Medio	78	#
Special	3	14	5	5	Profesional Medio	~	87
E. SONORA							
Secondary	1	25	28	48	Secondary	346	462
Preparatory	#	2	3	7	Bachillerato	110	144
Prevocational	#	#	#	#			
Vocational	#	#	#	1	Vocational	77	105
Normal	2	1	2	3	Normal	4	7
Commercial	#	3	1	9			
Professional	3	2	17	17	Terminal Medio	18	#
Special	#	1	2	3	Profesional Medio	~	73
F. TAMAULIPAS							
Secondary	4	19	20	84	Secondary	249	235
Preparatory	#	5	5	12	Bachillerato	62	104
Prevocational	#	#	#	25			
Vocational	#	#	1	3	Vocational	88	77
Normal	2	3	7	7	Normal	21	28
Commercial	18	28	32	47			
Professional	1	1	2	13	Terminal Medio	7	#
Special	1	6	19	30	Profesional Medio	~	27

a. Realignment of courses of study occurred after 1970.

SOURCE: AE and AEE, various years.

Table 408

U.S. PUBLIC SECONDARY SCHOOLS, 4 SC, 1950–80

(N)

State	1950	1960	1970	1980
G. ARIZONA	85	92	167	144
H. CALIFORNIA	746	876	1,390	1,150
I. NEW MEXICO	147	173	210	107
J. TEXAS	1,661	1,888	1,980	1,240
U.S. Total	24,542	25,784	23,972	20,563

SOURCE: DES, SAUS, various years.

Table 409
MEXICO SECONDARY SCHOOL ENROLLMENT, 6 SC, 1930–84
(N)

State	1930	1950	1960	1970		1980[c]	1984
A. BAJA CALIF.							
Secondary	2	935	4,340	22,703	Secondary	75,256	87,587
Preparatory	#	#	212	2,529	Bachillerato	24,427	28,802
Prevocational	#	#	#	2,392			
Vocational	#	56	#	701	Vocational	11,493	12,933
Normal	116	39	163	1,423	Normal	4,384	2,385
Commercial	165	175	564	1,676			
Professional	#	#	111	1,665	Terminal Medio	1,042	~
Special	#	#	146	995	Profesional Medio[b]	~	10,022
B. CHIHUAHUA							
Secondary	264	1,239	4,237	23,985	Secondary	85,513	107,482
Preparatory	#	799	799	4,933	Bachillerato	27,249	35,204
Prevocational	#	137	224	4,396			
Vocational	#	36	697	57	Vocational	17,636	19,184
Normal	231	514	1,315	2,036	Normal	3,409	1,954
Commercial	1,314	3,292	4,395	9,266			
Professional	95	728	50	5,727	Terminal Medio	2,573	~
Special	#	1,388	534	2,049	Profesional Medio[b]	~	11,795
C. COAHUILA							
Secondary	421	1,874	7,310	25,302	Secondary	82,269	114,835
Preparatory	#	~	1,035	4,153	Bachillerato	25,878	34,819
Prevocational	#	#	84	3,097			
Vocational	#	#	148	306	Vocational	13,748	14,461
Normal	389	408	2,309	2,001	Normal	4,472	2,385
Commercial	1,385	3,144	5,062	8,918			
Professional	~	389	92	6,015	Terminal Medio	1,782	~
Special	72	338	~	1,159	Profesional Medio[b]	~	10,169
D. NUEVO LEON							
Secondary	624	3,775	16,399	49,875	Secondary	154,454	184,735
Preparatory	#	917	2,190	6,913	Bachillerato	39,275	56,524
Prevocational	#	#	#	505			
Vocational	#	#	#	2,829	Vocational	26,646	34,069
Normal	416	508	357	2,824	Normal	16,390	2,556
Commercial	1,242	2,327	7,744	11,089			
Professional	98	871	5,073	15,025	Terminal Medio	11,477	~
Special	52	955	2,510	5,712	Profesional Medio[b]	~	20,128
E. SONORA							
Secondary	67	2,275	5,417	14,356	Secondary	87,250	111,985
Preparatory	#	148	644	2,818	Bachillerato	31,198	42,399
Prevocational	#	#	#	4,388			
Vocational	#	#	#	170	Vocational	12,150	16,843
Normal	320	49	368	798	Normal	2,421	1,982
Commercial	1,041	190	3,255	2,615			
Professional		65	318	2,462	Terminal Medio	4,060	~
Special		358	346	419	Profesional Medio[b]	~	10,850
F. TAMAULIPAS							
Secondary	345	3,250	6,231	28,424	Secondary	94,314	120,167
Preparatory	#	415	464	3,129	Bachillerato	25,014	42,021
Prevocational	#	#	170	7,005			
Vocational	#	#	333	491	Vocational	8,603	13,663
Normal	364	709	1,212	2,406	Normal	8,789	5,333
Commercial	1,114	2,761	4,549	7,101			
Professional	~	100	109	3,169	Terminal Medio	1,893	~
Special	~	522	1,510	3,332	Profesional Medio[b]	~	8,641

a. Includes Bellas Artes.
b. The category of Profesional Medio of 1984 includes some graduates of normal courses included in the Normal category of 1980.
c. Realignment of courses of study occurred after 1970.

SOURCE: AE, various years; AEE, 1985.

Table 410

U.S PUBLIC SECONDARY SCHOOL ENROLLMENT (9–12), 4 SC, 1930–80

(N)

State	1930	1940	1950[a]	1960	1970	1980
G. ARIZONA	15,259	22,245	28,000	70,375	134,939	156,678
H. CALIFORNIA	231,982	361,546	649,000	1,071,600	1,768,911	1,357,297
I. NEW MEXICO	12,587	23,332	27,000	89,815	128,425	85,324
J. TEXAS	233,138	341,333	276,000	472,427	1,262,100	851,389
U.S. Total	4,399,422	6,601,444	5,707,000	11,931,362	18,406,617	13,319,120

a. Figures rounded to nearest thousand by source.

SOURCE: DES, various years.

Table 411

U.S. PRIVATE[1] PRIMARY AND SECONDARY SCHOOL ENROLLMENT, 4 SC, 1940–80

(N)

State	1940	1950	1960	1970	1980
G. ARIZONA	3,902	7,113	30,771	29,700	40,544
H. CALIFORNIA	79,154	158,131	345,963	336,200	520,440
I. NEW MEXICO	13,143	16,472	25,493	13,700	18,402
J. TEXAS	52,428	76,240	143,000	122,100	152,463
U.S. Total	2,611,047	3,380,139	5,674,943	5,100,000	5,028,865

1. Includes church and non-church schools.

SOURCE: DES, various years.

Table 412
MEXICO SECONDARY SCHOOL TEACHERS, 6 SC, 1950–84
(N)

State	1950	1960		1980[a]	1984
A. BAJA CALIF.					
Secondary	105	291	Secondary	5,108	5,952
Preparatory	#	44	Bachillerato	1,542	2,071
Prevocational	#	#			
Vocational	~	#	Vocational	625	793
Normal	27	28	Normal	269	253
Commercial	21	24			
Professional	#	~	Terminal Medio	81	~
Special	#	66	Profesional Medio	~	887
B. CHIHUAHUA					
Secondary	132	129	Secondary	4,702	6,114
Preparatory	104	40	Bachillerato	1,817	2,098
Prevocational	26	46			
Vocational	14	152	Vocational	778	953
Normal	80	142	Normal	221	180
Commercial	169	176			
Professional	100	323	Terminal Medio	272	~
Special	122	188	Profesional Medio	~	922
C. COAHUILA					
Secondary	159	298	Secondary	4,703	6,766
Preparatory	130	122	Bachillerato	1,651	2,424
Prevocational	#	#			
Vocational	#	79	Vocational	751	801
Normal	49	131	Normal	241	412
Commercial	208	328			
Professional	83	76	Terminal Medio	240	~
Special	35	122	Profesional Medio	~	938
D. NUEVO LEON					
Secondary	277	806	Secondary	8,077	10,303
Preparatory	351	150	Bachillerato	2,241	3,134
Prevocational	#	#			
Vocational	#	4	Vocational	1,456	1,051
Normal	67	143	Normal	518	326
Commercial	118	383			
Professional	156	709	Terminal Medio	899	~
Special	180	154	Profesional Medio	~	1,427
E. SONORA					
Secondary	41	352	Secondary	5,533	5,390
Preparatory	33	46	Bachillerato	1,956	2,601
Prevocational	#	#			
Vocational	#	#	Vocational	537	693
Normal	20	32	Normal	98	181
Commercial	32	183			
Professional	34	87	Terminal Medio	280	~
Special	39	9	Profesional Medio	~	1,033
F. TAMAULIPAS					
Secondary	110	297	Secondary	5,099	5,658
Preparatory	105	84	Bachillerato	1,534	2,660
Prevocational	#	12			
Vocational	#	#	Vocational	490	515
Normal	94	123	Normal	475	537
Commercial	158	188			
Professional	7	24	Terminal Medio	206	~
Special	50	87	Profesional Medio	~	597

1. Includes Bellas Artes.

a. Realignment of courses of study occurred after 1970.

SOURCES: AE, various years.

Table 413

U.S. PUBLIC SECONDARY SCHOOL TEACHERS, 4 SC, 1940–80

(N)

State	1950	1961	1970	1980
G. ARIZONA	1,294	3,038	5,787	7,800
H. CALIFORNIA	19,994	47,500	77,000	78,600
I. NEW MEXICO	1,628	4,094	5,530	7,200
J. TEXAS	17,792	33,571	61,610	73,200
U.S. Total	324,093	592,228	929,341	997,500

SOURCE: DES, various years.

Table 414

U.S. AVERAGE ANNUAL SALARY OF INSTRUCTIONAL STAFF, ELEMENTARY AND SECONDARY SCHOOLS, 4 SC, 1930–80

(US of 1979–80)

State	1930	1940	1950	1960	1970	1980
G. ARIZONA	1,637	1,544	3,556	5,590	8,975	18,200
H. CALIFORNIA	2,123	2,351	~	6,600[a]	9,980	19,770
I. NEW MEXICO	1,113	1,144	3,215	5,382	8,125	19,245
J. TEXAS	924	1,079	3,122	4,708	7,503	14,763
U.S. Total[1]	1,420	1,441	3,010	5,174	8,840	16,813

1. Beginning in 1960 includes Alaska and Hawaii.

a. Partially estimated by Office of Education.

SOURCE: U.S. Office of Health, Education, and Welfare, Office of Education, *Statistics of State Systems*, various years.

Table 415

MEXICO MOVEMENT OF SECONDARY STUDENTS, 6 SC, 1950–80

(%)

State	1950	1960	1970	1980
A. BAJA CALIF.				
Present at Termination of Courses	87	87	89	90
Present at Final Examinations	~	69	85	~
Passed Final Examinations	~	~	~	76
B. CHIHUAHUA				
Present at Termination of Courses	73	85	89	91
Present at Final Examinations	~	78	84	~
Passed Final Examinations	~	~	~	71
C. COAHUILA				
Present at Termination of Courses	87	90	92	92
Present at Final Examinations	~	83	86	~
Passed Final Examinations	~	~	~	76
D. NUEVO LEON				
Present at Termination of Courses	87	90	93	93
Present at Final Examinations	~	90	96	~
Passed Final Examinations	~	~	~	81
E. SONORA				
Present at Termination of Courses	88	88	89	91
Present at Final Examinations	~	68	90	~
Passed Final Examinations	~	~	~	72
F. TAMAULIPAS				
Present at Termination of Courses	86	87	92	93
Present at Final Examinations	~	87	93	~
Passed Final Examinations	~	~	~	80
Mexico Total				
Present at Termination of Courses	87	89	92	93
Present at Final Examinations	~	76	90	~
Passed Final Examinations	~	~	~	75

SOURCE: AE, various years.

Table 416

U.S. HIGH SCHOOL GRADUATES, 4 SC, 1940–80

(N)

State	1940	1950	1960	1970	1980
G. ARIZONA	3,405	4,857	10,406	23,407	28,944
H. CALIFORNIA	69,373	72,617	148,871	262,661	257,996
I. NEW MEXICO	3,457	4,313	8,211	16,261	18,424
J. TEXAS	55,033	51,023	76,500	148,105	171,449
U.S. Total	1,143,246	1,063,444	1,627,050	2,637,000	2,756,623

SOURCE: DES, various years.

Table 417
MEXICO ENROLLMENT IN INSTITUTIONS OF HIGHER EDUCATION, 6 SC, 1950–87
(N)

State	1950	1960	1970	1980	1987
A. BAJA CALIF.	#	111	1,501	14,119	19,786
B. CHIHUAHUA	728	50	3,794	18,686	26,238
C. COAHUILA	389	92	3,485	19,338	30,117
D. NUEVO LEON	370	5,073	14,376	66,329	68,921
E. SONORA	65	621	2,318	11,611	33,273
F. TAMAULIPAS	100	1,563	2,105	19,278	33,835
Mexico Total	29,895	83,065	145,420	731,291	989,414

SOURCE: AE, various years; ANUIES-AE, various years.

Table 418
U.S. ENROLLMENT IN INSTITUTIONS OF HIGHER EDUCATION, 4 SC, 1940–80
(N)

State	1930	1940	1950	1961	1970	1980
G. ARIZONA	3,742	5,969	14,111	38,239	95,855	202,716
H. CALIFORNIA	69,087	120,290	217,799	499,505	1,049,883	1,790,993
I. NEW MEXICO	2,635	4,950	11,477	19,253	43,267	58,283
J. TEXAS	46,703	65,720	145,358	198,784	417,493	701,391
U.S. Total	1,100,737	1,494,203	2,659,021	3,891,230	7,920,149	12,096,895

SOURCE: DES, various years.

Table 419
MEXICO EXPENDITURE ON EDUCATION AND INSTRUCTION, 6 SC, 1950–80
(%)

State	1950	1960	1970	1980
A. BAJA CALIF.				
Education Budget as Part of Total State Budget	~	25	43	28
Teachers' Salaries as Part of Education Budget	~	68	~	75
B. CHIHUAHUA				
Education Budget as Part of Total State Budget	20	12	43	41
Teachers' Salaries as Part of Education Budget	~	60	87	82
C. COAHUILA				
Education Budget as Part of Total State Budget	28	19	39	27
Teachers' Salaries as Part of Education Budget	~	~	77	~
D. NUEVO LEON				
Education Budget as Part of Total State Budget	10	48	44	50
Teachers' Salaries as Part of Education Budget	~	45	85	~
E. SONORA				
Education Budget as Part of Total State Budget	18	27	38	31
Teachers' Salaries as Part of Education Budget	~	48	86	~
F. TAMAULIPAS				
Education Budget as Part of Total State Budget	11	43	27	29
Teachers' Salaries as Part of Education Budget	~	36	15	53

SOURCE: AE, various years.

Table 420

U.S. EDUCATION BUDGET FOR INSTRUCTION, 4 SC, 1940–80

(%)

State	1940	1950	1960	1970	1980
G. ARIZONA	71	64	54	61	64
H. CALIFORNIA	73	61	50	63	66
I. NEW MEXICO	65	65	57	60	61
J. TEXAS	74	67	57	60	67
U.S. Total	72	62	53	57	61

SOURCE: DES, various years.

Table 421

U.S. HISPANIC ENROLLMENT IN PUBLIC PRIMARY AND SECONDARY SCHOOLS, 4 SC, 1980

(%)

State	1980
G. ARIZONA	24.2
H. CALIFORNIA	25.3
I. NEW MEXICO	46.5
J. TEXAS	30.4
U.S. Total	8.0

SOURCE: DES, various years.

Table 422

U.S. PUBLIC AND PRIVATE UNIVERSITY ENROLLMENT, BY ETHNICITY AND SEX, 1978, 1980

(N)

Ethnic Category and Sex	1978			1980		
	Total	Public	Private	Total	Public	Private
U.S. Total	11,230,848	8,769,742	2,461,106	12,086,808	9,456,423	2,630,385
Men	5,621,402	4,321,505	1,299,897	5,868,095	4,521,632	1,346,463
Women	5,609,446	4,448,237	1,161,209	6,218,713	4,934,791	1,283,922
American Indian/Alaskan Native	77,874	68,449	9,425	83,903	74,224	9,679
Men	36,830	32,437	4,393	37,776	33,417	4,359
Women	41,044	36,012	5,032	46,127	40,807	5,320
Asian or Pacific Islander	235,064	195,401	39,663	286,446	239,710	46,736
Men	126,318	103,494	22,824	151,287	124,771	26,516
Women	108,746	91,907	16,839	135,159	114,939	20,220
Black, Non-Hispanic	1,054,325	839,520	214,805	1,106,750	876,070	230,680
Men	453,239	357,908	95,331	463,739	365,296	98,443
Women	601,086	481,612	119,474	643,011	510,774	132,237
Hispanic	417,271	362,532	54,739	471,717	406,150	65,567
Men	212,524	184,239	28,285	231,609	198,652	32,957
Women	204,747	178,293	26,454	240,108	207,498	32,610
White, Non-Hispanic	9,193,733	7,136,058	2,057,675	9,833,012	7,656,094	2,176,918
Men	4,612,966	3,523,016	1,089,950	4,772,918	3,658,136	1,114,782
Women	4,580,767	3,613,042	967,725	5,060,094	3,997,958	1,062,136
Nonresident Alien	252,581	167,485	84,799	304,980	204,175	100,805
Men	179,525	120,114	59,114	210,766	141,360	69,406
Women	73,056	47,371	25,685	94,214	62,815	31,399

SOURCE: SAUS, 1986.

Table 423

CALIFORNIA ENROLLMENT IN PUBLIC ELEMENTARY AND SECONDARY SCHOOLS, BY ETHNICITY, 1966–2000

(%)

Ethnic Group	1966	1988	2000
Anglo	75.2	49.2	42.7
Latino	13.6	30.7	35.1
Black	8.2	9.0	9.3
Asian	2.2	7.6	8.8
Filipino	.5	2.2	2.6
Pacific Islander	--	.5	.6
American Indian/Native Alaskan	.3	.8	.9

SOURCE: *Los Angeles Times*, September 7, 1988.

Table 424

U.S. MOVEMENT OF HISPANICS IN SCHOOLS, BY AGE, 1970, 1988

(%)

Age (Years)	1970	1988
25 and Older		
Completed High School	32	51
Completed College	5	10
25–34		
Completed High School	~	62
Completed College	~	12

SOURCE: *Los Angeles Times*, September 7, 1988.

Table 425

U.S. YEARS OF SCHOOL COMPLETED BY MEXICAN AMERICAN AND NON-SPANISH-ORIGIN POPULATION, BY AGE, 1978

(%)

Age (Years)	Mexican American	Non-Spanish-Origin
Less Than 5 Years of School		
Total, 25 and Over	23.1	3.0
25 to 29	7.6	.6
30 to 34	12.6	.6
35 to 44	15.9	1.1
45 to 64	34.3	2.7
65 and over	65.4	8.7
Four Years of High School or More		
Total, 25 and Over	34.3	67.1
25 to 29	51.3	87.1
30 to 34	44.1	84.4
35 to 44	37.2	76.9
45 to 64	21.4	62.7
65 and over	7.1	38.6
Four Years of College or More		
Total, 25 and over	4.3	16.4

SOURCE: Niles Hansen, *The Border Economy: Regional Development in the Southwest* (Austin: University of Texas Press, 1981), p. 132.

Table 426

TEXAS MEDIAN YEARS OF SCHOOL COMPLETED, BY COUNTY, CA. 1970

County	Total Population		Chicanos	
	M	F	M	F
El Paso	12.2	11.5	8.1	8.1
Hudspeth	9.5	10.2	5.2	5.1
Presidio	6.9	6.6	5.0	4.2
Brewster	12.0	11.7	6.5	7.1
Terrell	10.3	10.9	6.4	5.4
Val Verde	11.1	10.2	6.6	6.1
Kinney	7.8	6.3	4.5	4.4
Maverick	6.6	6.3	5.8	5.9
Webb	8.1	7.1	7.0	6.5
Zapata	6.2	5.7	5.3	5.0
Starr	5.9	5.9	5.7	6.0
Hidalgo	7.6	7.0	5.2	4.9
Cameron	8.7	8.4	6.0	5.7

SOURCE: Armando Gutiérrez, "The Politics of the Texas Border: An Historical Overview and Some Contemporary Directions," in Stanley R. Ross, *Views across the Border: The United States and Mexico* (Albuquerque: University of New Mexico Press, 1978), p. 123.

5

Religion and Politics

CATHOLIC POPULATION IN MEXICO AND MEXICAN BORDER STATES, 1930–80

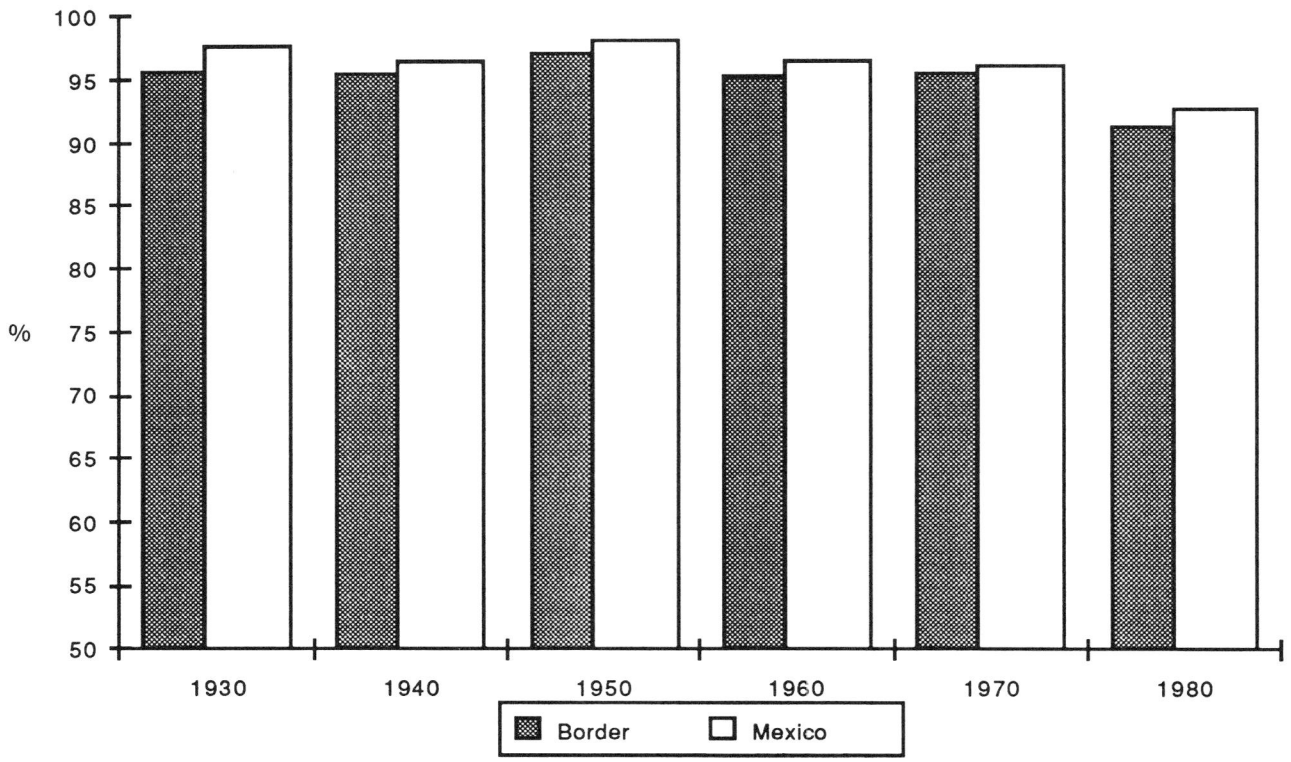

SOURCE: Table 501.

Table 500
MEXICO POPULATION, BY RELIGION, 6 SC, 1900–80
(N)

State and Category	1900	1910	1920	1930	1940	1950	1960	1970	1980
A. BAJA CALIF.									
Total Population	7,583	9,760	23,537	48,327	78,907	226,965	520,165	870,421	1,177,886
Catholic	~a	~a	~a	39,798	71,919	219,798	490,719	830,433	1,057,475
Protestant	~a	~a	~a	1,099	1,468	4,351	12,450	20,406	50,037
Jewish	~a	~a	~a	20	37	128	1,659	399	739
Other	~a	~a	~a	3,383	1,300	2,688	4,338	5,179	22,116
No Religion	~a	~a	~a	4,027	4,183	~	5,241	14,004	47,460
Unknown	~a	~a	~a	~	~	~	5,758	~	9
B. CHIHUAHUA									
Total Population	327,784	405,707	401,622	491,792	623,944	846,414	1,226,793	1,612,525	2,005,477
Catholic	314,804	384,993	394,155	468,367	595,417	816,984	1,151,351	1,535,563	1,816,777
Protestant	2,374	4,592	4,023	4,951	7,042	13,572	26,481	41,811	83,172
Jewish	~	~	~	127	164	118	2,197	575	654
Other	1,266	1,059	99	10,471	10,458	15,470	18,072	7,780	35,110
No Religion	8,434	9,294	1,102	7,861	10,781	~	5,823	26,796	69,752
Unknown	906	5,769	2,243	15	82	~	22,869	~	12
C. COAHUILA									
Total Population	296,938	362,092	393,480	436,425	550,717	720,619	907,734	1,114,956	1,557,265
Catholic	293,490	353,490	386,173	421,297	530,137	702,761	866,547	1,073,660	1,431,229
Protestant	3,346	6,289	4,542	9,136	11,119	15,580	22,514	25,255	71,123
Jewish	~	~	~	116	269	105	1,357	340	526
Other	61	1,012	333	1,132	968	2,173	3,687	3,879	15,093
No Religion	~	317	465	4,739	8,211	~	4,316	11,822	39,294
Unknown	41	984	1,967	8	13	~	9,313	~	#
D. NUEVO LEON									
Total Population	327,937	365,150	336,412	417,491	541,147	740,191	1,078,848	1,694,689	2,513,044
Catholic	324,438	359,855	329,301	406,660	519,596	720,915	1,037,830	1,619,288	2,323,438
Protestant	3,062	4,498	4,163	7,455	10,220	16,679	25,747	47,714	115,206
Jewish	~	~	~	214	342	288	3,904	867	1,064
Other	48	173	506	564	500	2,309	5,725	6,278	23,579
No Religion	130	61	1,501	2,546	10,487	~	4,624	20,542	49,757
Unknown	259	563	941	52	2	~	1,018	~	#
E. SONORA									
Total Population	221,682	265,383	275,127	316,271	364,176	510,607	783,378	1,098,720	1,513,731
Catholic	218,096	255,703	262,059	306,717	355,645	502,657	758,234	1,061,138	1,403,984
Protestant	1,913	3,419	2,344	3,369	2,901	6,693	12,616	16,188	40,764
Jewish	~	~	~	73	19	37	1,971	332	377
Other	1,215	5,568	1,315	2,115	259	1,220	3,005	3,185	12,799
No Religion	20	39	5,955	3,996	5,348	~	4,555	17,877	55,807
Unknown	438	654	3,454	1	4	~	2,997	~	#
F. TAMAULIPAS									
Total Population	218,948	249,641	286,904	344,039	458,832	718,167	1,024,182	1,456,858	1,924,484
Catholic	215,866	246,198	267,609	323,298	428,637	694,740	970,999	1,384,906	1,726,581
Protestant	2,359	2,697	5,609	8,221	11,866	20,222	34,336	41,911	113,702
Jewish	~	~	~	212	176	146	3,574	578	763
Other	20	162	1,629	1,911	1,069	3,050	6,738	5,891	20,372
No Religion	12	39	4,999	10,387	17,083	~	7,269	23,572	63,063
Unknown	691	545	7,058	10	1	~	1,266	~	3
Mexico Border									
Total Population	1,400,872	1,657,733	1,717,082	2,054,345	2,617,723	3,762,963	5,541,100	7,848,169	10,691,887
Catholic	1,366,694	1,600,239	1,639,297	1,966,137	2,501,351	3,657,855	5,275,680	7,504,988	9,759,484
Protestant	13,054	21,495	20,681	34,231	44,616	77,097	124,144	193,285	474,004
Jewish	~	~	~	762	1,007	822	14,662	3,091	4,123
Other	2,610	7,974	3,882	19,576	14,554	27,180	41,565	32,192	129,069
No Religion	9,196	9,750	14,022	33,556	56,093	~	31,828	114,613	325,133
Unknown	2,435	8,515	15,663	83	102	~	43,221	~	24
Mexico Total									
Total Population	13,607,259	15,160,369	14,334,780	16,552,722	19,653,552	25,791,017	34,923,129	48,225,238	66,846,833
Catholic	13,519,655	15,033,176	13,921,226	16,179,667	18,977,585	25,329,498	33,692,503	46,380,401	61,916,757
Protestant	51,796	68,838	73,951	130,322	177,954	330,111	578,515	876,879	2,201,609
Jewish	~	~	~	9,072	14,167	17,574	100,750	49,181	61,790
Other	3,816	13,342	22,718	56,696	35,758	113,834	137,208	150,329	578,138
No Religion	21,166	20,014	208,836	175,180	443,671	~	192,963	758,448	2,088,453
Unknown	18,635	24,999	108,049	1,785	4,417	~	221,190	~	86

a. No separate statistics for Baja California Norte until 1930; earlier years combined north and south territories.

SOURCE: CGP, 1900–80.

Table 501

MEXICO CATHOLIC POPULATION, 6 SC, 1900–80

(%)

State	1900	1910	1920	1930	1940	1950	1960	1970	1980
A. BAJA CALIF.	~	~	~	82.4	91.1	96.8	94.3	95.4	89.8
B. CHIHUAHUA	96.0	94.9	98.1	95.2	95.4	96.5	93.9	95.2	90.6
C. COAHUILA	98.8	97.6	98.1	96.5	96.3	97.5	95.5	96.3	91.9
D. NUEVO LEON	98.9	98.5	97.9	97.4	96.0	97.4	96.2	95.6	92.5
E. SONORA	98.4	96.4	95.3	97.0	97.7	98.4	96.8	96.6	92.7
F. TAMAULIPAS	98.6	98.6	93.3	94.0	93.4	96.7	94.8	95.1	89.7
Mexico Border	~	~	~	95.7	95.6	97.2	95.2	95.6	91.3
Mexico Total	99.4	99.2	97.1	97.7	96.6	98.2	96.5	96.2	92.6

SOURCE: Calculated from table 500, above.

Table 502

MEXICO POPULATION WITHOUT RELIGIOUS AFFILIATION,[1] 6 SC, 1900–80

(%)

State	1900	1910	1920	1930	1940	1950	1960	1970	1980
A. BAJA CALIF.	~	~	~	8.33	5.30	~	1.00	1.61	4.03
B. CHIHUAHUA	2.57	2.29	.27	1.60	1.73	~	.47	1.66	3.48
C. COAHUILA	~	.09	.12	1.09	1.49	~	.48	1.06	2.52
D. NUEVO LEON	.04	.02	.45	.61	1.94	~	.43	1.21	2.00
E. SONORA	.01	.01	2.16	1.26	1.47	~	.58	1.63	3.69
F. TAMAULIPAS	.01	.02	1.74	3.02	3.72	~	.71	1.62	3.28
Mexico Border	.66	.59	.82	1.63	2.14	~	.57	1.46	3.04
Mexico Total	.15	.13	1.46	1.06	2.26	~	.55	1.59	3.12

1. Persons claiming "no religion" on census.

SOURCE: Calculated from CGP, 1900–80.

Table 503

U.S. CATHOLIC POPULATION, 4 SC, 1960–80

	1960		1970		1980	
State	N	% of Total Population	N	% of Total Population	N	% of Total Population
G. ARIZONA	276,000	21.2	336,356	19.0	467,710	17.2
H. CALIFORNIA	3,277,400	20.9	4,053,881	20.3	4,844,744	20.5
I. NEW MEXICO	329,511	34.6	341,224	33.6	372,456	28.6
J. TEXAS	1,848,176	19.3	1,997,122	17.8	2,375,160	16.7
U.S. Border	5,731,087	20.8	6,728,583	19.2	8,060,070	19.2
U.S. Total	40,871,302	22.9	47,872,089	23.6	49,812,178	22.0

SOURCE: *The Official Catholic Directory*, 1960–80.

Table 504

U.S. JEWISH POPULATION,† 4 SC, 1960-80

		1960		1970		1980	
	State	N	% of Total Population	N	% of Total Population	N	% of Total Population
G.	ARIZONA	14,800	1.1	21,000	1.1	41,285	1.7
H.	CALIFORNIA	530,300	3.4	721,045	3.6	753,945	3.3
I.	NEW MEXICO	2,700	.3	2,700	.3	7,155	.6
J.	TEXAS	60,900	.6	67,505	.6	72,545	.5
	U.S. Border	608,700	2.2	812,250	2.4	874,930	2.1
	U.S. Total	5,531,500	3.1	6,059,730	2.9	5,920,890	2.7

SOURCE: *American Jewish Yearbook*, 1961-81.

Table 505

U.S. CHRISTIAN AND JEWISH POPULATION, 4 S, 1980, 1984

		Christian Church Adherents, 1980		Jewish Population, 1984	
	State	N (T)	%[1]	N (T)	%[1]
G.	ARIZONA	1,065	39.2	68	2.2
H.	CALIFORNIA	8,082	34.1	793	3.1
I.	NEW MEXICO	767	58.9	5	.4
J.	TEXAS	7,752	54.5	79	.5

1. Based on U.S. Bureau of the Census data for resident population enumerated as of April 1, 1980, and estimated as of July 1984.

SOURCE: SAUS, 1987.

Table 506

U.S. PRIESTS IN TEN LARGEST ARCHDIOCESES

(N)

Archdiocese	Total Catholics	Total Priests	Catholics per Priest
Los Angeles	2,753,952	1,280	2,151
Chicago	2,350,000	2,228	1,054
New York	1,839,204	2,201	835
Boston	1,807,312	2,176	830
Detroit	1,484,443	900	1,649
Newark	1,359,787	1,130	1,203
Philadelphia	1,351,177	1,407	960
Hartford	824,297	582	1,416
St. Paul/Minneapolis	620,558	511	1,214
Miami	596,650	365	1,635
All U.S. Archdioceses and Dioceses	53,496,862	53,522	999

SOURCE: *Los Angeles Times*, March 1, 1989.

Table 507

LOS ANGELES ARCHDIOCESE PRIESTS, 1940–88

(N)

Year	Total Catholics	Total Priests	Seminary Enrollment	Priests Ordained[1]
1940	327,952	652	245	5
1950	832,500	727	31	17
1960	1,297,584	1,161	969	19
1965	1,621,101	1,393	758	20
1970	1,707,605	1,414	989	18
1975	2,208,989	1,447	336	14
1980	2,089,682	1,265	426	24
1985	2,561,602	1,313	465	21
1986	2,650,000	1,401	469	9
1987	2,659,000	1,272	354	15
1988	2,753,952	1,280	283	22

1. Includes priests ordained for other dioceses.

SOURCE: *Los Angeles Times*, March 2, 1989.

Table 508
MEXICO VOTER PREFERENCES, 6 SC, 1961–82
(%)

Year	PRI[1] Pres.[2]	PRI Sen.	PRI Dip.	PAN Pres.	PAN Sen.	PAN Dip.	PPS Pres.	PPS Sen.	PPS Dip.	PARM Pres.	PARM Sen.	PARM Dip.
A. BAJA CALIFORNIA												
1961			67.0			26.3			.8			2.2
1964	78.6	75.1	71.2	21.4	24.9	25.4			1.6	~	~	1.8
1967			74.1			22.1			2.1			1.4
1970	72.1	63.2	64.5	25.3	26.2	26.7		1.0	1.1	.6	.6	.8
1973			63.8			~			13.6			5.0
1976	85.0	67.2	63.0		14.6	15.7	4.5		3.1	1.8	1.1	1.3
1979			55.5			18.4			4.9			1.0
1982	51.0	46.8	53.5	27.6	29.5	32.5	2.3	2.6	3.1	.7	1.0	1.0
B. CHIHUAHUA												
1961			81.9			17.7			.3			~
1964	78.6	77.3	76.7	20.7	22.7	22.3	.5		.8	.3	~	.2
1967			75.5			23.0			1.4			0
1970	79.7	80.0	84.2	18.9	19.9	11.3	.9	1.1	1.9	.3	~	n.d.
1973			71.0			15.4			3.6			.3
1976	83.1	80.5	72.2			8.0	4.5	6.9	4.0	1.6	~	2.8
1979			65.8			13.6			2.8			1.3
1982	60.3	58.5	62.8	25.6	27.6	30.7	1.2	1.5	1.8	.5	1.5	.4
C. COAHUILA												
1961			97.1			2.0			.7			n.d.
1964	83.9	93.4	91.8	6.6	6.5	7.0	.2	0	.8	.1	~	.3
1967			91.5			6.8			.9			.8
1970	82.7	92.2	90.6	8.8	7.4	8.3	.3	.3	.6	.1	~	.1
1973			84.2			6.8			2.3			.6
1976	85.1	97.4	90.7			3.1	1.7	1.9	.8	1.4	~	3.1
1979			63.0			18.6			.9			.6
1982	72.0	64.8	66.3	25.7	27.6	27.2			.8	.4	~	.8
D. NUEVO LEON												
1961			94.1			5.1			.8			n.d.
1964	83.9	83.2	83.3	15.8	16.8	16.1	.3		.7	.2	~	0
1967			79.9			.16.8			.8			2.3
1970	82.7	79.9	78.7	15.7	16.4	15.9	.4	.5	.6	.6	.4	3.0
1973			66.3			14.0			1.0			1.1
1976	85.1	79.0	71.8		16.7	17.8	1.3	.9	.8	1.3	~	6.2
1979			65.9			30.0			.4			.4
1982	72.0	69.7	72.3	24.3	25.0	24.4	.5	.5	.6	.5	.6	.7
E. SONORA												
1961			92.1			1.0			6.9			~
1964	92.2	91.2	88.8	1.5	1.3	1.7	6.2	6.6	9.2	0	~	.2
1967			74.8			20.5			4.2			.5
1970	92.6	92.6	92.2	6.5	6.7	6.8	1.1	.7	.9	.2	~	.2
1973			88.5			6.5			1.1			3.1
1976	96.6	94.4	91.9		2.3	2.3	2.3	2.4	3.2	1.0	~	1.2
1979			78.5			14.7			1.5			.9
1982	74.1	60.2	63.0	19.8	29.8	30.3			.8	.2	~	.4
F. TAMAULIPAS												
1961			96.8			1.4			.8			.9
1964	95.8	97.8	77.3	3.4		3.5	.6	1.0	1.3	.2	~	.5
1967			92.0			5.0			1.5			1.5
1970	90.9	91.4	90.0	8.4	7.8	8.0	.3	.3	.4	.3	~	1.2
1973			77.7			5.9			4.7			6.4
1976	90.0	90.4	82.5				1.4	4.7	1.7	4.6	~	12.0
1979			73.7			2.5			1.4			16.2
1982	74.9	72.7	75.2	9.8	6.1	6.6	.8	.7	1.1	7.3	10.4	13.2
Mexico Total												
1961			90.2			7.6			1.0			.5
1964	87.8	87.8	86.3	10.9	11.1	11.5	.7	.6	1.4	.5	.1	.7
1967			93.5			12.4			2.8			1.3
1970	83.3	80.8	79.8	13.8	13.3	13.6	.9	1.0	1.4	.5	0	.8
1973			69.7			14.7			3.6			1.8
1976	82.3	82.3	80.1		7.6	8.5	3.7	2.7	3.0	3.1	1.2	2.5
1979			69.7			10.8			2.6			1.8
1982	65.0	65.0	69.3	15.7	16.4	17.5	1.5	1.7	1.9	1.5	.7	1.4

1. PRI = Partido Revolucionario Institucional; PAN = Partido de Acción Nacional; PPS = Partido Popular Socialista; PARM = Partido Auténtico de la Revolución Mexicana.
2. Pres. = presidential election; Sen. = senatorial election; Dip. = diputado election.

SOURCE: Samuel Schmidt, "Votación de la Frontera México–Estados Unidos, 1961–1982," in Samuel Schmidt, James W. Wilkie, and Manuel Esparza, eds., *Estudios Cuantitativos sobre la Historia de México* (México, D.F.: UNAM, 1988).

Table 509
MEXICO VOTER PREFERENCES IN PRESIDENTIAL ELECTIONS, 1934–88

PART I. Presidential Election Results, 6 SC, 1934–82
(% Voting for PRI)

	State	1934	1940	1946	1952	1958	1964	1970	1976	1982
A.	BAJA CALIF.	97.18	93.92	63.26	61.74	60.67	81.39	74.35	92.42	56.35
B.	CHIHUAHUA	99.82	97.09	75.66	63.86	64.60	78.72	81.10	89.34	65.50
C.	COAHUILA	93.54	95.06	81.36	80.79	94.88	93.40	91.20	99.76	68.07
D.	NUEVO LEON	84.45	89.32	70.40	80.83	90.33	84.26	84.18	90.45	72.66
E.	SONORA	99.91	92.42	81.49	81.09	97.28	98.36	93.50	99.55	76.14
F.	TAMAULIPAS	97.15	88.09	72.41	69.53	94.78	96.51	91.62	96.08	77.64
	Mexico Total	98.19	93.89	77.91	74.32	90.56	88.62	85.80	93.60	71.00

SOURCE: James B. Pick et al., *Atlas of Mexico* (Boulder: Westview Press, 1989), p. 345.

PART II. Presidential Election Results, 1988
(%)

	State	MJC[1]	CSG	CCS	GMN	RIP	Total Votes Cast	Total Registered Voters	Votes Cast as % of Registered Voters
	Aguascalientes	28.42	50.21	18.67	2.41	.29	168,899	334,920	50.43
A.	BAJA CALIF.	24.39	36.66	37.19	.81	.95	413,953	817,466	50.64
	Baja Calif. Sur	19.00	54.02	25.87	.48	.63	85,643	150,348	56.96
	Campeche	12.37	70.88	16.30	.32	.14	116,107	229,954	50.49
	Chiapas	3.39	89.91	6.45	.14	.11	658,195	1,189,034	55.36
B.	CHIHUAHUA	38.19	54.58	6.77	.27	.20	521,995	1,295,067	40.31
C.	COAHUILA	15.34	54.27	29.95	.29	.14	328,239	866,211	37.89
	Colima	14.80	47.83	35.74	1.05	.58	97,316	218,028	44.63
	Distrito Federal	22.01	27.25	49.22	.79	.74	2,904,169	5,095,462	57.00
	Durango	16.99	63.63	18.82	.23	.33	356,446	682,290	52.24
	Guanajuato	29.93	44.03	22.01	3.80	.23	726,312	1,572,760	46.18
	Guerrero	2.44	60.53	35.80	.86	.37	510,797	1,200,804	42.54
	Hidalgo	5.84	64.72	28.26	.91	.28	421,893	812,252	51.94
	Jalisco	30.76	42.57	23.87	2.50	.30	1,194,247	2,514,777	47.49
	México	16.33	29.79	51.58	1.55	.75	2,331,479	4,190,232	55.64
	Michoacán	10.28	23.21	64.16	2.11	.24	614,899	1,530,443	40.18
	Morelos	7.44	33.74	57.65	.67	.51	278,208	583,597	47.67
	Nayarit	5.72	56.56	36.80	.71	.20	205,214	405,300	50.63
D.	NUEVO LEON	23.70	72.08	3.83	.21	.18	704,156	1,509,564	46.65
	Oaxaca	4.63	63.81	30.25	.47	.83	628,155	1,364,539	46.03
	Pueblas	9.87	71.55	17.69	.56	.33	1,091,658	1,695,380	64.39
	Querétaro	19.43	63.34	15.81	1.16	.27	238,058	409,408	58.15
	Quintana Roo	9.69	65.70	24.14	.32	.15	94,322	188,191	50.12
	San Luis Potosí	21.15	68.25	8.81	1.61	.18	380,418	868,279	43.81
	Sinaloa	32.07	50.81	16.75	.20	.16	623,904	1,113,969	56.01
E.	SONORA	20.85	68.59	9.98	.27	.31	410,386	899,250	45.64
	Tabasco	5.25	74.30	19.94	.42	.09	268,071	634,687	42.24
F.	TAMAULIPAS	9.91	59.33	30.15	.44	.18	470,309	1,120,265	41.98
	Tlaxcala	5.88	60.21	31.00	2.53	.39	184,000	331,907	55.44
	Veracruz	5.21	62.59	31.05	.88	.28	1,516,257	3,045,721	49.78
	Yucatán	31.19	67.08	1.61	.06	.06	307,657	602,041	51.10
	Zacatecas	10.77	66.17	22.31	.62	.14	293,650	602,780	48.72
	Mexico Total	17.07	50.36	31.12	1.04	.42	19,145,012	38,074,926	50.28

1. MJC = Manual J. Clouthier (Partido de Acción Nacional)
   CSG = Carlos Salinas de Gortari (Partido Revolucionario Institucional)
   CCS = Cuauhtémoc Cárdenas Solórzano (Frente Democrático Nacional)
   GMN = Gumersindo Magaña Negrete (Partido Demócrata Mexicano)
   RIP = Rosario Ibarra de la Piedra (Partido Revolucionario de los Trabajadores)

SOURCE: *El Cotidiano* 25 (September–October 1988), p. 16.

Table 510
MEXICO VOTER ABSTENTION, 6 SC, 1961–82
(%)

Year	Mexico Total	A. BAJA CALIF.	B. CHIHUAHUA	C. COAHUILA
1961	46.4	39.5	52.5	24.5
1964	38.9	37.7	42.6	28.6
1967	41.5	48.4	48.5	42.2
1970	41.4	51.3	44.3	48.7
1973	~	62.3	61.4	60.6
1976	54.6	46.2	58.3	44.4
1979	57.4	46.5	69.5	73.9
1982	43.2	31.7	57.6	62.3

Year	D. NUEVO LEON	E. SONORA	F. TAMAULIPAS
1961	57.7	63.0	46.5
1964	52.6	88.3	38.8
1967	51.4	71.3	51.2
1970	49.4	41.6	43.8
1973	57.5	67.3	48.9
1976	66.9	50.5	53.7
1979	66.5	75.3	69.4
1982	38.2	60.3	46.9

SOURCE: Samuel Schmidt, "Votación en la Frontera México–Estados Unidos, 1961–1982," in Samuel Schmidt, James W. Wilkie, and Manuel Esparza, eds., *Estudios Cuantitativos sobre la Historia de México* (México, D.F.: UNAM, 1988).

Table 511
MEXICO VOTER ABSTENTION, 6 SC, 1982, 1988

	State	Abstention (T) 1982	Abstention (T) 1988	Population Over 18 Years of Age (T) 1982	Population Over 18 Years of Age (T) 1988	Registered Voters (T) 1982	Registered Voters (T) 1988	Unregistered Voters (%) 1982	Unregistered Voters (%) 1988	Registered Voters Not Voting (%) 1982	Registered Voters Not Voting (%) 1988
	Aguascalientes	61.1	166.0	268.0	355.4	260.9	334.9	23.4	46.71	23.4	49.57
A.	BAJA CALIF.	152.4	403.5	660.0	962.0	685.9	817.5	22.1	41.94	22.2	49.36
	Baja Calif. Sur	25.7	64.7	119.9	168.3	116.4	150.3	22.1	38.44	22.1	43.05
	Campeche	44.1	113.8	220.0	317.5	168.3	229.9	26.2	35.84	26.2	49.50
	Chiapas	170.0	530.8	1,093.8	1,315.9	923.1	1,189.0	18.4	40.34	18.4	44.64
B.	CHIHUAHUA	363.6	773.1	1,029.6	1,311.0	963.9	1,295.1	37.7	58.97	37.7	59.69
C.	COAHUILA	346.6	538.0	804.1	1,044.7	681.6	866.2	50.9	51.50	50.9	62.11
	Colima	16.8	120.7	182.5	232.9	170.6	218.0	9.8	51.82	9.8	55.37
	Distrito Federal	962.6	2,191.3	5,570.1	6,208.8	4,780.0	5,095.5	20.1	35.29	20.1	43.00
	Durango	225.5	325.8	578.3	714.2	603.0	682.3	37.4	45.62	37.4	47.75
	Guanajuato	509.6	846.4	1,513.4	1,877.0	1,398.8	1,572.8	36.4	45.09	36.4	53.81
	Guerrero	467.0	690.0	1,099.4	1,311.2	984.3	1,200.8	47.4	52.62	47.4	57.46
	Hidalgo	171.5	390.3	754.6	954.8	748.9	812.2	22.9	40.88	22.9	48.05
	Jalisco	594.7	1,320.5	2,220.7	2,809.9	2,031.5	2,514.8	29.3	46.99	29.3	52.51
	México	388.1	1,858.7	3,984.6	6,409.9	3,102.1	4,190.2	12.5	29.00	12.5	44.36
	Michoacán	563.2	915.5	1,517.1	1,735.3	1,359.2	1,530.4	41.4	52.76	41.4	59.82
	Morelos	55.1	305.4	551.0	681.4	392.6	583.6	14.0	44.82	14.0	52.33
	Nayarit	127.3	200.1	362.9	456.9	332.5	405.3	38.3	43.80	38.3	49.37
D.	NUEVO LEON	275.0	805.4	1,331.0	1,754.6	1,155.7	1,509.6	23.8	45.90	23.8	53.35
	Oaxaca	364.6	736.8	1,320.8	1,414.7	1,131.5	1,364.5	32.2	52.08	32.2	54.00
	Pueblas	173.2	603.7	1,648.4	2,104.0	1,591.9	1,695.4	10.9	28.69	10.9	35.61
	Querétaro	84.2	171.3	356.0	483.8	347.1	409.4	24.2	35.41	24.2	41.84
	Quintana Roo	11.5	93.9	129.5	205.3	108.1	188.2	10.6	45.74	10.6	49.89
	San Luis Potosí	228.1	487.9	847.2	1,037.5	728.0	868.3	31.3	47.03	31.3	56.19
	Sinaloa	249.7	490.1	958.3	1,237.7	864.6	1,114.0	20.9	39.60	28.9	43.99
E.	SONORA	157.3	488.9	824.0	1,033.3	727.8	899.2	21.6	47.31	21.6	54.37
	Tabasco	107.3	366.6	535.1	668.9	446.4	634.7	24.0	54.81	24.0	57.76
F.	TAMAULIPAS	267.4	649.9	1,048.6	1,283.3	887.2	1,120.3	30.1	50.64	30.1	58.01
	Tlaxcala	24.6	147.9	283.8	331.2	261.0	331.9	9.4	44.66	9.4	44.56
	Veracruz	437.0	1,529.5	2,806.1	3,692.9	2,517.9	3,045.7	17.4	41.42	17.4	50.22
	Yucatán	176.6	294.4	573.8	7,447.7	511.3	602.0	34.5	3.95	34.5	48.90
	Zacatecas	132.1	309.1	723.4	645.6	544.3	602.8	24.3	47.88	24.3	51.28
	Mexico Total	7,933.4	18,930.0	35,715.5	52,207.6	31,526.4	38,074.9	22.2	36.26	25.2	49.72

SOURCE: *El Cotidiano* 25 (September–October 1988), p. 12.

Table 512

BAJA CALIFORNIA GUBERNATORIAL ELECTIONS, 1953–89

Year	Candidate	Party[1]	Votes
1953	Braulio Maldonado	PRI	60,006
	Francisco Cañedo	PAN	4,864
1959	Eligio Esquivel Méndez	PRI	89,558
	Salvador Rosas Magallón	PAN	46,570
1965	Raúl Sánchez Díaz	PRI	102,719
	Norberto Corella Gil	PAN	37,373
1971	Milton Castellanos Everardo	PRI	148,495
	Salvador Rosas Magallón	PAN	82,291
1977	Roberto de la Madrid Romandia	PRI	181,760
	Héctor Terán Terán	~	89,574
	Pánfilo Orozco	PPS	5,641
	Blas Manrique	PCM	2,169
1983	Xicotencatl Leyva	PRI-PST	268,929
	Héctor Terán Terán	~	121,818
	José Luis Alonso	PDM-PSUM	10,215
	Sergio Quiroz Miranda	PPS	5,510
	Roberto Mota Fabela	PRT	2,235
1989	Ernesto Ruffo Appel	PAN	204,507
	Margarita Ortega	PRI	163,245

1. PRI = Partido Revolucionario Institucional
   PAN = Partido de Acción Nacional
   PPS = Partido Popular Socialista
   PCM = Partido Comunista Mexicano
   PST = Partido Socialista de los Trabajadores
   PDM = Partido Demócrata Mexicano
   PSUM = Partido Socialista Unificado de México
   PRT = Partido Revolucionario de los Trabajadores

SOURCE: *Zeta*, July 14–21, 1989.

Life on the Border

Table 513
U.S. POPULAR VOTE IN CONGRESSIONAL AND PRESIDENTIAL ELECTIONS, 4 SC, 1976–88
(T)

State	1976 Total	1976 Dem.	1976 Rep.	1976 % for Leading Party	1980 Total	1980 Dem.	1980 Rep.	1980 % for Leading Party	1982 Total	1982 Dem.	1982 Rep.	1982 % for Leading Party
G. ARIZONA												
Representatives	729	356	340	(Dem.) 48.8	854	394	434	(Rep.) 50.8	711	300	395	(Rep.) 55.5
Senators	741	400	321	(Dem.) 54.0	874	423	432	(Rep.) 49.5	724	412	292	(Dem.) 56.9
President	743	296	419	(Rep.) 56.4	838	398	403	(Rep.) 48.1	**	**	**	**
H. CALIFORNIA												
Representatives	7,454	4,144	3,220	(Dem.) 55.6	8,180	3,666	4,179	(Rep.) 51.1	7,587	3,815	3,537	(Dem.) 50.3
Senators	7,472	3,503	3,749	(Rep.) 50.2	8,327	4,705	3,093	(Dem.) 56.5	7,806	3,495	4,023	(Rep.) 51.5
President	7,867	3,742	3,882	(Rep.) 49.3	8,587	3,084	4,525	(Rep.) 52.7	**	**	**	**
I. NEW MEXICO												
Representatives	401	185	215	(Rep.) 53.5	409	176	187	(Rep.) 54.9	395	203	192	(Dem.) 51.4
Senators	413	176	235	(Rep.) 56.8	~	~	~	~	405	218	187	(Dem.) 53.8
President	418	201	211	(Rep.) 50.5	457	168	251	(Rep.) 54.9	**	**	**	**
J. TEXAS												
Representatives	3,663	2,369	1,272	(Dem.) 64.7	4,069	2,405	1,609	(Dem.) 59.1	2,849	1,847	935	(Dem.) 64.8
Senators	3,875	2,200	1,636	(Dem.) 56.8	~	~	~	~	3,103	1,818	1,257	(Dem.) 58.6
President	4,072	2,082	1,953	(Dem.) 51.1	4,542	1,881	2,511	(Rep.) 55.3	**	**	**	**
U.S. Total												
Representatives	74,422	41,864	31,264	(Dem.) 56.3	77,995	39,338	37,370	(Dem.) 50.4	64,514	35,696	27,799	(Dem.) 55.3
Senators	~	~	~	~								
President	81,556	40,831	39,148	(Dem.) 50.1	86,515	35,484	43,904	(Rep.) 50.7	**	**	**	**

State	1984 Total	1984 Dem.	1984 Rep.	1984 % for Leading Party	1988 Total	1988 Dem.	1988 Rep.	1988 % for Leading Party
G. ARIZONA								
Representatives	943	320	603	(Rep.) 63.9	~	~	~	(Rep.) 65.0
Senators	~	~	~	~	~	650	471	(Dem.) 58.0
President	884	339	535	(Rep.) 60.5	1,138	446	692	(Rep.) 61.0
H. CALIFORNIA								
Representatives	8,958	4,327	4,424	(Rep.) 49.4	~	~	~	(Dem.) 56.9
Senators	~	~	~	~	~	4,056	4,831	(Rep.) 54.0
President	9,505	3,923	5,467	(Rep.) 57.5	9,196	4,443	4,753	(Rep.) 52.0
I. NEW MEXICO								
Representatives	500	201	294	(Rep.) 58.9	~	~	~	(Rep.) 60.0
Senators	503	141	361	(Rep.) 71.9	~	311	181	(Dem.) 63.0
President	514	202	307	(Rep.) 59.7	498	237	261	(Rep.) 52.0
J. TEXAS								
Representatives	4,680	2,695	1,982	(Dem.) 57.6	~	~	~	(Dem.) 62.9
Senators	5,319	2,203	3,116	(Rep.) 58.6	~	3,078	2,068	(Dem.) 60.0
President	5,398	1,949	3,433	(Rep.) 63.6	5,262	2,304	2,957	(Rep.) 56.0
U.S. Total								
Representatives	83,231	43,539	38,956	(Dem.) 52.3	~	~	~	~
Senators								
President	92,653	37,577	54,455	(Rep.) 58.8	88,480	40,817	47,663	(Rep.) 54.0

1. Dem. = Democratic Party; Rep. = Republican Party.

SOURCE: *Los Angeles Times*, November 10, 1988; SAUS.

Table 514

CALIFORNIA POPULAR VOTE IN VARIOUS POLITICAL CONTESTS, BY REGION,[1] 1982–88

(%)

Candidate/Party	Bay Area	Mountains	Coastal	Los Angeles County	Southland	Central Valley
1982 Senate Election						
Pete Wilson (Rep.)	44.1	58.3	54.7	46.6	60.0	53.8
Edmund G. Brown, Jr. (Dem.)	52.0	36.3	40.7	50.8	36.3	42.2
1986 Senate Election						
Alan Cranston (Dem.)	58.5	43.0	48.0	54.5	39.4	45.5
Edwin V. Zschau (Rep.)	39.4	53.5	49.2	43.0	57.1	51.4
1988 Senate Election						
Pete Wilson (Rep.)	42.3	56.5	51.8	48.4	63.8	53.9
Leo T. McCarthy (Dem.)	54.5	39.6	44.5	48.7	33.2	42.5
1984 Presidential Election						
Ronald Reagan (Rep.)	47.1	61.3	58.7	54.5	68.5	58.1
Walter F. Mondale (Dem)	51.6	37.0	40.0	44.4	30.4	40.8
1988 Presidential Election						
George Bush (Rep.)	39.8	56.1	50.4	46.7	62.6	52.9
Michael S. Dukakis (Dem.)	58.7	42.3	48.2	52.1	36.2	45.9

1. Bay Area: Alameda, Contra Costa, Marin, San Francisco, San Mateo, Santa Clara counties.
   Mountains: Alpine, Amador, Butte, Calaveras, Colusa, El Dorado, Glenn, Inyo, Lake, Lassen, Mariposa, Modoc, Mono, Nevada, Placer, Plumas, Shasta, Sierra, Siskiyou, Sutter, Tehama, Trinity, Tuolomne, Yolo, Yuba counties.
   Coastal: Humboldt, Mendicino, Monterey, Napa, Del Norte, San Luis Obisbo, Santa Barbara, Santa Cruz, Sonoma, Ventura counties.
   Southland: Imperial, Orange, Riverside, San Bernardino, San Diego counties.
   Central Valley: Fresno, Kern, Kings, Madera, Merced, Sacramento, San Benito, San Joaquin, Solano, Stanislaus, Tulare counties.

SOURCE: *Los Angeles Times*, November 20, 1988, p. 27.

6

Transportation and Communications

MEXICAN-MADE FILMS AS PERCENTAGE OF ALL FILMS SHOWN IN MEXICO AND MEXICAN BORDER STATES, 1970–83

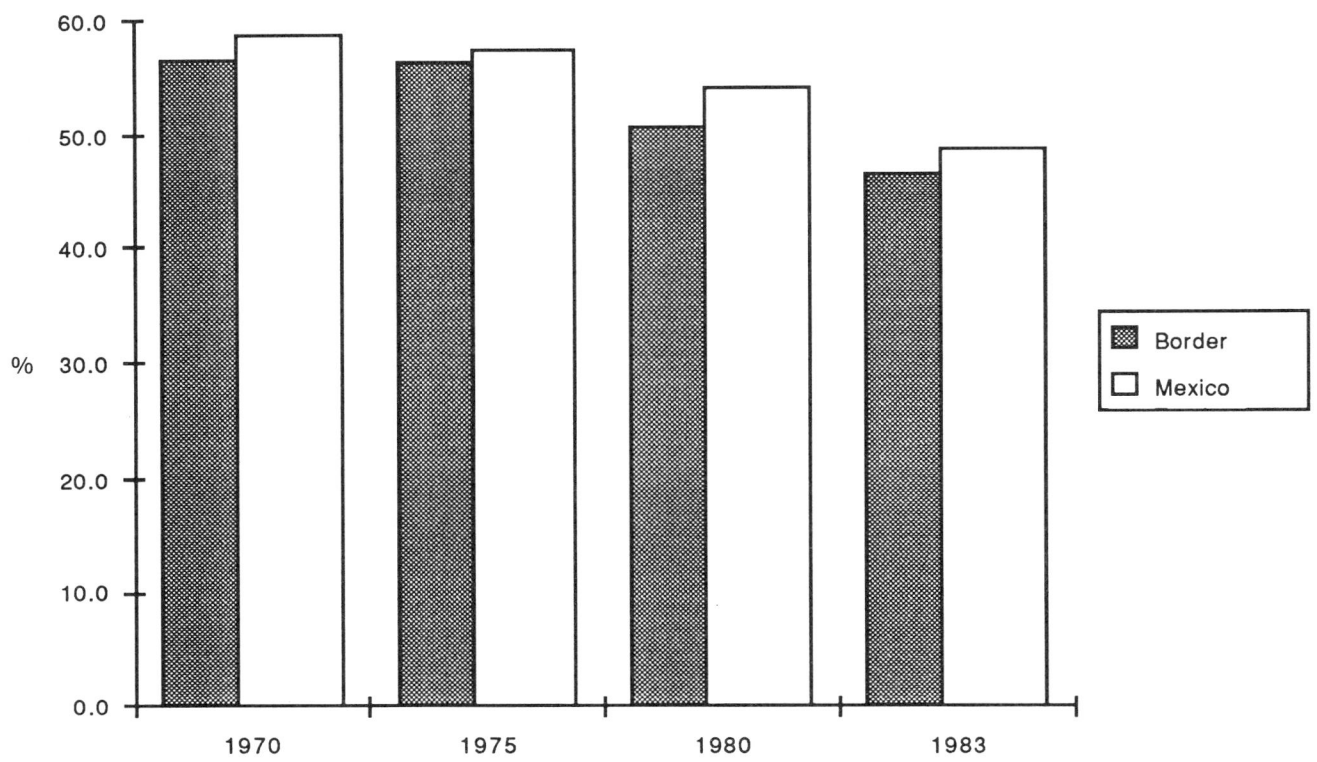

SOURCE: Table 612.

Table 600
LENGTH OF ROADS[1], 10 SC 1940-85
PART I. T km

	State	1940	1960	1965	1970	1971	1972	1973	1974	1975	1976
A.	BAJA CALIF.	.3	1.2	1.3	1.5	1.5	1.9	2.4	2.7	2.8	3.0
B.	CHIHUAHUA	.7	1.9	2.4	3.0	3.3	6.0	8.0	8.4	8.9	8.9
C.	COAHUILA	.8	2.5	2.6	2.9	3.0	6.2	7.5	8.2	8.5	9.1
D.	NUEVO LEON	.8	1.8	2.3	2.5	2.6	3.8	4.3	4.6	4.9	5.4
E.	SONORA	.8	2.7	3.0	3.6	4.6	8.1	8.5	9.5	9.8	10.5
F.	TAMAULIPAS	.9	2.0	2.3	2.6	3.0	7.5	8.1	8.4	9.1	9.8
	Mexico Border	4.3	12.1	13.9	16.1	18.0	33.5	38.8	41.8	44.0	46.7
	Mexico Total	13.7	45.1	58.3	71.8	77.5	122.6	154.5	175.4	186.2	193.3

	State	1977	1978	1979	1980	1981	1982	1983	1984	1985
A.	BAJA CALIF.	3.3	3.4	3.4	3.5	3.5	3.5	~	~	~
B.	CHIHUAHUA	9.2	9.5	9.6	9.7	9.5	9.6	~	~	~
C.	COAHUILA	9.3	9.6	9.6	9.7	9.7	9.8	~	~	~
D.	NUEVO LEON	4.7	5.9	5.9	5.9	6.0	6.0	~	~	~
E.	SONORA	10.8	11.1	11.5	11.6	11.6	11.6	~	~	~
F.	TAMAULIPAS	10.0	10.3	10.5	10.6	10.6	10.6	~	~	~
	Mexico Border	47.3	49.8	50.5	51.0	51.0	51.1	~	~	~
	Mexico Total	199.1	207.7	211.2	212.6	213.2	213.7	~	~	~

PART II. T Miles

	State	1940	1960	1965	1970	1971	1972	1973	1974	1975	1976
G.	ARIZONA	~	37.1	39.1	42.7	47.0	49.3	51.4	52.1	51.6	55.8
H.	CALIFORNIA	~	147.3	164.2	164.1	166.0	166.5	169.6	169.6	171.1	172.8
I.	NEW MEXICO	~	65.5	66.4	67.3	68.4	68.1	70.3	70.2	70.6	70.9
J.	TEXAS	~	230.8	240.5	245.5	248.3	250.5	251.5	253.8	255.9	257.7
	U.S. Border	~	480.7	510.2	519.6	529.7	534.4	542.8	545.7	549.2	557.2
	U.S. Total	~	3,545.6	3,689.7	3,730.1	3,758.9	3,786.7	3,806.9	3,815.8	3,838.1	3,857.4

	State	1977	1978	1979	1980	1981	1982	1983	1984	1985
G.	ARIZONA	55.0	57.5	60.7	75.2	78.3	76.3	76.3	76.1	76.9
H.	CALIFORNIA	175.2	176.3	177.8	178.7	176.7	173.9	174.0	173.0	174.1
I.	NEW MEXICO	70.6	72.0	72.0	54.2	53.7	53.8	54.1	54.1	53.6
J.	TEXAS	258.4	262.1	264.9	267.5	268.3	272.4	275.8	278.8	282.3
	U.S. Border	559.2	567.9	575.4	598.8	329.0	503.1	506.9	582.0	586.9
	U.S. Total	3,867.4	3,885.5	3,917.8	3,856.9	3,852.7	3,866.3	3,879.6	3,891.8	3,861.9

1. U.S. data exclude federal highways. Mexico data include only paved roads.

SOURCE: Mexico: AE, 1960-81, various tables.
United States: U.S. Bureau of Public Roads, *Highway Statistics*, 1961-70; U.S. Federal Highway Administration, *Highway Statistics*, 1971-85.

Table 601
MEXICO MOTOR VEHICLES REGISTERED, 6 SC, 1925–83
(T)

State and Category	1925	1930	1940	1945	1950	1955	1960	1965	1970	1971	1972
A. BAJA CALIF.											
Autos, Buses, Trucks	1.3	2.6	8.5	10.8	20.9	43.2	39.1	63.6	70.3	84.0	85.8
Motorcycles	#	#	#	#	#	#	.3	3.8	1.4	1.8	1.9
B. CHIHUAHUA											
Autos, Buses, Trucks	3.4	4.8	8.4	12.3	16.7	37.7	29.4	30.6	25.7	36.4	34.8
Motorcycles	#	#	#	#	#	.1	.3	1.6	3.9	5.3	5.6
C. COAHUILA											
Autos, Buses, Trucks	3.1	3.9	7.7	8.9	13.4	22.8	16.9	20.1	31.6	34.6	38.4
Motorcycles	#	#	#	#	#	#	.5	1.3	3.9	7.1	5.1
D. NUEVO LEON											
Autos, Buses, Trucks	2.2	5.5	6.2	10.3	21.3	34.5	27.2	45.7	63.9	71.1	81.7
Motorcycles	#	#	#	#	.4	.5	.7	2.7	7.2	8.2	6.1
E. SONORA											
Autos, Buses, Trucks	2.2	4.5	6.3	7.3	12.8	27.2	19.0	32.4	38.3	33.5	43.4
Motorcycles	#	#	#	#	#	#	.2	1.9	6.9	4.1	3.7
F. TAMAULIPAS											
Autos, Buses, Trucks	3.3	4.9	7.3	8.6	13.7	28.5	15.5	19.4	24.2	25.2	37.7
Motorcycles	#	#	#	#	#	.1	.1	.8	1.6	3.2	2.2
Mexico Border											
Autos, Buses, Trucks	15.0	19.3	46.0	57.1	103.3	200.5	147.1	211.8	254.0	284.8	321.8
Motorcycles	#	#	.4	.1	.7	1.0	2.1	12.1	24.9	29.7	24.6
Mexico Total											
Autos, Buses, Trucks	~	~	148.7	185.5	202.8	550.6	48.31	771.1	1,233.8	1,342.2	1,520.1
Motorcycles	.8	.7	3.7	3.4	5.4	10.5	24.4	54.2	136.9	159.9	168.3

State and Category	1973	1974	1975	1976	1977	1978	1979	1980	1981	1982	1983
A. BAJA CALIF.											
Autos, Buses, Trucks	144.1	156.3	188.0	194.1	220.7	322.6	359.0	380.7	404.1	467.6	476.9
Motorcycles	1.5	2.0	2.1	2.2	3.0	3.5	2.6	2.7	3.0	2.2	2.3
B. CHIHUAHUA											
Autos, Buses, Trucks	123.0	132.2	173.3	193.6	186.8	202.8	139.2	141.0	328.9	394.5	405.1
Motorcycles	6.4	7.5	11.3	12.4	12.7	13.7	15.3	15.1	17.0	17.9	15.3
C. COAHUILA											
Autos, Buses, Trucks	68.0	80.7	105.6	108.1	111.3	120.4	231.4	256.7	166.3	208.1	234.8
Motorcycles	6.2	8.9	9.4	7.1	6.2	6.0	8.9	4.7	5.3	7.9	8.9
D. NUEVO LEON											
Autos, Buses, Trucks	118.6	138.8	163.0	177.2	188.1	197.2	227.3	261.9	306.6	287.5	300.3
Motorcycles	8.3	8.9	9.5	7.2	8.5	8.5	12.9	13.9	17.4	5.9	6.8
E. SONORA											
Autos, Buses, Trucks	90.3	84.9	102.1	112.2	144.5	165.6	174.9	176.2	167.5	178.9	190.8
Motorcycles	4.8	6.2	5.7	5.5	8.1	8.3	8.7	8.8	7.7	8.1	8.7
F. TAMAULIPAS											
Autos, Buses, Trucks	112.7	129.1	142.5	147.7	156.9	193.9	213.6	230.0	252.1	297.6	310.9
Motorcycles	2.5	2.8	3.1	3.2	3.9	3.9	4.5	4.9	6.1	6.4	6.7
Mexico Border											
Autos, Buses, Trucks	656.7	722.0	874.5	932.9	1,008.3	1,202.5	1,345.4	1,446.5	1,625.5	1,834.2	1,918.8
Motorcycles	29.7	36.3	41.1	37.6	42.4	43.9	52.9	50.1	56.5	54.8	48.7
Mexico Total											
Autos, Buses, Trucks	2,398.8	2,823.2	3,339.6	3,621.1	3,947.9	4,712.2	5,222.4	5,827.8	4,746.5	4,773.6	4,870.1
Motorcycles	185.8	216.8	246.5	222.5	283.2	309.4	342.0	341.9	382.2	291.6	2,885.3

SOURCE: AE, various years.

Table 602
U.S. MOTOR VEHICLES REGISTERED, 4 S, 1900–85

6, Transportation and Communications   121

Year	G. ARIZONA Automobiles	Buses	Trucks	Total	Motor-cycles	H. CALIFORNIA Automobiles	Buses	Trucks	Total	I. NEW MEXICO Automobiles	Buses	Trucks	Total	J. TEXAS Automobiles	Buses	Trucks	Total	Motor-cycles
1900	20	–	–	20	–	780	–	–	780	10	–	–	10	180	–	–	180	–
1901	30	–	–	30	–	1,450	–	–	1,450	10	–	–	10	230	–	–	230	–
1902	50	–	–	50	–	2,290	–	–	2,290	20	–	–	20	360	–	–	360	–
1903	60	–	–	60	–	2,770	–	–	2,770	30	–	–	30	440	–	–	440	–
1904	130	–	–	130	–	5,310	–	70	5,380	60	–	–	60	830	–	10	840	–
1905	160	–	–	160	–	7,890	–	130	8,020	80	–	–	80	1,230	–	20	1,250	–
1906	220	–	–	220	–	11,100	–	230	11,330	120	–	–	120	1,710	–	30	1,740	–
1907	260	–	–	260	–	13,770	–	280	14,050	140	–	–	140	2,080	–	40	2,120	–
1908	380	–	–	380	–	19,190	–	370	19,560	220	–	–	220	3,090	–	60	3,150	–
1909	580	–	10	590	–	28,040	–	590	28,630	320	–	–	320	4,790	–	90	4,880	–
1910	820	–	20	840	–	43,210	–	910	44,120	460	–	10	470	7,040	–	140	7,180	–
1911	1,110	–	40	1,150	–	58,890	–	1,890	60,780	620	–	20	640	9,400	–	430	9,830	–
1912	1,720	–	100	1,820	–	88,990	–	2,200	91,190	870	–	60	930	20,710	–	700	21,410	–
1913	3,450	–	130	3,580	–	117,220	–	2,500	119,720	1,560	–	70	1,630	26,360	–	900	27,260	–
1914	4,840	–	200	5,040	743	120,504	–	3,000	123,504	4,377	–	180	4,557	39,000	–	1,000	40,000	–
1915	7,318	–	435	7,753	772	156,795	–	7,000	163,795	6,706	–	350	7,056	39,000	–	1,000	40,000	5,000
1916	11,600	–	700	12,300	1,200	219,440	–	13,000	232,440	11,787	–	600	12,387	122,000	–	3,000	125,000	3,468
1917	18,340	–	1,550	19,890	868	289,800	–	25,000	314,800	15,250	–	1,000	16,250	187,961	–	5,000	192,961	2,496
1918	21,498	–	2,407	23,905	685	365,462	–	43,000	408,462	16,130	–	1,450	17,580	241,118	–	10,000	251,118	3,889
1919	25,199	–	3,780	28,979	596	414,097	–	65,000	479,097	15,634	–	2,450	18,084	315,110	–	16,200	331,310	3,889
1920	30,301	–	4,300	34,601	542	490,323	–	93,300	583,623	14,670	–	3,050	17,720	405,993	–	21,700	427,693	4,290
1921	31,069	–	4,542	35,611	440	592,937	–	110,600	703,537	18,959	–	3,600	22,559	440,690	–	27,200	467,890	3,905
1922	32,134	–	5,900	38,034	424	748,787	–	141,800	890,587	17,900	–	4,500	22,400	489,938	–	36,300	526,238	3,401
1923	43,146	–	6,565	49,711	392	944,783	–	155,500	1,100,283	26,732	–	5,300	32,032	640,433	–	47,800	688,233	3,346
1924	50,233	–	7,595	57,828	372	1,145,256	–	180,000	1,325,256	35,380	–	6,300	41,680	739,439	–	62,875	802,314	2,634
1925	59,864	278	8,876	69,018	359	1,236,880	–	222,191	1,459,071	42,450	89	7,213	49,752	892,167	794	94,371	987,332	2,779
1926	65,304	202	9,172	74,678	337	1,396,108	–	225,313	1,621,421	47,809	80	7,880	55,769	946,476	920	111,125	1,058,521	2,679
1927	72,051	479	9,736	82,266	271	1,491,301	–	224,330	1,715,631	51,323	83	8,799	60,205	997,984	973	121,641	1,120,598	3,081
1928	85,941	541	9,356	95,838	281	1,598,520	–	229,172	1,827,692	56,887	95	9,820	66,802	1,061,420	1,176	161,290	1,223,886	3,481
1929	98,661	175	11,901	100,737	439	1,764,218	–	227,384	1,991,602	67,253	72	12,221	79,546	1,166,765	1,264	191,170	1,359,199	4,016
1930	98,808	198	13,371	112,377	437	1,814,723	–	244,967	2,059,690	70,907	200	14,333	85,440	1,160,378	1,638	215,547	1,377,563	4,045
1931	93,313	165	14,063	107,541	432	1,815,658	–	260,980	2,076,638	65,791	357	16,573	82,721	1,087,787	1,362	220,329	1,309,478	3,727
1932	80,577	272	16,429	97,278	323	1,747,118	–	264,189	2,011,307	62,517	139	15,943	78,599	1,008,163	795	201,971	1,210,929	3,508
1933	75,422	198	16,744	92,364	316	1,755,459	–	239,938	1,995,397	61,911	288	16,415	78,614	1,015,491	671	200,373	1,216,535	3,587
1934	80,317	200	19,245	99,762	387	1,772,059	–	259,587	2,031,646	67,498	182	17,439	85,119	1,088,284	768	239,331	1,328,383	3,861
1935	85,740	250	20,930	106,920	398	1,900,745	–	276,711	2,177,456	74,752	375	19,724	94,851	1,127,155	754	270,135	1,398,044	3,788
1936	95,314	379	23,183	118,876	391	2,063,580	–	291,853	2,355,433	86,436	479	24,589	111,504	1,194,198	834	299,943	1,494,975	3,970
1937	106,664	773	25,898	133,335	457	2,192,749	8	320,664	2,513,421	91,305	520	29,060	120,885	1,239,294	4,247	326,125	1,569,666	4,189
1938	106,283	721	26,207	133,211	479	2,218,662	5	322,847	2,541,514	90,177	479	28,915	119,571	1,233,855	4,867	328,850	1,567,572	4,433
1939	107,990	686	27,349	136,025	461	2,304,477	24	335,283	2,639,784	92,546	488	30,477	123,511	1,284,934	5,373	348,865	1,639,172	4,969
1940	114,216	711	28,445	143,372	586	2,460,236	58	347,436	2,807,730	95,704	1,274	31,156	128,134	1,346,657	5,770	363,489	1,715,916	5,505
1941	118,617	694	30,129	149,440	574	2,620,978	4,332	371,465	2,996,775	97,923	1,314	33,676	132,913	1,445,003	6,298	382,061	1,833,362	5,069
1942	114, 1	777	25,898	145,763	716	2,583,340	4,890	355,034	2,943,264	86,803	1,322	31,413	119,538	1,320,882	6,379	309,802	1,637,063	6,674
1943	110,246	815	30,291	141,352	769	2,431,216	5,456	350,605	2,787,277	80,856	1,334	29,055	111,245	1,275,068	6,145	298,013	1,579,226	6,726
1944	110,845	788	30,204	141,837	885	2,451,569	6,033	360,938	2,818,540	82,852	1,484	29,531	113,867	1,269,654	6,275	297,573	1,573,502	7,495

Life on the Border

Table 602 (Continued)
U.S. MOTOR VEHICLES REGISTERED, 4 S, 1900–85

Year	G. ARIZONA					H. CALIFORNIA				I. NEW MEXICO				J. TEXAS				
	Auto-mobiles	Buses	Trucks	Total	Motor-cycles	Auto-mobiles	Buses	Trucks	Total	Auto-mobiles	Buses	Trucks	Total	Auto-mobiles	Buses	Trucks	Total	Motor-cycles
1945	114,537	889	32,405	147,831	1,209	2,500,939	6,617	386,003	2,893,559	87,813	1,532	31,498	120,843	1,278,374	7,258	318,918	1,604,550	10,786
1946	125,349	962	37,843	164,154	1,592	2,675,515	7,127	458,500	3,141,142	97,784	1,880	36,618	136,282	1,428,734	8,050	382,265	1,819,049	17,390
1947	144,496	1,227	45,196	190,919	2,763	3,008,353	8,229	510,546	3,527,128	113,968	1,619	42,801	158,388	1,592,484	8,742	451,153	2,052,379	24,411
1948	163,281	1,305	52,115	216,702	3,600	3,211,135	7,618	580,060	3,798,813	127,612	1,855	48,791	178,258	1,780,848	11,829	508,961	2,301,638	29,791
1949	182,660	1,343	56,356	240,359	3,614	3,544,515	7,761	608,833	4,161,109	147,671	1,706	55,336	204,713	1,997,996	12,663	557,832	2,568,491	29,420
1950	206,737	1,343	62,719	270,799	3,673	3,955,351	12,650	652,077	4,620,078	173,265	1,789	62,687	237,741	2,319,560	15,341	633,242	2,968,143	27,690
1951	223,458	1,432	68,943	293,833	3,411	4,221,828	11,872	692,843	4,926,543	187,658	1,797	69,383	258,838	2,460,013	14,358	682,638	3,157,009	27,384
1952	251,764	1,598	76,692	330,054	3,546	4,417,124	12,615	724,587	5,154,326	197,891	2,016	71,941	271,848	2,454,808	15,262	685,267	3,155,337	29,228
1953	274,228	1,665	83,306	359,199	3,486	4,713,917	12,410	778,086	5,504,413	220,270	2,067	80,759	303,096	2,626,759	15,635	717,052	3,359,446	28,844
1954	290,853	1,487	87,364	379,704	3,616	4,879,210	12,374	807,258	5,698,842	227,036	2,062	80,419	309,517	2,746,780	16,287	743,532	3,506,599	28,173
1955	322,487	1,598	90,553	414,638	3,692	5,299,589	12,097	877,336	6,189,022	251,587	2,086	86,533	340,206	3,052,093	16,336	800,553	3,868,982	29,572
1956	351,885	1,543	97,600	451,028	3,884	5,585,783	11,662	937,447	6,534,892	260,237	1,610	89,251	351,098	3,123,425	12,451	802,526	3,938,402	31,885
1957	383,017	1,711	104,700	489,428	5,101	5,808,837	12,591	1,006,047	6,827,475	279,631	1,694	96,422	377,747	3,259,896	12,729	822,837	4,095,462	36,228
1958	408,572	1,964	111,414	521,950	7,237	5,947,555	12,669	1,052,939	7,013,163	289,297	1,731	100,717	391,745	3,276,993	12,814	842,983	4,142,790	41,008
1959	453,235	1,476	123,723	578,434	8,269	6,285,565	12,795	1,119,777	7,418,137	301,484	2,091	105,015	408,590	3,444,436	12,311	893,826	4,350,573	47,130
1960	488,988	1,559	133,010	623,557	8,573	6,656,506	12,953	1,129,592	7,799,051	313,915	1,715	110,121	425,751	3,534,351	12,719	909,592	4,456,662	47,040
1961	519,665	1,628	142,488	663,781	9,839	6,892,129	13,145	1,187,383	8,092,657	326,829	1,835	114,578	443,242	3,610,605	13,414	938,416	4,562,435	46,314
1962	556,749	1,752	152,544	711,045	11,645	7,260,738	13,417	1,258,416	9,532,571	342,767	1,855	116,491	461,113	3,837,279	13,291	999,945	4,850,515	46,903
1963	584,786	1,747	161,900	748,433	12,964	7,749,124	14,349	1,340,999	9,104,462	358,563	1,820	122,665	483,048	4,014,182	12,913	1,052,389	5,079,484	47,883
1964	615,160	1,943	174,823	791,926	13,289	8,081,781	14,628	1,442,772	9,539,181	376,995	1,950	128,537	507,482	4,195,574	13,366	1,115,486	5,324,426	50,462
1965	640,378	1,910	183,108	825,396	14,419	8,417,388	14,725	1,556,608	9,988,721	391,693	2,666	130,751	525,110	4,411,408	13,586	1,184,871	5,609,865	60,381
1966	667,803	1,885	193,262	862,950	17,319	8,693,903	14,789	1,638,920	10,347,012	407,700	2,716	138,790	549,206	4,467,722	13,727	1,229,814	5,711,263	74,790
1967	685,545	2,012	202,058	889,675	20,464	9,088,947	19,838	1,740,729	10,845,514	422,510	2,665	146,064	571,239	4,585,374	14,522	1,283,686	5,893,582	88,409
1968	723,840	2,093	217,665	943,598	25,460	9,314,496	20,257	1,788,714	11,123,467	434,657	2,556	152,276	589,489	4,792,373	14,679	1,372,631	6,179,683	93,795
1969	782,386	2,087	239,820	1,024,293	27,699	9,686,302	20,734	1,894,444	11,601,480	440,912	2,641	167,180	610,733	5,016,840	14,286	1,475,259	6,506,385	110,416
1970	828,766	2,122	262,424	1,093,312	34,335	9,883,790	20,772	1,996,334	11,900,896	455,730	2,738	178,903	637,371	5,127,921	21,255	1,544,104	6,693,280	144,624
1971	892,793	2,382	289,797	1,184,972	42,886	10,234,172	21,192	2,111,817	12,367,181	465,557	2,907	192,665	661,129	5,335,492	23,919	1,624,858	6,984,269	186,183
1972	971,681	2,368	327,821	1,301,870	49,177	10,560,142	21,456	2,270,630	12,852,228	484,042	3,074	207,998	695,114	5,553,182	24,878	1,737,651	7,315,711	218,195
1973	1,048,527	2,472	368,453	1,419,452	56,700	10,910,604	23,018	2,479,152	13,412,774	503,080	3,806	218,751	725,637	5,880,897	25,443	1,909,305	7,815,645	242,966
1974	1,081,551	2,789	389,595	1,473,935	65,018	11,162,119	23,469	2,498,811	13,684,399	532,493	3,556	227,403	763,452	6,007,106	26,445	2,019,718	8,053,269	279,475
1975	1,064,348	3,119	392,025	1,459,492	67,843	11,226,325	20,948	2,643,397	13,890,670	554,578	3,603	268,387	826,568	6,217,464	29,350	2,149,675	8,396,489	273,863
1976	1,070,842	3,153	405,361	1,479,356	60,278	11,478,776	22,323	2,814,744	14,315,843	592,640	3,742	287,264	883,646	6,586,572	31,612	2,351,570	8,969,754	270,089
1977	1,118,651	3,292	432,251	1,554,194	65,143	11,694,053	22,414	3,241,523	14,957,990	593,400	3,660	310,008	907,068	6,970,581	33,135	2,485,395	9,489,111	285,735
1978	1,191,340	3,408	470,220	1,664,968	69,171	12,085,836	22,973	3,468,092	15,576,901	641,219	3,688	344,018	988,925	7,349,070	31,590	2,770,884	10,151,544	218,966
1979	1,259,643	3,691	505,276	1,768,610	76,637	12,466,173	23,466	3,771,658	16,261,297	665,997	3,797	361,059	1,030,853	7,210,280	32,484	2,758,182	10,000,946	291,510
1980	1,372,742	3,879	540,132	1,916,753	89,129	13,268,006	24,277	3,580,834	16,873,117	686,626	3,714	377,395	1,067,735	7,484,817	31,531	2,958,468	10,474,816	316,318
1981	1,507,320	4,127	590,376	2,101,823	98,011	13,208,593	24,452	3,557,517	16,790,562	684,667	3,635	359,634	1,047,936	7,860,366	35,355	3,227,429	11,123,150	338,141
1982	1,582,896	4,540	628,113	2,215,549	102,639	13,420,945	34,111	3,675,347	17,130,403	779,944	3,483	409,734	1,193,161	7,992,738	38,549	3,332,897	11,364,184	337,756
1983	1,634,258	4,509	650,709	2,289,476	89,429	13,935,390	33,443	3,797,926	17,766,759	798,398	3,775	434,369	1,236,542	8,159,008	51,214	3,482,625	11,692,847	326,293
1984	1,504,204	4,044	602,631	2,110,879	82,511	14,095,912	33,804	3,835,287	17,965,003	771,476	3,829	444,339	1,219,644	8,417,227	51,822	3,702,644	12,171,693	312,393
1985	1,582,722	4,047	648,252	2,235,021	82,706	14,723,189	34,435	4,141,597	18,899,221	746,068	3,774	425,859	1,175,701	8,562,581	53,726	3,827,880	12,444,187	281,027

SOURCE: Highway Statistics Summary to 1985.

Table 603
MEXICO BUS COMPANIES, BUSES, AND BUS PASSENGERS, 6 SC, 1940–75
(N)

State	1940	1945	1950	1955	1960	1965	1970	1975
A. BAJA CALIF.								
Bus Companies	4	12	16	5	12	12	17	19
Buses	45	47	127	162	490	471	600	872
Bus Passengers	333,371	1,248,226	12,415,110	18,816,050	26,278,000	34,673,000	51,434,000	20,062,000
B. CHIHUAHUA								
Bus Companies	9	32	68	63	48	102	90	92
Buses	205	182	390	544	471	752	1,104	1,215
Bus Passengers	3,437,777	5,143,632	40,123,140	43,415,408	36,198,000	64,459,000	86,126,000	87,057,000
C. COAHUILA								
Bus Companies	36	69	121	102	108	~	106	107
Buses	155	370	530	622	534	~	718	756
Bus Passengers	12,690,119	21,491,324	16,768,125	18,614,602	33,526,000	~	78,993,000	78,985,000
D. NUEVO LEON								
Bus Companies	50	45	90	67	67	~	112	112
Buses	415	445	748	780	1,003	~	1,579	~
Bus Passengers	2,247,815	5,449,576	27,245,182	63,486,723	101,289,000	~	240,878,000	241,245,000
E. SONORA								
Bus Companies	5	43	99	71	57	106	88	86
Buses	82	111	282	316	357	537	453	425
Bus Passengers	743,446	2,913,915	25,504,050	26,038,141	30,977,000	30,977,000	36,440,000	27,675,000
F. TAMAULIPAS								
Bus Companies	16	60	57	42	43	70	55	55
Buses	162	200	387	437	518	734	490	492
Bus Passengers	12,900,722	26,385,342	35,174,080	36,719,056	62,712,000	85,024,000	71,252,000	70,187,000

SOURCE: *Censo de Transportes*, 1940, 1945, 1950, 1955, 1960, 1965, 1970; *Censo de Comunicaciones y Transportes*, 1976.

Table 604
MEXICO TRUCK COMPANIES, TRUCKS, AND FREIGHT, 6 S, 1940–75

State	1940	1945	1950	1955	1960	1965	1970	1975
A. BAJA CALIF.								
Truck Companies (N)	~	177	109	69	61	85	82	34
Trucks (N)	~	296	353	396	331	349	327	549
Freight (MET)	~	220,572	845,900	921,000	771,000	484,000	4,043,000	1,889,000
B. CHIHUAHUA								
Truck Companies (N)	7	154	143	120	17	61	222	154
Trucks (N)	18	504	577	604	59	578	814	1,121
Freight (MET)	35,400	1,014,244	2,652,990	3,212,450	154,000	955,000	2,163,000	1,072,000
C. COAHUILA								
Truck Companies (N)	29	222	269	440	411	584	570	311
Trucks (N)	177	258	528	564	651	893	939	1,018
Freight (MET)	191,016	613,429	1,231,680	1,246,439	962,000	1,194,000	2,148,000	3,082,000
D. NUEVO LEON								
Truck Companies (N)	21	114	183	167	159	322	465	280
Trucks (N)	204	423	438	487	851	1,157	1,739	2,387
Freight (MET)	117,374	894,527	2,131,960	2,244,137	1,458,000	26,488,000	5,525,000	4,830,000
E. SONORA								
Truck Companies (N)	5	43	99	71	149	510	385	303
Trucks (N)	82	111	282	316	387	825	833	878
Freight (MET)	70,996	781,653	2,028,480	2,289,155	6,290,000	1,530,000	2,212,000	2,248,000
F. TAMAULIPAS								
Truck Companies (N)	5	68	90	56	120	134	204	146
Trucks (N)	22	114	193	142	320	380	691	832
Freight (MET)	71,826	261,695	651,120	677,400	677,900	770,000	2,231,000	2,655,000

SOURCE: *Censo de Transportes*, 1940, 1945, 1950, 1955, 1960, 1965, 1970; *Censo de Comunicaciones y Transportes*, 1976.

Table 605
MEXICO GASOLINE STATIONS, 6 SC, 1979–83
(N)

State	1979	1980	1981	1982	1983
A. BAJA CALIF.	257	260	260	257	257
B. CHIHUAHUA	203	201	204	211	212
C. COAHUILA	85	85	87	88	88
D. NUEVO LEON	107	112	115	116	120
E. SONORA	158	165	168	171	178
F. TAMAULIPAS	111	113	118	127	127
Mexico Border	921	936	952	970	982
Mexico Total	2,773	2,838	2,906	2,940	2,987

SOURCE: AEE, 1985.

Table 606
LENGTH OF RAILROAD LINES, 10 SC, 1935–82
PART I. km

State	1935	1940	1945[a]	1950	1955	1960	1965	1970	1975	1980	1981	1982
A. BAJA CALIF.	267.4	267.6	252.6	~	~	184.6	191.0	191.0	193.0	200.0	200.0	204.0
B. CHIHUAHUA	247.0	2,482.5	2,437.8	~	~	2,285.3	2,552.0	2,635.0	2,629.0	2,581.0	2,594.0	2,626.0
C. COAHUILA	2,069.3	2,072.6	2,033.4	~	~	2,205.7	2,129.0	2,103.0	2,169.0	2,121.0	2,148.0	2,160.0
D. NUEVO LEON	863.8	865.6	864.3	~	~	939.4	933.0	945.0	976.0	1,055.0	1,038.0	1,052.0
E. SONORA	1,391.3	1,564.6	1,457.3	~	~	1,768.8	1,782.0	1,860.0	1,872.0	1,879.0	1,887.0	1,899.0
F. TAMAULIPAS	826.8	850.8	835.2	~	~	906.5	840.0	862.0	888.0	864.0	930.0	917.0
Mexico Border	5,665.6	8,103.7	7,880.6	~	~	8,290.3	8,427.0	8,596.0	8,727.0	8,700.0	8,797.0	8,858.0
Mexico Total	22,947.4	23,650.9	22,953.7	~	~	23,487.1	23,672.0	24,468.0	24,912.0	25,510.0	25,498.0	25,476.0

PART II. Miles

State	1935	1940	1945[a]	1950	1955	1960	1965	1970	1975	1980	1981	1982
G. ARIZONA	2,284	2,228	2,208	2,197	2,179	2,184	2,057	2,053	2,036	~	~	~
H. CALIFORNIA	8,118	7,947	7,457	7,533	7,531	7,630	7,492	7,432	7,291	~	~	~
I. NEW MEXICO	2,866	2,812	2,526	2,496	2,475	2,473	2,226	2,120	2,057	~	~	~
J. TEXAS	16,734	16,356	15,850	15,611	15,441	14,755	14,384	13,616	13,255	~	~	~
U.S. Border	30,002	29,343	28,041	27,837	27,626	27,042	26,159	25,221	24,639	~	~	~
U.S. Total	241,822	233,670	226,800	223,779	220,670	217,652	211,384	206,265	199,411	~	~	~

a. U.S. data are for 1943.

SOURCE: Mexico: AE, 1938, 1942, 1945–46, 1960–61, 1965, 1970, 1975–76; 1982, 1984.
United States: Association of American Railroads, *Yearbook of Railroad Facts*, 1936–76.

Table 607
AIRPORTS, 10 SC, 1947–86[a]
(N)

States	1947	1956	1960	1964	1970	1974	1980	1981	1982	1983	1984	1985	1986
A. BAJA CALIF.	~	2	~	25	~	53	57	57	57	58	59	~	~
B. CHIHUAHUA	~	28	~	74	~	89	103	108	108	109	111	~	~
C. COAHUILA	~	3	~	36	~	14	33	19	19	19	19	~	~
D. NUEVO LEON	~	1	~	16	~	40	38	40	40	40	40	~	~
E. SONORA	~	12	~	53	~	48	60	57	57	57	57	~	~
F. TAMAULIPAS	~	9	~	58	~	36	40	39	39	39	40	~	~
Mexico Border	~	55	~	242	~	280	331	320	320	~	~	~	~
Mexico Total	~	291	~	1,043	~	1,113	1,312	1,320	1,322	1,327	1,344	~	~
G. ARIZONA	104	149	118	185	215	196	216	224	233	240	244	246	262
H. CALIFORNIA	356	455	401	627	730	253	825	832	843	862	881	887	895
I. NEW MEXICO	86	98	90	114	127	134	149	156	159	160	167	169	168
J. TEXAS	417	669	543	812	982	1,192	1,375	1,431	1,484	1,543	1,566	1,603	1,628
U.S. Border	963	1,371	1,152	1,738	2,054	2,291	2,565	2,643	2,719	2,805	1,858	2,905	2,953
U.S. Total	4,490	7,028	6,881	9,490	11,261	13,062	15,161	15,426	15,831	16,029	16,079	~	~

a. U.S. data include U.S. civil and joint use airports, heliports, and seaplane bases.

SOURCE: Mexico: AE, 1965–85.
United States: Federal Aviation Administration, *Statistical Handbook of Aviation*, 1948–84.

Table 608

MEXICO FLIGHTS AND PASSENGERS, COMMERCIAL AIRLINES, 6 SC, 1976–85

(N)

State	1976	1977	1978	1979	1980	1981	1982	1983	1984	1985[a]
A. BAJA CALIF.										
Flights	11,335	11,172	11,166	14,261	17,118	~	12,562	15,080	~	~
Passengers	624,092	632,267	677,421	736,489	794,491	871,383	964,188	1,442,896	1,438,993	379,661
B. CHIHUAHUA										
Flights	21,162	21,805	22,055	24,422	26,098	~	20,284	17,665	~	~
Passengers	372,852	400,558	440,394	506,705	586,040	565,382	535,821	558,616	577,295	168,585
C. COAHUILA										
Flights	6,559	5,806	6,183	7,527	8,036	~	7,896	6,951	~	~
Passengers	262,060	205,345	199,788	241,562	242,714	229,470	203,847	185,697	213,440	63,926
D. NUEVO LEON										
Flights	12,923	12,442	15,318	16,354	21,242	~	19,177	18,486	~	~
Passengers	769,404	786,670	937,644	1,104,189	1,383,615	1,412,124	1,138,398	1,089,536	1,222,303	338,566
E. SONORA										
Flights	21,654	21,004	20,882	26,700	31,683	~	29,411	23,745	~	~
Passengers	397,074	423,212	566,780	646,569	674,455	566,998	525,236	496,711	541,140	218,255
F. TAMAULIPAS										
Flights	4,718	11,132	9,772	13,198	16,074	~	16,872	14,432	~	~
Passengers	455,368	460,353	538,367	585,950	717,371	531,745	755,702	808,910	809,956	202,428
Mexico Border										
Flights	78,351	83,361	85,376	102,462	274,251	~	278,202	96,359	~	~
Passengers	2,880,850	2,908,405	3,359,794	3,821,464	4,398,686	4,177,102	4,123,192	4,582,366	4,316,127	1,371,421
Mexico Total										
Flights	413,372	419,657	436,735	516,543	532,764	563,774	576,714	542,504	~	~
Passengers	18,676,995	19,730,395	20,760,940	24,149,495	25,662,735	30,127,554	27,600,752	30,106,327	30,418,640	8,948,847

a. 1985 data are through June only.

SOURCE: AE, 1977–84; AEE, 1985.

Table 609

TELEPHONES IN USE, 10 SC, 1907–82

(T)

State	1907[a]	1935	1940	1945	1950	1955	1960	1965	1970	1975	1980	1981	1982
A. BAJA CALIF.	#	.7	1.1	~	~	~	~	22.2	34.3	46.5	56.2	66.4	81.4
B. CHIHUAHUA	.8	2.8	4.2	~	~	~	~	24.2	37.1	87.6	166.6	180.7	196.8
C. COAHUILA	1.7	4.6	6.6	~	~	~	~	26.8	38.1	73.3	149.0	87.7	159.3
D. NUEVO LEON	1.8	7.7	11.0	~	~	~	~	44.7	94.0	178.2	300.7	323.1	361.3
E. SONORA	.9	2.2	3.1	~	~	~	~	18.0	33.9	77.2	165.9	152.0	164.8
F. TAMAULIPAS	.5	3.5	5.2	~	~	~	~	25.4	43.0	84.9	165.9	208.5	195.3
Mexico Border	5.4	21.5	30.1	~	~	~	~	161.3	280.4	547.7	1,004.3	1,018.4	1,158.9
Mexico Total	16.8	120.3	179.5	216.1	~	~	~	827.7	1,516.7	2,928.3	5,024.2	5,336.6	5,981.9
G. ARIZONA	~	36	47	80	170	252	439	645	956	1,444	2,109	2,195	2,207
H. CALIFORNIA	~	1,310	1,555	2,074	3,444	4,502	6,365	10,596	13,306	16,454	20,881	21,163	21,234
I. NEW MEXICO	~	23	31	74	124	177	280	394	494	674	878	897	914
J. TEXAS	~	541	654	888	1,828	2,312	3,146	4,556	6,329	8,447	11,344	11,691	11,703
U.S. Border	~	1,910	2,287	3,116	5,570	7,243	10,230	16,191	21,085	27,019	35,212	35,946	36,058
U.S. Total	~	17,424	19,424	24,322	39,915	49,199	64,980	93,659	120,155	149,008	180,424	181,892	182,112

a. Recorded as number of offices rather than number of telephones.

SOURCE: Mexico: AE, 1907, 1935, 1942, 1965, 1970, 1975, 1982, 1984.
United States: Federal Communication Commission, *Statistics of Communication Common Carriers*, 1961–82.

Table 610
LENGTH OF TELEPHONE LINES, 10 SC, 1898–1982
PART I. T km

	State	1898	1935[a]	1940	1945	1960	1970	1975	1980	1981	1982
A.	BAJA CALIF.	#	4.5	5.7	7.6	~	207.9	315.9	627.1	908.4	943.5
B.	CHIHUAHUA	#	14.6	15.9	21.5	~	171.5	390.5	713.5	756.7	789.7
C.	COAHUILA	1.1	26.3	25.7	31.1	~	199.4	306.0	413.5	446.6	464.9
D.	NUEVO LEON	4.3	82.3	94.6	102.6	~	527.6	1,002.8	1,661.0	1,746.7	1,821.1
E.	SONORA	#	10.6	11.3	11.6	~	251.1	327.7	613.6	647.7	679.9
F.	TAMAULIPAS	#	35.1	38.4	42.3	~	191.0	364.3	679.3	717.6	748.2
	Mexico Border	5.7	174.1	192.0	216.9	~	1,111.6	2,707.3	4,707.8	5,223.8	5,447.5
	Mexico Total	96.4	910.1	1,109.0	1,386.6	~	9,160.4	16,277.8	25,742.2	27,113.2	28,271.3

PART II. T Miles

	State	1898	1935[a]	1940	1945	1960	1970	1975	1980	1981	1982
G.	ARIZONA	~	158.2	~	266.1	2,164	~	~	~	~	~
H.	CALIFORNIA	~	6,734.0	~	9,550.2	31,039	~	~	~	~	~
I.	NEW MEXICO	~	84.7	~	157.0	1,058	~	~	~	~	~
J.	TEXAS	~	2,793.7	~	3,906.0	17,499	~	~	~	~	~
	U.S. Border	~	9,770.7	~	10,364.1	340,852	~	~	~	~	~
	U.S. Total	~	87,677.6	~	104,854.4	289,092.0	~	~	~	~	~

a. U.S. data are for 1932.

SOURCE: Mexico: AE, 1898–1984.
United States: Federal Communications Commission, *Statistics of Communications Common Carriers, Annual*, 1970–82.

Table 611
POST OFFICES, 10 SC, 1898–1983
(N)

	State	1898	1930	1935	1940	1945	1955	1960	1965	1970	1975	1980	1981	1982	1983
A.	BAJA CALIF.	25	42	43	58	58	~	72	40	43	73	707	559	572	407
B.	CHIHUAHUA	89	142	163	184	191	~	203	204	238	248	853	644	648	567
C.	COAHUILA	72	107	107	126	137	~	142	146	148	154	399	352	353	343
D.	NUEVO LEON	55	103	111	141	143	~	138	140	148	157	437	421	415	426
E.	SONORA	94	135	138	160	172	~	142	134	138	151	370	521	524	433
F.	TAMAULIPAS	58	83	88	112	121	~	135	134	137	140	529	372	360	365
	Mexico Border	393	612	650	781	822	~	832	798	852	923	3,259	3,390	2,872	2,541
	Mexico Total	1,718	3,023	3,298	3,682	4,019	~	4,699	4,859	5,240	5,873	12,612	11,317	11,419	10,195
G.	ARIZONA	~	300	275	282	248	260	244	228	216	~	~	~	~	~
H.	CALIFORNIA	~	1,587	1,513	1,505	1,392	1,377	1,305	1,240	1,171	~	~	~	~	~
I.	NEW MEXICO	~	542	519	516	457	439	404	379	347	~	~	~	~	~
J.	TEXAS	~	2,200	2,142	2,102	1,999	1,809	1,710	1,644	1,582	~	~	~	~	~
	U.S. Border	~	4,629	4,449	4,405	4,096	3,885	3,663	3,491	3,316	~	~	~	~	~
	U.S. Total	~	49,063	45,686	44,315	41,790	58,316	35,238	33,624	32,002	~	~	~	~	~

SOURCE: Mexico: AE, 1898–1984.
United States: HSUS, 1931–71.

Table 612
FILMS SHOWN IN MEXICO, BY NATIONAL ORIGIN,[1] 6 SC, 1966-83
(N)

State and Category	1966	1967	1969	1969	1970	1971	1972	1973	1974
A. BAJA CALIF.									
Total	8,103	8,323	7,997	7,830	7,386	6,794	6,620	6,937	6,892
Mexican	4,001	3,847	3,732	3,857	3,911	3,393	3,099	3,449	3,562
American	3,399	3,607	3,287	2,837	2,413	2,271	2,073	1,767	1,570
Italian	178	206	240	311	310	348	486	660	580
B. CHIHUAHUA									
Total	23,839	25,654	26,077	25,752	26,067	24,907	23,809	27,718	21,782
Mexican	11,157	12,744	12,884	13,243	13,619	13,215	13,404	13,036	12,369
American	10,153	10,426	10,145	9,727	9,506	8,934	8,606	7,765	5,946
Italian	616	625	597	654	740	729	630	845	1,037
C. COAHUILA									
Total	25,785	31,501	30,035	27,662	27,375	28,674	27,502	26,062	23,306
Mexican	12,531	16,325	15,489	14,949	14,641	15,728	14,773	13,936	12,168
American	11,620	13,335	12,713	11,017	11,077	11,067	10,924	10,237	8,818
Italian	444	434	535	395	431	568	527	568	775
D. NUEVO LEON									
Total	38,876	40,229	38,151	36,090	32,617	31,799	29,865	25,438	23,776
Mexican	22,791	24,451	23,578	23,555	21,672	20,850	19,643	16,118	14,926
American	10,153	13,652	12,743	10,728	9,112	9,388	8,857	7,996	7,143
Italian	616	500	415	370	520	517	388	427	469
E. SONORA									
Total	28,632	27,820	27,131	25,738	23,221	21,200	19,151	18,904	19,493
Mexican	15,414	14,253	14,015	13,464	11,548	11,715	11,190	9,873	9,792
American	10,019	10,321	10,087	9,581	8,869	7,600	5,733	5,913	5,822
Italian	927	840	680	746	757	690	652	926	1,424
F. TAMAULIPAS									
Total	40,260	38,635	38,692	35,394	32,823	32,765	31,939	28,728	25,847
Mexican	23,578	22,428	22,102	20,714	19,212	20,509	19,595	16,894	14,523
American	14,326	14,432	14,892	13,091	11,734	10,997	10,998	10,436	9,654
Italian	523	448	491	413	436	357	431	444	482
Mexico Border									
Total	165,495	172,162	171,086	158,466	149,489	146,139	138,886	133,787	121,096
Mexican	89,472	94,048	91,800	89,782	84,603	84,810	81,704	73,306	67,340
American	59,670	65,772	63,867	56,981	52,711	51,257	47,191	44,114	38,953
Italian	3,304	3,053	2,958	2,889	3,194	3,209	3,114	3,870	3,767
Mexico Total									
Total	548,559	589,548	582,329	560,725	538,349	523,551	505,661	487,991	469,568
Mexican	292,534	322,213	321,060	315,823	310,739	306,739	300,253	286,186	269,887
American	212,666	220,729	214,521	200,608	184,122	175,617	164,961	156,813	146,698
Italian	11,892	13,386	12,528	11,348	10,568	10,666	10,580	13,212	15,803

Table 612 (Continued)
FILMS SHOWN IN MEXICO, BY NATIONAL ORIGIN,[1] 6 SC, 1966–83
(N)

State and Category	1975	1976	1977	1978	1979	1980	1981	1982	1983
A. BAJA CALIF.									
Total	6,808	6,597	6,690	5,829	5,447	4,894	4,259	4,323	3,663
Mexican	3,581	3,219	2,953	2,235	2,382	2,065	1,578	1,647	1,285
American	1,378	1,555	1,823	2,135	2,156	1,942	1,636	1,497	1,559
Italian	643	631	775	756	337	354	422	385	284
B. CHIHUAHUA									
Total	20,717	18,297	17,834	17,653	16,259	15,987	15,493	16,794	15,697
Mexican	11,923	10,283	9,481	9,009	8,224	7,833	7,692	7,991	7,566
American	5,168	4,740	5,470	6,169	5,350	5,862	5,846	6,386	6,167
Italian	1,204	1,038	1,229	996	1,144	1,042	844	784	654
C. COAHUILA									
Total	20,883	18,843	16,467	14,389	14,639	14,547	12,665	12,307	11,953
Mexican	11,061	9,732	7,973	7,027	7,547	7,680	6,277	5,702	5,066
American	7,433	6,932	6,551	5,455	5,359	5,330	4,931	4,942	5,365
Italian	791	885	783	877	900	894	766	630	512
D. NUEVO LEON									
Total	22,305	18,676	15,954	15,690	14,358	14,481	13,202	13,433	13,028
Mexican	14,521	11,981	9,804	9,180	8,739	9,047	8,070	7,929	6,628
American	6,172	5,119	4,747	5,176	4,281	4,202	4,134	4,241	4,937
Italian	562	651	546	615	653	677	416	469	600
E. SONORA									
Total	18,410	17,111	16,258	14,574	11,547	9,514	8,795	8,491	8,146
Mexican	9,366	8,314	7,859	6,390	5,166	4,369	4,072	3,613	3,171
American	4,956	5,158	5,151	5,354	4,225	3,697	3,509	3,369	3,411
Italian	1,677	1,501	1,423	1,414	1,081	778	616	620	593
F. TAMAULIPAS									
Total	24,466	21,649	18,833	16,474	15,487	14,539	14,857	13,304	13,007
Mexican	13,454	11,664	10,146	8,958	8,318	7,690	7,430	6,361	6,746
American	9,185	8,119	7,118	6,114	5,826	5,338	5,810	5,371	4,918
Italian	526	654	714	629	208	173	727	476	452
Mexico Border									
Total	113,589	101,173	93,036	84,609	77,737	73,962	69,271	68,652	65,494
Mexican	63,906	55,193	48,216	42,799	40,376	38,684	35,119	33,243	30,462
American	34,292	31,623	30,860	34,283	27,197	26,371	25,885	25,806	26,357
Italian	5,403	5,360	5,470	5,287	4,323	3,918	3,791	3,664	3,097
Mexico Total									
Total	457,570	431,205	417,858	405,170	378,008	358,039	333,291	326,091	302,316
Mexican	263,062	245,806	233,922	223,951	205,382	193,380	178,158	169,626	147,049
American	136,258	129,759	130,904	129,501	123,851	121,880	117,577	115,315	115,742
Italian	17,807	18,324	19,266	21,092	20,051	17,961	14,453	13,660	12,361

1. As of 1980, countries following Italy with next largest shares of Mexican film market included Japan, France, England, and Spain, in that order (based on Mexico Total).

SOURCE: AE, 1967–85, various tables.

Table 613

MEXICO HOMES WITH RADIO AND TELEVISION, 6 S, 1970

(%)

State	Radio	Television	Radio and Television
A. BAJA CALIF.	30	5	57
B. CHIHUAHUA	50	2	31
C. COAHUILA	63	1	24
D. NUEVO LEON	41	3	45
E. SONORA	55	2	27
F. TAMAULIPAS	52	2	30

SOURCE: Antonio Ugalde, "Regional Political Processes and Mexican Politics on the Border," in Stanley R. Ross, ed., *Views across the Border: The United States and Mexico* (Albuquerque: University of New Mexico Press, 1978), p. 103.

Part II

Work and Migration

7

Employment and Unemployment

UNDOCUMENTED MEXICAN WORKERS IN THE UNITED STATES, 1970–80

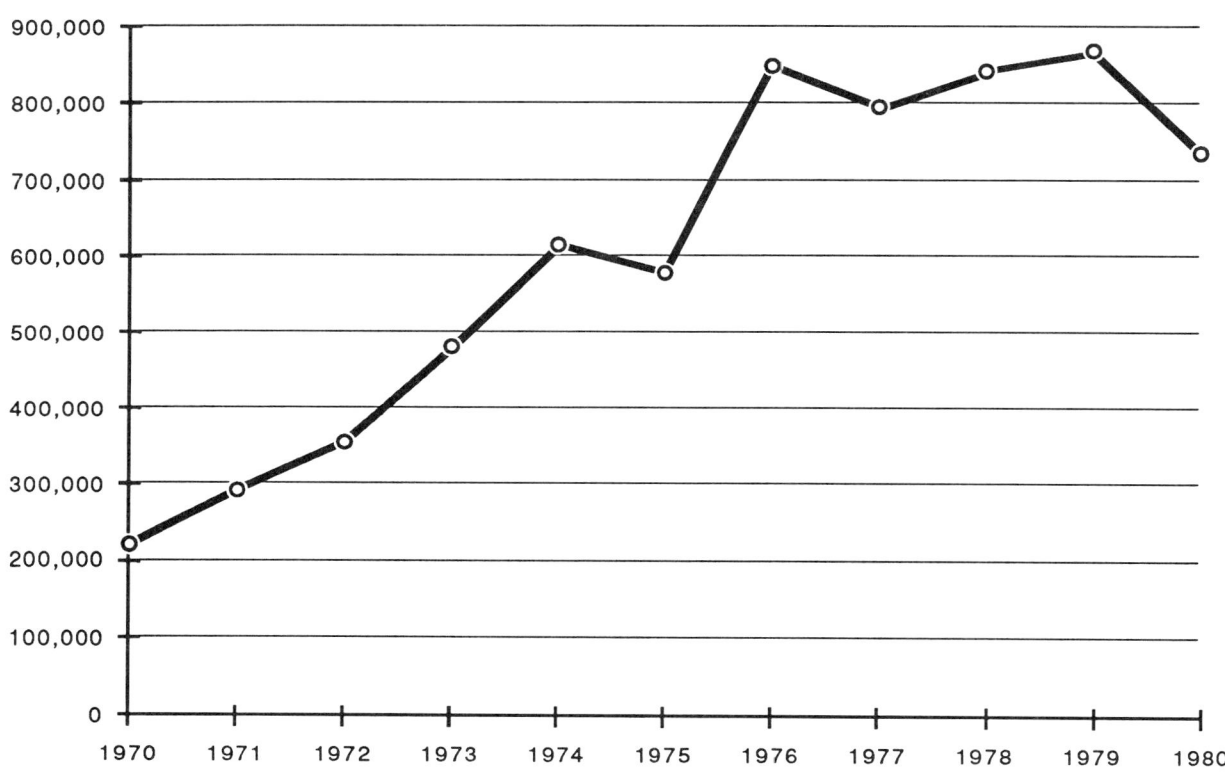

SOURCE: Table 718.

Table 700
ECONOMICALLY ACTIVE POPULATION,[1] 10 SC, 1900-80
(N)

State	1900	1910	1920[a]	1930	1940	1950	1960	1970	1980
A. BAJA CALIF.									
Total EAP	14,140	4,232	11,284	19,568	25,327	77,424	167,058	222,241	403,279
Male EAP	13,277	4,077	10,918	18,926	23,828	67,695	140,409	173,548	282,646
Female EAP	863	155	366	642	1,499	9,729	26,649	48,693	120,633
B. CHIHUAHUA									
Total EAP	106,108	126,786	141,217	149,794	177,140	264,016	374,529	416,026	664,707
Male EAP	103,177	122,307	138,121	144,857	168,286	234,546	314,024	342,318	484,112
Female EAP	2,931	4,479	3,096	4,937	8,854	29,470	60,505	73,708	180,595
C. COAHUILA									
Total EAP	127,099	130,281	131,774	137,979	158,178	226,769	287,214	289,389	483,898
Male EAP	93,883	115,981	128,229	132,107	149,946	200,355	242,660	242,308	368,174
Female EAP	33,216	14,300	3,545	5,872	8,232	26,414	44,554	47,081	115,724
D. NUEVO LEON									
Total EAP	83,469	117,424	107,231	132,081	164,121	239,558	362,498	491,829	803,764
Male EAP	78,584	111,557	102,298	126,431	153,999	206,103	294,942	384,634	594,972
Female EAP	4,885	5,867	4,933	5,650	10,122	33,455	68,456	107,195	208,792
E. SONORA									
Total EAP	68,136	92,377	88,809	99,951	103,913	164,281	250,035	284,199	484,277
Male EAP	61,234	85,271	82,933	95,752	97,739	144,563	207,181	233,650	365,697
Female EAP	6,902	7,106	5,876	4,119	6,174	19,718	42,854	50,549	118,580
F. TAMAULIPAS									
Total EAP	68,803	78,886	102,361	108,336	134,612	234,121	333,299	381,771	624,497
Male EAP	65,703	76,719	97,053	104,385	128,203	208,159	279,092	312,422	450,095
Female EAP	3,100	2,167	5,308	3,951	6,409	25,962	54,207	69,349	167,402
Mexico Border									
Total EAP	467,750	549,986	582,676	647,709	763,291	1,206,169	1,774,633	2,085,455	3,464,422
Male EAP	415,853	515,912	559,552	622,458	722,001	1,061,421	1,477,408	1,688,880	2,545,696
Female EAP	51,897	34,074	23,124	25,251	41,290	144,748	297,225	396,575	918,726
Mexico Total									
Total EAP	4,570,664	5,263,753	4,883,561	5,165,805	5,858,115	8,345,240	11,253,297	12,955,057	22,066,084
Male EAP	4,127,623	4,588,286	4,554,178	4,926,228	5,425,658	7,207,594	9,235,022	10,488,800	15,924,806
Female EAP	443,041	675,467	329,383	239,575	432,457	1,137,646	2,018,275	2,466,257	6,141,278
G. ARIZONA									
Total EAP	53,400	87,800	130,600	165,300	168,800	266,500	470,955	676,135	1,213,579
Male EAP	46,600	77,200	112,200	135,300	133,200	198,100	330,619	432,714	989,317
Female EAP	6,800	10,600	18,400	30,000	35,600	68,500	140,336	243,421	224,262
H. CALIFORNIA									
Total EAP	644,300	1,107,700	1,512,800	2,500,600	2,815,300	4,417,500	6,435,656	8,417,927	11,649,488
Male EAP	556,300	932,800	1,226,100	1,943,300	2,119,300	3,163,500	4,394,536	5,340,867	6,762,588
Female EAP	87,900	174,900	286,600	557,400	695,900	1,253,900	2,041,120	3,077,060	4,886,900
I. NEW MEXICO									
Total EAP	66,000	121,500	122,000	142,600	160,200	231,000	328,008	362,971	563,422
Male EAP	59,700	106,400	107,100	120,500	129,900	179,600	236,499	237,268	339,160
Female EAP	6,300	15,100	14,900	22,100	30,300	51,400	91,509	125,703	224,262
J. TEXAS									
Total EAP	1,033,000	1,556,900	1,719,000	2,206,800	2,327,300	2,991,000	3,635,871	4,509,942	6,723,284
Male EAP	892,600	1,228,400	1,415,200	1,785,100	1,821,700	2,235,100	2,529,214	2,885,601	3,976,244
Female EAP	140,400	328,400	303,800	421,700	505,600	755,900	1,106,657	1,624,341	2,747,040
U.S. Border									
Total EAP	1,796,700[b]	2,873,900[b]	3,484,400[b]	5,015,300[b]	5,471,600[b]	7,906,000[b]	10,870,490[b]	13,966,975[b]	20,149,773[b]
Male EAP	1,555,200	2,344,800	2,860,600	3,984,200	4,204,100	5,776,300	7,490,868	8,896,450	12,067,309
Female EAP	241,400	529,000	623,700	1,031,200	1,267,400	2,129,700	3,379,622	5,070,525	8,082,464
U.S. Total									
Total EAP	29,073,200	38,167,300	41,614,200	48,829,900	49,625,400	60,200,800	69,877,481	82,897,433	106,084,668
Male EAP	23,753,800	30,091,600	33,064,700	38,077,800	37,511,900	43,678,300	47,467,721	52,076,663	61,416,203
Female EAP	5,319,400	8,075,800	8,549,500	10,752,100	12,113,400	16,522,600	22,409,760	30,820,770	44,668,465

1. "Economically Active Population" includes all persons engaged or seeking to be engaged in productive work in some branch of economic activity. The Mexican data refer to people 12 years old or older for all decades except 1960. The 1960 data refer to people 8 years old or older. The U.S. data refer to people 14 years old or older for all decades except 1980. The 1980 data refer to people 16 years old or older.

a. Mexico data are for 1921.
b. Data for male and female may not equal the total because figures were rounded in source.

SOURCE: Mexico: CGP, 1930, pp. 67-70; 1950, pp. 58-59; 1960, pp. 363-364; 1970, pp. 190-195; 1980, pp. 75-98.
United States: HSUS, pt. 1, pp. 129-131; CP, 1960, vol. 1, pt. 1, *U.S. Summary*, pp. 264-265; 1970, vol. 1, pts. 4, 6, 33, 45, table 46; 1980, vol. 1, ch. C, tables 87, 240.

Table 701

MEXICO ECONOMICALLY ACTIVE POPULATION,[1] BY ECONOMIC SECTOR, 6 SC, 1970-80

State	1970 N	1970 %	1980 N	1980 %
A. BAJA CALIF.				
Total EAP	222,241	100.0	403,279	100.0
Primary Activities[2]	49,440	22.2	38,180	9.5
Extractive Industry[3]	1,108	.5	502	.1
Manufacturing	40,432	18.2	54,698	13.6
Construction	12,534	5.6	25,010	6.2
Electrical Engineering	1,134	.5	1,438[a]	.4[a]
Commerce	32,037	14.4	55,454	13.8
Transportation	6,630	3.0	16,027[b]	4.0[b]
Services	53,692	24.2	76,609[c]	19.0[c]
Government	8,767	3.9	~	~
Unclassified	16,467	7.4	135,361[d]	33.6[d]
B. CHIHUAHUA				
Total EAP	416,026	100.0	664,707	100.0
Primary Activities[2]	151,498	36.4	137,909	20.7
Extractive Industry[3]	11,937	2.9	6,405	1.0
Manufacturing	52,166	12.5	82,286	12.4
Construction	20,862	5.0	41,285	6.2
Electrical Engineering	1,749	.4	1,594[a]	.2[a]
Commerce	45,665	11.0	67,457	10.1
Transportation	14,749	3.5	30,294[b]	4.6[b]
Services	79,984	19.2	96,874[c]	14.6[c]
Government	11,843	2.8	~	~
Unclassified	25,573	6.1	200,603[d]	30.2[c]
C. COAHUILA				
Total EAP	289,389	100.0	483,898	100.0
Primary Activities[2]	85,760	29.6	76,343	15.8
Extractive Industry[3]	11,725	4.1	7,532	1.6
Manufacturing	52,077	18.0	69,841	14.4
Construction	16,298	5.6	31,698	6.6
Electrical Engineering	1,158	.4	1,956[a]	.4[a]
Commerce	31,415	10.9	49,163	10.2
Transportation	12,103	4.2	22,047[b]	4.6[b]
Services	53,770	18.6	77,340[c]	16.0[c]
Government	6,895	2.4	~	~
Unclassified	18,188	6.3	147,978[d]	30.6[d]
D. NUEVO LEON				
Total EAP	491,829	100.0	803,764	100.0
Primary Activities[2]	85,149	17.3	67,308	8.4
Extractive Industry[3]	3,323	.7	2,246	.3
Manufacturing	145,705	29.6	197,791	24.6
Construction	33,493	6.8	58,712	7.3
Electrical Engineering	1,784	.4	3,073[a]	.4[a]
Commerce	57,532	11.7	89,990	11.2
Transportation	20,200	4.1	38,634[b]	4.8[b]
Services	110,255	22.4	154,756[c]	19.2[c]
Government	10,402	2.1	~	~
Unclassified	23,936	4.9	191,294[d]	23.8[d]

Table 701 (Continued)
MEXICO ECONOMICALLY ACTIVE POPULATION,[1] BY ECONOMIC SECTOR, 6 SC, 1970–80

State	1970 N	1970 %	1980 N	1980 %
E. SONORA				
Total EAP	284,199	100.0	484,277	100.0
Primary Activities[2]	109,377	38.5	100,765	20.8
Extractive Industry[3]	4,739	1.7	4,330	.9
Manufacturing	28,393	10.0	46,493	9.6
Construction	15,238	5.4	29,206	6.0
Electrical Engineering	1,521	.5	1,530[a]	.3
Commerce	32,838	11.6	51,286	10.6
Transportation	11,049	3.9	24,344[b]	5.0
Services	54,403	19.1	74,604[c]	15.4
Government	10,520	3.7	~	~
Unclassified	16,121	5.7	151,719[d]	31.3
F. TAMAULIPAS				
Total EAP	381,771	100.0	624,497	100.0
Primary Activities[2]	126,346	33.1	112,362	18.0
Extractive Industry[3]	18,036	4.7	3,835	.6
Manufacturing	44,457	11.6	74,481	11.9
Construction	22,914	6.0	45,234	7.2
Electrical Engineering	1,480	.4	2,113[a]	.3
Commerce	43,577	11.4	70,613	11.3
Transportation	12,598	3.3	27,807[b]	4.5
Services	77,953	20.4	108,770[c]	17.4
Government	13,614	3.6	~	~
Unclassified	20,796	5.4	179,282[d]	28.7
Mexico Border				
Total EAP	2,085,455	100.0	3,464,422	100.0
Primary Activities[2]	607,570	29.1	532,867	15.4
Extractive Industry[3]	50,868	2.4	24,850	.7
Manufacturing	363,230	17.4	525,590	15.2
Construction	121,339	5.8	231,145	6.7
Electrical Engineering	8,826	.4	11,704	.3
Commerce	243,064	11.7	383,963	11.1
Transportation	77,329	3.7	159,153	4.6
Services	430,057	20.6	588,953	17.0
Government	62,041	3.0	~	~
Unclassified	121,081	5.8	1,006,237	29.0
Mexico Total				
Total EAP	12,955,057	100.0	22,066,084	100.0
Primary Activities[2]	5,103,519	39.4	5,699,971	25.8
Extractive Industry[3]	180,175	1.4	477,017	2.2
Manufacturing	2,169,074	16.7	2,575,124	11.7
Construction	517,006	4.4	1,296,337	5.9
Electrical Engineering	53,285	.4	115,932	.5
Commerce	1,196,878	9.2	1,729,296	7.8
Transportation	368,813	2.8	672,111	3.0
Services	2,158,175	16.7	2,823,868	12.8
Government	406,607	3.1	~	~
Unclassified	747,525	5.8	6,676,428	30.3

1. "Economically Active Population" includes all persons engaged or seeking to be engaged in productive work in some branch of economic activity.
2. Includes agriculture, forestry, livestock, fisheries, and hunting.
3. Includes mining and petroleum.

a. Includes gas and water.
b. Includes communications.
c. Includes public administration and defense.
d. Includes the unemployed who never worked previously.

SOURCE: Adapted from CGP, 1970, Resumen General, table 28; 1980, Resumen General, table 12.

Table 702

U.S. EMPLOYED PERSONS, BY ECONOMIC SECTOR, 4 SC, 1970, 1980

		1970		1980	
	State	N	%	N	%
G.	ARIZONA				
	Total Employed	614,055	100.0	1,113,270	100.0
	Agriculture, Forestry, Fisheries	24,605	4.0	32,791	2.9
	Mining	18,986	3.0	26,605	2.4
	Construction	46,673	7.6	90,381	8.1
	Manufacturing	95,958	15.6	161,302	14.5
	Transportation, Communications, Other Public Utilities	37,450	6.1	73,779	6.6
	Wholesale Trade	24,249	3.9	44,413	4.0
	Retail Trade	109,676	17.9	201,681	18.1
	Finance, Insurance, Real Estate	35,156	5.7	77,266	6.9
	Services	182,146	29.7	332,072	29.8
	Public Administration	39,147	6.4	72,980	6.5
H.	CALIFORNIA				
	Total Employed	7,484,690	100.0	10,640,405	100.0
	Agriculture, Forestry, Fisheries	233,850	3.1	328,884	3.1
	Mining	34,379	.5	42,404	.4
	Construction	404,350	5.4	601,822	5.7
	Manufacturing	1,614,687	21.6	2,159,838	20.3
	Transportation, Communications, Other Public Utilities	533,119	7.1	757,862	7.1
	Wholesale Trade	331,810	4.4	463,561	4.4
	Retail Trade	1,243,911	16.6	1,756,070	16.5
	Finance, Insurance, Real Estate	443,165	5.9	759,626	7.1
	Services	2,159,966	28.8	3,226,646	30.3
	Public Administration	485,453	6.5	543,692	5.1
I.	NEW MEXICO				
	Total Employed	322,837	100.0	503,238	100.0
	Agriculture, Forestry, Fisheries	15,352	4.8	18,817	3.7
	Mining	17,943	5.5	28,697	5.7
	Construction	23,774	7.4	42,769	8.5
	Manufacturing	21,832	6.8	37,737	7.5
	Transportation, Communications, Other Public Utilities	21,819	6.8	37,362	7.4
	Wholesale Trade	10,392	3.2	17,024	3.4
	Retail Trade	57,484	17.8	88,529	17.6
	Finance, Insurance, Real Estate	13,398	4.2	26,445	5.3
	Services	112,118	34.7	167,828	33.3
	Public Administration	28,725	8.8	43,030	8.5

Table 702 (Continued)

U.S. EMPLOYED PERSONS, BY ECONOMIC SECTOR, 4 SC, 1970, 1980

		1970		1980	
	State	N	%	N	%
J.	TEXAS				
	Total Employed	4,141,529	100.0	6,311,845	100.0
	Agriculture, Forestry, Fisheries	194,635	4.7	187,178	3.0
	Mining	103,075	2.5	209,617	3.3
	Construction	317,758	7.7	545,450	8.6
	Manufacturing	765,119	18.5	1,129,267	17.9
	Transportation, Communications, Other Public Utilities	286,195	6.9	476,436	7.5
	Wholesale Trade	198,467	4.8	331,587	5.2
	Retail Trade	720,226	17.4	1,046,821	16.6
	Finance, Insurance, Real Estate	213,261	5.1	377,862	6.0
	Services	1,116,993	27.0	1,726,223	27.3
	Public Administration	225,800	5.4	281,404	4.5
	U.S. Border				
	Total Employed	12,563,111	100.0	18,568,758	100.0
	Agriculture, Forestry, Fisheries	468,442	3.7	567,670	3.1
	Mining	174,383	1.3	307,323	1.7
	Construction	792,555	6.3	1,280,422	6.9
	Manufacturing	2,497,596	19.9	3,488,144	18.7
	Transportation, Communications, Other Public Utilities	878,583	7.0	1,345,439	7.2
	Wholesale Trade	564,918	4.5	856,585	4.6
	Retail Trade	2,131,297	17.0	3,093,101	16.6
	Finance, Insurance, Real Estate	794,989	5.6	1,241,199	6.7
	Services	3,571,223	28.5	5,452,769	29.4
	Public Administration	779,125	6.2	941,106	5.1
	U.S. Total				
	Total Employed	76,553,161	100.0	97,639,355	100.0
	Agriculture, Forestry, Fisheries	2,837,048	3.7	2,913,589	3.0
	Mining	603,645	.8	1,028,178	1.1
	Construction	4,572,226	6.0	5,739,598	5.9
	Manufacturing	19,866,351	26.0	21,914,745	22.4
	Transportation, Communications, Other Public Utilities	5,930,826	7.7	7,087,455	7.2
	Wholesale Trade	3,389,995	4.4	4,217,232	4.3
	Retail Trade	11,986,328	15.7	15,716,694	16.1
	Finance, Insurance, Real Estate	3,847,030	5.0	5,898,059	6.0
	Services	19,929,696	26.0	27,976,330	28.7
	Public Administration	3,590,016	4.7	5,147,466	5.3

SOURCE: Calculated from CP, 1980, vol. 1, ch. C: General Social and Economic Characteristics, tables 90, 242.

Table 703
U.S. EMPLOYMENT ESTIMATES, BY ECONOMIC SECTOR, 4 SC, 1969, 1976

G. ARIZONA Border

State	1969 N	1969 %	1976 N	1976 %
Total Employment	171,477	100.0	223,087	100.0
Agriculture Services, Forestry, Fisheries	1,391	.8	1,438	.6
Mining	7,953	4.6	8,294	3.7
Contract Construction	11,974	7.0	11,423	5.1
Manufacturing	10,922	6.4	16,278	7.3
Transportation, Utilities, Communications	7,325	4.3	9,381	4.2
Wholesale Trade	4,154	2.4	5,926	2.7
Retail Trade	27,792	16.2	39,290	17.6
Finance, Insurance, Real Estate	5,645	3.3	7,478	3.4
Services	30,577	17.8	43,026	19.3
Government	57,397	33.5	75,627	33.9
Unclassified	6,347	3.7	4,926	2.2

H. CALIFORNIA Border

State	1969 N	1969 %	1976 N	1976 %
Total Employment	728,931	100.0	846,183	100.0
Agriculture Services, Forestry, Fisheries	6,823	.9	17,072	2.0
Mining	2,083	.3	2,370	.3
Contract Construction	27,646	3.8	34,097	4.1
Manufacturing	90,880	12.5	94,297	11.1
Transportation, Utilities, Communications	25,410	3.5	29,937	3.5
Wholesale Trade	19,392	2.7	26,271	3.1
Retail Trade	96,718	13.3	132,218	15.6
Finance, Insurance, Real Estate	23,094	3.2	33,896	4.0
Services	114,854	15.8	148,875	17.6
Government	298,298	40.9	298,542	35.3
Unclassified	23,733	3.3	28,608	3.4

I. NEW MEXICO Border

State	1969 N	1969 %	1976 N	1976 %
Total Employment	54,872	100.0	62,282	100.0
Agriculture Services, Forestry, Fisheries	465	.8	449	.7
Mining	2,547	4.6	2,955	4.7
Contract Construction	2,723	5.0	3,275	5.3
Manufacturing	2,942	5.4	3,513	5.6
Transportation, Utilities, Communications	2,144	3.9	2,279	3.7
Wholesale Trade	577	1.1	1,325	2.1
Retail Trade	6,570	12.0	8,891	14.3
Finance, Insurance, Real Estate	1,254	2.3	1,593	2.6
Services	7,992	14.6	8,311	13.3
Government	24,996	45.6	27,355	43.9
Unclassified	2,662	4.9	2,336	3.8

Table 703 (Continued)
U.S. EMPLOYMENT ESTIMATES, BY ECONOMIC SECTOR, 4 SC, 1969, 1976

J. TEXAS Border

State	1969 N	1969 %	1976 N	1976 %
Total Employment	296,248	100.0	364,090	100.0
Agriculture Services, Forestry, Fisheries	3,123	1.1	5,003	1.4
Mining	3,237	1.1	4,537	1.2
Contract Construction	13,976	4.7	15,763	4.3
Manufacturing	34,675	11.7	52,370	14.4
Transportation, Utilities, Communications	16,415	5.5	20,189	5.5
Wholesale Trade	14,399	4.9	21,591	5.9
Retail Trade	47,876	16.2	66,473	18.3
Finance, Insurance, Real Estate	8,248	2.8	12,918	3.5
Services	43,169	14.6	54,047	14.8
Government	94,970	32.1	97,864	26.9
Unclassified	16,160	5.5	13,335	3.7

U.S. Total

State	1969 N	1969 %	1976 N	1976 %
Total Employment	78,247,265	100.0	85,884,900	100.0
Agriculture Services, Forestry, Fisheries	282,845	.4	376,000	.4
Mining	622,766	.7	779,000	.9
Contract Construction	3,617,094	25.9	3,617,000	4.2
Manufacturing	20,270,000	5.7	19,041,000	22.2
Transportation, Utilities, Communications	4,455,000	5.7	4,560,000	5.3
Wholesale Trade	3,731,825	4.8	4,570,000	5.3
Retail Trade	11,204,337	14.3	13,290,000	15.5
Finance, Insurance, Real Estate	3,597,691	4.6	4,356,000	5.1
Services	13,306,667	17.0	16,202,000	18.9
Government	15,882,583	20.3	17,690,000	20.6
Unclassified	1,276,456	1.6	1,403,900	1.6

SOURCE: Niles Hansen, *The Border Economy: Regional Development in the Southwest* (Austin: University of Texas, 1981), pp. 171–172.

Table 704

**MEXICO ECONOMICALLY ACTIVE POPULATION IN AGRICULTURE,
6 SC, 1960, 1970, 1980**

(FY)

State	EAP in Agriculture			EAP Total		
	1960	1970	1980	1960	1970	1980
A. BAJA CALIF.	66	49	38	167	222	403
B. CHIHUAHUA	188	151	138	376	416	665
C. COAHUILA	129	86	76	288	289	483
D. NUEVO LEON	134	109	101	251	284	484
E. SONORA	117	85	67	363	491	804
F. TAMAULIPAS	167	126	112	334	381	624
Mexico Border	801	606	532	1,780	2,085	3,463
Mexico Total	6,145	5,103	5,700	11,332	12,955	22,066

SOURCE: CGP, 1960, 1970, 1980.

Table 705

U.S. EMPLOYEES ON NONAGRICULTURAL, MANUFACTURING, AND GOVERNMENT PAYROLLS, 4 SC, 1945-83

(T)

State	1945	1950	1955	1960	1965	1970	1971	1972	1973	1974
G. ARIZONA										
Nonagricultural	136.5	161.6	226.0	333.8	403.7	547.4	581.4	646.3	714.5	746.0
Manufacturing	20.1	17.0	32.7	49.3	64.9	91.2	89.2	98.7	110.2	112.9
Government	32.9	34.6	45.0	68.0	92.2	119.5	129.5	139.2	147.6	161.0
H. CALIFORNIA										
Nonagricultural	2,961.3	3,209.4	4,082.9	4,896.0	5,800.3	6,946.2	6,917.0	7,209.9	7,621.9	7,834.3
Manufacturing	860.8	759.7	1,121.1	1,317.2	1,411.2	1,558.0	1,473.2	1,536.0	1,653.5	1,694.1
Government	533.7	533.3	681.2	874.0	1,105.4	1,424.7	1,446.3	1,492.7	1,524.8	1,586.0
I. NEW MEXICO										
Nonagricultural	105.9	151.6	182.9	236.3	262.5	292.6	305.7	327.5	346.0	360.2
Manufacturing	6.4	10.3	12.5	17.1	17.6	21.4	22.6	26.1	28.9	29.6
Government	28.5	33.5	46.4	63.5	75.4	89.2	92.3	96.0	99.5	102.5
J. TEXAS										
Nonagricultural	1,579.2	1,921.4	2,291.2	2,539.5	2,932.4	3,624.9	3,683.5	3,884.4	4,141.7	4,360.2
Manufacturing	393.3	363.6	461.1	487.7	572.1	734.3	710.5	738.7	790.2	831.3
Government	285.7	290.2	357.7	431.0	525.6	662.3	684.2	714.8	745.3	776.0
U.S. Border										
Nonagricultural	4,782.9	5,444.0	6,783.0	8,005.6	9,398.9	11,411.1	11,487.6	12,068.1	12,824.1	13,300.7
Manufacturing	1,280.6	1,150.6	1,627.4	1,871.3	2,065.8	2,404.9	2,295.5	2,399.5	2,582.8	2,667.9
Government	880.8	891.6	1,130.3	1,436.5	1,798.6	2,295.7	2,352.3	2,442.7	2,562.1	2,625.5
U.S. Total										
Nonagricultural	40,374	45,197	50,641	54,189	60,765	70,880	71,214	73,675	76,790	78,265
Manufacturing	15,524	15,241	16,882	16,796	18,062	19,367	18,623	19,151	20,154	20,077
Government	2,808	1,928	2,187	2,270	2,378	2,731	2,696	2,684	2,663	2,724

State	1975	1976	1977	1978	1979	1980	1981	1982	1983
G. ARIZONA									
Nonagricultural	729.1	758.7	809.3	895.4	979.9	1,014.0	1,040.7	1,029.8	1,064.4
Manufacturing	99.8	105.6	113.9	126.9	144.1	154.4	160.6	154.5	155.7
Government	169.7	177.3	181.9	194.8	196.2	201.8	199.5	199.9	202.1
H. CALIFORNIA									
Nonagricultural	7,847.2	8,154.2	8,599.7	9,199.8	9,664.6	9,852.4	9,996.2	9,823.8	9,928.0
Manufacturing	1,586.9	1,650.9	1,728.3	1,875.2	2,002.7	2,007.8	2,022.7	1,945.4	1,927.2
Government	1,670.6	1,695.6	1,740.7	1,753.1	1,735.0	1,763.9	1,756.4	1,735.2	1,725.1
I. NEW MEXICO									
Nonagricultural	370.2	390.0	415.4	444.3	461.0	465.4	475.5	473.6	478.1
Manufacturing	28.6	30.3	32.2	33.4	34.8	34.4	34.3	34.1	34.4
Government	104.8	108.0	111.0	116.6	120.5	125.0	125.8	125.6	127.2
J. TEXAS									
Nonagricultural	4,462.9	4,683.7	4,906.8	5,271.6	5,601.8	5,851.2	6,179.8	6,263.1	6,174.2
Manufacturing	815.9	862.3	893.5	962.8	1,021.9	1,056.9	1,115.3	1,045.2	961.3
Government	815.8	847.0	875.5	923.7	953.2	978.1	1,000.8	1,023.6	1,039.6
U.S. Border									
Nonagricultural	13,409.4	13,986.6	14,731.2	15,811.1	16,707.3	17,183.0	17,692.3	17,590.3	17,644.7
Manufacturing	2,531.2	2,649.1	2,767.9	2,998.3	3,203.5	3,253.5	3,332.9	3,179.2	3,078.6
Government	2,760.9	2,827.9	2,909.1	2,998.2	3,004.8	3,068.8	3,082.5	3,084.3	3,094.0
U.S. Total									
Nonagricultural	76,945	79,382	82,471	86,697	80,823	90,406	91,156	89,566	90,138
Manufacturing	18,323	18,997	19,682	20,505	21,040	20,285	20,170	18,781	18,497
Government	2,748	2,733	2,727	2,753	2,773	2,866	2,772	2,739	2,752

SOURCE: HLS, 1985, tables 63, 82, 83, 84.

Table 706
CALIFORNIA ECONOMICALLY ACTIVE POPULATION, BY SECTOR, 1967, 1975, 1982

Year	Manufacturing	Trade	Services	Government	Other	Total
1967	25.0	21.3	17.0	20.0	16.7	100.0
1975	20.3	22.7	20.1	21.0	15.9	100.0
1982†	18.9	23.4	22.5	17.0	18.2	100.0

SOURCE: Ramón de Jesús Ramírez Acosta and Victor Castillo Rodríguez, *La Frontera México–Estados Unidos, Estudios de las Economías de Baja California y California* (Tijuana: Universidad Autónoma de Baja California, n.d.), p. 26.

Table 707

MEXICO ECONOMICALLY ACTIVE POPULATION,[1] BY BORDER MUNICIPALITY AND SECTOR, 1970, 1975, 1980

	1970		1975		1980	
State and City	N	% of Total	N	% of Total	N	% of Total
A. BAJA CALIF.						
Mexicali						
Total EAP	98,738	100.0	120,835	100.0	170,675	100.0
Primary Activities[2]	32,820	33.2	40,166	33.2	22,974	13.5
Petroleum Industry	116	.1	145	.1	~	~
Mining	318	.3	386	.3	189[a]	.1[a]
Manufacturing	15,193	15.4	18,596	15.4	19,283	11.3
Construction	4,329	4.4	5,293	4.4	9,879	5.8
Electrical Energy	542	.5	665	.6	884[b]	.5[b]
Commerce	12,469	12.6	15,261	12.6	20,893	12.2
Transportation	2,713	2.7	3,323	2.8	6,847[c]	4.0[c]
Services	3,822	3.9	4,676	3.9	33,007[d]	19.3[d]
Government	~	~	~	~	~	~
Unclassified	6,719	6.8	8,217	6.8	56,719	33.2
Tijuana						
Total EAP	89,013	100.0	~	100.0	162,064	100.0
Primary Activities[2]	8,176	9.2	~	~	5,095	3.1
Petroleum Industry	164	.2	~	~	~	~
Mining	277	.3	~	~	124[a]	.1[a]
Manufacturing	18,936	21.3	~	~	27,075	16.7
Construction	6,386	7.2	~	~	10,305	6.4
Electrical Energy	469	.5	~	~	335[b]	.2[b]
Commerce	15,069	16.9	~	~	26,509	16.4
Transportation	2,924	3.3	~	~	6,350[c]	3.9[c]
Services	25,923	29.1	~	~	30,469[d]	18.8[d]
Government	2,772	3.1	~	~	~	~
Unclassified	7,917	8.9	~	~	55,805	34.4
B. CHIHUAHUA						
Ciudad Juárez						
Total EAP	108,078	100.0	144,051	100.0	206,868	100.0
Primary Activities[2]	9,342	8.6	12,446	8.6	6,366	3.0
Petroleum Industry	198	.2	274	.2	~	~
Mining	403	.4	533	.4	276[a]	.1[a]
Manufacturing	19,215	17.8	25,612	17.8	44,586	21.6
Construction	8,851	8.2	11,798	8.2	14,218	6.9
Electrical Energy	419	.4	562	.4	493[b]	.2[b]
Commerce	19,149	17.7	25,526	17.7	29,455	14.2
Transportation	4,532	4.2	6,036	4.2	10,786[c]	5.2[c]
Services	~	~	~	~	35,359[d]	17.1[d]
Government	3,522	3.3	4,696	3.3	~	~
Unclassified	8,823	8.2	11,755	8.2	65,329	31.6
C. COAHUILA						
Ciudad Acuña						
Total EAP	9,299	100.0	11,619	100.0	14,599	100.0
Primary Activities[2]	1,915	20.6	2,393	20.6	1,578	10.8
Petroleum Industry	9	.1	10	.1	~	~
Mining	273	2.9	342	2.9	65[a]	.4[a]
Manufacturing	1,239	13.3	1,549	13.3	2,669	18.3
Construction	828	8.9	1,035	8.9	1,113	7.6
Electrical Energy	26	.3	33	.3	41[b]	.3[b]
Commerce	1,286	13.8	1,607	13.8	1,838	12.6
Transportation	277	3.0	346	3.0	490[c]	3.4[c]
Services	2,508	27.0	3,134	27.0	2,404[d]	16.5[d]
Government	402	4.3	502	4.3	~	~
Unclassified	536	5.8	669	5.8	4,401	30.1
Piedras Negras						
Total EAP	12,130	100.0	20,922	100.0	26,345	100.0
Primary Activities[2]	1,957	16.1	3,375	16.1	1,180	4.5
Petroleum Industry	8	.1	15	.1	~	~
Mining	113	.9	195	.9	454[a]	1.7[a]
Manufacturing	2,792	23.0	4,816	23.0	4,061	15.4
Construction	748	6.2	1,291	6.2	1,864	7.1
Electrical Energy	50	.4	86	.4	287[b]	1.1[b]
Commerce	1,630	13.4	2,812	13.4	2,780	10.6
Transportation	434	3.6	749	3.6	1,018[c]	3.9[c]
Services	2,959	24.4	5,103	24.4	4,445[d]	16.9[d]
Government	485	4.0	837	4.0	~	~
Unclassified	954	7.9	1,644	7.9	10,256	38.9

Table 707 (Continued)
MEXICO ECONOMICALLY ACTIVE POPULATION,[1] BY BORDER MUNICIPALITY AND SECTOR, 1970, 1975, 1980

	1970		1975		1980	
State and City	N	% of Total	N	% of Total	N	% of Total
E. SONORA						
Nogales						
Total EAP	14,218	100.0	17,080	100.0	26,060	100.0
Primary Activities[2]	1,017	7.2	1,221	7.1	608	2.3
Petroleum Industry	12	.1	15	.1	~	~
Mining	77	.5	92	.5	29[a]	.1[a]
Manufacturing	2,653	18.7	3,187	18.7	6,527	25.0
Construction	999	7.0	1,201	7.0	1,081	4.1
Electrical Energy	38	.3	44	.3	40[b]	.2[b]
Commerce	2,362	16.6	2,837	16.6	2,807	10.8
Transportation	869	6.1	1,044	6.1	2,767[c]	10.6[c]
Services	4,271	30.0	5,131	30.0	3,700[d]	14.2[d]
Government	813	5.7	977	5.7	~	~
Unclassified	1,107	7.8	1,331	7.8	8,438	32.4
F. TAMAULIPAS						
Matamoros						
Total EAP	49,467	100.0	58,168	100.0	86,470	100.0
Primary Activities[2]	13,311	26.9	15,774	27.1	9,517	11.0
Petroleum Industry	66	.1	76	.1	~	~
Mining	131	.3	158	.3	109[a]	.1[a]
Manufacturing	7,179	14.5	8,505	14.6	15,317	17.7
Construction	2,846	5.8	3,371	5.8	5,825	6.7
Electrical Energy	156	.3	188	.3	153[b]	.2[b]
Commerce	6,703	13.6	7,943	13.7	10,356	12.0
Transportation	1,717	3.5	2,034	3.5	3,451[c]	4.0[c]
Services	12,621	25.5	14,954	25.7	15,146[d]	17.6[d]
Government	1,810	3.7	2,145	3.7	~	~
Unclassified	2,927	5.9	3,470	5.9	26,596	30.8
Nuevo Laredo						
Total EAP	39,463	100.0	52,928	100.0	68,892	100.0
Primary Activities[2]	4,397	11.1	5,896	11.1	2,403	3.5
Petroleum Industry	64	.2	85	.2	~	~
Mining	117	.3	159	.3	90[a]	.1[a]
Manufacturing	7,780	19.7	10,432	19.7	8,582	12.5
Construction	2,682	6.8	3,599	6.8	5,148	7.5
Electrical Energy	146	.4	196	.4	242[b]	.4[b]
Commerce	5,712	14.5	7,664	14.5	11,071	16.1
Transportation	1,880	4.8	2,519	4.8	4,320[c]	6.3[c]
Services	11,900	30.2	15,958	30.2	14,268[d]	20.7[d]
Government	1,779	4.5	2,387	4.5	~	~
Unclassified	3,006	7.6	4,033	7.6	18,768	27.2
Reynosa						
Total EAP	38,032	100.0	42,972	100.0	68,069	100.0
Primary Activities[2]	6,122	16.1	6,914	16.1	4,650	6.8
Petroleum Industry	5,946	15.6	6,210	14.5	~	~
Mining	90	.2	99	.2	1,416[a]	2.1[a]
Manufacturing	4,095	10.8	4,628	10.8	10,617	15.6
Construction	2,958	7.8	3,343	7.8	5,615	8.2
Electrical Energy	144	.4	163	.4	244[b]	.4[b]
Commerce	5,352	4.1	6,046	14.1	8,456	12.4
Transportation	1,295	3.4	1,465	3.4	2,693[c]	4.0[c]
Services	8,621	22.7	9,742	22.7	12,677[d]	18.6[d]
Government	1,243	3.3	1,405	3.3	~	~
Unclassified	2,616	6.9	2,957	6.9	21,701	31.9

1. "Economically active population" includes all persons engaged or seeking to be engaged in productive work in some branch of economic activity.
2. Includes agriculture, forestry, fisheries, and hunting.

a. Includes petroleum industry.
b. Includes gas and water.
c. Includes communications.
d. Includes public administration and defense.

SOURCE: SPP, *Monografías Socio-Económicas de las Ciudades Fronterizas* (México, D.F.: Talleres Gráficos de la Nación, 1976); CGP, 1980, Individual States, vol. 2, table 13.

Table 708

U.S. BORDER EMPLOYMENT, BY SECTOR, 1969, 1976

Sector	1969 N	1969 %	1976 N	1976 %
U.S. Border				
Total Employment	1,251,528	100.0	1,495,642	100.0
Agriculture Services, Forestry, Fisheries	11,802	.9	23,962	1.6
Mining	15,820	1.3	18,156	1.2
Contract Construction	56,319	4.5	64,558	4.3
Manufacturing	139,419	11.1	167,088	11.2
Transportation, Utilities, Communications	51,294	4.1	61,786	4.1
Wholesale Trade	38,522	3.1	55,113	3.7
Retail Trade	178,956	14.3	246,872	16.5
Finance, Insurance, Real Estate	38,241	3.1	55,885	3.7
Services	196,592	15.7	254,259	17.0
Government	475,661	38.0	499,388	33.4
Unclassified	48,902	3.9	49,205	3.3
U.S. Total				
Total Employment	78,247,265	100.0	85,884,900	100.0
Agriculture Services, Forestry, Fisheries	282,845	.4	376,000	.4
Mining	622,766	.7	779,000	.9
Contract Construction	3,617,094	4.6	3,617,000	4.2
Manufacturing	20,270,000	25.9	19,041,000	22.2
Transportation, Utilities, Communications	4,455,000	5.7	4,560,000	5.3
Wholesale Trade	3,731,825	4.8	4,570,000	5.3
Retail Trade	11,204,337	14.3	13,290,000	15.5
Finance, Insurance, Real Estate	3,597,691	4.6	4,356,000	5.1
Services	13,306,667	17.0	16,202,000	18.9
Government	15,882,583	20.3	17,690,000	20.6
Unclassified	1,276,456	1.6	1,403,900	1.6

SOURCE: Niles Hansen, *The Border Economy: Regional Development in the Southwest* (Austin: University of Texas Press, 1981), pp. 170–172.

Table 709

MEXICO ECONOMICALLY ACTIVE POPULATION (12 YEARS AND OLDER) IN URBAN AREAS AND BORDER URBAN AREAS, BY ECONOMIC SECTOR, 1940, 1970

(%)

Area	Total	Agriculture	Extractive	Manufacturing	Construction	Electricity	Commerce	Communications and Transportation	Services	Government
1940										
National	5,858,477	65.42	1.65	10.33	1.98	.13	7.06	3.06	10.37	~
Urban Areas[1]	1,146,354	5.08	1.60	27.14	5.47	.39	19.06	8.96	32.30	~
Border Urban Areas	39,435	17.34	.45	17.20	5.22	.35	20.57	7.61	31.26	~
Tijuana	4,992	9.59	.26	13.68	4.47	.60	22.70	4.13	44.57	~
Mexicali	5,624	23.81	.39	17.91	3.11	.21	14.95	6.46	33.16	~
Ciudad Juárez	13,572	15.71	.60	19.24	6.69	.33	22.89	6.90	27.64	~
Nuevo Laredo	7,896	14.11	.40	16.69	5.64	.43	19.14	12.84	30.75	~
Reynosa	2,757	28.80	.76	13.75	4.82	.25	18.03	6.57	27.02	~
Matamoros	4,594	21.33	.15	17.04	3.83	.18	22.27	6.60	28.60	~
1970										
National	12,955,057	41.13	1.56	18.07	4.58	.48	9.78	3.10	17.77	3.53
Urban Areas[1]	5,566,260	3.63	1.03	27.37	5.97	.64	16.21	5.17	33.48	6.50
Border Urban Areas	378,631	11.06	2.28	20.50	7.51	.56	17.77	4.31	31.54	4.47
Tijuana	90,382	8.42	.62	23.70	7.46	.65	18.62	3.81	32.91	3.81
Mexicali	69,594	18.03	.65	21.68	5.78	.79	16.77	3.75	26.94	5.61
Ciudad Juárez	105,802	8.25	.66	19.89	8.66	.45	19.28	4.69	34.26	3.86
Nuevo Laredo	39,756	10.86	.54	21.81	7.02	.43	15.72	5.47	32.88	5.27
Reynosa	35,260	10.87	18.49	12.22	8.50	.46	15.73	3.90	25.79	4.04
Matamoros	37,837	12.79	.55	18.76	7.20	.42	17.42	4.61	33.05	5.20

1. Areas with 50,000 inhabitants and more in 1960.

SOURCE: Luis Unikel, *El Desarrollo Urbano de México* (México, D.F.: El Colegio de México, 1976).

Table 710

MEXICO ECONOMICALLY ACTIVE POPULATION IN SELECTED BORDER MUNICIPALITIES, BY ECONOMIC SECTOR, 1950, 1960

Sector	Matamoros 1950	Matamoros 1960	Nuevo Laredo 1950	Nuevo Laredo 1960	Juárez 1950	Juárez 1960	Mexicali 1950	Mexicali 1960	Tijuana 1950	Tijuana 1960
Number										
Primary	26,023	22,456	3,537	7,090	7,231	16,518	24,353	47,623	4,753	10,367
Secondary	4,020	7,353	3,953	6,862	11,547	24,621	4,720	13,130	4,667	13,207
Tertiary	9,166	15,969	9,931	16,426	18,952	42,689	10,456	26,411	10,175	24,937
Unspecified	2,278	104	1,757	198	4,247	2,161	1,863	3,212	2,001	4,321
Total	41,487	45,882	19,178	30,576	41,977	85,989	41,392	90,376	21,596	52,832
Percentage										
Primary	62.7	48.9	18.4	23.2	17.2	19.2	58.8	52.7	22.0	19.6
Secondary	9.7	16.0	20.6	22.4	27.5	28.6	11.4	14.5	21.6	25.0
Tertiary	22.1	34.8	51.8	53.7	45.1	49.6	25.3	29.2	47.1	47.2
Unspecified	5.5	.2	9.2	.6	10.1	2.5	4.5	3.6	9.3	8.2
Total	100.0	100.0	100.0	100.0	100.0	100.0	100.0	100.0	100.0	100.0

SOURCE: Oscar J. Martínez, *Ciudad Juárez: El Auge de una Ciudad Fronteriza a Partir de 1848* (México, D.F.: Fondo de Cultura Económica, 1982), p. 221.

Table 711

EL PASO OCCUPATIONAL DISTRIBUTION, BY SURNAME,[1] 1910-70

	1910		1920		1930		1940		1950		1960		1970	
Category	SS	NSS	SS	NSS	SS	NSS	SS	NSS	SS	NSS	SS	NSS	SS	NSS
Upper White Collar	1.6	17.0	3.8	21.6	1.8	25.9	1.8	18.4	1.8	17.8	3.4	21.7	6.3	27.4
Lower White Collar	11.2	47.2	18.5	45.9	17.6	44.9	18.4	47.2	26.4	49.4	28.6	50.4	29.2	50.6
Skilled Workers	12.8	15.6	10.5	12.5	13.1	11.2	12.6	9.6	11.2	12.4	12.2	8.1	7.4	3.6
Semiskilled and Service Workers	17.0	16.0	21.0	16.9	19.7	16.3	25.8	22.0	33.2	165.6	27.6	13.2	33.7	17.3
Unskilled Workers and Domestics	57.4	4.2	46.2	3.1	47.9	1.8	41.4	2.8	27.4	4.8	28.2	6.5	23.5	1.2

1. SS = Spanish surname; NSS = Non-Spanish surname.

SOURCE: Oscar J. Martínez, *Ciudad Juárez: El Auge de una Ciudad Fronteriza a Partir de 1848* (México, D.F.: Fondo de Cultura Económica, 1982), p. 216.

Table 712

TIJUANA ECONOMICALLY ACTIVE POPULATION, BY ECONOMIC SECTOR, 1960, 1970, 1980

	1960		1970		1980	
Sector	N	%	N	%	N	%
Primary	10,343	19.2	8,176	9.2	5,095	4.7
Secondary	13,195	25.0	26,232	29.4	37,839	35.7
Tertiary	29,212	55.3	54,605	61.4	63,328	59.6
Total Tijuana EAP	52,750	100.0	89,013	100.0	106,262	100.0
Total State EAP	167,058		221,779		403,279	

SOURCE: Ramón de Jesús Ramírez Acosta and Victor Castillo Rodríguez, *La Frontera México-Estados Unidos, Estudios de las Economías de Baja California y California* (Tijuana: Universidad Autónoma de Baja California, n.d.), p. 27.

Table 713

MEXICO GROWTH OF EMPLOYMENT IN AGRICULTURE, TRADE, AND INDUSTRY, SELECTED MUNICIPALITIES, 1930, 1940

	Agriculture			Trade			Industry		
Municipality	1930	1940	PC	1930	1940	PC	1930	1940	PC
Matamoros	5,947	12,961	118	563	1,634	190	353	907	157
Nuevo Laredo	2,011	1,934	-4	934	2,303	147	819	1,453	77
Juárez	4,559	3,723	-18	1,816	4,602	153	1,827	3,077	68
Mexicali	9,213	9,568	4	856	1,773	107	671	1,160	73
Tijuana	1,145	1,820	59	594	2,350	296	657	988	50

SOURCE: Oscar J. Martínez, *Ciudad Juárez: El Auge de una Ciudad Fronteriza a Partir de 1848* (México, D.F.: Fondo de Cultura Económica, 1982). 220.

Table 714
U.S. AGRICULTURAL AND NONAGRICULTURAL WORKERS,[1] 4 SC, 1900–40
(N)

State	1900	1920	1940	1900–40 (PC)
G. ARIZONA				
Agricultural	17,600	35,400	36,100	105.1
Nonagricultural	35,700	95,200	132,700	271.7
H. CALIFORNIA				
Agricultural	161,500	260,600	289,100	79.0
Nonagricultural	482,700	1,252,100	2,526,200	489.3
I. NEW MEXICO				
Agricultural	34,900	54,100	50,300	44.1
Nonagricultural	31,100	68,000	109,900	253.4
J. TEXAS				
Agricultural	696,000	787,900	669,200	−3.9
Nonagricultural	337,000	931,100	1,658,100	392.0
U.S. Total				
Agricultural	11,288,000	10,665,800	8,700,400	−22.9
Nonagricultural	17,775,200	30,948,400	40,925,000	130.2

1. Ten years old and over.

SOURCE: *Population Redistribution and Economic Growth, United States, 1870–1950* (Philadelphia: The American Philosophical Society, 1957), pp. 609–621.

Table 715
MEXICO EMPLOYMENT IN MAQUILADORAS, BY BORDER MUNICIPALITY, 1975–85

Year	Mexico Total	Border Municipalities	Tijuana	Mexicali	Ciudad Juárez	Nuevo Laredo	Reynosa	Matamoros	Other Border Municipalities	Other Municipalities
PART I. Absolute Data										
1975	67,214	61,912	7,844	6,324	19,775	1,928	1,255	9,778	15,008	5,302
1976	74,496	67,258	7,795	6,604	23,580	1,605	1,381	10,966	15,327	7,238
1977	78,433	70,494	7,111	6,351	26,792	1,651	1,258	11,357	15,974	7,939
1978	90,704	82,130	8,778	6,543	30,374	1,916	2,897	13,443	18,179	8,574
1979	111,365	100,138	10,889	7,965	36,206	2,254	4,237	15,894	22,693	11,227
1980	119,546	106,208	12,343	7,146	39,402	2,462	5,450	15,231	24,174	13,338
1981	130,973	116,142	14,482	7,628	43,994	2,529	7,848	15,607	24,054	14,831
1982	127,048	112,875	14,959	6,268	42,695	2,602	9,259	14,643	22,449	14,173
1983	150,867	134,086	17,423	7,392	54,073	2,839	10,660	15,639	26,060	16,781
1984	199,684	175,778	23,047	10,264	72,495	3,752	13,867	19,454	32,899	23,906
1985	211,968	184,664	25,913	10,876	77,692	3,603	12,761	20,686	33,133	27,304
PART II. Percentage Data										
1975	100.0	92.1	11.7	9.4	29.4	2.9	1.9	14.6	22.1	7.9
1976	100.0	90.3	10.5	8.9	31.6	2.1	1.9	14.7	20.6	9.7
1977	100.0	89.9	9.1	8.1	34.2	2.1	1.6	14.5	20.3	10.1
1978	100.0	90.5	9.7	7.2	33.5	2.1	3.2	14.8	20.0	9.5
1979	100.0	89.9	9.8	7.1	32.5	2.0	3.8	14.3	20.4	10.1
1980	100.0	88.8	10.3	6.0	33.0	2.1	4.6	12.7	20.2	11.2
1981	100.0	88.7	11.1	5.8	33.6	1.9	6.0	11.9	18.4	11.3
1982	100.0	88.8	11.8	4.9	33.6	2.0	7.3	11.5	17.7	11.2
1983	100.0	88.9	11.5	4.9	35.8	1.9	7.1	10.4	17.3	11.1
1984	100.0	88.0	11.5	5.1	36.3	1.9	6.9	9.7	16.5	12.0
1985	100.0	87.1	12.2	5.1	36.7	1.7	6.0	9.8	15.6	12.9

SOURCE: INEGI-IM.

Table 716

U.S. EMPLOYMENT IN TRADE, SERVICES, AND MANUFACTURING, BY BORDER COUNTY, 4 SC, 1976

		Trade		Services		Manufacturing	
	State	N	%	N	%	N	%
G.	ARIZONA	46,000	27.8	59,800	36.2	7,300	4.4
H.	CALIFORNIA	169,900	32.0	129,300	24.3	86,200	16.2
I.	NEW MEXICO	9,800	27.8	10,900	35.2	2,600	7.4
J.	TEXAS	87,900	34.3	45,900	17.9	45,400	17.7

SOURCE: Niles Hansen, *The Border Economy: Regional Development in the Southwest* (Austin: University of Texas Press, 1981), p. 70.

Table 717

MEXICAN WORKERS DEPARTING TO AND RETURNING FROM THE UNITED STATES, 6 SC, 1942-67[a]

(N)

		1942		1943		1944		1945		1946	
	State	Departing	Returning	Departing	Returning	Departing	Returning	Departing	Returning	Departing	Returning
A.	BAJA CALIF.	2	0	24	4	18	10	6	0	1	0
B.	CHIHUAHUA	8	0	142	25	1,179	149	2,110	779	6,230	1,728
C.	COAHUILA	8	2	277	66	212	201	1,347	578	1,441	1,079
D.	NUEVO LEON	6	2	103	29	140	92	38	45	6	27
E.	SONORA	3	0	79	8	28	14	9	7	5	6
F.	TAMAULIPAS	11	4	186	52	1,267	329	3,076	1,401	3	675
	Mexico Border	38	8	811	184	2,844	795	6,586	2,810	7,686	3,515
	Mexico Total	4,142	903	75,923	42,368	118,059	64,257	104,641	79,190	31,190	37,597

		1947		1948		1949		1950		1951	
	State	Departing	Returning	Departing	Returning	Departing	Returning	Departing	Returning	Departing	Returning
A.	BAJA CALIF.	2,381	7	1	61	32	8	25	2	419	6
B.	CHIHUAHUA	9,447	1,573	45	6,279	3,808	3,949	104	1,069	55,002	24
C.	COAHUILA	4,030	364	349	916	717	1,724	4,671	310	14,425	192
D.	NUEVO LEON	4,186	22	1,824	447	414	853	1,040	66	7,872	308
E.	SONORA	1,340	4	6	21	2,587	2,576	666	289	4,884	664
F.	TAMAULIPAS	2,846	14	2,205	850	92	630	512	29	4,629	109
	Mexico Border	24,230	1,974	4,430	8,574	7,650	9,740	7,018	1,756	87,231	1,303
	Mexico Total	72,769	27,796	24,320	18,789	19,866	27,880	23,399	5,034	308,878	6,510

		1952		1953		1954		1955		1956	
	State	Departing	Returning	Departing	Returning	Departing	Returning	Departing	Returning	Departing	Returning
A.	BAJA CALIF.	10	3	13	0	46	0	713	0	3,621	0
B.	CHIHUAHUA	35,984	5	54,392	23	43,939	4	31,142	0	29,965	0
C.	COAHUILA	6,449	14	11,889	15	9,500	6	19,612	0	21,771	0
D.	NUEVO LEON	1,799	49	717	11	6,261	33	21,987	0	23,217	0
E.	SONORA	73	81	16	4	414	3	1,803	0	1,692	0
F.	TAMAULIPAS	628	17	392	17	2,805	13	5,605	0	8,269	0
	Mexico Border	44,943	169	67,419	70	62,919	59	80,862	0	88,535	0
	Mexico Total	195,963	7,187	130,794	5,511	153,975	2,196	398,703	0	432,926	424,677

Table 717 (Continued)
MEXICAN WORKERS DEPARTING TO AND RETURNING FROM THE UNITED STATES, 6 SC, 1942–67[a]
(N)

	1957		1958		1959		1960		1961	
State	Departing	Returning	Departing	Returning	Departing	Returning	Departing	Returning	Departing	Returning
A. BAJA CALIF.	3,125	0	2,252	0	6,746	0	277	0	202	0
B. CHIHUAHUA	28,092	0	37,402	0	35,509	0	32,897	0	32,800	0
C. COAHUILA	22,629	0	24,160	0	18,818	0	11,887	0	13,760	0
D. NUEVO LEON	17,963	0	23,285	0	25,637	0	21,631	0	12,483	0
E. SONORA	2,418	0	3,114	0	6,789	0	6,967	0	5,159	0
F. TAMAULIPAS	6,076	0	8,200	0	7,631	0	7,473	0	9,811	0
Mexico Border	80,303	0	98,413	0	101,130	0	81,132	0	74,215	0
Mexico Total	436,049	405,215	432,491	436,353	444,408	426,536	319,412	325,999	296,464	292,520

	1962		1963		1964		1965		1966		1967	
State	Departing	Returning	Departing	Returning	Departing	Returning	Departing	Returning	Departing	Returning		
A. BAJA CALIF.	419	~	139	~	331	~	1,000	~	1,633	~	~	~
B. CHIHUAHUA	10,765	~	15,111	~	12,769	~	~	~	~	~	~	~
C. COAHUILA	6,194	~	7,406	~	4,376	~	1,000	~	~	~	~	~
D. NUEVO LEON	6,339	~	5,105	~	3,967	~	~	~	~	~	~	~
E. SONORA	3,662	~	2,989	~	2,780	~	600	~	~	~	~	~
F. TAMAULIPAS	567	~	2,329	~	1,424	~	2,600	~	~	~	~	~
Mexico Border	27,946	~	33,079	~	25,647	~	19,970	~	1,633	~	~	~
Mexico Total	198,522	217,761	189,528	~	179,298	~	~	~	6,133	~	6,000	~

a. Data from 1942–64 relate to the Bracero program, arranged for the temporary transfer of Mexican workers to the United States.

SOURCE: Adapted from Moisés González Navarro, *Población y sociedad en México (1900–1970)*, vol. 2, table 41; and AEM, 1964/65, and 1966/67, tables 3.29 and 3.31, respectively.

Table 718

UNDOCUMENTED MEXICAN WORKERS IN THE UNITED STATES, 1970–85[a]

(N)

Category	1970	1971	1972	1973	1974	1975	1976	1977	1978	1979	1980	1981	1983	1984	1985
Mexican Undocumented Workers Apprehended and Considered "Deportable"	219,254	290,152	355,099	480,588	616,630	579,448	848,130	792,613	841,525	866,761	734,219	797,923	1,076,345	1,102,583	1,349,000
Working in Agriculture	53,674	74,423	84,084	101,220	111,289	116,250	140,260	103,300	96,297	102,817	51,035	75,241	87,606	83,583	~
Working in Trades, Crafts, and Industry	13,625	15,895	21,217	24,996	26,555	24,413	29,001	24,393	30,989	30,879	16,772	23,730	24,515[b]	24,509[b]	~
Other	151,955	199,834	249,798	354,372	478,786	438,785	678,869	664,920	714,239	733,065	666,412	698,952	~	~	~
Mexicans as % of Total Undocumented Workers Apprehended	94.9	95.9	96.1	96.5	97.1	97.0	96.6	97.5	97.6	97.5	96.7	96.7	97.3	96.8	~

a. For 1970–75, year ending June 30; 1976–81, year ending September 30.
b. Category in source was changed to "Working in Industry and Other."

SOURCE: INS-AR, 1970–81; INS Form 23.18; SAUS.

Table 719

U.S. HISPANIC-ORIGIN WORKERS: CIVILIAN LABOR FORCE, EMPLOYMENT, AND UNEMPLOYMENT, 5 SC, 1979, 1980

(T)

	State	1979			1980		
		Civilian Labor Force	Employment	Unemployment	Civilian Labor Force	Employment	Unemployment
	Arizona/Colorado/ New Mexico	403	373	30	475	423	52
H.	CALIFORNIA	1,649	1,508	141	1,844	1,661	181
J.	TEXAS	1,057	983	74	1,120	1,024	96
	U.S. Border	3,109	2,864	245	3,439	3,108	329
	U.S. Total	5,019	4,684	415	5,485	4,931	554

SOURCE: U.S. Dept. of Labor, *Bureau of Labor Statistics News*, March 9, 1981.

Table 720

U.S. COMMUTER WORKERS, BY OCCUPATIONAL CLASS, 4 S, 1967

(Daily Averages)

State/Port	Industry	Building Trades and Construction	Agriculture	Sales and Service	Household	Total
G. ARIZONA						
San Luis	39	14	3,325	146	29	3,553
Lukeville	0	0	0	0	0	0
Sasabe	0	0	0	3	0	3
Nogales	179	136	6	682	115	1,118
Naco	3	31	10	47	3	94
Douglas	48	28	175	99	30	380
H. CALIFORNIA						
San Ysidro	2,005	409	2,827	1,950	344	7,535
Tecate	6	4	30	14	2	56
Calexico	195	93	6,810	517	75	7,690
Andrade	1	0	2	0	0	3
I. NEW MEXICO						
Columbus	2	1	26	1	0	30
J. TEXAS						
El Paso						
Santa Fe Bridge	1,801	844	1,088	2,725	1,388	7,846
Cordova	1,145	704	136	1,387	119	3,491
Ysleta	132	60	165	46	20	423
Fabens	60	14	195	1	9	279
Fort Hancock	3	1	46	0	3	53
Presidio	1	3	17	2	1	24
Del Rio	144	65	18	70	20	317
Eagle Pass	185	147	751	398	154	1,635
Laredo	106	212	321	1,825	205	2,669
Roma	1	7	54	10	1	73
Hidalgo	70	146	472	199	50	937
Progresso	0	6	41	2	1	50
Brownsville	724	215	298	632	148	1,917
Total	6,850	3,140	16,731	10,756	2,717	40,176

SOURCE: Julian Samora, *Los Mojados: The Wetback Story* (Notre Dame: University of Notre Dame Press, 1971), p. 21.

Table 721

LOS ANGELES COUNTY LABOR FORCE STATUS OF MEXICAN-ORIGIN IMMIGRANTS, 1980

Status	Total Los Angeles County	Native Population	Immigrant Population	Hispanic Immigrants		Non-Hispanic Immigrants
				Mexican	Non-Mexican	
Total Population						
16 Years and Over	5,710,527	4,320,807	1,389,720	536,640	205,880	647,200
Civilian Labor Force	3,694,683	2,820,763	873,920	358,620	143,460	371,840
Employed	3,471,764	2,655,404	816,360	328,880	132,780	354,700
Unemployed	222,919	165,359	57,560	29,740	10,680	17,140
Armed Services	10,833	9,633	1,200	120	140	940
Not in Labor Force	2,005,011	1,490,411	514,600	177,900	62,280	274,420

SOURCE: Thomas J. Espenshade and Tracy Goodis, *Recent Immigrants to Los Angeles: Characteristics and Labor Market Impacts* (Washington, D.C.: The Urban Institute, May 1985).

Table 722
LOS ANGELES COUNTY EXPERIENCED WORKERS, BY OCCUPATIONAL CLASS, 1980

Status	Total Los Angeles County	Native Population	Immigrant Population	Hispanic Immigrants		Non-Hispanic Immigrants
				Mexican	Non-Mexican	
Experienced Workers[1]	3,483,135	2,482,075	1,001,060	398,920	160,140	442,000
White Collar	1,992,909	1,599,609	393,300	63,940	53,980	275,380
Professional, Managerial	858,061	698,541	159,520	16,740	17,160	125,620
Technical	107,233	83,133	24,100	2,680	2,760	18,660
Sales and Clerical	1,027,615	817,935	209,680	44,520	34,060	131,100
Blue Collar	1,489,448	881,688	607,760	334,980	106,160	166,620
Service	401,332	248,612	152,720	66,100	33,020	53,600
Agriculture, Forestry, Fishing	37,541	18,321	19,220	12,700	1,960	4,560
Craft and Kindred	431,828	292,708	139,120	64,300	22,960	51,860
Operatives and Laborers	618,747	322,047	296,700	191,880	48,220	56,600

1. Employed persons and those unemployed persons who have worked at any time in the past.

SOURCE: Thomas J. Espenshade and Tracy Goodis, *Recent Immigrants to Los Angeles: Characteristics and Labor Market Impacts* (Washington, D.C.: The Urban Institute, May 1985).

Table 723
LOS ANGELES COUNTY OCCUPATIONAL DISTRIBUTION, BY ETHNIC GROUP, 1980
(%)

Occupation	Mexican Immigrants[1]	Mexican Americans	Blacks	Asians	Non-Hispanic Whites
All Occupations	100.0	100.0	100.0	100.0	100.0
Professional, Managerial, Technical	3.0	12.8	21.4	34.3	35.3
Other White Collar	8.6	30.1	33.0	30.6	33.0
Skilled Blue Collar	15.0	13.7	9.3	9.2	11.8
Other	73.4	43.4	36.3	25.9	19.8

1. Mexican immigrants who arrived between 1970 and 1980.

SOURCE: Donald M. Manson, Thomas J. Espenshade, and Thomas Muller, *Mexican Immigration to Southern California: Issues of Job Competition and Worker Mobility* (Washington, D.C.: The Urban Institute, August 1985).

Table 724
U.S. MAJOR EMPLOYERS OF ILLEGAL ALIENS, 1980

Industry	% Illegal Alien Employees	Total Employees with Less Than 12 Years of Schooling
Crop Farming	6.46	48.90
Agricultural Services	.87	39.14
Horticulture	.93	38.54
Construction	6.46	34.74
Meat Products	1.40	39.42
Canned Fruits and Vegetables	1.79	51.71
Grain and Bakery Products	2.03	33.14
Beverages and Miscellaneous Food Products	.83	27.80
Textiles	1.66	50.32
Apparel	10.59	48.22
Paper and Allied Products	1.00	29.36
Chemical and Allied Products	1.26	20.37
Rubber and Plastics	1.26	32.40
Leather and Footwear	1.66	52.15
Lumber and Wood Products	1.00	45.08
Furniture and Fixtures	1.86	41.20
Primary Metals	1.39	30.52
Fabricated Metals	2.53	34.61
Electronic Computing Equipment	.73	12.08
Electrical Machinery	3.06	23.39
Transportation Equipment	2.40	25.84
Miscellaneous Manufacturing	2.26	37.22
Wholesale Grocers	1.33	31.18
Department Stores	.80	23.84
Retail Grocers	1.40	34.46
Eating and Drinking Places	7.39	44.26
Real Estate and Services to Dwellings	1.20	22.66
Auto Repair	1.00	41.11
Private Households	1.80	57.74
Hotels and Motels	1.93	36.45
Cleaners	.93	43.57
Hospitals	1.53	15.44
Educational Institutions	2.26	10.41
Total	78.51	30.03

SOURCE: Federal Reserve Bank of Dallas, *Economic Review*, May 1987, p. 3.

Table 725

U.S. NONAGRICULTURAL EMPLOYERS OF ILLEGAL ALIENS, 1980

Industry	(1) Employees per Establishment	(2) Illegal Aliens per Hundred Employees[1]	(3) Illegal Aliens per Establishment[2]	(4) % Illegal Aliens in Nonagricultural Industries
Manufacturing	61.42	12.80	7.86	42.61
Meat Products	87.69	19.43	17.04	1.54
Canned Fruits and Vegetables	104.92	35.95	37.72	1.97
Grain and Bakery Products	65.16	21.23	13.84	2.23
Beverages and Miscellaneous Food Products	53.24	6.91	3.68	.92
Textiles	108.21	10.20	11.04	1.83
Apparel	48.75	39.16	19.09	11.64
Paper and Allied Products	94.91	7.25	6.88	1.10
Chemical and Allied Products	73.32	6.38	4.67	1.39
Rubber and Plastics	50.69	8.16	4.14	1.39
Leather and Footwear	73.05	36.64	26.77	1.83
Lumber and Wood Products	17.48	7.62	1.33	1.10
Furniture and Fixtures	43.59	18.81	8.20	2.05
Primary Metals	120.96	7.18	8.69	1.53
Fabricated Metals	41.05	7.63	3.13	2.79
Electronic Computing Equipment	194.31	9.53	18.52	.81
Electric Machinery	116.36	7.04	8.19	3.37
Transportation Equipment	169.00	6.61	11.16	2.64
Miscellaneous Manufacturing	24.11	26.02	6.27	2.49
Nonmanufacturing	20.73	4.58	.95	30.82
Construction	9.36	6.64	.62	7.10
Wholesale Grocers	17.49	8.69	1.52	1.46
Department Stores	151.83	2.32	3.52	.88
Retail Grocers	15.81	3.03	.48	1.54
Eating and Drinking Places	14.59	6.97	1.02	8.13
Real Estate and Services to Dwelling	16.93	9.76	1.65	1.32
Auto Repair	4.12	12.05	.50	1.10
Private Households	1.52	52.19	.79	1.98
Hotels and Motels	30.72	7.89	2.42	2.12
Cleaners	8.07	11.56	.93	1.02
Hospitals	514.21	1.60	8.22	1.68
Educational Institutions	183.18	1.41	2.58	2.49

1. Computed as the number of illegal alien workers divided by the total number of employees. The estimates of illegal workers were obtained by multiplying an estimate of the size of the illegal nonagricultural labor force by the industry's share of all proxy-group members engaged in nonagricultural employment.
2. Column 3 equals column 1 times column 2, divided by 100.

SOURCE: Federal Reserve Bank of Dallas, *Economic Review*, May 1987, p. 5.

Table 726
TEXAS ILLEGAL ALIEN WORKERS, BY INDUSTRY, 1980

Industry	Illegal Aliens per Establishment	% Illegal Aliens in Nonagricultural Industries
Canned Fruits and Vegetables	82.74	1.51
Apparel	40.32	8.73
Meat Products	24.10	1.47
Primary Metals	17.01	1.45
Beverages and Miscellaneous Food	9.74	1.42
Hospitals	9.61	1.31
Electrical Machinery	8.22	1.79
Transport Equipment	8.04	1.22
Educational Institutions	6.10	2.92
Hotels and Motels	5.16	2.57
Services to Dwellings	4.57	2.41
Wholesale Grocers	4.50	2.34
Lumber and Wood Products	3.80	1.17
Fabricated Metals	2.91	1.74
Construction	2.17	18.88
Private Households	1.60	2.66
Eating and Drinking Places	1.59	7.87
Auto Repair	.81	1.36
Retail Grocers	.58	1.57
Oil and Gas Extraction	.27	1.41

SOURCE: Federal Reserve Bank of Dallas, *Economic Review*, May 1987, p. 7.

Table 727
MEXICO UNEMPLOYED[1] AND UNEMPLOYMENT RATE, SELECTED BORDER CITIES, 3 S, 1960, 1970, 1980

State and City	1960 Employed (N)	1960 Unemployed (N)	1960 Unemployment Rate (%)	1970 Employed (N)	1970 Unemployed (N)	1970 Unemployment Rate (%)	1980 Employed (N)	1980 Unemployed (N)	1980 Unemployment Rate (%)
A. BAJA CALIF.									
Ensenada	20,881	1,118	5.1	27,965	1,222	4.2	~	263	~
Mexicali	84,706	5,670	6.3	94,087	5,294	5.3	~	1,143	~
Tijuana	50,491	2,341	4.4	84,803	4,013	4.5	~	977	~
B. CHIHUAHUA									
Ciudad Juárez	83,029	2,960	3.4	101,338	6,046	5.6	~	2,332	~
F. TAMAULIPAS									
Matamoros	44,816	1,066	2.3	47,121	2,617	5.3	~	637	~
Nuevo Laredo	29,660	916	3.0	38,205	1,454	3.7	~	611	~
Reynosa	44,198	727	1.6	35,874	1,368	3.7	~	480	~

1. Includes only those who have never worked previously.

SOURCE: LFN, table III-5; CGP, 1980, Individual States, vol. 2, table 7.

Table 728
MEXICO ESTIMATED UNDEREMPLOYMENT, 6 SC, 1970

State	Underemployment Estimate I	Underemployment Estimate II	% EAP Estimate I	% EAP Estimate II
A. BAJA CALIF.	27,254	36,894	12.3	16.6
B. CHIHUAHUA	51,219	88,761	12.3	21.3
C. COAHUILA	24,711	45,624	8.5	15.8
D. NUEVO LEON	34,892	56,585	7.1	11.5
E. SONORA	13,657	37,548	4.8	13.2
F. TAMAULIPAS	40,198	70,335	10.5	18.4
Mexico Border	193,764	339,435	9.2	16.1
Mexico Total	2,162,635	3,292,635	16.6	25.3

SOURCE: Victor Urquidi and Sofía Méndez Villareal, "Economic Importance of Mexico's Northern Border Region," in Stanley R. Ross, *Views across the Border: The United States and Mexico* (Albuquerque: University of New Mexico Press, 1978), p. 155.

Table 729
MEXICO INDUSTRIAL UNDEREMPLOYMENT, SELECTED MUNICIPALITIES, 1970

State	Underemployed (N)	%
A. BAJA CALIF.		
Ensenada	294	19.4
Mexicali	1,077	24.9
Tecate	87	28.4
Tijuana	1,489	23.3
B. CHIHUAHUA		
Juárez	5,122	57.9
C. COAHUILA		
Acuña	105	12.7
Piedras Negras	142	19.0
E. SONORA		
San Luis, R.C.	205	26.6
Agua Prieta	314	53.0
Nogales	445	44.5
F. TAMAULIPAS		
Nuevo Laredo	354	13.2
Matamoros	1,620	56.9
Reynosa	1,577	53.3
Río Bravo	485	62.8
Total Border Municipalities	13,316	38.5

SOURCE: Secretaría de Industria y Comercio, *Zona Fronteriza Norte de México* (México, D.F.: SIC, 1974), p. 81.

Table 730

MEXICO UNEMPLOYMENT, BORDER MUNICIPALITIES, 6 SC, 1970

Municipality	Unemployed (N)	%
Total	28,600	100.0
Juárez	6,046	21.1
Mexicali	5,294	18.5
Tijuana	4,013	14.0
Matamoros	2,617	9.2
Laredo	1,454	5.1
Reynosa	1,368	4.8
Ensenada	1,222	4.3
Other	6,586	23.0

SOURCE: Víctor Urquidi and Sofía Méndez Villareal, "Economic Importance of Mexico's Northern Border Region," in Stanley R. Ross, *Views across the Border: The United States and Mexico* (Albuquerque: University of New Mexico Press, 1978), p. 155.

Table 731

U.S. UNEMPLOYMENT RATE,[1] 4 SC, 1970–86

	State	1970	1975	1976	1977	1978	1979	1980	1981	1982	1983	1984	1985	1986
G.	ARIZONA	4.1	12.1	9.8	8.2	6.1	5.1	6.7	6.1	9.9	9.1	5.0	6.5	6.9
H.	CALIFORNIA	6.0	9.9	9.2	8.2	7.1	6.2	6.8	7.4	9.9	9.7	7.8	7.2	6.7
I.	NEW MEXICO	6.3	10.0	9.1	7.8	5.8	6.6	7.5	7.3	9.2	10.1	7.5	8.8	9.2
J.	TEXAS	3.6	5.6	5.7	5.3	4.8	4.2	5.2	5.3	6.9	8.0	5.9	7.0	8.9
	U.S. Border	~	~	8.0	~	6.3	5.5	6.3	6.6	~	~	~	~	~
	U.S. Total	4.9	8.5	7.7	7.1	6.1	5.8	7.1	7.6	9.7	9.6	7.5	7.2	7.0

1. Percent unemployment of civilian population 16 years and over.

SOURCE: SAUS, 1971–88, various tables.

Table 732

U.S. UNEMPLOYMENT RATE OF HISPANIC-ORIGIN WORKERS, 4 SC, 1976–83

	State	1976	1977	1978	1979	1980	1981	1982	1983
G.	ARIZONA	11.9[a]	11.0[a]	8.6[a]	7.5[a]	10.2	10.6	17.2	13.5
H.	CALIFORNIA	13.2	10.7	9.7	8.5	10.0	11.3	15.3	15.0
I.	NEW MEXICO	11.9[a]	11.0[a]	8.6[a]	7.5[a]	11.3	9.7	13.2	13.9
J.	TEXAS	7.9	8.7	8.1	7.0	8.5	7.8	10.4	12.5
	U.S. Total	11.6	10.1	8.6	8.3	10.1	10.4	13.8	13.7

a. Includes Arizona, Colorado, and New Mexico.

SOURCE: U.S. Department of Labor, *Bureau of Labor Statistics News*, March 9, 1981; HLS, 1983, p. 103; 1985, p. 99.

Table 733

U.S. UNEMPLOYMENT AND UNDEREMPLOYMENT, SELECTED BORDER LABOR MARKET AREAS, 1969

Labor Market Area[1]	Labor Force, 1969 Average	Published Unemployment, 1969		Estimated Unemployment	Estimated Underemployment	Combined Underremployed and Unemployed	
		N	%			N	%
San Diego (San Diego)	436,400	16,600	3.8	16,600	26,300	42,900	9.8
Imperial (Imperial)	32,600	2,600	8.0	7,824	~	7,824	24.0
Nogales (Santa Cruz)	5,650	322	5.7	~	~	476	8.4
El Paso (El Paso)	122,000	4,390	3.6	14,375	45,000	59,375	48.7
Laredo (Webb)	29,700	2,520	8.5	3,115	4,152	7,267	24.4
McAllen (Hidalgo)	62,900	3,700	5.9	4,320	17,000	21,320	33.9
Brownsville (Cameron)	48,800	3,040	6.2	2,940	12,965	15,905	32.6

1. County in parentheses.

SOURCE: George C. Kiser and Martha Woody Kiser, *Mexican Workers in the United States* (Albuquerque: University of New Mexico Press, 1979), p. 246.

Table 734

U.S. LABOR ORGANIZATION MEMBERSHIP, 4 SC, 1970, 1980

	State	1970		1980	
		Total (T)	% of Nonagricultural Employment	Total (T)	% of Nonagricultural Employment
G.	ARIZONA	117	21.4	160	15.8
H.	CALIFORNIA	2,477	35.7	2,661	27.0
I.	NEW MEXICO	55	18.8	88	18.9
J.	TEXAS	572	15.8	669	11.4
	U.S. Border	3,221	28.2	3,578	20.8
	U.S. Total	21,852	30.8	22,811	25.2

SOURCE: SAUS, 1985, p. 424.

Table 735

U.S. AVERAGE WEEKLY HOURS OF PRODUCTION WORKERS ON MANUFACTURING PAYROLLS, 4 SC, 1950–83

(N)

	State	1950	1955	1960	1965	1970	1971	1972	1973	1974
G.	ARIZONA	42.9	41.6	40.3	41.5	40.0	40.4	40.5	39.8	39.2
H.	CALIFORNIA	39.7	40.5	39.8	40.6	39.6	39.5	40.1	40.3	39.8
I.	NEW MEXICO	43.8	42.3	39.7	40.6	39.0	39.4	40.1	39.5	38.2
J.	TEXAS	42.3	42.1	41.1	41.9	40.7	40.7	41.0	41.0	40.7
	U.S. Total	41.1	41.3	40.1	42.0	40.3	40.3	41.2	41.5	40.7

	State	1975	1976	1977	1978	1979	1980	1981	1982	1983
G.	ARIZONA	39.0	39.5	40.1	40.3	40.6	40.1	39.6	38.9	40.5
H.	CALIFORNIA	39.4	39.7	40.1	40.1	39.9	39.5	39.6	39.2	40.0
I.	NEW MEXICO	39.0	39.5	38.8	39.2	39.5	39.8	39.5	39.2	39.6
J.	TEXAS	~	~	41.1	41.3	41.1	41.2	41.3	40.0	40.9
	U.S. Total	39.9	40.6	41.0	41.1	40.8	40.1	40.2	39.3	40.7

SOURCE: HLS, 1975, table 83; 1985, tables 71, 85.

8

Wages, Income, and Prices

INCOME OF "SPANISH-ORIGIN" POPULATION AS PERCENTAGE OF INCOME OF "WHITE" POPULATION IN U.S. BORDER STATES, 1969, 1975

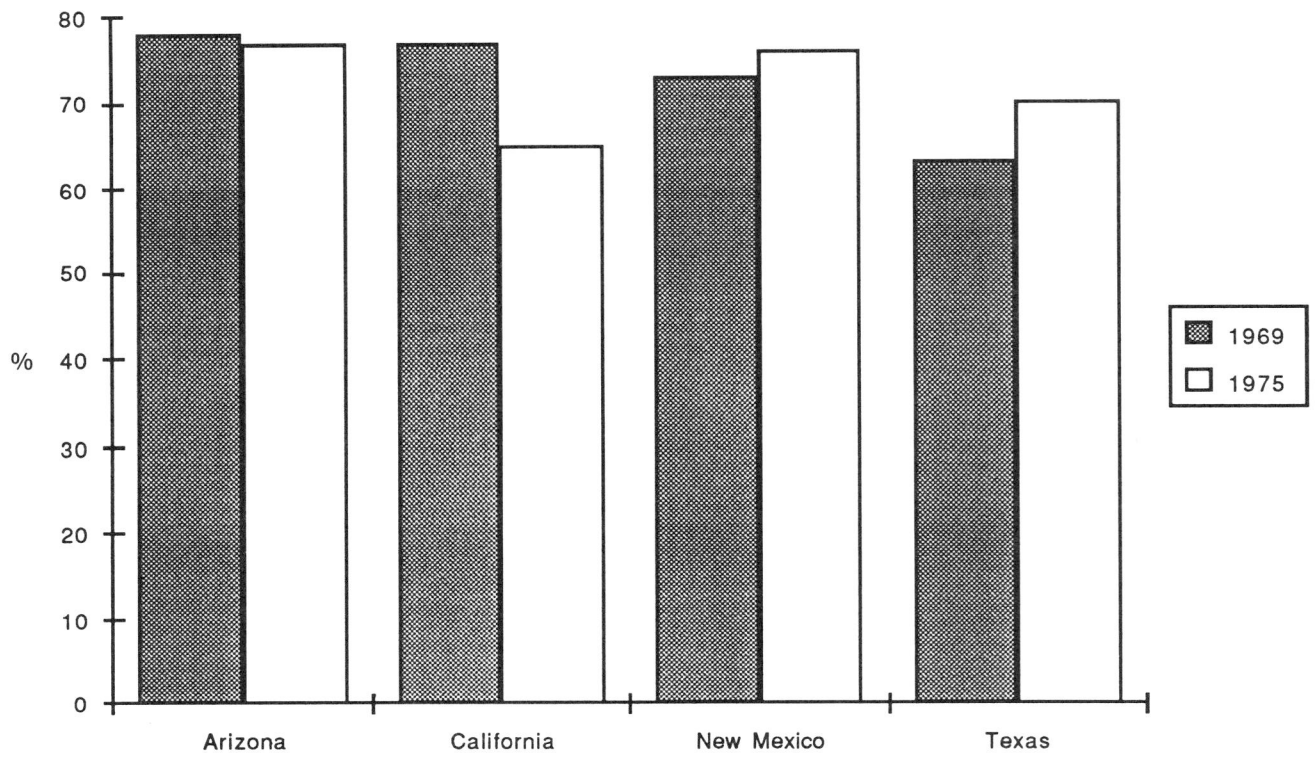

SOURCE: Table 809.

Table 800
MEXICO MINIMUM WAGE, BORDER CITIES, 1970–87
(Pesos/Day)
PART I. 1970–81

State and City	1970–71 Urban	1970–71 Rural	1972 Urban	1972 Rural	1973 Urban	1973 Rural	1974 Urban	1974 Rural	1975 Urban	1975 Rural
A. BAJA CALIF.										
Mexicali	46.00	36.00	53.85	42.50	56.65	44.70	73.10	57.70	84.90	67.00
B. CHIHUAHUA										
Ciudad Juárez	36.00	31.50	42.30	37.00	44.50	38.95	60.80	53.20	70.60	61.80
D. NUEVO LEON										
Monterrey	31.50	29.50	37.20	34.85	39.15	36.65	53.50	50.10	62.10	58.20
Mexico City	32.00	30.00	38.00	35.40	40.00	37.25	54.60	50.85	63.40	59.00

State and City	1976 Urban	1976 Rural	1977 Urban	1977 Rural	1978 Urban	1978 Rural	1979 Urban	1979 Rural	1980 Urban	1980 Rural	1981 General
A. BAJA CALIF.											
Mexicali	107.50	84.70	133.90	105.50	147.00	117.00	162.00	135.00	180.00	170.00	210.00
B. CHIHUAHUA											
Ciudad Juárez	89.40	78.20	111.30	97.30	125.00	110.00	143.00	128.00	160.00	155.00	210.00
D. NUEVO LEON											
Monterrey	79.90	78.80	100.40	94.10	113.00	106.00	130.00	124.00	150.00	150.00	190.00
Mexico City	84.60	78.80	106.40	79.00	120.00	113.00	138.00	131.00	163.00	163.00	210.00

SOURCE: BM-MSD, 1981, pp. 30–31.

Table 800 (Continued)
PART II. 1981–85

State	1981[a] General	1982 Jan.–Oct.	1982 Nov.–Dec.	1983[b] Jan.–June	1983[b] June–Dec.	1984[c] Jan.–June	1984[c] June–Dec.	1985[d] Jan.–June	1985[d] June–Dec.
A. BAJA CALIF.	210	280	364	455	523	680	816	1,060	1,250
B. CHIHUAHUA									
Juárez	210	280	364	455	523	680	816	1,060	1,250
Mountain	170	225	292	365	421	550	660	860	1,015
Northeast	170	225	292	365	421	550	660	860	1,015
Guerrero	170	225	292	365	421	550	660	860	1,015
Chihuahua	170	225	292	365	421	550	660	860	1,015
Jiménez	170	225	292	365	421	550	660	860	1,015
C. COAHUILA									
North	170	225	292	365	421	550	660	860	1,015
Monclova	170	225	292	365	421	550	660	860	1,015
Comarca Lagunera	170	225	292	365	421	550	660	860	1,015
West	150	200	260	325	380	495	600	780	921
Saltillo	170	225	292	365	421	550	660	860	1,015
D. NUEVO LEON									
Sabinas Hidalgo	170	225	292	365	421	550	660	860	1,015
North	160	225	292	365	421	550	660	860	1,015
Monterrey (Metropolitan)	190	225	331.5	415	478	625	750	975	1,150
Montemorelos	170	225	292.5	365	421	550	660	860	1,015
South	160	225	292.5	365	421	550	660	860	1,015
E. SONORA									
Coast	190	255	331.5	415	478	625	750	975	1,150
Mountain	170	225	292.5	365	421	550	660	860	1,015
Nogales	200	275	357.5	455	523	680	816	1,060	1,250
F. TAMAULIPAS									
North	200	275	357.5	455	523	680	816	1,060	1,250
Central	170	225	292.5	365	421	550	660	860	1,015
Mante	190	225	331.5	415	478	625	750	975	1,150
Tampico Madero Altamira	190	255	331.5	415	478	625	750	975	1,150
Mexico City	210	280	364	455	523	680	816	1,060	1,250

a. General and countryside salaries were standardized beginning in 1981.
b. January 1 through June 13; June 14 through December 31.
c. January 1 through June 10; June 11 through December 31.
d. January 1 through June 3; June 4 through December 31.

SOURCE: AEE, various years.

Table 800 (Continued)
PART III. 1983–87

	State and Sub-Region	1983	1984	1985	1986	1987
A.	BAJA CALIF.	492	755	1,170	1,974	4,253
B.	CHIHUAHUA					
	Juárez	492	755	1,170	1,974	4,253
	Chihuahua City	396	611	950	1,611	3,542
	Western Chihuahua	396	611	950	1,611	3,542
	Eastern Chihuahua	396	611	950	1,611	3,542
C.	COAHUILA					
	Saltillo	389	598	950	1,611	3,542
	Monclova	396	611	950	1,611	3,542
	Northern Coahuila	396	611	950	1,611	3,542
D.	NUEVO LEON					
	Monterrey	450	694	1,076	1,819	3,936
	Rest of State	396	611	950	1,611	3,542
E.	SONORA					
	Nogales	492	755	1,170	1,974	4,253
	Coastal Sonora	450	694	1,076	1,819	3,936
	Sierra	396	611	950	1,611	3,542
F.	TAMAULIPAS					
	Northern Tamaulipas	492	755	1,170	1,974	4,253
	Tampico	450	694	1,076	1,819	3,936
	Mante	450	694	1,076	1,819	3,936
	Central Tamaulipas	396	611	950	1,611	3,542

SOURCE: IP-AE.

Table 801
MEXICO MINIMUM WAGE, BORDER CITIES, 1975–86
(Pesos/Day)

Year	National Average	A. BAJA CALIF.		B. CHIHUAHUA	E. SONORA	F. TAMAULIPAS		
		Tijuana	Mexicali	Ciudad Juárez	Nogales	Nuevo Laredo	Reynosa	Matamoros
1975	55	85	85	71	65	67	67	67
1976 Jan.–Sept.	67	100	100	83	79	81	81	81
1976 Oct.–Dec.	83	123	123	102	86	99	99	99
1977	91	134	134	111	106	109	109	109
1978	103	147	147	125	119	122	122	122
1979	120	162	162	143	136	139	139	139
1980	141	180	180	160	155	160	160	160
1981	183	210	210	210	200	200	200	200
1982 Jan.–Dec.	245	280	280	280	275	275	275	275
1982 Nov.–Dec.	318	364	364	364	358	358	358	358
1983 Jan.–June	398	455	455	455	455	455	455	455
1983 July–Dec.	459	523	523	523	523	523	523	523
1984 Jan.–June 3	599	680	680	680	680	680	680	680
1984 June 4–Dec.	719	816	816	816	816	816	816	816
1985 Jan.–June 3	938	1,060	1,060	1,060	1,060	1,060	1,060	1,060
1985 June 4–Dec.	1,108	1,250	1,250	1,250	1,250	1,250	1,250	1,250
1986 Jan.–May	1,474	1,650	1,650	1,650	1,650	1,650	1,650	1,650
1986 June–Sept.	1,845	2,065	2,065	2,065	2,065	2,065	2,065	2,065
1986 Oct.–Dec.	2,244	2,480	2,480	2,480	2,480	2,480	2,480	2,480

SOURCE: CEPAL, *México: Evolución de la Frontera Norte, 1940–1986* (New York, November 1987), p. 62.

Table 802

MEXICO INDEX OF MINIMUM WAGE AND CONSUMER PRICE INDEX (CPI), BORDER CITIES, 1976–84

(CPI 1976 = 100)

State	1976	1977	1978	1979	1980	1981	1982	1983[a]	1984
A. BAJA CALIF.									
Tijuana									
Current Salary	99.8	133.9	147.0	162.0	180.0	210.0	280.0	455.0	680.0
CPI	100.0	136.0	160.3	187.2	229.4	294.9	453.2	1,058.7	1,058.7
Real Salary	99.8	98.4	91.7	86.5	78.5	71.2	61.8	43.0	64.2
B. CHIHUAHUA									
Ciudad Juárez									
Current Salary	83.0	111.3	125.0	143.0	160.0	210.0	280.0	455.0	680.0
CPI	100.0	134.8	159.5	189.3	233.2	288.7	494.7	1,037.6	1,037.6
Real Salary	83.0	82.6	78.4	75.5	68.6	72.7	56.6	43.9	65.5
C. COAHUILA									
Piedras Negras									
Current Salary	70.3	95.2	107.0	122.0	140.0	170.0	225.0	365.0	555.0
CPI	100.0	136.1	160.3	187.1	229.4	286.8	481.4	1,047.0	1,047.0
Real Salary	70.3	69.9	66.7	65.2	61.0	59.3	46.7	34.9	52.5
E. SONORA									
Nogales									
Current Salary	78.0	105.5	119.0	136.0	155.0	200.0	275.0	455.0	680.0
CPI	100.0	136.1	160.3	187.1	229.4	286.8	481.4	1,047.0	1,047.0
Real Salary	78.0	77.5	74.2	72.7	67.6	69.7	57.1	43.4	64.9
F. TAMAULIPAS									
Matamoros									
Current Salary	80.5	108.9	122.0	139.0	160.0	200.0	275.0	455.0	680.0
CPI	100.0	136.0	160.3	187.2	229.4	285.3	487.4	1,044.7	1,044.7
Real Salary	80.5	80.1	76.1	74.3	69.7	70.1	56.4	43.6	65.1

a. The 1983 CPI is an average for the period January to November 1983.

SOURCE: *Estudios Fronterizos* (Universidad Autónoma de Baja California), vol. 1, no. 3 (1984), p. 108.

Table 803

MEXICO AVERAGE MONTHLY INCOME OF FAMILY HEADS, 3 SC

(June 1960)

	Average Income (NC)	Percentage of Family Heads in Each Income Bracket						
Region		Under 200	200–499	500–999	1000–1499	1500–2499	2500–4999	5000+
A. BAJA CALIF.	1,151	9.7	17.5	28.8	16.8	14.0	8.5	4.8
B. CHIHUAHUA	756	9.8	40.0	29.0	7.8	6.4	4.2	2.6
E. SONORA	789	7.1	35.4	32.5	9.7	7.9	4.7	2.6
Distrito Federal	956	5.3	26.8	34.8	11.4	9.6	7.4	4.7
All of Mexico	626	24.0	42.6	19.8	5.4	4.0	2.5	1.7
Poor Regions								
Aguascalientes	497	23.9	41.1	22.1	5.9	3.6	1.9	1.4
Oaxaca	358	48.4	36.0	9.5	2.3	1.3	1.0	1.0
Hidalgo	354	34.5	48.8	10.8	2.4	1.9	.9	.8

SOURCE: William O. Freithaler, *Mexico's Foreign Trade and Economic Development* (New York: Praeger, 1968), p. 28.

Table 804
U.S. PER CAPITA PERSONAL INCOME,[1] 4 SC, 1930–87
(US)

State	1930	1935	1940	1945	1950	1955	1960	1965	1970	1975	1980	1985	1987†
G. ARIZONA	518	415	501	1,113	1,350	1,720	2,012	2,355	3,688	5,215	8,832	12,951	14,030
H. CALIFORNIA	880	654	832	1,559	1,848	2,324	2,729	3,266	4,510	6,549	10,920	16,041	17,661
I. NEW MEXICO	334	292	375	928	1,189	1,509	1,821	2,178	3,072	4,785	7,891	11,215	11,673
J. TEXAS	410	322	429	1,043	1,344	1,660	1,904	2,364	3,536	5,473	9,538	13,489	13,764
U.S. Total	619	473	589	1,225	1,492	1,872	2,216	2,772	3,945	5,842	9,503	13,908	15,340

1. Based on state estimates of population.

SOURCE: U.S. Dept. of Commerce, *State Personal Income, 1929–82*; U.S. Dept. of Commerce, *Survey of Current Business*, April 1988.

Table 805
U.S. PER CAPITA PERSONAL INCOME, BY COUNTY, 4 SC, 1984

State/County	Per Capita Personal Income, 1984	PC, 1982–84	Per Capita Personal Income as % of National Average, 1984
G. ARIZONA	11,822	17.3	92.6
Yuma	8,762	–9.3	68.6
Pima (MSA)	11,626	15.9	91.0
Santa Cruz	9,116	17.1	71.4
Cochise	9,051	13.9	70.9
H. CALIFORNIA	14,471	14.4	113.3
San Diego (MSA)[1]	13,474	14.6	105.5
Imperial	9,981	6.0	78.1
I. NEW MEXICO	10,256	10.0	80.3
Hidalgo	8,984	8.4	70.3
Luna	8,605	9.7	67.4
Dona Ana (MSA)	8,176	6.0	64.0
J. TEXAS	12,575	10.3	98.4
El Paso (MSA)	8,745	14.2	68.5
Hudspeth	9,977	9.2	78.1
Culberson	8,001	10.6	62.6
Jeff Davis	11,735	–2.1	91.9
Presidio	9,888	26.9	77.4
Brewster	11,256	6.0	88.1
Terrel	13,861	25.1	108.5
Val Verde	7,367	9.9	57.7
Kinney	10,346	23.3	81.0
Maverick	4,292	17.4	33.6
Dimmit	6,102	4.4	47.8
Webb (MSA)	6,030	–1.1	47.2
Zapata	6,995	11.6	54.8
Starr	4,106	6.2	32.1
Hidalgo (MSA)	6,458	9.3	50.6
Cameron (MSA)	6,769	9.2	53.2
U.S. Total	12,772	14.9	--

1. MSA indicates a Metropolitan Statistical Area.

SOURCE: Jeffery T. Brannon, Wilkie D. English, and Patricia Kriner, "Commercial Banking on the U.S.-Mexico Border," *Journal of Borderland Studies*, vol. 2, no. 1 (Spring 1987).

Table 806
U.S. PERSONAL INCOME, BY TYPE OF INCOME AND ECONOMIC SECTOR, 4 SC, 1978–86
(T NC)
PART I. 1978–84

Category	G. ARIZONA							H. CALIFORNIA						
	1978	1979	1980	1981	1982	1983	1984	1978	1979	1980	1981	1982	1983	1984
Income by Place of Residence														
Total Personal Income	17,819,819	21,137,573	24,180,743	27,559,140	29,143,762	31,888,396	36,093,155	282,282,261	231,416,215	261,945,791	293,195,775	312,416,838	334,410,773	378,774,784
Nonfarm Personal Income	17,453,329	20,727,696	23,789,697	27,140,716	28,811,196	31,629,506	35,760,002	198,301,812	226,528,462	256,527,489	287,595,040	307,143,403	329,588,393	365,737,539
Farm Income	366,490	409,877	391,046	418,424	332,566	258,890	333,153	3,980,449	4,887,753	5,418,302	5,600,735	5,273,435	4,822,380	5,037,245
Population (T)	2,517.9	2,638.6	2,730.8	2,806.8	2,892.2	2,970.1	3,053.0	22,839.0	23,255.1	23,770.5	24,219.7	24,696.7	25,185.8	25,622.5
Per Capita Personal Income (US)	7,077	8,011	8,855	9,819	10,077	10,737	11,822	8,857	9,951	11,020	12,106	12,650	13,278	14,471
Derivation of Total Personal Income														
Total Earnings by Place of Work	13,095,205	15,522,088	17,310,998	19,216,928	19,845,651	21,796,822	24,889,710	152,689,301	173,338,639	192,548,837	210,384,718	220,974,309	238,189,122	265,131,276
Less: Personal Contributions for Social Insurance	761,773	941,369	1,056,944	1,256,694	1,311,283	1,458,440	1,668,309	8,464,445	9,942,423	10,462,355	12,787,987	13,800,338	15,008,107	16,836,635
Plus: Adjustment for Residence	−21,371	−15,025	−9,663	510	−11,656	−18,110	−37,695	7,448	15,758	18,980	65,734	78,679	85,097	95,680
Equals: Net Earnings by Place of Residence	12,312,061	14,565,694	16,244,391	17,960,744	18,522,712	20,320,272	23,183,706	144,232,304	163,411,974	182,105,462	197,662,465	207,252,650	223,266,112	248,390,321
Plus: Dividends, Interest, and Rent	2,964,708	3,683,921	4,435,161	5,520,676	6,056,165	6,598,812	7,689,147	32,168,835	39,374,771	46,242,154	56,902,863	62,324,173	65,083,003	74,325,729
Plus: Transfer Payments	2,543,050	2,887,958	3,501,191	4,077,720	4,564,885	4,969,312	5,220,302	25,881,122	28,629,470	33,598,175	38,630,447	42,840,015	46,061,658	48,058,734
Earnings by Place of Work														
Earnings by Type														
Wages and Salaries	11,008,644	13,130,600	14,832,153	16,711,728	17,392,591	19,005,086	21,574,459	127,420,915	145,098,998	162,908,031	180,637,330	191,403,735	205,106,715	227,328,787
Other Labor Income	951,812	1,132,837	1,304,587	1,467,002	1,610,070	1,826,996	2,126,188	11,346,807	12,900,184	14,631,693	16,196,121	18,299,504	20,886,931	23,710,763
Proprietors' Income	1,134,749	1,258,651	1,174,258	1,038,198	842,990	964,740	1,189,063	13,921,579	15,339,457	15,009,113	13,551,267	11,271,070	12,195,476	14,091,726
Farm	213,146	255,259	215,845	227,923	126,499	60,886	123,333	1,919,307	2,472,162	2,719,344	2,748,302	2,257,105	1,814,391	1,933,004
Nonfarm	921,603	1,003,392	958,413	810,275	716,491	903,854	1,065,730	12,002,272	12,867,295	12,289,769	10,802,965	9,013,965	10,381,085	12,158,642
Earnings by Industry														
Farm	366,490	409,877	391,046	418,424	332,566	258,890	333,153	3,980,449	4,887,753	5,418,302	5,600,735	5,273,435	4,822,380	5,037,245
Nonfarm	12,728,715	15,112,211	16,919,952	18,798,504	19,513,085	21,537,932	24,556,557	148,708,852	168,450,886	187,130,535	204,783,983	215,700,874	233,366,742	260,094,031
Private	10,120,448	12,245,033	13,729,235	15,211,887	15,556,331	17,271,369	19,998,317	120,801,761	138,619,641	153,835,401	168,700,808	177,056,573	192,553,197	216,229,994
Agricultural Services, Forestry, Fisheries, and Other	98,032	110,548	116,410	134,593	136,084	143,350	166,513	1,148,132	1,294,305	1,436,728	1,634,174	1,687,074	1,771,109	1,958,487
Mining	413,644	516,276	548,385	728,470	527,438	450,825	443,360	843,091	1,052,046	1,257,533	1,596,064	1,734,961	1,740,173	1,914,560
Construction	1,288,890	1,647,764	1,620,838	1,616,228	1,495,999	1,802,176	2,202,498	9,141,374	10,728,858	11,348,635	11,982,550	11,168,275	11,486,007	13,686,215
Manufacturing	2,060,541	2,589,156	3,140,210	3,565,547	3,654,021	3,930,960	4,553,309	32,859,445	38,141,764	42,586,818	46,961,814	49,275,901	52,771,973	58,453,963
Nondurable Goods	398,641	474,001	556,207	606,229	629,849	673,130	753,542	9,833,234	10,961,286	12,047,177	13,170,438	13,843,539	14,671,600	15,959,337
Durable Goods	1,661,900	2,115,155	2,584,003	2,959,318	3,024,172	3,257,830	3,799,767	23,026,211	27,180,478	30,539,641	33,791,376	35,432,362	38,100,373	42,494,626
Transportation and Public Utilities	911,841	1,049,598	1,211,730	1,381,970	1,386,420	1,502,764	1,601,184	11,060,643	12,417,409	13,791,227	15,189,155	16,069,326	17,155,362	18,398,719
Wholesale Trade	716,200	838,904	944,250	1,058,568	1,097,082	1,168,512	1,376,572	9,820,605	11,100,041	12,497,835	13,659,028	14,143,087	15,208,067	17,380,559
Retail Trade	1,568,176	1,820,424	1,973,388	2,174,418	2,307,081	2,493,832	2,849,636	16,254,133	18,172,426	19,576,753	21,069,164	22,042,668	23,756,419	26,450,416
Finance, Insurance, and Real Estate	837,814	991,569	1,060,187	1,055,716	1,084,975	1,337,035	1,608,620	9,760,492	11,228,306	12,210,556	12,425,287	12,796,688	15,177,257	17,238,219
Services	2,225,310	2,680,794	3,113,837	3,496,377	3,867,231	4,441,915	5,196,625	29,913,846	34,484,486	39,129,316	44,183,572	48,138,593	53,486,829	60,748,856
Government and Government Enterprises	2,608,267	2,867,178	3,190,717	3,586,617	3,956,754	4,266,563	4,558,240	27,907,091	29,831,245	33,295,134	36,083,175	38,644,301	40,813,545	43,864,037
Federal, Civilian	628,451	676,711	751,185	828,063	829,685	894,998	984,754	5,721,416	6,033,385	6,688,054	7,362,424	7,675,284	8,220,983	8,707,157
Military	303,911	333,558	354,649	414,772	463,504	519,026	534,081	3,332,873	3,477,882	3,821,368	4,563,968	5,225,078	5,564,424	6,010,717
State and Local	1,675,905	1,856,909	2,084,883	2,343,782	2,663,565	2,852,539	3,039,365	18,852,802	20,319,978	22,785,712	24,156,783	25,743,939	27,028,138	29,146,163

Table 806 (Continued)
U.S. PERSONAL INCOME, BY TYPE OF INCOME AND ECONOMIC SECTOR, 4 SC, 1978–86
(T NC)
PART I. 1978–84 (Continued)

	I. NEW MEXICO							J. TEXAS						
Category	1978	1979	1980	1981	1982	1983	1984	1978	1979	1980	1981	1982	1983	1984
Income by Place of Residence														
Total Personal Income	8,068,286	9,228,907	10,371,500	11,716,163	12,746,129	13,448,101	14,601,727	101,047,456	117,738,681	135,175,325	159,248,438	174,758,769	182,917,710	201,051,803
Nonfarm Personal Income	7,848,964	8,971,585	10,130,832	11,563,623	12,598,541	13,314,037	14,492,127	99,356,823	115,201,306	133,737,529	156,871,827	172,704,414	180,916,558	198,798,223
Farm Income	219,322	257,322	240,668	152,540	147,588	134,064	109,600	1,690,633	2,537,375	1,437,796	2,376,611	2,054,355	2,001,152	2,253,580
Population (T)	1,251.8	1,280.5	1,305.2	1,334.4	1,366.9	1,399.3	1,423.7	13,497.7	13,887.3	14,320.8	14,736.0	15,329.2	15,779.0	15,988.5
Per Capita Personal Income (US)	6,445	7,297	7,947	8,780	9,325	9,611	10,256	7,486	8,478	9,439	10,807	11,400	11,593	12,575
Derivation of Total Personal Income														
Total Earnings by Place of Work	6,185,686	7,014,541	7,694,918	8,515,072	9,052,166	9,591,683	10,412,081	79,922,290	92,681,686	104,663,256	122,670,458	132,338,716	137,729,253	151,335,719
Less: Personal Contributions for Social Insurance	329,370	385,032	−433,345	522,405	564,475	659,994	719,456	4,005,332	4,807,624	5,592,379	7,024,587	7,694,235	8,043,307	8,824,975
Plus: Adjustment for Residence	−26,210	−31,534	−38,766	−46,471	−49,660	−49,688	−35,945	−162,041	−144,842	−197,120	−178,717	−223,653	−178,212	−153,863
Equals: Net Earnings by Place of Residence	5,830,106	6,597,975	7,222,807	7,946,196	8,438,031	8,882,001	9,656,680	75,754,917	87,729,220	98,873,757	115,467,154	124,420,828	129,507,734	142,356,881
Plus: Dividends, Interest, and Rent	1,095,802	1,323,816	1,592,326	1,999,700	2,360,635	2,456,057	2,780,261	14,567,086	17,897,595	21,933,041	27,480,218	31,783,721	32,829,335	37,685,142
Plus: Transfer Payments	1,142,378	1,307,116	1,556,367	1,770,267	1,947,463	2,110,043	2,164,786	10,725,453	12,111,866	14,368,527	16,301,066	18,554,220	20,580,641	21,009,780
Earnings by Place of Work														
Earnings by Type														
Wages and Salaries	5,170,502	5,875,330	6,515,398	7,354,128	7,860,252	8,269,396	8,937,704	65,767,811	76,239,152	88,591,824	103,840,775	112,968,261	116,356,366	126,860,225
Other Labor Income	425,836	488,669	549,336	629,838	732,478	814,472	916,879	6,306,846	7,224,004	8,414,058	9,786,047	11,275,272	12,213,776	13,748,704
Proprietors' Income	589,348	650,542	630,184	531,106	459,436	507,815	557,498	7,847,633	9,218,530	7,657,374	9,043,636	8,095,183	9,159,111	10,726,790
Farm	151,415	160,746	146,179	58,945	41,981	31,195	3,094	1,193,443	1,968,480	846,056	1,779,359	1,387,732	1,354,926	1,584,639
Nonfarm	437,933	489,796	484,005	472,161	417,455	476,620	554,404	6,654,190	7,250,050	6,811,318	7,264,277	6,707,451	7,804,185	9,142,151
Earnings by Industry														
Farm	219,322	257,322	240,668	152,540	147,588	134,064	109,600	1,690,633	2,537,375	1,437,796	2,376,611	2,054,355	2,001,152	2,253,580
Nonfarm	5,966,364	6,757,219	7,454,250	8,362,532	8,904,578	9,457,619	10,302,481	78,231,657	90,144,311	103,225,460	120,293,847	130,284,361	135,728,101	149,082,139
Private	4,277,565	4,924,068	5,425,069	6,076,615	6,419,228	6,753,503	7,438,419	65,663,821	76,419,191	87,900,884	102,964,349	110,966,773	114,617,894	126,175,360
Agricultural Services, Forestry, Fisheries, and Other	22,767	24,649	25,033	29,388	31,265	34,215	38,043	377,884	427,357	441,497	492,583	524,766	554,339	595,175
Mining	489,333	643,271	767,534	898,714	827,938	646,664	700,154	3,908,636	5,171,048	6,801,634	9,431,146	10,724,369	9,314,920	10,040,031
Construction	538,599	574,602	579,907	641,150	665,263	700,514	767,396	6,959,813	8,061,168	8,735,188	9,622,427	10,167,172	10,541,637	11,365,360
Manufacturing	436,270	507,781	552,461	602,865	651,066	717,833	803,297	15,894,135	18,532,306	21,405,293	24,961,745	25,299,868	24,588,308	26,708,906
Nondurable Goods	166,742	190,010	195,881	205,499	214,709	230,561	250,538	6,802,387	7,641,007	8,566,908	9,682,186	10,223,400	10,555,403	11,264,621
Durable Goods	269,528	317,771	356,580	397,366	436,357	487,272	552,759	9,091,748	10,891,299	12,838,385	15,279,559	15,076,468	14,032,905	15,444,285
Transportation and Public Utilities	502,338	584,363	654,626	752,308	820,423	864,663	929,252	6,418,421	7,497,009	8,597,177	9,795,132	10,626,648	10,967,189	11,716,041
Wholesale Trade	289,791	332,181	363,943	414,942	444,353	438,735	480,771	6,395,034	7,480,832	8,772,510	10,010,141	10,767,429	10,717,396	11,494,733
Retail Trade	695,197	757,769	794,627	861,895	929,699	1,013,385	1,110,091	8,765,007	9,843,183	10,800,194	12,258,202	13,441,376	14,453,854	16,096,136
Finance, Insurance, and Real Estate	275,688	308,858	322,444	318,237	332,703	403,824	460,119	4,583,398	5,197,352	5,848,092	6,916,125	7,441,580	9,019,661	10,458,246
Services	1,027,582	1,190,594	1,364,494	1,557,116	1,716,518	1,934,270	2,149,296	12,361,493	14,208,936	16,499,299	19,476,848	21,973,565	24,460,690	27,700,732
Government and Government Enterprises	1,688,799	1,833,151	2,029,181	2,285,917	2,485,350	2,704,116	2,864,062	12,567,836	13,725,120	15,324,576	17,329,498	19,317,588	21,110,207	22,906,779
Federal, Civilian	483,017	519,036	569,060	624,615	634,199	680,353	712,141	2,859,993	3,097,357	3,397,403	3,720,221	3,937,719	4,221,635	4,618,906
Military	212,042	222,941	239,985	276,121	314,883	350,408	372,133	1,737,755	1,790,513	1,976,888	2,308,551	2,552,881	2,665,242	2,788,626
State and Local	993,740	1,091,174	1,220,136	1,385,181	1,536,268	1,673,355	1,779,788	7,970,188	8,837,250	9,950,285	11,300,726	12,826,988	14,223,330	15,499,247

SOURCE: U.S. Department of Commerce, *Local Area Personal Income* (Washington, D.C.: U.S. Government Printing Office, 1986).

Table 806 (Continued)
U.S. PERSONAL INCOME, BY TYPE OF INCOME AND ECONOMIC SECTOR, 4 SC, 1978–86
(TNC)

PART II. 1985, 1986

Category	G. ARIZONA 1985	G. ARIZONA 1986	H. CALIFORNIA 1985	H. CALIFORNIA 1986	I. NEW MEXICO 1985	I. NEW MEXICO 1986	J. TEXAS 1985	J. TEXAS 1986
Income by Place of Residence								
Total Personal Income	40,941,154	44,727,645	422,824,799	455,300,862	16,266,413	16,908,098	221,074,516	224,966,322
Nonfarm Personal Income	40,492,497	44,229,376	417,044,289	499,449,426	16,024,601	16,668,045	218,448,005	222,446,284
Farm Income	448,657	498,269	5,780,510	5,851,436	241,812	240,053	2,626,511	25,200,388
Population (T)	3,153.5	3,279.7	26,358.3	26,981.1	1,451.3	1,479.5	16,383.0	16,681.7
Per Capita Personal Income (US)	12,983	13,638	16,041	16,875	11,208	11,428	13,494	13,486
Derivation of Total Personal Income								
Total Earnings by Place of Work	29,402,922	32,282,909	312,989,126	337,344,984	11,784,322	12,156,099	171,049,769	171,784,791
Less: Personal Contributions for Social Insurance	1,745,299	1,916,975	18,529,390	20,116,628	720,881	749,155	9,489,705	9,620,749
Plus: Adjustment for Residence	–77,852	–89,943	241,225	201,920	17,425	23,620	–515,945	–452,089
Equals: Net Earnings by Place of Residence	27,579,771	30,275,991	294,700,961	317,430,276	11,080,866	11,430,564	161,044,119	161,711,953
Plus: Dividends, Interest, and Rent	7,422,114	8,083,803	71,292,487	66,778,501	2,626,052	2,751,744	34,700,886	35,910,807
Plus: Transfer Payments	5,939,269	6,367,851	56,831,351	61,092,085	2,559,495	2,725,790	25,329,511	27,343,562
Earnings by Place of Work								
Earnings by Type								
Wages and Salaries	24,515,456	26,839,516	250,665,421	269,633,332	9,683,488	9,949,705	137,659,471	137,331,918
Other Labor Income	2,195,182	2,370,073	24,741,777	26,083,744	899,370	917,328	13,280,737	13,240,774
Proprietors' Income	2,692,284	3,073,320	37,581,928	41,627,908	1,201,464	1,289,066	20,109,561	21,212,099
Farm	295,566	344,603	3,955,595	4,021,570	177,834	175,676	2,150,168	2,041,292
Nonfarm	2,396,718	2,728,717	33,626,333	37,606,338	1,023,630	1,113,390	17,959,393	19,170,807
Earnings by Industry								
Farm	448,657	498,269	5,780,510	5,851,436	241,812	240,053	2,626,511	2,520,038
Nonfarm	28,954,265	31,784,640	307,208,616	331,493,548	11,542,510	11,916,046	168,423,258	169,264,753
Private	23,874,505	26,227,845	258,558,387	279,692,213	8,435,626	8,682,378	143,025,163	142,914,543
Agricultural Services, Forestry, Fisheries, and Other	206,899	244,044	2,417,803	2,645,668	45,236	48,674	792,207	800,770
Agricultural Services	201,422	237,200	2,213,603	2,418,497	42,494	45,689	704,663	710,116
Forestry, Fisheries, and Other	5,477	6,844	204,200	227,171	2,742	2,985	87,544	90,654
Mining	526,348	511,655	2,718,086	2,452,126	711,694	576,147	10,305,529	8,709,505
Coal Mining	~	~	~	~	~	~	65,120	194,852
Oil and Gas Extraction	96,290	~	2,362,315	2,155,215	416,576	~	10,029,813	8,364,408
Metal Mining	368,510	350,876	~	~	116,616	85,259	20,262	18,066
Nonmetalic Minerals, Except Fuels	~	~	262,262	171,542	~	51,417	190,334	132,179
Construction	3,029,023	3,227,329	20,110,096	22,400,845	948,954	944,417	14,580,825	14,095,585
Manufacturing	4,884,839	5,273,843	62,230,299	64,696,454	851,038	890,207	27,701,305	27,193,003
Nondurable Goods	782,437	883,846	16,403,370	17,244,391	252,310	257,946	11,343,775	11,342,334
Food and Kindred Products	189,669	212,866	4,534,546	4,682,614	72,996	76,334	2,170,283	2,287,228
Textile Mill Products	3,596	5,398	269,021	303,817	16,100	18,025	85,100	83,767
Apparel and Other Textile Products	57,076	62,664	1,538,152	1,712,610	19,230	20,106	769,577	725,782
Paper and Allied Products	51,525	59,485	1,191,349	1,259,486	2,452	2,418	677,321	689,399
Printing and Publishing	300,065	337,313	3,594,922	3,877,259	68,250	70,733	1,667,437	1,737,117
Chemicals and Allied Products	92,243	102,903	2,088,138	2,157,439	19,396	17,446	3,104,333	3,121,670
Petroleum and Coal Products	5,653	5,837	1,650,223	1,623,360	46,215	43,246	1,950,179	1,796,816
Tobacco Manufactures	#	#	409	472	#	#	3,458	3,419
Rubber and Misc. Plastic Products	77,143	91,831	1,427,757	1,520,997	3,361	4,747	806,578	792,806
Leather and Leather Products	5,453	5,535	108,853	106,337	4,305	4,887	109,509	104,330

Table 806 (Continued)
U.S. PERSONAL INCOME, BY TYPE OF INCOME AND ECONOMIC SECTOR, 4 SC, 1978–86
(T NC)
PART II. 1985, 1986 (Continued)

Category	G. ARIZONA 1985	G. ARIZONA 1986	H. CALIFORNIA 1985	H. CALIFORNIA 1986	I. NEW MEXICO 1985	I. NEW MEXICO 1986	J. TEXAS 1985	J. TEXAS 1986
Durable Goods	4,102,402	4,389,997	45,826,929	47,452,063	598,728	632,261	16,357,530	15,850,669
Lumber and Wood Products	413,462	167,004	1,427,114	1,552,535	49,587	53,239	806,193	764,524
Furniture and Fixtures	52,893	58,380	1,152,573	1,190,401	7,101	7,175	312,962	319,208
Primary Metal Industries	244,898	244,210	1,305,905	1,332,630	38,511	41,906	1,011,127	913,300
Fabricated Metal Products	203,311	200,874	4,050,658	3,967,282	28,272	25,020	2,067,321	1,943,513
Machinery, Except Electrical	825,954	792,392	7,572,471	7,561,083	67,630	64,397	3,995,082	3,269,204
Electric and Electronic Equipment	1,164,887	1,234,716	13,633,119	13,742,656	173,760	120,154	3,347,673	3,547,121
Transportation Equip. Exc. Motor Vehicles	839,466	1,021,356	9,948,945	10,991,666	92,993	107,179	2,176,260	2,519,031
Motor Vehicles and Equipment	43,720	46,244	967,091	947,500	33,437	29,373	467,477	396,203
Stone, Clay, and Glass Products	209,514	220,081	1,486,247	1,621,368	60,913	60,259	1,203,734	1,207,421
Instruments and Related Products	310,394	333,684	3,348,614	3,596,711	28,856	102,108	598,880	595,458
Miscellaneous Manufacturing Industries	63,903	71,056	934,192	948,231	17,668	21,451	370,821	375,686
Transportation and Public Utilities	1,766,732	1,894,791	20,086,253	21,199,949	960,930	963,371	12,790,237	12,927,376
Railroad Transportation	113,728	107,685	936,009	888,661	109,025	103,566	893,121	834,141
Trucking and Warehousing	368,398	391,655	4,288,796	4,510,817	200,769	198,126	2,718,527	2,696,230
Water Transportation	916	1,976	790,351	857,917	204	247	423,080	388,802
Other Transportation	289,933	336,810	4,460,359	4,948,834	82,029	85,283	2,493,174	2,681,196
Communication	531,915	533,630	6,231,148	6,316,211	218,610	210,520	2,969,203	3,014,843
Electric, Gas, and Sanitary Services	461,842	523,035	3,379,590	3,677,509	350,293	365,624	3,293,132	3,303,884
Wholesale Trade	1,555,808	1,624,203	19,846,420	21,360,596	527,163	520,280	12,461,780	12,404,040
Retail Trade	3,389,064	3,666,368	31,330,043	33,668,822	1,266,552	1,337,549	18,024,163	18,127,854
Finance, Insurance, and Real Estate	2,020,561	2,438,031	21,087,885	24,972,409	517,573	575,631	11,827,936	12,521,739
Banking and Credit Agencies	810,706	971,019	8,022,257	9,040,729	239,856	253,445	4,182,966	4,374,382
Other Finance, Insurance, and Real Estate	1,209,954	1,467,012	13,065,628	15,931,680	277,717	322,186	7,644,970	8,147,357
Services	6,495,231	7,347,581	78,731,502	86,295,344	2,606,487	2,826,102	34,541,181	36,134,671
Hotels and Other Lodging Places	340,963	392,911	2,028,800	2,244,894	105,743	113,164	973,277	1,027,098
Personal Services	318,695	348,841	3,080,945	3,315,078	119,890	125,351	1,913,410	1,969,186
Private Households	80,630	85,833	1,230,947	1,290,499	46,188	48,161	788,841	822,067
Business Services	1,386,707	1,576,028	19,637,448	22,005,570	804,591	881,191	8,585,799	8,902,162
Auto Repair, Services, and Garages	313,233	380,706	3,517,450	3,776,458	122,162	123,524	1,573,321	31,592,836
Miscellaneous Repair Services	118,505	134,051	1,726,807	1,670,268	45,072	45,294	664,273	630,650
Amusement and Recreation Services	143,253	155,809	2,443,867	82,720,248	48,437	52,299	671,727	675,351
Motion Pictures	21,894	27,041	3,703,198	3,967,864	11,896	17,267	131,348	136,895
Health Services	1,943,943	2,196,651	20,436,254	22,321,009	649,075	711,879	9,220,278	9,848,491
Legal Services	516,389	597,320	5,895,331	6,807,726	164,342	176,745	3,069,891	3,409,490
Educational Services	137,022	147,354	2,466,808	2,356,709	46,395	49,475	873,132	943,478
Social Services	168,490	186,056	1,450,213	1,666,513	60,903	62,432	637,233	655,266
Museum, Botanical, Zoological Gardens	7,492	8,478	76,391	88,601	975	1,134	28,707	33,224
Membership Oranizations	344,699	363,728	2,544,411	2,597,788	127,503	132,593	1,136,297	1,177,143
Miscellaneous Services	653,316	746,774	8,492,632	9,466,119	253,315	285,592	4,273,647	4,311,334
Government and Government Enterprises	5,079,760	5,556,795	48,650,229	51,801,335	3,106,884	3,233,668	25,398,095	28,350,210
Federal, Civilian	1,051,131	1,061,816	9,353,203	9,405,953	756,905	762,222	5,094,739	5,118,967
Military	550,696	589,416	6,440,316	6,605,290	390,837	411,982	2,948,558	3,031,106
State and Local	3,477,933	3,905,563	32,856,710	35,790,092	1,959,142	2,059,464	17,354,798	18,200,137

SOURCE: U.S. Department of Commerce, *Local Area Personal Income* (Washington, D.C.: U.S. Government Printing Office, 1988).

Table 807

U.S. CHANGE IN PER CAPITA PERSONAL INCOME IN STANDARD METROPOLITAN STATISTICAL AREAS (SMSA) BORDERING MEXICO,[1] 1975–79

State	Per Capita Personal Income (US) 1975	Per Capita Personal Income (US) 1979	PC (1975–79)
G. ARIZONA			
Tucson	5,318	8,319	56.4
H. CALIFORNIA			
San Diego	5,932	8,908	50.2
I. NEW MEXICO			
Las Cruces	4,152	6,091	46.7
J. TEXAS			
Brownsville	3,653	5,731	56.9
El Paso	4,362	6,207	42.3
Laredo	3,392	5,106	50.5
McAllen	3,133	5,024	60.4
U.S. Total	5,845	8,637	47.8

1. In 1979 the seven SMSAs shown contained more than 90 percent of the total population in U.S. border counties.

SOURCE: James Gibson and Alfonso Corona Rentería, *The U.S. and Mexico: Borderland Development and the National Economies* (Boulder: Westview Press, 1985), p. 4.

Table 808

U.S. MEXICAN-ORIGIN POPULATION PERSONAL AND HOUSEHOLD INCOME, FOR PERSONS WITH OCCUPATIONS,[1] BY SEX, 1980

(%)

Income Category	Males Immigrant Status I	II	III	IV	Females Immigrant Status I	II	III	IV
Personal Income (US)								
0–4,999	43.1	26.9	30.0	32.3	68.1	59.2	56.6	56.3
5,000–14,999	52.1	53.6	46.3	39.1	31.2	38.6	39.1	38.8
15,000+	4.9	19.5	23.7	28.5	.7	2.2	4.4	4.9
Total	100.1	100.0	100.0	99.9	100.0	100.0	100.1	100.0
Household Income (US)								
0–4,999	28.0	13.7	15.2	15.5	16.6	12.2	14.7	15.2
5,000–14,999	36.4	35.3	33.7	25.8	40.3	34.3	32.5	27.8
15,000+	35.6	51.0	51.0	58.8	43.2	53.6	52.7	57.0
Total	100.0	100.0	99.9	100.1	100.1	100.1	99.9	100.0
N	11,424	19,584	9,343	71,875	5,156	12,217	5,747	59,549

1. I: Mexican-born noncitizens who immigrated to the United States in 1975 or later.
   II: Mexican-born noncitizens who immigrated to the United States before 1975.
   III: Mexican-born persons who self-report that they are naturalized citizens.
   IV: Persons born in the United States who self-identify as of Mexican origin.

SOURCE: Frank D. Bean, Harley L. Browning, and W. Parker Frisbie, "The Sociodemographic Characteristics of Mexican Immigrant Status Groups: Implications for Studying Undocumented Mexicans," *International Migration Review*, vol. 18, no. 3 (Fall 1984).

Table 809

U.S. MEDIAN INCOME OF SPANISH-ORIGIN, WHITE, AND BLACK FAMILIES, 4 S, 1969, 1975

Category	G. ARIZONA		H. CALIFORNIA		I. NEW MEXICO		J. TEXAS	
	1969	1975	1969	1975	1969	1975	1969	1975
Spanish Origin	$7,350	$10,717	8,430	$10,066	$5,890	$9,396	$5,600	$9,363
White	9,482	13,841	10,966	15,466	8,113	12,356	8,926	13,299
Black	5,716	~	7,482	8,374	5,203	~	5,330	8,791
All Families	9,185	13,569	10,729	15,069	7,845	11,798	8,486	12,672
Ratio Spanish-Origin to White	.78	.77	.77	.65	.73	.76	.63	.70
Ratio Spanish-Origin to Black	1.29	~	1.13	1.20	1.13	~	1.05	1.07
Ratio Spanish-Origin to All Families	.80	.79	.79	.67	.75	.80	.66	.74

SOURCE: Niles Hansen, *The Border Economy: Regional Development in the Southwest* (Austin: University of Texas Press, 1981), pp. 134–135.

Table 810

U.S. INCOME OF ALL FAMILIES AND MEXICAN AMERICAN FAMILIES, 1978

(%)

Families Income (US)	All U.S.	Mexican American
Less than 4,000	5.6	9.3
4,000 to 6,999	8.7	11.7
7,000 to 9,999	9.7	14.3
10,000 to 14,999	16.6	22.9
15,000 to 19,999	16.9	17.4
20,000 to 24,999	14.5	10.8
25,000 or More	27.9	13.5
Median Income	17,640	12,835

SOURCE: Niles Hansen, *The Border Economy: Regional Development in the Southwest* (Austin: University of Texas Press, 1981), p. 133.

Table 811

TEXAS INCOME LEVELS, BY BORDER COUNTY AND ETHNIC GROUP, CA. 1970

(US)

County	Median Family Income		Median Per Capita Income		% Families Below Poverty Level	
	Anglo	Chicano	Anglo	Chicano	Anglo	Chicano
El Paso	7,824	6,495	1,799	1,166	7.7	25.8
Hudspeth	5,313	4,127	993	710	9.8	42.1
Presidio	4,161	3,367	995	788	13.4	52.6
Brewster	5,642	4,734	1,215	808	16.6	39.4
Terrell	6,602	3,718	1,212	911	11.7	44.0
Val Verde	6,498	4,859	1,519	756	8.5	39.7
Kinney	3,905	3,088	875	680	12.8	63.8
Maverick	4,509	3,906	809	687	1.2	51.2
Webb	4,975	4,445	904	742	11.4	43.5
Zapata	--	--	--	--	--	57.7
Starr	3,592	3,591	687	672	23.8	52.0
Hidalgo	4,780	3,957	836	621	13.6	52.8
Cameron	5,075	4,073	885	619	14.0	49.6

SOURCE: Armando Gutiérrez, "The Politics of the Texas Border: An Historical Overview and Some Contemporary Directions," in Stanley R. Ross, ed., *Views across the Border: The United States and Mexico* (Albuquerque: University of New Mexico Press, 1978), p. 121.

Table 812

LAREDO OCCUPATIONAL WAGE STRUCTURE

(June 1961)

	Average Wage Rate (US Per Week)	
Industry and Occupation	Firms Employing Only Domestic Workers	Firms Employing Domestic and Alien Commuter Workers
Hotels and Motels		
Cook	58	34
Maid	20	17
Hall Boy	25	20
Waiter	15 plus Tips	18 plus Tips
Busboy	25 plus Tips	13
Bartender	58	46
Bellboy	15 plus Tips	16 plus Tips
Drugstores and Related Firms		
Cashier	27	
Stock Clerk	52	12
Fountain Girl	16	40
Drug Clerk	77	23 plus $3 Meal Allowance
		55
Grocery and Related Firms		24
Cashier	24	20
Stock Boy	35	35
Produceman	45	52
Butcher	65	31
Warehouseman	37	
Miscellaneous Retail Firms		
Porter	53	35
Warehouseman	73	21
Stockman	53	45

SOURCE: George C. Kiser and Martha Woody Kiser, *Mexican Workers in the United States* (Albuquerque: University of New Mexico Press, 1979). p. 229.

Table 813

U.S. AVERAGE HOURLY EARNINGS OF PRODUCTION WORKERS ON MANUFACTURING PAYROLLS, 4 SC, 1950-83
(US)

	State	1950	1955	1960	1965	1970	1971	1972	1973	1974
G.	ARIZONA	1.46	2.01	2.46	2.77	3.31	3.62	3.85	4.03	4.40
H.	CALIFORNIA	1.65	2.11	2.62	3.05	3.80	4.02	4.24	4.45	4.73
I.	NEW MEXICO	1.33	1.83	2.08	2.31	2.68	2.86	2.87	3.05	3.33
J.	TEXAS	1.35	1.80	2.17	2.48	3.18	3.34	3.51	3.73	4.08
	U.S. Total	1.52	1.99	2.42	2.79	3.55	3.80	4.07	4.35	4.70

	State	1975	1976	1977	1978	1979	1980	1981	1982	1983
G.	ARIZONA	4.85	5.19	5.55	6.03	6.62	7.29	8.02	8.73	8.99
H.	CALIFORNIA	5.22	5.59	6.00	6.43	7.03	7.70	8.56	9.24	9.52
I.	NEW MEXICO	3.63	4.07	4.43	4.79	5.36	5.79	6.54	7.22	7.62
J.	TEXAS	~	4.98	5.42	5.88	6.46	7.15	7.95	8.60	8.88
	U.S. Total	5.15	5.58	6.06	6.58	7.13	7.75	8.54	9.04	9.38

SOURCE: HLS, 1975, table 106; 1985, tables 76, 86.

Table 814

LOS ANGELES WAGES AND U.S. WAGES COMPARED, 1972-80

Industry	Los Angeles Wages, 1980 (US)	Los Angeles Wage Increase as % of U.S. Wage Increase	Mexican Immigrants as % of All Workers, 1980
All Workers	15,054	108.8	9.9
Low-Wage Manufacturing[1]	5.06	76.7	47.1
High-Wage Manufacturing[2]	7.97	90.7	19.5
All Retail	9,469	108.3	9.5
Eating and Drinking Establishments			
(Restaurants, Bars)	5,591	89.1	16.8
All Other Retail	11,196	108.4	6.6
All Services	14,099	115.8	5.5
Hotels	7,312†	95.1	15.0
Personal Services	8,069	92.2	15.2
All Other Services	14,659	117.2	3.9
Finance, Insurance, and Real Estate	15,590	104.4	2.6

1. Includes leather goods; apparel; textile mills; lumber and wood; and furniture and fixtures industries.
2. Includes metals, machinery, stone, clay, and glass; food; and transportation equipment industries.

SOURCE: Thomas J. Espenshade and Tracy Goodis, *Recent Immigrants to Los Angeles: Characteristics and Labor Market Impacts* (Washington, D.C.: The Urban Institute, May 1985).

Table 815

LOS ANGELES COUNTY CHANGE IN WAGE DISTRIBUTION, 1969, 1979, 1986

(%)

Wage Category (T US)	1969	1979	1986
All Year-Round Full-Time Workers			
−11	11	13	18
11.1–44.4	80	76	72
44.4+	9	11	10
Latino Year-Round Full-Time Workers			
−11	17	26	36
11.1–44.4	82	72	62
44.4+	2	2	2

SOURCE: *L.A. Weekly*, February 24–March 2, 1989, p. 31.

Table 816

PHOENIX ILLEGAL ALIEN WAGES AND EMPLOYMENT, FY 1984

(N)

Type of Employment	$5.25/Hour–20.00/Hour	$4.24/Hour–5.25/Hour	$3.35/Hour–4.24/Hour	$3.35/Hour and Less	Total
Heavy Industry	8	16	27	1	52
Light Industry	21	44	165	10	240
Agriculture	0	2	2	0	4
Undecipherable	25	31	49	0	105
Service	12	37	318	22	389
Total	66	130	561	33	790

SOURCE: INS, Phoenix, Arizona District.

Table 817
MEXICO CONSUMER PRICE INDEX, BORDER CITIES, 3 SC, 1970-84

PART I. 1970-84
(1978 = 100)

State/City	1970	1971	1972	1973	1974	1975	1976	1977	1978	1979	1980	1981	1982	1983	1984[a]	1984[b]	1984[c]
A. BAJA CALIF. Mexicali	32.2	33.9	35.9	39.3	47.9	53.8	62.1	85.3	100.0	114.7	140.0	172.7	304.4	665.0	891.3	943.7	991.7
B. CHIHUAHUA Ciudad Juárez	32.6	34.5	36.2	40.3	49.9	55.5	62.7	84.5	100.0	118.7	146.2	181.0	310.2	663.3	891.3	943.7	991.7
D. NUEVO LEON Monterrey	32.4	34.7	36.4	40.6	49.3	56.7	65.6	86.7	100.0	117.9	147.8	192.5	302.9	616.3	835.2	876.9	915.0
Mexico City	33.0	34.9	36.6	40.8	49.9	58.3	67.7	85.5	100.0	117.8	149.0	191.9	302.4	598.0	791.7	831.9	863.3
Mexico Total	32.3	34.0	35.7	40.0	49.5	57.0	66.0	85.1	100.0	118.2	149.3	191.1	303.6	612.9	814.8	857.8	894.5

SOURCE: Banco de México, *Indicadores Económicos*, various.

PART II. 1981-84
(1980 = 100)

State/City	1981	1982	1983	1984[a]	1984[b]	1984[c]
A. BAJA CALIF. Tijuana	119.6	212.5	471.6	612.3	636.0	666.6
F. TAMAULIPAS Matamoros	124.4	212.5	467.0	635.6	662.0	697.1

a. January.
b. February.
c. March.

SOURCE: Banco de México, *Indicadores Económicos*, April 1984, tables III-9, III-10.

Table 818
SAN DIEGO CONSUMER PRICE INDEX, 1970-84
(1967 = 100)

State	1970	1973	1974	1975	1976	1977	1978	1979	1980	1981	1982	1983	1984
H. CALIFORNIA San Diego All Items	115.3	132.5	147.2	160.8	170.7	182.0	200.1	233.1	268.5	304.6	325.3	334.6	354.2

SOURCE: SAUS, 1985, p. 478; 1988, p. 452, table 741.

9

Border Crossings and U.S. Border Patrol

ILLEGAL MEXICAN ALIENS APPREHENDED AND/OR DEPORTED, 1925–70

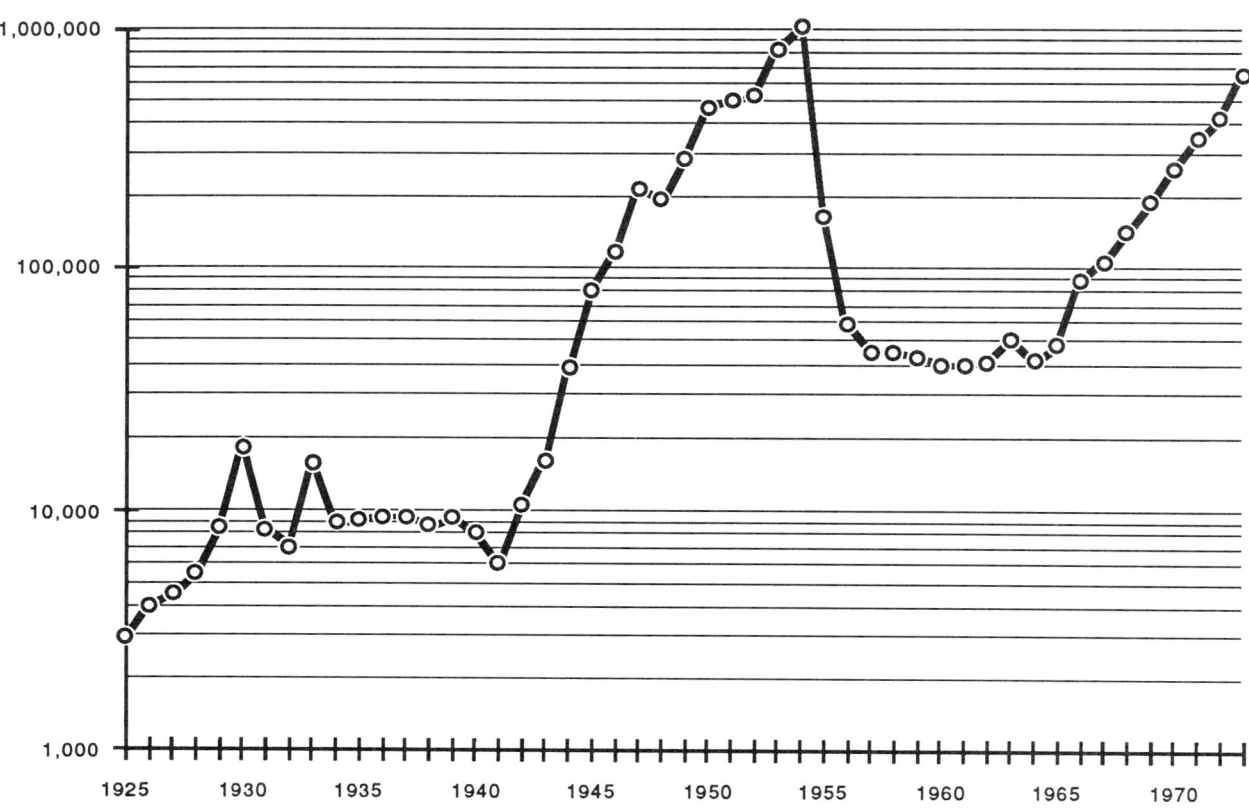

SOURCE: Table 913.

Table 900

U.S. ENTRIES OF ALIENS AND CITIZENS OVER INTERNATIONAL LAND BOUNDARIES, 1928-85[a]

(M)

Year	All Entries[1]			Via Mexican Border			Mexican Border as % of Total		
	Total	Aliens	Citizens	Total	Aliens	Citizens	Total	Aliens	Citizens
1928-1930	171	92	79	81	49	32	47.4	53.3	40.5
1931-1940	477	255	222	225	137	87	47.2	53.7	39.2
1941-1950	628	306	322	360	196	165	57.3	64.1	51.2
1950	87.5	41.3	46.2	48.7	24.7	24.1	55.7	59.8	52.2
1955	119.8	61.6	58.2	71.8	36.8	35.0	59.9	59.7	60.1
1960	154.0	89.0	65.0	98.5	59.2	39.3	64.0	66.5	60.5
1965	175.8	101.8	74.0	116.0	68.5	47.5	66.0	67.3	64.2
1970	216.0	126.5	89.6	144.4	86.7	57.7	66.9	68.5	64.4
1973	238.3	138.4	99.9	160.9	95.8	65.1	67.5	69.2	65.2
1974	245.3	143.7	101.6	169.6	101.7	67.9	69.1	70.8	66.8
1975	236.8	141.1	95.7	158.4	97.5	60.9	66.9	69.1	63.6
1976	249.8	152.2	97.6	168.1	105.1	62.4	67.3	69.4	64.0
1978	242.4	150.3	92.1	156.8	100.4	56.4	64.7	66.8	61.2
1979	251.2	155.0	96.3	163.6	103.2	60.4	65.1	66.6	62.7
1980	245.2	152.3	92.9	163.7	104.5	59.2	66.7	68.6	63.7
1981	277.0	171.0	106.0	184.9	117.2	67.6	66.8	68.5	63.8
1982	289.1	176.3	112.8	190.1	119.2	70.9	65.8	67.6	62.9
1983	277.2	170.4	106.8	189.1	119.2	69.9	68.2	70.0	65.4
1984	269.7	162.3	107.4	176.5	107.7	68.8	65.4	66.4	64.1
1985	271.4	163.5	107.9	177.3	108.0	69.3	65.3	66.1	64.2
	271.0	161.0	110.0	177.0	106.0	71.0	65.3	65.8	64.5

1. Each entry of the same person is counted separately. Partially estimated.

a. For years ending June 30 except, beginning 1977, ending September 30.

SOURCE: SAUS; INS-SY, various years.

Table 901

U.S. ENTRIES OF ALIENS OVER INTERNATIONAL LAND BOUNDARIES, 4 S, 1980-85

(N)

State	1980	1981	1982	1983	1984	1985
G. ARIZONA	15,506,781	14,977,629	16,552,556	~	15,179,192	13,359,838
H. CALIFORNIA	39,392,385	40,461,154	38,243,584	~	35,908,277	34,697,456
I. NEW MEXICO	130,330	197,976	165,713	~	~	~
J. TEXAS	62,216,306	63,618,103	64,262,452	~	95,594,922	57,713,795

SOURCE: INS-SY, 1980, 1981, 1982, 1983, 1984, 1985.

Table 902
BORDER CROSSINGS[1] OF ALIENS AND CITIZENS, 4 S, 1980–85
(N)

State/Port of Entry[2]	1980	1981	1982	1983	1984	1985
G. ARIZONA						
Douglas						
Aliens	2,382,425	2,591,145	2,625,073	2,307,729	2,343,496	2,213,796
Citizens	2,007,926	2,120,721	2,148,516	1,888,974	1,918,192	1,811,968
Lukeville						
Aliens	179,243	193,139	181,423	~	135,777[a]	138,508
Citizens	276,851	299,216	307,243	~	335,153[a]	345,539
Naco						
Aliens	867,971	891,226	809,955	~	715,424[a]	643,857
Citizens	451,144	463,222	422,159	~	378,846[a]	341,475
Nogales						
Aliens	7,358,961	8,095,949	8,285,411	~	6,887,613[a]	5,972,778
Citizens	2,594,892	2,902,349	2,884,375	~	4,486,890[a]	5,200,751
San Luis						
Aliens	4,633,819	3,123,863	4,583,590	~	4,628,006[a]	4,333,882
Citizens	1,911,446	1,278,334	1,943,595	~	1,926,295[a]	1,802,522
Sasabe						
Aliens	64,053	61,293	50,684	~	42,427[a]	46,060
Citizens	32,579	32,158	30,666	~	28,505[a]	27,300
H. CALIFORNIA						
Andrade						
Aliens	478,484	554,836	491,054	~	455,281	370,369
Citizens	421,097	455,821	395,205	~	472,677	370,259
Calexico						
Aliens	14,713,183	13,801,121	13,062,188	~	12,277,039	12,846,208
Citizens	4,578,586	4,376,978	4,131,535	~	3,898,674	3,962,110
San Ysidro						
Aliens	21,973,132	23,698,607	22,623,334	~	21,308,907	17,330,535
Citizens	13,125,039	15,828,961	15,317,156	~	16,028,858	15,818,417
Tecate						
Aliens	1,875,902	2,008,770	1,773,241	~	1,745,756	1,779,943
Citizens	1,166,998	1,253,138	1,106,625	~	1,094,284	1,116,627
I. NEW MEXICO						
Antelope Wells						
Aliens	730	1,760	1,664	~	~	~
Citizens	8,387	1,362	1,217	~	~	~
Columbus						
Aliens	129,600	196,216	164,049	~	~	~
Citizens	155,361	248,610	200,950	~	~	~

Table 902 (Continued)
BORDER CROSSINGS[1] OF ALIENS AND CITIZENS, 4 S, 1980-85
(N)

State/Port of Entry[2]	1980	1981	1982	1983	1984	1985
J. TEXAS						
Brownsville						
Aliens	9,315,779	9,999,686	9,986,842	~	8,896,720	9,193,122
Citizens	4,621,010	4,907,473	5,009,797	~	5,039,430	4,872,429
Del Rio						
Aliens	1,477,198	1,675,252	1,819,480	~	2,116,253	1,792,020
Citizens	1,799,546	2,073,346	1,611,034	~	1,596,663	1,351,932
Eagle Pass						
Aliens	4,489,036	4,676,799	4,407,260	~	3,281,420	3,005,722
Citizens	2,253,140	2,354,280	2,215,884	~	1,648,179	1,579,387
El Paso						
Aliens	22,135,764	20,569,423	20,584,886	~	19,022,167	18,400,922
Citizens	16,243,324	15,226,824	15,186,605	~	14,047,646	13,561,510
Hidalgo						
Aliens	8,106,105	9,160,461	9,038,269	~	7,057,202	7,463,253
Citizens	4,193,580	4,718,458	4,649,755	~	4,658,109	4,924,033
Juárez-Lincoln Bridge						
Aliens	3,719,230	4,076,664	4,668,327	~	4,544,222	4,979,832
Citizens	1,963,582	2,195,388	2,491,919	~	2,552,331	2,669,897
Laredo						
Aliens	8,868,917	8,707,671	8,517,585	~	6,688,833	6,843,837
Citizens	4,285,876	4,248,565	4,178,072	~	3,308,181	3,395,031
Progresso						
Aliens	1,113,581	1,232,669	1,368,901	~	1,287,477	1,628,228
Citizens	969,819	1,035,838	928,482	~	1,373,668	1,635,581
Rio Grande						
Aliens	823,593	1,119,286	1,109,985	~	1,100,048	1,158,163
Citizens	284,406	379,679	374,419	~	370,154	386,948
Roma						
Aliens	890,585	1,012,889	1,298,879	~	1,319,966	1,553,781
Citizens	2,192,233	2,466,304	2,380,061	~	2,034,969	2,364,860

1. Entering U.S. from Mexico.
2. Each entry of the same person counted separately.

a. Calendar year.

SOURCE: INS-BP; Dept. of Treasury, U.S. Customs Service, San Ysidro, California; INS-SY, various years.

Table 903
BORDER CROSSINGS,[1] BY MODE OF TRANSPORTATION, 3 S, 1979–85
(N)

State	1979	1989	1981	1982	1983	1984	1985
G. ARIZONA							
Douglas							
Pedestrian	~	~	378,697	342,363	353,032	299,102	209,229[a]
Car	1,537,047	1,660,909	1,865,250	1,722,212	1,575,114	1,591,495	854,130[a]
Passenger	~	~	~	~	~	~	~
H. CALIFORNIA							
Calexico							
Pedestrian	~	~	~	1,178,141	3,520,778	3,655,066	2,986,012[b]
Car	~	~	5,922,978	1,507,127	5,887,481	5,345,241	3,896,207[b]
Passenger	~	~	~	~	~	~	~
San Ysidro							
Pedestrian	4,733,792	4,410,891	4,562,181	5,493,662	4,705,896	4,241,145	6,231,978[d]
Car	9,262,640	10,142,029	10,988,569	10,905,282	10,972,567	11,456,158	18,798,828[d]
Passenger	28,394,031	32,683,517	36,049,914	32,431,030	32,721,997	34,072,312	21,475,781[d]
J. TEXAS							
El Paso							
Pedestrian	~	~	4,374,236	4,541,718	5,026,342	~	~
Car	~	~	13,459,721	13,691,800	12,731,142	~	~
Passenger	~	~	~	~	~	~	~
Roma							
Pedestrian	~	~	~	62,159[c]	206,763	209,878	128,716[a]
Car[2]	~	~	~	299,494[c]	865,061	932,083	548,564[a]
Passenger	~	~	~	2,045,229[c]	2,293,977	3,237,434	1,923,496[a]

1. Entering U.S. from Mexico.
2. Personally owned vehicles.

a. January 1985 through July 1985.
b. January 1985 through September 1985.
c. September 1982 through December 1982.
d. January 1985 through August 1985.

SOURCE: INS-BP, various years.

Table 904

BORDER CROSSINGS[1] AT SAN YSIDRO, CALIFORNIA, 1954-79[a]

(N)

Year	By Mode of Transportation			By Citizenship	
	Pedestrian	Car	Passenger	Alien	Citizen
1954	~	3,611,882	~	~	~
1955	~	3,858,974	~	~	~
1956	1,569,626	3,948,075	12,354,060	4,174,052	9,758,034
1957	2,220,481	4,213,944	12,883,182	4,551,131	10,554,408
1958	3,053,633	4,726,648	13,782,864	5,059,200	11,763,559
1959	3,108,087	4,596,702	13,334,470	8,417,568	8,017,757
1960	2,611,337	5,075,721	15,738,547	10,127,001	8,204,772
1961	3,046,050	5,638,070	17,949,811	11,581,706	9,414,155
1962	3,179,797	5,712,657	18,341,770	11,858,921	9,662,646
1963	3,256,838	5,787,723	18,353,700	12,006,031	9,784,501
1964	3,574,364	6,294,090	18,259,349	11,278,840	10,554,873
1965	3,691,283	6,336,910	18,888,877	10,588,808	11,491,351
1966	3,779,714	6,380,189	18,519,200	11,946,427	10,352,487
1967	4,015,742	6,675,461	19,589,727	15,301,373	11,279,879
1968	6,276,391	6,710,160	21,083,485	15,301,373	12,058,503
1969	8,332,719	6,566,247	21,010,671	16,759,804	12,583,586
1970	6,004,754	6,847,062	21,357,399	15,018,902	12,343,251
1971	5,301,214	6,378,135	19,147,673	13,071,586	11,377,301
1972	6,311,741	6,570,015	19,905,214	13,990,407	12,226,548
1973	8,000,437	7,267,769	25,110,785	18,714,586	14,396,636
1974	6,948,701	7,554,185	27,514,273	19,932,055	14,530,919
1975	4,555,252	7,952,983	31,659,939	22,164,979	14,050,212
1976	4,816,093	8,562,122	33,967,184	24,382,078	14,401,199
1977	5,087,726	8,525,880	32,766,558	24,256,040	14,598,264
1978	4,645,403	8,735,214	29,814,093	21,699,367	12,760,129
1979	4,733,792	9,262,640	28,394,031	21,085,053	12,042,770

1. Entering U.S. from Mexico.

a. For 1980-85, see tables 420, 421.

SOURCE: INS-BP, various years.

Table 905

BORDER CROSSING CARDS ISSUED IN SOUTHWEST REGION,[1] 1960-69

(N)

Year	Total	Issued by INS	Issued by Consular Offices[2]
1960	127,579	127,579	—
1961	125,800	125,800	—
1962	135,560	135,560	—
1963	145,194	145,194	—
1964	163,372	163,372	—
1965	179,065	179,065	—
1966	260,570	186,311	74,259
1967	373,948	210,463	163,485
1968	357,394	206,116	151,278
1969	353,630	205,481	148,149
Total	2,222,112	1,684,941	537,171

1. Border Crossing Cards issued by nationality of aliens to whom issued not available.
2. Consular Offices began issuing border crossing cards in Mexico in August 1965.

SOURCE: Julian Samora, *Los Mojados: The Wetback Story* (Notre Dame, Ind.: University of Notre Dame Press, 1971), p. 184.

Table 906

MEXICAN COMMUTERS WITH GREEN CARDS AND AMERICANS UNEMPLOYED, 4 S

		December 1969		November–December 1967	
	State/Port of Entry	Mexican Commuters	Americans Unemployed	Mexican Commuters	Americans Unemployed
	Total Border Ports of Entry	49,770		40,176	
G.	ARIZONA	5,647		5,148	
	San Luis (Yuma)[1]	3,616	869	3,553	1,500
	Nogales (Santa Cruz)	1,388	175	1,118	275
	Naco (Cochise)	113	577	94	
	Douglas (Cochise)	522		380	800
	Other	8		3	
H.	CALIFORNIA	20,753		15,284	
	San Ysidro (San Diego)	11,697 }	18,300	7,535 }	17,300
	Tecate (San Diego)	63 }		56 }	
	Andrade (Imperial)	14 }	3,389	3 }	4,900
	Calexico (Imperial)	8,979 }		7,690 }	
I.	NEW MEXICO	31		30	
	Columbus (Luna)	31	~	30	287
J.	TEXAS	23,339		19,714	
	El Paso (El Paso)	13,493 }	3,325	11,760 }	4,200
	Fabens (El Paso)	321 }		279 }	
	Del Rio (Val Verde)	200	774	317	500
	Eagle Pass (Maverick)	2,089	1,215	1,635	1,200
	Laredo (Webb)	3,456	3,325	2,669	3,300
	Roma (Starr)	106		73	
	Hidalgo (Hidalgo)	1,061	3,960	937	4,200
	Progresso (Hidalgo)	82		50	
	Brownsville (Cameron)	2,430	2,770	1,917	2,000
	Other	101		77	

1. County in parentheses.

SOURCE: George C. Kiser and Martha Woody Kiser, *Mexican Workers in the United States* (Albuquerque: University of New Mexico Press, 1979), p. 241.

Table 907

MEXICAN COMMUTERS WITH GREEN CARDS, BY OCCUPATION, SELECTED BORDER MUNICIPALITIES, 1973

(N)

	Municipality	Industrial	Construction	Agriculture	Services	Domestic Service	Total
	All Crossings	9,045	4,478	14,916	9,675	1,699	39,813
G.	ARIZONA						
	Nogales	191	120	33	439	39	822
	San Luis	94	9	4,091	130	13	4,337
H.	CALIFORNIA						
	Calexico	91	38	4,262	331	28	4,750
	San Ysidro	2,149	597	3,648	2,421	248	9,063
J.	TEXAS						
	Brownsville	720	295	103	461	56	1,635
	Laredo	379	213	140	1,369	124	2,225
	Eagle Pass	537	234	391	426	28	1,616
	El Paso	4,449	2,622	1,358	3,681	1,113	13,223
	Other	435	350	890	417	50	2,142

SOURCE: Oscar J. Martínez, *Ciudad Juárez: El Auge de una Ciudad Fronteriza a Partir de 1848* (México, D.F.: Fondo de Cultura Económica, 1982), p. 191.

Table 908

ESTIMATED BORDER COMMUTERS, SELECTED U.S. BORDER MUNICIPALITIES, 4 S, 1986

(N)

Municipality	Commuters
G. ARIZONA	
San Luis	8,700
Lukeville	5
Nogales	320
Sasabe	0
Naco	16
Douglas	110
H. CALIFORNIA	
San Ysidro	1,300
Calexico	4,000
Tecate	617
Andrade	85
Otay Mesa	715
I. NEW MEXICO	
Columbus	2
J. TEXAS	
El Paso	8,000
Presidio	10
Del Rio	100
Eagle Pass	300
Laredo	2,500
Progreso	100
Rio Grande City	100
Roma	250
Falcon Heights	20
Los Ebanos	25
Hidalgo	600
Brownsville	400
Fort Hancock	100
Fabens	300

SOURCE: INS, *Bulletin*, no. 92, 1986.

Table 909

U.S. CITIZENS AND ALIENS ENTERING THROUGH BORDER AND EL PASO, 1928–73

(M)

	Mexican Border			El Paso		
Year	Total	U.S. Citizens	Aliens	Total	U.S. Citizens	Aliens
1928	27.1	9.8	17.3	~	~	~
1929	27.0	10.7	16.3	~	~	~
1930	27.0	11.5	15.5	~	~	~
1931	24.1	10.5	13.6	~	~	~
1932	23.3	10.7	12.6	~	~	~
1933	21.8	9.7	12.1	~	~	~
1934	21.1	8.6	12.5	~	~	~
1935	21.7	8.4	13.3	4.3	.8	3.5
1936	21.2	7.3	13.9	4.3	.8	3.5
1937	22.7	7.5	15.2	4.7	1.0	3.7
1938	23.0	8.6	14.4	4.8	1.0	3.8
1939	22.7	8.0	14.7	4.8	1.0	3.8
1940	23.0	8.0	15.0	5.1	1.1	4.0
1941	23.5	9.0	14.5	5.4	1.9	3.5
1942	26.2	10.5	15.7	6.3	2.2	4.1
1943	25.9	11.1	14.8	7.5	2.6	4.9
1944	28.0	13.2	14.8	8.3	3.3	5.0
1945	32.3	15.4	16.9	8.4	3.3	5.1
1946	44.1	20.4	23.6	10.0	3.8	6.2
1947	42.5	19.4	23.1	11.0	4.4	6.6
1948	43.5	20.1	23.4	11.0	4.4	6.6
1949	45.7	21.6	24.0	11.8	5.4	6.5
1950	48.7	24.1	24.7	14.4	7.5	6.9
1951	51.1	25.1	25.9	15.4	8.0	7.4
1952	59.5	29.3	30.2	16.4	8.5	7.9
1953	68.2	34.2	34.0	18.3	9.5	8.8
1954	66.9	32.9	34.0	18.2	9.4	8.8
1955	71.8	35.0	36.8	21.2	10.7	10.5
1956	79.8	37.1	42.7	21.7	10.1	11.7
1957	84.1	37.8	46.3	23.0	9.8	13.2
1958	90.9	40.2	50.7	26.1	10.8	15.4
1959	96.8	41.2	55.6	28.1	11.7	16.3
1960	98.5	39.3	59.2	28.6	12.9	15.7
1961	103.7	42.0	61.6	28.8	13.6	15.2
1962	107.6	43.5	64.1	29.7	13.9	15.8
1963	108.1	43.4	64.7	28.7	13.4	15.3
1964	111.2	44.0	67.2	28.8	13.5	15.3
1965	116.0	47.5	68.5	29.9	14.2	15.7
1966	122.6	49.0	73.6	31.9	15.0	16.8
1967	127.9	50.3	77.6	32.0	15.4	16.5
1968	135.8	53.8	82.1	35.6	16.7	18.8
1969	147.7	58.6	89.1	37.9	18.9	19.0
1970	144.4	57.7	86.7	38.2	19.0	19.2
1971	147.8	59.6	88.2	38.7	19.3	19.4
1972	152.6	61.3	91.3	40.3	20.2	20.2
1973	160.9	65.1	95.8	41.2	20.6	20.6

SOURCE: Oscar J. Martínez, *Ciudad Juárez: El Auge de una Ciudad Fronteriza a Partir de 1848* (México, D.F.: Fondo de Cultura Económica, 1982), pp. 218, 219.

Table 910
BORDER PATROL AGENTS AND ACTIVITIES, 1970–86
(T)[1]

Category	1970	1975	1976	1977	1978	1979	1980	1981	1982	1983	1984	1985	1986
Agents													
Border Patrol Agents													
Authorized (N)	1,724	1,803	2,058	2,057	2,189	2,339	2,484	2,289	2,429	2,413	2,409	3,226	3,273
On Duty (N)	1,708	1,708	1,193	1,990	2,075	1,909	2,329	2,218	2,186	2,291	2,261	3,023	2,948
Border Patrol Obligations (T US)	28,447	55,254	61,692	70,644	72,231	71,021	82,534	85,610	98,774	110,174	114,088	141,902	150,418
Persons Apprehended[2]	233.9	602.2	701.6	820.4	870.6	896.9	766.6	833.2	828.0	1,154.4	1,135.0	1,272.4	1,705.3
Deportable Aliens Located	231.1	596.8	696.0	812.6	862.3	888.7	759.4	825.3	819.9	1,105.7	1,138.6	1,262.4	1,692.5
Mexican	219.3	579.4	678.4	792.6	841.5	866.8	734.2	797.3	795.4	1,076.3	1,102.6	1,218.7	1,635.7
Canadian	7.8	7.3	5.9	5.8	6.5	5.7	5.3	5.8	5.7	5.9	5.8	5.9	6.2
Other	4.1	10.1	11.7	14.2	14.3	16.2	19.9	21.6	18.8	23.5	30.2	37.9	50.6
Smugglers of Aliens Located	3.3	6.9	9.6	12.4	13.3	15.3	13.1	12.6	11.8	13.4	13.5	14.7	19.3
Smuggled Aliens Apprehended	18.7	80.4	82.9	138.8	159.2	172.7	112.6	90.1	80.4	86.7	91.7	95.7	114.7
Aliens Located													
Previously Expelled	67.4	184.6	186.9	241.1	266.8	259.1	211.0	256.9	244.1	328.1	331.4	372.0	452.1
Previous Criminal Record	3.8	10.3	13.1	12.3	11.9	12.4	11.3	12.5	9.3	9.2	8.7	9.8	14.2
Conveyances Examined	1,792	3,470	3,277	3,277	3,658	4,030	3,849	4,639	5,371	5,489	5,144	4,901	6,112
Automobiles	1,311	2,663	2,440	2,647	2,543	2,791	2,590	3,074	3,613	3,861	3,710	3,468	4,519
Persons Questioned[3]	6,805	11,265	10,783	11,606	11,343	11,900	10,844	12,492	14,238	14,474	14,279	13,490	17,546
In Automobiles	3,416	6,888	6,145	6,844	6,643	6,841	6,328	7,187	8,477	8,722	8,926	8,093	10,904
Pedestrians	1,661	2,056	2,293	2,333	2,186	2,314	1,706	1,862	1,965	2,119	2,089	2,063	2,767
Seizures (N)	320	917	701	736	564	421	1,920	2,441	4,033	5,807	6,456	7,627	10,464
Value of Seizures (T US)	4,547	28,654	18,019	19,557	8,348	9,967	116,115	17,348	15,178	43,536	60,303	138,795	194,710
Narcotics (T US)	3,865	26,302	16,035	17,071	6,251	8,448	110,272	10,236	5,242	28,729	43,475	119,056	161,750
Activities													
Deportable Aliens Located	114.1	169.8	179.9	229.7	195.7	187.7	150.9	128.1	142.8	140.8	102.9	83.9	72.8
Mexican	58.1	100.9	103.1	162.2	135.1	132.1	83.3	76.2	92.1	96.0	66.2	48.3	35.8
Canadian	3.5	.9	1.7	1.8	1.8	1.7	1.5	1.5	1.6	1.5	1.1	1.1	1.2
Other	52.5	68.0	75.1	65.7	58.8	53.9	66.1	50.4	49.1	43.3	35.6	34.5	35.8

1. In thousands, except as indicated. For years ending June 30 except, beginning 1977, ending September 30.
2. Covers deportable aliens located and U.S. citizens engaged in smuggling or other immigration violations.
3. Includes types not shown separately.

SOURCE: SAUS, 1985, table 136; 1987, table 283.

Table 911
BORDER PATROL AND ILLEGAL ALIENS, 1970–85

	Illegal Mexican Aliens Apprehended		Authorized Border Patrol Agents	
Year	Total (T)	PC from Previous Year	Total (N)	PC from Previous Year
1970	219.3	~	1,724	~
1975	579.4	164	1,803	5
1978	841.5	45	2,189	21
1979	866.8	3	2,339	7
1980	734.2	−15	2,484	6
1981	797.9	9	2,289	−8
1982	795.4	.3	2,429	6
1983	1,076.4	35	2,413	−.7
1984	1,102.6	2	2,409	−.2
1985	1,216.7	10	3,228	−.2

SOURCE: SAUS, various years.

Table 912

U.S. INS MAN-HOURS PER DEPORTABLE ALIEN, 1978–82[a]

(N)

Year	Border Patrol[1]		Investigations[2]	
	Mexican Undocumenteds	All Undocumenteds	Mexican Undocumenteds	All Undocumenteds
1978	7.03	6.86	21.38	15.58
1979	7.22	7.04	22.17	16.20
1980	8.26	7.99	33.70	19.53
1981	7.94	7.68	34.62	20.60
1982	8.12	7.88	25.48	16.44

1. Includes line watch, patrol, farm-ranch check, traffic check, city patrol, boat patrol, crewman-stowaway, aircraft operations, liaison, intelligence, litigation, identification, special programs, and headquarters staff sections.
2. Includes subversive, criminal, fraud, general, and area control sections.

a. Productive and support hours divided by number of undocumenteds located inside the United States.

SOURCE: INS forms G-23.18 (Monthly Report of Deportable Aliens Found in the U.S.) and G-23.21 (Report of Field Operations), 1978–81.

Table 913

ILLEGAL MEXICAN ALIENS APPREHENDED AND/OR DEPORTED, 1924–73

Year	N	Year	N
1924	4,614	1951	510,355
1925	2,961	1952	531,719
		1953	839,149
1926	4,047	1954	1,035,282
1927	4,495	1955	165,186
1928	5,529		
1929	8,538	1956	58,792
1930	18,319	1957	45,640
		1958	45,164
1931	8,409	1959	42,732
1932	7,116	1960	39,750
1933	15,875		
1934	8,910	1961	39,860
1935	9,139	1962	41,200
		1963	51,230
1936	9,534	1964	41,589
1937	9,535	1965	48,948
1938	8,684		
1939	9,376	1966	89,638
1940	8,051	1967	107,695
		1968	142,520
1941	6,082	1969	189,572
1942	10,603	1970	265,539
1943	16,154		
1944	39,449	1971	348,178
1945	80,760	1972	430,213
		1973	655,968
1946	116,320		
1947	214,543	Total	7,345,795
1948	193,852		
1949	289,400		
1950	469,581		

SOURCE: F. Ray Marshall, "Economic Factors Influencing the International Migration of Workers," in Stanley R. Ross, ed., *Views across the Border: The United States and Mexico* (Albuquerque: University of New Mexico Press, 1978), p. 167.

Table 914

DEPORTABLE ALIENS LOCATED BY BORDER PATROL, WESTERN AND SOUTHERN REGIONS, 1972–85

(N)

Located by	1972	1973	1974	1975	1976	1977	1978	1979	1980[a]	1981	1982	1983	1984	1985
Total INS	~	~	~	~	~	~	~	1,096,418	910,361	975,780	970,246	1,246,491	1,246,977	1,348,749
Border Patrol	~	~	~	~	~	~	~	888,729	759,420	825,290	819,919	1,105,670	1,140,466	1,262,435
Western Region Border Patrol	~	~	~	~	~	~	~	548,806	471,589	517,524	499,654	644,810	636,562	673,161
Chula Vista Sector	74,115	128,889	196,981	185,499	266,709	337,195	325,557	337,931	285,984	326,836	314,979	429,121	407,828	427,772
El Centro Sector	~	~	~	~	~	~	~	~	~	59,774	55,440	71,897	68,563	71,519
Livermore Sector	~	~	~	~	~	~	~	~	~	52,346	48,655	44,327	54,111	50,864
Tucson Sector	~	~	~	~	~	~	~	~	~	33,085	32,344	35,870	46,283	55,269
Yuma Sector	~	~	~	~	~	~	~	~	~	45,483	48,236	63,595	59,777	67,737
Southern Region Border Patrol[1]	~	~	~	~	~	~	~	~	~	284,630	294,821	433,491	475,825	575,123
Del Rio Sector	~	~	~	~	~	~	~	~	~	50,455	48,753	83,733	87,058	99,280
El Paso Sector	~	~	~	~	~	~	~	~	~	146,872	152,882	205,944	212,652	240,350
Laredo Sector	~	~	~	~	~	~	~	~	~	36,910	40,385	65,279	87,059	114,931
Marfa Sector	~	~	~	~	~	~	~	~	~	17,584	20,268	20,899	22,196	23,667
McAllen Sector	~	~	~	~	~	~	~	~	~	32,809	32,533	57,706	66,860	82,826

1. Does not include sectors not along U.S.-Mexican border.

a. Fewer deportable aliens were located in 1980 than in 1979 because of the U.S. attorney general's census moratorium and the number of personnel assigned to the Cuban refugee program in 1980.

SOURCE: INS-BP, Chula Vista Sector; for years 1981–84 from INS-ENF 1.3; INS-SY.

Table 915

DEPORTABLE ALIENS LOCATED BY BORDER PATROL, BY NATIONALITY, 1973–85

(N)

State	Year	Mexicans	Salvadorans	Guatemalans	Total Apprehended (All Nationalities)
G. ARIZONA	1973	81,002	~	~	81,110
H. CALIFORNIA		182,747	~	~	185,719
J. TEXAS		207,158	~	~	207,942
U.S. Total		480,588	~	~	498,123
G. ARIZONA	1974	99,595	~	~	99,932
H. CALIFORNIA		257,545	~	~	262,764
J. TEXAS		247,227	~	~	248,550
U.S. Total		616,630	~	~	634,777
G. ARIZONA	1975	90,310	~	~	90,569
H. CALIFORNIA		265,234	~	~	269,002
J. TEXAS		208,091	~	~	208,979
U.S. Total		579,448	~	~	596,796
G. ARIZONA	1976	76,768	~	~	77,239
H. CALIFORNIA		355,923	~	~	361,081
J. TEXAS		229,855	~	~	231,224
U.S. Total		678,356	~	~	696,039
G. ARIZONA	1977[a]	81,230	209	262	81,964
H. CALIFORNIA		424,040	3,644	2,079	430,888
J. TEXAS		273,737	511	275	275,163
U.S. Total		792,613	4,518	2,879	812,541
G. ARIZONA	1978	87,445	460	177	88,239
H. CALIFORNIA		408,167	3,937	1,434	413,793
J. TEXAS		330,893	1,196	330	333,437
U.S. Total		841,525	5,693	2,146	862,217
G. ARIZONA	1979	88,162	891	382	89,655
H. CALIFORNIA		452,818	4,045	1,618	459,500
J. TEXAS		290,942	2,428	508	312,681
U.S. Total		866,761	7,545	2,636	888,729
G. ARIZONA	1980	77,322	1,489	474	79,530
H. CALIFORNIA		384,241	4,268	1,486	391,070
J. TEXAS		262,039	3,540	537	268,031
U.S. Total		734,219	9,429	2,606	759,420
G. ARIZONA	1981	76,872	1,178	342	78,568
H. CALIFORNIA		430,716	5,384	1,803	438,956
J. TEXAS		276,399	5,324	790	284,630
U.S. Total		797,923	12,160	3,063	825,290
G. ARIZONA	1982	79,275	798	217	80,580
H. CALIFORNIA		413,207	3,396	1,233	419,074
J. TEXAS		286,697	4,642	871	294,821
U.S. Total		795,362	9,073	2,447	819,919
G. ARIZONA	1983	98,200	635	259	99,465
H. CALIFORNIA		538,160	3,869	1,693	545,345
J. TEXAS		422,996	6,383	1,015	433,491
U.S. Total		1,076,345	11,240	3,178	1,105,670
G. ARIZONA	1984[b]	104,674	622	312	106,040
H. CALIFORNIA		520,400	5,497	2,204	530,502
J. TEXAS		462,313	7,641	860	475,825
U.S. Total		1,104,429	14,147	3,606	1,140,466
G. ARIZONA	1985[b]	120,808	777	617	123,006
H. CALIFORNIA		538,242	5,140	3,119	550,155
J. TEXAS		543,348	6,884	1,395	561,054
U.S. Total		1,218,695	13,456	5,483	1,262,435

a. Separate tabulations for Salvadorans and Guatemalans began in 1977.
b. State totals calculated from Border Patrol sector totals.

SOURCE: INS-SY, various years.

Table 916
ALIENS DEPORTED BY BORDER PATROL, BY COUNTRY TO WHICH DEPORTED, 1972–85
(N)

Country	1972	1973	1974	1975	1976	1977	1978	1979	1980	1981	1982	1983	1984	1985
El Salvador	396	652	1,191	2,324	2,423	3,877	3,415	3,471	2,390	2,333	2,118	3,104	2,585	3,034
Guatemala	510	685	987	1,627	1,289	1,687	1,285	1,087	644	551	587	917	880	1,634
Mexico	10,528	10,402	11,678	14,512	19,364	15,656	19,451	17,777	11,159	10,452	8,387	9,327	10,510	11,368
Rest of Latin America[1]	1,068	1,395	1,694	1,902	2,087	2,211	1,869	1,526	1,089	1,370	1,293	1,927	2,379	2,904
Total, All Countries	16,266	16,842	18,824	23,438	27,998	30,228	28,371	25,828	17,262	16,596	14,154	16,763	18,006	20,560

1. Tabulations of deportations do not include Caribbean countries because the number of Caribbean nationals deported from the U.S. between 1972 and 1981 was very small. The region was included in immigration tables because nationals from Caribbean countries constitute a significant portion of the annual immigrants to the U.S.

SOURCE: INS-SY, various years; SAUS, various years.

Table 917
DEPORTABLE ALIENS APPREHENDED BY WESTERN REGION BORDER PATROL, 1979–85
(N)

Sector	1979	1980	1981	1982	1983	1984[a]	1985[a]
Chula Vista, California	337,931	285,984	326,836	314,979	429,164	407,828	427,772
Livermore, California	66,032	48,074	52,346	48,655	38,139[b]	54,111	50,864
El Cajon, California	55,532	57,009	59,774	55,703	61,000[b]	~	~
Yuma, Arizona	52,230	46,862	43,483	48,236	58,147[b]	59,777	67,737
Tucson, Arizona	37,075	33,660	33,085	32,344	33,010	46,283	55,269
Total Western Region	548,806	471,589	517,524	499,917	644,821	636,562	673,161

a. Fiscal year.
b. October 1982 through August 1983.

SOURCE: INS-BP, Chula Vista Sector; INS-SY.

Table 918

ALIEN SMUGGLERS AND PRINCIPALS APPREHENDED BY WESTERN REGION BORDER PATROL, 1979–82

(N)

Sector	Year	Total Smuggled Aliens	Traffic Check	Total Principal Smugglers	Deportable Alien Principals	Nondeportable Principals	Total Aliens Located	Total Aliens Reported Smuggled	% of Aliens Smuggled
Livermore, California	1979	28,606	81	47	25	22	66,038	28,606	43.3
	1980	21,112	3,427	256	131	125	48,077	21,112	43.9
	1981	26,604	5,045	152	77	75	52,346	26,604	51.0
	1982	~	~	~	~	~	~	~	~
Chula Vista, California	1979	80,491	16,866	5,661	3,558	1,703	337,935	80,491	23.8
	1980	35,682	10,049	4,027	2,742	1,285	285,984	35,682	12.4
	1981	16,531	8,891	3,418	1,840	1,578	326,836	16,531	5.0
	1982[a]	4,648	2,691	1,275	682	593	103,890	4,648	4.5
El Centro, California	1979	11,349	4,278	1,240	776	464	55,532	11,349	20.4
	1980	8,623	3,854	1,492	783	709	57,009	8,623	15.1
	1981	6,804	4,051	1,600	657	943	59,774	6,804	11.0
	1982	~	~	~	~	~	~	~	~
Yuma, Arizona	1979	2,795	994	519	349	170	52,580	2,795	5.3
	1980	3,498	893	882	381	501	45,862	3,498	7.6
	1981	3,197	951	940	408	532	45,483	3,197	7.0
	1982	~	~	~	~	~	~	~	~
Tucson, Arizona	1979	5,290	636	504	201	303	37,075	5,290	14.2
	1980	5,307	685	632	301	331	33,668	5,307	15.7
	1981	4,559	595	536	256	280	33,085	4,559	14.0
	1982	~	~	~	~	~	~	~	~
Total Western Region	1979	128,531	22,855	7,971	5,309	2,662	549,160	128,531	23.4
	1980	74,222	18,908	7,289	4,338	2,951	470,600	74,222	15.7
	1981	57,695	19,533	6,646	3,238	3,408	517,524	57,695	11.0
	1982	~	~	~	~	~	~	~	~

a. October 1981 through February 1982.

SOURCE: INS-BP, Chula Vista Sector.

Table 919

BORDER PATROL APPREHENSIONS, CHULA VISTA, CALIFORNIA, SECTOR, 1981-82[a]

(N)

Fiscal Year	Total	Other Than Mexican	Smuggled Aliens	Smugglers
October 1981	26,987	349	592	196
November	21,874	334	574	162
December	19,430	324	668	164
January 1982	39,199	454	1,782	388
February	34,750	423	1,909	366
March	49,545	526	2,202	379
April	46,511	491	2,026	328
May	43,817	449	1,790	391
June	39,413	450	2,233	409
July	38,627	428	2,425	422
August	38,795	283	2,536	418
September	30,216	463	1,097	285
Total 1981-82	429,164	5,084	19,834	3,908
October 1982	21,892	346	685	204
November	17,221	310	684	208
December	15,752	343	673	214
January 1983	24,660	423	1,198	312
February	24,995	406	1,504	296
March	33,591	512	1,496	318
April	31,779	307	1,216	258
May	31,186	320	1,068	196
June	26,019	260	878	221
July	26,716	294	927	231
August	31,652	292	1,030	235
September	29,516	308	863	220
Total 1982-83	314,979	4,121	12,222	9,913

a. Figures are for fiscal years (October through September).

SOURCE: INS-BP, Chula Vista Sector.

Table 920
MEXICAN BRACEROS ENTERING AND LEAVING THE UNITED STATES, 6 SC, 1942–64
(N)

State	1942 E[1]	1942 L[2]	1943 E	1943 L	1944 E	1944 L	1945 E	1945 L	1946 E	1946 L	1947 E	1947 L	1948 E	1948 L	1949 E	1949 L	1950 E	1950 L	1951 E	1951 L	1952 E	1952 L	1953 E	1953 L
A. BAJA CALIF.	–	2	4	24	10	18	–	6	–	1	7	2,381	61	1	8	32	2	25	6	419	3	10	–	13
B. CHIHUAHUA	–	8	25	142	149	1,179	779	2,110	1,728	6,230	1,573	9,447	6,279	45	3,949	3,808	1,069	104	24	55,002	5	35,984	23	54,392
C. COAHUILA	2	8	66	277	201	212	578	1,347	1,079	1,441	364	4,030	916	349	1,724	717	301	4,671	192	14,425	14	6,449	15	11,889
D. NUEVO LEON	2	6	29	103	92	140	45	38	27	6	22	4,186	447	1,824	853	414	66	1,040	308	7,872	49	1,799	11	717
E. SONORA	–	3	8	79	14	28	7	9	6	5	4	1,340	21	6	2,576	2,587	289	666	664	4,884	81	73	4	16
F. TAMAULIPAS	4	11	52	186	329	1,267	1,401	3,076	675	3	14	2,846	850	2,205	630	92	29	512	109	4,629	17	638	17	392
Mexico Total	903	4,152	42,368	75,923	64,257	118,059	79,190	104,641	37,597	31,198	27,796	72,769	18,789	24,320	27,880	19,866	5,034	23,399	6,510	308,878	7,187	195,963	5,511	130,794

State	1954 E	1954 L	1955 E	1955 L	1956 E	1956 L	1957 E	1957 L	1958 E	1958 L	1959 E	1959 L	1960 E	1960 L	1961 E	1961 L	1962 E	1962 L	1963 E	1963 L	1964 E	1964 L
A. BAJA CALIF.	–	46	–	713	–	3,261	–	3,125	–	2,252	–	6,746	–	277	–	202	–	419	–	139	–	331
B. CHIHUAHUA	4	43,939	–	31,142	–	29,965	–	28,092	–	37,402	–	35,509	–	32,899	–	32,800	–	10,765	–	15,111	–	12,769
C. COAHUILA	6	9,500	–	19,612	–	21,771	–	22,629	–	24,160	–	18,818	–	711,887	–	13,760	–	6,194	–	7,406	–	4,316
D. NUEVO LEON	33	6,261	–	21,987	–	23,217	–	17,963	–	23,285	–	25,637	–	21,631	–	12,483	–	6,339	–	5,105	–	3,967
E. SONORA	3	414	–	1,803	–	1,692	–	2,418	–	3,114	–	6,789	–	6,967	–	5,159	–	3,662	–	2,989	–	2,780
F. TAMAULIPAS	13	2,805	–	5,605	–	8,269	–	6,076	–	8,200	–	7,631	–	7,473	–	9,811	–	567	–	2,329	–	1,424
Mexico Total	2,196	153,975	–	398,703	424,677	432,926	405,215	432,491	436,353	436,049	426,536	444,408	325,999	319,412	292,520	296,464	217,761	198,322	189,528	179,298		

1. Entering.
2. Leaving.

SOURCE: Moisés González Navarro, *Población y Sociedad en México* (México, D.F.: UNAM, 1974), vol. 2, table 41.

Table 921

COMPARISON OF MEXICAN BRACEROS ADMITTED AND ILLEGAL MEXICAN ALIENS EXPELLED, 1942–73

(N)

Year	Braceros	Undocumented Mexican Immigrants Returned to Mexico
1942	4,203	10,603
1943	52,098	16,154
1944	62,170	39,449
1945	120,000	80,760
1946	82,000	116,320
1947	55,000	814,543
1948	35,345	193,852
1949	107,000	289,400
1950	67,500	469,581
1951	192,000	510,355
1952	197,100	531,719
1953	201,380	839,149
1954	309,033	1,035,282
1955	398,650	165,186
1956	445,197	58,792
1957	436,049	45,640
1958	432,857	45,164
1959	437,643	42,732
1960	315,846	39,750
1961	291,420	39,860
1962	194,978	41,200
1963	186,865	51,230
1964	177,736	41,589
1965	20,286	48,948
1966	8,647	89,683
1967	7,703	107,695
1968	0	142,520
1969	0	189,572
1970	0	265,539
1971	0	348,178
1972	0	430,213
1973	0	609,673

SOURCE: Jorge A. Bustamante, "Commodity-Migrants: Structural Analysis of Mexican Immigration to the United States," in Stanley R. Ross, ed., *Views across the Border: The United States and Mexico* (Albuquerque: University of New Mexico Press, 1978), p. 196.

10

Migrants and Migration

MEXICAN IMMIGRATION TO THE UNITED STATES, 1930–85

SOURCE: Table 1001.

Figure 10:1
APPREHENDED UNDOCUMENTED MEXICAN IMMIGRANTS TO THE UNITED STATES, BY MEXICAN STATE OF ORIGIN, 1970-75
(%)

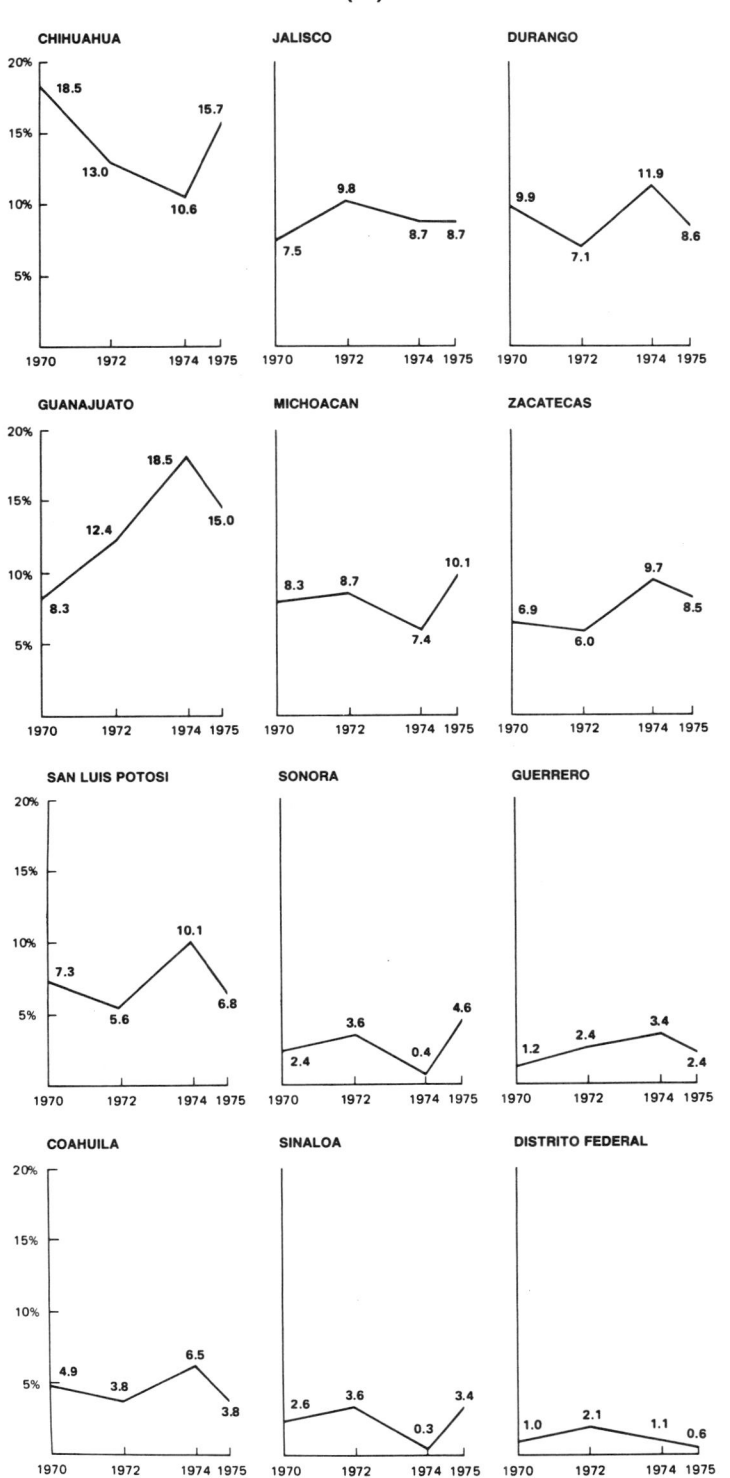

SOURCE: *Fronteras 1976, San Diego/Tijuana—The International Border in Community Relations: Gateway or Barrier?* Proceedings of a Conerence, San Diego, California, November 19-20, 1976 (San Diego: Fronteras 1976, 1976).

Figure 10:2

U.S. ESTIMATES OF UNDOCUMENTED ALIENS, BY STATE, 1980

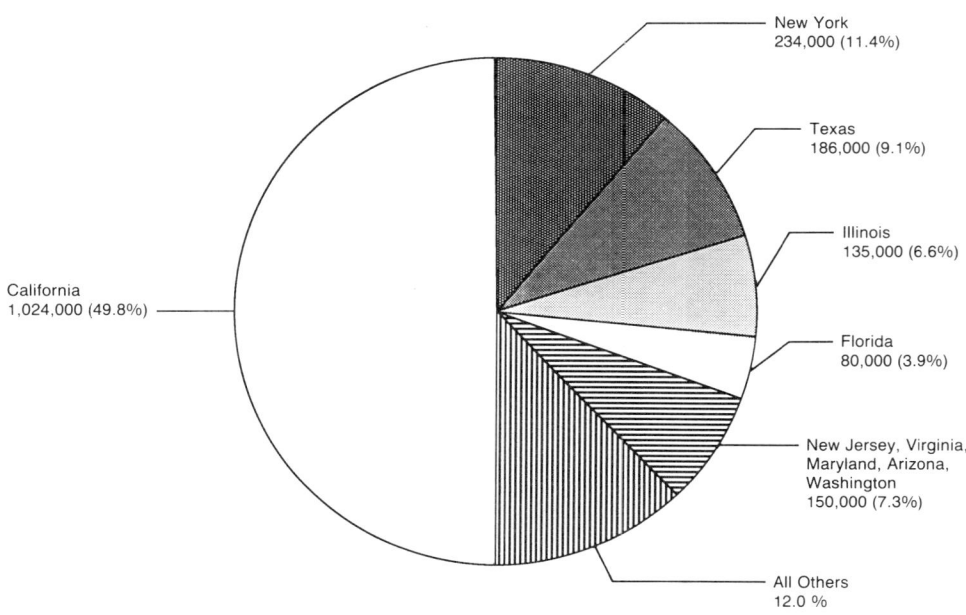

SOURCE: U.S. Congress, House Committee on Post Office and Civil Service, Hearing before the Subcommittee on Census and Population, *Immigration Statistics*, 99th Cong., 1st sess., October 10, 1985, p. 68.

Figure 10:3
U.S. ESTIMATES OF UNDOCUMENTED ALIENS, BY METROPOLITAN STATISTICAL AREA, 1980

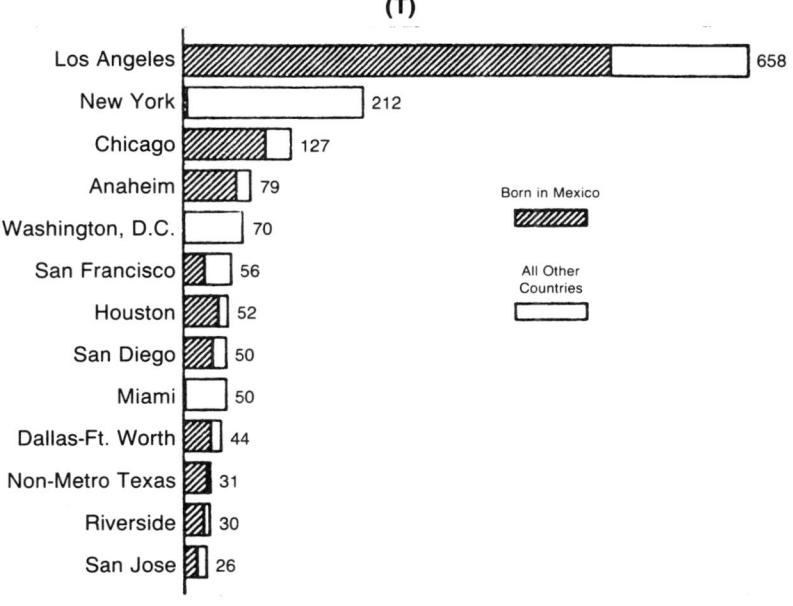

SOURCE: U.S. Congress, House Committee on Post Office and Civil Service, Hearing before the Subcommittee on Census and Population, *Immigration Statistics*, 99th Cong., 1st sess., October 10, 1985, p. 67.

Figure 10:4
HISTORY OF MEXICAN IMMIGRATION

The histoy of Mexican immigration to the United States is related to the rise of great regional and national industries, i.e., agriculture, railroads, and mining, as well as the corresponding demand for a reservoir of cheap labor; the special administrative and legislative consideration given to immigration from the Western Hemisphere, particularly from Mexico; and the internal developments and changes in Mexico.

1850–1889 Undesirablity of Mexicans for labor or settlement corresponded to the importation and utilization of European and Oriental laborers and settlers.

1900–09 Continued economic development, particularly in the Southwest, and the decrease in the importation and utilization of Oriental labor due to the application and enforcement of the Chinese Exclusion Laws and the Gentleman's Agreement with Japan, led to a moderate increase in the volume of Mexican immigration.

1910–19 Increased use of Mexican laborers was related to the decreasing volume of European immigration, World War I mobilization, rise of defense industries, completion of railroads linking the interior of Mexico to the U.S., and the revolutionary conditions in Mexico.

1920–29 Quotas established. European and Asiatic immigration continued to decrease. Mexican immigration increased, reaching a peak in 1924. Increased restrictions affect immigration which decreases in late 1920's. Illegal Mexican aliens average 4000 per year.

1930–39 Effects of Great Depression. Mexicans repatriated. Mexican immigration continues to decrease. Illegal Mexican aliens increase and average 10,500 per year. Mexican emigration increases.

1940–47 World War II. Tremendous increase in demand for labor. U.S. and Mexico make agreement for temporary contract labor (Bracero Program). Illegal Mexican aliens greatly increases. Mexican immigration increases slightly.

1948–51 Illegals legalized to become Braceros. "Braceros" increase. Mexican immigration remains stable. Public Law 78 enacted. Mexican illegal aliens greatly increase.

1952–59 Korean War. Demand for labor. Braceros, illegals, and Mexican immigration increase dramatically. Illegal Mexicans constitute a high of 1,075,168 apprehensions when Operation Wetback inaugurated. Illegals expelled by the thousands.

1960–70 Bracero Program terminated (1964) due to public pressure. Illegal Mexican aliens on a dramatic increase again. Mexican immigration steadily increasing. New immigration law (Public Law 86–236, passed in 1965, effective July 1, 1968) restricts immigration from Western Hemisphere.

SUMMARY OF MEXICAN MIGRATORY MOVEMENTS TO U.S.[1]

Type		Period	Total
Mexican immigration	▬▬▬▬▬▬▬▬▬▬	1869–present	1,540,000
Temporary contract labor from Mexico	∘∘∘∘∘∘∘∘∘∘∘∘∘∘∘∘∘∘∘∘∘∘	1942–present	5,050,000
Illegal Mexican aliens reportedly located	●●●●●●●●●●●●●●●	1924–present	5,630,000[a]

1. Table does no include non-immigrants, i.e., visitors, transients, students.
a. Includes duplication where same person located more than once.

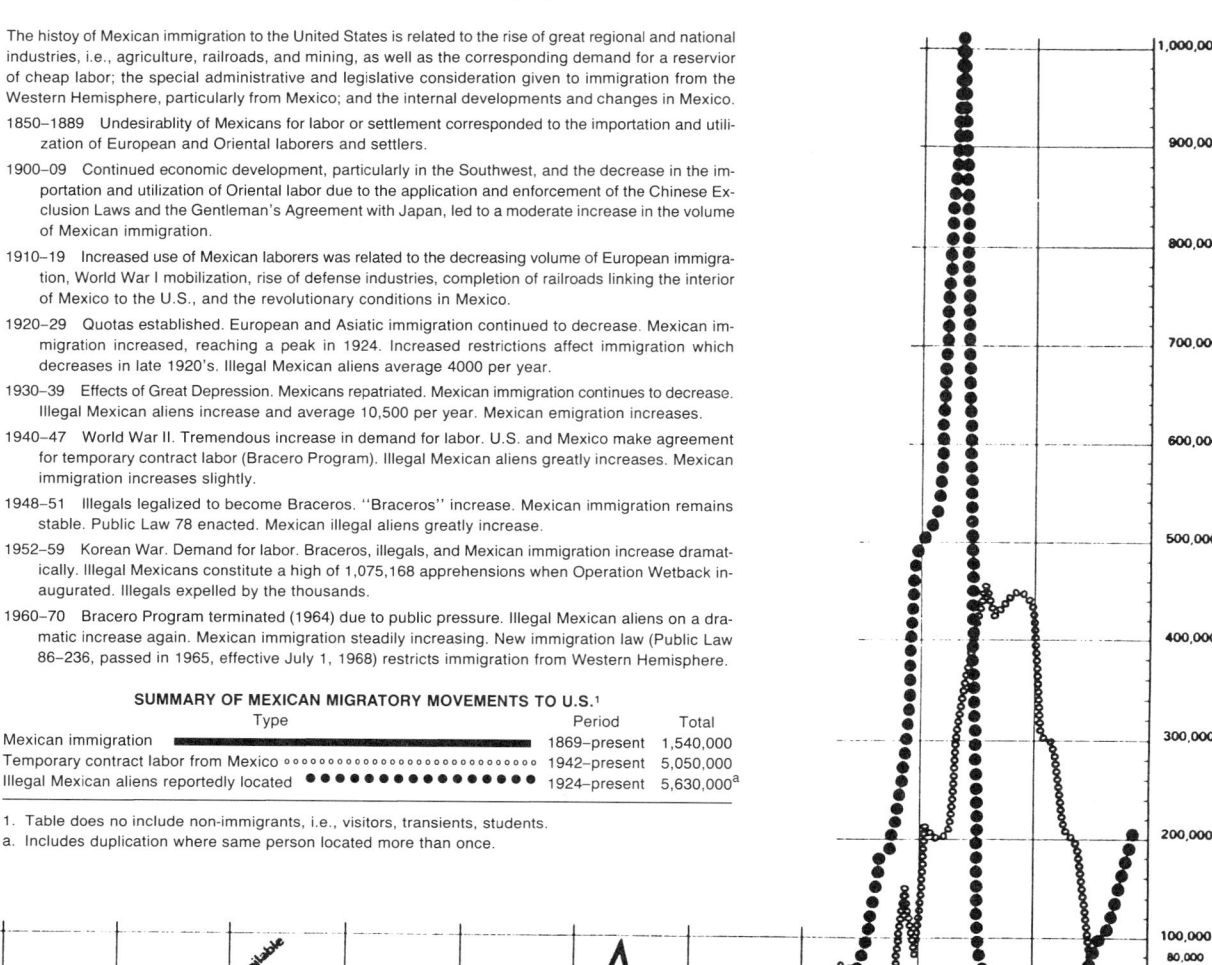

SOURCE: Julian Samora, *Los Mojados: The Wetback Story* (Notre Dame: University of Notre Dame Press, 1971), pp. 196–197.

Table 1000

LEGAL IMMIGRATION FROM MEXICO TO THE UNITED STATES, 1869–1973

(N)

Year	Total Immigrants	Year	Total Immigrants	Year	Total Immigrants
1869	320	1909	16,251	1949	7,977
1870	463	1910	17,760	1950	6,841
1871	402	1911	18,784	1951	6,372
1872	569	1912	22,001	1952	9,600
1873	606	1913	10,954	1953	18,454
1874	386	1914	13,089	1954	37,456
1875	610	1915	10,993	1955	50,772
1876	631	1916	17,198	1956	65,047
1877	445	1917	16,438	1957	49,154
1878	465	1918	17,602	1958	26,712
1879	556	1919	28,844	1959	23,061
1880	492	1920	51,042	1960	32,084
1881	325	1921	29,603	1961	41,632
1882	366	1922	18,246	1962	55,291
1883	469	1923	62,709	1963	55,253
1884	430	1924	87,648	1964	32,967
1885	323	1925	32,378	1965	37,969
1886	~	1926	42,638	1966	45,163
1887	~	1927	66,766	1967	42,371
1888	~	1928	57,765	1968	43,563
1889	~	1929	38,980	1969	44,623
1890	~	1930	11,915	1970	44,469
1891	~	1931	2,627	1971	50,103
1892	~	1932	1,674	1972	64,040
1893	~	1933	1,514	1973	70,141
1894	109	1934	1,470		
1895	116	1935	1,232	Total	1,736,576
1896	150	1936	1,308		
1897	91	1937	1,918		
1898	107	1938	2,014		
1899	163	1939	2,265		
1900	237	1940	1,914		
1901	347	1941	2,068		
1902	700	1942	2,182		
1903	528	1943	3,985		
1904	1,009	1944	6,399		
1905	2,637	1945	6,455		
1906	1,997	1946	6,805		
1907	1,406	1947	7,775		
1908	6,067	1948	8,730		

SOURCE: F. Ray Marshall, "Economic Factors Influencing the International Migration of Workers," in Stanley R. Ross, ed., *Views across the Border: The United States and Mexico* (Albuquerque: University of New Mexico Press, 1978), p. 166.

Table 1001

MEXICAN IMMIGRATION TO THE UNITED STATES, 1930–85

Year	Mexican Immigrants (N)	As % of Western Hemisphere Immigrants to U.S.	As % of Total Immigrants to U.S.	Year	Mexican Immigrants (N)	As % of Western Hemisphere Immigrants to U.S.	As % of Total Immigrants to U.S.
1930	12,703	14.4	5.3	1958	26,791	23.7	10.6
1931	3,333	10.8	3.4	1959	22,909	24.6	8.8
1932	2,171	17.3	6.1				
1933	1,936	19.5	8.4	1960	32,708	27.4	12.3
1934	1,801	15.8	6.1	1961	41,476	29.7	15.3
				1962	55,805	35.8	19.7
1935	1,560	14.0	4.5	1963	55,936	32.9	18.3
1936	1,716	14.6	4.7	1964	34,448	21.7	11.8
1937	2,347	13.4	4.7				
1938	2,502	12.2	3.7	1965	40,686	23.8	13.7
1939	2,640	15.4	3.2	1966	47,217	29.0	14.6
				1967	43,034	25.3	11.9
1940	2,313	13.0	3.3	1968	44,716	17.0	9.8
1941	2,824	12.6	5.5	1969	45,748	27.9	12.8
1942	2,378	14.5	8.3				
1943	4,172	32.0	17.6	1970	44,821	27.7	12.0
1944	6,598	28.6	23.1	1971	50,324	29.3	13.6
				1972	64,209	37.1	16.7
1945	6,702	22.6	17.6	1973	70,411	39.2	17.6
1946	7,146	15.5	6.6	1974	71,863	40.2	18.2
1947	7,558	14.3	5.1				
1948	8,384	15.9	4.9	1975	62,552	35.8	16.2
1949	8,083	16.4	4.3	1976	74,449	34.9	14.8
				1977[a]	44,646	20.0	9.7
1950	6,744	15.3	2.7	1978	92,681	34.8	15.4
1951	6,153	13.0	3.0	1979	52,479	26.6	11.4
1952	9,079	14.9	3.4				
1953	17,183	22.1	10.1	1980	56,680	27.7	10.7
1954	30,645	32.1	14.7	1981	101,268	41.1	16.9
				1982	56,106	25.7	11.2
1955	43,702	39.6	18.4	1983	59,079	25.8	10.7
1956	61,320	42.4	19.1	1984	57,557	25.2	10.6
1957	49,321	36.8	15.1	1985	61,077	24.7	10.7

1. Mexican immigrants are defined as nonresident aliens (i.e., non-U.S. citizens) having Mexico as country of last permanent residence and admitted to the United States for permanent residence.

a. Beginning 1977, for fiscal year ending September 30.

SOURCE: INS-SY; SAUS, various years.

Table 1002
U.S. IMMIGRATION TO MEXICO, 1930–73

Year	U.S. Immigrants (N)	As % of Western Hemisphere Immigrants	As % of Total Immigrants	Year	U.S. Immigrants (N)	As % of Western Hemisphere Immigrants	As % of Total Immigrants
1930	7,561	89.8	48.4	1952	1,157	64.8	38.9
1931	5,014	92.0	52.1	1953	1,045	66.5	38.4
1932	604	91.5	35.8	1954	1,251	70.4	40.1
1933	39	61.9	5.4				
1934	112	46.5	13.7	1955	1,244	63.0	34.0
				1956	1,314	60.6	40.1
1935	115	79.9	16.5	1957	1,538	56.0	29.3
1936	180	62.3	18.3	1958	1,339	54.1	27.5
1937	261	53.2	25.3	1959	1,308	53.0	34.2
1938	145	45.2	20.5				
1939	~	~	~	1960	1,190	49.2	33.5
				1961	649	78.1	39.1
1940	152	51.0	5.9	1962	727	76.4	40.9
1941	216	56.1	8.5	1963	931	77.3	46.1
1942	302	58.6	8.9	1964	1,178	85.0	55.3
1943	469	63.3	26.1				
1944	612	61.7	26.4	1965	1,012	82.1	47.0
				1966	1,193	84.3	49.2
1945	611	65.0	37.2	1967	997	80.4	43.5
1946	1,349	74.2	34.9	1968	938	81.8	43.8
1947	1,321	79.5	26.9	1969	876	78.5	38.4
1948	1,198	60.8	34.1				
1949	937	72.7	38.3	1970	845	72.7	37.0
				1971	914	80.3	43.8
1950	1,056	65.6	39.2	1972	882	73.7	41.2
1951	1,132	72.1	38.6	1973	862	77.3	40.4

SOURCE: Calculated from AE, 1938–74, various tables.

Table 1003
FOREIGN-BORN PERSONS IN THE UNITED STATES, BY COUNTRY OF BIRTH AND CITIZENSHIP STATUS, 1980[a]

Country of Birth	Foreign-Born (T)	% by Year of Immigration					% by Citizenship	
		1975–80	1970–74	1965–69	1960–64	Before 1960	Naturalized Citizens	Not a Citizen
North and Central America[1]	4,664.9	25.3	20.9	16.4	11.8	25.6	34.9	65.1
Canada	842.9	9.8	5.4	9.1	11.1	64.7	61.0	39.0
El Salvador	94.4	51.3	25.9	11.1	5.7	6.1	14.3	85.7
Guatemala	63.1	40.1	29.2	18.3	6.0	6.4	17.9	82.1
Mexico	2,199.2	33.0	24.7	13.0	8.9	20.3	23.6	76.4
Cuba	607.6	6.3	20.5	32.2	28.2	12.8	45.1	54.9
Dominican Republic	169.1	31.0	25.8	24.9	12.3	6.1	25.5	74.5
Haiti	92.4	33.6	31.0	23.4	7.4	4.6	26.1	73.9
Jamaica	196.8	30.6	28.0	24.1	5.6	11.6	36.3	63.7
Trinidad and Tobago	65.9	27.6	34.2	25.8	5.0	7.4	29.3	70.7

1. Includes areas not shown separately.

a. As of April 1.

SOURCE: SAUS, 1985.

Table 1004

MEXICAN IMMIGRANTS ADMITTED TO THE UNITED STATES AS COMMUTERS, 1952–68

Year	N	Year	N	Year	N
1952	9,079	1958	26,791	1964	34,448
1953	17,183	1959	22,909	1965	40,686
1954	30,645	1960	32,708	1966	47,217
1955	43,702	1961	41,476	1967	43,034
1956	61,320	1962	55,805	1968	44,000
1957	49,321	1963	55,986		

SOURCE: Jorge A. Bustamante, "Commodity-Migrants: Structural Analysis of Mexican Immigration to the United States," in Stanley R. Ross, ed., *Views across the Border: The United States and Mexico* (Albuquerque: University of New Mexico Press, 1978), p. 197.

Table 1005

AGE DISTRIBUTION BY IMMIGRANT STATUS AND SEX, AND SEX RATIOS BY IMMIGRANT STATUS AND AGE, MEXICAN-ORIGIN POPULATION IN THE UNITED STATES, 1980

(%)

	Males Immigrant Status[1]				Females Immigrant Status				Sex Ratios Immigrant Status			
Age Group	I	II	III	IV	I	II	III	IV	I	II	III	IV
0–14	26.3	9.8	9.7	44.4	30.2	10.0	10.4	42.2	107.5	101.5	99.8	103.5
15–19	15.8	7.9	6.4	11.4	14.7	7.7	6.6	11.4	131.1	104.9	103.2	99.0
20–24	23.3	11.2	10.8	9.3	19.9	10.2	9.9	9.7	143.0	112.6	116.7	94.0
25–29	14.5	15.6	12.1	8.0	13.1	13.7	11.4	8.2	135.6	117.6	113.3	96.1
30–34	7.7	13.7	11.6	6.4	7.7	12.8	10.8	6.5	123.0	110.4	114.8	98.0
35–39	4.6	10.2	8.6	4.3	4.7	10.1	9.3	4.6	120.7	104.6	99.2	93.0
40–49	4.7	13.8	12.9	6.8	4.9	14.6	13.6	7.2	116.5	97.7	101.7	93.6
50–59	2.0	8.6	9.8	5.6	2.8	9.1	8.6	5.9	88.1	97.6	121.3	92.1
60+	1.1	9.1	18.2	3.8	2.2	11.8	19.5	4.4	61.0	66.5	99.2	86.0
Total	100.0	99.9	100.1	100.0	100.2	100.0	100.1	100.1	122.1	103.0	106.8	98.5
N	17,470	24,469	12,344	155,368	14,313	23,756	11,560	157,767				
Median Age	21.7	32.2	34.7	17.5	21.3	33.3	35.5	18.4				
Median Age for Those 15+	24.5	33.8	37.5	29.4	25.1	35.3	38.3	29.8				

1. I: Mexican-born noncitizens who immigrated to the United States in 1975 or later.
   II: Mexican-born noncitizens who immigrated to the United States before 1975.
   III: Mexican-born persons who self-report that they are naturalized citizens.
   IV: Persons born in the United States who self-identify as of Mexican origin.

SOURCE: Frank D. Bean, Harley L. Browning, and W. Parker Frisbie, "The Sociodemographic Characteristics of Mexican Immigrant Status Groups: Implications for Studying Undocumented Mexicans," *International Migration Review*, vol. 18, no. 3 (Fall 1984).

Table 1006

HOUSEHOLD TYPE DISTRIBUTION, BY IMMIGRANT STATUS AND SEX, MEXICAN-ORIGIN POPULATION IN THE UNITED STATES, 1980

(%)

Household Type	Males Immigrant Status				Females Immigrant Status			
	I	II	III	IV	I	II	III	IV
Married Couple	58.4	80.7	80.8	77.3	78.1	76.0	70.8	71.8
Male-Headed Family (No Wife Present)	18.3	7.7	6.4	5.4	6.1	3.2	2.9	2.3
Female-Headed Family (No Husband Present)	5.1	3.7	3.5	6.5	11.3	15.0	16.8	17.7
Non-Family	18.1	7.9	9.3	10.8	4.4	5.7	9.5	8.2
Total	99.9	100.0	100.0	100.0	99.9	99.9	100.0	100.0
N	11,638	20,935	10,735	75,002	8,888	20,306	9,941	79,985

1. I: Mexican-born noncitizens who immigrated to the United States in 1975 or later.
   II: Mexican-born noncitizens who immigrated to the United States before 1975.
   III: Mexican-born persons who self-report that they are naturalized citizens.
   IV: Persons born in the United States who self-identify as of Mexican origin.

SOURCE: Frank D. Bean, Harley L. Browning, and W. Parker Frisbie, "The Sociodemographic Characteristics of Mexican Immigrant Status Groups: Implications for Studying Undocumented Mexicans," *International Migration Review*, vol. 18, no. 3 (Fall 1984).

Table 1007

EDUCATION LEVEL, BY IMMIGRANT STATUS AND SEX, MEXICAN-ORIGIN POPULATION IN THE UNITED STATES, 1980

(%)

Education Level	Males Immigrant Status				Females Immigrant Status			
	I	II	III	IV	I	II	III	IV
0 to 7th Grade	62.6	57.5	48.4	19.3	63.9	59.7	49.7	20.7
8th Grade	6.2	7.0	7.1	6.4	6.4	7.2	7.3	7.4
9th to 11th Grade	13.8	13.8	13.8	21.9	12.5	12.4	13.3	22.3
12th Grade	9.1	11.8	14.9	26.2	9.5	12.0	16.8	29.3
More than 12th Grade	8.3	9.9	15.7	26.2	7.7	8.7	12.9	20.2
Total	100.0	100.0	99.9	100.0	100.0	100.0	100.0	99.9
N	11,638	20,935	10,735	75,002	8,888	20,306	9,941	79,985

1. I: Mexican-born noncitizens who immigrated to the United States in 1975 or later.
   II: Mexican-born noncitizens who immigrated to the United States before 1975.
   III: Mexican-born persons who self-report that they are naturalized citizens.
   IV: Persons born in the United States who self-identify as of Mexican origin.

SOURCE: Frank D. Bean, Harley L. Browning, and W. Parker Frisbie, "The Sociodemographic Characteristics of Mexican Immigrant Status Groups: Implications for Studying Undocumented Mexicans," *International Migration Review*, vol. 18, no. 3 (Fall 1984).

Table 1008

ENGLISH PROFICIENCY, BY IMMIGRANT STATUS AND SEX, MEXICAN-ORIGIN POPULATION IN THE UNITED STATES, 1980

(%)

	Males Immigrant Status								Females Immigrant Status							
English Proficiency	I		II		III		IV		I		II		III		IV	
English Only	1.4		1.6		4.2		31.2		1.3		1.5		3.5		29.3	
English, Very Well	10.2	30.6	22.4	54.1	34.2	69.1	39.4	91.0	9.9	27.9	21.7	46.1	32.2	61.4	41.1	90.4
English Well	19.0		30.1		30.7		20.4		16.7		22.9		25.7		20.0	
English Not Well	35.9	69.4	31.9	45.9	21.6	30.9	7.1	9.0	31.7	72.1	29.7	53.9	22.5	38.6	7.1	9.7
English Not at All	33.5		14.0		9.3		1.9		40.4		24.2		16.1		2.6	
Total	100.0		100.0		100.0		100.0		100.0		100.0		100.0		100.1	
N	16,905		24,469		12,263		138,947		13,781		23,756		11,462		141,892	

1. I: Mexican-born noncitizens who immigrated to the United States in 1975 or later.
   II: Mexican-born noncitizens who immigrated to the United States before 1975.
   III: Mexican-born persons who self-report that they are naturalized citizens.
   IV: Persons born in the United States who self-identify as of Mexican origin.

SOURCE: Frank D. Bean, Harley L. Browning, and W. Parker Frisbie, "The Sociodemographic Characteristics of Mexican Immigrant Status Groups: Implications for Studying Undocumented Mexicans," *International Migration Review*, vol. 18, no. 3 (Fall 1984).

Table 1009

INDUSTRY CLASSIFICATION, BY IMMIGRANT STATUS AND SEX, MEXICAN-ORIGIN POPULATION IN THE UNITED STATES, 1980

(%)

	Males Immigrant Status				Females Immigrant Status			
Industry	I	II	III	IV	I	II	III	IV
Agriculture, Mining	17.3	16.4	14.9	9.0	10.4	10.8	8.0	4.0
Construction	11.1	11.3	13.0	13.0	.6	.6	.7	.9
Manufacturing	35.3	36.5	28.9	23.7	44.5	41.0	30.9	19.2
Transportation, Communication, and Utilities	2.4	4.3	6.7	9.3	1.0	1.5	2.0	3.7
Wholesaling, and Non-Food Retailing	8.7	10.3	10.4	12.9	8.4	9.9	11.1	13.5
Food Retailing	12.2	7.1	6.6	7.1	8.0	7.4	7.7	11.0
Business, Repair, Personal Services	8.7	8.1	7.7	7.7	15.3	11.9	11.7	10.8
Professional Services, Finance, etc., Public Administration	4.3	6.0	11.9	17.4	11.8	16.8	27.9	37.0
Total	100.0	100.0	100.1	100.1	100.0	99.9	100.0	100.1
N	11,388	19,566	9,323	71,777	5,127	12,141	5,719	59,340

1. I: Mexican-born noncitizens who immigrated to the United States in 1975 or later.
   II: Mexican-born noncitizens who immigrated to the United States before 1975.
   III: Mexican-born persons who self-report that they are naturalized citizens.
   IV: Persons born in the United States who self-identify as of Mexican origin.

SOURCE: Frank D. Bean, Harley L. Browning, and W. Parker Frisbie, "The Sociodemographic Characteristics of Mexican Immigrant Status Groups: Implications for Studying Undocumented Mexicans," *International Migration Review*, vol. 18, no. 3 (Fall 1984).

Table 1010

MEXICAN IMMIGRANTS TO CALIFORNIA, BY PERIOD OF ENTRY, 1960–80

(T)

	H. CALIFORNIA						Los Angeles					
	Total		Mexican		Other		Total		Mexican		Other	
Period of Entry	N	%	N	%	N	%	N	%	N	%	N	%
Total	3,580	100.0	1,278	100.0	2,302	100.0	1,665	100.0	698	100.0	967	100.0
1975–80	1,124	31.4	437	34.2	687	29.8	579	34.8	255	36.5	324	33.5
1970–74	681	19.0	336	26.3	345	15.0	370	22.2	201	28.8	168	17.4
1965–69	457	12.8	174	13.6	283	12.3	216	13.0	96	13.8	120	12.4
1960–64	358	10.0	122	9.6	237	10.3	147	8.8	56	8.0	91	9.4
Before 1960	959	26.8	208	16.3	751	32.6	353	21.2	90	12.9	263	27.2

SOURCE: Donald M. Manson, Thomas J. Espenshade, and Thomas Muller, *Mexican Immigration to Southern California: Issues of Job Competition and Worker Mobility* (Washington, D.C.: The Urban Institute, August 1985).

Table 1011

GEOGRAPHIC DISTRIBUTION OF MEXICAN IMMIGRANTS WITHIN CALIFORNIA, 1980

County	Short-Term/ Cyclical Immigrants	Permanent Immigrants	Total
Southern California	78	77	78
Los Angeles	57	55	55
Orange	9	6	7
San Diego	6	7	7
Riverside/Imperial	2	4	4
Ventura	2	3	3
San Bernardino	2	2	2
Central California	11	12	11
Fresno	2	3	2
Kern	2	2	2
San Francisco Bay Area	9	9	9
Santa Clara	3	3	3
Alameda	1	2	2
Northern California	2	2	2
Total	100	100	100

SOURCE: Kevin F. McCarthy and R. Burciaga Valdez, *Current and Future Effects of Mexican Migration on California* (Santa Monica, Calif.: Rand California Roundtable, 1986).

Table 1012

MEXICAN ILLEGAL ALIENS IN THE UNITED STATES, 1924–85

(N)

Year	Total	Year	Total	Year	Total	Year	Total
1924	4,614	1939	9,376	1954	1,075,168	1970*	345,353
1925	2,961	1940	8,051	1955	242,608	1971	420,126
1926	4,047	1941	6,082	1956	72,442	1972	505,949
1927	4,495	1942	–	1957	44,451	1973	655,968
1928	5,529	1943	8,189	1958	37,242	1974	788,145
1929	8,538	1944	26,689	1959	30,196	1975	766,600
1930	18,319	1945	63,602	1960	29,651	1976	875,915
1931	8,409	1946	91,456	1961	29,817	1977	1,042,215
1932	7,116	1947	182,986	1962	30,272	1978	1,057,977
1933	15,875	1948	179,385	1963	39,124	1979	1,076,418
1934	8,910	1949	278,538	1964	43,844	1980	910,361
1935	9,139	1950	458,215	1965	55,349	1981	975,780
1936	9,534	1951	500,000	1966	89,751	1982	970,246
1937	9,535	1952	543,538	1967	108,327	1983	1,251,357
1938	8,684	1953	865,318	1968	151,705	1984	1,241,489
				1969	201,636	1985	1,320,000†

SOURCE: Julian Samora, *Los Mojados: The Wetback Story* (Notre Dame: University of Notre Dame Press, 1971), p. 46; INS, "News Conference," October 10, 1985.

Table 1013

U.S. DEPORTABLE ALIENS FROM MEXICO

PART I. 1961–70, 1971–80

Category	1961–1970	1971–1980
Total Deportable Aliens Located	1,608	8,319
Aliens from Mexico	756	7,463

PART II. 1970–85

Category	1970	1975	1977	1978	1979	1980	1981	1982	1983	1984	1985
Total Deportable Aliens Located	345	767	1,042	1,058	1,076	910	976	970	1,251	1,247	1,349
Aliens from Mexico	240	655	921	949	978	817	874	893	1,172	1,171	1,267

SOURCE: SAUS, various years.

Table 1014

U.S. ALIEN POPULATION IN THE UNITED STATES, BY STATE OF RESIDENCE, 4 SC, 1940–80

(N)

State	1940	1955	1960	1965	1970	1975	1980
G. ARIZONA							
N	31,954	29,696	35,163	43,702	49,303	60,143	72,387
%	.6	1.3	1.2	1.3	1.2	1.3	1.3
H. CALIFORNIA							
N	542,464	380,091	567,484	810,400	981,842	1,129,706	1,440,491
%	10.8	16.3	19.2	23.9	23.1	24.0	26.8
I. NEW MEXICO							
N	12,402	9,462	12,712	17,003	14,989	17,291	21,273
%	.2	.4	.4	.5	.4	.4	.4
J. TEXAS							
N	213,898	196,477	237,514	245,880	257,876	327,668	468,025
%	4.3	8.4	8.1	7.2	6.1	6.9	8.7
U.S. Total							
N	5,009,857	2,336,720	2,948,973	3,393,209	4,247,377	4,714,005	5,381,107
%	100	100	100	100	100	100	100

SOURCE: INS-AR, 1979; INS-SY, 1980–81.

Table 1015

ALIENS REPORTING UNDER ALIEN ADDRESS PROGRAM, 3 SC, 1960–80[a]

(T)

State	1960	1970	1979	1980	% of 20-Year Total
G. ARIZONA	35	49	67	72	1.3
H. CALIFORNIA	567	982	1,317	1,440	26.8
J. TEXAS	258	258	425	468	8.7
U.S. Total	2,949	4,247	5,058	5,381	100.0

1. Includes Puerto Rico, Virgin Islands, Guam, and those whose addresses were unidentified.

a. For years ending June 30 except, beginning 1977, ending September 30. Alien Address Reporting Program ceased in 1981.

SOURCE: SAUS, 1982–83, table 145.

Table 1016

NONIMMIGRANTS ADMITTED TO THE UNITED STATES, BY SELECTED COUNTRY OF BIRTH, 1971–84

Country of Birth	1971–75 Average	1975	1977	1978	1979	1981	1982	1983	1984
Guatemala	31	28	50	51	50	83	93	96	86
Haiti	33	21	52	34	37	43	59	87	75
Jamaica	106	77	128	80	98	112	136	160	116
Mexico	1,537	1,979	1,990	2,101	1,574	1,767	1,548	669	823
Panama	28	27	36	38	28	52	56	69	57

SOURCE: SAUS, 1984–87.

Table 1017

MEXICAN ALIENS NATURALIZED IN THE UNITED STATES, 1970–83

Aliens	1970	1975	1980	1981	1982	1983
Mexico	6,195	5,781	9,341	9,545	11,423	12,594
Total	110,399	141,537	157,938	166,317	173,688	178,948

SOURCE: SAUS, 1984–86.

Table 1018

ALIENS NATURALIZED IN THE UNITED STATES, 3 SC, 1970, 1975, 1979

	State or Area of Residence	1970	1975	1979 N	1979 %
G.	ARIZONA	1,007	1,088	1,448	.9
H.	CALIFORNIA	20,054	26,834	30,212	18.4
J.	TEXAS	4,858	4,569	5,843	3.6
	U.S. Total	110,399	141,537	164,150	100.0

SOURCE: SAUS, 1982–83, p. 97.

Table 1019

ESTIMATE OF MEXICAN UNDOCUMENTEDS IN THE UNITED STATES, BY PERIOD OF ENTRY, 1960–80[a]

Period of Entry	Mexican Undocumenteds (T)	As % of Western Hemisphere Undocumenteds in U.S.	As % of Total Undocumenteds in U.S.
Total Entered			
Since 1960[1]	931	64.1	45.5
Entered 1960–69	138	42.3	24.2
Entered 1970–74	280	64.7	50.8
Entered 1975–80	292	72.3	53.5

1. Includes 36,000 Mexican undocumenteds who entered before 1960 (only figure available for pre-1960 undocumenteds).

a. Estimates based on differences between 1980 census alien population as modified and 1980 alien registration (I-53) data adjusted for underregistration.

SOURCE: Jeffrey S. Passel and Robert Warren, "Estimates of Illegal Aliens from Mexico Counted in the 1980 United States Census," paper presented at annual meeting of Population Association of America, Pittsburgh, Penn., April 14–16, 1983.

Table 1020

MEXICAN IMMIGRANT WORKERS DETAINED WITHOUT VISAS, 1924–73

(N)

Year	Total	Year	Total	Year	Total
1924	4,614	1941	6,082	1958	37,242
1925	2,961	1942	DNA	1959	30,196
1926	4,047	1943	8,189	1960	29,651
1927	4,495	1944	26,689	1961	29,817
1928	5,529	1945	63,602	1962	30,272
1929	8,538	1946	91,456	1963	39,124
1930	18,319	1947	182,986	1964	43,844
1931	8,409	1948	179,385	1965	55,349
1932	7,116	1949	278,538	1966	89,751
1933	15,875	1950	485,215	1967	108,327
1934	8,910	1951	500,000	1968	151,000
1935	9,139	1952	543,538	1969	201,636
1936	9,534	1953	865,318	1970	277,377
1937	9,535	1954	1,075,168	1971	348,178
1938	8,684	1955	242,608	1972	430,213
1939	9,376	1956	72,442	1973	609,673
1940	8,051	1957	44,451		

SOURCE: Jorge A. Bustamante, "Commodity-Migrants: Structural Analysis of Mexican Immigration to the United States," in Stanley R. Ross, ed., *Views across the Border: The United States and Mexico* (Albuquerque: University of New Mexico Press, 1978), p. 190.

Table 1021
SOURCES OF UNDOCUMENTED MEXICAN MIGRATION TO THE UNITED STATES, SELECTED STATES AND REGIONS, CA. 1930–1980s

PART I. Ca. 1930[a]

Mexican State	All U.S.	I. NEW MEXICO	H. CALIFORNIA	G. ARIZONA
Jalisco	22.3	17.0	21.1	30.2
Michoacán	14.5	7.8	16.0	7.5
Guanajuato	21.3	26.2	22.9	11.6
Zacatecas	8.9	6.4	8.5	11.3
Chihuahua	6.1	17.0	4.7	11.1
Distrito Federal	4.8	17.0	5.0	3.0
Coahuila	1.7	2.8	1.6	.5
San Luis Potosí	.6	3.6		.5

a. According to sample of 7,972 postal money orders from these states addressed to Mexico during January, 1927.

PART II. Mid-1970s

Mexican State	All U.S.[1]	South Texas[2]	Southern California[3]
Jalisco	12.2	1.8	26.2
Michoacán	10.7	1.7	21.2
Guanajuato	8.5	12.0	8.1
Coahuila	6.7	24.5	.3
San Luis Potosí	4.8	11.7	.7
Zacatecas	9.9	4.5	7.4
Chihuahua	11.8	4.0	1.0
Distrito Federal	2.6	3.5	2.6

1. Based on sample of 493 migrants to U.S.
2. Based on sample of 707 I-213 forms from San Antonio INS district.
3. Based on sample of 3,204 I-213 forms from Chula Vista Border Patrol Sector.

PART III. California Central Valley, 1988–89

Mexican State	California Central Valley
Michoacán	16.90
Jalisco	15.07
Distrito Federal	11.67
Guanajuato	9.70
Estado de México	6.93
Sinaloa	6.65
Morelos	4.55
Guerrero	3.31
Nayarit	2.51
A. BAJA CALIF.	2.36
Oaxaca	2.24
Puebla	2.23
E. SONORA	1.88
Colima	1.79
Zacatecas	1.69
Durango	1.38
B. CHIHUAHUA	1.28
C. COAHUILA	1.27
Aguascalientes	.99
San Luis Potosí	.93
Tlaxcala	.72
D. NUEVO LEON	.71
Hidalgo	.70
Querétaro	.61
Veracruz	.51
Chiapas	.44
F. TAMAULIPAS	.34
Yucatán	.33
Baja Calif. Sur	.13
Campeche	.07
Tabasco	.04
Quintana Roo	.01

a. According to sample of 10,766 money orders from California to the states addressed to Mexico during 1988–1989.

SOURCE: Part I: Manual Gamio, *Mexican Immigration to the United States* (Chicago: University of Chicago Press, 1930), p. 17
Part II: Richard C. Jones, ed., *Patterns of Undocumented Migration: Mexico and the United States* (New York: Rowman and Allanheld, 1984), table 3.2.
Part III: Banco Nacional de México, International Payment Systems, Inc.

Table 1021 (Continued)
SOURCES OF UNDOCUMENTED MEXICAN MIGRATION TO THE UNITED STATES, SELECTED STATES AND REGIONS, CA. 1930–1980s

PART IV. South Texas, Principal Sending Municipalities of Undocumented Migrants, 1976–81[a]

Municipality, State	Number of Undocumenteds	Flow Density: Number of Sample Undocumenteds PHTI, 1970[b]	
Acuña, Coah.	22	67.69	
San Juan de Sabinas, Coah.	25	66.01	
Rio Grande, Zac.	22	62.15	
Piedras Negras, Coah.	29	62.10	
Apaseo el Grande, Gto.	12	56.35	
Mier y Noriega, N.L.	3	40.83	High
Allende, Gto.	25	38.58	Flow
Moctezuma, S.L.P.	5	34.13	Density
Dolores Hidalgo, Gto.	9	32.70	(>20)
Matehuala, S.L.P.	14	28.43	
Nuevo Laredo, Tamps.	42	27.78	
Moroleon, Gto.	9	26.60	
San Felipe, Gto.	15	26.22	
Juventino Rosas, Gto.	8	25.18	
Apaseo el Alto, Gto.	13	21.35	
Sabinas, Coah.	5	17.13	
Rio Verde, Zac.	9	15.76	
Guanajuato, Gto.	10	15.31	
Cerritos, S.L.P.	3	15.10	
Ojo Caliente, Zac.	3	14.71	
San Pedro, Coah.	9	12.36	
Jalpa, Zac.	3	12.18	
Dr. Arroyo, N.L.	5	11.66	
Valparaíso, Zac.	5	11.37	
San Luis Potosí, S.L.P.	27	10.08	
Torreón, Coah.	19	7.58	Low Flow
Zacatecas, Zac.	4	6.86	Density
Monterrey, N.L.[1]	83	6.84	(<10)
Musquiz, Coah.	3	6.54	
Celaya, Gto.	9	6.11	
Monclova, Coah.	5	6.11	
Valle de Santiago, Gto.	4	5.73	
Rio Bravo, Tamps.	4	5.60	
Matamoros, Tamps.	9	4.83	
Reynosa, Tamps.	7	4.64	
Fresnillo, Zac.	4	3.86	
León, Gto.	10	2.78	
Totals	508		

1. Five municipalities.

a. April of each year. Only those 37 municipalities with more than three undocumenteds in sample are included in the table.
b. Total N = 1000.

SOURCE: *The U.S. and Mexico: Borderland Development and the National Economies* (Boulder, CO: Westview Press, 1985), pp. 206–208.

Table 1022

MEXICO MUNICIPALITIES WITH MORE THAN FIFTEEN UNDOCUMENTED MIGRANTS ENTERING THE UNITED STATES PER YEAR (PTI)

Municipality and State	Migrant Density (PTI)	Population 1980 (T)	Chief Destination Region	D1 (km)	D2 (km)	IN (1980 Pesos)	IQ	UR
Aguililla, Michoacán	109.0	23.2	San Francisco	1,613	242	671	4.194	23.1
Coroneo, Guanajuato	57.1	8.5	Dallas	685	161	453	3.435	0
Comonfort, Durango	56.4	5.6	San Francisco	484	121	409	1.754	0
Morelos, Coahuila	50.7	6.0	San Antonio	82	242	4,021	.979	86.4
Villa Gonzales, Zacatecas	49.1	9.8	Chicago	484	121	517	2.716	66.2
Maravatío, Guanajuato	42.3	9.0	Dallas	685	121	450	2.158	47.9
Apatzingán, Michoacán	40.3	75.8	Los Angeles	1,613	242	2,793	1.645	73.2
Coalcomán, Michoacán	37.6	17.2	Los Angeles	1,613	242	529	5.093	33.9
Colotlán, Jalisco	33.3	14.9	Los Angeles	1,371	161	569	4.950	53.2
Chavinda, Michoacán	32.9	12.4	San Francisco	1,571	121	737	3.677	65.5
Tecalitlán, Jalisco	29.3	17.3	Los Angeles	1,571	242	582	5.207	62.0
Tepalcatepec, Michoacán	28.9	23.7	Los Angeles	1,613	242	983	3.166	54.1
San Juan Sabinas, Coahuila	28.2	37.1	San Antonio	82	242	4,715	.900	89.2
Tepehuala, Guerrero	26.0	18.7	Dallas	847	121	161	1.000	26.9
Tijuana, Baja California	25.0	461.3	Los Angeles	16	524	5,357	1.130	96.4
Juárez, Chihuahua	23.5	567.4	El Paso	0	242	4,849	.805	98.4
Sabinas, Coahuila	23.2	39.5	San Antonio	82	242	4,885	.884	95.8
Tanhuato, Michoacán	23.2	14.1	San Francisco	1,571	82	526	4.911	52.7
Jalpa, Zacatecas	22.0	23.7	Los Angeles	605	121	1,043	2.895	50.6
Zacatecas, Zacatecas	20.1	88.8	Los Angeles	524	161	3,566	1.320	90.2
Zamora, Michoacán	19.9	113.5	Los Angeles	1,573	121	2,935	1.594	81.6
Río Grande, Zacatecas	19.6	47.4	Dallas	444	161	526	4.820	34.1
San Felipe, Guanajuato	18.3	64.3	San Antonio	565	41	482	2.815	19.4
Iguala, Guerrero,	17.7	83.3	Chicago	806	82	3,232	1.799	84.0
Cotija, Michoacán	17.4	17.9	San Francisco	1,734	161	782	3.613	54.8
Madera, Michoacán	16.9	15.8	San Francisco	1,613	161	402	1.607	19.3
Guadalupe Victoria, Durango	16.3	32.2	Dallas	444	121	529	4.729	70.2
El Oro, Durango	16.2	18.5	Los Angeles	484	161	507	4.275	28.7
Moroleón, Guanajuato	16.0	44.9	Chicago	685	121	1,555	2.000	83.6
Ocampo, Guanajuato	16.0	19.2	Dallas	524	41	521	2.755	28.6
Tototlán, Jalisco	15.6	17.4	San Antonio	645	121	571	4.598	48.6
San Juan de los Lagos, Jalisco	15.5	36.6	San Francisco	1,452	82	1,923	1.663	71.6
Torimoro, Guanajuato	15.4	32.4	Chicago	685	121	1,222	2.440	42.9
Tecate, Baja California	15.4	30.5	Los Angeles	16	484	6,645	1.371	78.3
San Juan del Río, Durango	15.0	16.5	Dallas	484	121	393	1.000	16.3
Mexico Total	2.8	66,847.0		748[a]	147[a]	3,183	1.862	66.3

1. D1: Approximate direct distance to border, from geographic center of municipio to closest point on the border at the principal region of destination.
   D2: Approximate direct distance to the closest regional employment pole.
   IN: Median monthly income of the economically active population, 1980.
   IQ: Income inequality of the economically active population, defined as the quartile deviation of income in 1980 (the difference between the third and first quartiles, divided by the median).
   UR: Urbanization, defined as the percentage of the total population living in places of more than 2,500 population in 1980.

a. Calculated from the 141 high-migrant-density municipios only, not from the universe of Mexican municipios.

SOURCE: Richard C. Jones, "Micro Source Regions of Mexican Undocumented Migration," *National Geographic Research*, vol. 4, no. 1 (1988), p. 16.

Table 1023
MEXICO INTERNAL MIGRATION, BY LENGTH OF RESIDENCE, 6 S, 1980

			Years of Residence in the State and Length of Absence							
	Total		Less than 1 Year		1 to 4 Years		5 Years and More		Time Not Indicated	
State	Immigrants	Emigrants	Immigrants	Emigrants	Immigrants	Emigrants	Immigrants	Emigrants	Immigrants	Emigrants
A. BAJA CALIF.	66,975	61,344	6,557	4,639	16,385	10,952	36,247	38,993	7,786	6,760
B. CHIHUAHUA	293,450	155,618	19,716	19,304	50,537	44,582	188,220	71,328	34,977	20,404
C. COAHUILA	157,041	139,187	13,678	12,745	32,900	32,227	91,948	77,840	18,515	16,375
D. NUEVO LEON	163,232	184,626	15,782	15,069	40,619	34,379	88,516	115,272	18,315	19,906
E. SONORA	357,257	156,077	27,417	17,120	70,795	38,214	223,645	82,994	35,400	17,749
F. TAMAULIPAS	169,872	144,014	17,171	14,445	38,331	34,881	94,006	77,691	20,364	16,997
	244,858	232,615	21,286	20,238	50,656	52,395	146,497	129,628	26,419	30,354

SOURCE: AE, 1985.

Table 1024
MEXICO BIRTHS, BY RESIDENCE OF PARENTS, 6 SC, 1980
(N)

State	Parents Born State of Residence	Parents Born Other State	Parents Born Other Country	Not Specified
A. BAJA CALIF.	632,525	514,990	18,628	11,743
B. CHIHUAHUA	1,720,241	244,225	21,944	19,067
C. COAHUILA	1,302,100	236,042	7,181	11,942
D. NUEVO LEON	1,864,286	620,248	15,326	13,184
E. SONORA	1,247,653	247,373	7,811	10,894
F. TAMAULIPAS	1,424,569	450,368	34,309	15,238
Mexico Border	8,191,374	2,313,246	105,199	82,068
Mexico Total	53,243,532	11,501,316	268,900	833,085

SOURCE: CGP-RG, 1980, table 13.

Part III

The Border Economy

11

Agriculture

DISTRIBUTION OF AGRICULTURAL PRODUCTION IN MEXICAN BORDER STATES, 1960–83

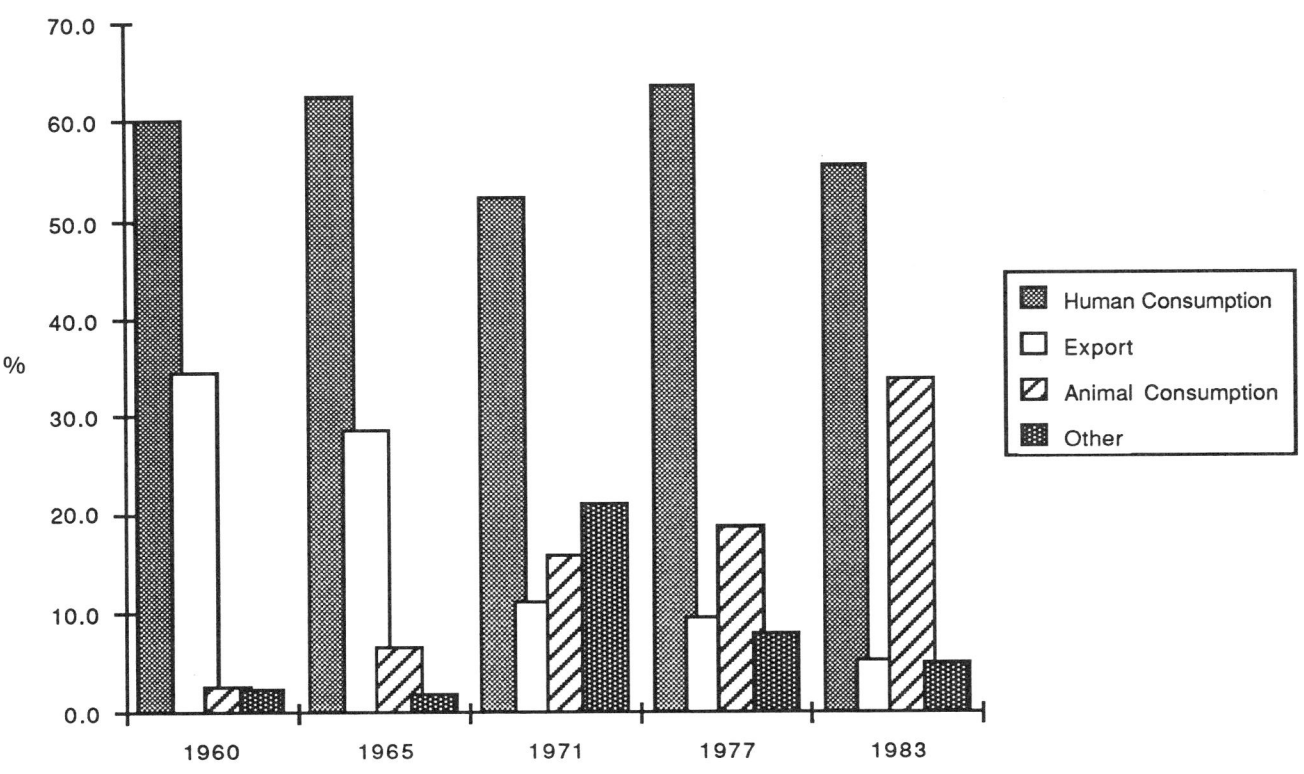

SOURCE: Table 1109.

Table 1100
IRRIGATED LAND, 10 S, 1930–80
(T Acres)

	State	1930	1940	1950	1960	1970	1980
A.	BAJA CALIF.	227	366	482	568	442	511
B.	CHIHUAHUA	286	336	378	558	457	299
C.	COAHUILA	612	597	674	741	494	593
D.	NUEVO LEON	162	244	232	287	203	84
E.	SONORA	285	376	692	1,371	1,561	1,398
F.	TAMAULIPAS	91	131	442	785	877	963

	State	1930	1940	1949	1959	1969	1982
G.	ARIZONA	576	576	964	1,152	1,178	1,099
H.	CALIFORNIA	4,745	4,277	6,438	7,396	7,249	8,460
I.	NEW MEXICO	527	436	655	732	823	808
J.	TEXAS	799	895	3,123	5,656	6,888	5,573

SOURCE: Mexico: Adapted from SPP-DGE, *Estadística Económica y Social por Entidad Federativa*.
United States: AS.

Table 1101

MEXICO FEDERAL EXPENDITURE ON IRRIGATION AND WATER RESOURCES, BY REGION, 1926-58[a]

State	%
Total Mexico	100.0
Border	36.9
A. BAJA CALIF.	8.5
B. CHIHUAHUA	2.6
C. COAHUILA	.3[b]
D. NUEVO LEON	.3[b]
E. SONORA	13.2
F. TAMAULIPAS	12.0
West	21.6
Aguascalientes	.2
Baja California Territory	#
Colima	#
Durango	2.4
Jalisco	3.1
Nayarit	1.2
Sinaloa	14.7
West Central	9.4
Guanajuato	2.5
México	.2
Michoacán	6.7
Morelos	#
East Central	7.6
Hidalgo	.9
Puebla	5.6[c]
Querétaro	.3
San Luis Potosí	.1
Tlaxcala	#
Zacatecas	.7
South	11.3
Chiapas	.4[b]
Guerrero	.3
Oaxaca	10.6[c]
Gulf	8.9
Campeche	#
Quintana Roo	#
Tabasco	.2[b]
Veracruz	8.7[c]
Yucatán	#
Federal District	4.3

a. Total actual expenditure from 1926 through 1958 was 5,152,521,000 pesos. This amount includes financing of the large irrigation projects and the following hydraulic resource commissions: Valle de México, Papaloapán, Tepalcatepec, Grijalva, Fuerte, and Yaqui. Small irrigation projects, sanitary engineering, and commission studies are excluded from these figures.
b. Amound divided equally between two states (source unclear).
c. Amound divided between three states (Puebla, 11.9; Oaxaca, 49.5; Veracruz, 38.6) on basis of share in area of Papaloapán Commission's jurisdiction.

SOURCE: James W. Wilkie, *The Mexican Revolution: Federal Expenditure and Social Change* (Berkeley and Los Angeles: University of California Press, 1967), pp. 252-253.

Table 1102
U.S. FARMS AND FARMLAND, 4 SC, 1935–86

	1935			1945			1954		
State	Farms (N)	Acres (T)	Acres per Farm	Farms (N)	Acres (T)	Acres per Farm	Farms (N)	Acres (T)	Acres per Farm
G. ARIZONA	18,824	14,019	~	13,142	37,856	2,880.6	9,000	41,790	4,483
H. CALIFORNIA	150,360	30,438	~	138,917	35,054	252.3	123,000	37,795	307
I. NEW MEXICO	41,369	34,397	~	29,695	49,608	1,670.6	21,000	49,451	2,347
J. TEXAS	501,017	137,597	~	384,977	141,338	367.1	293,000	145,813	498
U.S. Total	6,812,350	1,054,515	~	5,859,169	1,141,615	194.8	4,782,000	1,158,192	242

	1964			1974			1986		
State	Farms (N)	Acres (T)	Acres per Farm	Farms (N)	Acres (T)	Acres per Farm	Farms (N)	Acres (T)	Acres per Farm
G. ARIZONA	6,000	40,559	6,262	6,000	37,944	6,539	9,000	38,000	4,222
H. CALIFORNIA	81,000	37,011	458	68,000	33,386	493	79,000	34,000	1,259
I. NEW MEXICO	14,000	47,647	3,354	11,000	47,046	4,170	14,000	45,000	3,214
J. TEXAS	205,000	141,706	691	174,000	134,185	771	189,000	134,000	838
U.S. Total	3,158,000	1,110,187	352	2,314,000	1,017,030	440	2,214,000	1,039,000	455

SOURCE: SAUS, 1954, 1964, 1987.

Table 1103
MEXICO LAND HELD IN EJIDOS, 6 S, 1930–60
(Ha.)

State	1930	1940	1950	1960
A. BAJA CALIF.	0	85,037	123,821	144,273
B. CHIHUAHUA	108,975	278,115	315,866	421,356
C. COAHUILA	37,951	274,471	287,592	350,831
D. NUEVO LEON	9,752	97,811	126,800	168,967
E. SONORA	30,107	108,357	142,387	220,869
F. TAMAULIPAS	27,224	117,414	258,287	253,922

SOURCE: Calculated from Luis Unikel, *El Desarrollo Urbano de México: Diagnóstico e Implicaciones Futuras* (México, D.F.: El Colegio de México, 1976), table VI–A13.

Table 1104

MEXICO LAND DISTRIBUTED, BY PRESIDENTIAL PERIOD, 6 SC, 1900–85

(Ha.)

	State	1900–14	1915–34	1935–40	1941–46	1947–52	1953–58
A.	BAJA CALIF.	#	#	169,234	207,172	5,943	32,821
B.	CHIHUAHUA	774	1,945,414	1,281,225	587,054	317,320	1,187,424
C.	COAHUILA	89,993	309,087	1,051,053	233,115	226,709	161,418
D.	NUEVO LEON	4,326	160,480	674,125	207,480	167,336	134,106
E.	SONORA					50,876	132,162
F.	TAMAULIPAS	1,787	204,509	537,476	498,767	177,566	124,628
	Mexico Total	194,495	11,580,833	18,786,131	7,287,697	4,633,321	6,056,773

	State	1959–64	1965–70	1971–76	1977–82	1983–85[a]	1900–85
A.	BAJA CALIF.	105,849	4,161,961	811,129	147,259	140,223	5,781,591
B.	CHIHUAHUA	1,288,933	2,103,244	1,151,633	224,091	53,275	10,440,387
C.	COAHUILA	876,028	3,147,708	616,868	208,434	56,415	6,976,828
D.	NUEVO LEON	66,389	246,627	149,114	194,059	6,042	2,010,084
E.	SONORA	42,508	108,256	289,714	83,780	40,248	747,544
F.	TAMAULIPAS	222,738	419,273	222,227	212,171	4,537	2,625,679
	Mexico Total	8,870,430	24,738,199	12,773,888	6,397,595	1,557,558	102,876,920

a. Through February 18, 1985.

SOURCE: EHM, table 7.2.

Table 1105

MEXICO BENEFICIARIES OF AGRARIAN REFORM LAND DISTRIBUTION, BY PRESIDENTIAL PERIOD, 6 SC, 1900–85

(N)

	State	1900–14	1915–34	1935–40	1941–46	1947–52	1953–58
A.	BAJA CALIF.	#	#	5,766	277	189	478
B.	CHIHUAHUA	106	30,343	16,958	6,747	945	3,041
C.	COAHUILA	3,924	14,629	41,629	3,811	2,391	1,000
D.	NUEVO LEON	10	7,428	18,360	4,282	2,395	1,180
E.	SONORA	#	#	#	41	189	#
F.	TAMAULIPAS	252	12,835	16,230	10,848	5,964	2,229
	Mexico Total	11,738	866,161	728,847	157,816	80,161	68,317

	State	1959–64	1965–70	1971–76	1977–82	1983–85[a]	1900–85
A.	BAJA CALIF.	2,856	1,859	1,659	1,488	245	14,817
B.	CHIHUAHUA	12,334	14,154	11,343	9,099	650	105,720
C.	COAHUILA	2,815	9,180	2,900	2,906	1,088	86,641
D.	NUEVO LEON	704	2,015	2,415	4,603	122	43,514
E.	SONORA	117	1,840	1,813	1,257	549	5,806
F.	TAMAULIPAS	3,504	7,902	6,279	7,535	364	73,942
	Mexico Total	148,238	278,214	205,999	243,350	46,913	2,835,754

a. Through February 18, 1985.

SOURCE: EHM, table 7.3.

Table 1106

MEXICO LAND SURFACE LOST, BY TYPE OF TENANCY, 6 SC, 1970
(Ha.)

		Total			Private Property			Communal and Ejidal Land	
State	Planted (Ha.)	Harvested (%)	Lost (%)	Planted (Ha.)	Harvested (%)	Lost (%)	Planted (Ha.)	Harvested (%)	Lost (%)
A. BAJA CALIF.	220,821	89.1	10.9	113,835	89.6	10.4	106,985	88.5	11.5
B. CHIHUAHUA	744,980	51.2	48.8	428,891	50.1	49.9	316,089	52.8	47.2
C. COAHUILA	243,250	88.7	11.3	98,617	87.0	13.0	144,634	89.9	10.1
D. NUEVO LEON	220,363	53.8	46.2	118,521	60.4	39.6	101,843	46.2	53.8
E. SONORA	710,857	95.9	4.1	481,956	96.7	3.3	228,900	94.1	5.9
F. TAMAULIPAS	841,195	80.0	20.0	491,413	80.5	19.5	349,782	79.5	20.5
Mexico Total	13,827,924	76.6	23.4	5,717,124	76.3	23.7	8,110,800	76.8	23.2

SOURCE: SPP, *El Sector Alimentario en México* (México, D.F.: SPP, 1981).

Table 1107

MEXICO LAND SURFACE LOST, BY CAUSE, 6 SC, 1970
(Ha.)

State	Total	Drought (%)	Flood (%)	Diseases and Plagues (%)	Freezes (%)	Other (%)
A. BAJA CALIF.	24,075	58.1	1.1	33.6	.2	7.0
B. CHIHUAHUA	363,943	95.7	.7	1.9	.4	1.3
C. COAHUILA	27,486	73.5	2.4	11.2	5.9	7.0
D. NUEVO LEON	101,567	72.2	1.3	7.2	18.3	1.0
E. SONORA	29,087	62.1	2.2	24.9	2.6	8.2
F. TAMAULIPAS	168,017	40.6	34.3	16.5	6.2	2.4
Mexico Total	3,299,250	73.0	12.0	5.4	6.6	3.0

SOURCE: SSP, *El Sector Alimentario en México* (México, D.F.: SPP, 1981).

Table 1108

MEXICO SALE OF FERTILIZERS, 6 SC, 1982-85
(MET)

	State	1982	1983	1984	1985[a]
A.	BAJA CALIF.	92,006	84,300	107,591	22,574
B.	CHIHUAHUA	195,843	150,770	180,149	44,411
C.	COAHUILA	25,066	19,640	23,184	7,241
D.	NUEVO LEON	25,443	24,131	20,948	5,352
E.	SONORA	215,269	213,008	266,841	44,413
F.	TAMAULIPAS	93,002	83,554	11,689	20,967
	Mexico Total	4,442,234	3,825,500	4,575,025	985,324

a. January–March.

SOURCE: AEE, 1985.

Table 1109
MEXICO BORDER STATES DISTRIBUTION OF AGRICULTURAL PRODUCTION, BY CROP, 1960–83
(%)

Crop	1960	1965	1971	1977	1979	1983
Human Consumption	60.3	62.6	52.3	63.6	54.6	55.5
Basic Foods	51.9	56.4	38.8	47.8	33.3	39.4
Corn	24.1	26.9	18.7	28.2	18.0	20.8
Bean	8.2	7.5	5.0	5.9	5.2	5.8
Wheat	19.2	22.0	15.1	13.7	10.1	12.8
Rice	.4	#	#	#	#	#
Processing	7.3	5.2	12.5	14.7	20.1	14.9
Oils	1.3	1.6	9.2	10.7	17.0	10.4
Sesame	.8	.5	1.4	.8	3.3	1.9
Cardamom	.3	.3	4.9	5.1	7.6	4.0
Soy	.2	.8	2.9	4.8	6.1	4.5
Other	6.0	3.6	.3	4.0	3.1	4.5
Oats	3.2	1.3	1.4	1.4	.6	2.9
Wheat	1.2	.7	.5	1.4	1.5	.9
Sugarcane	1.6	1.6	1.4	1.2	1.0	.7
Direct Consumption	1.1	1.0	1.0	1.1	1.2	1.2
Peanuts	.1	.3	.3	.2	.2	.2
Potato	.4	.3	.2	.2	.4	.4
Onion	.1	.1	.1	.1	.2	.2
Pea	.1	#	.1	.1	#	.1
Green Chile	.2	.2	.2	.2	.3	.2
Dry Chile	.1	#	#	#	#	#
Sweet Potato	#	#	.1	.2	#	#
Watermelon	.1	.1	#	.1	.1	.1
Exportation	34.5	28.7	11.0	9.6	10.7	5.4
Wheat	33.0	27.3	9.6	8.2	7.9	4.5
Tomato	.8	.2	.2	.2	.4	.2
Henequen	.4	1.0	.9	.4	.5	.1
Tobacco	#	#	#	#	#	#
Garbanzo Bean	.2	.1	.2	.6	1.8	.5
Melon	.1	.1	.1	1.0	.1	.1
Coffee	#	#	#	#	#	#
Animal Consumption	2.8	6.7	15.7	18.8	27.6	33.9
Sorghum	2.0	5.7	13.8	13.7	18.9	15.3
Alfalfa	.8	1.0	1.6	2.1	2.5	2.0
Forraged Oats	#	#	#	2.2	4.3	2.9
Forraged Garbanzo	#	#	#	#	#	#
Forraged Sorghum	#	#	.1	#	.5	.6
Forraged Barley	#	#	.2	.6	.2	.3
Forraged Corn	#	#	#	.2	.3	.5
Pastures	#	#	#	#	.9	12.3
Subtotal	97.6	98.0	79.0	92.0	92.9	94.8
Total	100.0	100.0	100.0	100.0	100.0	100.0

SOURCE: Rosario Pérez Espejo, "Principales Características de la Agricultura en los Estados Fronterizos: Evolución del Patrón de Cultivos," paper presented at the conference "Agricultura, Economía y Sociedad en la Frontera México–Estados Unidos de América," Mexicali, Mexico, December 4–6, 1985.

Table 1110

MEXICO BORDER STATES PARTICIPATION IN TOTAL AGRICULTURAL PRODUCTION, BY CROP, 1960–83

Crop	1960	1965	1971	1977	1983
Human Consumption	15.1	11.8	12.1	16.1	17.3
Basic Foods	15.1	12.1	10.6	14.7	15.1
Corn	9.9	8.1	6.9	11.6	11.1
Bean	14.1	8.0	7.4	11.0	11.4
Wheat	52.6	64.7	69.5	59.1	59.5
Rice	6.4	#	#	#	#
Processing	15.7	9.4	21.5	23.6	28.6
Oils	9.3	7.7	32.2	41.1	38.6
Sesame	9.3	4.1	13.4	11.7	.5
Cardamom	29.7	11.5	53.5	39.1	45.6
Soy	93.8	64.0	64.7	46.8	46.1
Others	18.5	10.4	11.1	14.5	17.9
Oats	92.0	81.9	73.7	64.4	83.9
Wheat	11.3	7.2	6.6	16.8	12.3
Sugarcane	10.1	7.8	7.9	8.1	5.7
Direct Consumption	10.8	10.1	12.0	12.8	16.2
Peanut	3.0	9.7	11.4	12.7	11.3
Potato	19.0	14.8	12.8	12.2	20.4
Onion	15.8	9.0	16.3	13.7	27.9
Pea	16.3	8.1	17.0	11.6	10.6
Green Chile	17.0	11.3	14.0	16.6	16.6
Dry Chile	8.3	5.0	7.3	7.8	2.0
Sweet Potato	3.2	3.6	2.2	3.4	#
Watermelon	14.6	11.9	8.1	21.3	18.5
Exportation	51.1	43.9	26.5	24.5	19.3
Wheat	84.2	76.2	59.4	56.6	76.3
Tomato	27.9	8.4	10.1	11.3	14.6
Henequen	12.2	11.6	14.2	7.6	4.8
Tobacco	2.6		#	#	#
Garbanzo Bean	17.3	32.7	29.9	28.4	33.3
Melon	11.4	10.2	8.3	17.7	19.9
Coffee	#		#	#	#
Animal Consumption	19.9	26.8	33.6	29.5	22.9
Sorghum	39.9	41.4	42.0	29.9	40.0
Alfalfa	19.3	20.9	27.6	30.3	33.2
Forraged Oats	#	#	#	66.4	51.4
Forraged Garbanzo	#	#	#	#	#
Forraged Sorghum	#	#	67.3	66.3	56.6
Forraged Barley	#	#	82.6	5.9	49.8
Forraged Corn	#	#	#	18.5	22.7
Pastures	#	#	#	#	13.4
Subtotal	20.3	15.8	15.2	18.5	19.1
Total	20.3	15.5	17.4	18.4	19.2

SOURCE: Rosario Pérez Espejo, "Principales Características de la Agricultura en los Estados Fronterizos: Evolución del Patrón de Cultivos," paper presented at the conference "Agricultura, Economía y Sociedad en la Frontera México–Estados Unidos de América," Mexicali, Mexico, December 4–6, 1985.

Table 1111
MEXICO CULTIVATED LAND AREA, BY CROP, 6 S, 1960-83
(Ha.)

1960

Crop	A. BAJA CALIF.	B. CHIHUAHUA	C. COAHUILA	D. NUEVO LEON	E. SONORA	F. TAMAULIPAS	Mexico Total
Human Consumption	71,448	504,127	110,728	136,723	336,876	223,908	1,383,810
Basic Foods	46,044	419,006	108,064	131,425	304,691	182,662	1,101,892
Corn	3,108	238,815	30,190	106,035	40,235	134,942	553,235
Bean	304	124,264	2,173	6,538	8,922	45,670	187,870
Wheat	42,722	55,928	75,701	18,852	246,334	2,050	441,587
Rice	#	#	#	#	9,200	#	9,200
Processing	23,155	75,135	1,948	2,654	28,056	35,475	166,423
Oils	180	1,547	57	#	27,970	638	30,392
Sesame	#	25	57	#	18,250	638	18,970
Cardamom	180	1,522	#	#	5,928	#	7,630
Soy	#	#	#	#	3,792	#	3,792
Others	22,975	73,588	1,891	2,654	86	34,837	136,031
Oats	502	72,953	82	200	#	#	73,737
Wheat	22,473	501	1,794	2,215	81	90	27,154
Sugarcane	#	134	15	239	5	34,747	35,140
Direct Consumption	2,249	9,986	716	2,644	4,129	5,771	25,495
Peanut	#	2,004	#	#	248	20	2,272
Potato	395	5,320	51	2,029	463	75	8,333
Onion	88	237	156	437	229	1,185	2,332
Pea	#	148	2	4	1,247	149	1,550
Green Chile	740	830	120	#	601	3,372	5,663
Dry Chile	960	750	4	18	169	73	1,974
Sweet Potato	28	187	69	69	32	97	482
Watermelon	38	510	314	87	1,140	800	2,889
Exportation	16,146	96,258	74,400	18,344	176,765	310,536	792,449
Wheat	15,419	95,300	73,479	17,656	165,715	289,960	757,529
Tomato	670	530	805	235	6,155	9,418	17,773
Henequen	#	#	#	#	#	9,053	9,053
Tobacco	#	#	1	400	#	#	1,401
Garbanzo Bean	30	123	#	35	4,378	1,315	5,881
Melon	27	305	115	18	557	769	1,791
Coffee	#	#	#	#	#	21	21
Animal Consumption	4,767	8,504	3,172	1,440	9,135	36,704	63,722
Sorghum	165	616	1,014	1,440	6,514	36,704	46,453
Alfalfa	4,602	7,888	2,158	#	2,621	#	17,269
Forraged Oats	#	#	#	#	#	#	#
Forraged Garbanzo	#	#	#	#	#	#	#
Forraged Sorghum	#	#	#	#	#	#	#
Forraged Barley	#	#	#	#	#	#	#
Forraged Corn	#	#	#	#	#	#	#
Pastures	#	#	#	#	#	#	#
Subtotal	192,361	608,889	188,300	156,507	522,766	571,148	2,239,981
Total	197,488	609,449	192,910	190,064	530,869	575,869	2,295,862

Table 1111 (Continued)
MEXICO CULTIVATED LAND AREA, BY CROP, 6 S, 1960–83
(Ha.)

1965

Crop	A. BAJA CALIF.	B. CHIHUAHUA	C. COAHUILA	D. NUEVO LEON	E. SONORA	F. TAMAULIPAS	Mexico Total
Human Consumption	76,253	380,328	129,644	210,669	372,188	256,164	1,425,176
Basic Foods	60,763	337,656	127,521	208,511	334,016	213,736	1,282,176
Corn	120	149,118	37,760	168,549	44,050	211,567	611,164
Bean	#	153,085	3,646	9,153	3,132	1,470	170,486
Wheat	60,616	35,453	86,115	30,809	286,834	699	500,526
Rice	#	#	#	#	#	#	#
Processing	13,021	30,409	1,428	421	35,532	37,863	118,674
Oils	1,158	343	1,025	#	32,185	830	35,541
Sesame	#	12	50	#	10,279	830	11,171
Cardamom	1,158	331	975	#	4,337	#	6,801
Soy	#	#	#	#	#	#	17,569
Others	11,863	30,066	403	421	3,347	37,033	83,133
Oats	#	30,000	#	#	#	#	30,000
Wheat	11,863	#	403	421	3,347	391	16,425
Sugarcane	#	66	#	#	#	36,642	36,708
Direct Consumption	2,496	12,263	695	1,737	2,570	4,565	24,326
Peanut	#	6,243	#	#	16	#	6,259
Potato	683	3,625	45	1,261	165	25	5,804
Onion	6	456	66	144	53	742	1,467
Pea	#	73	#	2	891	#	966
Green Chile	765	987	#	#	168	2,823	4,743
Dry Chile	999	75	#	#	101	#	1,175
Sweet Potato	#	372	28	55	53	#	508
Watermelon	43	432	556	275	1,123	975	3,404
Exportation	107,910	64,058	62,296	1,530	173,513	242,447	651,754
Wheat	107,855	63,296	61,362	1,084	170,821	215,117	619,535
Tomato	55	392	701	360	1,314	941	3,763
Henequen	#	#	#	#	#	23,456	23,456
Tobacco	#	#	#	#	#	#	#
Garbanzo Bean	#	105	#	61	1,133	1,768	3,067
Melon	#	265	233	25	245	1,165	1,933
Coffee	#	#	#	#	#	#	#
Animal Consumption	5,496	15,228	7,065	13,086	13,249	97,851	151,975
Sorghum	#	4,037	3,908	13,086	10,867	97,851	129,749
Alfalfa	5,496	11,191	3,157	#	2,382	#	22,260
Forraged Oats	#	#	#	#	#	#	#
Forraged Garbanzo	#	#	#	#	#	#	#
Forraged Sorghum	#	#	#	#	#	#	#
Forraged Barley	#	#	#	#	#	#	#
Forraged Corn	#	#	#	#	#	#	#
Pastures	#	#	#	#	#	#	#
Subtotal	189,659	459,614	199,005	225,285	558,880	596,462	2,228,905
Total	189,700	460,600	207,555	226,300	567,000	623,400	2,274,555

Table 1111 (Continued)
MEXICO CULTIVATED LAND AREA, BY CROP, 6 S, 1960–83
(Ha.)
1971

Crop	A. BAJA CALIF.	B. CHIHUAHUA	C. COAHUILA	D. NUEVO LEON	E. SONORA	F. TAMAULIPAS	Mexico Total
Human Consumption	94,374	496,955	62,518	76,422	431,938	370,842	1,483,049
Basic Foods	58,262	386,846	52,834	73,693	240,147	289,754	1,101,536
Corn	3,896	169,499	16,719	52,000	11,869	277,575	531,558
Bean	#	127,842	5,056	2,693	1,281	6,179	143,051
Wheat	54,366	89,505	31,059	19,000	226,997	6,000	426,927
Rice	#	#	#	#	#	#	#
Processing	33,365	46,638	8,770	993	186,558	77,122	353,446
Oils	21,807	6,415	7,370	5	185,512	39,400	260,509
Sesame	#	15	#	5	30,702	7,000	37,722
Cardamom	21,807	1,200	7,370	#	94,441	15,000	139,818
Soy	#	5,200	#	#	60,369	17,400	82,969
Others	11,558	40,223	1,400	988	1,046	37,722	92,937
Oats	#	40,223	200	#	#	#	40,423
Wheat	11,558	#	1,200	888	986	#	14,632
Sugarcane	#	#	#	100	60	37,722	37,882
Direct Consumption	2,747	13,471	914	1,736	5,233	3,966	28,067
Peanut	#	6,531	#	#	203	#	6,734
Potato	1,150	2,566	163	1,500	588	#	5,967
Onion	#	1,200	65	220	28	2,000	3,513
Pea	#	82	#	#	2,185	40	2,307
Green Chile	1,475	1,300	433	#	1,521	1,500	6,229
Dry Chile	#	1,300	#	#	62	#	1,362
Sweet Potato	#	242	#	#	17	#	259
Watermelon	122	250	253	16	629	426	1,696
Exportation	52,892	31,765	52,812	244	142,031	30,940	310,684
Wheat	51,499	30,405	52,253	18	136,569	1,288	272,032
Tomato	1,350	1,100	317	200	1,068	2,189	6,224
Henequen	#	#	#	#	#	25,963	25,963
Tobacco	#	#	#	20	#	#	20
Garbanzo Bean	#	110	#	#	4,066	800	4,976
Melon	43	150	242	6	328	700	1,469
Coffee	#	#	#	#	#	#	#
Animal Consumption	22,883	36,500	21,110	16,216	32,510	316,888	446,107
Sorghum	6,531	22,000	12,000	15,616	22,437	315,016	392,600
Alfalfa	15,677	14,500	5,042	#	10,073	#	45,292
Forraged Oats	#	#	#	#	#	#	#
Forraged Garbanzo	#	#	#	#	#	#	#
Forraged Sorghum	675	#	2,718	#	#	1,872	5,265
Forraged Barley	#	#	1,350	600	#	#	1,950
Forraged Corn	#	#	#	#	#	#	#
Pastures	#	#	#	#	#	#	#
Subtotal	170,149	515,170	136,440	92,882	606,459	718,670	2,239,770
Total	227,400	746,700	203,300	151,100	772,800	734,985	2,836,285

Table 1111 (Continued)
MEXICO CULTIVATED LAND AREA, BY CROP, 6 S, 1960-83
(Ha.)

1977

Crop	A. BAJA CALIF.	B. CHIHUAHUA	C. COAHUILA	D. NUEVO LEON	E. SONORA	F. TAMAULIPAS	Mexico Total
Human Consumption	111,061	518,247	93,042	113,394	396,067	716,147	1,954,958
Basic Foods	73,777	443,237	78,588	110,955	269,315	493,486	1,469,358
Corn	1,899	231,222	42,483	89,585	19,565	482,840	867,594
Bean	278	146,713	8,613	11,862	2,250	10,441	180,157
Wheat	71,600	65,302	27,492	9,508	247,500	205	421,607
Rice	#	#	#	#	#	#	#
Processing	39,667	58,845	13,330	559	119,413	220,030	451,844
Oils	8,115	16,388	5,073	60	118,072	181,477	329,185
Sesame	415	#	#	#	22,611	1,038	24,064
Cardamom	7,700	881	5,073	#	72,093	72,300	158,047
Soy	#	15,507	#	60	23,368	108,139	147,074
Others	31,552	42,457	8,257	499	1,341	38,553	122,659
Oats	452	41,580	1,150	#	87	#	43,269
Wheat	31,100	877	7,107	499	1,254	900	41,737
Sugarcane	#	#	#	#	#	37,653	37,653
Direct Consumption	4,617	16,165	1,124	1,880	7,339	2,631	33,756
Peanut	#	5,500	#	#	563	#	6,063
Potato	747	3,905	70	1,460	432	1	6,615
Onion	116	1,572	118	100	229	751	2,886
Pea	#	#	#	#	1,982	406	2,388
Green Chile	#	4,638	312	240	2,403	712	8,305
Dry Chile	2,398	#	#	#	369	#	2,767
Sweet Potato	#	250	#	#	#	#	250
Watermelon	1,356	300	624	80	1,361	761	4,482
Exportation	56,821	34,118	50,211	90	128,833	26,267	296,340
Wheat	52,588	32,828	49,415	#	106,727	10,395	251,953
Tomato	2,427	990	544	60	1,119	1,847	6,977
Henequen	#	#	#	#	#	13,420	13,420
Tobacco	#	#	#	#	20,812	1	20,813
Garbanzo Bean	#	#	#	#	4	#	4
Melon	1,816	300	252	30	171	604	3,173
Coffee	#	#	#	#	#	#	#
Animal Consumption	19,682	106,670	46,978	51,701	27,590	325,715	578,336
Sorghum	1,512	22,747	15,162	45,856	13,028	323,938	422,243
Alfalfa	15,934	22,000	9,261	2,836	13,562	20	61,613
Forraged Oats	#	58,827	8,056	560	#	80	67,523
Forraged Garbanzo	#	#	#	#	#	#	#
Forraged Sorghum	2,236	2,069	7,570	1,819	9,700	1,677	16,336
Forraged Barley	#	177	3,927	635	30	#	4,769
Forraged Corn	#	850	3,002	#	#	#	3,852
Pastures	#	#	#	#	#	#	#
Subtotal	194,564	659,035	190,231	165,185	552,490	1,068,129	2,829,634
Total	222,574	689,963	226,190	238,752	585,490	1,113,729	3,076,698

Table 1111 (Continued)
MEXICO CULTIVATED LAND AREA, BY CROP, 6 S, 1960–83
(Ha.)

1979

Crop	A. BAJA CALIF.	B. CHIHUAHUA	C. COAHUILA	D. NUEVO LEON	E. SONORA	F. TAMAULIPAS	Mexico Total
Human Consumption	133,843	447,834	60,553	79,610	536,537	422,488	1,680,865
Basic Foods	66,824	389,793	46,830	75,615	198,921	245,116	1,023,099
Corn	9,419	217,460	27,002	51,721	26,576	221,614	553,792
Bean	1,195	120,393	4,414	3,771	5,949	22,059	157,781
Wheat	56,210	51,940	15,414	20,123	166,396	851	310,934
Rice	#	#	#	#	#	592	592
Processing	61,174	40,560	12,130	2,688	328,675	172,973	618,200
Oils	19,968	23,811	7,832	1,269	327,754	142,149	522,783
Sesame	6,286	#	#	#	93,150	434	99,870
Cardamom	13,682	1,182	7,813	607	127,158	82,480	232,922
Soy	#	22,629	19	662	107,446	59,235	189,991
Others	41,206	16,749	4,298	1,419	921	20,824	95,417
Oats	1,207	15,469	1,409	73	#	#	18,158
Wheat	89,999	1,280	2,889	1,295	879	750	47,092
Sugarcane	#	#	#	51	42	30,074	30,167
Direct Consumption	5,845	17,481	1,593	1,307	8,941	4,399	39,566
Peanut	#	4,798	#	109	472	51	5,430
Potato	2,115	6,239	595	1,083	2,791	31	12,854
Onion	1,923	2,293	12	#	643	1,616	6,487
Pea	85	#	#	#	2,060	30	2,175
Green Chile	781	3,511	569	18	1,189	1,694	7,762
Dry Chile	#	264	15	#	170	#	449
Sweet Potato	#	168	22	#	1	#	191
Watermelon	941	208	380	97	1,615	977	4,218
Exportation	62,485	39,615	45,840	212	156,540	22,730	327,422
Wheat	56,842	38,987	44,836	#	98,616	2,600	241,881
Tomato	3,952	311	340	92	902	5,352	10,949
Henequen	#	#	#	#	#	14,000	14,000
Tobacco	#	#	#	#	#	#	#
Garbanzo Bean	13	50	#	46	56,814	9	56,932
Melon	1,678	267	664	79	208	769	3,660
Coffee	#	#	#	#	#	#	#
Animal Consumption	42,393	170,995	43,314	51,070	34,138	506,731	848,641
Sorghum	5,703	17,928	8,421	38,009	12,809	499,756	582,626
Alfalfa	17,912	26,358	11,669	3,986	15,837	62	75,824
Forraged Oats	1,586	118,158	9,262	1,581	143	78	130,808
Forraged Garbanzo	#	#	#	#	#	#	#
Forraged Sorghum	3,134	1,395	6,583	1,474	829	1,383	14,798
Forraged Barley	3,040	22	932	1,266	1,752	#	7,012
Forraged Corn	#	5,966	2,023	1,709	40	#	9,738
Pastures	11,018	1,168	4,424	3,045	2,728	5,452	27,835
Subtotal	238,721	658,444	149,709	130,892	727,215	951,949	2,856,930
Total	259,222	690,912	172,832	196,725	758,051	996,449	3,074,191

Table 1111 (Continued)
MEXICO CULTIVATED LAND AREA, BY CROP, 6 S, 1960-83
(Ha.)
1983

Crop	A. BAJA CALIF.	B. CHIHUAHUA	C. COAHUILA	D. NUEVO LEON	E. SONORA	F. TAMAULIPAS	Mexico Total
Human Consumption	149,348	727,002	78,590	120,658	567,696	564,643	2,207,937
Basic Foods	98,659	573,767	67,296	118,639	325,745	383,118	1,567,224
Corn	8,737	343,156	28,754	70,180	27,174	340,784	828,785
Bean	919	163,360	7,846	9,456	5,941	20,951	228,473
Wheat	89,003	67,251	20,696	39,003	292,630	1,108	509,691
Rice	#	#	#	#	#	275	275
Processing	45,663	131,335	8,408	497	231,639	176,192	593,734
Oils	18,331	14,972	5,024	50	229,689	146,891	414,957
Sesame	16,587	96	5,024	50	58,326	347	75,406
Cardamom	1,739	#	#	#	43,797	108,373	158,933
Soy	5	14,876	#	#	127,566	38,171	180,618
Others	27,332	116,363	3,384	447	1,950	29,301	178,777
Oats	260	112,206	191	2	4	#	112,663
Wheat	27,072	4,157	3,193	409	1,946	525	37,302
Sugarcane	#	#	#	36	#	28,676	28,712
Direct Consumption	5,026	21,900	2,886	1,522	10,312	5,333	46,979
Peanut	#	8,926	#	#	478	46	9,450
Potato	1,447	7,577	1,337	1,272	2,681	891	15,205
Onion	2,064	2,303	55	3	462	2,485	7,372
Pea	113	#	#	#	941	200	1,254
Green Chile	331	2,845	263	10	3,342	1,230	8,021
Dry Chile	#	227	50	#	#	#	277
Sweet Potato	#	#	4	#	#	#	4
Watermelon	1,071	22	1,177	237	2,408	481	5,396
Exportation	40,651	29,178	32,236	247	95,996	17,381	215,689
Wheat	36,115	28,906	30,675	#	73,540	7,970	177,206
Tomato	3,055	153	127	40	3,063	2,774	9,212
Henequen	#	#	#	#	#	5,861	5,861
Tobacco	#	#	#	#	#	#	#
Garbanzo Bean	42	#	#	#	18,739	#	18,781
Melon	1,439	119	1,434	207	654	776	4,629
Coffee	#	#	#	#	#	#	#
Animal Consumption	42,176	169,551	50,266	48,141	43,364	993,167	1,346,665
Sorghum	2,985	16,567	10,977	35,556	8,476	532,093	606,654
Alfalfa	15,621	28,958	14,099	2,403	19,685	#	80,766
Forraged Oats	1,737	99,208	9,269	3,064	324	314	113,916
Forraged Garbanzo	#	#	#	#	#	13	13
Forraged Sorghum	4,983	2,749	6,720	3,660	4,073	1,703	23,888
Forraged Barley	6,648	15	923	857	2,774	#	11,217
Forraged Corn	#	15,652	1,513	2,076	922	132	20,295
Pastures	10,202	6,402	6,765	525	7,110	458,912	489,916
Subtotal	232,175	925,731	161,092	169,046	707,056	1,575,191	3,770,291
Total	247,061	949,868	187,981	229,730	744,785	1,616,526	3,975,951

SOURCE: Rosario Pérez Espejo, "Principales Características de la Agricultura en los Estados Fronterizos: Evolución del Patrón de Cultivos," paper presented at the conference on "Agricultura, Economía, y Sociedad en la Frontera México-Estados Unidos de América," Mexicali, Mexico, December 4-6, 1985.

Table 1112
U.S. AGRICULTURAL PRODUCTION, 18 CROPS, 4 SC, 1972–87

Crop	State		1972	1975	1980	1985	1987
Barley, Oats, (T Bushels)	G.	ARIZONA	7,739	4,875	4,500	6,014	2,178
	H.	CALIFORNIA	50,930	60,420	44,144	24,780	15,300
	I.	NEW MEXICO	840	1,624	1,795	1,050	770
	J.	TEXAS	1,980	2,380	1,080	2,250	1,200
		U.S. Total	423,461	374,386	360,956	591,383	527,010
Beans (100 cwt)	G.	ARIZONA	~	~	~	~	~
	H.	CALIFORNIA	2,460	2,606	3,813	3,563	3,118
	I.	NEW MEXICO	20	~	~	~	212
	J.	TEXAS	~	~	~	~	~
		U.S. Total	18,118	17,442	26,395	22,175	26,309
Corn (Grain) (T Bushels)	G.	ARIZONA	525	396	4,000	2,205	2,000
	H.	CALIFORNIA	21,500	27,686	36,450	46,400	28,500
	I.	NEW MEXICO	1,575	7,500	7,225	10,075	7,595
	J.	TEXAS	39,560	118,450	117,000	156,450	133,750
		U.S. Total	5,573,320	5,828,961	6,644,841	8,876,706	7,064,143
Corn (Silage) (T Tons)	G.	ARIZONA	198	133	294	184	207
	H.	CALIFORNIA	2,711	3,078	3,738	4,950	5,954
	I.	NEW MEXICO	403	363	364	575	320
	J.	TEXAS	1,764	1,085	1,680	740	760
		U.S. Total	108,520	115,708	110,973	102,753	85,586
Cotton (480 lb. Net Weight Bales)	G.	ARIZONA					
		American Pima	48.8	38.0	72.3	108.7	195.0
		Upland	603	573	1,354.0	928.0	850.0
	H.	CALIFORNIA					
		American Pima	.2	.1	.1	~	~
		Upland	1,765	1,954.0	3,109.0	3,114.0	2,950.0
	I.	NEW MEXICO					
		American Pima	15.4	5.1	6.0	11.3	19.0
		Upland	158	68.0	107.0	71.0	95.0
	J.	TEXAS					
		American Pima	31.4	11.3	25.0	35.1	50.0
		Upland	4,246	2,382.0	3,320.0	3,910.0	4,600.0
		U.S. Total	~	54.5	104.2	155.1	264.0
			13,704.1	8,247.1	11,017.9	13,277.1	14,460.2
Hay (T Tons)	G.	ARIZONA	1,372	1,462	1,260	1,109	1,383
	H.	CALIFORNIA	8,159	7,642	7,736	7,991	9,005
	I.	NEW MEXICO	932	1,041	1,144	1,436	1,341
	J.	TEXAS	3,899	5,245	5,515	8,175	7,930
		U.S. Total	128,614	132,210	131,027	148,601	149,142
Oats (T Bushels)	G.	ARIZONA	~	~	~	~	~
	H.	CALIFORNIA	6,783	4,770	4,340	3,015	2,800
	I.	NEW MEXICO	~	~	~	~	~
	J.	TEXAS	9,720	19,500	12,580	15,000	9,900
		U.S. Total	691,973	642,042	458,263	520,800	386,356
Peanuts (for nuts) (T lbs.)	G.	ARIZONA	~	~	~	~	~
	H.	CALIFORNIA	~	~	~	~	~
	I.	NEW MEXICO	20,461	20,152	22,352	31,992	33,210
	J.	TEXAS	480,455	463,600	293,250	422,625	423,000
		U.S. Total	3,274,761	3,857,122	2,301,282	4,122,787	3,586,170
Potato (Total) (T cwt)	G.	ARIZONA	2,400	1,519	1,276	1,450	1,348
	H.	CALIFORNIA	22,032	21,015	18,692	23,077	18,758
	I.	NEW MEXICO	880	700	540	2,860	3,500
	J.	TEXAS	3,182	2,975	2,306	3,855	3,350
		U.S. Total	295,955	322,254	302,857	407,109	385,774
Rice (Total) (T cwt)	G.	ARIZONA	~	~	~	~	~
	H.	CALIFORNIA	18,868	30,179	36,386	28,468	26,057
	I.	NEW MEXICO	~	~	~	~	~
	J.	TEXAS	22,122	24,996	24,814	18,071	15,871
		U.S. Total	85,439	128,437	146,150	134,913	127,725

Table 1112 (Continued)
U.S. AGRICULTURAL PRODUCTION, 18 CROPS, 4 SC, 1972-87

Crop	State	1972	1975	1980	1985	1987
Rye	G. ARIZONA	~	~	~	~	~
(T Bushels)	H. CALIFORNIA	~	~	~	~	~
	I. NEW MEXICO	~	~	~	~	~
	J. TEXAS	630	760	494	400	150
	U.S. Total	29,183	15,958	16,483	20,637	19,718
Sorghum (Grain)	G. ARIZONA	10,608	8,160	1,950	1,296	990
(T Bushels)	H. CALIFORNIA	17,424	14,904	11,096	2,998	1,800
	I. NEW MEXICO	19,305	15,500	10,280	13,920	7,980
	J. TEXAS	319,780	374,400	181,700	241,900	166,950
	U.S. Total	809,264	753,046	579,197	1,120,271	740,869
Sorghum (Silage)	G. ARIZONA	126	96	111	48	54
(T lbs.)	H. CALIFORNIA	272	198	152	60	84
	I. NEW MEXICO	40	39	138	12	39
	J. TEXAS	594	672	275	220	220
	U.S. Total	10,055	7,426	7,002	6,566	5,157
Soybeans	G. ARIZONA	~	~	~	~	~
(for beans)	H. CALIFORNIA	~	~	~	~	~
(T Bushels)	I. NEW MEXICO	~	~	~	~	~
	J. TEXAS	5,460	9,250	13,860	7,250	4,200
	U.S. Total	1,270,630	1,547,383	1,792,062	2,098,531	1,904,712
Sugar Beets	G. ARIZONA	252	366	208	~	~
(T Tons)	H. CALIFORNIA	9,031	8,892	5,885	4,669	6,066
	I. NEW MEXICO	15	15	37	~	~
	J. TEXAS	523	440	386	833	621
	U.S. Total	28,410	29,704	23,502	22,529	27,999
Sugarcane	G. ARIZONA	~	~	~	~	~
(T Tons)	H. CALIFORNIA	~	~	~	~	~
	I. NEW MEXICO	~	~	~	~	~
	J. TEXAS	104	1,250	998	961	1,084
	U.S. Total	28,332	28,344	26,963	28,213	29,798
Sweet Potato	G. ARIZONA	~	~	~	~	~
(T cwt)	H. CALIFORNIA	754	1,022	1,512	1,443	1,386
	I. NEW MEXICO	~	~	~	~	~
	J. TEXAS	813	1,150	520	1,001	730
	U.S. Total	12,453	13,225	10,953	14,853	12,103
Wheat (Total)	G. ARIZONA	11,390	18,200	17,200	9,804	8,005
(T Bushels)	H. CALIFORNIA	23,340	61,241	85,506	68,860	41,610
	I. NEW MEXICO	4,335	11,440	10,500	20,520	10,880
	J. TEXAS	44,000	131,100	130,000	187,200	100,800
	U.S. Total	1,544,936	2,122,459	2,374,306	2,425,105	2,105,200

SOURCE: USDA, Statistical Reporting Service, *Crop Production, 1974 Summary*; USDA, Economics, Statistics, and Cooperatives Service, *Crop Production, 1977 Summary*; USDA, Statistical Reporting Service, *Crop Production, 1982 Summary*; USDA, National Agricultural Statistics Service, *Crop Production, 1987 Summary*.

Table 1113

MEXICO HARVESTED LAND, BY PRINCIPAL PRODUCTS, 6 SC, 1965, 1970, 1978

(%)

State	Year	Total	Sesame	Rice	Cadamom	Barley	Bean	Corn	Sorghum	Soy	Wheat
A. BAJA CALIF.	1965	100.0	#	#	#	16.3	#	.2	.2	#	83.3
	1970	100.0	#	#	20.8	8.7	.3	1.7	#	#	68.5
	1978	100.0	1.1	#	8.8	29.9	2.4	3.5	1.8	#	52.5
B. CHIHUAHUA	1965	100.0	#	#	#	#	44.8	43.6	1.2	#	10.4
	1970	100.0	#	#	.2	#	15.4	54.6	6.2	.9	22.7
	1978	100.0	#	#	.1	.1	33.8	43.1	5.8	4.9	12.2
C. COAHUILA	1965	100.0	#	#	#	.3	2.8	28.6	3.0	#	65.3
	1970	100.0	#	#	2.4	#	2.8	32.0	.7	.2	61.9
	1978	100.0	#	#	3.5	2.5	10.0	49.2	13.3	#	21.5
D. NUEVO LEON	1965	100.0	#	#	#	.2	4.1	75.9	5.9	#	13.9
	1970	100.0	#	#	#	.8	2.8	63.7	12.6	#	20.1
	1978	100.0	#	3.8	#	.2	3.8	48.5	32.6	.1	11.0
E. SONORA	1965	100.0	2.4	#	1.0	.8	.7	10.2	2.5	4.1	78.3
	1970	100.0	5.3	#	7.4	.2	.4	4.2	4.5	13.2	64.8
	1978	100.0	7.2	#	20.1	.1	.6	8.1	3.1	7.9	52.9
F. TAMAULIPAS	1965	100.0	.3	#	#	.1	.5	67.7	31.2	#	.2
	1970	100.0	.3	#	2.3	.1	1.4	47.1	46.6	.3	1.9
	1978	100.0	.1	#	9.6	.1	2.9	30.7	48.4	8.1	.1
Mexico Total	1965	100.0	2.3	1.2	.5	1.9	18.1	65.8	2.7	.2	7.3
	1970	100.0	2.3	1.2	1.5	1.9	14.6	62.1	8.1	.9	7.4
	1978	100.0	2.0	1.0	3.5	2.4	12.9	58.8	11.4	1.8	6.2

SOURCE: SPP, *El Sector Alimentario en México* (México, D.F.: SPP, 1981).

Table 1114

MEXICO AGRICULTURAL PRODUCTION, BY CROP, 6 S, 1960–83

(%)

A. BAJA CALIFORNIA

Crop	1960	1965	1971	1977	1979	1983
Human Consumption	36.2	40.2	41.5	53.1	51.6	60.5
Basic Foods	23.3	32.0	25.6	33.2	25.8	40.0
Corn	1.5	#	1.7	.9	3.6	3.6
Bean	.2	#	#	.1	.5	.4
Wheat	21.6	32.0	23.9	32.2	21.7	36.0
Rice	#	#	#	#	#	#
Processing	11.7	6.9	14.7	17.8	23.6	18.5
Oils	.1	.6	9.6	3.6	7.7	7.4
Sesame	#	#	#	.2	2.4	6.7
Cardamom	.1	.6	9.6	3.4	5.3	.7
Soy	#	#	#	#	#	#
Others	11.6	6.3	5.1	14.2	15.9	11.1
Oats	.2	#	#	.2	.5	.1
Wheat	11.4	6.3	5.1	14.0	15.4	11.0
Sugarcane	#	#	#	#	#	#
Direct Consumption	1.2	1.3	1.2	2.1	2.2	2.0
Peanut	#	#	#	#	#	#
Potato	.2	.4	.5	.3	.8	.6
Onion	.1	#	#	.1	.7	.8
Pea	#	#	#	#	#	.1
Green Chile	.4	.4	.6	#	#	.1
Dry Chile	.5	.5	#	1.1	.3	#
Sweet Potato	#	#		#	#	#
Watermelon	#	#	.1	.6	.4	.4
Exportation	58.8	56.9	23.3	25.5	24.1	16.5
Wheat	58.8	56.9	22.7	23.6	21.9	14.6
Tomato	.3	#	.6	1.1	1.5	1.3
Henequen	#	#	#	#	#	#
Tobacco	#	#	#	#	#	#
Garbanzo Bean	#	#	#	#	#	#
Melon	#	#	#	.8	.7	.6
Coffee	#	#	#	#	#	#
Animal Consumption	2.4	2.9	10.0	8.8	16.4	17.0
Sorghum	.1	#	2.9	.7	2.2	1.2
Alfalfa	2.3	2.9	6.9	7.1	6.9	6.3
Forraged Oats	#	#	#	#	.6	.7
Forraged Garbanzo	#	#	#	#	#	#
Forraged Sorghum	#	#	#	#	1.2	2.0
Forraged Barley	#	#	.2	1.0	1.2	2.7
Forraged Corn	#	#	#	#	#	#
Pastures	#	#	#	#	4.3	4.1
Subtotal	97.4	100.0	74.8	87.4	92.1	94.0
Total	100.0	100.0	100.0	100.0	100.0	100.0

Table 1114 (Continued)
MEXICO AGRICULTURAL PRODUCTION, BY CROP, 6 S, 1960–83
(%)

B. CHIHUAHUA

Crop	1960	1965	1971	1977	1979	1983
Human Consumption	82.7	82.6	59.9	75.1	64.9	76.5
Basic Foods	68.8	73.3	51.8	64.2	56.5	60.4
Corn	39.2	32.4	22.7	33.5	31.5	36.1
Bean	20.4	33.2	17.1	21.2	17.4	17.2
Wheat	9.2	7.7	14.6	9.5	7.6	7.1
Rice	#	#	#	#	#	#
Processing	12.3	6.6	6.3	8.5	5.9	13.8
Oils	.3	#	.9	2.3	3.5	1.6
Sesame	#	#	#	#	#	#
Cardamom	#	#	.2	.1	.2	#
Soy	#	#	.7	2.2	3.3	1.6
Others	12.0	6.6	5.4	6.2	2.4	12.2
Oats	11.9	6.6	5.4	.1	2.2	11.8
Wheat	.1	#	#	.1	.2	.4
Sugarcane	#	#	#	#	#	#
Direct Consumption	1.6	2.7	1.8	2.4	2.5	2.3
Peanut	.3	1.4	.9	.8	.7	1.0
Potato	.9	.8	.3	.6	.9	.8
Onion	#	.1	.2	.2	.4	.2
Pea	#	#	#	#	#	#
Green Chile	.2	.2	.2	.7	.5	.3
Dry Chile	.1	#	.2	#	#	#
Sweet Potato	#	.1	#	.1	#	#
Watermelon	.1	.1	#	.1	#	#
Exportation	15.8	13.9	4.3	4.9	5.7	3.1
Wheat	15.6	13.7	4.1	4.8	5.6	3.1
Tomato	.1	.1	.2	.1	.1	#
Henequen	#	#	#	#	#	#
Tobacco	#	#	#	#	#	#
Garbanzo Bean	#	#	#	#	#	#
Melon	.1	.1	#	#	#	#
Coffee	#	#	#	#	#	#
Animal Consumption	1.4	3.3	4.8	15.5	24.8	17.9
Sorghum	.1	.9	2.9	3.4	2.6	1.7
Alfalfa	1.3	2.4	1.9	3.2	3.8	3.1
Forraged Oats	#	#	#	8.5	17.1	10.4
Forraged Garbanzo	#	#	#	#	#	#
Forraged Sorghum	#	#	#	#	.2	.3
Forraged Barley	#	#	#	.3	#	#
Forraged Corn	#	#	#	.1	.9	1.7
Pastures	#	#	#	#	.2	.7
Subtotal	99.9	99.8	69.0	95.5	95.4	97.5
Total	100.0	100.0	100.0	100.0	100.0	100.0

Table 1114 (Continued)
MEXICO AGRICULTURAL PRODUCTION, BY CROP, 6 S, 1960–83
(%)

C. COAHUILA

Crop	1960	1965	1971	1977	1979	1983
Human Consumption	57.4	62.4	30.8	41.1	35.0	41.8
Basic Foods	56.0	61.4	26.0	34.7	27.1	35.8
Corn	15.6	18.2	8.2	18.8	15.6	20.6
Bean	1.1	1.8	2.5	3.8	2.6	4.2
Wheat	39.3	41.4	5.0	12.1	8.9	11.0
Rice	#	#	#	#	#	#
Processing	1.0	.7	4.3	5.9	7.0	4.4
Oils	#	.5	3.6	2.2	4.5	2.6
Sesame	#	#	#	#	#	#
Cardamom	#	#	3.6	2.2	4.5	2.6
Soy	#	#	#	#	#	#
Others	1.0	.2	.7	3.7	2.5	1.8
Oats	#	#	.1	.5	.8	.1
Wheat	1.0	.2	.6	3.2	1.7	1.7
Sugarcane	#	#	#	#	#	#
Direct Consumption	.4	.3	.5	.5	.9	1.6
Peanut	#	#	#	#	#	#
Potato	#	#	.1	#	.4	.7
Onion	.1	#	#	.1	#	.1
Pea	#	#	#	#	#	#
Green Chile	.1	#	.2	.1	.3	.2
Dry Chile	#	#	#	#	#	#
Sweet Potato	#	#	#	#	#	#
Watermelon	.2	.3	.2	.3	.2	.6
Exportation	38.6	30.0	26.0	22.2	26.5	17.2
Wheat	38.1	29.5	25.8	21.9	25.9	16.3
Tomato	.4	.3	.1	.2	.2	.1
Henequen	#	#	#	#	#	#
Tobacco	#	#	#	#	#	#
Garbanzo Bean	#	#	#	#	#	#
Melon	.1	.2	.1	.1	.4	.8
Coffee	#	#	#	#	#	#
Animal Consumption	1.6	3.4	10.4	20.8	25.1	26.7
Sorghum	.6	1.8	5.9	6.7	4.8	5.8
Alfalfa	1.1	1.6	2.5	4.1	6.8	7.5
Forraged Oats	#	#	#	3.6	5.4	4.9
Forraged Garbanzo	#	#	#	#	#	#
Forraged Sorghum	#	#	.7	1.7	3.8	3.6
Forraged Barley	#	#	1.3	3.4	.5	.5
Forraged Corn	#	#	#	1.3	1.2	.8
Pastures	#	#	#	#	2.6	3.6
Subtotal	97.6	95.8	67.2	84.1	86.6	85.7
Total	100.0	100.0	100.0	100.0	100.0	100.0

Table 1114 (Continued)
MEXICO AGRICULTURAL PRODUCTION, BY CROP, 6 S, 1960–83
(%)

D. NUEVO LEON

Crop	1960	1965	1971	1977	1979	1983
Human Consumption	72.0	93.1	50.6	47.5	40.4	52.5
Basic Foods	69.2	92.1	48.8	46.5	38.4	51.6
Corn	55.8	74.5	34.4	37.5	26.3	30.6
Bean	3.5	4.0	1.8	5.0	1.9	4.1
Wheat	9.9	13.6	12.6	4.0	10.2	16.9
Rice	#	#	#	#	#	#
Processing	1.4	.2	.6	.2	1.4	.2
Oils	#	#	#	#	.7	#
Sesame	#	#	#	#	#	#
Cardamom	#	#	#	#	.4	#
Soy	#	#	#	#	.3	#
Others	1.4	.2	.6	.2	.7	.2
Oats	.1	#	#	#	#	#
Wheat	.2	.2	.5	.2	.7	.2
Sugarcane	.1	#	.1	#	#	#
Direct Consumption	1.4	.8	1.2	.8	.6	.7
Peanut	#	#	#	#	#	#
Potato	1.1	.6	1.0	.6	.6	.6
Onion	.2	.1	.2	.1	#	#
Pea	#	#	#	#	#	#
Green Chile	#	#	#	.1	#	#
Dry Chile	#	#	#	#	#	#
Sweet Potato	#	#	#	#	#	#
Watermelon	.1	.1	#	#	#	.1
Exportation	9.6	.7	.2	#	.1	.1
Wheat	9.3	.5	#	#	#	#
Tomato	.1	.2	.2	#	.1	#
Henequen	#	#	#	#	#	#
Tobacco	.2	#	#	#	#	#
Garbanzo Bean	#	#	#	#	#	#
Melon	.2	#	#	#	#	.1
Coffee	#	#	#	#	#	#
Animal Consumption	.8	5.8	10.7	21.7	26.0	21.0
Sorghum	.8	5.8	10.3	19.2	19.3	15.5
Alfalfa	#	#	#	1.2	2.0	1.1
Forraged Oats	#	#	#	.2	.8	1.3
Forraged Garbanzo	#	#	#	#	#	#
Forraged Sorghum	#	#	.4	.3	.7	1.6
Forraged Barley	#	#	#	.8	.7	.4
Forraged Corn	#	#	#	#	.9	.9
Pastures	#	#	#	#	1.6	.2
Subtotal	82.4	97.6	61.5	69.2	66.5	73.6
Total	100.0	100.0	100.0	100.0	100.0	100.0

Table 1114 (Continued)
MEXICO AGRICULTURAL PRODUCTION, BY CROP, 6 S, 1960-83
(%)

E. SONORA

Crop	1960	1965	1971	1977	1979	1983
Human Consumption	62.5	65.6	55.9	67.7	70.8	76.2
Basic Foods	57.4	59.0	31.1	46.0	26.2	43.7
Corn	7.6	7.8	1.5	3.3	3.5	3.7
Bean	1.7	.6	.2	.4	.8	.8
Wheat	46.4	50.6	29.4	42.3	21.9	39.2
Rice	1.7	#	#	#	#	#
Processing	5.3	6.2	24.1	20.4	43.4	31.1
Oils	5.3	5.6	24.0	20.2	43.3	30.8
Sesame	3.5	1.8	4.0	3.9	12.3	7.8
Cardamom	1.1	.8	12.2	12.3	16.8	5.9
Soy	.7	3.0	7.8	4.0	14.2	17.1
Others	#	.6	.1	.2	.1	.3
Oats	#	#	#	#	#	#
Wheat	#	.6	.1	.2	.1	.3
Sugarcane	#	#	#	#	#	#
Direct Consumption	.8	.4	.7	1.3	1.2	1.4
Peanut	.1	#	#	.1	.1	.1
Potato	.1	#	.1	.1	.3	.4
Onion	.1	#	#	#	.1	.1
Pea	.2	.2	.3	.3	.3	.1
Green Chile	.1	#	.2	.4	.2	.4
Dry Chile	#	#	#	#	#	#
Sweet Potato	#	#	#	#	#	#
Watermelon	.2	.2	.1	.4	.2	.3
Exportation	33.3	30.6	18.4	22.0	20.6	12.9
Wheat	31.2	30.2	17.7	18.2	13.0	9.9
Tomato	1.2	.2	.1	.2	.1	.4
Henequen	#	#	#	#	#	#
Tobacco	#	#	#	#	#	#
Garbanzo Bean	.8	.2	.5	3.6	7.5	2.5
Melon	.1	#	#	#	#	.1
Coffee	#	#	#	#	#	#
Animal Consumption	1.7	2.3	4.2	4.7	4.5	5.8
Sorghum	1.2	1.9	2.9	2.2	1.7	1.1
Alfalfa	.5	.4	1.3	2.3	2.1	2.6
Forraged Oats	#	#	#	#	#	.1
Forraged Garbanzo	#	#	#	#	#	#
Forraged Sorghum	#	#	#	#	.1	.5
Forraged Barley	#	#	#	.2	.2	.4
Forraged Corn	#	#	#	#	.4	.1
Pastures	#	#	#	#	#	1.0
Subtotal	98.5	98.5	78.5	94.4	95.9	94.9
Total	100.0	100.0	100.0	100.0	100.0	100.0

Table 1114 (Continued)
MEXICO AGRICULTURAL PRODUCTION, BY CROP, 6 S, 1960–83
(%)

F. TAMAULIPAS

Crop	1960	1965	1971	1977	1979	1983
Human Consumption	38.9	41.1	50.4	64.3	42.4	34.9
Basic Foods	31.8	34.3	39.4	44.3	24.6	23.7
Corn	23.5	34.0	37.8	43.4	22.2	21.1
Bean	8.0	.2	.8	.9	2.2	2.5
Wheat	.3	.1	.8	#	.1	.1
Rice	#	#	#	#	.1	#
Processing	6.1	6.1	10.5	19.8	17.4	10.9
Oils	.1	.1	5.4	16.3	14.3	9.1
Sesame	.1	.1	.9	.1	#	#
Cardamom	#	#	2.1	6.5	8.3	6.7
Soy	#	#	2.4	9.7	6.0	2.4
Others	6.0	6.0	5.1	3.5	3.1	1.8
Oats	#	#	#	#	#	#
Wheat	#	.1	#	.1	.1	#
Sugarcane	6.0	5.9	5.1	3.4	3.0	1.8
Direct Consumption	1.0	.7	.5	.2	.4	.3
Peanut	#	#	#	#	#	#
Potato	#	#	#	#	#	#
Onion	.2	.1	.2	#	.1	.2
Pea	#	#	#	.1	#	#
Green Chile	.6	.4	.2	#	.2	.1
Dry Chile	#	#	#	#	#	#
Sweet Potato	#	#	#	#	#	#
Watermelon	.2	.2	.1	.1	.1	#
Exportation	54.0	38.9	4.2	2.4	2.3	1.1
Wheat	50.4	34.5	.2	.9	.3	.5
Tomato	1.6	.1	.3	.2	.5	.2
Henequen	1.6	3.8	3.5	1.2	1.4	.4
Tobacco	#	#	#	#	#	#
Garbanzo Bean	.2	.3	.1	#	#	#
Melon	.2	.2	.1	.1	#	#
Coffee	#	#	#	#	#	#
Animal Consumption	6.4	15.7	43.1	29.2	50.9	61.4
Sorghum	6.4	15.7	42.9	29.0	50.2	32.9
Alfalfa	#	#	#	#	#	#
Forraged Oats	#	#	#	#	#	#
Forraged Garbanzo	#	#	#	#	#	#
Forraged Sorghum	#	#	#	#	.1	.1
Forraged Barley	#	#	.2	.2	#	#
Forraged Corn	#	#	#	#	#	#
Pastures	#	#	#	#	.6	28.4
Subtotal	99.3	95.7	97.7	95.9	95.6	97.4
Total	100.0	100.0	100.0	100.0	100.0	100.0

SOURCE: Rosario Pérez Espejo, "Principales Características de la Agricultura en los Estados Fronterizos: Evolución del Patrón de Cultivos," paper presented at the conference "Agricultura, Economía y Sociedad en la Frontera México–Estados Unidos de América," Mexicali, Mexico, December 4–6, 1985.

Table 1115

MEXICO BEAN PRODUCTION, 6 S, 1940-70

Year	Category	A. BAJA CALIF.	B. CHIHUAHUA	C. COAHUILA	D. NUEVO LEON	E. SONORA	F. TAMAULIPAS
1940	Area (Ha.)	3,934	26,941	4,564	3,233	7,701	2,311
	Production (MET)	1,808	12,485	2,497	890	2,603	597
1950	Area (Ha.)	1,829	49,363	3,182	2,087	22,178	1,842
	Production (MET)	640	14,858	1,546	1,014	9,208	616
1960	Area (Ha.)	304	124,263	2,173	6,538	8,922	45,670
	Production (MET)	214	69,619	1,018	4,812	6,112	22,287
1970	Area (Ha.)	348	49,970	3,169	4,349	2,198	8,795
	Production (MET)	295	37,478	2,535	2,696	3,534	4,820

SOURCE: AE, various years.

Table 1116

BEAN PRODUCTION, 7 SC, 1977-85

PART I. Area = N Ha.; Production = N MET

State	1977 Area	1977 Production	1978 Area	1978 Production	1979 Area	1979 Production	1980 Area	1980 Production	1981 Area	1981 Production	1982 Area	1982 Production	1983 Area	1983 Production
A. BAJA CALIF.	278	196	2,876	1,128	1,195	651	673	513	~	~	4,062	6,031	~	~
B. CHIHUAHUA	146,713	47,000	103,094	52,571	120,393	47,964	246,468	98,484	251,113	135,323	165,751	55,324	163,360	66,569
C. COAHUILA	8,613	7,719	9,665	5,681	4,414	5,977	6,980	7,999	17,752	15,341	~	~	7,846	5,088
D. NUEVO LEON	11,862	5,948	4,902	3,678	3,771	2,462	5,722	3,468	15,951	7,084	~	~	9,456	4,294
E. SONORA	2,250	2,732	3,014	3,643	59,949	8,555	9,667	12,052	21,739	27,211	~	~	~	~
F. TAMAULIPAS	8,713	5,036	27,829	19,283	22,059	14,711	62,179	29,667	93,659	66,417	53,747	28,491	40,951	19,766
Mexico Border	178,429	68,631	151,380	85,984	211,781	80,320	331,689	152,183	~	~	~	~	~	~
Mexico Total	1,629,009	762,191	1,580,227	948,713	1,251,431	640,514	1,551,352	935,174	2,150,164	1,469,021	1,581,000	943,309	1,996,408	1,281,706

PART II. Area = T Acres; Production = Bushels

State	1977 Area	1977 Production	1978 Area	1978 Production	1979 Area	1979 Production	1980 Area	1980 Production	1981 Area	1981 Production
H. CALIFORNIA	169	2,887	216	3,323	207	3,600	220	3,909	224	4,105
U.S. Border	169	2,887	216	3,323	207	3,600	220	3,909	224	4,105
U.S. Total	1,280	16,610	1,454	18,935	1,384	20,476	1,836	26,100	2,222	32,183

State	1982 Area	1982 Production	1983 Area	1983 Production	1984 Area	1984 Production	1985 Area	1985 Production
H. CALIFORNIA	226	3,842	143	2,412	191	3,218	173	3,466
U.S. Border	226	3,842	143	2,412	191	3,218	173	3,466
U.S. Total	1,764	24,764	1,139	15,520	1,460	21,070	1,486	22,268

SOURCE: Mexico: AE, 1983, table IV.2.1.
United States: USDA-CP, 1977-80.

Table 1117

CORN PRODUCTION,[1] 10 S, 1940-70
(MET)

	State	1940	1950	1960	1970
A.	BAJA CALIF.	1,952	1,353	25,095	5,171
B.	CHIHUAHUA	64,436	82,068	215,299	159,415
C.	COAHUILA	31,954	26,065	20,137	33,667
D.	NUEVO LEON	53,380	26,361	90,766	79,946
E.	SONORA	19,965	28,882	70,331	84,703
F.	TAMAULIPAS	27,898	44,200	117,988	563,191
	Mexico Total	1,639,687	3,122,042	5,419,782	8,879,385
G.	ARIZONA	9,601	11,786	8,788	8,534
H.	CALIFORNIA	61,925	69,952	237,744	537,667
I.	NEW MEXICO	60,350	32,512	16,840	27,203
J.	TEXAS	2,368,525	1,483,868	699,059	844,093
	U.S. Total	62,499,850	77,668,196	99,264,978	104,127,122

1. Mexico = total; U.S. = grain.

SOURCE: Mexico: AE, various years.
United States: AS, 1942, table 70; 1952, table 70; 1962, table 40; 1972, table 39; 1982, table 42.

Table 1118

CORN AREA AND PRODUCTION, 10 SC,[1] 1975-85

PART I. Area = T Ha.; Production = T MET

		1975		1976		1977		1978		1979		1980	
	State	Area	Production	Area	Production	Area	Production	Area	Production	Area	Production	Area	Production
A.	BAJA CALIF.	7	13	4	17	2	6	4	12	9	19	14	25
B.	CHIHUAHUA	221	192	271	193	231	192	131	152	217	161	73	107
C.	COAHUILA	24	36	81	66	42	58	48	69	27	56	20	38
D.	NUEVO LEON	26	26	95	98	90	103	62	79	52	68	35	50
E.	SONORA	21	81	10	27	20	58	18	53	27	104	25	64
F.	TAMAULIPAS	217	430	273	457	483	869	297	603	222	569	482	1,000
	Mexico Border	516	778	734	858	868	1,286	560	968	554	977	649	1,284
	Mexico Total	6,694	8,449	6,783	8,017	7,470	10,174	7,191	10,930	5,581	8,458	6,766	12,374
G.	ARIZONA	5	10	11	42	20	126	20	145	18	131	16	101
H.	CALIFORNIA	103	698	117	805	100	723	114	893	105	767	109	920
I.	NEW MEXICO	28	177	36	233	46	259	29	191	30	203	34	182
J.	TEXAS	446	2,858	608	4,541	668	4,079	583	3,633	510	3,338	527	2,952
	U.S. Border	582	3,743	772	5,621	834	5,187	746	4,862	663	4,439	686	4,155
	U.S. Total	27,225	146,250	28,789	156,820	28,703	162,103	29,132	183,358	29,322	200,283	29,590	167,706

		1981		1982		1983		1984		1985[‡]	
	States	Area	Production	Area	Production	Area	Production	Area	Production	Area	Production
A.	BAJA CALIF.	~	~	~	~	9	26	~	~	~	~
B.	CHIHUAHUA	445	528	188	204	343	353	~	~	~	~
C.	COAHUILA	61	96	28	49	39	50	~	~	~	~
D.	NUEVO LEON	76	43	35	62	70	109	~	~	~	~
E.	SONORA	59	214	35	111	27	94	~	~	~	~
F.	TAMAULIPAS	269	684	293	728	341	718	~	~	~	~
	Mexico Border	~	~	~	~	829	1,350	~	~	~	~
	Mexico Total	8,150	14,766	5,463	10,129	7,421	13,061	~	~	~	~
G.	ARIZONA	14	115	7	61	7	62	11	118	9	199
H.	CALIFORNIA	111	902	134	1,082	105	840	152	1,288	130	1,172
I.	NEW MEXICO	30	227	26	189	20	177	26	239	26	254
J.	TEXAS	441	3,217	462	3,020	437	2,643	628	3,640	603	3,951
	U.S. Border	596	4,461	629	4,352	569	3,722	817	5,165	768	5,576
	U.S. Total	30,254	206,913	29,577	210,893	20,872	106,054	32,608	193,788	33,744	23,864

Table 1118 (Continued)

CORN AREA AND PRODUCTION, 10 SC,[1] 1975–85

PART II. Area = T Acres; Production = T-Bushels

		1975		1976		1977		1978		1979		1980	
	State	Area	Production	Area	Production	Area	Production	Area	Production	Area	Production	Area	Production
A.	BAJA CALIF.	17	515	10	674	5	238	10	476	22	753	35	991
B.	CHIHUAHUA	546	7,610	669	7,649	571	7,609	324	6,024	536	6,380	180	4,241
C.	COAHUILA	59	1,427	200	2,616	104	2,299	119	2,734	67	2,219	49	1,506
D.	NUEVO LEON	64	1,030	234	3,884	222	4,082	153	3,131	128	2,695	86	1,982
E.	SONORA	52	3,210	25	1,070	49	2,299	44	2,100	67	4,122	62	2,537
F.	TAMAULIPAS	536	17,041	674	18,111	1,193	34,438	734	23,897	548	22,549	1,191	39,638
	Mexico Border	1,275	30,832	1,813	34,003	2,144	50,964	1,383	38,362	1,368	38,719	1,603	50,895
	Mexico Total	16,534	334,834	16,754	317,714	18,450	403,195	17,762	433,156	13,785	335,258	16,712	490,481
G.	ARIZONA	12	396	28	1,680	50	5,000	50	5,750	45	5,175	40	4,000
H.	CALIFORNIA	254	27,686	290	31,900	247	28,652	281	35,406	260	30,420	270	36,450
I.	NEW MEXICO	70	7,000	88	9,240	114	10,260	72	7,560	74	8,066	85	7,225
J.	TEXAS	1,100	113,300	1,500	180,000	1,650	161,700	1,440	144,000	1,260	132,300	1,300	117,000
	U.S. Border	1,436	148,382	1,906	222,820	2,061	205,612	1,843	192,716	1,639	175,961	1,695	164,675
	U.S. Total	67,222	5,797,048	71,085	6,216,032	70,872	6,425,457	71,930	7,267,927	72,400	7,938,819	73,061	6,647,534

		1981		1982		1983		1984		1985[‡]	
	States	Area	Production	Area	Production	Area	Production	Area	Production	Area	Production
A.	BAJA CALIF.	~	~	~	~	22	1,031	~	~	~	~
B.	CHIHUAHUA	1,099	20,929	464	8,086	847	13,992	~	~	~	~
C.	COAHUILA	151	3,805	69	1,942	96	1,982	~	~	~	~
D.	NUEVO LEON	188	1,704	86	2,458	173	4,321	~	~	~	~
E.	SONORA	146	8,483	86	4,400	67	3,726	~	~	~	~
F.	TAMAULIPAS	664	27,112	724	28,856	842	28,460	~	~	~	~
	Mexico Border	~	~	~	~	2,048	53,512	~	~	~	~
	Mexico Total	20,131	585,295	13,494	401,493	18,330	517,712	~	~	~	~
G.	ARIZONA	35	4,550	18	2,430	17	2,448	226	4,655	21	7,884
H.	CALIFORNIA	275	35,750	330	42,900	260	33,280	375	51,000	320	46,400
I.	NEW MEXICO	75	9,000	65	7,475	50	7,000	63	9,450	65	10,075
J.	TEXAS	1,090	127,530	1,140	119,700	1,080	104,760	1,550	144,150	1,490	156,450
	U.S. Border	1,475	176,830	1,553	172,505	1,407	147,488	2,014	209,255	1,896	220,809
	U.S. Total	74,700	8,201,598	73,030	8,359,364	60,217	4,174,678	80,543	7,674,020	83,348	8,865,006

1. Mexico = total; U.S. = grain.

SOURCE: Mexico: AE, 1976–85.
United States: USDA-CP, 1976–87.

Table 1119

COTTON PRODUCTION, 10 S, 1940–70

(Area = T Acres; Production = MET)

	State	1940 Area	1940 Production	1950 Area	1950 Production	1960 Area	1960 Production	1970 Area	1970 Production
A.	BAJA CALIF.	142.0	13,338	309.1	51,313	285.1	84,226	114.1	28,558
B.	CHIHUAHUA	93.7	12,790	155.2	24,386	235.4	56,529	57.9	12,164
C.	COAHUILA	151.7	18,736	216.8	42,720	181.5	46,798	120.7	41,247
D.	NUEVO LEON	7.0	794	72.9	9,588	43.6	5,442	#	4
E.	SONORA	2.3	238	110.9	14,013	409.3	109,966	309.3	110,129
F.	TAMAULIPAS	148.7	10,360	763.2	81,566	715.5	86,694	1	84
	Mexico Total	626.5	65,495	1,878.4	259,959	2,220.7	470,347	1,015.4	333,688
G.	ARIZONA	220.0	44,226	275.0	107,503	426.0	199,560	273.8	106,664
H.	CALIFORNIA	348.0	123,605	581.0	221,809	946.0	439,830	662.4	252,628
I.	NEW MEXICO	107.0	29,030	170.0	42,411	201.0	68,924	141.3	31,113
J.	TEXAS	8,472.0	733,466	6,700.0	668,148	6,800.0	990,956	4,896.0	698,706
	U.S. Total	23,861.0	2,849,950	17,946.0	2,285,267	15,369.0	3,252,155	11,160.0	2,311,553

SOURCE: Mexico: AE, various years.
    United States: AS, 1942, table 139; 1952, table 85; 1962, table 87; 1972, table 85; 1982, table 83.

Table 1120

COTTON PRODUCTION, 9 SC, 1975-85

PART I. Area = T Ha.; Production = T MET

	1975		1976		1977		1978		1979		1980	
State	Area	Production	Area	Production	Area	Production	Area	Production	Area	Production	Area	Production
A. BAJA CALIF.	35	28	34	31	53	48	50	59	57	59	66	89
B. CHIHUAHUA	15	8	19	16	33	29	28	26	39	30	38	26
C. COAHUILA	40	41	38	46	49	51	44	51	45	41	45	44
E. SONORA	41	39	43	47	107	126	86	99	99	110	94	111
F. TAMAULIPAS	#	#	4	2	20	5	3	1	3	1	3	2
Mexico Border	131	116	138	142	252	259	2·1	236	243	241	246	272
Mexico Total	227	206	235	224	420	416	350	366	375	349	355	373
G. ARIZONA	121	133	150	193	226	247	232	244	250	293	255	311
H. CALIFORNIA	354	426	453	541	563	608	589	423	250	742	607	677
I. NEW MEXICO	40	16	29	17	55	24	50	25	57	24	51	25
J. TEXAS	1,588	522	1,825	722	2,621	1,198	2,521	832	2,766	1,497	2,783	729
U.S. Border	2,103	1,096	2,457	1,472	3,464	2,091	3,391	1,524	3,735	2,267	3,697	1,742
U.S. Total	3,561	1,809	4,419	2,364	5,376	3,233	5,020	2,365	5,195	3,187	5,350	2,423

	1981		1982		1983		1984		1985[‡]	
States	Area	Production	Area	Production	Area	Production	Area	Production	Area	Production
A. BAJA CALIF.	71	237	37	96	36	131	~	~	~	~
B. CHIHUAHUA	36	109	~	~	29	63	~	~	~	~
C. COAHUILA	39	109	37	119	31	101	~	~	~	~
E. SONORA	106	220	45	157	74	200	~	~	~	~
F. TAMAULIPAS	~	~	~	~	~	~	~	~	~	~
Mexico Border	~	~	~	~	~	~	~	~	~	~
Mexico Total	~	~	~	~	~	~	~	~	~	~
G. ARIZONA	256	351	205	253	127	166	194	258	168	226
H. CALIFORNIA	619	770	555	669	391	427	567	634	534	679
I. NEW MEXICO	46	31	30	19	24	17	32	22	32	18
J. TEXAS	2,922	1,233	1,749	593	1,426	521	1,911	808	1,890	861
U.S. Border	3,843	2,385	2,539	1,534	1,968	1,131	2,704	1,722	2,624	1,784
U.S. Total	5,604	3,406	3,939	2,605	2,968	1,682	4,202	2,826	4,170	2,930

Table 1120 (Continued)
COTTON PRODUCTION, 9 SC, 1975–85
PART II. Area = T Acres; Production = T Net Bales

	State	1975 Area	1975 Production	1976 Area	1976 Production	1977 Area	1977 Production	1978 Area	1978 Production	1979 Area	1979 Production	1980 Area	1980 Production
A.	BAJA CALIF.	86	129	84	142	131	220	124	270	141	271	163	409
B.	CHIHUAHUA	37	37	47	73	82	133	69	119	96	138	94	119
C.	COAHUILA	99	188	94	211	121	234	109	234	111	505	111	202
E.	SONORA	101	179	106	216	264	578	212	454	245	505	232	510
F.	TAMAULIPAS	#	#	10	9	25	23	7	5	7	5	7	9
	Mexico Border	323	533	341	652	622	1,189	521	1,083	600	1,106	609	1,249
	Mexico Total	561	946	580	1,028	1,037	1,909	865	1,680	926	1,602	877	1,713
G.	ARIZONA	298	611	370	884	557	1,135	572	1,122	618	1,347	631	1,426
H.	CALIFORNIA	875	1,954	1,120	2,482	1,390	2,790	1,455	1,940	1,635	3,408	1,500	3,109
I.	NEW MEXICO	98	73	71	76	137	173	123	114	141	112	127	114
J.	TEXAS	3,923	2,394	4,508	3,315	6,473	5,500	6,228	3,819	6,831	5,539	6,873	3,345
	U.S. Border	5,194	5,032	6,069	6,757	8,557	9,598	8,378	6,995	9,225	10,406	9,131	7,994
	U.S. Total	8,796	8,302	10,914	10,581	13,279	14,389	12,400	10,856	12,831	14,629	13,215	11,122

	States	1981 Area	1981 Production	1982 Area	1982 Production	1983 Area	1983 Production	1984 Area	1984 Production	1985[‡] Area	1985[‡] Production
A.	BAJA CALIF.	175	1,089	91	441	89	602	~	~	~	~
B.	CHIHUAHUA	89	501	~	~	72	289	~	~	~	~
C.	COAHUILA	96	501	91	547	77	464	~	~	~	~
E.	SONORA	262	1,010	111	721	183	919	~	~	~	~
F.	TAMAULIPAS	~	~	~	~	~	~	~	~	~	~
	Mexico Border	~	~	~	~	~	~	~	~	~	~
	Mexico Total	~	~	~	~	~	~	~	~	~	~
G.	ARIZONA	633	1,610	507	1,161	313	761	479	1,185	415	1,037
H.	CALIFORNIA	1,530	3,535	1,370	3,073	965	1,960	1,400	2,913	1,320	3,114
I.	NEW MEXICO	113	141	74	88	59	76	79	99	78	82
J.	TEXAS	7,218	5,663	4,320	2,723	3,521	2,392	4,719	3,710	4,669	3,945
	U.S. Border	9,494	10,949	6,271	7,045	4,858	5,189	6,677	7,907	6,482	8,178
	U.S. Total	13,841	15,646	9,729	11,963	7,331	7,725	10,379	12,982	10,229	13,432

SOURCE: Mexico: AE, 1976–85.
United States: USDA-CP, 1976–86.

Table 1121
ORANGE PRODUCTION, 9 SC, 1940–80
(MET)

State	1941	1950	1960	1970	1980
A. BAJA CALIF.	158.4[a]	137.0	120.9	94.8	~
B. CHIHUAHUA	2,003.1	1,013.4	1,316.6	1,227.5	~
C. COAHUILA	56.9	92.8	15.9	177.6	~
D. NUEVO LEON	26,086.1	216,983.3	328,408.1	216,764.7	406,557.9
E. SONORA	6,997.9	7,228.9	11,588.3	75,082.4	~
F. TAMAULIPAS	6,571.9	18,464.8	25,663.3	153,877.8	~
Mexico Total	219,010.4	553,253.4	813,153.8	1,331,099.5	~
	1940	1950	1960	1970	1980
G. ARIZONA	15,837.1	50,520.4	39,371.0	161,538.5	118,778.3
H. CALIFORNIA	1,436,108.6	1,560,905.0	888,461.5	1,323,529.4	2,022,624.4
J. TEXAS	111,991.0	109,954.8	142,533.9	171,040.7	164,117.6
U.S. Total	2,979,144.0	4,497,854.0	4,583,485.0	7,464,960.0	9,513,200.0

a. Estimated.

SOURCE: Mexico: AE, 1942, 1953, 1962–63, 1972–74, 1984.
United States: CP; AS, various years.

Table 1122
TOMATO PRODUCTION, 8 S, 1940–80
(MET)

State	1940	1950	1960	1970	1980
A. BAJA CALIF.[1]	2,595	1,548	3,546	9,314	120,437
B. CHIHUAHUA	795	1,710	3,106	12,540	3,249
C. COAHUILA	3,340	4,394	3,800	22,979	5,908
D. NUEVO LEON	1,436	404	1,333	925	700
E. SONORA	6,302	37,642	35,622	43,650	6,063
F. TAMAULIPAS	949	62,250	60,366	17,491	20,363
Mexico Total	80,362	354,855	388,648	923,063	1,320,628
H. CALIFORNIA					
Fresh Market	107,808	166,896	313,889	307,403	349,406
Processing	525,628	870,090	2,040,279	3,050,848	5,026,563
Total	633,436	1,036,986	2,354,169	3,358,251	5,375,968
J. TEXAS					
Fresh Market	90,120	110,232	38,919	23,814	20,866
Processing	~	33,385	27,216	27,397	9,018
Total	90,120	143,617	66,135	51,211	29,883
U.S. Total					
Fresh Market	579,024	768,096	864,692	835,344	1,152,817
Processing	2,064,592	2,480,142	3,667,940	4,589,449	5,634,210
Total	2,643,616	3,248,238	4,532,632	5,424,794	6,787,027

1. Figures for Mexico are totals.

SOURCE: Mexico: AE, various years.
United States: AS, 1942, 1952, 1962, 1972, 1982.

Table 1123
MEXICO TOMATO PRODUCTION,[1] 6 SC, 1977–80
(Area = N Ha.; Production = MET)

	1977		1978		1979		1980	
State	Area	Production	Area	Production	Area	Production	Area	Production
A. BAJA CALIF.	2,417	85,745	3,034	99,830	3,952	159,409	4,028	120,437
B. CHIHUAHUA	990	15,840	319	4,446	311	3,732	449	3,249
C. COAHUILA	544	9,556	282	4,776	340	6,483	272	5,908
D. NUEVO LEON	60	444	74	700	92	920	95	1,221
E. SONORA	1,119	22,338	2,143	43,015	902	7,196	521	6,063
F. TAMAULIPAS	1,847	14,561	1,318	15,956	5,352	48,554	2,308	20,363
Mexico Border	6,977	148,484	7,170	168,723	10,949	226,294	7,673	157,241
Mexico Total	61,553	1,036,198	65,421	1,393,827	77,407	1,564,617	69,472	1,320,628

1. Does not include green tomato production.

SOURCE: AE, 1983, table IV.2.1.

Table 1124
U.S. TOMATOES FOR FRESH MARKET, 2 SC, 1974–87
(Area = N Acres; Production = T CWT)

	1974		1975		1976		1977		1978	
State	Area	Production	Area	Production	Area	Production	Area	Production	Area	Production
H. CALIFORNIA										
Total	28,700	6,932	30,400	6,862	29,400	6,661	29,600	7,192	30,800	7,535
Spring	4,400	816	2,100	424	3,500	706	4,200	688	3,900	850
Summer	14,400	3,888	16,500	3,960	15,500	3,875	14,700	4,043	15,600	4,368
Fall	9,900	2,228	11,800	2,478	10,400	2,080	10,700	2,461	11,300	2,317
J. TEXAS										
Total	6,100	374	7,100	450	6,600	430	6,600	511	5,800	413
Spring	2,600	150	3,600	221	3,500	266	2,600	200	2,700	135
Summer	2,800	168	2,600	148	3,100	164	3,600	281	3,000	270
Fall	700	56	900	81	#	#	400	30	100	8
U.S. Border										
Total	34,800	7,306	37,500	7,312	36,000	7,091	36,200	7,703	36,600	7,948
Spring	7,000	966	5,700	645	7,000	972	6,800	888	6,600	985
Summer	17,200	4,056	19,100	4,108	18,600	4,039	18,300	4,324	18,600	4,638
Fall	10,600	2,284	12,700	2,559	10,400	2,080	11,100	2,491	11,400	2,325
U.S. Total										
Total	123,960	20,032	124,450	21,066	127,390	21,725	124,180	19,835	129,970	22,338
Winter	11,900	2,380	10,100	3,131	13,100	2,817	7,300	1,059	12,800	2,240
Spring	29,400	4,571	26,900	4,359	32,200	5,603	34,670	5,494	33,220	5,865
Summer	62,160	8,702	64,250	8,639	60,790	8,508	58,510	8,349	59,250	8,926
Fall	20,500	4,379	23,200	4,937	21,300	4,797	23,700	4,933	24,700	5,307

Table 1124 (Continued)
U.S. TOMATOES FOR FRESH MARKET, 2 SC, 1974–87
(Area = N Acres; Production = T CWT)

State	1979 Area	1979 Production	1980 Area	1980 Production	1981 Area	1981 Production	1982 Area	1982 Production	1983 Area	1983 Production
H. CALIFORNIA										
Total	29,300	7,011	30,500	7,703	30,100	7,650	28,700	7,154	29,300	8,114
January–June	2,000	340	1,300	319	1,300	306	1,400	329	1,500	330
July–December	27,300	6,671	29,200	7,384	28,800	7,344	27,300	6,825	27,800	7,784
J. TEXAS										
Total	6,200	482	5,400	460	4,200	255	4,200	332	3,000	190
January–June	2,900	148	2,400	180	2,700	135	2,600	156	2,500	125
July–December	3,300	334	3,000	280	1,500	120	1,600	176	500	168
U.S. Border										
Total	35,500	7,493	35,900	8,163	34,300	7,905	32,900	7,486	32,300	8,304
January–June	4,900	488	3,700	499	4,000	441	4,000	485	4,000	455
July–December	30,600	7,005	32,200	7,664	30,300	7,464	28,900	7,001	28,300	7,849
U.S. Total										
Total	125,230	23,267	126,180	25,336	127,680	26,093	120,130	26,769	123,210	27,237
January–June	45,020	8,942	45,050	10,316	49,420	10,419	42,670	11,379	44,740	11,117
July–December	80,210	14,325	81,130	15,022	78,260	15,674	77,460	15,312	78,470	15,973

State	1984 Area	1984 Production	1985 Area	1985 Production	1986 Area	1986 Production	1987 Area	1987 Production
H. CALIFORNIA								
Total	27,900	7,452	28,600	7,783	28,600	7,938	28,600	8,217
January–June	1,800	405	1,500	330	1,400	322	1,100	242
July–December	26,100	7,047	27,100	7,453	27,200	7,616	27,500	7,975
J. TEXAS								
Total	3,900	332	3,800	228	3,000	240	2,600	260
January–June	~	~	~	~	~	~	~	~
July–December	~	~	~	~	~	~	~	~
U.S. Border								
Total	31,800	7,784	32,400	8,011	31,600	8,178	31,200	8,477
January–June	~	~	~	~	~	~	~	~
July–December	~	~	~	~	~	~	~	~
U.S. Total								
Total	122,600	28,189	124,580	29,898	127,110	31,554	129,600	31,747
January–June	~	~	~	~	~	~	~	~
July–December	~	~	~	~	~	~	~	~

SOURCE: USDA, *Vegetables: Estimates by Seasonal Groups and States, 1974–78*, Bulletin no. 665, 1981. USDA, *Vegetables: 1981 Annual Summary*, June 1982; *1983 Annual Summary*, June 1984; *1984 Annual Summary*, June 1985; *1986 Annual Summary*, June 1987; *1987 Annual Summary*, June 1988.

Table 1125
U.S. TOMATOES FOR PROCESSING, 3 SC, 1974-87
(Area = N Acres; Production = T Tons)

	1974		1975		1976		1977		1978		1979		1980	
State	Area	Production	Area	Production	Area	Production	Area	Production	Area	Production	Area	Production	Area	Production
H. CALIFORNIA	249,900	5,848	299,200	7,271	233,800	5,066	276,400	6,670	231,900	5,290	250,000	6,350	208,300	5,541
I. NEW MEXICO	600	7	860	9	900	9	900	10	600	5	~	~	~	~
J. TEXAS	2,600	22	4,000	38	4,000	45	2,000	20	2,500	22	2,000	17	1,400	10
U.S. Border	253,100	5,877	304,060	7,318	238,700	5,120	279,300	6,700	235,000	5,317	~	~	~	~
U.S. Total	337,700	7,020	384,250	8,504	308,960	6,472	346,660	7,779	295,560	6,368	312,030	7,330	263,030	6,211

	1981		1982		1983		1984		1985		1986		1987	
State	Area	Production	Area	Production	Area	Production	Area	Production	Area	Production	Area	Production	Area	Production
H. CALIFORNIA	204,300	4,903	232,000	6,148	235,500	5,973	239,700	6,592	217,000	6,102	210,400	6,480	214,000	6,702
I. NEW MEXICO	~	~	~	~	~	~	~	~	~	~	~	~	~	~
J. TEXAS	1,200	6	2,700	25	#	#	#	#	~	~	~	~	~	~
U.S. Border	~	~	~	~	~	~	~	~	~	~	~	~	~	~
U.S. Total	253,710	5,712	285,300	7,299	292,220	7,030	291,870	7,681	265,500	7,177	252,060	7,393	256,600	7,596

SOURCE: USDA, *Vegetables: Estimates by Seasonal Groups and States*, 1974-78, Bulletin no. 665, 1981. USDA, *Vegetables: 1981 Annual Summary*, June 1982; *1983 Annual Summary*, June 1984; *1984 Annual Summary*, June 1985; *1987 Annual Summary*, June 1988.

Table 1126
U.S. VEGETABLE PRODUCTION,[1] 4 S, 1900-78

Year	Category	G. ARIZONA	H. CALIFORNIA	I. NEW MEXICO	J. TEXAS
1900	Acres	2,869	117,426	6,501	177,405
	Value (US)	175,072	7,186,578	278,413	7,677,249
1910	Acres	55,653	151,962	14,660	202,792
	Value (US)	505,988	12,121,958	820,497	12,122,255
1920	Acres	8,884	217,179	7,746	144,410
	Value (US)	1,794,699	47,377,921	1,684,129	39,187,581
1930	Acres	41,527	398,196	14,164	275,928
	Value (US)	4,760,526	70,392,771	1,801,271	21,878,500
1940	Acres	34,188	472,231	14,405	393,068
	Value (US)	3,038,830	50,999,752	1,841,454	28,287,917
1950	Acres	78,123	646,850	10,137	503,181
	Value (US)	32,258,853	240,570,344	3,557,894	43,242,908
1959	Acres	84,842	752,239	15,019	360,086
	Value (US)	43,200,325	313,727,299	4,339,072	42,302,915
1969	Acres	100,254	760,556	18,307	264,582
	Value (US)	99,846,092	643,246,983	12,767,878	101,819,329
1978	Acres	77,008	966,418	24,229	244,563
	Value (US)	137,055,000	1,505,188,000	28,552,000	236,444,000

1. Data include vegetables raised for sale only. Vegetables include potatoes, sweet potatoes, artichokes, asparagus, lima beans, green beans, beets, broccoli, brussels sprouts, chinese cabbage, head cabbage, mustard cabbage, cantaloupes and persian melons, carrots, cauliflower, celery, chicory, chinese peas, collards, cowpeas, black-eyed and other green cowpeas, cucumbers and pickles, daikon eggplant, endive, escarole, garlic, honeydew melons, kale, lettuce and romaine, mustard greens, dry onions, green onions, okra, parsley, green peas, hot peppers, sweet peppers, pimentos, pumpkins, radishes, rhubarb, shallots, spinach, squash, sweet corn, tomatoes, turnips, turnip greens, mixed vegetables, watercress, watermelons, and other vegetables.

SOURCE: 1900-1940, CP; 1950-78, CA.

Table 1127

WHEAT PRODUCTION, 6 SC, 1940-70

(Area = T Acres; Production = MET)

	State	1940 Area	1940 Production	1950 Area	1950 Production	1960 Area	1960 Production	1970 Area	1970 Production
A.	BAJA CALIF.	92.0	1,253	76.1	27,107	105.5	90,125	115.3	122,572
B.	CHIHUAHUA	96.0	27,541	91.0	32,557	138.1	55,887	182.8	138,430
C.	COAHUILA	282.7	109,687	251.5	92,837	187.0	70,438	175.4	91,016
D.	NUEVO LEON	9.1	2,510	19.1	6,838	46.6	19,229	77.1	53,050
E.	SONORA	227.6	50,040	287.2	148,260	608.4	528,386	708.6	1,089,639
F.	TAMAULIPAS	~	~	.2	68	5.1	2,665	29.6	21,514
	Mexico Total	1,450.0	362,986	1,591.7	587,297	2,074.3	1,189,979	1,883.6	2,148,395
G.	ARIZONA	39	21,216	30	19,040	22	21,542	150	281,520
H.	CALIFORNIA	783	319,464	651	371,851	347	220,972	535	603,160
I.	NEW MEXICO	208	45,966	172	29,104	260	127,296	184	140,134
J.	TEXAS	2,904	813,579	5,601	516,582	3,583	2,144,067	2,267	1,479,898
	U.S. Total	52,980	22,096,573	61,610	27,727,381	51,896	36,917,798	44,141	37,270,120

SOURCE: Mexico: AE, various years.
United States: AS, 1942, 1952, 1962, table 3; 1972, table 2; 1982, 1987, table 7.

Table 1128

WHEAT PRODUCTION, 10 SC, 1975-85

PART I. Area = T Ha.; Production = T MET

	State	1975 Area	1975 Production	1976 Area	1976 Production	1977 Area	1977 Production	1978 Area	1978 Production	1979 Area	1979 Production	1980 Area	1980 Production
A.	BAJA CALIF.	38	134	56	243	72	315	63	218	71	211	61	220
B.	CHIHUAHUA	85	250	84	258	65	257	37	121	52	215	49	171
C.	COAHUILA	33	59	26	50	27	58	21	95	15	31	17	32
D.	NUEVO LEON	16	23	14	24	10	16	14	31	20	48	19	50
E.	SONORA	299	1,346	374	1,783	248	1,013	285	1,156	166	806	283	1,249
F.	TAMAULIPAS	1	2	1	1	#	1	#	1	1	2	#	1
	Mexico Border	472	1,814	555	2,359	422	1,660	420	1,622	325	1,313	429	1,723
	Mexico Total	778	2,798	894	3,363	709	3,456	760	2,785	584	2,287	724	2,785
G.	ARIZONA	105	495	174	879	57	275	56	264	51	259	87	468
H.	CALIFORNIA	405	1,693	381	1,625	274	1,189	269	1,162	324	1,538	466	2,327
I.	NEW MEXICO	178	310	106	185	172	248	136	163	166	245	202	286
J.	TEXAS	2,308	3,568	1,903	2,814	1,903	3,198	1,093	1,470	1,862	3,756	2,105	3,538
	U.S. Border	2,996	6,067	2,564	5,504	2,406	4,910	1,554	3,059	2,403	5,797	2,860	6,619
	U.S. Total	28,211	58,078	28,652	58,302	26,808	55,144	22,872	48,340	25,285	58,083	28,685	64,507

	State	1981 Area	1981 Production	1982 Area	1982 Production	1983 Area	1983 Production	1984 Area	1984 Production	1985 Area	1985 Production
A.	BAJA CALIF.	50	203	82	408	89	449	~	~	~	~
B.	CHIHUAHUA	68	259	90	379	67	272	~	~	~	~
C.	COAHUILA	33	54	18	40	21	43	~	~	~	~
D.	NUEVO LEON	32	63	25	50	39	94	~	~	~	~
E.	SONORA	288	1,280	344	1,687	293	1,431	~	~	~	~
F.	TAMAULIPAS	~	~	~	~	~	~	~	~	~	~
	Mexico Border	~	~	~	~	~	~	~	~	~	~
	Mexico Total	861	3,189	1,011	4,462	857	3,460	~	~	~	~
G.	ARIZONA	104	595	58	338	48	302	58	262	45	201
H.	CALIFORNIA	553	2,914	455	2,221	291	1,304	317	1,269	336	1,413
I.	NEW MEXICO	202	299	215	361	190	371	186	245	231	421
J.	TEXAS	2,652	4,991	2,429	3,919	1,862	4,382	2,024	3,078	2,368	3,841
	U.S. Border	3,511	8,799	3,157	6,839	2,391	6,359	2,585	4,854	2,970	5,876
	U.S. Total	32,799	76,168	31,976	76,537	24,896	66,008	27,096	53,237	26,208	49,749

Table 1128 (Continued)
WHEAT PRODUCTION, 10 SC, 1975–85
PART II. Area = T Acres; Production = T Bales

	State	1975 Area	1975 Production	1976 Area	1976 Production	1977 Area	1977 Production	1978 Area	1978 Production	1979 Area	1979 Production	1980 Area	1980 Production
A.	BAJA CALIF.	94	4,923	138	8,928	178	11,573	156	8,009	175	7,752	151	8,084
B.	CHIHUAHUA	210	7,185	207	9,479	161	9,442	91	4,446	128	7,899	121	6,283
C.	COAHUILA	82	2,168	64	1,837	67	2,131	52	3,490	37	1,139	42	1,176
D.	NUEVO LEON	40	845	35	882	25	588	35	1,139	49	1,764	47	1,837
E.	SONORA	739	49,452	924	65,507	613	37,218	704	42,471	410	29,612	699	45,893
F.	TAMAULIPAS	2	73	2	37	#	37	#	37	2	73	#	37
	Mexico Border	1,166	66,646	1,371	86,670	1,042	60,988	1,037	59,592	803	48,239	1,060	63,310
	Mexico Total	1,922	102,799	2,208	123,556	1,751	126,973	1,877	102,321	1,442	84,024	1,788	102,332
G.	ARIZONA	260	18,200	431	32,300	140	10,100	138	9,700	125	9,500	215	17,200
H.	CALIFORNIA	1,001	62,200	940	59,700	678	43,700	665	42,700	800	56,500	1,150	85,500
I.	NEW MEXICO	440	11,400	262	6,800	425	9,100	336	6,000	410	9,000	500	10,500
J.	TEXAS	5,700	131,100	4,700	103,400	4,700	117,500	2,700	54,000	4,600	138,000	5,200	130,000
	U.S. Border	7,401	222,900	6,333	202,200	5,943	180,400	3,839	112,400	5,935	213,000	7,065	243,200
	U.S. Total	69,656	2,133,800	70,771	2,142,000	66,216	2,026,000	56,495	1,776,000	62,454	2,134,000	70,853	3,370,000

	State	1981 Area	1981 Production	1982 Area	1982 Production	1983 Area	1983 Production	1984 Area	1984 Production	1985 Area	1985 Production
A.	BAJA CALIF.	124	7,459	203	14,992	220	16,498	~	~	~	~
B.	CHIHUAHUA	168	9,517	222	13,926	165	9,994	~	~	~	~
C.	COAHUILA	82	1,984	44	1,470	52	1,580	~	~	~	~
D.	NUEVO LEON	79	2,315	62	1,837	96	3,454	~	~	~	~
E.	SONORA	711	47,032	850	61,987	724	52,581	~	~	~	~
F.	TAMAULIPAS	~	~	~	~	~	~	~	~	~	~
	Mexico Border	~	~	~	~	~	~	~	~	~	~
	Mexico Total	2,127	117,177	2,497	163,952	2,117	127,134	~	~	~	~
G.	ARIZONA	258	21,844	143	12,407	119	11,094	142	12,780	112	9,804
H.	CALIFORNIA	1,365	107,085	1,125	81,625	720	47,900	784	61,840	830	68,860
I.	NEW MEXICO	500	11,000	530	13,250	470	13,630	460	11,960	570	20,520
J.	TEXAS	6,550	183,400	6,000	144,000	4,600	161,000	5,000	150,000	5,850	187,200
	U.S. Border	8,673	323,329	7,798	251,282	5,909	233,624	6,386	236,580	7,362	286,384
	U.S. Total	81,013	2,798,738	78,981	2,812,297	61,492	2,425,408	66,928	2,594,777	64,734	2,424,765

SOURCE: Mexico: AE, 1976–84.
United States: USDA-CP, 1976–84.

12

Livestock, Fisheries, and Forestry

BORDER FISHERIES PRODUCTION, 1960-80

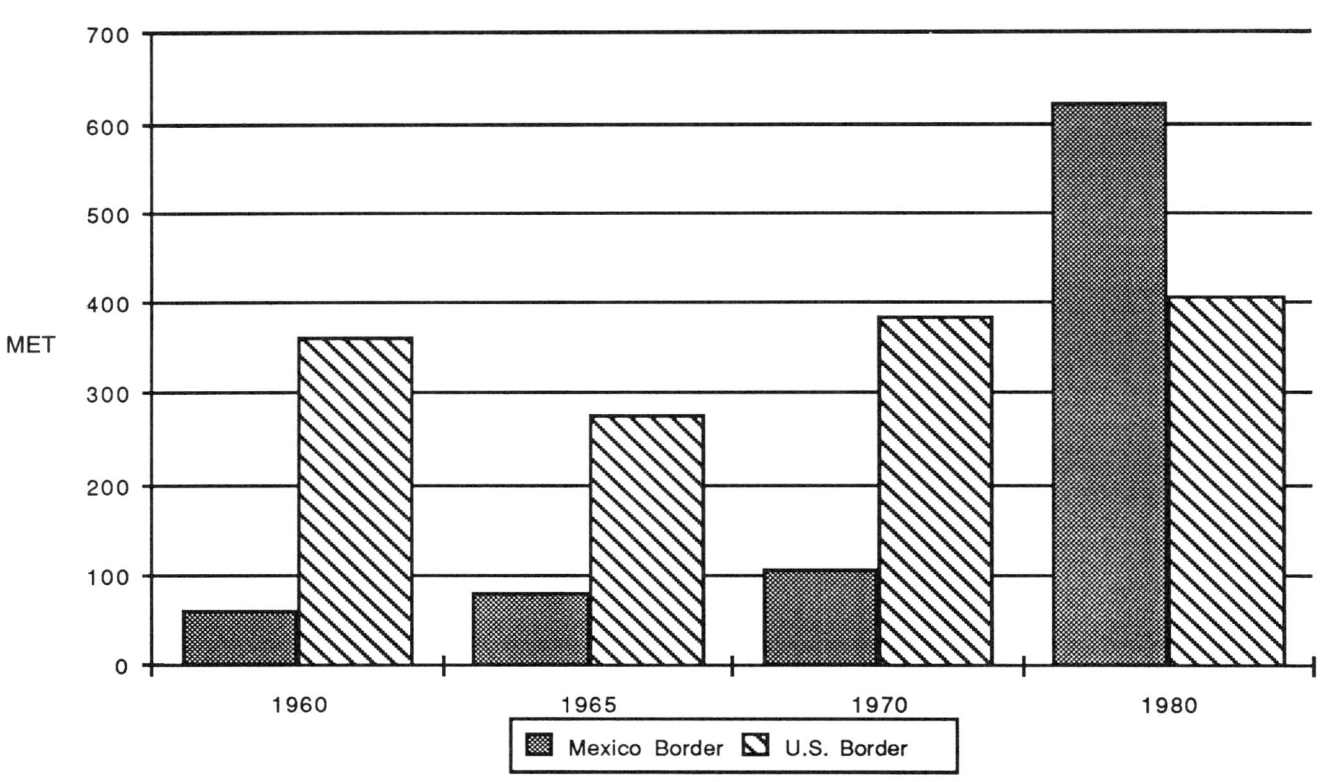

SOURCE: Table 1218, Part I.

Table 1200

MEXICO CATTLE, 6 SC, 1930–80

(N)

Year	A. BAJA CALIF.	B. CHIHUAHUA	C. COAHUILA
1930	32,286	685,282	225,691
1940	31,608	917,184	299,957
1950	63,044	963,428	403,206
1960	58,509	2,774,973	856,799
1970	78,772	2,703,777	719,487
1980	210,571	2,437,393	783,708

Year	D. NUEVO LEON	E. SONORA	F. TAMAULIPAS	Mexico Total
1930	300,325	705,270	339,868	~
1940	396,199	679,916	412,077	11,592,409
1950	339,395	755,877	416,714	15,713,091[a]
1960	878,054	1,999,651	954,454	31,385,060
1970	585,754	1,462,357	634,855	25,499,119
1980	712,124	2,117,225	1,555,085	34,590,403

a. Includes work animals.

SOURCE: AE, various years.

Table 1201

U.S. CATTLE, 4 S, 1900–78

Year	N/Value (US)	G. ARIZONA	H. CALIFORNIA	I. NEW MEXICO	J. TEXAS
1900	N	742,635	1,444,624	991,859	9,428,196
	Value	11,367,466	32,655,146	17,977,931	163,228,904
1910	N	824,929	2,077,025	1,081,663	6,934,586
	Value	14,624,708	52,785,068	20,409,965	132,985,879
1920	N	821,918	2,008,037	1,300,335	6,156,715
	Value	35,500,759	120,681,446	63,101,300	305,610,919
1930	N	685,118	57,549	1,055,327	6,602,702
	Value	33,670,800	126,070,545	47,925,522	267,019,133
1940	N	637,903	2,056,239	843,493	6,281,537
	Value	23,010,195	102,013,952	30,506,293	204,738,432
1950	N	655,510	2,756,737	1,138,478	7,825,007
	Value	75,145,243	363,198,265	135,826,131	835,300,406
1959	N	1,002,677	3,702,745	1,080,646	8,517,275
	Value	125,762,898	567,784,865	142,604,637	1,063,969,942
1969	N	1,237.729	4,473,418	1,499,332	12,484,716
	Value	200,896,842	894,087,612	247,448,538	1,937,939,987
1978	N	1,265,896	4,492,960	1,564,676	12,983,758
	Value	487,682,000	2,301,427,000	536,975,000	4,478,535,000

SOURCE: For 1900–40, CP; for 1950–78, CA.

Table 1202

MEXICO CATTLE SLAUGHTERED, 5 S, 1949–60

State/Year	N	Weight (k)	Value (NC)
B. CHIHUAHUA			
1949	46,071	6,289,478	12,055,878
1950	55,680	8,496,017	16,958,643
1951	52,071	7,242,351	20,067,024
1952	61,006	7,989,888	22,309,483
1953	81,885	11,246,183	34,131,820
1955	61,196	8,256,328	36,170,324
1956	70,181	9,607,621	47,104,197
1957	80,483	11,681,362	60,343,464
1958	77,396	11,151,998	61,634,219
1959	72,750	11,533,452	73,223,550
1960	81,078	13,021,522	90,657,495
C. COAHUILA			
1949	32,086	4,423,297	8,512,118
1950	36,865	4,823,681	9,240,496
1951	45,980	6,294,927	14,555,690
1952	34,464	4,270,968	12,594,296
1953	45,289	5,524,772	18,594,531
1955	35,981	5,034,700	22,477,712
1956	38,529	5,519,794	26,884,806
1957	47,803	4,892,224	28,536,450
1958	41,224	5,595,622	33,881,061
1959	34,638	4,870,088	27,333,232
1960	38,402	5,315,712	32,307,181
D. NUEVO LEON			
1949	43,443	6,563,976	11,103,679
1950	45,626	7,179,838	12,693,470
1951	40,038	7,728,028	20,727,162
1952	58,520	7,571,435	26,681,961
1953	60,564	7,291,581	24,212,962
1955	58,864	7,225,786	29,601,732
1956	60,479	7,662,541	26,223,541
1957	62,584	6,331,640	33,341,467
1958	67,969	7,225,786	29,601,732
1959	70,323	11,772,933	67,430,018
1960	77,292	12,421,447	80,886,598
E. SONORA			
1949	46,576	5,698,541	15,717,488
1950	48,436	6,039,739	19,178,627
1951	54,278	6,792,884	24,749,757
1952	57,424	6,957,426	29,837,658
1953	75,733	9,369,572	34,931,652
1955	81,706	10,041,884	55,010,837
1956	83,315	10,009,440	34,619,757
1957	90,120	10,605,070	64,625,031
1958	81,573	9,851,550	66,888,163
1959	79,790	9,969,363	72,783,660
1960	88,775	11,478,614	90,865,681
F. TAMAULIPAS			
1949	39,009	6,815,240	13,990,216
1950	46,916	7,365,324	18,705,237
1951	53,936	8,087,664	24,760,943
1952	61,092	9,121,237	32,798,777
1953	64,537	9,449,666	34,024,893
1955	78,580	11,110,616	49,119,263
1956	78,082	11,190,863	55,277,010
1957	80,381	11,411,257	56,697,796
1958	90,175	10,947,881	77,168,130
1959	88,323	12,479,179	76,371,819
1960	92,503	13,119,233	86,537,286

SOURCE: Manuel A. Machado, *The North Mexican Cattle Industry, 1910–75: Ideology, Conflict, and Change* (College Station: Texas A & M Press, 1981).

Table 1203

MEXICO LIVESTOCK FOR DAIRY PRODUCTION, 6 S, 1972–83

	A. BAJA CALIF.			C. COAHUILA			E. SONORA		
Year	N	Yield (Liters)	Total Production (T Liters)	N	Yield (Liters)	Total Production (T Liters)	N	Yield (Liters)	Total Production (T Liters)
1972	33,425	1,669	55,797	148,971	1,939	288,807	153,750	637	98,012
1973	35,817	1,755	62,875	157,632	2,047	322,698	161,458	653	105,435
1974	39,183	1,880	73,672	166,081	2,213	367,583	165,206	669	110,454
1975	40,911	1,937	79,227	168,715	2,201	371,368	168,248	678	114,039
1976	41,845	1,933	80,871	169,716	2,219	376,525	161,951	687	111,203
1977	44,324	1,955	86,636	175,485	2,303	404,206	180,943	674	121,873
1978	46,024	2,048	94,251	181,766	2,381	432,784	176,124	700	123,344
1979	48,146	2,413	116,167	173,641	2,444	424,439	167,779	857	143,781
1980	49,980	2,460	122,958	172,512	2,427	418,730	160,955	849	136,630
1981	30,620	4,325	132,420	155,813	2,604	405,762	147,830	948	140,149
1982	31,620	4,308	136,225	149,318	2,683	400,629	151,106	948	143,208
1983	29,178	4,282	124,961	143,484	2,654	380,825	147,235	962	141,750

	B. CHIHUAHUA			D. NUEVO LEON			F. TAMAULIPAS		
Year	N	Yield (Liters)	Total Production (T Liters)	N	Yield (Liters)	Total Production (T Liters)	N	Yield (Liters)	Total Production (T Liters)
1972	356,367	823	293,185	56,687	1,167	66,142	145,609	409	59,566
1973	370,157	765	283,176	59,009	1,202	70,938	151,533	414	62,800
1974	372,657	913	340,351	58,354	1,285	74,957	155,276	411	63,873
1975	380,246	910	346,191	60,936	1,245	75,856	159,289	422	67,212
1976	382,417	908	347,153	59,117	1,281	75,706	158,862	424	67,381
1977	397,033	915	363,292	62,200	1,281	79,682	176,370	422	74,488
1978	412,468	925	381,717	64,023	1,283	82,154	176,709	438	77,386
1979	391,626	913	357,537	57,994	1,429	82,875	230,863	442	102,104
1980	393,241	971	381,783	47,554	1,113	52,925	230,335	532	122,533
1981	347,175	1,093	379,314	38,352	1,350	51,791	202,112	610	123,242
1982	341,022	1,110	378,403	39,215	1,401	54,926	207,491	624	129,424
1983	332,625	1,118	368,694	37,827	1,402	53,030	203,781	633	128,924

SOURCE: María del Carmen Valle, "La Industria Lechera en la Zona Norte: Desarrollo y Limitaciones," paper presented at the conference "Agricultura, Economía y Sociedad en la Frontera México–Estados Unidos de América," Mexicali, Mexico, December 4–6, 1985.

Table 1204

MEXICO HORSES, 6 SC, 1930–80

(N)

Year	A. BAJA CALIF.	B. CHIHUAHUA	C. COAHUILA
1930	7,832	174,874	89,254
1940	11,197	283,995	117,243
1950	9,478	120,150	80,859
1960	9,380	219,775	181,503
1970	91,348	313,620	197,160
1980	35,430	343,100	207,750

Year	D. NUEVO LEON	E. SONORA	F. TAMAULIPAS	Mexico Total
1930	78,893	155,966	118,330	~
1940	97,589	159,937	127,256	2,505,630
1950	42,172	88,898	50,013	3,582,115
1960	53,193	191,772	118,737	4,047,239
1970	76,347	226,631	131,549	5,946,803
1980	80,630	240,190	137,750	6,205,876

SOURCE: AE, various years.

Table 1205
U.S. HORSES, 4 S, 1900–78

Year	N/Value (US)	G. ARIZONA	H. CALIFORNIA	I. NEW MEXICO	J. TEXAS
1900	N	125,063	421,293	131,153	1,269,432
	Value	1,701,905	17,844,993	2,220,469	34,497,083
1910	N	99,578	468,886	179,525	1,170,068
	Value	4,209,726	47,099,496	7,868,314	84,024,635
1920	N	136,167	402,407	182,686	991,362
	Value	5,744,671	35,416,507	9,696,377	82,271,637
1930	N	76,699	225,965	141,123	762,042
	Value	3,220,477	15,820,234	5,092,027	32,245,457
1940	N	69,822	163,661	118,057	638,406
	Value	2,940,368	14,495,893	4,818,937	31,939,159
1950	N	63,783	114,997	82,024	387,393
	Value	5,315,205	8,470,550	3,103,714	15,007,278
1959	N	51,208	77,326	43,388	237,615
	Value	7,834,824	13,068,094	4,425,576	29,939,490
1969	N	52,642	96,930	38,573	220,054
	Value	9,776,692	27,333,840	6,535,161	51,919,175
1978	N	42,517	112,575	55,770	214,532
	Value	12,755,000	33,373,000	8,366,000	32,180,000

SOURCE: For 1900–40, CP; for 1950–78, CA.

Table 1206
MEXICO MULES, 6 SC, 1930–80
(N)

Year	A. BAJA CALIF.	B. CHIHUAHUA	C. COAHUILA
1930	4,221	51,314	55,454
1940	4,590	88,746	70,351
1950	1,603	28,547	18,029
1960	5,430	66,750	51,969
1970	1,113	199,022	81,687
1980	6,517	101,145	27,852

Year	D. NUEVO LEON	E. SONORA	F. TAMAULIPAS	Mexico Total
1930	18,198	39,547	33,402	~
1940	20,185	88,746	42,252	941,340
1950	6,578	17,120	8,958	1,539,124
1960	18,043	51,744	33,476	1,579,112
1970	33,634	102,437	93,643	3,191,998
1980	33,115	93,667	92,348	3,129,208

SOURCE: AE, various years.

Table 1207

U.S. MULES, 4 S, 1900-78

(N)

Year	G. ARIZONA	H. CALIFORNIA	I. NEW MEXICO	J. TEXAS
1900	4,077	84,773	5,311	507,281
1910	3,963	69,761	14,937	675,558
1920	11,992	63,419	20,369	845,932
1930	11,310	40,908	22,935	1,040,106
1940	6,657	25,147	9,211	537,801
1950	5,545	6,686	3,870	128,558
1959	51,208	77,326	43,388	237,615
1969	592	1,702	442	4,999
1978	725	2,915	1,053	5,502

SOURCE: For 1900-40, CP; for 1950-78, CA.

Table 1208

MEXICO HOGS AND PIGS, 6 SC, 1930-80

(N)

Year	A. BAJA CALIF.	B. CHIHUAHUA	C. COAHUILA
1930	6,327	108,453	56,866
1940	18,251	189,633	97,788
1950	14,766	106,185	47,537
1960	30,547	179,576	148,785
1970	112,980	407,091	133,924
1980	90,479	299,988	169,023

Year	D. NUEVO LEON	E. SONORA	F. TAMAULIPAS	Mexico Total
1930	74,903	59,425	74,473	~
1940	81,924	122,704	84,674	5,117,147
1950	42,762	37,518	80,266	6,896,230
1960	140,420	121,405	258,069	11,689,396
1970	90,540	178,420	181,208	10,541,170
1980	164,706	1,111,005	278,472	16,890,000

SOURCE: AE, various years.

Table 1209

U.S. HOGS AND PIGS, 4 SC, 1930-78

(N)

Year	G. ARIZONA	H. CALIFORNIA	I. NEW MEXICO	J. TEXAS	U.S. Total
1930	23,782	647,791	65,592	1,561,461	~
1940	32,151	540,596	61,984	1,513,912	34,069,896
1950	27,931	538,812	69,092	1,291,773	55,788,613
1959	28,737	379,645	61,578	1,158,687	67,949,259
1969	68,122	149,618	59,642	1,006,910	55,454,828
1978	192,146	193,728	64,728	831,852	58,809,991

SOURCE: For 1930 and 1940, CP; for 1950-78, CA.

Table 1210

MEXICO GOATS, 6 S, 1930–80
(N)

Year	A. BAJA CALIF.	B. CHIHUAHUA	C. COAHUILA
1930	2,517	408,846	943,591
1940	7,652	238,783	1,006,931
1950	4,820	190,422	879,885
1960	394,045	241,545	775,318
1970	380,054	328,385	810,287
1980	71,998	415,206	948,524

Year	D. NUEVO LEON	E. SONORA	F. TAMAULIPAS
1930	964,079	37,668	291,932
1940	943,903	43,302	234,626
1950	702,992	20,862	286,643
1960	667,417	48,668	348,297
1970	646,873	92,288	255,445
1980	571,337	89,243	575,861

SOURCE: AE, various years.

Table 1211

MEXICO SHEEP, 6 SC, 1930–80
(N)

Year	A. BAJA CALIF.	B. CHIHUAHUA	C. COAHUILA
1930	10,532	150,199	200,045
1940	11,758	153,663	376,990
1950	10,391	145,172	268,917
1960	20,449	219,573	236,301
1970	22,282	389,971	367,688
1980	81,307	185,437	361,696

Year	D. NUEVO LEON	E. SONORA	F. TAMAULIPAS	Mexico Total
1930	214,287	20,302	94,159	~
1940	215,220	22,306	78,615	4,452,418
1950	101,116	12,060	53,302	5,086,268
1960	161,225	21,533	115,242	5,853,333
1970	239,476	44,744	175,615	7,872,643
1980	193,580	37,697	143,558	6,482,200

SOURCE: AE, various years.

Table 1212

U.S. SHEEP AND LAMBS, 4 SC, 1930–78
(N)

Year	G. ARIZONA	H. CALIFORNIA	I. NEW MEXICO	J. TEXAS	U.S. Total
1930	1,339,905	4,083,728	2,291,426	7,021,334	~
1940	623,647	1,707,422	1,554,356	8,447,809	40,172,544
1950	472,797	2,056,663	1,196,562	7,750,395	31,406,360
1959	473,087	2,104,994	992,386	6,063,797	33,944,513
1969	525,556	1,730,299	720,181	4,296,914	21,611,074
1978	447,866	1,286,550	539,067	2,446,898	12,371,786

SOURCE: For 1930 and 1940, CP; for 1950–78, CA.

Table 1213

MEXICO POULTRY, 6 SC, 1940–80

(N)

Year	A. BAJA CALIF.	B. CHIHUAHUA	C. COAHUILA
1940	167,790	1,033,284	670,285
1950	~	~	~
1960	124,444	1,632,383	563,150
1970	697,663	2,845,167	1,173,359
1980	472,477	496,432	2,571,848

Year	D. NUEVO LEON	E. SONORA	F. TAMAULIPAS	Mexico Total
1940	607,745	807,653	633,461	36,366,040
1950	~	~	~	56,994,218
1960	4,316,765	1,323,455	1,476,143	58,746,860
1970	3,017,403	3,287,096	2,312,471	101,142,411
1980	6,725,703	7,095,396	2,307,745	187,777,382

SOURCE: AE, various years.

Table 1214

U.S. POULTRY, 4 SC, 1930–78

PART I. Chickens,[1] 4 SC, 1930–78

(N)

Year	G. ARIZONA	H. CALIFORNIA	I. NEW MEXICO	J. TEXAS	U.S. Total
1930	576,243	17,467,284	961,474	21,525,816	~
1940	491,514	13,282,896	936,147	21,799,610	338,240,109
1950	491,844	17,938,421	830,912	16,814,395	342,956,055
1959	920,828	27,077,134	814,575	15,871,213	351,029,294
1969	1,155,746	46,424,562	1,043,081	16,004,907	371,008,459
1978	627,587	45,676,940	1,743,507	13,738,886	359,064,123

1. Does not include broilers.

SOURCE: For 1930 and 1940, CP; for 1950–78, CA.

PART II. Broilers, 4 SC, 1969, 1978

Year	G. ARIZONA	H. CALIFORNIA	I. NEW MEXICO	J. TEXAS	U.S. Total
1969	61,083	13,927,562	1,606	30,963,983	512,122,788
1978	112,215	19,206,637	5,571	38,350,747	645,989,949

SOURCE: CA.

Table 1215

MEXICO PASTURELANDS, 3 SC, 1930-60

(Ha.)

Location and Category	1930	1940	1950	1960
B. CHIHUAHUA				
More Than Five Hectares	13,548,236	12,749,352	14,555,353	13,310,287.9
Less Than Five Hectares	~	350	161	308.2
Ejidos	754,996	1,537,188	2,328,043	2,946,404.5
C. COAHUILA				
More Than Five Hectares	9,685,141	8,142,276	7,518,451	8,646,517.7
Less Than Five Hectares	~	156	208	310.0
Ejidos	94,426	682,097	763,469	1,140,868.2
E. SONORA				
More Than Five Hectares	4,863,804	4,241,659	6,297,742	8,785,866.6
Less Than Five Hectares	~	199	343	134.6
Ejidos	144,547	493,894	890,860	1,026,829.8
Total Northern States				
More Than Five Hectares	42,444,735	30,357,828	30,972,382	30,422,672.2
Less than Five Hectares	~	15,404	14,685	652.8
Ejidos	2,117,920	6,106,675	8,433,022	5,114,102.6

SOURCE: Manuel A. Machado, *The Mexican Cattle Industry, 1910-75: Ideology, Conflict, and Change* (College Station: Texas A & M Press, 1981).

Table 1216

MEXICO NATURAL AND CULTIVATED GRASSES FOR LIVESTOCK, 5 SC, 1970

(N)

State	Natural Grasses (Ha.)	Cultivated Grasses (Ha.)	Livestock (N of Head)
A. BAJA CALIF., BAJA CALIF. SUR	2,837,727.5	6,851.1	278,943
B. CHIHUAHUA	15,988,672,2	74,475.5	1,510,426
C. COAHUILA	9,468,903.8	9,904.9	578,870
D. NUEVO LEON	3,021,490.6	29,647.2	583,581
E. SONORA	10,166,240.1	30,010.6	1,449,017
Mexico Total	53,684,840.7	185,749.6	7,618,668

SOURCE: Mechthild Rutsch, *La Ganadería Capitalista en México* (México D.F.: Editorial Linea, 1984).

Table 1217
U.S. HAY AND FORAGE, 4 S, 1900–78

Year	Acres/ Production (Tons)	G. ARIZONA	H. CALIFORNIA	I. NEW MEXICO	J. TEXAS
1900	Acres	92,674	2,239,601	87,358	938,024
	Production	177,831	3,035,982	196,545	1,494,305
1910	Acres	102,490	2,533,347	368,409	1,311,967
	Production	259,750	4,327,130	431,053	1,257,845
1920	Acres	197,498	2,202,853	436,547	2,390,457
	Production	494,686	4,494,940	693,807	3,729,651
1930	Acres	6,530	1,867,806	342,973	2,663,057
	Production	351,944	4,357,543	524,287	3,111,092
1940	Acres	149,791	1,550,413	200,100	1,116,622
	Production	334,137	4,115,627	377,671	1,152,387
1950	Acres	168,863	1,672,241	185,543	1,218,923
	Production	508,176	4,987,824	396,990	1,542,820
1959	Acres	190,152	1,632,600	193,617	1,442,797
	Production	826,642	6,328,534	559,248	1,908,767
1969	Acres	184,966	1,534,161	244,018	2,113,732
	Production	935,675	6,612,689	893,321	3,544,003
1978	Acres	178,227	1,540,518	309,761	3,142,201
	Production	994,092	6,301,052	1,054,862	5,412,097

SOURCE: For 1900–40, CP; for 1950–78, CA.

Table 1218
FISHERIES PRODUCTION,[1] 7 SC, 1960-83

PART I. T MET

State	1960	1965	1970	1971	1972	1973	1974	1975	1976	1977	1978	1979	1980	1981	1982	1983
A. BAJA CALIF.	44.0	64.1	61.3	59.7	63.6	59.6	80.1	130.5	163.0	229.3	233.3	279.0	340.1	369.8	262.8	117.9
B. CHIHUAHUA	#	.2	.2	.2	.2	.5	.1	-	#	.2	.2	.3	.3	.8	.7	.7
C. COAHUILA	.1	.1	.1	.1	.1	.1	.1	#	#	.1	.3	.4	1.1	1.9	1.8	1.6
E. SONORA	9.6	12.0	37.4	60.0	69.4	74.3	56.9	90.3	98.5	84.3	126.1	135.2	252.9	345.1	311.7	291.5
F. TAMAULIPAS	9.0	5.6	8.5	9.2	10.3	13.6	14.4	15.2	14.6	18.7	25.0	27.7	27.8	42.6	36.2	36.8
Mexico Border	62.7	82.0	107.5	129.2	143.6	148.1	151.6	236.0	276.1	332.6	384.9	442.6	622.2	760.2	613.2	448.5
Mexico Total	142.4	199.8	273.5	302.1	313.2	343.7	348.9	451.3	524.7	562.1	703.5	850.5	1,058.6	1,364.0	1,160.2	926.6
H. CALIFORNIA	245.4	207.7	318.9	264.4	294.4	331.6	310.7	396.9	416.0	396.4	327.5	330.2	364.7	351.5	315.2	239.9
J. TEXAS	117.0	69.9	66.7	75.8	52.2	44.5	42.6	39.0	42.2	49.0	44.9	36.3	42.6	51.3	40.4	43.1
U.S. Border	362.4	277.6	385.6	340.2	346.6	376.0	353.3	435.9	458.1	445.4	372.4	366.5	407.3	402.8	355.6	283.0
U.S. Total	2,242.1	2,167.3	2,230.4	2,276.7	2,179.5	2,203.1	2,249.9	2,211.8	2,426.8	2,465.3	2,734.3	2,842.7	2,934.8	2,711.0	2,887.9	2,920.6

PART II. M Pounds

State	1960	1965	1970	1971	1972	1973	1974	1975	1976	1977	1978	1979	1980	1981	1982	1983
A. BAJA CALIF.	97	141	135	132	159	149	201	327	409	575	514	615	750	815	610	-
B. CHIHUAHUA	#	#	#	#	#	1	#	-	#	#	#	1	1	2	2	-
C. COAHUILA	#	#	#	#	#	#	#	#	#	#	1	1	2	4	1	-
E. SONORA	21	26	82	132	174	186	143	226	247	211	316	339	634	761	808	-
F. TAMAULIPAS	20	12	19	20	26	34	36	38	37	47	63	69	70	94	80	-
Mexico Border	138	181	237	285	360	371	380	592	692	834	965	1,109	1,560	1,676	1,501	-
Mexico Total	314	440	603	757	785	862	875	1,131	1,315	1,409	1,763	2,132	2,654	3,007	2,834	-
H. CALIFORNIA	541	458	703	583	649	731	685	875	917	874	722	728	804	775	695	529
J. TEXAS	258	154	147	167	115	98	94	86	93	108	99	80	94	113	89	95
U.S. Border	799	612	850	750	764	829	779	961	1,010	982	821	808	898	888	784	624
U.S. Total	4,943	4,778	4,917	5,019	4,805	4,857	4,960	4,876	5,350	5,435	6,028	6,267	6,470	5,977	6,367	6,439

1. Weight of catch.

SOURCE: Mexico: AE, 1960-84; AEE, 1985.
United States: U.S. National Oceanic and Atmospheric Administration, *Fishery Statistics of the U.S.*, 1961-84.

Table 1219

MEXICO FISHERIES PRODUCTION,[1] BY SPECIES, 6 SC, 1981
(MET)

State	Clam	Tuna	Catfish	Bonito	Squid	Shrimp	Carp	Shark	Snapper	Guabina	Crayfish
A. BAJA CALIF.	1,483	22,398	211	11,427	456	1,780	#	#	#	#	#
B. CHIHUAHUA	#	#	23	#	#	#	295	#	#	#	#
C. COAHUILA	#	#	49	#	#	#	88	#	#	#	#
D. NUEVO LEON	#	#	#	#	#	#	#	#	#	#	#
E. SONORA	77	#	#	58	4,030	14,177	#	3,904	96	10,447	15
F. TAMAULIPAS	#	#	364	#	#	9,589	1,001	1,486	537	114	1,815
Mexico Border	1,560	22,398	647	11,485	4,486	25,546	1,384	5,390	633	10,561	1,970
Mexico Total	10,954	46,628	4,498	22,473	9,773	71,990	9,158	14,654	7,371	11,271	8,510

1. For direct human consumption.

SOURCE: INEGI, *Estadística Económica y Social por Entidad Federativa*, 1984, table II.42.

Table 1220

MEXICO FORESTRY PRODUCTION, 6 SC, 1981–84
(Timber = Me^3; Pulp = MET)

State	1981	1982	1983	1984
A. BAJA CALIF.				
Timber	7,597	8,433	8,901	18,874
Pulp	170	1,533[a]	1,844[a]	1,266[a]
B. CHIHUAHUA				
Timber	2,242,196	2,050,125	2,168,066	2,251,783
Pulp	902	461[a]	625[a]	770[a]
C. COAHUILA				
Timber	18,480	6,865	11,093	12,413
Pulp	2,120	5,543[a]	4,744[a]	5,062[a]
D. NUEVO LEON				
Timber	35,873	36,972	30,683	39,209
Pulp	1,884	1,418[a]	2,324[a]	320[a]
E. SONORA				
Timber	57,005	92,629	130,836	136,192
Pulp	2	2,900[a]	2,544[a]	515[a]
F. TAMAULIPAS				
Timber	215,894	262,460	214,398	170,894
Pulp	2,437	2,800[a]	1,245[a]	1,883[a]
Mexico Total				
Timber	8,954,395	8,997,514	8,747,645	9,446,431
Pulp	61,405	83,656[a]	70,695[a]	59,204[a]

a. MET.

SOURCE: AEE, 1985, p. 242–245.

Table 1221
U.S. FORESTRY PRODUCTION, 4 SC, 1979-87
(M Board Feet)

State	1979	1980	1981	1982	1983	1984	1985	1986	1987
G. ARIZONA									
Total	372	314	258	229	288	377	372	412	407
Softwoods	372	314	258	229	288	376	372	412	407
Hardwoods	#	#	#	#	#	1	#	#	#
H. CALIFORNIA									
Total	4,881	4,085	2,867	2,945	3,580	3,954	4,265	4,423	5,099
Softwoods	4,873	4,077	2,861	2,945	3,554	3,939	4,250	~	~
Hardwoods	8	8	6	#	26	15	15	~	~
I. NEW MEXICO									
Total	199	184	179	154	173	245	205	200	193
Softwoods	199	184	179	153	173	245	205	~	~
Hardwoods	#	#	#	1	#	#	#	~	~
J. TEXAS									
Total	862	802	647	686	805	1,032	991	1,117	1,155
Softwoods	744	685	547	598	741	920	861	1,013	1,038
Hardwoods	118	117	100	88	64	112	130	104	117
U.S. Total[1]									
Total	37,678	32,322	28,379	25,589	34,553	37,065	36,314	41,999	44,893
Softwoods	30,411	25,264	22,187	20,585	28,926	30,801	30,282	34,815	37,422
Hardwoods	7,267	7,058	6,192	5,004	5,627	6,264	6,032	7,184	7,471

1. Does not include Alaska and Hawaii through 1982.

SOURCE: U.S. Dept. of Commerce, *Current Industrial Reports, Lumber Production and Mill Stocks,* 1980, 1982, 1985, 1986, 1987.

13

Mining

278 The Border Economy

BORDER SILVER PRODUCTION AS PERCENTAGE OF TOTAL SILVER PRODUCTION, 1967–80

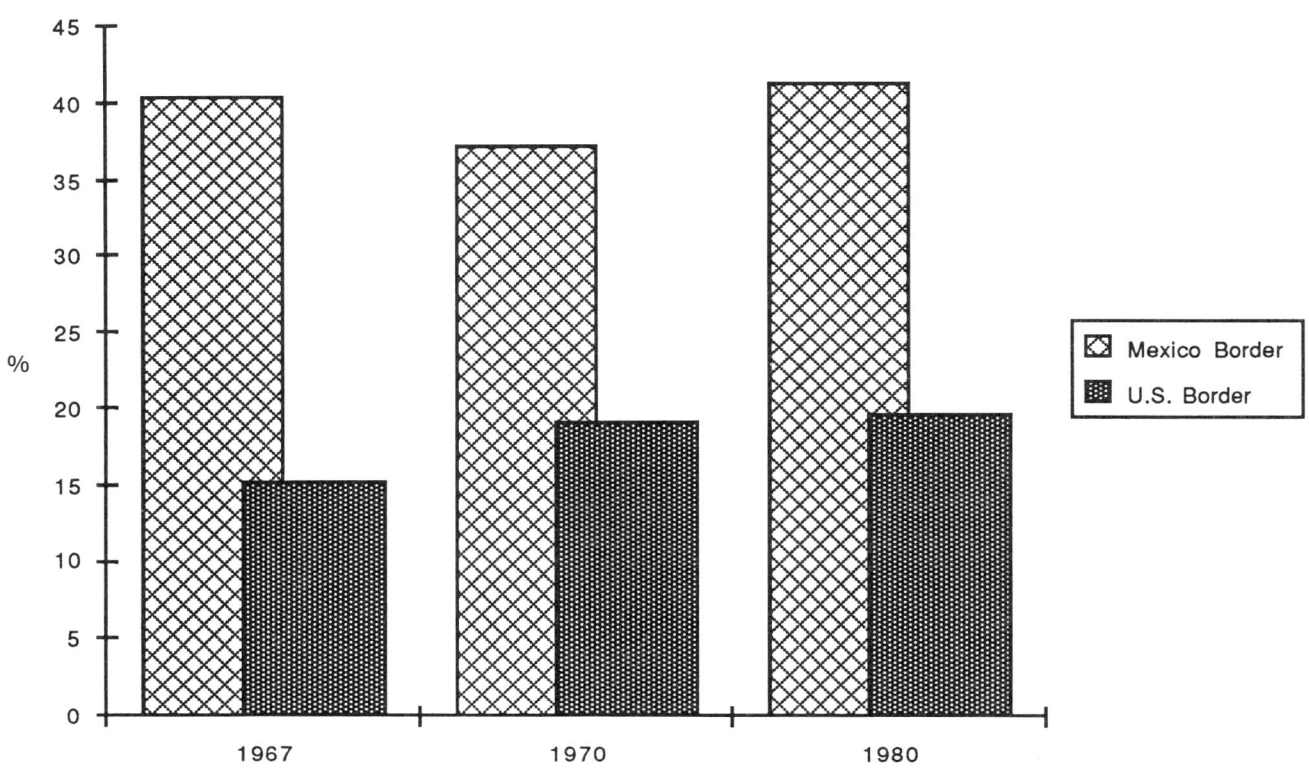

SOURCE: Table 1312, Part I.

Table 1300
MEXICO METAL PRODUCTION, 6 SC, 1922–80

State/Year	Gold (kg)	Silver (kg)	Copper (MET)	Iron (MET)	Lead (MET)	Zinc (MET)
A. BAJA CALIF.						
1922	~	~	6,550	~	~	~
1930	3	975	12,600	~	~	~
1937	108	66	~	~	~	~
1950	~	~	~	~	~	~
1960	~	~	~	~	~	~
1970	1	80	492	~	~	290
1980	~	~	~	~	~	~
B. CHIHUAHUA						
1922	1,752	534,467	231	~	65,311	~
1930	3,071	543,311	6,725	~	157,549	185,672
1937	8,387	637,871	~	~	159,950	120,425
1950	~	~	~	~	~	~
1960	~	~	~	~	~	~
1970	761	410,128	9,515	988,523	116,927	166,458
1980	567	357,292	9,665	1,212,103	88,155	131,700
C. COAHUILA						
1922	6	30,400	370	~	5,766	~
1930	32	40,515	1,086	~	12,723	260
1937	12	15,535	~	~	15,884	~
1950	~	~	~	~	~	~
1960	~	~	~	~	~	~
1970	17	58,970	246	24,295	7,334	~
1980	10	55,966	27	250,639	7,368	154
D. NUEVO LEON						
1922	~	997	~	~	1,036	~
1930	4	3,723	242	~	2,129	~
1937	70	11,821	~	~	4,155	~
1950	~	~	~	~	~	~
1960	~	~	~	~	~	~
1970	~	560	27	~	350	~
1980	1	224	1	~	156	~
E. SONORA						
1922	623	121,312	11,848	~	32	~
1930	398	65,111	33,984	~	445	~
1937	916	37,457	~	~	509	~
1950	~	~	~	~	~	~
1960	~	~	~	~	~	~
1970	264	22,877	34,616	~	267	~
1980	1,050	236,915	153,743	~	1,733	~
F. TAMAULIPAS						
1922	~	274	~	~	7	~
1930	~	317	254	~	180	14
1937	~	786	~	~	507	~
1950	~	~	~	~	~	~
1960	~	~	~	~	~	~
1970	~	1,732	17	~	648	~
1980	~	1,071	~	~	340	~
Mexico Total						
1922	22,401	2,323,041	26,978	~	113,423	~
1930	20,808	3,272,288	73,412	61,787	240,938	279,152
1937	26,342	2,642,118	~	~	237,075	160,415
1950	12,694	1,528,000	61,698	285,738	238,078	223,520
1960	9,339	1,385,000	60,330	521,356	190,670	262,423
1970	6,166	1,332,362	61,012	2,612,376	176,597	266,400
1980	6,096	1,472,557	175,399	5,087,361	145,549	238,233

SOURCE: AEPM; Banco de México, Monografías Industriales, *Minería y Riqueza Minera de México*, 1944.

Table 1301

U.S. METAL PRODUCTION, 4 SC, 1920–80

PART I. Various Measures[1]

State	Gold (Fine Oz)	Silver (Fine Oz)	Copper	Iron	Lead	Zinc
G. ARIZONA						
1920	231,529	5,431,637	558,256,302 lbs	950 ST	14,599,765 lbs	1,457,296 lbs
1930	169,390	5,540,732	576,190,607 lbs	923 LT	4,246 ST	815 ST
1940	294,807	7,075,215	562,338,000 lbs	~	13,266 ST	15,456 ST
1950	118,313	5,325,000	403,301 ST	~	26,383 ST	60,840 ST
1960	143,064	4,775,000	538,605 ST	~	8,495 ST	35,811 ST
1970	109,853	7,330,000	917,918 ST	~	285 ST	9,618 ST
1980	79,631	6,268,000	770,118 MET	~	162 MET	~
H. CALIFORNIA						
1920	692,297	1,706,327	12,947,299 lbs	5,975 ST	4,903,738 lbs	1,188,009 lbs
1930	457,200	1,622,803	26,534,752 lbs	~	3,524,796 lbs	~
1940	1,455,671	2,359,776	12,833,363 lbs	~	3,092,636 lbs	182,088 lbs
1950	412,118	1,072,000	646 ST	849,000 LT	15,831 ST	7,551 ST
1960	123,713	180,000	1,087 ST	~	440 ST	465 ST
1970	4,999	140,259	2,308 ST	~	1,772 ST	3,514 ST
1980	4,078	49,000	~	~	~	~
I. NEW MEXICO						
1920	23,235	768,042	54,400,691 lbs	274,705 LT	2,869,525 lbs	10,013,580 lbs
1930	32,370	1,107,335	65,150,000 lbs	173,432 LT	10,378 ST	32,765 ST
1940	35,943	1,407,839	139,696,000 lbs	~	3,822 ST	30,313 ST
1950	3,414	339,000	66,300 ST	14,000 LT	~	29,263 ST
1960	5,423	304,000	67,288 ST	1,000 LT	1,966 ST	13,770 ST
1970	8,719	782,000	166,278 ST	~	3,550 ST	16,601 ST
1980	15,847		149,394 MET	~	~	~
J. TEXAS						
1920	5	522,818	14,435 lbs	~	~	~
1930	176	389,239	143,100 lbs	~	198 ST	~
1940	312	1,326,150	60,000 lbs	~	205 ST	~
1950	49	2,000	2 ST	1,189,000 LT	129 ST	~
1960	~	~	~	~	~	~
1970	~	~	~	~	~	~
1980	~	~	~	~	~	~
U.S. Total						
1920	2,476,166	55,361,573	1,209,061,040 lbs	104,991,568 LT	529,657 ST	450,045 ST
1930	2,285,603	50,748,127	1,394,389,327 lbs	85,106,576 LT	573,740 ST	489,361 ST
1940	6,003,105	69,585,734	1,818,167,516 lbs	122,157,013 LT	420,967 ST	589,988 ST
1950	2,104,959	42,406,000	909,337 ST	97,151,000 LT	430,678 ST	623,369 ST
1960	1,666,772	30,766,000	1,080,169 ST	82,963,000 LT	246,669 ST	435,427 ST
1970	1,743,322	45,006,000	1,719,657 ST	87,176,000 LT	571,767 ST	534,136 ST
1980	969,782	32,329,000	1,181,116 MET	69,562,000 LT	550,366 MET	317,103 MET

Table 1301 (Continued)
U.S. METAL PRODUCTION, 4 SC, 1920–80
PART II. kg and MET

State/Year	Gold (kg)	Silver (kg)	Copper (MET)	Iron (MET)	Lead (MET)	Zinc (MET)
G. ARIZONA						
1920	6,564	153,986	253,223	862	6,622	661
1930	4,802	157,079	261,358	938	3,852	739
1940	8,358	200,581	255,075	~	12,035	14,022
1950	3,354	150,963	365,872	~	23,935	55,194
1960	4,056	135,370	488,619	~	7,707	32,488
1970	3,114	207,804	832,730	~	259	8,725
1980	2,258	177,697	770,118	~	162	~
H. CALIFORNIA						
1920	19,626	48,374	5,873	6,071	2,224	539
1930	12,962	46,006	12,036	~	1,599	~
1940	41,268	66,899	5,821	~	1,403	83
1950	11,683	30,391	586	862,633	14,362	6,850
1960	3,507	5,103	986	~	399	422
1970	142	3,976	2,094	~	1,608	3,188
1980	116	1,389	~	~	~	~
I. NEW MEXICO						
1920	659	21,774	24,676	279,116	1,302	4,542
1930	918	31,393	29,552	176,217	9,415	29,724
1940	1,019	39,912	63,366	~	3,467	27,500
1950	97	9,611	60,147	14,225	~	26,547
1960	154	8,618	61,043	1,016	1,784	12,492
1970	247	22,170	150,846	~	3,221	15,060
1980	449	~	149,394	~	~	~
J. TEXAS						
1920	0	14,822	7	~	~	~
1930	5	11,035	65	~	180	~
1940	9	37,596	27	~	186	~
1950	1	57	2	1,208,092	117	~
1960	~	~	~	~	~	~
1970	~	~	~	~	~	~
1980	~	~	~	~	~	~
U.S. Total						
1920	70,199	1,569,490	548,426	106,677,453	480,502	408,278
1930	64,796	1,438,700	632,491	86,473,161	520,494	443,945
1940	170,187	1,972,743	824,715	124,118,529	381,899	535,234
1950	59,675	1,202,202	835,945	98,710,986	390,709	565,517
1960	47,253	872,210	979,923	84,295,165	223,777	395,017
1970	49,423	1,275,912	1,560,063	88,575,814	518,704	484,565
1980	27,493	916,521	1,181,116	70,678,980	550,366	317,103

1. Measures employed in sources. Lbs = pounds; LT = long tons; ST = short tons.

SOURCE: California State Mining Bureau, *California Mineral Production*, 1920, 1931, 1941; MRUS; MY; SAUS.

Table 1302
BARITE MINE PRODUCTION, 8 SC, 1967–83
(MET)

State	1967 MET	1967 % of National Total	1970 MET	1970 % of National Total	1980 MET	1980 % of National Total	1981 MET	1981 % of National Total	1982 MET	1982 % of National Total	1983 MET	1983 % of National Total
B. CHIHUAHUA	#	#	58,872	18.4	~	~	915	.3	2,440	.7	4,556	1.3
C. COAHUILA	56,404	25.3	134,339	42.1	85,038	31.6	115,778	36.4	132,454	36.4	131,837	36.9
D. NUEVO LEON	37,295	16.7	71,668	22.5	63,182	23.4	87,025	27.4	91,634	25.2	61,369	17.2
E. SONORA	#	#	#	#	~	~	~	~	40,000	11.0	73,897	20.7
Mexico Border	93,699	42.0	264,879	83.0	~	~	~	~	266,528	73.3	271,659	76.1
Mexico Total	223,280	100.0	319,092	100.0	269,322	100.0	317,738	100.0	363,753	100.0	357,043	100.0
G. ARIZONA	#	#	#	#	#	#	#	#	#	#	#	#
H. CALIFORNIA	9,070	1.0	~	~	#	#	#	#	#	#	#	#
I. NEW MEXICO	#	#	#	#	#	#	#	#	#	#	#	#
J. TEXAS	#	#	#	#	#	#	#	#	#	#	#	#
U.S. Border	9,070	1.0	~	~	#	#	#	#	#	#	#	#
U.S. Total	872,534	100.0	774,578	100.0	2,036,215	100.0	2,584,043	100.0	1,673,415	100.0	683,878	100.0

SOURCE: Mexico: Trinidad García, *Los Mineros Mexicanos* (México, D.F.: Editorial Porrúa, 1970), p. 389; AE, 1970, p. 19; SPP-MM, 1984, pp. 39–47.
United States: USBOM-MY, 1967, vol. I, p. 209; 1970, vol. I, p. 205; 1981, vol. II, p. 2; 1983, vol. I, p. 121.

Table 1303
COPPER MINE PRODUCTION,[1] 8 SC, 1967–86
(MET)

	State	1967 MET	1967 % of National Total	1970 MET	1970 % of National Total	1980 MET	1980 % of National Total	1981 MET	1981 % of National Total	1982 MET	1982 % of National Total
B.	CHIHUAHUA	9,539	15.7	9,515	15.6	9,665	5.3	8,448	3.6	9,160	4.0
C.	COAHUILA	1,266	2.1	246	.4	27	#	35	#	8	#
D.	NUEVO LEON	73	.1	27	#	1	#	22	#	25	#
E.	SONORA	34,168	56.2	34,616	56.7	153,743	83.5	204,617	87.9	200,325	87.4
F.	TAMAULIPAS	#	#	17	#	~	~	1	#	~	~
	Mexico Border	45,046	74.2	44,421	72.8	~	~	213,123	91.5	~	~
	Mexico Total	60,846	100.0	61,012	100.0	184,123	100.0	232,902	100.0	229,178	100.0
G.	ARIZONA	455,079	52.6	832,552	53.4	770,118	65.2	1,040,813	67.7	769,521	67.1
H.	CALIFORNIA	714	#	2,093	.1	~	~	~	~	~	~
I.	NEW MEXICO	68,032	7.9	150,814	9.7	149,394	12.6	154,114	10.0	~	~
	U.S. Border	523,825	60.5	984,459	63.1	~	~	~	~	~	~
	U.S. Total	865,336	100.0	1,559,729	100.0	1,181,116	100.0	1,538,160	100.0	1,146,975	100.0

	State	1983 MET	1983 % of National Total	1984 MET	1984 % of National Total	1985 MET	1985 % of National Total	1986 MET	1986 % of National Total
B.	CHIHUAHUA	8,986‡	4.6‡	~	~	~	~	~	~
C.	COAHUILA	59‡	# ‡	~	~	~	~	~	~
D.	NUEVO LEON	~	~	~	~	~	~	~	~
E.	SONORA	169,835‡	86.7‡	~	~	~	~	~	~
F.	TAMAULIPAS	~	~	~	~	~	~	~	~
	Mexico Border	~	~	~	~	~	~	~	~
	Mexico Total	195,959‡	100.0	~	~	~	~	~	~
G.	ARIZONA	678,216	65.3	746,453	67.7	796,556	72.0	789,175	68.8
H.	CALIFORNIA	~	~	~	~	~	~	~	~
I.	NEW MEXICO	~	~	~	~	~	~	~	~
	U.S. Border	~	~	~	~	~	~	~	~
	U.S. Total	1,038,098	100.0	1,102,613	100.0	1,105,758	100.0	1,147,277	100.0

1. U.S. data were originally reported in short tons and are converted here into metric tons using the formula: (.907) S = MET, where S = short tons.

SOURCE: Mexico: Trinidad García, *Los Mineros Mexicanos* (México, D.F.: Editorial Porrúa, 1970), p. 389; AE, 1970, pp. 10–17; SPP-MM, 1984, pp. 39–47.
United States: USBOM-MY, 1970, vol. I, p. 480; 1983, vol. I, p. 297; 1986, vol. I, p. 335.

Table 1304

U.S. COPPER ORE MINING, 4 S, 1902-77

(N)

Year	Category	G. ARIZONA	H. CALIFORNIA	I. NEW MEXICO	J. TEXAS
1902	Operators	30	7	17	#
	Employees	4,054	534	188	#
	Value of Products (US)	8,279,224	1,599,663	271,270	#
1910	Operators	43	9	12	#
	Employees	11,845	2,635	349	#
	Value of Products (US)	34,614,116	10,104,373	3,610,394	#
1920	Operators	75	15	~	#
	Employees	15,634	1,140	~	#
	Value of Products (US)	84,217,141	2,397,610	~	#
1929	Operators	63	10	14	#
	Employees	17,009	1,067	2,485	#
	Value of Products (US)	113,980,541	4,748,996	13,293,420	#
1939	Operators	12	1	4	#
	Employees	7,737	~	1,697	#
	Value of Products (US)	46,383,492	~	8,562,730	#
1954	Operators	89	~	#	#
	Employees	11,589	~	#	#
	Value of Products (US)	201,691,000	~	#	#
1958	Operators	56	~	#	#
	Employees	13,072	~	#	#
	Value of Products (US)	211,396,000	~	#	#
1969	Operators	51	4	12	3
	Employees	~	~	~	~
	Value of Products (US)	~	~	~	~
1977	Operators	47	9	6	3
	Employees	186,000	100	~	~
	Value of Products (US)	1,119,700,000	~	~	~

SOURCE: 1902-39, CP; 1954-77, CMI.

Table 1305

MEXICO FLUORITE MINE PRODUCTION, 2 SC, 1980-83

(MET)

	1980		1981		1982		1983	
State	MET	% of National Total	MET	% of National Total	MET	% of National Total	MET	% of National Total
B. CHIHUAHUA	155,372	17.0	124,506	13.5	106,683	16.9	111,041‡	19.9‡
C. COAHUILA	173,412	18.9	165,226	17.9	101,657	16.1	139,774‡	25.1‡
Mexico Border	328,784	35.9	289,732	31.3	208,340	33.0	250,815‡	45.0‡
Mexico Total	916,455	100.0	924,854	100.0	631,386	100.0	556,977‡	100.0

SOURCE: SPP-MM, 1984, p. 43.

Table 1306
GOLD MINE PRODUCTION,[1] 7 SC, 1967–86
(kg)

	1967		1970		1980		1981		1982	
State	MET	% of National Total	MET	% of National Total	MET	% of National Total	MET	% of National Total	MET	% of National Total
B. CHIHUAHUA	670	12.4	761	12.3	567	10.3	540	8.7	672	10.1
C. COAHUILA	73	1.4	17	.3	10	.2	2	#	1	#
D. NUEVO LEON	2	#	#	#	1	#	1	#	1	#
E. SONORA	231	4.3	264	4.3	1,050	19.2	856	13.9	887	13.3
Mexico Border	976	18.1	1,042	16.9	1,628	29.7	1,399	22.6	1,561	23.4
Mexico Total	5,397	100.0	6,166	100.0	5,478	100.0	6,177	100.0	6,667	100.0
G. ARIZONA	2,515	5.1	3,417	6.3	2,477	8.2	3,121	7.3	1,899	4.2
H. CALIFORNIA	1,262	2.6	155	.3	127	.4	209	.5	328	.7
I. NEW MEXICO	161	.3	271	.5	493	1.6	2,045	4.8	~	~
U.S. Border	3,938	8.0	3,843	7.1	3,097	10.3	5,375	12.5	~	~
U.S. Total	49,275	100.0	54,224	100.0	30,164	100.0	42,897	100.0	45,589	100.0

	1983		1984		1985		1986	
State	MET	% of National Total	MET	% of National Total	MET	% of National Total	MET	% of National Total
B. CHIHUAHUA	562‡	9.1‡	~	~	~	~	~	~
C. COAHUILA	~	~	~	~	~	~	~	~
D. NUEVO LEON	~	~	~	~	~	~	~	~
E. SONORA	759‡	12.3‡	~	~	~	~	~	~
Mexico Border	~	~	~	~	~	~	~	~
Mexico Total	6,164‡	100.0	~	~	~	~	~	~
G. ARIZONA	1,928	3.2	1,708	2.6	1,619	2.1	~	~
H. CALIFORNIA	1,196	2.0	2,671	4.1	5,842	7.7	13,238	11.4
I. NEW MEXICO	~	~	~	~	1,401	1.9	1,240	1.1
U.S. Border	~	~	~	~	8,862	11.7	~	~
U.S. Total	60,882	100.0	64,840	100.0	75,497	100.0	116,117	100.0

1. U.S. data were originally reported in troy ounces and are converted here into kilograms using the formula: (.031104) T = kg, where T = troy ounces.

SOURCE: Mexico: Trinidad García, *Los Mineros Mexicanos* (México, D.F.: Editorial Porrúa, 1970), p. 389; AE, 1970, pp. 10–17; SPP-MM, 1984, pp. 39–47.
United States: USBOM-MY, 1970, vol. I, p. 1025; 1983, vol. I, p. 387; 1986, vol. I, p. 848.

Table 1307

U.S. GOLD AND SILVER MINING, 4 S, 1902-77

(N)

Year	Category	G. ARIZONA	H. CALIFORNIA	I. NEW MEXICO	J. TEXAS
1907	Operators	74	1,020	91	1
	Employees	611	8,737	594	~
	Value of Products (US)	2,764,677	15,473,091	677,168	~
1910	Operators	70	395	47	2
	Employees	1,764	7,896	1,091	~
	Value of Products (US)	2,170,627	9,690,956	625,626	~
1920	Operators	51	99	~	1[a]
	Employees	754	3,167	~	~
	Value of Products (US)	3,523,447	8,773,757	~	~
1929	Operators	24	61	2[a]	1[a]
	Employees	297	1,847	~	~
	Value of Products (US)	515,135	4,155,609	~	~
1939	Operators	110	211	~	2[a]
	Employees	1,880	6,490	264[b]	~
	Value of Products (US)	5,764,266	26,997,938	679,963[b]	~
1954	Operators	~	93[b]	#	#
	Employees	~	672[b]	#	#
	Value of Products (US)	~	3,501,000[b]	#	#
1958	Operators	#	~	#	#
	Employees	#	~	#	#
	Value of Products (US)	#	~	#	#
1967	Operators	8	25	3	1
	Employees	~	~	~	~
	Value of Products (US)	~	~	~	~
1977	Operators	6	21	6	4
	Employees	~	200	~	~
	Value of Products (US)	~	1,200,000	~	~

a. Silver only.
b. Gold only.

SOURCE: 1902-39, CP; 1954-77, CMI.

Table 1308

MEXICO IRON ORE PRODUCTION,[1] 2 SC, 1967-73

(MET)

	1967		1970		1980		1981		1982		1983	
State	MET	% of National Total	MET	% of National Total	MET	% of National Total	MET	% of National Total	MET	% of National Total	MET	% of National Total
B. CHIHUAHUA	632,717	39.1	988,523	37.8	1,212,103	23.8	1,233,713	21.5	992,027	18.4	1,109,927‡	20.9‡
C. COAHUILA	13,119	.8	24,295	.9	250,639	4.9	91,015	1.6	32,711	.6	66,064‡	1.3‡
Mexico Border	645,836	39.9	1,012,818	38.7	1,462,742	28.8	1,324,728	23.1	1,024,738	19.0	1,175,991‡	22.2‡
Mexico Total	1,617,096	100.0	2,612,376	100.0	5,087,361	100.0	5,748,700	100.0	5,382,239	100.0	5,306,343‡	100.0‡

1. U.S. border state production is negligible; the combined census region "Other" produced 21,025 MET in 1970. This region includes three border states: Texas, New Mexico, and California.

SOURCE: AE, 1970, p. 21; SPP-MM, 1984, pp. 39-47.

Table 1309

U.S. IRON ORE MINING, 2 S, 1939–77

(N)

Year	Category	H. CALIFORNIA	J. TEXAS
1939	Enterprises	1	1
	Employees	~	~
	Value of Products (US)	~	~
1954	Enterprises	#	5
	Employees	#	341
	Value of Products (US)	#	6,318,000
1958	Enterprises	3	#
	Employees	351	#
	Value of Products (US)	18,217,000	#
1967	Enterprises	2	3
	Employees	~	~
	Value of Products (US)	~	~
1977	Enterprises	3	3
	Employees	~	~
	Value of Products (US)	~	~

SOURCE: 1902–39, CP; 1954–77, CMI.

Table 1310

LEAD MINE PRODUCTION, 8 SC, 1967–86
(MET)

PART I. 1967, 1970, 1980, 1981

State	1967 MET	1967 % of National Total	1970 MET	1970 % of National Total	1980 MET	1980 % of National Total	1981 MET	1981 % of National Total
B. CHIHUAHUA	111,317	65.6	116,927	66.2	88,155	59.9	74,461	50.0
C. COAHUILA	6,059	3.6	7,334	4.2	7,368	5.0	10,382	7.0
D. NUEVO LEON	1,012	.6	350	.2	183	.1	106	.1
E. SONORA	918	.5	267	.2	1,726	1.2	1,694	1.1
F. TAMAULIPAS	1,043	.6	648	.4	340	.2	313	.2
Mexico Border	120,349	70.9	125,526	71.1	97,772	66.4	86,956	58.4
Mexico Total	169,825	100.0	176,597	100.0	147,197	100.0	148,916	100.0
G. ARIZONA	4,327	1.5	258	#	162	#	993	.2
H. CALIFORNIA	1,574	.5	1,607	.3	~	~	~	~
I. NEW MEXICO	1,657	.6	3,220	.6	#	#	~	~
U.S. Border	7,558	2.6	5,085	1.0	~	~	~	~
U.S. Total	287,456	100.0	518,593	100.0	550,366	100.0	445,535	100.0

PART II. 1982–1986

State	1982 MET	1982 % of National Total	1983 MET	1983 % of National Total	1984 MET	1984 % of National Total	1985 MET	1985 % of National Total	1986 MET	1986 % of National Total
B. CHIHUAHUA	82,615	48.5	78,587‡	42.6‡	~	~	~	~	~	~
C. COAHUILA	13,917	8.2	11,449‡	6.2‡	~	~	~	~	~	~
D. NUEVO LEON	84	#	105‡	.1‡	~	~	~	~	~	~
E. SONORA	1,851	1.1	2,086‡	1.1‡	~	~	~	~	~	~
F. TAMAULIPAS	276	.2	284‡	.1‡	~	~	~	~	~	~
Mexico Border	98,743	58.0	92,511‡	50.2‡	~	~	~	~	~	~
Mexico Total	170,172	100.0	184,261‡	100.0	~	~	~	~	~	~
G. ARIZONA	359	.1	234	#	~	~	581	#	~	~
H. CALIFORNIA	~	~	~	~	~	~	~	~	~	~
I. NEW MEXICO	~	~	~	~	~	~	~	~	10	#
U.S. Border	~	~	~	~	~	~	~	~	~	~
U.S. Total	512,516	100.0	449,295	100.0	322,677	100.0	413,955	100.0	339,793	100.0

SOURCE: Mexico: Trinidad Garcia, *Los Mineros Mexicanos* (México, D.F.: Editorial Porrúia, 1970), p. 389; AE, 1970, pp. 10–17; SPP-MM, 1984, pp. 39–47.
United States: USBOM-MY, 1970, vol. I, p. 541; 1986, vol. I, p. 587

Table 1311
MANGANESE MINE PRODUCTION,[1] 3 SC, 1967-83
(MET)

	1967		1970		1980		1981		1982		1983	
State	MET	% of National Total	MET	% of National Total	MET	% of National Total	MET	% of National Total	MET	% of National Total	MET	% of National Total
B. CHIHUAHUA	3,484	11.3	4,427	4.5	1,584	1.0	102	#	163	.1	146	.1
C. COAHUILA	410	1.3	99	.1	#	#	#	#	#	#	#	#
Mexico Border	3,894	12.6	4,526	4.6	1,584	1.0	102	#	163	.1	146	.1
	30,799	100.0	98,609	100.0	160,966	100.0	208,193	100.0	183,120	100.0	133,004	100.0
I. NEW MEXICO												
U.S. Total	44,735	17.1	3,832	1.1	31,924	20.2	11,556	8.4	#	#	#	#
	262,268	100.0	334,049	100.0	157,715	100.0	138,146	100.0	28,579	100.0	30,405	100.0

1. U.S. data were originally reported in short tons and are converted here into metric tons using the formula (.907)S = MET, where S = short tons.

SOURCE: Mexico: Trinidad Garcia, *Los Mineros Mexicanos* (México, D.F.: Editorial Porrúa, 1970), p. 389; AE, 1970, p. 23; SPP-MM, 1984, pp. 39-47.
United States: USBOM-MY, 1967, vol. I, p. 706; 1970, vol. I, p. 692; 1981, vol. I, p. 574; 1982, p. 578; 1983, p. 595.

Table 1312

SILVER MINE PRODUCTION,[1] 8 SC, 1967–86
(kg)

PART I. 1967, 1970, 1980, 1981

	State	1967 kg	% of National Total	1970 kg	% of National Total	1980 kg	% of National Total	1981 kg	% of National Total
B.	CHIHUAHUA	378,744	32.2	410,128	30.8	357,292	22.9	308,183	18.7
C.	COAHUILA	69,802	5.9	58,970	4.4	45,689	2.9	55,966	3.4
D.	NUEVO LEON	547	#	560	#	224	#	114	#
E.	SONORA	23,090	2.0	22,877	1.7	236,915	15.2	186,116	11.3
F.	TAMAULIPAS	2,117	.2	1,732	.1	1,071	.1	1,078	.1
	Mexico Border	475,300	40.4	494,267	37.1	641,191	41.2	551,457	33.5
	Mexico Total	1,177,918	100.0	1,332,362	100.0	1,556,794	100.0	1,645,866	100.0
G.	ARIZONA	142,708	14.3	228,005	16.3	194,947	19.4	250,550	19.8
H.	CALIFORNIA	4,495	.4	14,033	1.0	1,532	.2	1,657	.1
I.	NEW MEXICO	4,899	.5	24,322	1.7	~	~	50,772	4.0
	U.S. Border	152,102	15.2	266,360	19.0	196,479	19.5	302,979	23.9
	U.S. Total	999,020	100.0	1,399,854	100.0	1,005,573	100.0	1,265,409	100.0

PART II. 1982–86

	State	1982 kg	% of National Total	1983 kg	% of National Total	1984 kg	% of National Total	1985 kg	% of National Total	1986 kg	% of National Total
B.	CHIHUAHUA	356,112	19.3	367,008	18.6	~	~	~	~	~	~
C.	COAHUILA	72,077	3.9	63,916	3.2	~	~	~	~	~	~
D.	NUEVO LEON	60	#	64	#	~	~	~	~	~	~
E.	SONORA	179,568	9.8	197,820	10.0	~	~	~	~	~	~
F.	TAMAULIPAS	877	.1	793	#	~	~	~	~	~	~
	Mexico Border	608,694	33.1	629,601	31.8	~	~	~	~	~	~
	Mexico Total	1,840,542	100.0	1,978,399	100.0	~	~	~	~	~	~
G.	ARIZONA	196,245	15.7	139,705	10.3	132,087	9.5	151,953	12.7	130,709	12.3
H.	CALIFORNIA	1,059	#	837	#	~	~	3,592	.3	4,827	.5
I.	NEW MEXICO	25,026	2.0	~	~	~	~	~	~	~	~
	U.S. Border	222,330	17.8	140,542	10.4	~	~	~	~	~	~
	U.S. Total	1,251,887	100.0	1,350,389	100.0	1,386,979	100.0	1,195,419	100.0	1,064,379	100.0

1. U.S. data were originally reported in troy ounces and are converted here into kilograms using the formula (.031104) T = kg where T = troy ounces.

SOURCE: Mexico: Trinidad Garcia, *Los Mineros Mexicanos* (México, D.F.: Editorial Porrúa, 1970), p. 389; AE, 1970, pp. 10–17; SPP-MM, 1984, pp. 39–47.
United States: USBOM-MY, 1970, vol. I, p. 1025; 1983, vol. I, p. 770; 1986, vol. I, p. 610.

Table 1313

SULFUR MINE PRODUCTION, 4 SC, 1967–86
(MET)

PART I. 1967, 1970, 1980, 1981

	State	1967[a] MET	% of National Total	1970[a] MET	% of National Total	1980 MET	% of National Total	1981 MET	% of National Total
F.	TAMAULIPAS	8,262	.4	4,695	.3	10,004	.5	10,570	.5
	Mexico Border	8,262	.4	4,695	.3	10,004	.5	10,570	.5
	Mexico Total	1,891,155	100.0	1,349,329	100.0	2,102,301	100.0	2,077,117	100.0
H.	CALIFORNIA	~	~	211,985	14.3	480,000	11.8	477,000	11.2
I.	NEW MEXICO	~	~	25,864	1.7	61,000	1.5	69,000	1.6
J.	TEXAS	~	~	782,004	52.6	1,111,000	27.3	1,144,000	26.9
	U.S. Border	~	~	1,019,853	68.6	1,652,000	40.6	1,690,000	39.7
	U.S. Total	1,290,614	100.0	1,486,655	100.0	4,073,000	100.0	4,259,000	100.0

PART II. 1982–86

	State	1982 MET	% of National Total	1983 MET	% of National Total	1984 MET	% of National Total	1985 MET	% of National Total	1986 MET	% of National Total
F.	TAMAULIPAS	10,386	.6	11,504[‡]	.7[‡]	~	~	~	~	~	~
	Mexico Border	10,386	.6	11,504[‡]	.7[‡]	~	~	~	~	~	~
	Mexico Total	1,815,447	100.0	1,602,029[‡]	100.0	~	~	~	~	~	~
H.	CALIFORNIA	494,000	11.2	480,000	9.7	516,000	9.9	590,000	11.1	634,000	10.9
I.	NEW MEXICO	62,000	1.4	60,000	1.2	63,000	1.2	55,000	1.0	46,000	.7
J.	TEXAS	1,298,000	29.5	1,394,000	28.1	1,417,000	27.2	1,500,000	28.2	1,517,000	26.1
	U.S. Border	1,854,000	42.1	1,934,000	39.0	1,996,000	38.3	2,145,000	40.4	2,197,000	37.8
	U.S. Total	4,404,000	100.0	4,955,000	100.0	5,214,000	100.0	5,313,000	100.0	5,816,000	100.0

a. U.S. data for 1967 and 1970 were originally reported in long tons and are converted here into metric tons using the formula (1.016) L = MET where L = long tons.

SOURCE: Mexico: Trinidad Garcia, *Los Mineros Mexicanos* (México, D.F.: Editorial Porrúa, 1970), p. 389; AE, 1970, p. 18; SPP-MM, 1984, pp. 39–47.
United States: USBOM-MY, 1967, vol. I, p. 1091; 1970, vol. I, p. 1062; 1983, vol. I, p. 834; 1985, vol. I, p. 929; 1986, vol. I, p. 899.

Table 1314

ZINC MINE PRODUCTION, 7 SC, 1967–83
(MET)

	1967[a]		1970[a]		1980		1981		1982		1983	
State	MET	% of National Total	MET	% of National Total	MET	% of National Total	MET	% of National Total	MET	% of National Total	MET	% of National Total
B. CHIHUAHUA	139,854	61.7	166,458	62.5	131,700	55.8	96,034	46.5	103,308	42.6	99,247	37.3
C. COAHUILA	#	#	#	#	154	.1	307	.2	212	.1	124	#
D. NUEVO LEON	#	#	#	#	~	~	~	~	32	#	~	~
E. SONORA	723	.3	#	#	6,808	2.9	6,559	3.2	8,264	3.4	18,402	6.9
Mexico Border	140,577	62.0	166,458	62.5	~	~	~	~	111,816	46.1	~	~
Mexico Total	226,734	100.0	266,400	100.0	235,823	100.0	206,569	100.0	242,332	100.0	266,292	100.0
G. ARIZONA	12,997	2.6	8,723	1.8	~	~	138	#	#	#	#	#
H. CALIFORNIA	400	#	3,187	.7	#	#	~	~	#	#	#	#
I. NEW MEXICO	19,392	3.9	15,057	3.1	~	~	~	~	#	#	#	#
U.S. Border	32,789	6.6	26,967	5.6	~	~	~	~	#	#	#	#
U.S. Total	498,318	100.0	484,461	100.0	317,103	100.0	312,418	100.0	303,160	100.0	275,294	100.0

a. U.S. data for 1967 and 1970 were originally reported as short tons and are converted here into metric tons using the formula (.907) S = MET where S = short tons.

SOURCE: Mexico: Trinidad Garcia, *Los Mineros Mexicanos* (México, D.F.: Editorial Porrúa, 1970), p. 389; AE, 1970, pp. 10–17; SPP-MM, 1984, pp. 39–47.
United States: USBOM-MY, 1970, vol. I, p. 1175; 1983, vol. I, p. 929.

Table 1315

U.S. COAL PRODUCTION, 4 SC, 1880–1980

PART I. Short Tons

Year	G. ARIZONA	H. CALIFORNIA	I. NEW MEXICO	J. TEXAS	U.S. TOTAL
1880	~	236,950	~	~	76,157,944
1890	~	110,711	375,777	184,440	157,770,963
1900	~	172,908	1,299,299	968,373	240,789,309
1910	~	11,164	3,508,321	3,508,321	501,596,378
1920	~	2,078	3,683,440	1,615,015	661,638,422
1930	9,084	10,885	1,969,433	833,872	536,911,136
1940	~	~	1,110,615	620,555	512,256,140
1950	4,000	~	727,000	18,000	559,976,000
1960	6,000	~	295,000	~	434,329,000
1970	132,000	~	7,361,000	~	612,661,000
1980	~	~	~	~	830,000,000

PART II. MET

Year	G. ARIZONA	H. CALIFORNIA	I. NEW MEXICO	J. TEXAS	U.S. TOTAL
1880	~	214,960	~	~	69,090,034
1890	~	100,436	340,903	167,323	134,128,879
1900	~	156,861	1,178,716	878,502	218,442,628
1910	~	10,128	3,182,728	3,182,728	455,045,249
1920	~	1,885	3,341,595	1,465,132	600,234,439
1930	8,241	9,875	1,786,658	756,484	487,082,587
1940	~	~	1,007,543	562,964	464,715,722
1950	3,629	~	659,530	16,329	508,006,895
1960	5,443	~	267,622	~	394,020,684
1970	119,750	~	6,677,855	~	555,802,413
1980	~	~	~	~	752,971,061

SOURCE: MY; MRUS, various years.

Table 1316
U.S. BITUMINOUS COAL MINING, 4 S, 1902–58
(N)

Year	Category	G. ARIZONA	H. CALIFORNIA	I. NEW MEXICO	J. TEXAS
1902	Enterprises	#	10	25	24
	Employees	#	209	1,507	2,070
	Value of Products (US)	#	273,398	1,500,230	1,477,245
1910	Enterprises	#	#	16	29
	Employees	#	#	3,668	4,416
	Value of Products (US)	#	#	3,984,660	3,136,004
1920	Enterprises	#	#	21	33
	Employees	#	#	3,774	2,862
	Value of Products (US)	#	#	9,905,541	4,322,100
1929	Enterprises	#	#	28	22
	Employees	#	#	3,324	1,309
	Value of Products (US)	#	#	8,324,312	1,674,171
1939	Enterprises	#	#	37	4
	Employees	#	#	2,387	94
	Value of Products (US)	#	#	3,579,049	52,470
1954	Enterprises	3	#	24	#
	Employees	22	#	183	#
	Value of Products (US)	68,000	#	732,000	#
1958	Enterprises	~	#	22	#
	Employees	~	#	156	#
	Value of Products (US)	~	#	783,000	#

SOURCE: 1902–39, CP; 1954, 1958, CMI.

Table 1317

MEXICO PETROLEUM DISCOVERY AND PRODUCTION IN TAMPICO–TUXPAN EMBAYMENT, 1901–76

(M Barrels)

Field Discovery Year	Original Oil in Place	Ultimate Recovery	Cumulative Production	Proved Reserves	Indicated Additional Recovery	Total Remaining Recoverable Oil
1901	12,285	1,106	961	145	0	145
1907	15	3	2	1	0	1
1908	560	35	33	2	0	2
1909	165	31	23	8	0	8
1910	443	55	38	17	0	17
1912	142	17	2	15	0	15
1913	4,680	1,539	1,413	126	0	126
1914	5	1	0	1	0	1
1915	30	3	0	3	0	3
1916	33	5	2	3	0	3
1918	86	13	0	13	0	13
1920	36	6	3	3	0	3
1921	111	9	5	4	0	4
1922	4,169	374	171	203	0	203
1923	2,800	190	38	152	0	152
1925	153	23	23	0	0	0
1926	50	7	5	2	0	2
1928	270	35	0	35	0	35
1930	5,165	2,583	1,213	1,370	0	1,370
1937	8	1	0	1	0	1
1948	101	25	13	12	0	12
1951	5	1	0	1	0	1
1952	759	124	70	54	21	75
1953	909	177	129	48	0	48
1954	60	15	8	7	0	7
1955	395	62	41	21	0	21
1956	3,954	865	455	410	310	720
1957	711	98	73	25	62	87
1958	189	30	27	3	0	3
1959	903	190	133	57	26	83
1960	204	33	6	27	0	27
1961	337	51	10	41	0	41
1962	184	48	23	25	0	25
1963	194	47	22	25	0	25
1964	252	38	0	38	0	38
1965	84	20	6	14	0	14
1966	1,068	234	86	148	0	148
1967	1,179	236	73	163	100	263
1968	100	20	0	20	0	20
1969	82	27	11	16	0	16
1970	31	4	0	4	0	4
1971	739	115	0	115	0	115
1972	158	27	2	25	0	25
1973	50,000	2,500	5	2,495	0	2,495
1974	46	19	12	7	0	7
1976	88	11	0	11	0	11

SOURCE: U.S. Department of Energy, *The Petroleum Resources of Mexico* (Washington, D.C.: DOE, October 1983), pp. 18–19.

Table 1318
MEXICO CRUDE OIL AND NATURAL GAS PRODUCTION, 3 SC, 1979

Region	Existing Sites N	%	Sites in Production N	%	Production of Crude Oil, Condensed and Liquid Gas T Barrels/Year	%	Production of Natural Gas M M³/Year	%
C. COAHUILA		.7		1.1			1,463.6	4.9
D. NUEVO LEON	41	9.2	25	9.0	29		1,037.8	3.5
F. TAMAULIPAS	104	23.2	52	18.8	12,481	2.1	3,525.1	11.7
Mexico Total	448	100.0	276	100.0	590,570	100.0	30,145.3	100.0

SOURCE: *La Industria Petrolera en México* (México, D.F.: SPP, 1980).

Table 1319
MEXICO CRUDE OIL AND NATURAL GAS PRODUCTION, 3 SC, 1981–84

State	Year	Crude Wells (N)	Crude Volume	%	Natural Gas Volume	%
C. COAHUILA	1981	39	#	#	978	2.3
	1982	36	#	#	622	1.4
	1983	26	2	~	362	.9
	1984	~	#	#	171	.8
D. NUEVO LEON	1981	282	81	~	790	1.9
	1982	241	50	~	892	2.0
	1983	250	95	~	1,036	2.5
	1984	~	64	~	578	2.6
F. TAMAULIPAS	1981	1,035	6,785	.8	3,120	7.4
	1982	984	6,571	.7	2,803	6.4
	1983	708	6,249	.7	2,801	6.7
	1984	~	5,317	.5	1,350	6.1
Tamaulipas Offshore	1981	18	3,850	.4	287	.7
	1982	18	3,627	.4	262	.6
	1983	34	396	#	121	.3
	1984	~	~	#	~	#
Mexico Total	1981	4,621	844,240	100.0	41,972	100.0
	1982	4,350	1,003,084	100.0	43,890	100.0
	1983	4,349	981,222	100.0	41,897	100.0
	1984	~	982,532	100.0	22,116	100.0

SOURCE: AE, 1985.

Table 1320
U.S. PETROLEUM PRODUCTION, 4 SC, 1880–1980

(Barrels)

Year	G. ARIZONA	H. CALIFORNIA	I. NEW MEXICO	J. TEXAS	U.S. TOTAL
1880	~	40,552	~	~	26,286,123
1890	~	307,360	~	54	45,822,672
1900	~	4,324,484	~	836,039	63,620,529
1910	~	73,010,560	~	63,620,529	209,557,248
1920	~	103,377,361	~	96,868,000	442,929,000
1930	~	227,328,988	10,189,000	290,457,000	898,011,000
1940	~	223,294,805	39,129,000	493,209,000	1,353,214,000
1950	~	327,607,000	47,367,000	829,874,000	1,973,574,000
1960	73,000	305,352,000	107,380,000	927,479,000	2,574,933,000
1970	1,784,000	372,191,000	128,184,000	1,249,607,000	3,517,450,000
1980	~	357,000,000	75,000,000	977,000,000	3,146,000,000

SOURCE: MRUS; MY; SAUS.

Table 1321

U.S. CRUDE PETROLEUM AND NATURAL GAS PRODUCTION, 4 SC, 1971–85

	Crude Petroleum Produces (M Barrels)							Natural Gas Marketed Production (B Cubic Feet)						
State	1971–80 (Average)	1980	1981	1982	1983	1984	1985	1971–80 (Average)	1980	1981	1982	1983	1984	1985[‡]
G. ARIZONA	18	18	18	19	19	19	19	128	112	93	125	128	135	129
H. CALIFORNIA	342	357	385	402	405	412	424	377	310	381	384	415	476	494
I. NEW MEXICO	94	75	72	71	75	79	79	1,200	1,150	1,134	991	895	857	896
J. TEXAS	1,171	977	945	925	903	905	889	7,660	7,116	6,190	6,469	5,939	6,185	6,012
U.S. Total	3,196	3,147	3,129	3,157	3,171	3,241	3,274	21,018	20,180	19,960	18,520	16,822	18,230	17,218

SOURCE: SAUS, 1987.

Table 1322

U.S. CRUDE PETROLEUM AND NATURAL GAS PRODUCTION, 4 S, 1902–77

(N)

Year	Category	G. ARIZONA	H. CALIFORNIA	I. NEW MEXICO	J. TEXAS
1902	Operators	#	305	#	216
	Employees	#	1,527	#	1,723
	Value of Products (US)	#	4,994,265	#	4,189,684
1910	Operators	#	339	#	163
	Employees	#	8,081	#	1,772
	Value of Products (US)	#	29,310,335	#	6,391,313
1920	Operators	#	403	#	553
	Employees	#	14,317	#	1,790
	Value of Products (US)	#	139,018,663	#	143,337,362
1939	Operators	#	959	142	2,695
	Employees	#	19,951	1,775	43,246
	Value of Products (US)	#	250,424,351	32,070,595	492,198,843
1954	Operators	#	635	261	2,837
	Employees	#	17,762	3,419	66,531
	Value of Products (US)	#	1,081,525,000	236,731,000	2,432,808,000
1958	Operators	~	583	314	3,225
	Employees	~	16,535	4,605	66,669
	Value of Products (US)	~	1,020,732,000	347,388,000	3,291,403,000
1967	Operators	23	429	264	3,100
	Employees	~	14,100	3,300	45,000
	Value of Products (US)	~	998,600,000	470,300,000	4,179,400,000
1977	Operators	20	357	254	2,690
	Employees	~	13,200	2,500	54,300
	Value of Products (US)	~	3,065,700,000	1,645,000,000	16,052,000,000

SOURCE: 1902–1939, CP; 1954–77, CMI.

14

Industry

MEXICO BORDER LABOR PRODUCTIVITY AS PERCENTAGE OF U.S. BORDER LABOR PRODUCTIVITY, 1950-80

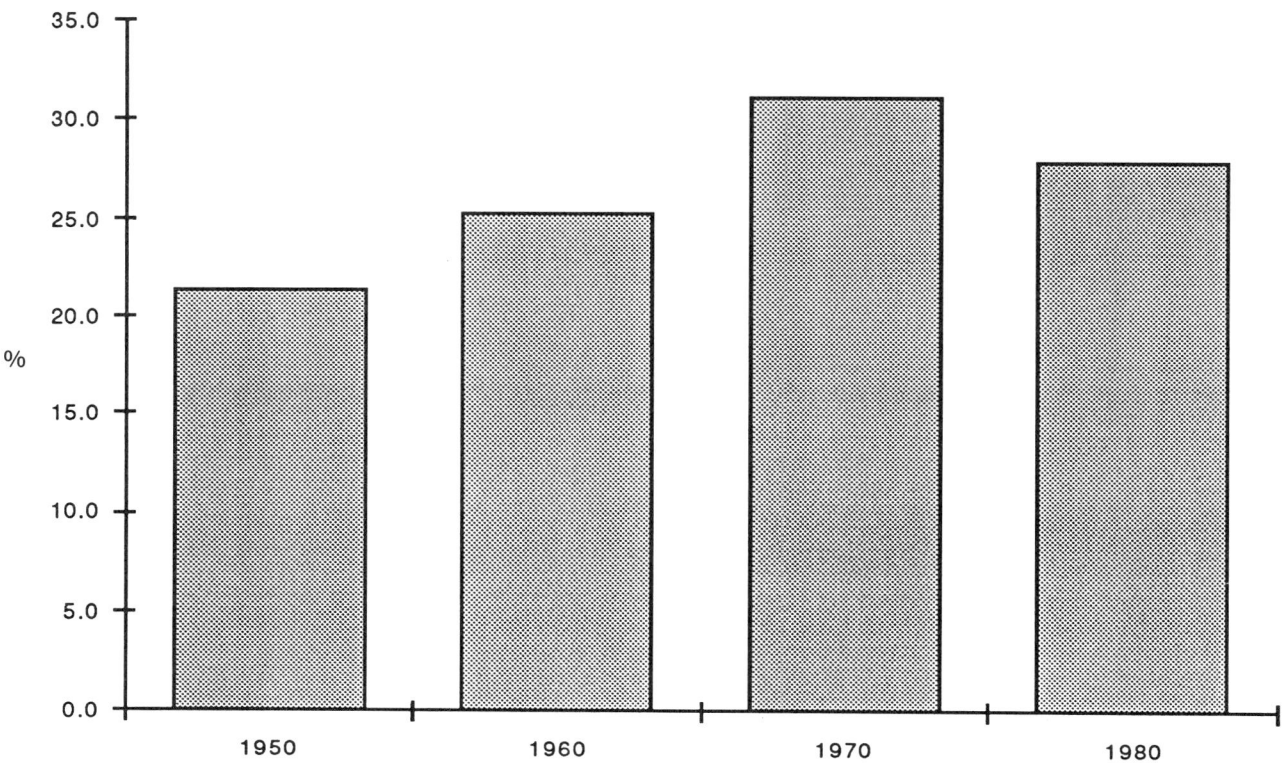

SOURCE: Table 1425.

Table 1400

MEXICO EMPLOYEES AND VALUE ADDED IN MANUFACTURING, BY PRINCIPAL BRANCH,[1]
6 S, 1950, 1965, 1970, 1980

1950

State/Industry	Employees (N)	Value Added (M NC)	% of Total Value Added
A. BAJA CALIF.			
Total	5,974	724	
Cotton Packaging	552	426	58.88
Beer	243	30	4.19
Industrial Lubricants	331	67	9.23
Fish Packing	942	44	6.06
Other	3,906	156.5	21.62
B. CHIHUAHUA			
Total	30,794	1,405	
Lumber Mills	5,555	108	7.67
Steel and Iron Foundries	6,327	859	61.12
Wheat Milling	362	33	2.37
Cotton Packaging	835	159	11.32
Other	17,715	246	17.52
C. COAHUILA			
Total	49,262	1,206	
Coke Production	1,995	59.8	4.96
Corn Milling	765	28	2.32
Cotton Packaging	816	253	20.95
Machinery	603	35	2.91
Metalurgical Plants	10,958	130	10.80
Steel and Iron Foundries	3,912	151	12.54
Other	30,213	549	45.52
D. NUEVO LEON			
Total	44,678	1,481	
Food Products	3,868	187	12.63
Beer	1,748	124	8.39
Cigarettes	1,320	77	5,19
Cotton Textiles	1,729	45	3.04
Glass	4,244	82	5.55
Metalurgical Plants	1,109	178	12.01
Other	30,660	787.6	53.18
E. SONORA			
Total	11,495	547	
Cotton Packaging	225	97	17.71
Food Products	705	79	14.41
Wheat Milling	750	55	10.00
Metalurgical Plants	2,004	119	21.70
Other	7,811	197.7	36.14
F. TAMAULIPAS			
Total	14,829	828	
Cotton Packaging	1,598	551	66.57
Sugar Milling	1,520	43	5.19
Alcoholic Beverages	252	37	4.47
Other	11,459	197	23.80

1. Classification of principal industries is as follows:

20	Food and kindred products		30	Rubber and miscellaneous plastics
21	Tobacco manufacturers		31	Leather and leather products
22	Textile mill products		32	Stone, clay, and glass products
23	Apparel and other textile products		33	Primary metal industries
24	Lumber and wood products		34	Fabricated metal products
25	Furniture and fixtures		35	Machinery, except electrical
26	Paper and allied products		36	Electric and electronic equipment
27	Printing and publishing		37	Transportation equipment
28	Chemicals and allied products		38	Instruments and related products
29	Petroleum and coal products		39	Miscellaneous manufacturing

SOURCE: SPP-CI, V, VIII, IX, and XI.

Table 1400 (Continued)

MEXICO EMPLOYEES AND VALUE ADDED IN MANUFACTURING, BY PRINCIPAL BRANCH,[1] 6 S, 1950, 1965, 1970, 1980

1965

State/Industry	Employees (N)	Value Added (M NC)	% of Total Value Added
A. BAJA CALIF.			
Total	20,538	780	
20 (Food Products)	9,609	320	41.1
20 (Beverages)	1,602	115	14.7
23	1,004	20	2.5
36	697	10	1.3
37	1,366	54	6.9
Other	6,260	261	33.5
B. CHIHUAHUA			
Total	38,566	1,439	
Mining and Refinement of Minerals	10,593	753	52.3
20 (Food Products)	5,916	138	9.6
24	9,178	169	11.8
26	1,208	85	5.9
33	721	30	2.1
Other	10,950	264	18.4
C. COAHUILA			
Total	39,639	1,834	
20 (Food Products)	4,595	107	5.9
20 (Beverages)	1,715	84	4.6
23	4,594	121	6.6
33	11,551	979	53.4
34	4,256	100	5.5
37	3,170	127	6.9
Other	9,758	316	17.2
D. NUEVO LEON			
Total	99,260	5,070	
20 (Food Products)	11,567	350	6.9
20 (Beverages)	3,028	179	3.5
21	1,727	430	8.5
23	8,455	255	5.0
26	2,985	160	3.2
28	6,554	432	8.5
Production of Non-Metalic Minerals	15,352	563	11.1
33	9,675	903	17.8
34	10,388	320	6.3
38	5,607	190	3.7
Other	23,922	1,289	25.4
E. SONORA			
Total	22,366	690	
Mining and Refinement of Non-Ferrous Minerals	2,300	159	23.0
20 (Food Products)	6,122	183	26.4
22	4,539	173	25.0
36	467	6	0.9
37	1,444	26	3.8
Other	7,494	144	20.9
F. TAMAULIPAS			
Total	29,732	587	
20 (Food Products)	7,212	159	27.0
20 (Beverages)	2,611	63	10.6
22	9,576	111	18.9
28	1,231	169	28.8
36	525	6	1.0
37	1,518	18	3.1
Other	7,059	61	10.4

Table 1400 (Continued)
MEXICO EMPLOYEES AND VALUE ADDED IN MANUFACTURING, BY PRINCIPAL BRANCH,[1]
6 S, 1950, 1965, 1970, 1980

1970

State/Industry	Employees (N)	Value Added (M NC)	% of Total Value Added
A. BAJA CALIF.			
Total	31,443	1,502	
20 (Food Products)	8,072	323	21.5
20 (Beverages)	1,303	278	18.5
21	1,998	110	7.3
23	3,140	59	3.9
Production of Non-Metalic Minerals	1,200	55	3.7
33	1,586	79	5.3
36	7,134	187	12.5
37	932	108	7.2
Other	6,078	303	20.2
B. CHIHUAHUA			
Total	40,059	2,210	
Mining and Refinement of Minerals	9,302	747	33.8
20 (Food Products)	6,509	249	11.3
20 (Beverages)	2,924	97	4.4
24	6,903	189	8.6
26	1,299	127	5.7
33	2,294	378	17.1
36	1,296	45	2.0
Other	9,532	379	17.1
C. COAHUILA			
Total	52,397	3,252	
20 (Food Products)	4,950	208	6.4
20 (Beverages)	2,037	135	4.2
23	4,041	190	5.8
28	1,640	141	4.3
29	2,355	198	6.1
Production of Non-Metalic Minerals	2,087	125	3.8
33	13,725	1,504	46.2
34	4,505	182	5.6
37	3,687	189	5.8
Other	13,370	380	11.7
D. NUEVO LEON			
Total	125,771	8,664	
20 (Food Products)	13,635	778	9.0
20 (Beverages)	4,191	358	4.1
21	1,364	787	9.1
23	8,455	255	2.9
26	4,923	338	3.9
28	10,536	914	10.5
Production of Non-Metalic Minerals	18,840	1,059	12.2
33	15,498	1,711	19.7
34	13,855	599	6.9
35	6,071	328	3.8
36	7,417	582	6.7
37	6,827	368	4.2
Other	14,159	588	6.8
E. SONORA			
Total	28,091	1,326	
Mining and Refinement of Non-Ferrous Minerals	2,295	412	31.1
20 (Food Products)	8,409	352	26.5
22	4,566	173	13.0
28	723	54	4.1
36	4,539	59	4.4
Other	7,559	276	20.8
F. TAMAULIPAS			
Total	26,899	870	
20 (Food Products)	9,746	280	32.2
20 (Beverages)	2,793	103	11.8
28	1,707	185	21.3
36	3,848	72	8.3
Other	8,805	230	26.4

Table 1400 (Continued)

MEXICO EMPLOYEES AND VALUE ADDED IN MANUFACTURING, BY PRINCIPAL BRANCH,[1] 6 S, 1950, 1965, 1970, 1980

1980

State/Industry	Employees (N)	Value Added (M NC)	% of Total Value Added
A. BAJA CALIF.			
Total	43,723	9,537	
20 (Food Products)	9,040	2,399	25.2
20 (Beverages)	3,079	1,377	14.4
23	3,033	309	3.2
24	620	567	5.9
Production of Non-Metalic Minerals	2,259	1,342	14.1
34	2,871	640	6.7
36	10,907	1,240	13.0
37	2,282	343	3.6
Other	9,632	1,320	13.8
B. CHIHUAHUA			
Total	70,383	14,949	
Mining and Refinement of Minerals	6,888	5,144	34.4
20 (Food Products)	5,605	873	5.8
20 (Beverages)	2,104	509	3.4
24	6,002	1,422	9.5
26	1,631	782	5.2
Production of Non-Metalic Minerals	2,299	527	3.5
36	27,095	3,180	21.3
Other	18,759	2,512	16.8
C. COAHUILA			
Total	63,590	16,503	
20 (Food Products)	4,222	894	5.4
20 (Beverages)	2,281	604	3.7
22	3,958	714	4.3
Production of Non-Metalic Minerals	3,647	789	4.8
33	13,481	6,847	41.5
34	12,463	3,449	20.9
35	3,462	1,608	9.7
36	5,136	467	2.8
Other	14,940	1,131	6.9
D. NUEVO LEON			
Total	193,569	62,175	
20 (Food Products)	18,311	3,485	5.6
20 (Beverages)	5,934	2,807	4.5
23	9,672	1,258	2.0
26	5,899	2,856	4.6
28	19,541	6,492	10.4
Production of Non-Metalic Minerals	25,588	7,791	12.5
33	31,984	16,777	27.0
34	26,051	6,486	10.4
35	12,013	3,256	5.2
36	14,183	5,230	8.4
37	10,370	3,065	4.9
Other	14,023	2,672	4.3
E. SONORA			
Total	47,409	11,589	
Mining and Refinement of Non-Ferrous Minerals	6,958	4,321	37.3
20 (Food Products)	13,020	3,224	27.8
22	2,344	415	3.6
Production of Non-Metalic Minerals	1,807	378	3.3
36	11,689	1,478	12.8
Other	11,591	1,773	15.3
F. TAMAULIPAS			
Total	40,661	7,242	
20 (Food Products)	7,453	1,233	17.0
20 (Beverages)	3,554	783	10.8
28	3,864	2,383	32.9
36	14,749	1,508	20.8
Other	11,041	1,335	18.4

Table 1401

U.S. EMPLOYEES AND VALUE ADDED IN MANUFACTURING, BY PRINCIPAL BRANCH,[1]
4 S, 1947, 1963, 1972, 1982

1947

State/Industry	Employees	Value Added (M NC)	% of Total Value Added
G. ARIZONA			
Total All Industries	14,188	103.9	
20	3,433	20.8	20.0
24	2,530	12.6	12.1
27	1,549	8.7	8.4
28	616	5.8	5.6
33	3,420	43.3	41.7
Other	2,640	12.7	12.2
H. CALIFORNIA			
Total All Industries	663,872	3,995.0	
20	120,510	851.8	21.3
23	43,144	188.3	4.7
24	38,477	226.2	5.7
27	41,914	261.1	6.5
28	27,350	280.2	7.0
29	21,472	213.5	5.3
33	30,878	176.0	4.4
34	54,135	291.3	7.3
35	52,477	284.8	7.1
37	112,242	553.7	13.9
Other	121,273	668.1	16.7
I. NEW MEXICO			
Total All Industries	7,590	55.5	
20	1,706	7.9	14.2
24	1,910	8.3	15.0
27	752	3.7	6.7
28	1,237	13.7	24.7
Other	1,985	21.9	39.5
J. TEXAS			
Total All Industries	297,053	1,727.5	
20	57,784	337.6	19.5
24	30,694	96.0	5.6
27	17,756	92.5	5.4
28	23,552	234.5	13.6
29	37,696	359.7	20.8
35	23,299	129.6	7.5
37	20,735	91.9	5.3
Other	85,537	385.7	22.3

1. Classification of principal industrial branches is as follows:

20	Food and kindred products	30	Rubber and miscellaneous plastics
21	Tobacco manufacturers	31	Leather and leather products
22	Textile mill products	32	Stone, clay, and glass products
23	Apparel and other textile products	33	Primary metal industries
24	Lumber and wood products	34	Fabricated metal products
25	Furniture and fixtures	35	Machinery, except electrical
26	Paper and allied products	36	Electric and electronic equipment
27	Printing and publishing	37	Transportation equipment
28	Chemicals and allied products	38	Instruments and related products
29	Petroleum and coal products	39	Miscellaneous manufacturing

SOURCE: CM, 1947, 1963, 1972, 1982.

Table 1401 (Continued)

U.S. EMPLOYEES AND VALUE ADDED IN MANUFACTURING, BY PRINCIPAL BRANCH,[1] 4 S, 1947, 1963, 1972, 1982

1963

State/Industry	Employees	Value Added (M NC)	% of Total Value Added
G. ARIZONA			
Total All Industries	57,039	627.1	
20	6,597	78.1	12.45
27	4,121	44.8	7.14
32	3,165	44.5	7.10
33	4,480	73.5	11.72
35	5,711	51.3	8.18
36	9,131	86.4	13.78
37	5,784	78.4	12.50
Other	17,990	170.1	27.12
H. CALIFORNIA			
Total All Industries	1,398,611	17,162.6	
20	155,731	2,412.6	14.06
27	74,407	846.8	4.93
28	35,703	809.5	4.72
34	88,535	1,036.5	6.04
35	93,308	1,086.4	6.33
36	187,965	2,192.1	12.77
37	202,090	2,665.8	15.53
Other	560,872	6,112.9	35.62
I. NEW MEXICO			
Total All Industries	15,324	149.6	
20	3,595	34.5	23.06
24	2,134	13.6	9.09
27	1,469	14.2	9.49
29	504	10.3	6.89
32	1,353	19.2	12.83
35	635	6.3	4.21
Other	5,634	51.5	34.43
J. TEXAS			
Total All Industries	513,802	7,086.3	
20	75,351	929.5	13.12
28	43,538	1,644.7	23.21
29	35,963	1,016.2	14.34
32	25,059	306	4.32
33	27,863	380.8	5.37
34	32,993	308.5	4.35
35	41,949	510.3	7.20
37	50,099	615.6	8.69
Other	180,987	1,374.6	19.40

Table 1401 (Continued)

U.S. EMPLOYEES AND VALUE ADDED IN MANUFACTURING, BY PRINCIPAL BRANCH,[1] 4 S, 1947, 1963, 1972, 1982

1972

State/Industry	Employees	Value Added (M NC)	% of Total Value Added
G. ARIZONA			
Total All Industries	93,900	1,897	
20	6,700	134.7	7.10
27	6,400	115.6	6.09
32	4,500	105.8	5.58
33	7,600	310.0	16.34
35	10,100	309.1	16.29
36	22,700	331.8	17.49
37	8,700	170.5	8.99
Other	27,200	419.5	22.11
H. CALIFORNIA			
Total All Industries	1,544,300	31,262.6	
20	156,100	4,051.1	12.96
27	88,000	1,706.9	5.46
28	45,200	1,725.7	5.52
34	120,200	2,268.8	7.26
35	134,900	2,690.0	8.60
36	176,700	3,307.6	10.58
37	268,400	6,697.1	21.42
Other	554,800	8,815.4	28.20
I. NEW MEXICO			
Total All Industries	24,000	364.4	
20	3,800	68.3	18.74
24	2,800	31.6	8.67
27	1,900	31.6	8.67
28	800	17.0	4.67
32	1,400	31.7	8.70
35	1,800	28.8	7.90
36	2,800	42.0	11.53
37	1,500	18.9	5.19
Other	7,200	94.5	25.93
J. TEXAS			
Total All Industries	731,500	15,272.3	
20	77,500	1,716.6	11.26
28	56,600	3,189.8	20.93
29	32,700	1,338.2	8.78
33	33,100	784.9	5.15
34	67,300	1,089.6	7.15
35	70,800	1,449.9	9.51
36	54,600	938.9	6.16
37	67,400	1,260.6	8.27
Other	271,500	3,503.8	22.99

Table 1401 (Continued)

U.S. EMPLOYEES AND VALUE ADDED IN MANUFACTURING, BY PRINCIPAL BRANCH,[1] 4 S, 1947, 1963, 1972, 1982

1982

State/Industry	Employees	Value Added (M NC)	% of Total Value Added
G. ARIZONA			
Total All Industries	149,800	6,162.4	
20	6,600	348.8	5.66
27	10,800	387	6.28
33	8,000	448.6	7.28
35	23,400	1,112.4	18.05
36	36,600	1,332.5	21.62
37	17,800	995.3	16.15
Other	46,600	1,537.8	24.95
Phoenix			
Total All Industries	108,000	4,513.0	
20	4,700	249.8	5.54
27	7,900	281.4	6.24
34	5,700	210.2	4.66
36	33,200	1,228.0	27.21
38	4,400	205.9	4.56
Other	52,100	2,337.7	51.80
Tucson			
Total All Industries	26,400	1,062.4	
27	1,800	77.8	7.32
32	1,000	50.9	4.79
34	2,000	45.2	4.25
36	2,800	84.7	7.97
Other	18,800	803.8	75.66
H. CALIFORNIA			
Total All Industries	2,005,000	94,374.0	
20	173,500	10,936.5	11.59
27	131,100	27,416.0	29.05
34	139,900	5,786.3	6.13
35	247,900	12,166.6	12.89
36	331,800	15,757.5	16.70
37	258,300	15,356.1	16.27
38	91,800	4,341.3	4.60
Other	630,700	2,613.7	2.77
Anaheim/Santa Ana/Garden Grove			
Total All Industries	232,400	10,156.4	
20	8,500	713.6	7.03
28	7,200	463.6	4.56
30	13,900	477.1	4.70
34	19,500	739.3	7.28
35	38,000	1,975.7	19.45
36	61,400	2,672.0	26.31
37	16,000	718.2	7.07
38	14,200	833.3	8.20
Other	53,700	1,563.6	15.40
Los Angeles/Long Beach			
Total All Industries	866,100	40,260.4	
20	48,800	3,174.1	7.88
27	53,900	2,471.7	6.14
29	9,600	2,219.2	5.51
34	73,700	3,008.3	7.47
35	77,700	3,778.0	9.38
36	108,600	5,233.0	13.00
37	156,600	9,524.5	23.66
Other	337,200	10,851.6	26.95
Riverside/San Bernardino/Ontario			
Total All Industries	62,400	2,518.4	
20	4,000	176.5	7.01
27	4,600	178.4	7.08
30	4,200	150.2	5.96
32	5,500	297.9	11.83
33	6,800	221.7	8.80
34	6,000	267.4	10.62
35	4,200	185.5	7.37
36	6,600	229.7	9.12
37	7,700	316.0	12.55
Other	12,800	495.1	19.66

Table 1401 (Continued)

U.S. EMPLOYEES AND VALUE ADDED IN MANUFACTURING, BY PRINCIPAL BRANCH,[1] 4 S, 1947, 1963, 1972, 1982

1982 (Continued)

State/Industry	Employees	Value Added (M NC)	% of Total Value Added
San Diego			
Total All Industries	111,500	4,878.7	
20	6,200	328.1	6.73
27	7,900	324.0	6.64
35	15,000	695.2	14.25
36	26,200	1,032.7	21.17
37	26,200	1,424.7	29.20
38	8,400	387.7	7.95
Other	21,600	686.3	14.07
San Francisco/Oakland			
Total All Industries	197,900	9,522.4	
20	20,900	1,641.2	17.24
23	13,000	448.6	4.71
27	23,500	974.9	10.24
28	9,300	853.7	8.97
29	5,400	1,259.0	13.22
34	15,000	646.0	6.78
35	15,100	764.4	8.03
36	17,900	718.5	7.55
Other	77,800	2,216.1	23.27
San Jose			
Total All Industries	276,500	14,808.8	
35	73,200	3,687.6	24.90
36	91,400	5,149.2	34.77
37	33,200	2,538.9	17.14
38	22,800	1,006.6	6.80
Other	55,900	2,426.5	16.39
I. NEW MEXICO			
Total All Industries	33,000	1,397.7	
20	3,600	132.5	.09
27	3,300	109.7	.08
29	800	276.5	.20
32	2,200	91.8	.07
35	3,000	82.4	.06
36	4,900	223.1	.16
37	2,900	105.0	.08
Other	?,???	???.?	.??
Albuquerque			
Total All Industries	18,000	613.2	
24	1,400	44.3	7.22
27	1,900	67.2	10.96
32	1,000	46.3	7.55
35	1,600	35.1	5.72
36	4,500	209.0	34.08
Other	7,600	211.3	34.46
J. TEXAS			
Total All Industries	1,058,400	53,361.4	
20	89,900	5,329.3	9.99
27	65,700	2,461.2	4.61
28	74,300	8,441.8	15.82
29	39,400	4,778.3	8.95
34	99,300	4,185.6	7.84
35	169,700	9,434.6	17.68
36	99,300	4,561.9	8.55
37	73,000	3,474.9	6.51
Other	347,800	10,693.8	20.04
Austin			
Total All Industries	33,700	1,719.9	
27	3,300	126.0	7.33
28	400	113.2	6.58
35	11,100	597.6	34.75
36	8,700	569.9	33.14
Other	10,200	313.2	18.21

Table 1401 (Continued)

U.S. EMPLOYEES AND VALUE ADDED IN MANUFACTURING, BY PRINCIPAL BRANCH,[1] 4 S, 1947, 1963, 1972, 1982

1982 (Continued)

State/Industry	Employees	Value Added (M NC)	% of Total Value Added
Dallas/Fort Worth			
Total All Industries	323,900	14,715.9	
20	21,100	1,621.5	11.02
27	24,500	1,013.8	6.89
28	9,700	806.8	5.48
34	23,400	918.0	6.24
35	42,600	2,526.9	17.17
36	54,400	2,504.9	17.02
37	45,500	2,451.7	16.66
Other	102,700	2,872.3	19.52
Houston			
Total All Industries	264,100	14,777.8	
20	12,900	1,082.1	7.32
28	31,400	3,495.6	23.65
29	14,100	1,736.9	11.75
34	37,800	1,628.0	11.02
35	60,600	3,662.7	24.79
36	18,300	748.8	5.07
Other	89,000	2,423.7	16.40
San Antonio			
Total All Industries	50,600	1,703.3	
20	8,400	381.9	22.42
23	6,700	123.7	7.26
27	4,100	129.8	7.62
32	3,500	162.8	9.56
34	4,900	198.2	11.64
35	9,200	310.7	18.24
Other	13,800	396.2	23.26

Table 1402

MEXICO GROSS PRODUCT OF INDUSTRY, 6 SC, 1970, 1975, 1980

(M NC)

Year	State	Total	Mining	Manufacturing	Construction	Electricity
1970	A. BAJA CALIF.	3,257.0	22.9	2,154.7	856.5	222.9
	B. CHIHUAHUA	4,426.3	1,478.9	1,846.0	929.4	172.0
	C. COAHUILA	4,476.6	668.8	3,074.5	632.9	100.4
	D. NUEVO LEON	11,983.1	226.5	1,022.6	1,442.4	291.6
	E. SONORA	2,922.9	661.1	1,362.0	701.2	198.6
	F. TAMAULIPAS	3,208.4	183.0	1,810.0	1,041.1	175.3
	Mexico Total	145,069.8	11,190.3	105,203.0	23,530.2	5,146.7
1975	A. BAJA CALIF.	7,633.8	53.0	4,873.9	2,237.7	469.2
	B. CHIHUAHUA	10,083.9	2,403.1	5,070.5	2,511.1	99.2
	C. COAHUILA	12,283.2	2,045.9	7,870.3	2,148.8	218.2
	D. NUEVO LEON	28,770.0	493.3	24,223.8	3,426.6	626.3
	E. SONORA	6,767.5	543.9	3,634.0	2,225.1	364.5
	F. TAMAULIPAS	8,003.4	752.6	4,558.8	2,371.3	320.7
	Mexico Total	364,034.8	31,729.5	256,701.0	65,810.6	9,793.1
1980	A. BAJA CALIF.	27,332.6	205.6	17,236.9	8,067.8	1,812.2
	B. CHIHUAHUA	36,490.7	9,059.4	18,192.2	8,711.1	527.7
	C. COAHUILA	45,568.2	6,596.7	30,631.0	7,322.6	1,017.9
	D. NUEVO LEON	108,623.1	1,680.2	89,709.5	14,792.9	2,445.0
	E. SONORA	29,613.0	7,572.1	12,614.5	7,633.1	1,793.3
	F. TAMAULIPAS	34,294.7	2,180.0	17,770.2	11,887.9	2,456.6
	Mexico Total	1,594,615.0	291,374.1	985,013.1	276,192.9	42,034.9

SOURCE: BANAMEX, *La Economía Mexicana en Cifras*, 1986.

Table 1403

MEXICO GROSS PRODUCT OF MANUFACTURING INDUSTRY, BY INDUSTRIAL DIVISION, 6 SC, 1970, 1975, 1980

(M NC)

Year	State	Manufacturing Industry	Division I Food	Division II Textiles	Division III Wood	Division IV Paper	Division V Chemicals	Division VI Minerals	Division VII Metals	Division VIII Machinery	Division IX Other
1970	A. BAJA CALIF.	2,154.7	928.6	270.3	87.2	45.8	99.5	104.0	2.5	551.6	65.2
	B. CHIHUAHUA	1,846.0	568.0	138.8	522.5	191.1	140.3	72.9	84.4	122.4	5.6
	C. COAHUILA	3,074.5	568.1	216.7	35.2	21.5	194.3	201.3	1,243.1	574.0	20.3
	D. NUEVO LEON	10,022.6	2,859.8	568.7	147.0	527.2	1,156.4	1,218.4	1,594.7	1,897.4	53.0
	E. SONORA	1,362.0	684.4	241.6	37.1	20.1	102.8	86.1	10.5	175.0	4.4
	F. TAMAULIPAS	1,810.0	604.4	177.4	35.0	54.9	709.8	53.6	~	166.8	8.1
	Mexico Total	105,203.0	29,372.7	15,519.6	3,607.1	5,685.0	18,432.4	6,088.0	5,854.8	18,832.3	1,811.1
1975	A. BAJA CALIF.	4,873.9	2,432.8	423.0	164.5	94.0	294.7	179.1	2.1	1,205.6	72.1
	B. CHIHUAHUA	5,070.5	1,417.3	521.5	1,056.5	537.4	371.0	272.1	141.5	705.3	47.8
	C. COAHUILA	7,870.3	1,460.0	881.5	62.9	60.0	475.9	637.5	2,641.8	1,580.6	70.1
	D. NUEVO LEON	24,233.8	7,452.7	1,258.9	270.1	1,093.5	3,000.9	2,709.5	3,286.8	4,973.5	177.9
	E. SONORA	3,634.0	2,286.9	366.2	76.0	57.7	260.1	131.7	21.2	397.6	36.6
	F. TAMAULIPAS	4,558.8	1,362.4	848.2	69.7	111.9	1,608.3	163.1	2.9	334.6	57.7
	Mexico Total	256,701.0	74,751.2	36,130.1	8,118.9	12,542.2	44,643.9	14,291.1	14,584.5	46.047.2	5,591.9
1980	A. BAJA CALIF.	17,236.9	8,050.4	1,818.8	795.8	433.0	888.0	677.4	2.6	4,265.1	305.8
	B. CHIHUAHUA	18,192.2	3,332.1	1,974.8	5,300.4	1,636.7	1,162.4	998.2	893.6	2,686.1	207.9
	C. COAHUILA	30,631.0	4,556.0	3,278.3	365.0	279.1	1,343.1	2,836.7	10,297.2	7,369.3	306.3
	D. NUEVO LEON	89,709.5	19,450.2	5,004.4	1,236.4	4,517.5	12,947.1	11,020.7	14,286.0	20,376.4	870.8
	E. SONORA	12,614.5	7,247.4	1,771.7	388.5	223.9	801.7	471.1	81.5	1,468.1	160.6
	F. TAMAULIPAS	17,770.2	4,529.0	1,373.6	368.5	403.8	8,986.8	577.3	11.4	1,265.6	254.2
	Mexico Total	985,013.1	237,220.5	129,084.9	39,117.7	51,369.5	180,662.3	55,284.9	60,356.8	204,992.2	26,924.3

SOURCE: BANAMEX, *La Economía Mexicana en Cifras*, 1986.

Table 1404

MEXICO BORDER STATE SHARE OF MANUFACTURING GROSS PRODUCT, 6 SC, 1980

(%)

State	All Manufacturing	Division I Food	Division II Textiles	Division III Wood	Division IV Paper	Division V Chemicals	Division VI Minerals	Division VII Metals	Division VIII Machinery	Division IX Other
A. BAJA CALIF.	1.7	3.4	1.4	2.0	.8	.5	*1.2	~	2.1	1.1
B. CHIHUAHUA	1.8	1.4	1.5	13.5	3.2	.6	1.8	1.5	1.3	1.0
C. COAHUILA	3.1	1.9	2.5	1.9	.5	.8	5.1	17.1	3.6	1.1
D. NUEVO LEON	9.1	8.2	3.9	3.2	8.8	7.2	19.9	23.7	9.9	−3.2
E. SONORA	1.3	3.1	1.4	1.0	.4	.4	.8	.1	.7	−.6
F. TAMAULIPAS	1.8	1.8	1.1	1.0	1.0	5.0	1.0	~	.6	−.9
Mexico Total	100.0	100.0	100.0	100.0	100.0	100.0	100.0	100.0	100.0	100.0

SOURCE: BANAMEX, *La Economía Mexicana en Cifras*, 1986.

Table 1405

U.S. VALUE ADDED, COST OF MATERIALS, AND VALUE OF SHIPMENTS, 4 S, 1972, 1977, 1982

(M NC)

		All Industries			Food and Kindred Products			Textile Mill Products			Apparel and Other Textile Products		
Year	State	Value Added by Manufacture	Cost of Materials	Value of Shipments	Value Added by Manufacture	Cost of Materials	Value of Shipments	Value Added by Manufacture	Cost of Materials	Value of Shipments	Value Added by Manufacture	Cost of Materials	Value of Shipments
1972	G. ARIZONA	1,879.6	2,233.7	4,041.2	134.7	440.3	572.9	~	~	~	44.8	38.8	80.1
	H. CALIFORNIA	8,181.3	32,611.5	62,976.2	4,019.9	7,793.3	11,794.6	231.6	319.2	543.1	893.8	985.1	1,855.3
	I. NEW MEXICO	358.0	569.5	918.9	68.3	202.1	270.1	~	~	~	16.2	12.7	28.9
	J. TEXAS	15,253.0	21,346.3	36,628.9	1,716.6	3,881.8	5,573.1	62.6	74.1	121.6	557.4	621.6	1,182.3
1977	G. ARIZONA	3,332.9	3,773.4	7,022.4	193.8	586.7	789.6	~	~	~	75.8	65.5	139.8
	H. CALIFORNIA	54,862.4	66,681.2	120,895.8	6,578.0	13,993.2	20,504.1	356.1	608.7	954.7	1,770.5	1,957.9	3,728.3
	I. NEW MEXICO	733.5	1,289.4	2,009.2	104.4	382.8	486.1	~	~	~	52.0	48.3	100.5
	J. TEXAS	33,080.9	60,395.8	92,735.7	3,040.7	8,494.6	11,494.7	140.0	168.2	304.5	985.7	1,001.3	1,959.4
1982	G. ARIZONA	6,612.4	6,726.3	12,907.2	348.8	730.6	1,086.8	~	~	~	105.4	111.0	219.2
	H. CALIFORNIA	94,374.0	105,592.9	199,704.1	10,936.5	20,339.9	31,263.3	~	~	~	2.565.4	2,732.3	5,294.6
	I. NEW MEXICO	1,397.7	2,431.8	3,815.4	132.5	325.3	457.6	~	~	~	~	~	~
	J. TEXAS	53,361.4	117,579.2	171,656.9	5,329.3	11,983.4	17,303.2	~	~	~	1,436.8	1,314.9	2,800.5

		Lumber and Wood Products			Furniture and Fixtures			Paper and Allied Products			Printing and Publishing		
Year	State	Value Added by Manufacture	Cost of Materials	Value of Shipments	Value Added by Manufacture	Cost of Materials	Value of Shipments	Value Added by Manufacture	Cost of Materials	Value of Shipments	Value Added by Manufacture	Cost of Materials	Value of Shipments
1972	G. ARIZONA	67.4	97.8	162.1	16.6	15.7	32.2	21.2	25.2	46.2	115.6	48.2	163.6
	H. CALIFORNIA	1,137.3	1,507.7	2,620.1	623.8	538.0	1,149.0	721.0	958.2	1,674.4	1,706.9	834.7	2,541.8
	I. NEW MEXICO	31.6	39.3	71.4	~	~	~	~	~	~	31.6	10.3	41.8
	J. TEXAS	369.9	588.3	953.9	198.3	188.1	383.8	342.0	403.0	742.2	655.3	321.6	977.6
1977	G. ARIZONA	104.3	183.4	282.8	~	~	~	47.6	74.6	121.9	191.2	99.3	289.7
	H. CALIFORNIA	1,840.0	2,661.2	4,468.5	1,064.7	959.8	2,001.5	1,309.7	2,011.7	3,298.9	2,876.7	1,604.0	4,463.1
	I. NEW MEXICO	56.0	73.2	126.7	3.1	2.8	5.9	~	~	~	62.1	22.1	84.2
	J. TEXAS	706.3	1,069.6	1,761.8	305.5	312.3	610.7	663.0	919.9	1,580.9	1,159.9	662.9	1,819.4
1982	G. ARIZONA	122.6	190.2	316.2	45.8	44.5	90.6	78.6	115.8	196.7	387.0	214.2	600.8
	H. CALIFORNIA	1,445.0	2,190.9	3,704.2	1,709.7	1,400.8	3,111.4	1,978.4	3,078.7	5,065.2	5,473.2	3,120.2	8,592.1
	I. NEW MEXICO	58.6	103.0	165.9	6.6	6.0	12.6	~	~	~	109.7	48.7	158.6
	J. TEXAS	904.7	1,659.9	2,572.9	441.4	435.2	879.8	996.1	1,643.3	2,631.6	2,461.2	1,393.5	3,852.4

		Chemicals and Allied Products			Petroleum and Coal Products			Rubber and Miscellaneous Plastic			Leather and Leather Products		
Year	State	Value Added by Manufacture	Cost of Materials	Value of Shipments	Value Added by Manufacture	Cost of Materials	Value of Shipments	Value Added by Manufacture	Cost of Materials	Value of Shipments	Value Added by Manufacture	Cost of Materials	Value of Shipments
1972	G. ARIZONA	60.9	42.2	98.7	~	~	~	23.7	16.6	40.0	~	~	~
	H. CALIFORNIA	1,725.7	1,409.4	3,180.4	724.7	2,664.0	3,398.0	943.7	756.4	1,683.3	~	~	~
	I. NEW MEXICO	10.6	10.9	27.6	10.9	44.0	54.8	3.2	~	~	~	~	~
	J. TEXAS	3,189.8	2,863.2	6.026.8	1,338.2	5,987.9	7,402.1	349.1	297.0	642.0	1.8	1.3	3.1
1977	G. ARIZONA	157.4	118.4	268.0	~	~	~	~	~	~	12.9	19.6	32.4
	H. CALIFORNIA	2,803.4	3,399.5	6,182.9	2,539.9	9,981.3	12,460.1	1,698.0	1,653.0	3,312.1	179.9	185.4	361.4
	I. NEW MEXICO	18.9	53.5	70.8	52.6	230.9	282.1	3.0	3.2	6.3	~	~	~
	J. TEXAS	7,310.0	10,197.8	17,347.0	4,184.0	23,167.7	27,178.9	736.1	773.0	1,494.5	95.4	100.4	189.6
1982	G. ARIZONA	181.4	189.2	365.4	18.7	101.9	121.1	135.2	149.0	285.0	~	~	~
	H. CALIFORNIA	4.058.5	4,463.1	8,543.4	4,155.5	21,061.7	25,440.1	2,398.4	2,367.6	4,796.9	~	~	~
	I. NEW MEXICO	19.2	43.0	61.2	276.5	1,104.6	1,366.6	6.3	9.3	15.5	~	~	~
	J. TEXAS	8,441.4	16,351.8	25,154.1	4,478.3	55,088.3	60,341.4	1,275.8	1,289.6	2,572.7	164.9	254.7	425.7

Table 1405 (Continued)
U.S. VALUE ADDED, COST OF MATERIALS, AND VALUE OF SHIPMENTS,
4 S, 1972, 1977, 1982
(M NC)

		Stone, Clay and Glass Products			Primary Metal Products			Fabricated Metal Products			Machinery, Except Electrical		
Year	State	Value Added by Manufacture	Cost of Materials	Value of Shipments	Value Added by Manufacture	Cost of Materials	Value of Shipments	Value Added by Manufacture	Cost of Materials	Value of Shipments	Value Added by Manufacture	Cost of Materials	Value of Shipments
1972	G. ARIZONA	105.8	71.9	177.1	309.9	876.3	1,163.4	67.8	64.1	129.1	309.1	110.5	398.7
	H. CALIFORNIA	1,126.7	795.2	1,922.9	852.3	1,343.0	2,169.7	2,237.5	1,981.4	4,214.9	2,688.0	1,812.2	4,425.5
	I. NEW MEXICO	31.7	25.2	56.4	~	~	~	10.9	11.8	22.2	28.8	30.3	49.0
	J. TEXAS	609.5	507.0	1,113.0	784.9	1,001.7	1,793.7	1,049.5	1,212.5	2,282.5	1,449.9	1,068.8	2,458.3
1977	G. ARIZONA	174.9	137.8	314.4	310.4	1,263.8	1,525.3	114.4	121.2	232.5	731.0	209.7	933.0
	H. CALIFORNIA	1,827.7	1,631.0	3,458.3	1,349.2	2,502.8	3,831.4	4,017.8	3,660.5	7,606.2	5,630.7	4,349.1	9,811.6
	I. NEW MEXICO	56.6	55.2	119.9	~	~	~	32.8	27.3	55.7	36.4	26.7	62.4
	J. TEXAS	1,157.4	1,204.7	2,359.7	1,715.4	2,706.4	4,405.0	2,234.9	2,459.3	4,666.6	3,862.1	3,015.5	6,831.5
1982	G. ARIZONA	216.8	222.3	436.1	448.6	1,268.1	1,729.0	260.2	254.8	513.0	1,112.4	1,344.3	2,398.7
	H. CALIFORNIA	2,283.1	2,322.6	4,585.7	1,717.6	2,807.1	4,609.2	5,786.3	5,497.2	11,409.2	12,166.6	8,624.9	20,797.6
	I. NEW MEXICO	91.8	86.3	179.9	~	~	~	27.9	35.7	65.4	82.4	163.4	245.9
	J. TEXAS	1,894.2	2,129.3	4,010.8	1,848.8	3,832.2	5,602.6	4,185.6	4,626.4	8,871.8	9,434.6	7,518.1	16,743.9

		Electric and Electronic Equipment			Transportation Equipment			Instruments and Related Products			Miscellaneous Manufacturing Industries		
Year	State	Value Added by Manufacture	Cost of Materials	Value of Shipments	Value Added by Manufacture	Cost of Materials	Value of Shipments	Value Added by Manufacture	Cost of Materials	Value of Shipments	Value Added by Manufacture	Cost of Materials	Value of Shipments
1972	G. ARIZONA	331.8	171.7	505.1	170.5	156.5	316.2	68.9	25.8	93.4	20.2	18.4	37.8
	H. CALIFORNIA	3,311.1	2,050.4	5,343.7	6,697.2	5,836.5	11,991.5	927.3	524.4	1,423.1	549.3	~	~
	I. NEW MEXICO	42.0	23.6	60.8	18.9	19.8	38.7	7.0	2.8	9.8	10.2	~	~
	J. TEXAS	938.9	633.6	1,548.3	1,260.6	1,456.2	2,831.6	177.0	98.0	276.4	132.9	98.2	229.3
1977	G. ARIZONA	548.2	273.4	805.2	399.5	394.7	799.6	141.3	73.3	206.0	50.0	56.5	107.1
	H. CALIFORNIA	6,807.7	4,211.9	10,805.3	9,202.4	9,678.9	18,892.0	1,939.3	986.0	2,866.5	1,070.3	844.9	1,888.3
	I. NEW MEXICO	78.9	50.3	127.6	39.0	46.5	85.3	9.4	5.4	14.7	33.4	25.1	57.2
	J. TEXAS	2,061.0	1,461.3	3,452.6	2,023.6	2,188.6	4,105.2	435.7	276.3	699.2	~	~	~
1982	G. ARIZONA	1,332.5	619.4	1,945.8	995.3	955.4	2,013.3	251.5	119.0	374.4	93.2	62.9	153.9
	H. CALIFORNIA	15,757.5	9,578.0	25,232.9	15,356.1	11,500.4	26.064.8	4,341.3	2,141.2	6,509.2	1,667.0	1,469.2	3,119.5
	I. NEW MEXICO	223.1	110.2	328.2	105.0	140.0	242.3	23.2	14.7	44.1	24.1	23.1	47.1
	J. TEXAS	4,561.9	2,642.1	7,250.6	3,474.9	4,240.4	7,751.6	889.6	531.6	1,404.9	696.2	478.4	1,175.0

SOURCE: CM, 1972, 1977, 1982.

Table 1406
BAJA CALIFORNIA SELECTED CHARACTERISTICS OF INDUSTRY, 1940–80

Characteristic	1940	1945	1950	1955	1960	1965	1970	1975	1980†
Establishments (N)	117	221	525	478	1,366	1,875	1,660	1,612	1,705
Employees (N)	3,821	2,508	5,974	10,644	10,278	10,538	31,443	31,443	54,698
Salaries (T Pesos)	6,074	8,405	41,423	92,564	134,470	289,822	637,839	1,367,827	3,368,914.5
Capital Invested (T Pesos)	51,978	30,156	480,594	1,027,689	1,036,200	1,559,500	1,814,431	3,036,783	4,659,951
Value of Production (T Pesos)	48,396	95,598	723,881	1,347,634	1,015,356	2,159,300	3,490,060	7,880,877	16,379,336.7

SOURCE: Ramón de Jesús Ramírez Acosta and Víctor Castillo Rodríguez, *La Frontera México–Estados Unidos: Estudios de las Economías de Baja California y California* (Tijuana: Universidad Autónoma de Baja California, n.d.).

Table 1407
CALIFORNIA SELECTED CHARACTERISTICS OF INDUSTRY, 1977

Industry	Employees (T)	Salaries (M US)	Value of Production (M US)	New Investment (M US)
Total	1,142.5	13,150.5	54,862.4	3,385.4
Food	121.0	1,417.4	6,578.0	470.6
Textiles	13.1	105.1	356.1	17.6
Clothing	85.2	520.8	1,770.5	33.1
Wood	57.7	667.5	1,840.5	135.5
Furniture	43.0	378.2	1,064.7	39.5
Paper	27.0	385.2	1,309.7	115.6
Printing	55.3	681.8	2,876.7	134.7
Chemicals	29.7	360.9	2,803.4	236.6
Oil and Coal	11.5	212.9	2,539.9	152.8
Rubber and Plastic	48.8	475.9	1,698.0	138.5
Leather	10.4	72.4	179.9	6.3
Minerals	41.4	530.2	1,827.7	185.5
Basic Minerals	38.3	532.1	1,349.2	204.8
Metal Products	101.4	1,187.5	4,107.8	202.9
Machinery	104.2	1,286.9	5,630.7	420.4
Electric and Electronic Equipment	138.0	1,539.4	6,807.7	414.7
Transport Equipment	144.9	2,127.9	9,202.4	312.5
Other	70.0	668.2	3,000.6	163.7

SOURCE: Ramón de Jesús Ramírez Acosta and Víctor Castillo Rodríguez, *La Frontera México–Estados Unidos: Estudios de las Economías de Baja California y California* (Tijuana: Universidad Autónoma de Baja California, n.d.).

Table 1408

MEXICO PRODUCTION OF EXTERNAL CLOTHING, 6 S, 1960, 1965, 1970, 1975

(T NC)

State	1960	1965	1970	1975
A. BAJA CALIF.				
Establishments (N)	82[a]	109	149	99
Pensions, Salaries Paid	684	2,355	31,119	31,526
Capital Invested	1,314	4,635	15,328	16,761
Gross Production	4,663	12,596	68,963	74,721
B. CHIHUAHUA				
Establishments (N)	113	156	140	114
Pensions, Salaries Paid	2,755	5,278	7,896	27,896
Capital Invested	4,179	19,567	18,189	29,242
Gross Production	14,126	34,309	31,294	74,920
C. COAHUILA				
Establishments (N)	237	215	181	121
Pensions, Salaries Paid	2,913	5,268	8,399	33,787
Capital Invested	10,174	17,889	33,610	37,380
Gross Production	16,231	27.266	46,373	103,742
D. NUEVO LEON				
Establishments (N)	251	245	259	207
Pensions, Salaries Paid	26,677	58,715	99,773	165,269
Capital Invested	102,271	134,204	365,041	349,009
Gross Production	83,490	311,180	656,523	929,550
E. SONORA				
Establishments (N)	83[b]	90	76[c]	46[d]
Pensions, Salaries Paid	738	526	7,203	7,139
Capital Invested	991	804	4,888	7,352
Gross Production	3,353	2,833	14,208	17,324
F. TAMAULIPAS				
Establishments (N)	182	190[e]	196	167
Pensions, Salaries Paid	2,352	3,689	8,886	8,472
Capital Invested	10,238	14,850	29,539	2,315
Gross Production	11,003	22,759	44,754	23,362

a. Includes suits, coats, pants, and shirts for men; suits, skirts, and blouses for women (excludes uniforms); all entries.
b. Excludes women's clothing.
c. Includes Baja California and Chihuahua.
d. Includes Chihuahua.
e. Includes Aguascalientes and Chihuahua.

SOURCE: INEGI-EI, various years.

Table 1409

U.S. PRODUCTION OF MEN'S AND WOMEN'S[1] EXTERNAL CLOTHING, 4 S, 1977, 1982

State	1977	1982
G. ARIZONA		
Establishments[2]	49	37
Salaries[3]	~	28.7
Value Added[4]	81.5	56.6
H. CALIFORNIA		
Establishments	~	304.1
Salaries	~	775.7
Value Added	1,336.7	1,880.5
I. NEW MEXICO		
Establishments	~	8
Salaries	~	~
Value Added	~	~
J. TEXAS		
Establishments	~	417
Salaries	~	507.8
Value Added	750.9	1,099.4

1. Includes boys and misses.
2. N throughout.
3. M NC throughout.
4. M NC throughout.

SOURCE: CM, 1977, 1982.

Table 1410

MEXICO FOOD AND BEVERAGE INDUSTRY, 6 SC, 1970, 1975

(T NC)

Year	State	Establishments (N)	Employees	Salaries	Aggregate Gross Value	Active Fixed Gross	Total Gross Production	Fixed Gross Investment
1970	A. BAJA CALIF.	589	8,892	175,343	604,613	564,455	1,802,599	17,670
	B. CHIHUAHUA	945	9,364	131,093	348,987	418,566	1,207,094	62,084
	C. COAHUILA	921	6,742	94,272	337,192	353,938	1,256,184	21,833
	D. NUEVO LEON	1,543	18,007	386,651	1,111,650	1,450,041	4,006,709	130,203
	E. SONORA	572	8,936	126,30	397,886	546,313	1,508,506	60,262
	F. TAMAULIPAS	1,187	11,686	182,195	371,988	585,590	1,163,182	20,467
	Mexico Total	56,066	362,578	5,370,650	15.774,779	19,696,362	49,948,150	1,979,179
1975	A. BAJA CALIF.	619	9,897	395,896	1,377,053	803,448	4,280,784	229,583
	B. CHIHUAHUA	1,012	8,155	248,679	688,121	570,130	2,316,499	42,812
	C. COAHUILA	835	6,583	193,319	628,280	536,845	2,054,027	70,382
	D. NUEVO LEON	1,451	17,852	757,827	2,721,361	2,083,967	8,381,687	464,110
	E. SONORA	457	9,475	338,715	1,024,833	1,244,059	3,817,591	265,807
	F. TAMAULIPAS	1,224	10,902	389,587	735,012	950,104	1,960,567	156,231
	Mexico Total	57,703	373,625	12,756,115	34,654,144	30,470,864	109,814,760	3,933,003

SOURCE: SPP, *El Sector Alimentario en México*, 1981.

Table 1411

MEXICO MANUFACTURE OF BUTTER, CHEESE, AND CREAM, 4 SC, 1975

State	Establishments		Employees		Production	
	N	%	Average	%	M NC	%
B. CHIHUAHUA	33	9.14	207	6.14	127,437	9.39
C. COAHUILA	18	4.99	179	5.31	119,312	8.79
D. NUEVO LEON	17	4.71	123	3.65	56,033	4.13
F. MORELOS and TAMAULIPAS	3	.83	20	.59	1,491	.11
Mexico Border	71	19.70	529	15.70	304,273	22.40
Mexico Total	361	100.00	3,371	100.00	1,357,650	100.00

SOURCE: María del Carmen Valle, "La Industria Lechera en la Zona Norte: Desarrollo y Limitaciones," paper presented at the conference "Agricultura, Economía y Sociedad en la Frontera México–Estados Unidos de América," Mexicali, Mexico, December 4–6, 1985.

Table 1412

MEXICO PASTEURIZATION OF MILK PRODUCTS, 6 SC, 1970, 1975, 1980

State	Plants (N)			Volume (T Liters)		
	1970	1975	1980	1970	1975	1980
A. BAJA CALIF.	7	7	7	39,785	90,155	95,321
B. CHIHUAHUA	11	8	8	51,830	43,253	82,892
C. COAHUILA	9	3	4	107,858	28,835	68,460
D. NUEVO LEON	17	8	6	79,387	108,405	120,135
E. SONORA	8	11	10	35,587	58,400	63,925
F. TAMAULIPAS	11	6	5	2,555	15,330	14,248
Mexico Border	63	43	40	317,002	344,378	444,981
Mexico Total	231	152	116	922,906	1,323,457	1,529,417

SOURCE: María del Carmen Valle, "La Industria Lechera en la Zona Norte: Desarrollo y Limitaciones," paper presented at the conference "Agricultura, Economía y Sociedad en la Frontera México–Estados Unidos de América," Mexicali, Mexico, December 4–6, 1985.

Table 1413

MEXICO PAPER PRODUCTION, BY GROUP, 3 SC, 1981–84
(Tons)

Year	State	Total	Writing and Printing	Packaging	Sanitary and Facial	Special
1981	A. BAJA CALIF.	~	~	~	~	~
	C. COAHUILA	61,908	13,215	43,632	~	5,061
	D. NUEVO LEON	237,602	11,860	211,236	~	14,506
	Mexico Total	1,950,264	555,321	1,119,659	223,865	51,419
1982	A. BAJA CALIF.	3,787	~	37	3,750	~
	C. COAHUILA	80,273	15,080	56,410	~	8,783
	D. NUEVO LEON	206,681	10,521	182,543	~	13,617
	Mexico Total	1,986,473	577,423	1,106,330	247,921	54,799
1983	A. BAJA CALIF.	7,839	~	85	7,534	220
	C. COAHUILA	90,813	14,549	72,532	~	3,732
	D. NUEVO LEON	214,869	4,432	197,182	~	13,255
	Mexico Total	2,061,790	603,719	1,153,153	245,677	59,241
1984	A. BAJA CALIF.	9,628	~	~	9,628	~
	C. COAHUILA	95,111	17,137	77,207	~	767
	D. NUEVO LEON	219,057	6,000	196,478	~	16,579
	Mexico Total	2,239,679	708,411	1,198,159	272,678	60,431

SOURCE: AE, 1985.

Table 1414

MEXICO PRODUCTION OF PHARMACEUTICALS AND MEDICINES, 6 S, 1960–75

(T NC)

State	1960	1965	1970	1975
A. BAJA CALIF.				
Establishments (N)	4[a]	4[b]	3[c]	4[d]
Salaries Paid	2,254	459	300	1,664
Capital Invested	10,151	5,267	1,391	3,560
Gross Production	17,209	2,531	835	7,914
B. CHIHUAHUA				
Establishments (N)	4[e]	--	3[f]	4[g]
Salaries Paid	2,254	--	300	1,664
Capital Invested	10,151	--	1,391	3,560
Gross Production	17,209	--	835	7,914
C. COAHUILA				
Establishments (N)	3	5	3	4
Salaries Paid	2,255	1,809	3,032	5,416
Capital Invested	5,450	7,124	10,264	40,452
Gross Production	6,785	9,730	12,363	71,731
D. NUEVO LEON				
Establishments (N)	5	5	9	7
Salaries Paid	195	629	2,758	8,919
Capital Invested	348	1,347	22,069	24,996
Gross Production	1,017	3,518	15,899	49,650
E. SONORA				
Establishments (N)	4[h]	4[i]	3[j]	--
Salaries Paid	2,254	459	300	--
Capital Invested	10,151	5,267	1,391	--
Gross Production	17,209	2,531	835	--
Mexico Total				
Establishments	386	442	443	406

a. Includes Chihuahua, Sonora, and Sinaloa.
b. Includes Nayarit, Sinaloa, and Sonora.
c. Includes Chihuahua and Sonora.
d. Includes Chihuahua.
e. Includes Baja California and Sinaloa.
f. Includes Aguascalientes and Sinaloa.
g. Includes Baja California, Sinaloa, and Sonora.
h. Includes Baja California, Chihuahua, and Sinaloa.
i. Includes Baja California, Nayarit, and Sinaloa.
j. Includes Baja California and Chihuahua.

SOURCE: INEGI-EI, various years.

… The Border Economy

Table 1415

U.S. PHARMACEUTICAL PRODUCTION,[1] 3 S, 1982

State	1982
G. ARIZONA	
Establishments (N)	11
Salaries (M NC)[2]	~
Value Added (M NC)[3]	~
H. CALIFORNIA	
Establishments (N)	178
Salaries (M NC)	310.8
Value Added (M NC)	937.2
J. TEXAS	
Establishments (N)	56
Salaries (M NC)	67.3
Value Added (M NC)	298.5

1. Establishments primarily engaged in manufacturing, fabricating, or processing medicinal chemicals and pharmaceutical products.
2. All employees.
3. By manufacture.

SOURCE: CM, 1982.

Table 1416

MEXICO INDUSTRIAL STEEL[1] SALES, 6 S, 1972–80
(Tons)

State	1972	1973	1974	1975	1976	1977	1978	1979	1980
A. BAJA CALIF.	8,923	11,135	19,716	12,988	18,208	12,802	22,731	20,567	24,047
B. CHIHUAHUA	25,566	38,087	52,023	48,433	41,666	41,599	55,080	47,465	54,494
C. COAHUILA	95,574	101,420	100,526	100,863	149,916	166,353	197,642	197,851	250,500
D. NUEVO LEON	485,820	598,112	688,909	661,778	547,635	600,402	757,689	1,124,842	1,122,223
E. SONORA	31,239	37,461	38,513	41,786	38,106	45,200	54,608	52,608	50,417
F. TAMAULIPAS	53,611	87,500	103,660	110,451	103,454	80,711	94,677	119,539	127,035

1. Includes wire, small rods, solid bars, flat iron, sheet metal, tin plate, galvanized plate.

SOURCE: SPP, *La Industria Siderúrgica en México,* 1983.

Table 1417

MEXICO ELECTRICITY, INSTALLED CAPACITY, PUBLIC SECTOR, BY TYPE OF GENERATION, 6 S, 1977–83

(Mw)

State	1977	1978	1979	1980	1981	1982	1983
A. BAJA CALIF.							
Total	465	468	539	531	592	681	661
Hydroelectric	#	#	#	#	#	#	#
Thermoelectric/Steam	307	307	307	294	287	287	287
Turbogás	74	74	74	81	#	209	189
Other[1]	84	87	8	156	#	185	185
B. CHIHUAHUA							
Total	335	343	343	335	673	653	653
Hydroelectric	#	#	#	#	#	#	#
Thermoelectric/Steam	159	159	159	156	472	457	457
Turbogás	176	178	184	179	201	196	196
Other[1]	#	6	#	#	#	#	#
C. COAHUILA							
Total	105	67	67	106	541	542	842
Hydroelectric	#	#	#	#	#	#	#
Thermoelectric/Steam	38	#	#	#	300	#	#
Turbogás	67	67	67	106	241	241	241
Other[1]	#	#	#	#	#	301	601
D. NUEVO LEON							
Total	682	682	682	675	963	963	963
Hydroelectric	#	#	#	#	#	#	#
Thermoelectric/Steam	582	582	582	570	570	570	570
Turbogás	100	100	100	105	141	141	141
Other[1]	#	#	#	#	252	252	252
E. SONORA							
Total	497	496	664	782	834	845	846
Hydroelectric	164	164	164	164	164	164	164
Thermoelectric/Steam	266	266	424	582	582	582	582
Turbogás	57	57	75	36	84	95	96
Other[1]	10	9	1	#	4	4	4
F. TAMAULIPAS							
Total	480	1,081	1,063	972	953	1,173	1,173
Hydroelectric	30	31	31	31	31	31	31
Thermoelectric/Steam	418	1,018	1,018	914	895	1,115	1,115
Turbogás	32	32	14	27	27	27	27
Other[1]	#	#	#	#	#	#	#

1. Includes internal combustion, combined cycle, and geothermal electricity.

SOURCE: SPP, *El Sector Eléctrico en México,* 1983, pp. 31–37; AEE, 1985, pp. 290–291.

Table 1418

U.S. ELECTRICITY, INSTALLED CAPACITY, 4 SC, 1975–86

(M Kw)

State	1975	1980	1985	1986
G. ARIZONA	7.5	9.4	12.1	13.7
H. CALIFORNIA	33.7	37.8	45.1	45.0
I. NEW MEXICO	4.1	5.0	5.5	5.5
J. TEXAS	41.4	53.3	59.0	60.2
U.S. Total	508.3	613.5	698.1	707.7

SOURCE: SAUS, various years.

Table 1419
MEXICO ELECTRIC POWER GENERATION, 6 S, 1977–84
(Gigawatt Hours)

State	1977	1978	1979	1980	1981	1982	1983	1984
A. BAJA CALIF.								
Total	1,646	1,748	1,880	2,087	2,290	2,315	2,434	2,725
Hydroelectric	#	#	#	#	#	#	#	#
Thermoelectric/Steam	1,307	1,130	827	1,131	1,261	979	1,086	2,725
Turbogás	4	5	16	29	52	55	111	#
Other[1]	605	613	1,037	927	977	281[a]	1,237[a]	185
B. CHIHUAHUA								
Total	1,452	1,408	1,686	1,724	2,885	3,321	3,281	3,205
Hydroelectric	#	#	#	#	#	#	#	#
Thermoelectric/Steam	1,077	992	1,120	1,079	2,148	2,903	3,143	3,205
Turbogás	367	414	561	645	737	418	138	#
Other[1]	8	2	5	#	#	#[a]	#[a]	#
C. COAHUILA								
Total	351	171	238	378	623	1,866	2,630	3,154
Hydroelectric	#	#	#	#	#	#	#	#
Thermoelectric/Steam	189	#	#	#	33	#	#	3,154
Turbogás	154	171	238	378	590	587	205	#
Other[1]	8	#	#	#	#	1,279[a]	2,425[a]	#
D. NUEVO LEON								
Total	3,429	3,791	3,885	4,280	4,583	4,867	3,898	4,268
Hydroelectric	#	#	#	#	#	#	#	#
Thermoelectric/Steam	3,197	3,515	3,339	3,609	3,251	2,717	2,229	4,268
Turbogás	232	276	546	671	552	477	352	#
Other[1]	#	#	#	#	780	1,673[a]	1,317[a]	#
E. SONORA								
Total	1,973	2,086	2,412	3,352	3,568	3,626	3,588	3,719
Hydroelectric	494	445	855	457	703	545	978	837
Thermoelectric/Steam	1,424	1,563	1,468	3,000	2,831	3,056	2,582	2,882
Turbogás	20	55	71	74	32	20	17	#
Other[1]	35	23	18	1	2	5[a]	11[a]	#
F. TAMAULIPAS								
Total	2,458	2,797	3,676	4,516	4,612	4,559	6,395	6,005
Hydroelectric	131	112	139	119	136	130	82	66
Thermoelectric/Steam	2,307	2,597	3,469	4,325	4,331	4,335	6,297	5,939
Turbogás	20	88	68	72	145	74	15	#
Other[1]	#	#	#	#	#	#[a]	1[a]	#

1. Includes internal combustion, combined cycle, and geothermal.
a. Includes internal combustion, combined cycle, carboelectric, geothermal, and geothermoelectric.

SOURCE: SPP, *El Sector Eléctrico en México*, 1983, pp. 61–73; AEE, 1985, pp. 286–287.

Table 1420
U.S. ELECTRIC POWER GENERATION, 4 S, 1980–87
(Gigawatt Hours)

State	1980	1981	1982	1983	1984	1985	1986	1987
G. ARIZONA								
Petroleum Generated	869	268	214	407	409	177	123	226
Gas	4,486	5,396	2,837	1,637	2,253	3,872	2,672	2,452
Hydroelectric	9,820	6,788	7,000	14,467	15,664	13,972	14,446	10,119
Nuclear	#	#	#	#	#	1,130	9,976	13,458
Other	#	#	#	#	#	#	#	#
H. CALIFORNIA								
Petroleum Generated	39,430	27,751	9,470	6,327	2,410	2,667	2,976	2,095
Gas	50,272	63,556	50,034	42,826	54,265	64,518	41,050	62,660
Hydroelectric	40,870	29,764	50,226	56,885	43,159	31,717	41,459	24,564
Nuclear	4,920	3,206	3,735	5,613	14,144	19,729	26,215	30,387
Other	5,093	5,709	4,856	6,082	7,691	9,215	10,166	10,637
I. NEW MEXICO								
Petroleum Generated	189	84	146	111	60	41	38	36
Gas	5,061	4,959	4,103	2,842	2,839	2,679	1,892	1,756
Hydroelectric	94	88	79	89	94	128	166	164
Nuclear	#	#	#	#	#	#	#	#
Other	#	#	#	#	#	#	#	#
J. TEXAS								
Petroleum Generated	949	713	1,090	2,020	454	810	410	551
Gas	138,928	134,419	125,463	115,524	124,604	117,942	109,305	103,272
Hydroelectric	979	1,145	1,027	1,107	1,031	1,401	1,972	2,158
Nuclear	#	#	#	#	#	#	#	#
Other	79	75	61	75	110	300	308	233

SOURCE: Energy Information Administration, Office of Coal, Nuclear, Electric, and Alternate Fuels, *Electric Power Annual* (Washington, D.C.: U.S. Department of Energy), 1984, pp. 36–41; 1987, pp. 28–32.

Table 1421
U.S. CONSTRUCTION CONTRACTS,[1] 4 SC, 1970–83
(M NC)

State	1970	1971	1972	1973	1974	1975	1976
G. ARIZONA							
Total	1,056	1,215	1,673	1,725	1,362	1,700	2,430
Non-residential[2]	226	291	395	488	460	389	426
Residential	405	725	917	823	617	423	551
Non-building	425	199	361	414	285	889	1,453
H. CALIFORNIA							
Total	6,740	8,333	9,003	9,379	8,455	8,601	11,202
Non-residential[2]	2,087	2,510	2,634	3,053	3,206	3,146	3,017
Residential	3,074	4,438	5,011	4,777	3,474	4,031	6,930
Non-building	1,579	1,385	1,358	1,549	1,775	1,424	1,256
I. NEW MEXICO							
Total	394	396	480	683	615	657	635
Non-residential[2]	87	92	112	256	210	150	176
Residential	135	210	267	291	270	216	335
Non-building	172	94	101	136	135	291	125
J. TEXAS							
Total	4,141	5,001	5,836	6,247	6,596	6,470	7,286
Non-residential[2]	1,636	1,672	1,887	2,495	3,164	2,633	2,468
Residential	1,643	2,299	2,962	2,734	2,205	2,293	3,079
Non-building	862	1,030	987	1,018	1,227	1,543	1,739
U.S. Border							
Total	12,331	14,945	16,992	18,034	17,028	17,428	21,553
Non-residential[2]	4,036	4,565	5,028	6,292	7,040	6,318	6,087
Residential	5,257	7,672	9,157	8,625	6,566	6,963	10,895
Non-building	3,038	2,708	2,807	3,117	3,422	4,147	4,573
U.S. Total							
Total	67,936	79,644	91,213	100,067	93,076	90,022	107,158
Non-residential[2]	24,437	25,688	27,118	31,761	33,860	30,337	30,045
Residential	24,793	34,849	45,366	46,248	34,171	31,272	43,651
Non-building	18,706	19,127	18,729	22,058	25,045	28,415	33,463
U.S. Border as % of U.S. Total							
Total	18.2	18.8	18.6	18.0	18.3	19.4	20.1
Non-residential[2]	16.5	17.9	18.5	19.8	20.8	20.8	20.3
Residential	21.2	22.0	20.2	18.6	19.2	22.3	25.0
Non-building	16.2	14.2	15.0	14.1	13.7	14.6	13.7

Table 1421 (Continued)
U.S. CONSTRUCTION CONTRACTS,[1] 4 SC, 1970–83
(M NC)

State	1977	1978	1979	1980	1981	1982	1983
G. ARIZONA							
Total	3,834	2,893	3,566	3,157	3,111	3,803	1,542
Non-residential[2]	546	705	1,049	1,015	975	1,094	353
Residential	1,179	1,760	2,046	1,626	1,680	1,631	901
Non-building	2,109	428	471	516	456	1,078	288
H. CALIFORNIA							
Total	14,447	15,985	18,035	17,597	17,185	15,390	22,349
Non-residential[2]	3,825	4,669	5,505	6,604	7,014	7,148	8,347
Residential	9,135	9,214	10,403	8,865	7,401	5,969	11,380
Non-building	1,487	2,102	2,127	2,308	2,770	2,273	2,622
I. NEW MEXICO							
Total	952	1,099	1,046	1,055	1,355	1,329	2,052
Non-residential[2]	233	219	317	391	379	477	683
Residential	492	597	500	412	353	399	638
Non-building	227	283	229	252	623	453	731
J. TEXAS							
Total	10,414	13,807	13,052	13,611	16,127	16,898	21,835
Non-residential[2]	3,639	5,013	4,569	5,354	7,165	6,743	6,745
Residential	5,044	6,584	6,235	6,065	6,567	8,212	11,685
Non-building	1,731	2,210	2,248	2,192	2,395	1,943	3,405
U.S. Border							
Total	29,647	33,784	35,699	35,420	37,778	37,420	47,778
Non-residential[2]	8,243	10,606	11,440	13,364	15,533	15,462	16,128
Residential	15,850	18,155	19,184	16,788	16,001	16,211	24,604
Non-building	5,554	5,023	5,075	5,268	6,244	5,747	7,046
U.S. Total							
Total	139,213	158,438	166,378	147,164	150,189	154,619	192,751
Non-residential[2]	35,299	44,373	49,659	52,344	58,250	59,208	61,905
Residential	61,433	74,531	74,686	63,206	60,063	58,076	93,201
Non-building	42,481	39,534	42,033	31,614	31,876	37,335	37,645
U.S. Border as % of U.S. Total							
Total	21.3	21.3	21.5	24.1	25.2	24.2	24.8
Non-residential[2]	23.4	23.9	23.0	25.5	26.7	26.1	26.1
Residential	25.8	24.4	25.7	26.6	26.6	27.9	26.4
Non-building	13.1	12.7	12.1	16.7	19.6	15.4	18.7

1. Represents value of construction in states in which work was actually done. The construction refers to new structures and alteration to existing structures.
2. Refers to public and private nonhousekeeping, nonresidential buildings.

SOURCE: SAUS, 1971, table 1097; 1972, table 1139; 1973, table 1149; 1974, table 1180; 1975, table 1206; 1976, table 1252; 1977, table 1323; 1978, table 1360; 1979, table 1367; 1980, table 1389; 1981, table 1358; 1982, table 1336; 1983, table 1325; 1984, table 1297.

Table 1422

MEXICO INDUSTRIAL PARKS, 4 SC, 1980

State	Private	State	Mixed	Total
A. BAJA CALIF.	8	2	0	10
B. CHIHUAHUA	9	5	1	15
E. SONORA	1	4	7	12
F. TAMAULIPAS	5	1	0	6

SOURCE: Jorge Carrillo, "La Reconversión en la Industria del Automóvil," *El Cotidiano*, Número Especial 1, 1987.

Table 1423

MEXICO EMPLOYMENT IN THE AUTOMOBILE INDUSTRY, BY REGION,[1] 1983

Firm	North Pacific	North	Center	Federal District	Gulf	South Pacific	Total
Chrysler	0	1,281	2,100	1,723	0	0	5,104
DINA	0	204	5,785	0	0	0	5,989
Ford	0	0	3,439	2,070	0	0	5,509
GM	0	3,750	1,910	1,540	0	0	7,200
Nissan	0	0	4,201	319	0	0	4,520
Renault	0	850	2,624	1,316	0	0	4,790
Volkswagen	0	0	11,453	0	0	0	11,453
Total	0	6,085	31,512	6,968	0	0	44,565
Percentage	0	13.7	70.7	15.6	0	0	0

1. North Pacific: Baja California, Sinaloa, Sonora; North: Chihuahua, Durango, Nuevo León, San Luis Potosí, Tamaulipas, Zacatecas.

SOURCE: Douglas C. Bennett, "Regional Consequences of Industrial Policy," in Ina Rosenthal-Urey, ed., *Regional Impacts of U.S.–Mexican Relations* (San Diego: Center for U.S.–Mexican Studies, University of California, San Diego, 1986), p. 146.

Table 1424

MEXICO RESTRUCTURING OF THE AUTOMOBILE EXPORT INDUSTRY, EARLY 1980s

Firm	Initial Year	Activity	City/State	Installed Capacity (T Units)	% of Exploitation
GM	1980	Engines	Ramos Arizpe, Coah.	400	80
GM	1981	Auto Assembly	Ramos Arizpe, Coah.	63[a]	50
Chrysler	1981	Engines	Ramos Arizpe, Coah.	270	80
Ford	1982	Engines	Chihuahua, Chih.	400	80–90
Ford	Nov. 1986	Auto Assembly	Hermosillo, Son.	130	100
VW	1981[b]	Engines	Puebla, Pue.	300	85
Renault	1984	Engines	Gómez Palacio, Dgo.	350	95
Nissan	1984	Engines	Aguascalientes, Ags.	450	65

a. In 1984 GM produced only 25,000 cars because the plant operated at only 30 percent of its capacity.
b. In 1981 VW restructured within the Puebla plant.

SOURCE: Jorge Carrillo, "La Reconversión en la Industria del Automóvil," *El Cotidiano*, Número Especial 1, 1987.

Table 1425

MEXICO BORDER AND TOTAL FACTOR PRODUCTIVITY, 1940–80

Productivity	1940	1950	1960	1970	1980
Mexico Total Factor Productivity (US 1972) (1)	1,190	1,500	2,200	3,430	3,800
Mexico Border Per Worker Product (2)	1,850	2,260	3,140	4,700	4,860
Ratio of Mexico Border to Mexico Average Per Worker Product (3) = (2)/(1)	1.55	1.51	1.43	1.37	1.28
U.S. Per Capita Product (US 1972) (4)	~	10,910	12,960	15,050	16,900
U.S. Border Per Worker Product (5)	~	10,560	12,450	15,070	17,430
Ratio of U.S. Border to U.S. Average Per Worker Product (6) = (5)/(4)	~	.97	.96	1.00	1.03
Ratio of U.S. Border to Mexico Border (7) = (5)/(2)	~	4.69	3.96	3.20	3.59
Ratio of U.S. Average to Mexico Average Per Worker Product (8) = (4)/(1)	~	7.27	5.89	4.39	4.45

SOURCE: Clark W. Reynolds and Robert McCleery, "Border Economies and National Integration," in Oscar Martínez et al., *One Border, Two Nations* (México, D.F.: ANUIES, 1988), p. 42.

Table 1426

MEXICO MEASURES OF PRODUCTIVITY, BY REGION AND TYPE OF ACTIVITY

(NC of the Year Indicated)

Region	Value Added per Capita in Industry (1955)	Output per Worker in Agriculture (1960)	GNP per Capita (1960)
Rich Regions			
Distrito Federal	3,420	18,850	9,950
Nuevo León	2,890	~	7,070
Chihuahua	1,200	7,800	4,180
Coahuila	1,162	8,050	5,090
Sonora	825	19,600	6,360
Baja Calif.	1,030	33,800	11,900
Baja Calif. Sur	960	12,100	4,700
Tamaulipas	1,149	12,450	5,840
National Mean	960	4,800	3,800
Poor Regions			
Oaxaca	98	1,970	1,022
Hidalgo	201	2,520	1,255
Querétaro	261	2,380	1,630
Guerrero	114	~	1,400
Tlaxcala	~	1,940	1,360
Zacatecas	~	2,440	1,765

SOURCE: William O. Freithaler, *Mexico's Foreign Trade and Economic Development* (New York: Praeger, 1968), p. 25.

Table 1427

FEDERAL INVESTMENT IN THE INDUSTRIAL SECTOR, 6 S, 1969-78

(M NC)

State	1969	1970	1971	1972	1973	1974	1975	1976	1977	1978
A. BAJA CALIF.	75.7	111.9	70.6	112.6	124.3	132.7	383.9	504.8	806.5	1,694.4
%	.9	1.0	.8	1.0	.8	.6	1.0	1.0	1.3	1.6
B. CHIHUAHUA	138.2	267.7	213.0	190.0	236.1	242.5	393.9	479.9	445.9	675.6
%	1.7	2.4	2.3	1.6	1.4	1.0	1.0	1.0	.7	.6
C. COAHUILA	431.4	870.4	499.1	363.8	373.5	1,395.5	3,369.1	663.8	2,176.0	3,490.1
%	5.2	7.9	5.4	3.2	2.3	6.0	8.5	1.3	3.4	3.3
D. NUEVO LEON	296.9	772.3	450.2	342.5	319.6	567.9	978.3	1,680.6	2,482.9	4,953.3
%	3.6	7.0	4.8	3.0	2.0	2.4	2.5	3.4	3.9	4.7
E. SONORA	106.6	201.5	168.4	228.9	177.7	215.1	425.8	5,217.5	1,001.9	1,476.7
%	1.3	1.8	1.8	2.0	1.1	.9	1.1	10.4	1.6	1.4
F. TAMAULIPAS	1,059.7	884.1	955.9	1,090.6	1,556.5	1,656.7	2,722.0	3,392.2	4,262.7	8,950.7
%	12.8	8.0	10.2	9.5	9.6	7.1	6.8	6.7	6 7	8.6
Mexico Total	8,245.5	11,096.9	9,328.1	11,480.7	16,222.3	23,345.9	39,753.8	49,954.9	63,292.8	104,453.9
%	100.0	100.0	100.0	100.0	100.0	100.0	100.0	100.0	100.0	100.0

SOURCE: Dirección de Inversiones Públicas, *Inversión Pública Federal*, 1965-76; Presidencia de la República, *Informe Presidencial*, Anexo III, 1977-79.

Table 1428

FINANCING BY FONDO DE GARANTIA Y FOMENTO TO MEDIUM AND SMALL INDUSTRY, 6 SC, 1973-85

(M NC)

State	1973	1974	1975	1976	1977	1978	1979
A. BAJA CALIF.	6	12	22	19	23	40	73
B. CHIHUAHUA	30	33	40	55	82	111	157
C. COAHUILA	45	50	56	54	82	132	195
D. NUEVO LEON	41	72	102	124	174	214	371
E. SONORA	26	35	36	36	49	69	114
F. TAMAULIPAS	6	16	18	·9	31	39	76
Mexico Total	681	1,045	1,337	1,563	2,164	2,871	4,407

State	1980	1981	1982	1983	1984	1985
A. BAJA CALIF.	132	438	1,172	1,734	2,738	5,046
B. CHIHUAHUA	247	131	148	958	1,300	3,165
C. COAHUILA	303	232	347	2,054	2,342	3,735
D. NUEVO LEON	691	1,720	5,326	6,465	7,103	9,215
E. SONORA	148	579	1,614	2,541	4,370	7,345
F. TAMAULIPAS	148	299	1,095	1,622	2,011	2,984
Mexico Total	5,835	12,946	33,690	55,371	72,333	120,116

SOURCE: BANAMEX, *La Economía Mexicana en Cifras*, 1986.

15

Maquila Industry

MEXICAN MAQUILA EMPLOYEES, 1965-88

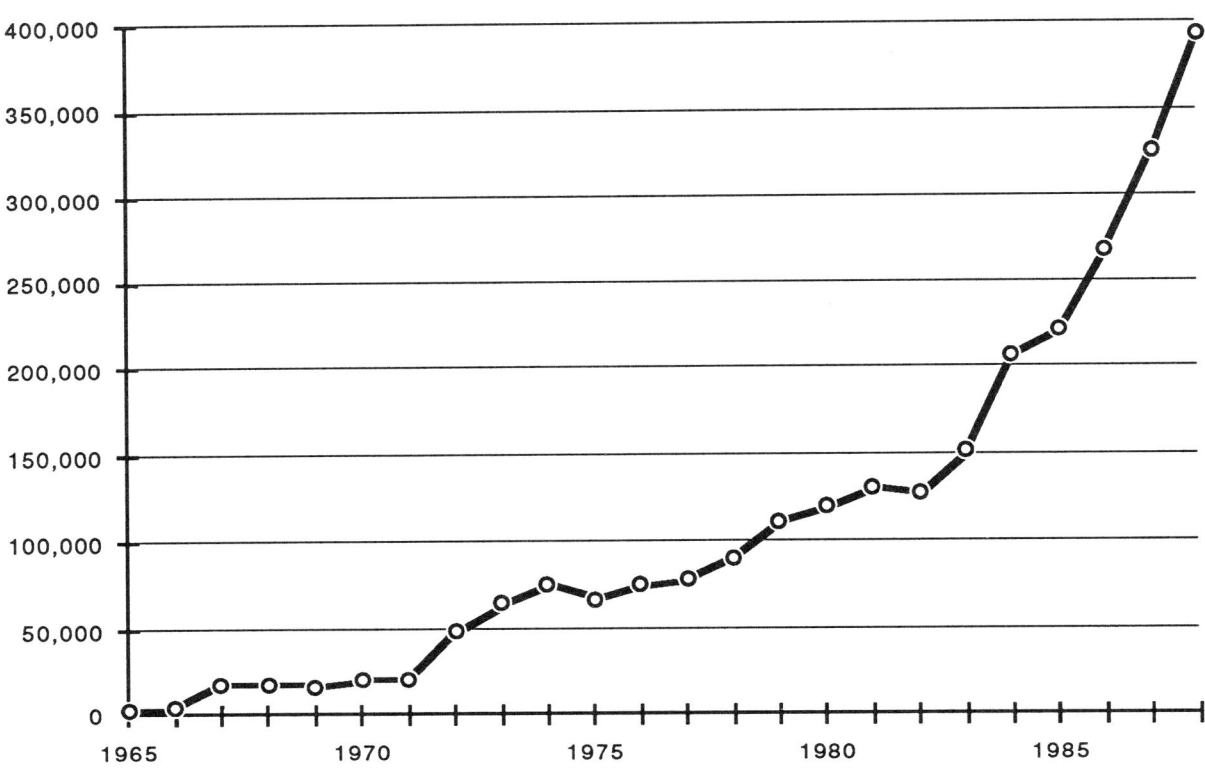

SOURCE: Table 1500.

Table 1500

MEXICO TOTAL MAQUILADORAS, EMPLOYEES, AND VALUE ADDED, 1965-88

Year	Total Plants (N)	Plants Located in Interior (%)	Total Employees (Yearly Average)	Value Added (M US)
1965	~	~	3,000	~
1966	57	~	4,257	~
1967	72	~	17,936	~
1968	79	~	17,000	~
1969	108	~	15,858	~
1970	120	~	20,327	81
1971	209	~	20,000	102
1972	339	~	48,060	165
1973	357	3.9	64,330	278
1974	455	5.7	75,974	444
1975	454	7.9	67,214	454
1976	448	9.4	74,796	536
1977	443	10.1	78,433	525
1978	457	8.1	90,704	714
1979	540	11.1	111,365	638
1980	620	11.3	119,546	773
1981	605	11.2	130,973	977
1982	585	11.7	127,048	811
1983	600	12.2	150,867	828
1984	717	12.0	206,509	1,031
1985	785	12.0	221,100	1,064
1986[a]	978	~	268,215	1,270
1987	1,238	~	325,977	1,510
1988	1,481	~	393,550	2,338

a. Estimate for January through November 1986, from U.S. Chamber of Commerce in Mexico City.

SOURCE: Ellwyn R. Stoddard, *Maquila: Assembly Plants in Northern Mexico* (El Paso: Texas Western University Press, 1987), p. 24; IP-AE, p. 247, 265.

Table 1501

MAQUILADORAS AND VALUE ADDED

PART I. 5 S, 1979-88

State	Number	Value Added (M US)	State	Number	Value Added (M US)
A. BAJA CALIF.			E. SONORA		
1979	203	117	1979	75	86
1980	230	134	1980	88	102
1981	215	168	1981	87	114
1982	200	138	1982	83	92
1983	211	139	1983	81	78
1984	276	188	1984	85	93
1985	318	193	1985	82	89
1986	402	303	1986	98	96
1987	500	295	1987	111	116
1988	617	488	1988	122	184
B. CHIHUAHUA			F. TAMAULIPAS		
1979	115	225	1979	74	25
1980	140	295	1980	81	24
1981	152	399	1981	75	29
1982	155	326	1982	70	23
1983	159	344	1983	71	17
1984	189	436	1984	78	31
1985	208	461	1985	79	24
1986	229	509	1986	114	48
1987	283	648	1987	142	73
1988	324	907	1988	171	136
C. COAHUILA					
1979	31	25			
1980	37	62			
1981	36	37			
1982	38	31			
1983	41	33			
1984	46	42			
1985	51	55			
1986	64	64			
1987	82	68			
1988	91	86			

SOURCE: IP-AE.

Table 1501 (Continued)
MAQUILADORAS AND VALUE ADDED
PART II. By Municipality, 5 S, 1975–86

Municipality/Year	N	Municipality/Year	N	Municipality/Year	N
A. BAJA CALIF.		B. CHIHUAHUA		Nogales	
Ensenada		Ciudad Juarez		1975	38
1975	6	1975	86	1976	36
1976	6	1976	81	1977	37
1977	5	1977	80	1978	39
1978	4	1978	92	1979	47
1979	5	1979	103	1980	59
1980	6	1980	121	1981	58
1981	4	1981	128	1982	54
1982	5	1982	129	1983	47
1983	6	1983	135	1984	46
1984	11	1984	155	1985	49
1985	8	1985	168	1986	51
1986	10	1986	180		
Mexicali				F. TAMAULIPAS	
1975	67	C COAHUILA		Matamoros	
1976	69	Ciudad Acuña		1975	40
1977	70	1975	10	1976	39
1978	65	1976	9	1977	37
1979	77	1977	9	1978	40
1980	79	1978	8	1979	46
1981	64	1979	10	1980	50
1982	54	1980	13	1981	46
1983	55	1981	15	1982	41
1984	67	1982	16	1983	40
1985	75	1983	18	1984	39
1986	86	1984	22	1985	35
Tecate		1985	24	1986	43
1975	10	1986	26	Nuevo Laredo	
1976	13	Piedras Negras		1975	14
1977	11	1975	12	1976	16
1978	15	1976	12	1977	14
1979	20	1977	12	1978	15
1980	22	1978	14	1979	15
1981	20	1979	16	1980	14
1982	17	1980	18	1981	12
1983	19	1981	16	1982	12
1984	25	1982	17	1983	12
1985	31	1983	17	1984	14
1986	33	1984	17	1985	15
Tijuana		1985	18	1986	23
1975	99	1986	21	Reynosa	
1976	93			1975	11
1977	92	E. SONORA		1976	9
1978	95	Agua Prieta		1977	8
1979	101	1975	20	1978	9
1980	123	1976	18	1979	11
1981	127	1977	18	1980	17
1982	124	1978	19	1981	17
1983	131	1979	21	1982	17
1984	147	1980	22	1983	19
1985	192	1981	19	1984	22
1986	238	1982	20	1985	27
		1983	24	1986	29
		1984	27		
		1985	24		
		1986	26		

SOURCE: INEGI–IM.

Table 1502
MAQUILADORAS, BY TYPE OF GOOD PRODUCED, 1979-86

Category/Year	N	Category/Year	N	Category/Year	N
Border Municipalities		Chemical Products		Toys and Sports Materials	
1979	480	1979	~	1979	16
1980	551	1980	4	1980	21
1981	533	1981	4	1981	23
1982	514	1982	~	1982	22
1983	533	1983	~	1983	23
1984	595	1984	~	1984	26
1985	672	1985	~	1985	26
1986	770	1986	~	1986	27
Food Preparation and Packing		Transport Equipment		Other Manufacturing	
1979	12	1979	38	1979	43
1980	12	1980	50	1980	53
1981	9	1981	41	1981	54
1982	9	1982	40	1982	58
1983	9	1983	43	1983	61
1984	10	1984	46	1984	73
1985	12	1985	54	1985	88
1986	14	1986	66	1986	110
Clothes and Textiles		Tools and Equipment		Services	
1979	104	1979	14	1979	23
1980	94	1980	16	1980	27
1981	92	1981	15	1981	20
1982	85	1982	13	1982	19
1983	74	1983	13	1983	22
1984	79	1984	16	1984	24
1985	81	1985	21	1985	34
1986	96	1986	25	1986	41
Shoes and Leather Goods		Electric and Electronic Equipment		Non-Border Municipalities	
1979	17	1979	52	1979	60
1980	18	1980	63	1980	69
1981	19	1981	60	1981	72
1982	21	1982	56	1982	71
1983	27	1983	55	1983	67
1984	32	1984	64	1984	77
1985	32	1985	73	1985	88
1986	32	1986	77	1986	120
Furniture Assembly		Electric and Electronic Materials and Accessories			
1979	49	1979	112		
1980	56	1980	137		
1981	51	1981	145		
1982	49	1982	142		
1983	60	1983	146		
1984	70	1984	155		
1985	74	1985	177		
1986	91	1986	191		

SOURCE: INEGI-IM.

Table 1503

EMPLOYEES, MAN-HOURS, AND SALARIES

PART I. 6 S, 1979–88

State	Average Employees (N)	Man-Hours (T)	Salaries and Benefits (M NC)	State	Average Employees (N)	Man-Hours (T)	Salaries and Benefits (M NC)
A. BAJA CALIF.				D. NUEVO LEON			
1979	19,689	3,348	1,543	1979	147	31	~
1980	20,418	3,398	1,884	1980	~	23	8
1981	23,182	3,809	2,580	1981	~	~	~
1982	22,233	3,585	4,153	1982	~	~	~
1983	26,251	4,210	8,120	1983	~	~	~
1984	37,633	5,988	1,894	1984	~	~	~
1985	39,121	6,311	3,105	1985	~	~	~
1986	49,644	8,050	8,382	1986	~	~	~
1987	64,669	10,738	27,461	1987	3,519	565	1,402
1988	79,435	12,847	56,031	1988	6,600	994	4,248
B. CHIHUAHUA				E. SONORA			
1979	32,206	6,539	2,875	1979	16,705	2,793	1,234
1980	43,183	6,908	3,833	1980	18,303	2,969	1,572
1981	49,032	7,956	5,643	1981	17,864	2,890	1,986
1982	47,787	7,618	9,404	1982	16,623	2,701	3,303
1983	60,366	9,742	18,572	1983	18,459	2,973	5,556
1984	86,086	12,871	4,152	1984	23,432	3,870	1,169
1985	97,711	14,034	7,193	1985	21,805	4,278	1,728
1986	114,733	16,357	17,389	1986	26,018	4,246	4,211
1987	133,568	19,522	57,247	1987	31,874	6,238	13,071
1988	154,858	22,153	102,881	1988	37,223	5,964	24,446
C. COAHUILA				F. TAMAULIPAS			
1979	5,414	1,150	337	1979	22,385	3,593	1,744
1980	7,428	1,236	508	1980	23,143	3,588	2,118
1981	7,128	1,144	625	1981	25,984	4,073	2,959
1982	7,301	1,204	1,092	1982	26,504	4,022	8,291
1983	9,458	1,523	2,190	1983	29,138	4,460	10,257
1984	12,850	2,018	483	1984	37,040	5,925	1,940
1985	13,934	2,317	962	1985	38,970	6,019	3,189
1986	17,418	2,947	2,122	1986	47,607	7,097	7,991
1987	20,866	3,616	6,309	1987	54,802	8,741	22,569
1988	21,191	4,006	11,007	1988	70,499	10,556	44,127

SOURCE: IP–AE.

Table 1503 (Continued)

EMPLOYEES, MAN-HOURS, AND SALARIES

PART II. By Municipality, 5 S, 1975–86

State	Average Employees (N)	Man-Hours (T)	Salaries and Benefits (M NC)	State	Average Employees (N)	Man-Hours (T)	Salaries and Benefits (M NC)
Mexico Total				BAJA CALIF. SUR			
				La Paz			
1975	67,214	10,783	2,429.7	1975	~	~	~
1976	74,496	12,285	3,321.4	1976	~	~	~
1977	78,433	13,114	4,527.5	1977	120	21	6.4
1978	90,704	15,101	5,986.7	1978	131	23	7.7
1979	111,365	18,402	8,466.9	1979	138	24	9.1
1980	119,546	19,248	10,497.7	1980	176	29	16.1
1981	130,973	21,129	14,644.1	1981	167	28	17.7
1982	127,048	20,047	24,519.8	1982	144	23	27.7
1983	150,867	23,925	46,927.9	1983	146	25	38.0
1984	199,684	31,101	100,705.8	1984	151	25	66.7
1985	211,968	32,077	167,665.4	1985	150	26	90.6
1986	249,833	37,584	359,971.9	1986	233	38	254.7
A. BAJA CALIF.				B. CHIHUAHUA			
Ensenada				Ciudad Juarez			
1975	314	41	7.6	1975	19,775	3,270	736.5
1976	163	26	5.0	1976	23,580	3,968	1,099.1
1977	160	28	7.7	1977	26,792	4,529	1,601.3
1978	154	24	7.8	1978	30,374	5,106	2,041.6
1979	275	45	17.4	1979	36,206	6,088	2,874.6
1980	257	41	19.6	1980	39,402	6,279	3,555.6
1981	267	42	23.7	1981	43,994	7,127	5,157.1
1982	223	37	26.5	1982	42,965	6,801	8,602.6
1983	268	48	60.4	1983	54,073	8,746	16,957.4
1984	340	54	125.5	1984	72,495	10,947	37,375.8
1985	431	73	255.7	1985	77,592	11,175	62,909.8
1986	547	89	508.3	1986	86,526	12,177	127,962.8
Mexicali				C. COAHUILA			
				Ciudad Acuña			
1975	6,324	1,097	256.7	1975	1,900	292	49.0
1976	6,604	1,124	324.8	1976	1,894	332	67.1
1977	6,351	1,062	394.1	1977	1,815	339	84.6
1978	6,543	1,120	460.2	1978	2,248	398	112.9
1979	7,965	1,348	629.6	1979	2,738	464	164.4
1980	7,146	1,182	696.2	1980	2,931	476	196.8
1981	7,628	1,237	880.1	1981	3,255	542	261.1
1982	6,268	971	1,233.9	1982	3,286	579	473.5
1983	7,392	1,196	2,279.0	1983	4,551	739	959.7
1984	10,264	1,675	5,062.7	1984	5,388	870	2,193.4
1985	10,876	1,686	8,467.6	1985	6,266	1,072	4,170.8
1986	12,727	1,966	18,970.4	1986	7,641	1,320	9,431.6
Tecate				Piedras Negras			
1975	803	131	27.8	1975	2,561	448	65.5
1976	717	117	26.0	1976	2,295	398	83.1
1977	774	133	41.2	1977	2,337	402	119.1
1978	640	111	40.0	1978	2,589	458	145.2
1979	560	96	38.3	1979	2,676	446	172.9
1980	672	114	53.3	1980	2,592	455	210.6
1981	805	141	75.5	1981	2,492	429	252.5
1982	783	137	116.7	1982	2,222	374	360.6
1983	1,168	207	287.2	1983	2,609	436	711.6
1984	1,606	279	601.9	1984	3,845	666	1,517.2
1985	1,755	297	1,062.3	1985	4,434	768	2,765.2
1986	2,366	394	2,685.2	1986	5,204	889	5,469.6
Tijuana				E. SONORA			
				Agua Prieta			
1975	7,844	1,143	330.0	1975	2,636	452	77.7
1976	7,795	1,220	396.3	1976	3,090	529	115.6
1977	7,111	1,207	457.4	1977	3,247	567	169.9
1978	8,778	1,508	642.7	1978	3,568	626	211.6
1979	10,889	1,859	858.2	1979	4,123	737	292.7
1980	12,343	2,063	1,115.2	1980	4,625	782	355.6
1981	14,482	2,391	1,600.7	1981	4,215	719	433.5
1982	14,959	2,441	2,775.8	1982	3,428	569	644.6
1983	17,423	2,759	5,493.6	1983	4,040	713	1,215.7
1984	23,047	3,630	12,300.1	1984	5,605	1,119	2,603.5
1985	25,913	4,022	20,966.1	1985	5,658	991	4,109.5
1986	30,248	4,911	46,727.1	1986	6,327	1,090	7,991.4

Table 1503 (Continued)
EMPLOYEES, MAN-HOURS, AND SALARIES
PART II. By Municipality, 5 S, 1975–86 (Continued)

State	Average Employees (N)	Man-Hours (T)	Salaries and Benefits (M NC)	State	Average Employees (N)	Man-Hours (T)	Salaries and Benefits (M NC)
Nogales				Nuevo Laredo			
1975	6,794	1,025	272.2	1975	1,928	298	58.8
1976	7,078	1,134	335.7	1976	1,605	248	65.8
1977	7,521	1,192	443.7	1977	1,651	253	91.3
1978	8,849	1,437	596.7	1978	1,916	293	122.3
1979	12,183	1,937	913.6	1979	2,254	349	157.6
1980	12,921	2,077	1,149.5	1980	2,462	384	212.7
1981	12,853	2,058	1,469.5	1981	2,529	380	277.4
1982	12,363	2,006	2,530.4	1982	2,602	392	506.8
1983	13,278	2,102	4,095.1	1983	2,839	414	883.2
1984	15,964	2,611	8,463.5	1984	3,752	554	1,825.8
1985	14,539	2,301	12,239.0	1985	3,603	529	2,766.4
1986	15,252	2,519	24,306.8	1986	4,235	610	5,853.0
F. TAMAULIPAS				Reynosa			
Matamoros				1975	1,255	200	39.8
1975	9,778	1,516	322.6	1976	1,381	226	57.4
1976	10,966	1,777	493.5	1977	1,258	212	63.0
1977	11,357	1,895	666.5	1978	2,897	422	169.9
1978	13,443	2,235	941.3	1979	4,237	651	303.7
1979	15,894	2,593	1,281.4	1980	5,450	826	441.7
1980	15,231	2,378	1,463.9	1981	7,848	1,248	851.7
1981	15,607	2,444	1,830.0	1982	9,259	1,432	1,813.7
1982	14,643	2,198	2,970.2	1983	10,660	1,543	3,262.9
1983	15,639	2,502	6,111.1	1984	13,867	2,056	6,594.6
1984	19,454	3,114	11,669.5	1985	12,761	2,135	10,339.4
1985	20,686	3,048	18,365.4	1986	15,887	2,694	23,882.5
1986	23,442	3,229	38,817.6				

SOURCE: INEGI–IM.

Table 1504

EMPLOYEES, MAN-HOURS, AND SALARIES, BY TYPE OF GOOD PRODUCED, 1979–86

Category/Year	Average Employees (N)	Man-Hours (T)	Salaries and Benefits (M NC)	Category/Year	Average Employees (N)	Man-Hours (T)	Salaries and Benefits (M NC)
Mexico Total				**Transport Equipment**			
1979	111,365	18,402	8,466.9	1979	5,035	759	443.2
1980	119,546	19,248	10,497.7	1980	7,100	1,069	686.5
1981	130,973	21,129	14,644.1	1981	10,108	1,559	1,246.1
1982	127,048	20,049	24,519.7	1982	11,537	1,748	2,519.8
1983	150,867	23,925	46,927.9	1983	18,814	2,987	6,527.4
1984	199,684	31,101	100,705.8	1984	28,040	4,198	15,583.8
1985	211,968	32,077	167,665.4	1985	36,978	5,260	31,289.2
1986	249,833	37,584	359,971.9	1986	43,055	6,027	66,015.6
Border Municipalities				**Tools and Equipment**			
1979	100,537	16,691	7,741.6	1979	1,834	324	131.7
1980	106,576	17,139	9,514.1	1980	1,834	308	162.1
1981	116,450	18,830	13,161.0	1981	1,402	241	190.6
1982	113,227	18,012	22,130.1	1982	1,327	213	289.3
1983	134,915	21,547	42,515.9	1983	1,514	248	566.2
1984	176,909	27,731	90,857.9	1984	2,154	341	1,401.4
1985	186,000	28,252	149,320.7	1985	2,386	389	2,308.7
1986	212,291	32,096	314,560.8	1986	3,253	528	5,930.2
Food Preparation and Packing				**Electric and Electronic Equipment**			
1979	1,481	250	104.0	1979	27,598	4,335	2,144.6
1980	1,393	219	109.6	1980	28,580	4,346	2,544.1
1981	1,572	242	151.5	1981	31,801	4,956	3,595.2
1982	1,618	244	256.9	1982	30,787	4,696	5,935.3
1983	1,898	321	571.3	1983	33,255	4,993	10,820.8
1984	1,753	283	786.6	1984	41,691	6,182	21,785.9
1985	1,855	287	1,022.0	1985	38,994	5,840	32,824.3
1986	2,185	307	2,098.0	1986	42,617	6,338	69,060.7
Cothes and Textiles				**Electric and Electronic Materials and Accessories**			
1979	14,892	2,612	1,003.2				
1980	14,256	2,492	1,127.9	1979	30,713	5,044	2,408.5
1981	14,278	2,472	1,401.9	1980	33,530	5,470	3,057.5
1982	11,891	1,981	2,043.2	1981	36,935	6,033	4,184.8
1983	12,885	2,248	3,636.4	1982	35,641	5,742	7,205.5
1984	15,161	2,689	6,479.7	1983	40,002	6,368	12,690.9
1985	15,089	2,459	10,138.9	1984	53,316	8,372	27,967.8
1986	16,883	2,685	19,805.2	1985	48,943	7,450	40,836.6
Shoes and Leather Goods				1986	53,878	8,200	84,599.2
1979	1,546	266	127.5	**Toys and Sports Materials**			
1980	1,531	249	144.9	1979	2,454	428	184.4
1981	1,821	299	221.9	1980	2,803	426	235.4
1982	2,043	339	400.7	1981	2,666	413	282.5
1983	2,779	455	766.3	1982	2,565	385	491.9
1984	3,648	592	1,685.2	1983	3,477	527	1,035.5
1985	4,328	690	3,225.8	1984	6,172	983	2,229.1
1986	4,339	679	5,927.7	1985	7,265	1,010	5,543.7
Furniture Assembly				1986	7,110	1,086	10,258.6
1979	3,442	706	294.3	**Other Manufacturing**			
1980	3,163	533	309.2	1979	6,843	1,139	538.0
1981	3,236	534	390.6	1980	7,483	1,223	720.9
1982	3,032	513	553.4	1981	7,451	1,229	939.2
1983	4,752	836	1,397.3	1982	6,948	1,148	1,342.2
1984	6,201	970	2,970.1	1983	7,451	1,194	2,242.7
1985	6,522	1,018	5,197.2	1984	9,655	1,582	4,659.9
1986	9,632	1,457	13,702.7	1985	12,473	1,981	9,014.2
Chemical Products				1986	16,291	2,589	21,609.0
1979	~	~	~	**Services**			
1980	83	13	6.7	1979	4,699	824	361.6
1981	80	13	7.1	1980	4,820	792	409.2
1982	~	~	~	1981	5,105	838	549.7
1983	~	~	~	1982	5,838	993	1,091.9
1984	~	~	~	1983	8,088	1,370	2,261.1
1985	~	~	~	1984	9,118	1,539	4,198.4
1986	~	~	~	1985	11,167	1,867	7,920.1
				1986	13,048	2,200	15,553.9

SOURCE: INEGI–IM.

Table 1505
EMPLOYEES, BY CATEGORY
PART I. 6 S, 1979–88

State	Total	Obreros	Production Technicians	Administrative Employees (Empleados)
A. BAJA CALIF.				
1979	19,689	17,479	1,359	851
1980	20,418	17,858	1,602	958
1981	23,182	19,733	2,265	1,184
1982	22,233	18,722	2,309	1,202
1983	26,251	22,022	2,731	1,498
1984	37,633	31,356	4,025	2,252
1985	39,121	32,318	4,408	2,395
1986	49,644	41,340	5,074	3,230
1987	64,669	53,148	7,157	4,364
1988	79,435	65,242	8,714	5,479
B. CHIHUAHUA				
1979	32,206	31,140	3,021	2,045
1980	43,183	36,951	3,647	2,585
1981	49,032	41,888	4,186	2,958
1982	47,787	39,621	4,814	3,352
1983	60,366	49,927	6,466	3,973
1984	86,086	69,551	10,440	6,095
1985	97,711	78,727	12,412	6,572
1986	114,733	91,946	14,944	7,843
1987	133,568	107,164	16,965	9,439
1988	154,858	124,672	19,263	10,923
C. COAHUILA				
1979	5,414	4,792	424	198
1980	7,428	6,562	572	294
1981	7,128	6,161	674	293
1982	7,301	6,193	701	407
1983	9,458	8,068	880	510
1984	12,850	11,154	1,099	597
1985	13,934	11,946	1,351	637
1986	17,418	14,669	1,883	866
1987	20,866	17,656	2,307	903
1988	21,191	20,368	2,766	1,057
D. NUEVO LEON				
1979	147	~	~	~
1980	~	111	6	11
1981	~	~	~	~
1982	~	~	~	~
1983	~	~	~	~
1984	~	~	~	~
1985	~	~	~	~
1986	~	~	~	~
1987	3,519	2,777	417	325
1988	6,600	5,219	818	563
E. SONORA				
1979	16,705	14,001	1,979	725
1980	18,303	15,293	2,131	897
1981	17,864	14,709	2,139	1,016
1982	16,623	13,554	2,155	914
1983	18,459	15,239	2,300	920
1984	23,432	19,276	3,068	1,088
1985	21,805	18,047	2,742	1,016
1986	26,018	21,075	3,721	1,222
1987	31,874	25,953	4,357	1,564
1988	37,223	29,964	5,694	1,835
F. TAMAULIPAS				
1979	22,385	19,349	1,819	1,217
1980	23,143	19,787	2,066	1,290
1981	25,984	22,187	2,338	1,458
1982	26,504	22,345	2,613	1,546
1983	29,138	24,544	3,159	1,435
1984	37,040	30,826	4,534	1,680
1985	38,970	32,420	4,641	1,909
1986	47,607	39,548	5,610	2,449
1987	54,802	45,104	6,745	2,954
1988	70,499	58,605	7,941	3,954

SOURCE: IP–AE.

Table 1505 (Continued)
EMPLOYEES, BY CATEGORY
PART II. By Sex and Municipality, 5 SC, 1975–86

Municipality/Year	Total	Obreros[1]			Production Technicians	Administrative Employees (Empleados)
		Total Obreros	Men	Women		
Mexico Total						
1975	67,214	57,850	12,575	45,275	5,924	3,440
1976	74,496	64,670	13,686	50,984	6,165	3,661
1977	78,433	68,187	14,999	53,188	6,348	3,898
1978	90,704	78,570	18,205	60,365	7,543	4,591
1979	111,365	95,818	21,981	73,837	9,569	5,978
1980	119,546	102,020	23,140	78,880	10,828	6,698
1981	130,973	110,684	24,993	85,691	12,545	7,744
1982	127,048	105,383	23,990	81,393	13,377	8,288
1983	150,867	125,278	32,004	93,274	16,322	9,267
1984	199,684	165,505	48,215	117,290	22,381	11,798
1985	211,968	173,874	53,832	120,042	25,042	13,052
1986	249,833	203,894	64,812	139,082	30,367	15,572
A. BAJA CALIF.						
Ensenada						
1975	314	297	97	200	6	11
1976	163	153	69	84	5	5
1977	160	150	85	65	5	5
1978	154	141	39	102	5	8
1979	275	235	48	207	9	11
1980	257	255	50	185	10	12
1981	267	240	47	193	13	14
1982	223	191	27	164	19	13
1983	268	224	36	188	28	16
1984	340	283	57	226	31	26
1985	431	375	24	251	23	33
1986	547	492	41	351	21	34
Mexicali						
1975	6,324	5,551	1,272	4,279	516	257
1976	6,604	5,863	1,241	4,622	509	232
1977	6,351	5,648	1,203	4,445	481	222
1978	6,543	5,773	1,443	4,330	539	231
1979	7,965	6,978	1,646	5,332	685	302
1980	7,146	6,183	1,546	4,637	674	289
1981	7,628	6,455	1,493	4,962	823	350
1982	6,268	5,203	1,322	3,881	727	338
1983	7,392	6,114	1,830	4,284	860	418
1984	10,264	8,605	2,465	6,140	1,122	537
1985	10,876	8,993	2,840	6,153	1,259	624
1986	12,727	10,425	3,576	6,849	1,489	813
Tecate						
1975	803	738	108	630	31	34
1976	717	644	112	532	47	26
1977	774	697	122	575	52	25
1978	640	591	226	365	30	19
1979	560	508	215	293	28	24
1980	672	599	251	348	42	31
1981	805	706	258	448	54	45
1982	783	683	225	458	52	48
1983	1,168	1,020	296	724	85	63
1984	1,606	1,387	410	977	137	82
1985	1,755	1,481	449	1,032	174	100
1986	2,366	1,993	734	1,259	235	138
Tijuana						
1975	7,844	6,722	1,406	5,316	692	430
1976	7,795	6,730	1,498	5,232	584	481
1977	7,111	6,809	1,617	4,692	352	450
1978	8,778	7,760	1,829	5,931	552	466
1979	10,889	9,738	2,196	7,542	637	514
1980	12,343	10,841	2,414	8,427	876	626
1981	14,482	12,332	2,700	9,632	1,375	775
1982	14,959	12,645	2,662	9,983	1,511	803
1983	17,423	14,664	3,515	11,149	1,758	1,001
1984	23,047	14,329	5,278	14,051	2,326	1,392
1985	25,913	21,578	7,011	14,567	2,707	1,628
1986	30,248	25,247	8,685	16,562	3,071	1,930

Table 1505 (Continued)
EMPLOYEES, BY CATEGORY

PART II. By Sex and Municipality, 5 SC, 1975–86 (Continued)

Municipality/Year	Total	Obreros[1]			Production Technicians	Administrative Employees (Empleados)
		Total Obreros	Men	Women		
BAJA CALIF. SUR						
La Paz						
1975	~	~	~	~	~	~
1976	~	~	~	~	~	~
1977	120	106	16	90	8	6
1978	131	111	10	101	11	9
1979	138	118	9	109	11	9
1980	176	146	14	132	19	11
1981	167	139	13	126	17	11
1982	144	119	13	106	15	10
1983	146	123	13	110	14	9
1984	151	127	16	111	12	12
1985	150	120	12	108	15	15
1986	233	189	17	172	23	21
B. CHIHUAHUA						
Ciudad Juárez						
1975	19,775	17,308	3,640	13,663	1,370	1,102
1976	23,580	20,662	4,214	16,448	1,589	1,329
1977	26,792	23,558	4,914	18,644	1,856	1,378
1978	30,374	26,712	5,661	21,051	2,117	1,545
1979	36,206	31,140	6,250	24,890	3,021	2,045
1980	39,402	33,648	6,868	26,780	3,408	2,346
1981	43,994	37,498	7,908	29,590	3,828	2,668
1982	42,695	35,304	7,164	28,140	4,420	2,971
1983	54,073	44,639	10,765	33,874	5,908	3,526
1984	72,495	59,193	18,163	41,030	8,500	4,802
1985	77,592	62,365	20,384	41,981	9,954	5,273
1986	86,526	69,172	24,139	45,033	11,530	5,824
C. COAHUILA						
Ciudad Acuña						
1975	1,900	1,558	307	1,251	263	79
1976	1,984	1,617	291	1,326	285	82
1977	1,815	1,590	266	1,324	152	73
1978	2,248	2,018	358	1,660	115	115
1979	2,738	2,403	385	2,018	211	124
1980	2,931	2,570	441	2,129	243	118
1981	3,255	2,877	584	2,293	245	133
1982	3,286	2,892	652	2,240	250	144
1983	4,551	3,963	1,210	2,753	387	201
1984	5,388	4,752	1,466	3,286	417	219
1985	6,266	5,533	2,061	3,472	487	246
1986	7,641	6,605	2,504	4,101	715	321
Piedras Negras						
1975	2,561	2,288	188	2,100	197	76
1976	2,295	2,045	362	1,683	177	73
1977	2,337	2,065	402	1,663	191	81
1978	2,589	2,303	561	1,742	222	64
1979	2,676	2,389	580	1,809	213	74
1980	2,592	2,311	536	1,775	192	89
1981	2,492	2,169	445	1,724	242	81
1982	2,222	1,907	399	1,508	220	95
1983	2,609	2,236	448	1,788	270	103
1984	3,845	3,360	947	2,413	367	118
1985	4,434	3,838	832	3,006	440	156
1986	5,204	4,467	869	3,598	538	199
E. SONORA						
Agua Prieta						
1975	2,636	2,177	631	1,546	369	90
1976	3,090	2,621	706	1,915	377	92
1977	3,247	2,765	706	2,059	388	94
1978	3,568	3,068	856	2,212	408	92
1979	4,123	3,528	940	2,588	482	113
1980	4,625	3,919	1,171	2,748	574	132
1981	4,215	3,446	1,114	2,332	611	158
1982	3,428	2,814	940	1,874	490	124
1983	4,040	3,342	1,237	2,105	554	144
1984	5,605	4,669	1,974	2,695	739	197
1985	5,658	4,723	1,838	2,885	733	202
1986	6,327	5,302	2,380	2,922	791	234

Table 1505 (Continued)
EMPLOYEES, BY CATEGORY

PART II. By Sex and Municipality, 5 SC, 1975–86 (Continued)

Municipality/Year	Total	Obreros[1] Total Obreros	Men	Women	Production Technicians	Administrative Employees (Empleados)
Nogales						
1975	6,794	5,633	2,180	3,453	738	423
1976	7,078	6,021	2,258	3,763	696	361
1977	7,521	6,260	2,453	3,807	836	425
1978	8,849	7,287	3,037	4,250	1,104	458
1979	12,183	10,174	3,932	6,242	1,413	596
1980	12,921	10,785	4,357	6,428	1,458	678
1981	12,853	10,633	4,061	6,572	1,440	780
1982	12,363	10,054	3,696	6,358	1,598	711
1983	13,278	10,913	4,265	6,648	1,667	698
1984	15,964	13,063	5,801	7,262	2,119	782
1985	14,539	11,828	5,431	6,397	1,956	755
1986	15,252	12,449	5,683	6,766	2,045	758
F. TAMAULIPAS						
Matamoros						
1975	9,778	8,528	1,432	~	765	485
1976	10,966	9,520	1,528	7,992	1,018	428
1977	11,357	9,793	1,791	8,002	1,112	452
1978	13,443	11,645	2,219	9,426	1,222	576
1979	15,894	13,841	2,611	11,230	1,352	701
1980	15,231	13,053	2,314	10,739	1,469	709
1981	15,607	13,313	2,586	10,727	1,503	791
1982	14,643	12,437	3,210	9,227	1,402	804
1983	15,639	13,266	3,366	9,900	1,640	733
1984	19,454	16,649	4,173	12,476	2,014	791
1985	20,868	17,599	4,648	12,951	2,198	894
1986	23,442	19,797	5,335	14,462	2,672	973
Nuevo Laredo						
1975	1,928	1,691	250	1,441	168	69
1976	1,605	1,458	221	1,237	92	55
1977	1,651	1,488	225	1,263	104	59
1978	1,916	1,684	324	1,360	173	59
1979	2,254	1,985	472	1,513	203	66
1980	2,462	2,205	430	1,775	184	73
1981	2,529	2,260	337	1,923	206	63
1982	2,602	2,301	322	1,979	235	66
1983	2,839	2,499	664	1,835	266	74
1984	3,752	3,246	945	2,301	409	97
1985	3,603	3,097	911	2,186	402	104
1986	4,235	3,581	906	2,675	529	125
Reynosa						
1975	1,255	1,083	91	992	81	91
1976	1,381	1,229	108	1,121	83	69
1977	1,258	1,136	92	1,044	72	50
1978	2,897	2,353	402	1,951	241	303
1979	4,237	3,523	889	2,634	264	450
1980	5,450	4,529	937	3,592	413	508
1981	7,848	6,614	1,390	5,224	629	605
1982	9,259	7,607	1,503	6,104	976	676
1983	10,660	8,779	1,849	6,930	1,253	628
1984	13,867	11,223	2,849	8,374	1,929	715
1985	12,761	10,050	2,719	7,331	1,896	815
1986	15,887	12,712	3,879	9,333	2,052	1,123

1. Terms appear in Spanish because there is no exact English equivalent. In general, *obreros* = (unionized) workers; *empleados* = (non-unionized) employees; *técnicos* = technicians.

SOURCE: INEGI–IM.

Table 1506

EMPLOYEES, BY SEX, CATEGORY, AND TYPE OF GOOD PRODUCED, 1979–86

(N)

Category/Year	Total	Obreros[1]			Técnicos de Producción	Empleados
		Total Obreros	Men	Women		
Mexico Total						
1979	111,365	95,818	21,981	73,837	9,569	5,978
1980	119,546	102,020	23,140	78,880	10,828	6,698
1981	130,973	110,684	24,993	85,691	12,545	7,744
1982	127,048	105,383	23,990	81,393	13,377	8,288
1983	150,867	125,278	32,004	93,274	16,322	9,267
1984	199,684	165,505	48,215	117,290	22,381	11,798
1985	211,968	173,874	53,832	120,042	25,042	13,052
1986	249,833	203,894	64,812	139,802	30,367	15,572
Border Municipalities						
1979	100,537	86,879	20,343	66,536	8,613	5,045
1980	106,576	91,308	21,455	69,853	9,629	5,639
1981	116,450	98,931	23,047	75,884	11,033	6,486
1982	113,227	94,455	22,254	72,201	11,956	6,816
1983	134,915	112,531	29,862	82,669	14,747	7,637
1984	176,909	146,944	45,338	101,606	20,184	9,781
1985	186,000	152,819	50,195	102,624	22,313	10,868
1986	212,291	173,587	59,110	114,477	26,147	12,557
Food Preparation and Packing						
1979	~	~	~	~	~	~
1980	1,393	1,260	334	926	43	90
1981	1,572	1,384	331	1,053	69	119
1982	1,618	1,451	451	1,000	51	116
1983	1,898	1,667	463	1,204	90	141
1984	1,753	1,491	424	1,067	102	160
1985	1,855	1,600	399	1,20	104	151
1986	2,185	1,918	426	1,492	107	160
Clothes and Textiles						
1979	~	~	~	~	~	~
1980	14,256	12,771	2,183	10,588	1,046	439
1981	14,273	12,633	2,080	10,553	1,188	452
1982	11,891	10,288	1,679	8,609	1,134	469
1983	12,885	10,991	2,044	8,947	1,397	497
1984	15,161	12,966	3,014	9,952	1,626	569
1985	15,089	12,839	2,985	9,854	1,676	574
1986	16,883	14,314	3,377	10,936	1,925	645
Shoes and Leather Goods						
1979	~	~	~	~	~	~
1980	1,531	1,355	705	650	116	60
1981	1,821	1,618	890	728	131	72
1982	2,043	1,830	972	858	128	85
1983	2,779	2,532	1,159	1,373	145	102
1984	3,648	3,269	1,473	1,796	229	150
1985	4,328	3,803	1,700	2,103	312	213
1986	4,339	3,645	1,648	1,997	434	260
Furniture Assembly						
1979	~	~	~	~	~	~
1980	3,163	2,779	2,425	354	176	208
1981	3,236	2,877	2,390	487	153	206
1982	3,032	2,650	2,149	507	158	224
1983	4,752	4,172	3,217	955	263	317
1984	6,201	5,399	4,303	1,096	383	419
1985	6,522	5,519	4,345	1,174	539	464
1986	9,632	7,719	5,803	1,916	1,241	672

Table 1506 (Continued)

EMPLOYEES, BY SEX, CATEGORY, AND TYPE OF GOOD PRODUCED, 1979–86

(N)

Category/Year	Total	Obreros[1] Total Obreros	Men	Women	Técnicos de Producción	Empleados
Chemical Products						
1979	~	~	~	~	~	~
1980	83	66	46	20	10	7
1981	80	63	47	16	10	7
1982	~	~	~	~	~	~
1983	~	~	~	~	~	~
1984	~	~	~	~	~	~
1985	~	~	~	~	~	~
1986	~	~	~	~	~	~
Transport Equipment						
1979	~	~	~	~	~	~
1980	7,100	5,981	2,006	3,975	627	492
1981	10,108	8,621	3,007	5,614	787	700
1982	11,537	9,824	3,519	6,305	931	782
1983	18,814	16,160	6,332	9,818	1,652	1,012
1984	28,040	23,679	10,943	12,736	2,731	1,630
1985	36,978	31,055	14,746	16,309	3,715	2,208
1986	43,055	35,874	16,504	19,370	4,498	2,683
Tools and Equipment						
1979	~	~	~	~	~	~
1980	1,834	1,541	1,046	495	206	87
1981	1,402	1,149	687	462	163	90
1982	1,327	1,080	672	408	161	86
1983	1,514	1,249	695	554	175	90
1984	2,154	1,805	1,022	783	238	111
1985	2,386	2,010	1,331	679	246	130
1986	3,253	2,754	1,857	897	327	172
Electric and Electronic Equipment						
1979	~	~	~	~	~	~
1980	28,580	24,000	3,544	20,456	2,818	1,762
1981	31,801	26,535	4,302	22,233	3,366	1,900
1982	30,787	25,018	4,249	20,769	3,717	2,052
1983	33,255	26,748	5,086	21,662	4,304	2,203
1984	41,691	33,612	7,509	26,103	5,565	2,514
1985	38,994	30,430	7,341	23,089	6,081	2,483
1986	42,617	33,544	8,275	25,269	6,600	2,473
Electric and Electronic Materials and Accessories						
1979	~	~	~	~	~	~
1980	33,530	28,393	5,825	22,568	3,455	1,682
1981	36,935	30,849	6,011	24,838	3,954	2,132
1982	35,641	28,956	5,585	23,371	4,458	2,227
1983	40,002	32,346	6,873	25,473	5,282	2,374
1984	53,316	43,019	10,743	32,276	7,310	2,987
1985	48,943	38,922	9,679	29,243	7,019	3,002
1986	53,878	42,578	11,184	31,394	7,822	3,478
Toys and Sports Materials						
1979	~	~	~	~	~	~
1980	2,803	2,517	347	2,170	213	73
1981	2,666	2,296	341	1,955	293	77
1982	2,565	2,133	458	1,675	328	104
1983	3,477	2,879	704	2,175	440	158
1984	6,172	5,079	1,323	3,756	738	355
1985	7,265	5,754	1,544	4,210	987	524
1986	7,110	5,613	1,556	4,057	948	549

Table 1506 (Continued)
EMPLOYEES, BY SEX, CATEGORY, AND TYPE OF GOOD PRODUCED, 1979–86
(N)

| Category/Year | Total | Obreros[1] | | | Técnicos de Producción | Empleados |
		Total Obreros	Men	Women		
Other Manufacturing						
1979	~	~	~	~	~	~
1980	7,483	6,250	2,440	3,810	740	493
1981	7,451	6,235	2,323	3,912	744	472
1982	6,948	5,863	1,937	3,926	706	379
1983	7,451	6,343	2,188	4,155	733	375
1984	9,655	8,264	3,202	5,062	932	459
1985	12,473	10,605	4,022	6,583	1,193	675
1986	16,291	13,686	5,503	8,183	1,709	896
Services						
1979	~	~	~	~	~	~
1980	4,820	4,395	554	3,841	179	246
1981	5,105	4,671	638	4,033	175	259
1982	5,838	5,362	583	4,779	184	292
1983	8,088	7,454	1,101	6,353	266	368
1984	9,118	8,361	1,382	6,979	330	427
1985	11,167	10,282	2,103	8,179	441	444
1986	13,048	11,943	2,977	8,966	536	569

1. See table 1505, note 1.

SOURCE: INEGI–IM.

Table 1507

AVERAGE EMPLOYEES PER MAQUILADORA, SELECTED MUNICIPALITIES, 1975, 1980, 1985

(N)

Municipality	1975	1980	1985
Mexico Total	148	193	279
Border Municipalities	149	193	263
Mexicali	94	90	145
Tijuana	79	100	135
Ciudad Juárez	230	326	462
Nuevo Laredo	138	176	240
Reynosa	114	321	473
Matamoros	244	305	591
Other Municipalities	141	188	295

SOURCE: INEGI-IM.

Table 1508

COAHUILA MAQUILADORAS AND EMPLOYEES, 1975-87

(N)

Year	Plants	Employees
1975	22	4,101
1976	21	4,279
1977	21	4,152
1978	22	4,837
1979	26	5,414
1980	31	5,523
1981	31	5,747
1982	33	5,508
1983	35	7,160
1984	39	9,233
1985	53	13,813
1986	65	17,772
1987[a]	67	18,119

a. April 1987.

SOURCE: Alejandro Dávila Flores, 'Relaciones de Coahuila con los Mercados Externos: La Industria Maquiladora," *Comercio Exterior*, vol. 37, no. 11 (November 1987).

Table 1509
INPUTS AND VALUE ADDED, BY MUNICIPALITY, 5 SC, 1975-86
(M NC)

Municipality/Year	Inputs	Value Added	Municipality/Year	Inputs	Value Added	Municipality/Year	Inputs	Value Added
Mexico Total			BAJA CALIF. SUR			E. SONORA		
			La Paz			Agua Prieta		
1975	8,809.3	4,014.5	1975	~	~	1975	341.0	115.3
1976	12,205.6	5,425.0	1976	~	~	1976	548.7	183.0
1977	18,527.4	7,117.6	1977	33.7	12.3	1977	886.5	241.5
1978	25,914.0	9,999.9	1978	48.0	18.9	1978	1,028.2	317.3
1979	36,410.4	14,543.0	1979	47.5	20.0	1979	1,355.6	433.7
1980	40,792.7	17,728.8	1980	48.3	29.1	1980	1,526.3	537.6
1981	55,386.8	23,957.0	1981	38.7	29.4	1981	1,550.8	611.1
1982	110,346.0	46,587.7	1982	49.0	52.4	1982	2,831.3	1,107.1
1983	349,318.9	99,521.2	1983	100.7	108.6	1983	9,401.9	2,161.3
1984	637,770.4	194,756.6	1984	252.1	143.6	1984	17,206.9	3,957.3
1985	989,439.6	325,249.7	1985	227.4	220.3	1985	21,161.6	5,929.9
1986	2,684,371.2	792,017.9	1986	1,148.2	560.2	1986	52,168.8	14,349.1
A. BAJA CALIF.			B. CHIHUAHUA			Nogales		
Ensenada			Ciudad Juarez			1975	1,008.8	455.3
1975	43.9	14.7	1975	2,553.0	1,223.0	1976	1,353.5	564.0
1976	8.6	8.5	1976	4,280.3	1,808.3	1977	2,546.0	683.6
1977	11.7	13.0	1977	6,743.5	2,506.0	1978	3,109.4	1,072.0
1978	25.7	15.7	1978	8,878.8	3,301.5	1979	4,860.6	1,445.8
1979	40.7	30.8	1979	12,399.8	4,736.5	1980	5,417.9	1,701.3
1980	49.5	44.7	1980	13,470.2	6,205.7	1981	6,808.9	2,051.5
1981	64.3	46.3	1981	18,820.8	8,865.3	1982	12,776.4	3,976.7
1982	111.7	80.0	1982	34,687.2	17,201.8	1983	32,779.9	6,771.6
1983	417.4	224.3	1983	107,342.5	38,087.7	1984	58,168.4	12,576.2
1984	634.9	592.8	1984	190,518.4	73,880.4	1985	85,378.6	19,590.6
1985	1,900.3	814.5	1985	294,795.4	125,210.1	1986	236,279.5	44,482.7
1986	2,462.9	2,001.2	1986	712,497.4	282,114.0			
Mexicali						F. TAMAULIPAS		
1975	1,732.1	423.7	C. COAHUILA			Matamoros		
1976	1,872.9	474.5	Ciudad Acuña			1975	844.6	467.2
1977	2,200.0	607.1	1975	164.8	61.7	1976	1,098.5	744.0
1978	2,260.8	755.8	1976	208.5	83.1	1977	1,907.6	907.3
1979	2,752.1	1,085.5	1977	372.8	98.6	1978	3,418.6	1,382.1
1980	2,842.1	1,161.2	1978	505.6	134.5	1979	4,994.2	1,889.8
1981	3,389.9	1,439.9	1979	493.0	194.5	1980	4,308.2	2,080.1
1982	8,207.0	2,561.9	1980	500.5	233.0	1981	6,260.8	2,722.4
1983	22,372.0	5,377.4	1981	759.5	381.0	1982	13,189.4	5,094.8
1984	43,561.9	10,800.8	1982	1,562.6	646.0	1983	57,278.0	12,878.2
1985	69,595.7	18,074.3	1983	5,298.6	1,558.7	1984	113,035.2	22,541.7
1986	190,398.3	50,705.9	1984	9,782.7	3,619.3	1985	169,114.4	68,749.3
			1985	19,219.8	6,757.3	1986	409,377.1	84,070.3
Tecate			1986	64,212.9	18,252.6			
1975	67.7	51.4				Nuevo Laredo		
1976	45.9	42.7	Piedras Negras			1975	94.7	81.4
1977	66.6	64.8	1975	212.9	105.8	1976	88.1	82.3
1978	65.4	62.4	1976	258.0	136.8	1977	118.7	113.0
1979	66.8	58.5	1977	380.2	172.9	1978	203.0	169.4
1980	86.1	79.3	1978	363.7	210.1	1979	280.8	206.9
1981	110.5	117.1	1979	370.2	240.9	1980	424.7	272.1
1982	284.6	226.5	1980	579.3	293.9	1981	682.9	373.3
1983	1,228.6	662.9	1981	551.0	344.1	1982	1,573.1	659.3
1984	3,109.6	1,178.6	1982	887.0	625.5	1983	3,245.8	1,793.4
1985	4,305.7	2,005.6	1983	2,778.7	1,173.7	1984	7,062.0	3,502.4
1986	17,945.8	5,508.8	1984	5,840.1	2,104.4	1985	11,903.6	5,570.7
			1985	8,730.0	3,889.0	1986	36,519.2	10,824.8
Tijuana			1986	21,674.7	8,944.2			
1975	1,025.5	550.8				Reynosa		
1976	1,304.7	614.4				1975	141.4	62.3
1977	1,664.8	712.8				1976	223.3	86.8
1978	2,397.9	1,045.5				1977	298.4	97.9
1979	3,486.6	1,494.8				1978	1,517.8	307.9
1980	4,386.8	1,798.0				1979	2,412.1	431.1
1981	7,169.9	2,522.0				1980	3,121.1	732.2
1982	13,041.4	5,062.8				1981	4,382.9	1,187.3
1983	35,999.0	10,447.3				1982	11,744.0	3,004.7
1984	72,644.5	22,907.6				1983	37,491.0	5,136.4
1985	139,994.0	39,299.0				1984	55,434.0	10,075.9
1986	386,889.6	106,507.5				1985	76,800.2	15,706.6
						1986	285,734.1	41,614.5

SOURCE: INEGI–IM.

Table 1510

INPUTS AND VALUE ADDED, BY TYPE OF GOOD PRODUCED, 1979-86

(M NC)

Category/Year	Inputs	Value Added	Category/Year	Inputs	Value Added
Mexico Total			**Transport Equipment**		
1979	36,410.4	14,543.0	1979	~	859.0
1980	40,792.7	17,728.8	1980	3,413.3	1,402.1
1981	55,386.8	23,957.0	1981	6,141.9	2,767.9
1982	110,346.0	46,587.7	1982	14,247.8	7,389.3
1983	349,318.9	99,521.2	1983	75,472.7	20,518.0
1984	637,770.4	194,756.6	1984	160,155.5	37,473.6
1985	989,439.6	325,249.7	1985	274,472.0	79,112.1
1986	2,684,371.2	792,017.9	1986	757,006.3	166,022.7
Border Municipalities			**Tools and Equipment**		
1979	33,653.8	12,305.3	1979	~	237.0
1980	36,853.9	15,206.6	1980	753.0	293.6
1981	50,662.3	20,734.8	1981	814.3	410.6
1982	101,049.2	40,380.4	1982	1,226.4	707.2
1983	316,719.7	86,682.1	1983	2,862.3	1,586.3
1984	578,949.7	168,518.8	1984	6,495.3	3,339.9
1985	904,761.6	282,838.4	1985	10,651.4	5,267.8
1986	2,424,024.0	672,283.6	1986	29,157.1	15,755.3
Food Preparation and Packing			**Electric and Electronic Equipment**		
1979	~	214.9	1979	~	3,030.0
1980	757.1	274.9	1980	13,316.9	3,783.5
1981	941.0	310.8	1981	17,035.2	5,210.5
1982	2,208.9	627.7	1982	33,135.3	9,444.1
1983	4,466.7	1,575.4	1983	99,256.3	19,033.0
1984	7,042.4	2,238.3	1984	153,180.1	37,528.7
1985	10,538.1	2,687.2	1985	215,714.0	55,037.5
1986	22,475.8	6,737.3	1986	562,270.6	137,372.4
Cothes and Textiles			**Electric and Electronic Materials and Accessories**		
1979	~	1,392.3	1979	~	3,911.9
1980	3,937.1	1,559.1	1980	10,304.4	4,839.9
1981	5,167.8	1,901.6	1981	15,058.1	6,283.2
1982	9,548.5	3,054.5	1982	30,171.9	12,037.4
1983	27,884.0	6,157.0	1983	73,269.8	22,119.9
1984	40,223.5	10,240.1	1984	139,437.5	44,447.6
1985	55,541.4	16,216.7	1985	203,251.0	66,962.4
1986	124,973.1	35,704.6	1986	554,390.0	163,493.0
Shoes and Leather Goods			**Toys and Sports Materials**		
1979	~	262.1	1979	~	250.9
1980	423.5	281.2	1980	648.7	337.5
1981	546.3	385.4	1981	916.5	415.5
1982	1,152.2	813.5	1982	2,212.8	1,041.1
1983	3,850.0	1,455.8	1983	7,536.6	1,273.4
1984	7,614.2	2,748.6	1984	19,932.5	6,953.0
1985	14,576.7	4,958.6	1985	32,100.3	10,248.4
1986	30,409.2	9,822.4	1986	56,850.0	25,368.1
Furniture Assembly			**Other Manufacturing**		
1979	~	662.5	1979	~	954.4
1980	783.6	643.3	1980	2,339.2	1,197.7
1981	893.3	838.8	1981	2,860.0	1,406.6
1982	1,541.0	1,436.8	1982	5,276.9	2,316.9
1983	5,504.1	4,265.1	1983	15,407.4	4,406.4
1984	11,113.1	8,694.8	1984	30,165.5	8,813.3
1985	18,082.9	12,905.9	1985	63,602.3	17,673.8
1986	61,549.3	34,439.3	1986	203,080.8	51,994.5
Chemical Products			**Services**		
1979	~	~	1979	~	530.5
1980	13.3	10.5	1980	163.8	583.3
1981	7.8	11.4	1981	280.1	792.3
1982	~	~	1982	329.3	1,511.9
1983	~	~	1983	1,209.8	3,331.8
1984	~	~	1984	3,590.1	6,040.9
1985	~	~	1985	6,231.5	11,768.0
1986	~	~	1986	21,861.8	25,574.0

SOURCE: INEGI-IM.

Table 1511

IMPORTED AND DOMESTIC INPUTS, BY TYPE OF GOOD PRODUCED, 1979-86

(M NC)

Category/Year	Total Inputs	Imported Inputs			Domestic Inputs		
		Total	Primary Inputs	Packing Materials	Total	Primary Inputs	Packing Materials
Mexico Total							
1979	36,410.4	35,895.3	34,952.2	942.7	515.2	493.0	22.2
1980	40,792.7	40,095.7	39,150.3	945.4	697.0	630.9	66.1
1981	55,386.8	54,679.4	53,265.1	1,414.3	707.5	630.7	76.7
1982	110,346.0	108,928.2	105,609.8	3,318.4	1,417.8	1,362.9	54.9
1983	349,319.9	344,782.9	333,799.7	10,983.2	4,536.0	3,986.4	639.6
1984	637,770.4	629,299.6	608,338.8	20,960.8	8,470.8	8,029.6	441.2
1985	989,439.6	980,548.9	947,311.9	33,237.0	8,890.7	8,127.0	763.7
1986	2,684,371.2	2,653,200.0	2,578,662.0	74,538.0	31,171.2	26,397.3	4,773.9
Border Municipalities							
1979	33,653.8	33,357.2	32,447.1	910.1	296.6	282.6	14.2
1980	36,853.9	36,549.2	35,639.8	909.4	304.7	266.7	38.0
1981	50,662.3	50,246.3	48,890.8	1,355.5	415.9	365.9	49.9
1982	101,049.2	100,228.6	97,088.7	3,139.9	820.6	783.7	36.9
1983	316,719.7	313,607.3	303,121.6	10,485.7	3,112.4	2,514.3	598.1
1984	578,949.7	572,616.2	553,412.5	19,203.7	6,333.5	6,002.1	331.4
1985	904,761.6	898,492.6	867,054.9	31,437.7	6,269.0	5,683.5	585.5
1986	2,424,024.0	2,403,485.1	2,335,527.7	67,957.4	20,538.9	16,701.0	3,837.9
Food Preparation and Packing							
1979	~	~	~	~	~	~	~
1980	757.1	659.1	641.3	17.8	98.0	73.8	24.2
1981	941.0	900.4	882.5	17.9	40.6	40.6	~
1982	2,208.9	1,977.4	1,915.6	61.8	231.5	231.5	~
1983	4,466.7	3,873.4	3,656.2	217.2	593.3	522.4	70.9
1984	7,042.4	6,136.9	5,779.1	357.8	905.5	823.1	82.4
1985	10,538.1	9,921.5	9,430.4	491.1	616.6	524.7	91.9
1986	22,475.8	20,091.5	18,695.7	1,395.8	2,384.3	2,234.1	150.2
Clothes and Textiles							
1979	~	~	~	~	~	~	~
1980	3,937.0	3,929.6	3,721.3	208.3	7.5	6.5	1.0
1981	5,167.8	5,162.0	4,938.7	223.3	5.8	5.5	.3
1982	9,548.5	9,541.1	9,054.5	486.6	7.3	7.2	.1
1983	27,884.0	27,860.2	26,298.7	1,561.5	23.8	23.3	.5
1984	40,223.5	40,165.9	37,611.7	2,554.2	57.6	47.4	10.2
1985	55,541.4	55,472.0	52,494.9	2,977.1	69.4	64.5	4.9
1986	124,973.1	124,589.5	115,123.5	9,466.0	383.6	365.5	18.1
Shoes and Leather Goods							
1979	~	~	~	~	~	~	~
1980	423.5	387.2	384.5	2.7	36.3	36.3	~
1981	546.3	501.5	497.9	3.6	44.8	44.3	.5
1982	1,152.2	1,033.4	1,022.6	10.8	118.8	118.5	.3
1983	3,850.0	3,623.3	3,463.6	159.7	226.7	226.2	.5
1984	7,614.2	7,387.6	7,291.9	95.7	226.6	225.6	1.0
1985	14,576.7	14,232.9	14,007.5	225.4	343.8	341.0	2.8
1986	30,409.2	29,647.6	29,159.8	487.8	761.6	760.3	1.3
Furniture Assembly							
1979	~	~	~	~	~	~	~
1980	783.6	709.0	697.5	11.5	74.7	71.4	3.3
1981	893.3	743.8	733.5	10.3	149.4	112.7	36.7
1982	1,541.0	1,310.8	1,285.4	25.4	230.2	225.4	4.8
1983	5,504.1	4,655.0	4,553.2	101.8	849.1	837.5	11.6
1984	11,113.1	9,194.6	8,941.3	253.3	1,918.5	1,886.2	32.3
1985	18,082.9	16,023.6	15,582.5	441.1	2,059.3	2,022.7	36.6
1986	61,549.2	57,306.3	55,651.4	1,654.9	4,242.9	4,175.0	67.9

Table 1511 (Continued)

IMPORTED AND DOMESTIC INPUTS, BY TYPE OF GOOD PRODUCED, 1979–86

(M NC)

Category/Year	Total Inputs	Imported Inputs			Domestic Inputs		
		Total	Primary Inputs	Packing Materials	Total	Primary Inputs	Packing Materials
Chemical Products							
1979	~	~	~	~	~	~	~
1980	13.3	12.9	12.9	~	.4	.4	~
1981	7.9	7.7	7.7	~	.2	.2	~
1982	~	~	~	~	~	~	~
1983	~	~	~	~	~	~	~
1984	~	~	~	~	~	~	~
1985	~	~	~	~	~	~	~
1986	~	~	~	~	~	~	~
Transport Equipment							
1979	~	~	~	~	~	~	~
1980	3,413.4	3,404.3	3,319.4	84.9	9.1	8.1	.3
1981	6,141.9	6,090.89	5,818.0	272.8	51.1	49.8	1.3
1982	14,247.8	14,219.0	13,253.2	965.8	28.8	11.8	17.0
1983	75,472.7	74,789.4	70,766.3	4,023.1	683.3	348.3	335.0
1984	160,155.5	159,214.7	151,975.6	7,239.1	940.8	823.4	117.4
1985	274,472.0	272,873.3	261,312.2	11,561.1	1,598.7	1,388.5	210.2
1986	757,006.3	751,510.3	737,027.7	14,482.6	5,496.0	3,075.9	2,420.1
Tools and Equipment							
1979	~	~	~	~	~	~	~
1980	752.9	751.6	727.7	23.9	1.3	1.3	~
1981	814.3	811.4	791.5	19.9	2.9	2.8	.1
1982	1,226.4	1,216.3	1,189.1	27.2	10.1	10.0	.1
1983	2,862.3	2,855.9	2,789.3	66.6	6.4	5.6	.8
1984	6,495.3	6,451.0	6,164.3	286.7	44.3	43.3	1.0
1985	10,651.4	10,562.6	10,217.9	344.7	88.8	88.2	.6
1986	29,157.1	28,850.1	28,412.4	437.7	307.0	272.6	34.4
Electric and Electronic Equipment							
1979	~	~	~	~	~	~	~
1980	13,316.9	13,310.1	13,057.7	252.4	6.8	4.7	2.1
1981	17,035.2	17,017.3	16,683.3	334.0	17.8	13.5	4.2
1982	33,133.5	33,099.5	32,293.3	806.2	34.1	32.8	1.3
1983	99,256.3	99,083.6	97,023.1	2,060.5	172.7	80.9	91.8
1984	153,180.1	152,957.3	149,040.4	3,916.9	222.8	210.1	12.7
1985	215,714.0	215,435.6	209,788.0	5,647.6	278.4	236.8	41.6
1986	562,270.6	560,391.5	546,898.2	13,493.3	1,879.1	1,768.3	110.8
Electric and Electronic Materials and Accessories							
1979	~	~	~	~	~	~	~
1980	10,304.4	10,275.3	10,136.4	138.8	29.0	25.6	3.4
1981	15,058.1	15,004.4	14,766.5	237.9	53.7	51.9	1.8
1982	30,171.9	30,111.5	29,647.8	463.7	60.4	57.9	2.5
1983	73,169.8	73,007.1	71,464.7	1,542.4	262.7	224.3	38.4
1984	139,437.5	139,965.1	136,516.4	2,448.7	472.4	457.9	14.5
1985	203,251.0	202,655.6	198,005.3	4,650.3	595.4	569.3	26.1
1986	554,390.0	551,782.5	539,442.1	12,340.4	2,607.5	2,205.9	401.6
Toys and Sports Materials							
1979	~	~	~	~	~	~	~
1980	648.7	642.7	611.0	31.7	5.9	5.9	~
1981	916.5	914.2	872.8	41.4	2.3	2.3	~
1982	2,212.8	2,208.5	2,148.3	60.2	4.3	4.3	~
1983	7,536.6	7,521.6	7,272.7	248.9	15.0	14.5	.5
1984	19,932.5	18,848.8	18,028.5	820.3	1,083.7	1,078.9	4.8
1985	32,100.3	32,082.8	30,822.5	1,260.3	17.5	10.6	6.9
1986	56,850.0	56,513.3	52,132.2	4,381.1	336.7	58.6	278.1

Table 1511 (Continued)
IMPORTED AND DOMESTIC INPUTS, BY TYPE OF GOOD PRODUCED, 1979–86
(M NC)

		Imported Inputs			Domestic Inputs		
Category/Year	Total Inputs	Total	Primary Inputs	Packing Materials	Total	Primary Inputs	Packing Materials
Other Manufacturing							
1979	~	~	~	~	~	~	~
1980	2,339.2	2,322.1	2,185.0	137.1	17.0	15.1	1.9
1981	2,859.9	2,832.6	2,638.4	194.2	27.3	24.6	2.7
1982	5,276.9	5,218.6	4,987.9	230.9	58.2	50.4	7.8
1983	15,407.4	15,261.5	14,779.7	481.8	145.9	106.8	39.1
1984	30,165.5	29,883.5	28,697.7	1,185.8	282.0	244.6	37.4
1985	63,602.3	63,180.8	59,711.0	3,469.8	421.5	292.5	129.0
1986	203,080.8	201,359.9	192,651.8	8,708.1	1,720.9	1,454.7	266.2
Services							
1979	~	~	~	~	~	~	~
1980	163.8	145.2	145.0	.2	18.6	16.9	1.8
1981	280.1	260.1	259.8	.3	20.0	17.7	2.3
1982	329.3	292.3	291.0	1.3	36.9	33.9	3.0
1983	1,209.8	1,076.3	1,054.1	22.2	133.5	124.5	9.0
1984	3,590.1	3,410.8	3,365.6	45.2	179.3	161.6	17.7
1985	6,231.5	6,051.9	5,682.7	369.2	179.6	144.7	34.9
1986	21,861.8	21,442.5	20,332.8	1,109.7	419.3	330.2	89.1

SOURCE: INEGI-IM.

Table 1512
COAHUILA MAQUILADORA IMPORTS, EXPORTS, AND BALANCE, 1975–85
(M US)

Year	Imports[1]	Exports[2]	Balance
1975	30.19	43.58	13.39
1976	23.32	34.35	11.03
1977	32.93	44.87	11.94
1978	38.08	53.25	15.17
1979	37.59	56.68	19.09
1980	46.17	68.82	22.65
1981	49.82	77.47	27.65
1982	25.35	38.55	13.20
1983	56.01	75.03	19.03
1984	81.30	111.12	29.82
1985[a]	60.74	83.24	22.51

1. The peso value of inputs imported by the Industria Maquiladora de Coahuila was converted to dollars according to the method used by the Banco de México.
2. Exports were calculated by subtracting imported inputs from gross product generated by the Industria Maquiladora de Coahuila. The balance was converted to dollars using the Banco de México method.
a. January–October.

SOURCE: Alejandro Dávila Flores, "Relaciones de Coahuila con los Mercados Externos: La Industria Maquiladora," *Comercio Exterior*, vol. 37, no 11 (November 1987).

Table 1513
MAQUILADORAS PRODUCING AUTOMOBILE PARTS, 1974–85

Category	1974	1975	1976	1977	1978	1979	1980	1981	1982	1983	1984	1985
Plants (N)	25	32	33	32	28	40	53	44	44	47	51	63
Employees (N)	2,760	3,370	3,241	3,058	3,503	5,599	7,500	10,999	12,288	19,594	29,378	40,145
Value Added (M NC)	193	296.3	363.1	375.6	503.4	1,189.8	1,440.4	3,115.6	7,882.8	20,960.1	38,947.9	84,863.4

SOURCE: Jorge Carrillo, "La Reconversión en la Industria del Automóvil," *El Cotidiano*, Número Especial 1, 1987.

Table 1514
STRIKES AND DECLARED STRIKES IN MAQUILADORAS, SELECTED CITIES, 1967–83
(N)

	Strikes Declared			Actual Strikes		
Year	Tijuana	Ciudad Juárez	Mexicali	Tijuana	Ciudad Juárez	Mexicali
1967	3	~	~	~	~	~
1968	~	~	~	~	~	~
1969	~	1	~	~	~	~
1970	2	~	~	~	~	~
1971	~	~	~	~	~	~
1972	4	5	~	~	~	~
1973	10	14	11	5	1	~
1974	7	10	13	1	1	~
1975	7	8	17	1	1	1
1976	5	10	18	~	~	~
1977	3	8	26	~	~	~
1978	9	15	12	1	1	~
1979	16	14	12	1	1	~
1980	11	12	17	~	2	~
1981	14	14	16	~	2	~
1982	24	38	53	~	~	1
1983	20	21	25	1	1	~

SOURCE: *Comercio Exterior*, January 1986, p. 56.

16

Gross Product

MEXICO GROSS STATE PRODUCT, 1970, 1975, 1980

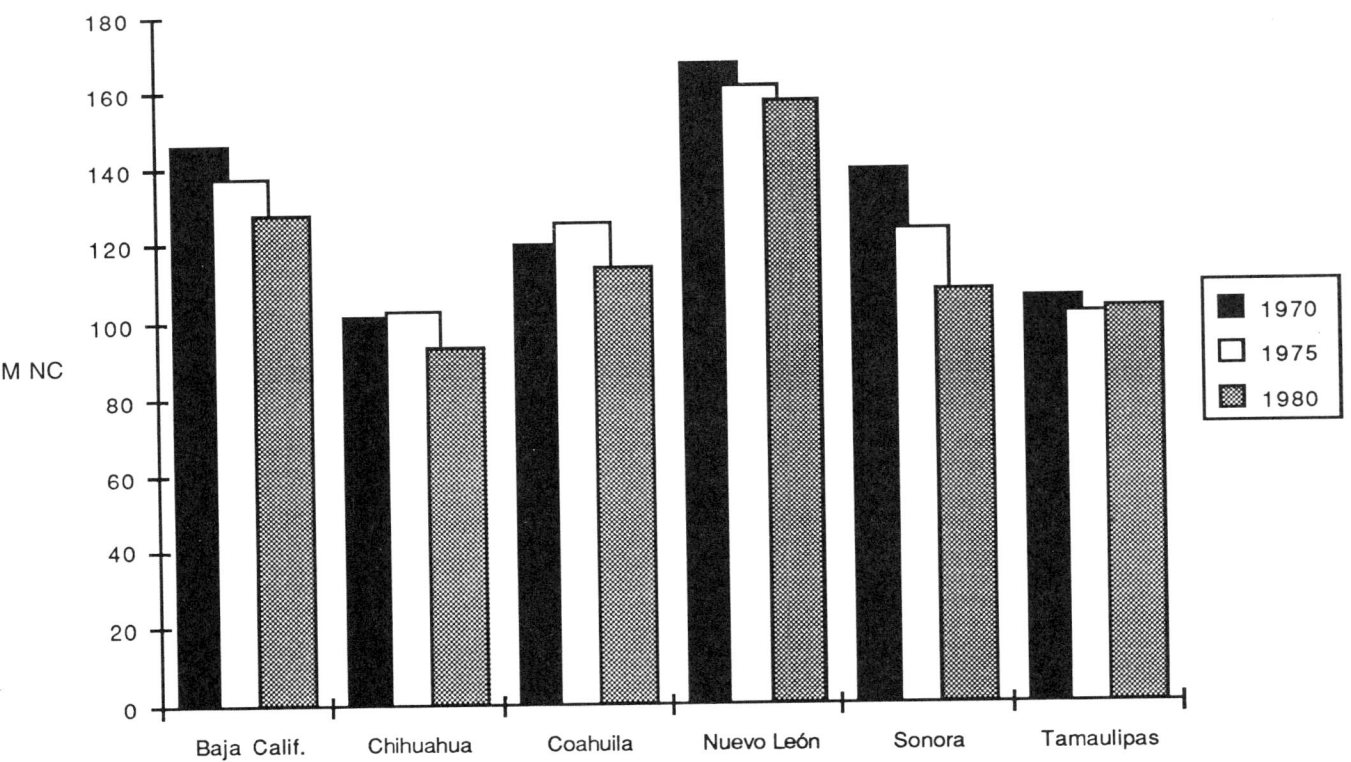

SOURCE: Table 1600.

Table 1600
MEXICO GROSS STATE PRODUCT, 6 SC, 1950–80
(M NC)

State	1950	1960	1970	1980
A. BAJA CALIF.	1,039.3	4,306.7	11,686.0	95,859.8
B. CHIHUAHUA	1,902.5	6,802.9	15,095.5	120,438.8
C. COAHUILA	1,479.2	5,037.7	12,373.1	126,360.7
D. NUEVO LEON	1,355.0	10,050.0	26,140.3	250,772.1
E. SONORA	1,269.7	4,850.6	14,092.7	104,906.3
F. TAMAULIPAS	1,466.0	4,358.7	14,143.6	148,859.8
Mexico Border	9,011.7	35,406.5	95,531.2	847,197.5
Mexico Total	41,060.1	157,558.8	444,271.4	4,276,490.4

SOURCE: Adapted from AE, various years, and INEGI, *Cuentas Nacionales*, various years.

Table 1601
MEXICO GROSS STATE PRODUCT, BY ECONOMIC SECTOR,
6 SC, 1970, 1980
(M NC)

State	Year	Total	Agriculture	Mining	Manufacturing	Construction	Electricity
A. BAJA CALIF.	1970	11,868.0	964.3	22.9	2,154.7	856.5	222.9
	1980	96,360.0	8,643.6	205.6	17,263.9	8,067.8	1,812.3
B. CHIHUAHUA	1970	15,095.5	2,225.8	1,478.9	1,846.0	929.4	172.0
	1980	120,692.9	14,558.8	9,059.4	18,192.2	8,711.4	527.7
C. COAHUILA	1970	12,373.1	1,199.3	668.8	3,074.5	632.9	100.4
	1980	113,750.0	6,996.7	6,596.7	30,631.0	7,332.6	1,017.9
D. NUEVO LEON	1970	26,140.3	1,372.9	226.5	10,022.6	1,442.4	291.6
	1980	252,389.3	5,808.1	1,680.2	89,709.5	14,792.9	2,440.5
E. SONORA	1970	14,092.7	4,156.6	661.1	1,362.0	701.2	198.6
	1980	104,641.9	18,042.8	7,572.1	12,614.5	7,633.1	1,793.3
F. TAMAULIPAS	1970	14,143.6	2,001.3	183.0	1,810.0	1,040.1	175.3
	1980	126,083.6	15,801.3	2,180.0	17,770.2	11,887.9	2,456.6
Mexico Total	1970	444,271.4	54,123.2	11,190.3	105,203.0	23,530.2	5,146.7
	1980	4,276,490.4	357,131.1	291,374.1	985,013.1	276,192.9	42,034.9

State	Year	Trade, Restaurants and Hotels	Transportation	Financial Services	Services	Imputed Banking Services
A. BAJA CALIF.	1970	4,108.1	585.6	986.2	1,936.4	15.6
	1980	28,043.5	4,817.9	7,858.6	21,284.3	1,610.5
B. CHIHUAHUA	1970	4,284.2	610.7	1,633.4	2,034.9	119.8
	1980	33,001.2	6,798.5	8,917.5	21,705.2	779.0
C. COAHUILA	1970	3,438.5	657.1	1,139.8	1,541.6	79.8
	1980	29,496.5	7,479.1	6,686.9	18,083.1	530.5
D. NUEVO LEON	1970	6,141.0	1,237.0	2,579.0	3,446.3	618.9
	1980	59,303.7	19,507.0	20,498.7	44,134.9	5,486.2
E. SONORA	1970	3,833.5	536.4	1,228.2	1,639.0	223.9
	1980	25,428.0	6,458.0	8,073.4	18,608.5	1,581.8
F. TAMAULIPAS	1970	4,439.9	1,025.4	1,408.7	2,191.0	131.1
	1980	33,214.9	11,323.7	9,797.4	22,660.0	1,008.4
Mexico Total	1970	115,162.9	21,357.4	50,209.7	63,743.5	5,395.5
	1980	999,555.8	279,111.6	336,895.2	756,971.1	47,789.5

SOURCE: *El Mercado de Valores*, vol. 47, no. 9, March 3, 1986.

Table 1602

MEXICO PER CAPITA GROSS STATE PRODUCT, 6 SC, 1970, 1975, 1980

State	NC			Index (Mexico = 100)		
	1970	1975	1980	1970	1975	1980
A. BAJA CALIF.	13,262	26,408	81,637	145.83	137.06	127.90
B. CHIHUAHUA	9,279	19,823	60,091	102.03	102.88	94.15
C. COAHUILA	10,948	23,980	72,877	120.39	124.46	114.18
D. NUEVO LEON	15,181	30,936	100,160	166.93	160.56	156.92
E. SONORA	12,661	23,656	68,976	139.22	122.77	108.07
F. TAMAULIPAS	9,599	19,693	65,390	105.55	102.21	102.45
Distrito Federal	17,634	36,692	121,590	193.91	190.43	190.50
Mexico Total	9,094	19,268	63,827	100.00	100.00	100.00

SOURCE: *El Mercado de Valores*, vol. 46, no. 9 (March 3, 1986), p. 218.

Table 1603

MEXICO GROSS STATE PRODUCT, PERCENTAGE DISTRIBUTION, 6 SC, 1970, 1975, 1980

State	1970	1975	1980
A. BAJA CALIF.	2.63	2.45	2.25
B. CHIHUAHUA	3.40	3.26	.2.82
C. COAHUILA	2.79	2.89	2.66
D. NUEVO LEON	5.88	5.86	5.90
E. SONORA	3.17	2.79	2.45
F. TAMAULIPAS	3.18	3.02	2.95
Federal District	27.56	26.14	25.15
Mexico Total	100.00	100.00	100.00

SOURCE: *El Mercado de Valores*, vol. 46, no. 9, (March 3, 1986), p. 217.

Table 1604
U.S. GROSS STATE PRODUCT, 4 SC, 1963–86
(M NC)

State	1963	1967	1972	1973	1974	1975	1976	1977	1978
G. ARIZONA									
Gross state product	4,231	5,600	10,843	12,643	13,961	14,680	16,424	18,996	22,648
Compensation	2,385	3,248	6,433	7,538	8,335	8,718	9,711	11,141	13,248
Proprietors' income	570	730	1,247	1,397	1,708	1,604	1,975	2,198	2,621
Capital charges	916	1,100	2,192	2,562	2,622	2,916	3,100	3,760	4,737
Indirect business taxes	359	523	971	1,145	1,296	1,441	1,638	1,898	2,043
H. CALIFORNIA									
Gross state product	65,905	88,653	132,199	146,473	160,979	179,858	201,536	227,590	260,296
Compensation	38,791	52,717	79,042	87,587	96,799	105,693	118,254	133,360	152,866
Proprietors' income	8,749	10,789	16,592	18,505	21,297	23,606	27,155	29,695	34,092
Capital charges	12,194	16,409	22,274	24,653	25,798	31,592	35,278	41,275	49,736
Indirect business taxes	6,171	8,739	14,290	15,728	17,085	18,967	20,849	23,259	23,601
I. NEW MEXICO									
Gross state product	2,827	3,350	5,151	5,880	6,879	7,806	8,774	9,982	11,690
Compensation	1,495	1,855	2,927	3,292	3,706	4,170	4,787	5,436	6,235
Proprietors' income	358	406	662	756	854	1,013	1,026	1,184	1,370
Capital charges	746	774	1,113	1,317	1,706	1,914	2,151	2,420	2,950
Indirect business taxes	230	315	448	516	613	710	809	943	1,135
J. TEXAS									
Gross state product	30,064	41,158	65,747	75,507	87,558	100,471	115,881	132,091	152,098
Compensation	15,203	21,829	35,351	40,234	46,148	51,870	59,917	68,152	79,360
Proprietors' income	4,036	5,043	9,569	11,327	11,836	13,921	15,742	17,600	19,529
Capital charges	7,935	10,717	14,700	17,212	21,947	26,080	30,668	35,637	41,594
Indirect business taxes	2,891	3,568	6,128	6,734	7,628	8,600	9,554	10,701	11,614
U.S. Total									
Gross state product	598,847	803,860	1,195,975	1,340,906	1,449,062	1,571,442	1,750,905	1,957,586	2,213,303
Compensation	341,828	468,552	719,014	806,347	885,317	941,770	1,050,715	1,169,152	1,321,569
Proprietors' income	76,933	95,573	134,932	158,774	163,554	175,772	192,344	213,396	244,059
Capital charges	125,512	169,600	230,895	255,026	271,167	313,904	356,168	409,377	469,609
Indirect business taxes	54,574	70,135	111,134	120,759	129,024	139,996	151,678	165,661	178,066

State	1979	1980	1981	1982	1983	1984	1985	1986
G. ARIZONA								
Gross state product	26,888	29,231	33,066	33,603	37,631	43,442	48,589	53,253
Compensation	15,874	17,948	20,263	21,151	23,147	26,211	29,238	31,874
Proprietors' income	2,948	3,273	2,924	2,944	3,239	3,788	3,989	4,518
Capital charges	5,870	6,335	7,304	6,836	8,213	9,725	11,139	12,414
Indirect business taxes	2,196	2,375	2,575	2,672	3,145	3,816	4,308	4,542
H. CALIFORNIA								
Gross state product	293,600	325,171	354,905	372,541	408,216	456,874	496,850	533,816
Compensation	174,695	195,362	218,049	232,444	249,603	276,541	300,898	322,266
Proprietors' income	38,787	44,351	35,618	36,992	41,095	44,147	47,775	53,178
Capital charges	56,370	60,030	72,853	75,449	86,961	101,263	110,889	118,999
Indirect business taxes	23,748	25,428	28,335	27,656	30,471	34,521	36,863	38,928
I. NEW MEXICO								
Gross state product	13,816	16,442	19,399	20,023	20,910	22,665	23,887	23,603
Compensation	7,095	7,897	8,950	9,618	10,152	10,974	11,721	12,022
Proprietors' income	1,552	1,789	1,717	1,728	1,727	1,866	2,196	2,243
Capital charges	3,831	4,891	6,084	6,010	6,280	6,932	7,303	6,805
Indirect business taxes	1,338	1,865	2,648	2,673	2,760	2,903	2,671	2,540
J. TEXAS								
Gross state product	175,869	205,047	243,539	254,508	264,156	289,239	307,615	303,510
Compensation	92,201	107,177	125,839	137,514	142,106	154,595	164,690	164,080
Proprietors' income	22,162	22,366	23,388	25,012	27,165	27,784	30,421	31,202
Capital charges	48,776	58,353	69,831	68,371	70,465	79,926	84,172	80,159
Indirect business taxes	12,730	17,152	24,481	23,611	23,761	26,743	28,047	27,902
U.S. Total								
Gross state product	2,458,060	2,670,299	2,986,855	3,104,127	3,339,980	3,707,011	3,963,347	4,191,705
Compensation	1,484,174	1,629,169	1,797,907	1,896,340	2,009,986	2,201,485	2,357,958	2,490,302
Proprietors' income	269,206	268,322	285,008	282,901	302,955	352,108	380,708	418,163
Capital charges	515,328	559,527	652,464	666,051	744,479	839,504	891,530	935,520
Indirect business taxes	189,352	213,281	251,476	258,835	282,560	313,914	333,151	347,720

SOURCE: U.S. Department of Commerce, *Survey of Current Business*, May 1988, pp. 34, 36, 37.

Table 1605
U.S. GROSS STATE PRODUCT, BY ECONOMIC SECTOR, 4 SC, 1963-86
(M NC)

G. ARIZONA

Sector	1963	1967	1972	1977	1982	1983	1984	1985	1986
Total Gross State Product	4,231	5,600	10,843	18,996	33,603	37,631	43,442	48,589	53,253
Farms	234	225	321	531	797	619	884	779	812
Agricultural Services, Forestry, and Fisheries	18	25	69	137	225	239	270	272	310
Mining	248	170	340	484	614	663	608	643	683
Construction	312	331	1,120	1,392	2,906	3,470	4,324	5,029	5,330
Manufacturing	504	798	1,471	2,633	4,686	5,113	6,088	6,613	7,172
Durable Goods	378	636	1,183	2,124	3,731	4,060	4,932	5,388	5,796
Nondurable Goods	127	162	288	509	955	1,053	1,156	1,225	1,376
Transportation and Public Utilities	405	547	913	1,753	2,996	3,465	3,878	4,329	4,646
Wholesale Trade	239	331	598	1,079	1,820	1,954	2,381	2,689	2,802
Retail Trade	500	670	1,263	2,298	3,856	4,293	4,981	5,696	6,131
Finance, Insurance, and Real Estate	697	943	1,799	3,199	5,235	6,104	6,811	7,765	8,909
Services	492	703	1,344	2,555	5,175	5,986	7,071	8,026	9,045
Federal Civilian Government	126	202	355	647	990	1,074	1,214	1,311	1,342
Federal Military	106	175	336	438	698	782	790	788	839
State and Local Government	349	479	915	1,852	3,606	3,868	4,141	4,650	5,232

H. CALIFORNIA

Sector	1963	1967	1972	1977	1982	1983	1984	1985	1986
Total Gross State Product	65,905	88,653	132,199	227,590	372,541	408,216	456,874	496,850	533,816
Farms	1,880	2,102	3,183	5,385	8,188	7,238	8,370	8,390	7,963
Agricultural Services, Forestry, and Fisheries	316	439	809	1,607	2,671	2,965	3,122	3,126	3,319
Mining	899	868	1,062	2,721	7,695	7,468	7,726	7,452	5,927
Construction	3,800	4,148	6,326	11,761	15,286	16,303	19,668	21,563	23,855
Manufacturing	14,675	19,544	25,106	41,54	71,250	78,499	88,697	93,772	97,680
Durable Goods	9,616	12,962	16,028	26,435	46,727	52,376	60,057	64,013	66,095
Nondurable Goods	5,059	6,583	9,078	15,109	24,524	26,123	28,640	29,759	31,584
Transportation and Public Utilities	5,496	7,634	11,272	18,134	29,698	33,359	36,678	39,579	41,928
Wholesale Trade	4,467	5,951	8,997	16,420	25,937	27,640	33,185	36,081	38,711
Retail Trade	6,958	9,296	13,836	23,538	38,397	42,302	47,077	51,514	55,216
Finance, Insurance, and Real Estate	10,652	14,410	23,160	41,245	60,651	68,843	74,384	82,435	93,790
Services	8,441	12,008	18,833	35,029	66,778	74,657	85,108	94,833	103,397
Federal Civilian Government	1,726	2,552	3,771	5,530	8,280	8,994	9,705	10,544	10,742
Federal Military	1,522	2,155	3,525	4,460	7,570	8,100	8,602	9,217	9,406
State and Local Government	5,072	7,547	12,318	20,216	30,140	31,846	34,553	38,343	41,881

I. NEW MEXICO

Sector	1963	1967	1972	1977	1982	1983	1984	1985	1986
Total Gross State Product	2,827	3,350	5,151	9,982	20,023	20,910	22,665	23,887	23,603
Farms	128	129	198	302	397	347	386	428	449
Agricultural Services, Forestry, and Fisheries	9	13	18	34	51	60	65	61	64
Mining	522	463	588	1,699	4,672	4,029	4,101	4,194	3,181
Construction	154	174	332	636	1,317	1,383	1,550	1,585	1,576
Manufacturing	136	174	290	614	1,016	1,277	1,613	1,858	1,881
Durable Goods	80	97	166	326	520	621	793	892	878
Nondurable Goods	56	77	124	287	496	656	820	966	1,004
Transportation and Public Utilities	284	352	515	945	1,893	2,145	2,362	2,406	2,428
Wholesale Trade	128	154	231	462	806	805	902	959	958
Retail Trade	285	367	590	1,090	1,581	1,750	1,935	2,095	2,214
Finance, Insurance, and Real Estate	337	416	651	1,173	2,914	3,171	3,289	3,261	3,389
Services	348	450	664	1,221	2,351	2,637	2,930	3,247	3,502
Federal Civilian Government	154	216	319	491	739	801	857	922	940
Federal Military	110	106	194	280	456	505	529	559	587
State and Local Government	232	337	561	1,035	1,829	2,001	2,144	2,312	2,434

J. TEXAS

Sector	1963	1967	1972	1977	1982	1983	1984	1985	1986
Total Gross State Product	30,064	41,158	65,747	132,091	254,508	264,156	289,239	307,615	303,510
Farms	1,242	954	1,742	2,856	4,455	4,019	4,618	5,059	4,853
Agricultural Services, Forestry, and Fisheries	88	143	299	592	923	1,016	1,032	1,045	1,012
Mining	3,515	4,112	5,228	15,007	43,406	39,118	39,666	39,545	31,115
Construction	1,423	2,194	3,688	9,079	14,536	15,202	16,595	16,892	16,226
Manufacturing	5,801	8,649	12,173	24,890	40,980	42,022	47,097	48,873	48,708
Durable Goods	2,398	3,890	5,766	12,818	22,077	20,901	23,858	25,190	24,255
Nondurable Goods	3,402	4,759	6,406	13,072	18,903	21,121	23,239	23,683	24,453
Transportation and Public Utilities	3,247	4,087	6,541	12,488	24,768	27,272	29,851	32,977	33,273
Wholesale Trade	2,063	2,872	5,046	9,625	19,400	19,040	21,612	23,114	23,184
Retail Trade	2,891	3,912	6,543	12,342	21,424	23,243	26,140	27,965	28,257
Finance, Insurance, and Real Estate	3,892	5,129	8,996	16,887	30,843	34,043	36,792	39,618	41,403
Services	2,757	4,122	7,249	14,367	30,211	33,282	37,708	41,493	43,190
Federal Civilian Government	518	1,182	1,844	2,936	4,312	4,666	5,224	5,828	5,931
Federal Military	863	1,175	1,801	2,358	3,694	3,864	3,941	4,220	4,316
State and Local Government	1,766	2,628	4,598	8,664	15,556	17,369	18,963	20,987	22,042

Table 1605 (Continued)
U.S. GROSS STATE PRODUCT, BY ECONOMIC SECTOR, 4 SC, 1963–86
(M NC)

U.S. Total

Sector	1963	1967	1972	1977	1982	1983	1984	1985	1986
Total Gross State Product	598,847	803,860	1,195,975	1,957,586	3,104,127	3,339,980	3,707,011	3,963,347	4,191,705
Farms	20,467	22,222	32,793	50,427	76,975	59,318	77,608	75,103	76,388
Agricultural Services, Forestry, and Fisheries	1,876	2,663	4,570	8,469	12,621	15,027	15,322	15,477	16,605
Mining	13,419	15,152	20,228	50,152	132,122	118,351	119,362	118,196	95,281
Construction	28,929	39,659	62,997	97,895	140,908	149,559	171,478	184,383	197,876
Manufacturing	168,141	222,909	292,484	465,346	634,648	683,205	771,884	799,267	824,302
Durable Goods	98,044	133,748	172,598	277,673	362,512	385,633	451,120	469,949	478,500
Nondurable Goods	70,097	89,161	119,886	187,673	272,136	297,572	320,764	329,318	345,802
Transportation and Public Utilities	54,805	70,672	107,990	178,852	288,441	319,989	354,352	376,242	391,444
Wholesale Trade	40,156	54,469	83,146	139,804	219,004	226,461	263,136	281,492	294,586
Retail Trade	58,068	78,468	119,404	192,951	287,480	316,419	350,845	382,156	407,927
Finance, Insurance, and Real Estate	86,493	115,609	174,837	280,349	475,139	536,377	572,784	622,809	694,965
Services	63,275	90,577	144,646	252,431	463,633	515,509	580,167	643,673	700,180
Federal Civilian Government	15,686	22,556	35,354	54,447	80,085	85,856	93,349	100,453	101,962
Federal Military	9,776	13,344	20,918	27,807	46,667	49,909	52,330	55,738	57,856
State and Local Government	37,756	55,560	96,608	157,656	246,404	264,000	284,394	308,358	332,333

SOURCE: U.S. Department of Commerce, *Survey of Current Business*, May 1988, pp. 38, 42, 43, 45.

Table 1606

CALIFORNIA GROSS STATE PRODUCT, BY ECONOMIC SECTOR, 1986

Sector	M US of 1982	Sector Share of Total (%)	California Share of U.S., 1986 (%)
Total, All Sectors	464,550	100.00	12.62
I. Private Industries	415,016	89.34	12.62
Agriculture, Forest, Fisheries	11,964	2.58	11.92
Farms	8,830	1.90	10.42
Agricultural Services, Forest, Fisheries	3,133	.67	19.99
Mining	7,404	1.59	6.27
Metal Mining	102	.02	4.19
Coal Mining	0	.00	.00
Oil and Gas Extraction	6,755	1.45	7.13
Nonmetallic Minerals	524	.11	9.85
Construction	20,285	4.37	12.06
Manufacturing	96,290	20.73	11.86
Durable Goods	69,962	15.06	13.51
Lumber and Wood Products	2,073	.45	9.60
Furniture and Fixtures	1,406	.30	12.38
Stone, Clay, and Glass	2,117	.46	9.55
Primary Metal Industries	1,899	.41	5.42
Fabricated Metal Products	5,323	1.15	9.72
Machinery, Except Electric	17,743	3.82	11.77
Electricity, Electronic Equipment	18,415	3.96	21.67
Motor Vehicles	1,390	.30	3.13
Air, Space, Other Trans. Equipment	14,117	3.04	29.08
Instruments	3,790	.82	12.76
Misc. Manufacturing	1,687	.36	11.76
Nondurable Goods	26,328	5.67	8.94
Food and Kindred	7,349	1.58	11.75
Tobacco	0	.00	.00
Textile Mill Products	395	.09	2.33
Apparel	2,192	.47	11.25
Paper	1,773	.38	5.67
Printing and Publishing	4,269	.92	10.09
Chemicals	3,448	.74	5.80
Petroleum	4,810	1.04	18.22
Rubber and Plastics	1,975	.43	7.59
Leather	117	.03	3.88
Transportation, Communication, and Utilities	35,236	7.58	10.73
Transportation	13,838	2.98	10.71
Railroads	1,247	.27	6.32
Interurban Passenger Transit	623	.13	9.83
Trucking and Warehousing	5,011	1.08	9.25
Water Transportation	1,183	.25	15.26
Transportation by Air	3,515	.76	13.66
Pipelines	207	.04	4.04
Transportation Services	2,051	.44	19.82
Communication	11,721	2.52	12.30
Electric, Gas, and Sanitary	9,677	2.08	9.32
Wholesale Trade	37,115	7.99	13.14
Retail Trade	49,030	10.55	13.54
Finance, Insurance, and Real Estate	74,259	15.99	13.47
Banking	6,697	1.44	10.63
Other Credit Agencies	1,627	.35	21.00
Holding Companies	3,193	.69	11.32
Insurance Carriers	4,367	.94	11.59
Insurance Agents, Brokers	2,945	.63	13.66
Real Estate	55,431	11.93	14.10

Table 1606 (Continued)
CALIFORNIA GROSS STATE PRODUCT, BY ECONOMIC SECTOR, 1986

Sector	M US of 1982	Sector Share of Total (%)	California Share of U.S., 1986 (%)
Services	83,433	17.96	14.77
Hotels	2,564	.55	11.18
Personal Services	3,251	.70	12.71
Business Services	21,550	4.64	16.60
Auto Repair	4,728	1.02	15.72
Miscellaneous Repair	1,779	.38	17.51
Motion Pictures	3,958	.85	57.19
Recreation	3,439	.74	18.87
Health Services	21,537	4.64	12.97
Legal Services	5,204	1.12	14.11
Educational Services	2,103	.45	9.85
Social Services/Membership	3,926	.85	11.49
Miscellaneous Professional	8,123	1.75	15.12
Private Households	1,269	.27	14.06
II. Government	49,534	10.66	12.60
Federal Civilian	9,073	1.95	10.54
Federal Military	7,944	1.71	16.26
State and Local	32,517	7.00	12.60

SOURCE: California State Department of Finance, *California Economic Indicators*, July 1988, pp. 7–8.

Table 1607
BAJA CALIFORNIA VALUE OF PRIMARY SECTOR PRODUCTION, 1971–80

Year	Total MNC	%	Agriculture MNC	%	Livestock MNC	%	Forestry MNC	%	Fishing MNC	%
1971	1,252.7	100	884.4	70.6	249.9	20.0	1.7	.1	116.5	9.3
1972	2,159.2	100	1 087.6	50.4	916.7	42.4	1.0	.1	153.8	7.1
1973	2,416.1	100	1 507.3	62.4	760.3	31.5	2.2	.1	146.1	6.0
1974	2,755.2	100	1 767.5	64.1	798.8	30.0	1.3	.1	187.5	6.8
1975	3,527.6	100	2 215.9	62.8	1,002.5	28.4	1.0	.1	387.0	8.7
1976	4,861.1	100	2 995.3	61.6	1,636.7	33.7	1.4	.1	227.5	4.6
1977	6,001.6	100	3 485.7	58.1	2,053.2	34.2	3.9	.1	458.8	7.6
1978	8,568.3	100	4 880.8	57.0	3,190.6	37.2	17.4	.2	479.3	5.6
1979	11,224.5	100	6 824.5	60.8	3,614.2	32.2	11.2	.1	774.4	6.9
1980	14,704.1	100	8 954.7	60.9	4,734.7	32.2	14.7	.1	999.8	6.8

SOURCE: Ramón de Jesús Ramírez Acosta and Victor Castillo Rodríguez, *La Frontera México–Estados Unidos, Estudios de las Economías de Baja California y California* (Tijuana: Universidad Autónoma de Baja California, n.d.).

Part IV

Trade, Tourism, and Finance

17

Trade: Licit and Illicit

COAHUILA COMMERCIAL BALANCE, 1970–84

SOURCE: Table 1715.

Table 1700

SHIPPING TONNAGE, 5 S, 1945, 1960, 1984

State	1945 (MET)	1960 (MET)	1984 (MET)
A. BAJA CALIF.			
Ensenada	~	153,985	2,327,894
Isla de Cedros	~	~	9,371,324
Venustiano Carranza	~	615,497	4,608,021
E. SONORA			
Guaymas		802,002	4,704,398
F. TAMAULIPAS			
Tampico	1,103,350	3,407,093	9,748,282

State	1945 (M Short Tons)	1960 (Short Tons)	1984 (Short Tons)
H. CALIFORNIA			
Crescent City	~	342,801	~
Ellwood	~	~	610,887
Humboldt	5.9	788,863	4,294,159
Long Beach	23.9	9,397,856	42,848,658
Los Angeles	~	22,494,622	31,242,369
Monterey	~	139,618	~
Moss Landing	~	226,222	268,888
Oakland	~	4,245,444	8,812,259
Port Hueneme	.7		348,514
Redwood City	8.6	3,240,811	1,350,416
Richmond	~	17,263,796	16,341,341
Sacramento	1.1		1,622,929
San Diego	7.5	2,135,798	1,803,821
San Francisco	1.0	4,366,345	2,168,342
Stockton	~	3,311,395	927,049
Ventura	~	~	651,086
J. TEXAS			
Beaumont	13.6	27,113,480	33,004,372
Brownsville	.3	970,361	1,481,422
Corpus Christi	7.4	19,202,425	42,281,521
Freeport Harbor	1.1	3,648,739	15,122,761
Galveston	1.1	6,072,922	11,752,974
Harbor Island	~	5,657,189	1,854,868
Houston	23.9	57,132,659	96,777,619
Matagorda Ship Channel	~	~	3,636,922
Orange	~	1,022,784	~
Palacios	~	140,844	~
Port Arthur	12.3	28,207,396	16,430,368
Port Isabel	~	444,627	257,781
Port Lavaca	~	2,037,369	~
Sabine Pass Harbor	~	365,282	605,050
Texas City	~	15,401,847	30,656,673
Victoria	~	252,504	3,674,375

SOURCE: Mexico: AE, various years.
         United States: Department of the Army Corps of Engineers, *Waterborne Commerce of the United States*; American Association of Port Authorities, *U.S. Port Traffic 1945–1987*.

Table 1701

MEXICO-U.S. TRADE TOTALS, 1900–86

(M US)

	U.S. Imports from Mexico			U.S. Exports to Mexico		
Year	Amount (M US)	% of U.S. Imports from Western Hemisphere	% of Total U.S. Imports	Amount (M US)	% of U.S. Exports to Western Hemisphere	% of Total U.S. Exports
1900	29	12.9	3.4	35	15.4	2.5
1901	29	11.4	3.5	36	14.9	2.4
1902	40	14.8	4.4	40	16.5	2.9
1903	41	13.8	4.0	42	16.4	3.0
1904	44	13.8	4.4	46	16.1	3.1
1905	46	12.2	4.1	46	14.5	3.0
1906	51	13.6	4.2	58	15.1	3.3
1907	57	13.4	4.0	66	15.3	3.5
1908	47	12.9	3.9	56	13.7	3.0
1909	48	11.5	3.7	50	12.9	3.0
1910	59	11.7	3.8	58	12.1	3.3
1911	57	11.7	3.7	61	10.8	3.0
1912	66	12.0	4.0	53	8.2	2.4
1913	78	13.4	4.3	54	7.1	2.2
1914	93	14.3	4.9	39	6.0	1.6
1915	78	10.6	4.7	34	5.9	1.2
1916	105	9.7	4.4	54	4.7	1.0
1917	130	8.8	4.4	111	7.1	1.8
1918	159	10.0	5.2	98	6.0	1.6
1919	149	8.1	3.8	131	7.5	1.7
1920	179	7.4	3.4	208	8.1	2.5
1921	119	11.3	4.7	222	15.8	4.9
1922	132	11.2	4.2	110	9.6	2.9
1923	140	9.5	3.7	120	8.9	2.9
1924	167	11.4	4.6	135	9.6	2.9
1925	179	11.9	4.2	145	9.4	3.0
1926	169	10.7	3.8	135	8.3	2.8
1927	138	9.2	3.3	109	6.4	2.2
1928	125	8.2	3.1	116	6.4	2.3
1929	118	7.3	2.7	134	6.9	2.6
1930	80	6.7	2.6	116	8.5	3.0
1931	48	5.8	2.3	52	6.9	2.1
1932	37	6.9	2.8	32	6.9	2.0
1933	31	6.0	2.1	38	8.4	2.3
1934	36	5.7	2.2	55	8.5	2.6
1935	42	5.4	2.1	66	9.3	2.9
1936	49	5.4	2.0	76	9.3	3.1
1937	60	5.4	1.9	109	9.4	3.3
1938	49	6.5	2.5	62	6.0	2.0
1939	56	6.2	2.4	83	7.3	2.6
1940	76	7.0	2.9	97	6.5	2.4
1941	98	5.9	2.9	159	7.8	3.1
1942	124	7.0	4.5	148	6.7	1.8
1943	192	7.8	5.7	187	7.7	1.4
1944	204	6.9	5.2	264	10.0	1.9

Table 1701 (Continued)
MEXICO-U.S. TRADE TOTALS, 1900–86
(M US)

	U.S. Imports from Mexico			U.S. Exports to Mexico		
Year	Amount (M US)	% of U.S. Imports from Western Hemisphere	% of Total U.S. Imports	Amount (M US)	% of U.S. Exports to Western Hemisphere	% of Total U.S. Exports
1945	231	8.0	5.6	307	12.0	3.1
1946	232	8.4	4.7	505	13.7	5.2
1947	247	7.3	4.3	630	10.2	4.4
1948	246	6.0	3.5	522	9.8	4.1
1949	243	6.1	3.7	468	9.6	3.9
1950	315	6.2	3.6	526	10.7	5.1
1951	326	5.6	3.0	730	11.0	4.9
1952	410	6.8	3.8	683	10.2	4.5
1953	355	5.8	3.3	663	10.2	4.2
1954	328	5.6	3.2	649	10.0	4.3
1955	397	6.3	3.5	719	10.4	4.6
1956	401	5.8	3.2	860	10.4	4.5
1957	430	6.1	3.3	917	10.2	4.4
1958	454	6.8	3.5	904	11.3	5.0
1959	435	6.2	2.9	755	9.8	4.3
1960	443	6.5	3.0	831	10.8	4.0
1961	538	7.7	3.7	828	10.8	3.9
1962	578	7.6	3.5	821	10.6	3.8
1963	594	7.6	3.5	873	11.0	3.7
1964	643	7.7	3.4	1,107	12.0	4.2
1965	638	6.9	3.0	1,104	11.1	4.0
1966	750	6.9	3.0	1,180	10.3	3.9
1967	749	6.4	2.8	1,222	10.3	3.9
1968	910	6.4	2.7	1,378	10.3	4.0
1969	1,029	6.6	2.9	1,450	9.9	3.8
1970	1,219	7.2	3.1[a]	1,704	10.9	3.9[a]
1971	1,262	6.7	2.8[a]	1,620	9.6	3.7[a]
1972	1,632	7.4	2.9[a]	1,982	10.1	4.0[a]
1973	2,306	8.4	3.3[a]	2,937	11.7	4.1[a]
1974	3,386	8.3	3.4[a]	4,855	13.6	4.9[a]
1975	3,066	8.0	3.2[a]	5,141	13.2	4.8[a]
1976	3,598	8.3	3.0[a]	4,990	12.1	4.3[a]
1977	4,694	9.3	3.2[a]	4,822	11.0	4.0[a]
1978	6,094	10.8	3.5[a]	6,680	13.3	4.6[a]
1979	8,800	12.8	4.3[a]	9,847	16.0	5.4[a]
1980	12,580	16.0	5.1[a]	15,145	20.4	6.9[a]
1981	13,765	16.1	5.3[a]	17,789	21.8	7.6[a]
1982	15,566	18.4	6.4[a]	11,817	17.6	5.6[a]
1983	16,776	17.9	6.5[a]	9,082	14.2	4.5[a]
1984	18,020	23.6	8.3[a]	11,992	10.5	3.7[a]
1985	19,132	24.4	9.0[a]	13,635	11.8	3.9[a]
1986	17,302	22.6	8.0[a]	12,392	11.2	3.3[a]

a. Includes estimates for low-valued shipments from countries which could not be identified because of illegible reporting on import entries.

SOURCE: HSUS, vol. II, series U335–352 and U317–334; SAUS, various years.

Table 1702

U.S. COMMERCE WITH MEXICO, 1980

(M US)

	U.S. Exports to Mexico			U.S. Imports from Mexico		
Products	Border States	All States	%	Border States	All States	%
Animals and Vegetables	1,855.9	2,533.3	73.0	1,360.8	1,469.5	92.0
Wood and Paper	563.6	575.6	97.0	159.6	161.5	98.0
Textiles	325.9	332.8	97.0	248.3	267.8	92.0
Chemicals (Petroleum, Gas, etc.)	1,507.7	1,747.2	86.0	3,694.6	6,886.6	53.0
Non-Metalic Minerals	216.8	258.5	83.0	161.0	177.3	90.0
Metal, Machinery, and Transportation Equipment	7,857.8	8,538.7	92.0	2,336.6	2,804.1	83.0
Other	834.6	1,154.9	72.0	673.7	725.7	92.0
Total	13,162.3	15,141.2	86.0	8,634.6	12,573.3	68.0

SOURCE: Ramón de Jesús Ramírez Acosta and Víctor Castillo Rodríguez, *La Frontera México–Estados Unidos: Estudios de las Economías de Baja California y California* (Tijuana: Universidad Autónoma de Baja California, n.d.), p. 11.

Table 1703

MEXICO-U.S. BORDER TRADE, 1950–74

PART I. Absolute Data (M US)

Year	Income (1)	Outlay (2)	Balance (3)	Retention Coefficient (3/1)
1950	121.9	76.5	45.5	37.2
1955	261.7	151.2	110.5	42.2
1960	366.0	221.0	145.0	39.6
1965	499.5	295.2	204.3	40.9
1972	1,061.1	669.0	392.1	36.9
1973[‡]	1,208.1	695.0	513.0	42.5
1974[‡]	1,404.0	850.0	554.0	39.5

PART II. Rates of Growth (%)

Year	Income	Outlay	Balance	Average Retention Coefficient
1950–60	11.7	11.2	12.3	38.4
1960–65	6.4	6.0	7.1	40.1
1965–72	11.4	12.4	9.8	36.6
1973	13.8	3.9	31.1	42.5
1974	16.2	22.3	8.0	39.5

SOURCE: Víctor Urquidi and Sofía Méndez Villareal, "Economic Importance of Mexico's Northern Border Region," in Stanley R. Ross, ed., *Views across the Border: The United States and Mexico* (Albuquerque: University of New Mexico Press, 1978), p. 151.

Table 1704
MEXICO BORDER TRANSACTIONS, 1970-84
(M US)

Category	1970	1971	1972	1973	1974	1975	1976	1977	1978	1979	1980	1981	1982	1983	1984[a]
Revenue	1,293.9	1,427.9	1,619.6	1,931.9	2,250.0	1,331.7	~	~	~	1,170.7	1,478.5	1,786.4	~	1,626.9	645.3
Expenditure	754.7	784.7	869.7	953.0	1,117.6	740.8	849.1	948.0	1,045.6	1,165.8	1,191.0	1,645.6	~	1,456.6	621.9
Balance	539.2	643.2	749.9	978.9	1,072.4	590.9	~	~	~		287.5	140.8	~	170.3	23.4

a. Transactions from January through June only.

SOURCE: *Review of the Economic Situation of Mexico*, vol. 51, no. 597 (1975), and vol. 60, no. 707 (1984).

Table 1705
MEXICO BORDER TRANSACTIONS, SELECTED CITIES, 1970-78
(M US)

City	1970	1971	1972	1973	1974	1975	1976	1977	1978
Tijuana, B.C.									
Revenue	498	557	595	666	663	787	901	837	911
Expenditure	352	370	406	481	436	519	639	571	612
Balance	146	187	189	185	227	268	262	266	299
Mexicali, B.C.									
Revenue	114	113	122	152	179	223	257	248	274
Expenditure	96	97	99	117	153	195	196	180	184
Balance	18	21	23	35	26	28	61	68	90
Ciudad Juárez, Ch.									
Revenue	150	175	206	221	232	255	325	277	340
Expenditure	105	118	134	137	173	245	268	172	233
Balance	45	57	72	84	59	10	57	105	107
Nuevo Laredo, Tam.									
Revenue	46	52	57	70	73	87	106	102	145
Expenditure	76	77	84	103	136	152	175	73	108
Balance	-30	-25	-27	-33	-63	-65	-69	27	37
Reynosa, Tam.									
Revenue	32	42	44	60	91	89	121	104	108
Expenditure	56	59	59	82	119	140	149	69	89
Balance	-24	-17	-15	-22	-28	-51	-28	35	19
Matamoros, Tam.									
Revenue	26	26	28	59	63	66	80	75	113
Expenditure	31	30	29	48	64	89	121	79	125
Balance	-5	-4	-1	11	-1	-23	-41	-4	-12

SOURCE: CEPAL, *México: Evolución de la Frontera Norte, 1940-1986* (New York: CEPAL, 1987), p. 64.

Table 1706

MEXICO EXPORTS, 5 S, 1970-88

PART I. 1970-74

(T NC)

State	1970	1972	1973	1974[a]
A. BAJA CALIF.				
Ensenada	308,026	232,516	358,978	488,425
La Paz	89,991	~	~	~
Los Algodones	306	527	853	432
Mexicali	653,653	874,657	1,979,519	675,028
San José del Cabo	#	#	#	#
Santa Rosalia	81,791	~	~	~
Tecate	78,694	103,353	199,378	71,039
Tijuana	539,013	815,076	1,803,366	576,699
B. CHIHUAHUA				
Ciudad Juárez	842,912	1,029,793	914,810	1,043,956
Ojinaga	135,096	120,380	128,835	124,211
Palomas	6,734	515	~	~
C. COAHUILA				
Ciudad Acuña	44,679	92,690	88,364	73,003
Piedras Negras	447,054	611,134	445,382	470,072
Torreón	464	3,261	19,961	33,596
E. SONORA				
Agua Prieta	110,888	206,688	321,586	49,864
Guaymas	443,772	574,075	862,621	744,867
Naco	6,972	5,432	4,494	4,485
Nogales	1,339,300	1,841,252	2,643,033	1,188,400
Punta Peñasco	44,631	56,644	72,983	74,922
San Luis Río Colorado	16,088	19,614	29,918	7,644
Sonoyta	1,029	1,323	3,800	2,418
F. TAMAULIPAS				
Ciudad Miguel Alemán	6,369	22,092	31,066	79,667
Matamoros	813,413	847,820	776,082	1,103,232
Nuevo Laredo	1,950,677	3,330,904	4,338,909	6,448,842
Reynosa	300,770	320,604	332,306	415,331
Tampico	1,272,270	1,850,705	2,228,753	4,247,343

a. Does not include exports from *maquiladoras*.

SOURCE: AE, various years.

PART II. 1976-78

(T NC)

State	1976	1977	1978
A. BAJA CALIF.	2,171,689	3,150,661	3,576,047
B. CHIHUAHUA	2,016,280	1,905,937	2,813,915
C. COAHUILA	3,119,579	4,533,644	5,050,613
D. NUEVO LEON	2,650,681	5,202,521	6,223,151
E. SONORA	1,023,246	1,833,194	3,040,923
F. TAMAULIPAS	1,412,200	2,030,791	2,331,689
Mexico Total	51,905,384	94,452,460	128,853,926

SOURCE: AE, various years.

Table 1706 (Continued)
MEXICO EXPORTS, 5 S, 1970–88
PART III. 1981–84
(M NC)

Customs District	1981	1982	1983	1984
A. BAJA CALIF.				
Ensenada	4,202.3	3,491.0	8,293.4	11,249.8
Mexicali	8,946.7	19,194.1	45,814.1	99,412.6
Tecate	746.7	1,473.7	3,708.7	7,594.2
Tijuana	13,629.6	27,032.5	70,083.2	130,821.1
B. CHIHUAHUA				
Ciudad Juárez	23,632.0	38,855.4	98,442.6	73,838.2
Ojinaga	774.3	2,240.1	3,171.8	2,795.2
Palomas	289.5	882.8	1,793.5	1,704.1
C. COAHUILA				
Ciudad Acuña	1,246.6	2,275.0	8,766.0	15,343.9
Piedras Negras	3,811.6	17,330.9	71,418.6	89,533.3
Torreón	33.3	81.2	8,628.0	42,516.9
D. NUEVO LEON				
Airport	80.5	373.9	2,409.5	23,154.0
E. SONORA				
Agua Prieta	3,024.2	7,478.9	17,821.2	24,791.5
Guaymas	7,654.1	9,030.3	21,625.9	28,615.8
Naco	87.1	341.6	851.5	923.1
Nogales	12,009.6	28,422.8	63,621.0	131,859.8
Punta Peñasco	236.5	757.2	3,118.7	4,524.2
San Luis Río Colorado	166.4	605.8	2,586.4	4,494.9
Sonoyta	61.8	8.3	28.6	84.2
F. TAMAULIPAS				
Ciudad Miguel Alemán	209.3	448.4	949.9	1,267.8
Matamoros	11,163.4	23,088.5	68,907.6	120,748.0
Nuevo Laredo	30,456.6	62,319.4	170,272.8	240,961.9
Reynosa	20,321.8	40,071.4	80,091.4	120,599.6
Tampico	16,373.5	30,255.0	90,538.6	128,579.5
Mexico Border	159,157.4	316,058.2	842,943.0	1,305,413.6
Mexico Total	573,909.1	1,263,629.6	2,801,319.8	4,332,619.6

SOURCE: AE, various years.

Table 1706 (Continued)
MEXICO EXPORTS, 5 S, 1970-88
PART IV. 1984-88
(M NC)

Customs District	1984	1985	1986	1987	1988
A. BAJA CALIF.					
Ensenada	16,677	20,289	44,168	22,317	26,501
Mexicali	72,136	51,130	66,163	68,178	46,242
Tecate	3,568	2,562	2,808	4,091	7,414
Tijuana	61,721	55,797	67,541	78,642	111,914
B. CHIHUAHUA					
Ciudad Juárez	26,890	48,131	127,175	163,481	180,138
Ojinaga	8,164	17,175	26,226	15,410	1,319
Palomas	~	~	~	~	~
Gral. R. M. Quevedo	9,043	15,772	16,340	6,746	158
C. COAHUILA					
Ciudad Acuña	3,899	12,469	21,369	10,542	1,982
Piedras Negras	18,903	22,310	49,102	136,507	55,884
Torreón	53,064	50,844	63,408	79,900	94,393
D. NUEVO LEON					
Airport	32,380	39,083	67,253	63,351	104,767
E. SONORA					
Agua Prieta	1,887	11,511	11,611	15,155	12,910
Guaymas	41,282	35,940	41,388	40,411	75,945
Naco	163	3,484	4,222	1,423	3,584
Nogales	141,317	157,607	178,984	293,648	422,065
Puerto Peñasco	10,630	15,096	23,262	17,344	
San Luis Río Colorado	3,397	13,024	14,353	11,930	1,921
Sonoyta	122	68	39	4	
F. TAMAULIPAS					
Ciudad Miguel Alemán	1,919	1,122	1,014	817	2,715
Matamoros	34,154	79,126	40,803	81,699	142,841
Nuevo Laredo	240,792	308,082	488,912	628,110	892,291
Reynosa	45,017	18,920	33,013	43,581	27,935
Tampico	100,086	114,052	184,148	242,493	326,025
Mexico Border	927,211	1,094,594	1,573,302	2,025,780	2,538,944
Mexico Total	5,802,358	5,744,323	4,490,689	5,257,794	4,981,132

SOURCE: IP-AE.

Table 1707
MEXICO IMPORTS, 5 S, 1970-88

PART I. 1970-74[a]
(T NC)

State	1970	1972	1973	1974
A. BAJA CALIF.				
Ensenada	247,681	310,556	589,761	676,589
La Paz	90,443	82,514	144,488	93,086
Los Algodones	1,627	1,025	2,473	2,939
Mexicali	1,798,637	2,075,752	2,750,451	2,315,860
San José del Cabo	3,485	75	650	1,375
Santa Rosalia	37,965	52,573	5,824	18,168
Tecate	229,060	254,950	358,482	425,171
Tijuana	1,505,109	1,839,815	2,527,225	1,677,414
B. CHIHUAHUA				
Ciudad Juárez	614,231	811,824	1,230,313	1,343,003
Ojinaga	169,480	160,947	214,052	274,449
Palomas	#	53	~	~
C. COAHUILA				
Ciudad Acuña	23,814	45,830	26,178	65,575
Piedras Negras	733,385	747,932	1,124,611	1,658,435
Torreón	46,087	284,451	114,294	189,523
E. SONORA				
Agua Prieta	86,817	160,644	344,451	205,477
Guaymas	120,727	191,345	307,537	1,131,983
Naco	44,386	39,033	29,669	32,194
Nogales	590,894	1,126,234	1,646,075	677,635
Punta Peñasco	1,477	1,966	4,526	3,520
San Luis Río Colorado	44,716	81,559	125,772	117,463
Sonoyta	3,143	5,142	21,929	9,951
F. TAMAULIPAS				
Ciudad Miguel Alemán	75,176	58,103	60,424	97,833
Matamoros	1,362,643	1,473,055	1,989,645	4,630,701
Nuevo Laredo	7,604,183	8,461,263	12,740,855	20,291,132
Reynosa	182,376	155,089	253,318	405,089
Tampico	1,744,278	2,393,699	3,337,690	6,872,809

a. Includes ordinary and free-zone imports.

SOURCE: AE, various years.

PART II. 1976-78
(T NC)

State	1976	1977	1978
A. BAJA CALIF.	6,472,044	7,764,293	11,927,203
B. CHIHUAHUA	1,207,035	1,239,841	1,724,749
C. COAHUILA	2,313,546	2,244,806	3,203,019
D. NUEVO LEON	4,689,913	6,341,900	10,272,982
E. SONORA	910,113	1,374,040	1,763,551
F. TAMAULIPAS	3,079,158	4,366,278	6,274,826
Mexico Total	90,900,405	126,352,005	177,948,095

SOURCE: AE, various years.

Table 1707 (Continued)
MEXICO IMPORTS, 5 S, 1970–84
PART III. 1981–84
(M NC)

State	1981	1982	1983	1984
A. BAJA CALIF.				
Ensenada	3,948.3	7,355.1	6,496.4	22,844.2
Mexicali	17,364.6	19,087.5	22,842.7	58,384.8
Tecate	4,676.8	6,862.9	6,162.0	11,435.6
Tijuana	26,638.0	40,241.4	68,073.0	156,176.6
B. CHIHUAHUA				
Ciudad Juárez	21,599.5	24,512.9	67,759.3	91,461.8
Ojinaga	4,949.0	1,171.2	9,860.8	6,157.7
Palomas	432.4	348.3	308.3	956.6
C. COAHUILA				
Ciudad Acuña	1,961.0	3,679.3	7,917.4	14,584.4
Piedras Negras	24,982.3	23,909.6	37,498.1	56,113.0
Torreón	940.4	1,398.8	2,228.8	4,515.0
D. NUEVO LEON				
Airport	1,374.6	1,628.1	4,237.9	9,906.4
E. SONORA				
Agua Prieta	2,187.3	4,916.1	17,347.9	22,700.8
Guaymas	8,818.1	11,228.9	22,889.3	40,243.7
Naco	557.2	627.5	1,009.7	2,880.9
Nogales	7,085.6	14,296.1	49,471.5	81,358.0
Punta Peñasco	217.8	61.9	114.0	1.2
San Luis Río Colorado	661.5	552.1	668.0	2,580.6
Sonoyta	90.2	58.3	136.1	1,158.0
F. TAMAULIPAS				
Ciudad Miguel Alemán	3,407.6	2,479.7	2,667.2	5,451.4
Matamoros	32,600.4	35,763.3	70,350.0	95,944.0
Nuevo Laredo	152,609.8	199,960.2	313,818.6	541,468.1
Reynosa	8,130.1	9,460.4	10,400.9	18,389.1
Tampico	36,499.1	58,245.0	79,229.1	118,396.5
Mexico Border	361,731.6	467,844.6	801,487.0	1,363,108.4
Mexico Total	649,551.1	823,075.3	1,339,212.0	2,245,603.3

SOURCE: AE, various years.

Table 1707 (Continued)
MEXICO IMPORTS, 5 S, 1970–84
PART IV. 1984–88
(M NC)

Customs District	1984	1985	1986	1987	1988
A. BAJA CALIF.					
Ensenada	69,673	12,170	11,026	30,973	20,948
Mexicali	92,381	71,891	57,399	51,729	94,979
Tecate	23,647	17,722	10,366	12,386	18,433
Tijuana	159,797	118,613	76,328	78,505	118,442
B. CHIHUAHUA					
Ciudad Juárez	115,268	160,214	62,081	83,275	171,643
Ojinaga	6,169	11,267	2,028	3,191	11,813
Palomas	~	~	~	~	~
	1,519	6,426	837	1,402	2,114
C. COAHUILA					
Ciudad Acuña					
Piedras Negras	8,950	8,886	4,960	4,942	24,486
Torreón	82,296	75,682	37,278	54,832	127,225
	5,940	11,415	5,258	5,285	11,041
D. NUEVO LEON					
Airport	17,124	25,551	37,231	20,657	40,719
E. SONORA					
Agua Prieta	19,639	16,378	8,101	16,476	18,701
Guaymas	63,989	71,421	34,639	43,462	47,025
Naco	3,770	5,317	3,949	8,587	4,361
Nogales	32,351	30,281	19,836	22,662	62,540
Punta Peñasco	~	72	3	141	674
San Luis Río Colorado	4,060	3,648	1,776	2,813	4,541
Sonoyta	1,332	1,161	1,026	830	7,254
F. TAMAULIPAS					
Ciudad Miguel Alemán	8,722	10,833	5,625	8,483	19,228
Matamoros	128,072	166,208	98,289	116,679	214,709
Nuevo Laredo	771,399	780,512	543,910	647,803	1,162,734
Reynosa	19,286	35,202	19,963	25,904	48,982
Tampico	154,926	130,609	94,795	77,724	101,521
Mexico Border	1,790,310	1,771,479	1,136,704	1,318,741	2,334,113
Mexico Total	3,366,550	3,443,959	2,833,742	3,625,664	5,163,570

SOURCE: IP-AE

Table 1708
ARIZONA DOMESTIC AND FOREIGN EXPORTS, BY CUSTOMS DISTRICT, 1970-88
(M US)

Customs District	1970	1971	1972	1973	1974	1975	1976	1977	1978[a]	1979
Nogales	110.0	92.6	136.4	359.4	288.9	485.4	335.3	420.3	361.9	1,037.0

Customs District	1980	1981	1982	1983	1984	1985	1986	1987	1988
Nogales	806.0	905.6	690.3	620.6	862.9	843.9	844.8	880.2	1,187.4

a. Beginning January 1978 data include all shipments of nonmonetary gold.

SOURCE: U.S. Department of Commerce, *Highlights of U.S. Export and Import Trade*, various years.

Table 1709
CALIFORNIA DOMESTIC AND FOREIGN EXPORTS,[1] BY CUSTOMS DISTRICT, 1970-88
(M US)

Customs District	1970	1971	1972	1973	1974	1975	1976	1977	1978[a]	1979
San Francisco	1,839.4	1,576.6	1,815.6	2,945.6	4,192.3	3,·61.3	4,761.6	5,331.8	6,364.4	8,311.1
Los Angeles	2,110.2	1,795.7	1,930.9	3,277.0	4,958.9	4,·35.0	6,136.9	6,255.9	7,832.9	10,886.3
San Diego	287.6	317.9	340.1	424.6	630.1	485.4	614.9	598.1	737.1	1,105.9

Customs District	1980	1981	1982	1983	1984	1985	1986	1987	1988
San Francisco	9,001.2	11,252.7	11,433.8	11,314.2	12,374.2	11,305.3	11,443.9	12,918.8	17,297.5
Los Angeles	14,766.3	16,853.2	16,321.9	17,139.4	18,413.6	19,474.9	19,855.6	21,303.4	28,795.6
San Diego	1,435.3	1,884.0	1,364.1	925.9	1,415.7	1,615.4	1,538.8	1,544.1	2,281.0

1. Export of domestic merchandise includes commodities which are grown, manufactured, or produced in the United States, and commodities of foreign origin which have been changed, in the United States, from the form in which they were imported. Export shipments are statistically credited to the customs district through which the shipment clears when it leaves the United States. Therefore it does not denote the origination or production of merchandise to that particular district. Excluded from these figures are exports of vessels under their own power or afloat, mail shipments, special category commodities, and low value shipments under $250.00.

a. Beginning January 1978 data include all shipments of nonmonetary gold.

SOURCE: U.S. Department of Commerce, *Highlights of U.S. Export and Import Trade*, various years.

Table 1710
TEXAS DOMESTIC AND FOREIGN EXPORTS,[1] BY CUSTOMS DISTRICT, 1970-88
(M US)

Customs District	1970	1971	1972	1973	1974	1975	1976	1977	1978[a]	1979
Port Arthur	457.7	388.2	456.6	747.5	1,098.6	849.9	1,049.2	923.6	1,132.1	1,538.9
Laredo	1,065.2	1,006.7	1,155.1	1,677.4	2,680.9	2,257.0	2,963.8	2,659.0	3,520.3	5,649.9
Houston/Galveston	~	~	~	~	~	~	~	~	~	~
Houston	1,697.7	2,045.3	2,167.1	3,694.7	4,938.7	4,422.1	5,622.5	5,810.7	~	10,358.1
Galveston	695.4	655.0	700.3	1,533.1	2,113.6	1,441.9	2,240.2	2,298.0	7,766.1	3,036.3
El Paso	111.4	114.1	154.9	273.3	448.3	438.3	579.7	488.3	2,315.3	712.1
Dallas/Ft. Worth	~	~	~	~	~	~	~	~	630.9	~

Customs District	1980	1981	1982	1983	1984	1985	1986	1987	1988
Port Arthur	2,013.6	2,014.5	1,953.8	1,539.5	1,653.3	771.6	768.8	817.3	923.9
Laredo	8,301.5	9,877.2	6,076.9	4,364.5	6,152.1	7,222.8	6,325.7	6,798.7	9,550.5
Houston/Galveston	~	~	17,486.4	14,600.3	14,672.4	12,514.9	11,238.7	11,185.3	14,558.2
Houston	12,148.6	13,531.9	~	~	~	~	~	~	~
Galveston	3,627.1	3,679.0	~	~	~	~	~	~	~
El Paso	1,753.8	1,813.2	1,287.7	1,405.6	1,840.0	2,095.3	2,250.7	2,437.1	3,503.1
Dallas/Ft. Worth	476.3	561.4	517.6	622.1	779.4	964.1	1,211.7	1,274.0	1,939.8

1. Export of domestic merchandise includes commodities which are grown, manufactured, or produced in the United States, and commodities of foreign origin which have been changed, in the United States, from the form in which they were imported. Export shipments are statistically credited to the customs district through which the shipment clears when it leaves the United States. Therefore it does not denote the origination or production of merchandise to that particular district. Excluded from these figures are exports of vessels under their own power or afloat, mail shipments, special category commodities, and low value shipments under $250.00.

a. Beginning January 1978 data include all shipments of nonmonetary gold.

SOURCE: U.S. Department of Commerce, *Highlights of U.S. Export and Import Trade*, various years.

Table 1711
ARIZONA IMPORTS FOR CONSUMPTION,[1] BY CUSTOMS DISTRICT, 1970-88
(M US)

Nogales Customs District	1970	1971	1972	1973	1974	1975	1976	1977	1978[a]	1979
Dutiable	169.8	179.0	223.9	336.1	349.5	234.5	424.6	616.2	760.1	881.9
Duty Free	38.8	52.7	52.3	73.6	92.2	56.7	110.0	104.1	127.2	221.7
Total	208.6	231.7	276.2	409.7	441.7	291.2	534.6	720.3	887.3	1,103.6

Nogales Customs District	1980	1981	1982	1983	1984	1985	1986	1987	1988
Dutiable	639.8	1,085.6	1,007.3	1,151.3	1,392.5	1,524.0	1,609.9	1,985.7	2,094.7
Duty Free	314.3	348.2	654.2	547.6	531.5	489.8	760.6	1,155.5	1,154.5
Total	1,168.4	1,433.0	1,661.5	1,689.9	1,923.9	2,013.9	2,370.5	3,141.2	3,249.2

1. Imports for consumption are a combination of entries for immediate consumption and withdrawals from warehouses for consumption. Value is defined as the market value in the foreign country and excludes U.S. import duties and freight charges from the country of origin, to the United States, and insurance. Dutiable value represents the value of foreign components contained in imported products and represents all products valued over $250.00.

a. Beginning January 1978 data include all shipments of nonmonetary gold.

SOURCE: U.S. Department of Commerce, *Highlights of U.S. Export and Import Trade*, various years.

Table 1712

CALIFORNIA IMPORTS FOR CONSUMPTION,[1] BY CUSTOMS DISTRICT, 1970-88
(M US)

Customs District	1970 Total	1970 Duty Free	1970 Dutiable	1971 Total	1971 Duty Free	1971 Dutiable	1972 Total	1972 Duty Free	1972 Dutiable	1973 Total	1973 Duty Free	1973 Dutiable	1974 Total	1974 Duty Free	1974 Dutiable
San Francisco	1,339.2	331.9	1,007.3	1,483.1	326.3	1,156.7	1,872.6	352.7	1 519.8	2,498.3	660.1	1,838.2	3,770.1	1,282.7	2,482.8
Los Angeles	2,847.9	332.6	2,515.3	3,069.2	355.7	2,713.5	4,272.9	516.5	3.756.5	5,644.9	987.0	4,658.0	7,973.4	2,305.1	5,668.1
San Diego	201.6	38.2	163.4	329.9	53.5	276.4	348.2	60.5	287.7	452.4	74.5	377.9	633.6	121.5	512.1

Customs District	1975 Total	1975 Duty Free	1975 Dutiable	1976 Total	1976 Duty Free	1976 Dutiable	1977 Total	1977 Duty Free	1977 Dutiable	1978[a] Total	1978[a] Duty Free	1978[a] Dutiable	1979 Total	1979 Duty Free	1979 Dutiable
San Francisco	2,622.3	493.9	2,128.5	4,720.1	811.1	3,909.0	5,999.4	973.4	5,026.0	6,093.2	1,081.9	5,011.3	7,198.0	1,973.6	5,224.4
Los Angeles	5,594.8	730.8	4,864.0	9,938.7	1,210.7	8,728.1	12,453.6	1,441.6	11,011.9	14,561.3	1,806.2	12,755.1	16,789.1	3,825.4	12,963.7
San Diego	421.3	76.3	345.0	604.1	154.3	449.8	608.3	192.7	415.6	758.5	268.1	490.4	886.9	315.9	571.0

Customs District	1980 Total	1980 Duty Free	1980 Dutiable	1981 Total	1981 Duty Free	1981 Dutiable	1982 Total	1982 Duty Free	1982 Dutiable	1983 Total	1983 Duty Free	1983 Dutiable	1984 Total	1984 Duty Free	1984 Dutiable
San Francisco	8,266.6	2,048.8	6,217.8	8,626.3	1,559.5	7,066.8	9,447.2	1,619.6	7,827.7	11,172.0	1,850.1	9,322.0	16,227.7	2,449.8	13,777.9
Los Angeles	20,034.0	4,738.9	15,295.2	21,873.6	3,502.8	18,370.9	21,885.8	3,509.9	18,376.0	3,452.6	16,809.7	27,508.4	31,069.7	4,918.1	26,151.6
San Diego	958.1	318.3	639.8	1,054.0	336.1	717.9	1,313.0	567.4	745.7	286.8	681.2	1,334.8	1,607.3	519.1	1,088.2

Customs District	1985 Total	1985 Duty Free	1985 Dutiable	1986 Total	1986 Duty Free	1986 Dutiable	1987 Total	1987 Duty Free	1987 Dutiable	1988 Total	1988 Duty Free	1988 Dutiable
San Francisco	15,542.0	2,386.1	13,156.0	19,109.2	6,740.1	12,369.1	21,819.5	8,859.3	12,960.3	25,100.5	11,503.8	13,596.6
Los Angeles	44,132.0	6,456.1	37,675.8	48,494.7	8,627.4	39,867.3	53,595.8	10,681.2	42,914.6	57,989.0	13,068.0	44,921.0
San Diego	1,829.4	599.8	1,229.6	2,200.5	848.7	1,351.9	2,669.1	1,055.6	1,613.5	3,435.3	1,238.6	2,196.8

1. Imports for consumption are a combination of entries for immediate consumption and withdrawals from warehouses for consumption. Value is defined as the market value in the foreign country and excludes U.S. import duties and freight charges from the country of origin, to the United States, and insurance. Dutiable value represents the value of foreign components contained in imported products and represents all products valued over $250.00.

a. Beginning January 1978 data include all shipments of nonmonetary gold.

SOURCE: U.S. Department of Commerce, *Highlights of U.S. Export and Import Trade*, various years.

Table 1713
TEXAS IMPORTS FOR CONSUMPTION,[1] BY CUSTOMS DISTRICT, 1970–88
(M US)

Customs District	1970 Total	1970 Duty Free	1970 Dutiable	1971 Total	1971 Duty Free	1971 Dutiable	1972 Total	1972 Duty Free	1972 Dutiable	1973 Total	1973 Duty Free	1973 Dutiable	1974 Total	1974 Duty Free	1974 Dutiable
Port Arthur	55.1	9.4	45.7	79.7	13.8	65.9	105.4	19.4	85.9	339.6	248.9	90.7	1,361.4	1,299.4	62.7
Laredo	333.9	80.5	253.5	394.0	96.4	297.7	534.6	141.4	393.2	730.1	244.8	485.2	1,066.1	389.1	677.0
Houston/ Galveston	~	~	~	~	~	~	~	~	~	~	~	~	~	~	~
Houston	956.0	313.6	642.4	1,254.2	363.0	891.2	1,479.2	388.0	1,091.2	1,916.4	619.2	1,297.2	3,391.4	1,531.8	1,859.7
Galveston	184.8	111.8	73.0	256.2	119.8	136.4	238.6	132.6	106.0	444.4	315.5	128.9	1,569.2	1,303.3	265.9
El Paso	168.1	20.6	147.5	204.4	20.7	183.7	271.6	30.4	241.3	370.5	34.8	335.7	483.1	41.8	441.3
Dallas/Ft. Worth	~	~	~	~	~	~	~	~	~	~	~	~	~	~	~

Customs District	1975 Total	1975 Duty Free	1975 Dutiable	1976 Total	1976 Duty Free	1976 Dutiable	1977 Total	1977 Duty Free	1977 Dutiable	1978[a] Total	1978[a] Duty Free	1978[a] Dutiable	1979 Total	1979 Duty Free	1979 Dutiable
Port Arthur	1,125.0	215.9	909.1	3,139.2	28.2	3,111.0	4,403.7	41.6	4,362.2	4,593.3	41.6	4,551.8	7,578.0	6,235.9	1,342.1
Laredo	724.1	270.7	453.4	1,326.6	586.0	740.6	1,707.2	848.0	859.1	1,980.5	815.4	1,165.1	2,422.6	1,071.9	1,350.6
Houston/ Galveston	~	~	~	~	~	~	~	~	~	~	~	~	~	~	~
Houston	2,590.1	534.4	2,055.7	4,467.0	682.5	3,784.5	5,592.3	815.3	4,777.0	7,505.7	896.6	6,609.1	9,349.1	4,524.0	8,322.4
Galveston	1,621.0	366.7	1,254.2	3,008.0	319.0	2,689.0	4,790.5	416.6	4,373.9	5,448.0	417.6	5,030.4	7,554.3	5,890.1	1,664.1
El Paso	346.3	32.3	314.0	663.5	94.0	569.5	778.9	125.7	653.2	1,033.1	169.1	864.0	1,242.5	200.5	1,041.9
Dallas/Ft. Worth	~	~	~	~	~	~	~	~	~	~	~	~	~	~	~

Customs District	1980 Total	1980 Duty Free	1980 Dutiable	1981 Total	1981 Duty Free	1981 Dutiable	1982 Total	1982 Duty Free	1982 Dutiable	1983 Total	1983 Duty Free	1983 Dutiable	1984 Total	1984 Duty Free	1984 Dutiable
Port Arthur	9,355.4	5,354.8	4,000.6	7,583.6	172.2	7,411.5	4,255.1	165.9	4,089.2	4,910.4	537.5	4,372.9	5,207.8	106.2	5,101.6
Laredo	2,608.8	1,398.1	1,210.7	2,918.8	1,566.5	1,352.3	3,066.8	1,585.1	1,481.7	3,794.1	1,621.3	2,172.8	4,617.7	1,787.3	2,830.4
Houston/ Galveston	~	~	~	~	~	~	19,644.3	1,997.0	17,647.3	15,686.1	1,871.4	13,814.8	17,767.8	1,979.3	15,788.5
Houston	9,989.8	3,738.9	6,250.9	12,426.4	1,391.5	11,034.8	~	~	~	~	~	~	~	~	~
Galveston	10,145.1	5,436.7	4,708.4	10,232.6	526.4	9,706.3	~	~	~	~	~	~	~	~	~
El Paso	1,475.7	224.1	1,251.6	1,695.7	262.2	1,433.5	1,721.6	279.6	1,441.9	1,829.5	279.4	1,550.1	2,191.6	331.4	1,860.2
Dalls/Ft. Worth	1,421.1	431.5	710.6	1,334.5	599.3	735.1	1,313.0	567.4	745.7	1,494.4	514.4	980.0	2,156.5	740.6	1,415.9

Customs District	1985 Total	1985 Duty Free	1985 Dutiable	1986 Total	1986 Duty Free	1986 Dutiable	1987 Total	1987 Duty Free	1987 Dutiable	1988 Total	1988 Duty Free	1988 Dutiable
Port Arthur	2,660.7	98.8	2,562.0	1,297.4	62.2	1,235.2	1,887.8	58.5	1,829.3	1,798.2	65.8	1,732.4
Laredo	4,826.5	1,603.1	3,223.4	5,688.5	1,983.8	3,704.7	6,793.3	2,174.3	4,619.1	7,915.8	2,534.5	5,381.3
Houston/ Galveston	17,322.4	2,120.9	15,201.5	14,511.0	2,146.6	12,364.4	15,976.5	2,135.7	13,840.8	16,717.2	2,454.3	14,262.9
Houston	~	~	~	~	~	~	~	~	~	~	~	~
Galveston	~	~	~	~	~	~	~	~	~	~	~	~
El Paso	2,471.3	319.4	2,151.9	2,997.8	478.4	2,519.4	3,433.9	675.5	2,758.4	4,497.3	860.2	3,637.1
Dalls/Ft. Worth	2,398.7	682.9	1,715.8	3,179.1	979.7	2,199.4	3,355.5	1,100.8	2,254.7	4,140.0	1,330.0	2,810.0

1. Imports for consumption are a combination of entries for immediate consumption and withdrawals from warehouses for consumption. Value is defined as the market value in the foreign country and excludes U.S. import duties and freight charges from the country of origin, to the United States, and insurance. Dutiable value represents the value of foreign components contained in imported products and represents all products valued over $250.00.

a. Beginning January 1978 data include all shipments of nonmonetary gold.

SOURCE: U.S. Department of Commerce, *Highlights of U.S. Export and Import Trade*, various years.

Table 1714

MEXICO IMPORTS OF "ARTICULOS GANCHO,"[1] SELECTED CITIES, 1972,[a] 1973
(M NC)

City	Year	Consumer Goods			Producer Goods	Total	%
		Nondurable	Durable	Total			
Free Zone of Baja California and Part of Sonora	1972	6,990.0	#	6,990.0	#	6,990.0	2.7
	1973	15,910.3	#	15,910.3	#	15,910.3	3.2
Nogales, Son.	1972	5,923.0	687.3	6,610.3	894.1	7,504.4	2.8
	1973	10,913.8	8,868.4	19,782.2	1,165.1	20,947.3	4.2
Agua Prieta, Son.	1972	1,028.3	98.0	1,126.3	250.0	1,376.3	.5
	1973	3,177.9	208.7	3,386.6	249.0	3,635.6	.7
Ciudad Juárez, Chih.	1972	83,641.0	52,264.1	135,905.1	17,819.8	153,724.9	57.9
	1973	115,374.1	116,374.9	231,749.0	35,163.9	266,912.9	52.9
Ojinaga, Chih.	1972	430.5	151.7	582.2	442.7	1,024.9	.4
	1973	672.7	648.0	1,320.7	27.0	1,347.7	.3
Piedras Negras, Coah.	1972	11,170.5	4,997.9	16,168.4	2,827.3	18,995.7	7.2
	1973	16,619.4	8,053.0	24,672.4	10,500.1	35,172.5	7.0
Ciudad Acuña, Coah.	1972	3,462.3	1,644.8	5,107.1	413.5	5,520.6	2.0
	1973	8,186.3	3,881.3	12,067.6	1,940.4	14,008.0	2.8
Nuevo Laredo, Tam.	1972	10,478.1	11,832.2	22,310.3	3,459.6	25,769.9	9.7
	1973	22,760.2	14,972.8	37,733.0	8,785.9	46,518.9	9.2
Reynosa, Tam.	1972	7,848.0	9,770.1	17,618.1	3,067.7	20,685.8	7.7
	1973	16,335.5	15,859.6	32,195.1	5,995.0	38,190.1	7.6
Río Bravo, Tam.	1972	819.7	1,373.1	2,192.8	1,162.3	3,355.1	1.3
	1973	707.1	749.4	1,456.5	3,773.0	5,229.5	1.0
Ciudad Miguel Alemán, Tam.	1972	778.4	677.5	1,455.9	403.5	1,859.4	.8
	1973	2,552.5	2,804.0	5,356.5	946.2	6,302.7	1.2
Ciudad Camargo, Tam.	1972	#	18.0	18.0	27.0	45.0	#
	1973	194.4	129.2	323.6	154.2	477.8	.1
Ciudad Mier, Díaz Ordaz y Nueva Guerrero, Tam.	1972	69.1	63.0	132.1	40.0	172.1	.1
	1973	1,415.9	693.7	2,109.6	1,374.3	3,483.9	.7
Matamoros, Tam.	1972	4,528.9	6,296.5	10,825.4	4,919.4	15,744.8	5.9
	1973	6,361.8	18,970.6	25,332.4	14,123.6	39,456.0	7.8
Valle Hermoso, Tam.	1972	701.2	662.9	1,364.1	1,335.4	2,699.5	1.0
	1973	955.5	814.9	1,770.4	4,892.1	6,662.5	1.3
Total	1972	137,869.0	90,537.1	228,406.1	37,062.3	265,468.4	100.0
	1973	222,137.4	193,028.5	415,165.9	89,089.8	504,255.7	100.0

1. "Artículos gancho" are goods purchased in the United States and imported duty-free to Mexico.

a. Includes December 1971.

SOURCE: Secretaría de Industria y Comercio, *Indicadores Socioeconómicos de la Zona Fronteriza Norte* (México, D.F.: SIC, 1974), pp. 115, 117.

Table 1715
COAHUILA COMMERCIAL BALANCE, 1970–84
(M US)

Year	Imports	Exports	Balance
1970	65.9	60.1	−5.8
1971	65.3	74.5	9.2
1972	74.7	94.2	19.5
1973	83.1	82.1	−1.0
1974	127.8	173.5	45.7
1975	273.1	150.4	−122.7
1976	149.4	202.2	52.8
1977	99.5	200.9	101.4
1978	141.3	221.9	80.6
1979	159.9	210.2	50.3
1980	300.0	165.4	−134.5
1981	433.0	127.6	−305.4
1982	263.7	254.9	−8.8
1983	110.9	486.9	376.0
1984	175.3	753.2	577.9
Total	2,522.9	3,258.0	735.1

SOURCE: Mario Dávila Flores, "Relaciones de Coahuila con los Mercados Externos: El Comercio Exterior," *Comercio Exterior*, vol. 37, no. 1 (November 1987).

Table 1716
COAHUILA PRINCIPAL EXPORTS, 1980–84
(T US)

Product	1980	1981	1982	1983	1984
Total	165,386.4	127,577.3	254,849.3	486,879.5	753,186.0
Subtotal of 15 Principal Products	140,707.7	107,313.0	222,065.9	452,232.9	688,374.8
Auto Motors	--[a]	--[a]	91,495.9	294,232.8	257,141.4
Refined Silver	--[a]	--[a]	--[a]	--[a]	214,113.9
Springs	13,361.1	16,113.7	28,360.0	6,554.1	46,551.5
Locks	--[a]	--[a]	--[a]	18,196.8	32,178.9
Refined Zinc	42,212.4	15,117.6	8,805.2	26,739.5	29,290.0
Pipe	5,892.0	4,945.8	4,390.6	18,037.7	27,229.7
Copper	--[a]	8,671.6	13,317.6	--[a]	13,370.1
Flouride	15,842.6	16,619.9	9,025.1	9,475.9	11,761.4
Refined Lead	13,275.5	4,917.2	7,190.7	15,465.0	11,597.8
Cotton	12,422.6	11,299.2	19,852.3	10,928.8	11,421.5
Cattle	--[a]	--[a]	6,787.4	18,704.8	9,470.2
Electric Cables	--[a]	--[a]	--[a]	--[a]	8,117.9
Iron and Steel Frames	2,527.7	--[a]	--[a]	6,327.9	5,880.0
Cut Cables	5,534.0	5,261.7	3,474.9	6,746.9	5,279.5
Zinc Bars	--[a]	5,982.5	17,713.2	7,772.1	5,027.9
Sodium Sulphate	--[a]	--[a]	3,237.5	5,239.7	--[a]
Coal and Tar	--[a]	--[a]	2,879.7	4,323.3	--[a]
Iron and Steel Bars	--[a]	--[a]	2,503.5	3,487.4	--[a]
Concentrated Zinc	3,654.4	3,628.4	3,032.0	--[a]	--[a]
Agate and Jasper	--[a]	4,284.5	--[a]	--[a]	--[a]
Kitchen Utensils	3,155.1	3,112.3	--[a]	--[a]	--[a]
Unrefined Lead	7,017.6	3,020.8	--[a]	--[a]	--[a]
Clothes	8,118.8	2,287.8	--[a]	--[a]	--[a]
Iron and Steel Products	3,250.8	2,272.2	--[a]	--[a]	--[a]
Refined Cadmium	2,623.8	--[a]	--[a]	--[a]	--[a]
Refined Bismuth	1,980.2	--[a]	--[a]	--[a]	--[a]

a. Not one of fifteen principal products in reference year.

SOURCE: Mario Dávila Flores, "Relaciones de Coahuila con los Mercados Externos: El Comercio Exterior," *Comercio Exterior*, vol. 37, no. 1 (November 1987).

Table 1717

SAN DIEGO-IMPERIAL VALLEY ECONOMIC IMPACT OF SALES IN TIJUANA AND MEXICALI, 1978

Sector	Sales T US	Sales %	Intake T US	Intake %	Persons Employed N	Persons Employed %
Primary						
Agriculture	35,904	9.7	7,327	5.1	1,097	10.1
Ranch Products	5,631	1.5	1,608	1.1	67	.6
Fishing	1,596	.4	568	.4	31	.3
Subtotal	43,131	11.6	9,503	6.6	1,195	11.0
Secondary						
Mining and Petroleum	779	.2	286	.2	10	.1
Manufacturing	37,941	10.3	7,572	5.3	565	5.2
Construction	7,124	1.9	1,729	1.2	121	1.1
Electricity and Gas	19,851	5.3	4,570	3.1	163	1.5
Subtotal	65,695	17.7	14,157	9.8	859	7.9
Terciary						
Transportation and Communication	37,845	7.5	10,246	7.1	403	4.5
Commerce	142,978	38.6	69,855	48.8	5,430	50.2
Service	91,352	24.6	39,783	27.7	2,812	26.4
Subtotal	272,175	70.7	119,884	83.6	8,645	81.1
Total	381,001	100.0	143,544	100.0	10,699	100.0

SOURCE: Ramón de Jesús Ramírez Acosta and Víctor Castillo Rodríguez, *La Frontera México–Estados Unidos: Estudios de las Economías de Baja California y California* (Tijuana: Universidad Autónoma de Baja California, n.d.)

Table 1718

SAN DIEGO ECONOMIC IMPACT OF SALES IN TIJUANA, 1978

Sector	Sales T US	Sales %	Intake T US	Intake %	Persons Employed N	Persons Employed %
Primary						
Agriculture	7,148	2.3	2,832	2.3	315	3.6
Ranch Products	4,875	1.6	1,558	1.2	63	.7
Fishing	1,596	.6	558	.5	31	.4
Subtotal	13,619	4.5	4,068	4.0	409	4.7
Secondary						
Mining and Petroleum	779	.7	258	.2	10	.1
Food Products	3,726	1.2	665	.5	32	.3
Textiles	1,215	.4	275	.2	48	.5
Wood and Paper	2,343	.8	743	.6	51	.6
Printing and Publishing	5,208	1.8	1,440	1.2	102	1.2
Chemical Products	311	.1	46	.1	3	.1
Metal Products	1,806	.6	540	.4	37	.4
Transportation Equipment	552	.2	201	.2	12	.1
Other Manufacturing	6,983	2.3	1,795	1.4	124	1.4
Construction	7,079	2.3	1,718	1.4	121	1.4
Electricity and Gas	19,851	6.7	4,570	3.8	163	1.9
Subtotal	51,514	17.2	12,853	10.4	736	8.4
Terciary						
Transportation	8,930	2.9	2,600	2.1	179	2.2
Communications	5,466	1.8	1,837	1.5	100	1.2
Wholesale Commerce	62,811	21.2	31,227	25.4	1,538	17.7
Retail Commerce	66,908	22.5	30,640	24.9	3,042	35.2
Room and Board	19,330	6.5	5,200	4.2	1,039	11.9
Financing	27,762	9.4	14,820	12.0	347	.4
Private Services	5,338	1.8	1,522	1.2	150	1.8
Other Services	36,198	12.2	17,225	14.1	1,199	14.1
Subtotal	232,743	78.3	105,071	85.4	7,593	86.9
Total	297,876	100.0	122,893	100.0	8,740	100.0

SOURCE: Ramón de Jesús Ramírez Acosta and Víctor Castillo Rodríguez, *La Frontera México–Estados Unidos: Estudios de las Economías de Baja California y California* (Tijuana: Universidad Autónoma de Baja California, n.d.)

Table 1719

MEXICO CAMPAIGN AGAINST DRUG TRAFFICKING, 1988,[a] 1989, 1987–88

PART I. 1988[a]

Crop Destruction[1]			Seizures	
Crop	Number of Fields	Destroyed Area (Ha.)	Item Seized	Amount
Poppy	17,210	1,480	Cocaine (kg)[b]	4,137
Marijuana	10,073	1,377	Marijuana (kg)	179,621
			Opium Derivatives (Heroin and Opium Resin) (kg)[c]	164
			Land Vehicles (N)	1,300
			Aircraft (N)	21
			Vessels (N)	12
			Weapons (N)	2,143

1. Does not include destruction of crops by Mexico's Armed Forces.

a. January 1 to July 31, 1988.
b. Does not include seizures by Mexico's Armed Forces.
c. Does not include 160 kg of poppy seeds.

SOURCE: *U.S.-Mexico Report*, September 1988, p. 26.

PART II. 1989[a]

Crop Destruction[1]			Seizures	
Crop	Number of Fields	Destroyed Area (Ha.)	Item Seized	Amount
Poppy	43,221	3 421	Cocaine (kg)	34,707.7
Marijuana	41,606	4 261	Marijuana (kg)	524,357
			Opium Derivatives (Heroin and Opium Resin) (kg)	616
			Land Vehicles (N)	3,544
			Aircraft (N)	72
			Vessels (N)	8
			Weapons (N)	6,069

a. December 1, 1988, to December, 1989.

SOURCE: *Los Angeles Times*, January 16, 1990, p. E12.

PART III. Mexico Drug Seizures along the Border, 1987–88[a]

State	Marijuana[1] (kg)	Opium and Heroin (kg)	Cocaine (kg)
A. BAJA CALIF.	26,900	31	3,866
B. CHIHUAHUA	1,140	11	109
C. COAHUILA	3,931	240[b]	869
D. NUEVO LEON	18,782	550[b]	36
E. SONORA	91,573	77	1,789
F. TAMAULIPAS	40,423	2	60
Total	205,139	122	7,336

1. Dried and packaged.

a. January 1, 1987–July 31, 1988.
b. Grams.

SOURCE: *U.S.-Mexico Report*, September 1988.

Table 1720

MEXICO CAMPAIGN AGAINST DRUG TRAFFICKING, 6 S, 1987–88[a]

State	Persons Detained and Indicted	Marijuana[b] (kg)	Opium and Heroin (kg)	Cocaine (kg)	Arms (N)
A. BAJA CALIF.	1,135	26,900	31	3,866	158
B. CHIHUAHUA	1,140	23,530	11	109	234
C. COAHUILA	514	3,931	240[c]	869	247
D. NUEVO LEON	1,065	18,782	555[c]	643	36
E. SONORA	1,713	91,573	31	3,866	158
F. TAMAULIPAS	1,659	40,423	2	60	332
Mexico Border	7,226	205,139	121.8	7,336	1,426

a. January 1, 1987–July 31, 1988.
b. Dried and Packaged.
c. Grams.

SOURCE: *U.S.-Mexico Report*, September 1988, p. 28.

Table 1721

U.S. ESTIMATED DRUGS ENTERING, BY REGION, 1986

Region	Drug	Pounds
Northeast	Marijuana	902,000
	Hashish	148,500
	Cocaine	825
	Heroin	260
New York	Marijuana	528,000
	Hashish	99,000
	Cocaine	11,000
	Heroin	5,850
North Central	Marijuana	110,000
	Hashish	6,600
	Cocaine	825
	Heroin	650
Pacific	Marijuana	2,882,000
	Hashish	33,000
	Cocaine	20,625
	Heroin	4,290
Southwest	Marijuana	5,522,000
	Hashish	6,600
	Cocaine	29,700
	Heroin	1,690
South Central	Marijuana	2,046,000
	Hashish	3,300
	Cocaine	11,275
	Heroin	130
Southeast	Marijuana	10,010,000
	Hashish	33,000
	Cocaine	200,750
	Heroin	130

SOURCE: National Narcotics Intelligence Consumers Committee, *The Supply of Illicit Drugs to the United States from Foreign and Domestic Sources in 1985 and 1986* (June 1987), p. 15.

Table 1722

VALUE OF INS DRUG SEIZURES, 1981–84

Category	1981	1982	1983	1984
Border Patrol (T US)	3,892	4,567	27,250	37,509
Other INS Offices (US)	38,729	460,863	1,460,089	8,307,970
Total INS (US)	3,930,817	5,027,939	28,709,656	45,816,807
INS/Customs Seizures (US)	10,273,611	8,784,938	28,938,008	9,810,308
Total Street Value (T US)	14,404	13,813	57,619	55,627

SOURCE: INS, *Reporter*, Fall–Winter 1934–85.

Table 1723

VALUE OF WESTERN REGION NARCOTICS SEIZURES, 1979–83

(US)

Sector	1979	1980	1981	1982	1983
Chula Vista	458,601	32,917	5,939,683	761,170	3,142,293
El Centro	5,208	10,452	125,876	~	~
Livermore	58	0	45,050	~	~
Yuma	347	44,499	1,158	~	~
Tucson	9,799	5,544	96,326	~	~
Total Western Region	474,013	93,412	6,208,093	~	~

SOURCE: INS-BP.

Table 1724
NARCOTICS SEIZURES, THREE BORDER STATIONS, 1983–85

	Calexico, Calif			San Diego, Calif.			El Paso, Texas		
	1983	1984	1985	1983	1984	1985	1983	1984	1985
Heroin									
Amount (lbs)	~	7.1	9.9	9	57	~	~	~	~
Seizures (N)	~	9.9	17	27	71	~	~	~	~
Value (US)	~	~	~	~	~	~	~	~	~
Marijuana									
Amount (lbs)	~	1,159.1	3,093.5	11,117	6,943	~	~	30.34	1,282.8
Seizures (N)	~	354	227	318	360	~	~	55	86
Value (US)	~	~	~	~	~	~	~	2,005	205,243
Cocaine									
Amount (lbs)	~	3.5	61.7	3	16	~	~	.098	15.0
Seizures (N)	~	53	30	109	167	~	~	1	5
Value (US)	~	~	~	~	~	~	~	196	30,034
Opium									
Amount (lbs)	~	#	#	~	~	~	~	~	~
Seizures (N)	~	#	#	~	~	~	~	~	~
Value (US)	~	~	~	~	~	~	~	~	~
Hashish									
Amount (lbs)	~	~	.2	~	~	~	~	~	~
Seizures (N)	~	3	2	~	~	~	~	~	~
Value (US)	~	~	~	~	~	~	~	~	~
Morphine									
Amount (lbs)	~	#	#	~	~	~	~	~	~
Seizures (N)	~	#	#	~	~	~	~	~	~
Value (US)	~	~	~	~	~	~	~	~	~
Other[1]									
Amount (lbs)	~	9,935	3,222	~	~	~	~	45	103
Seizures (N)	~	240	79	~	~	~	~	3	5
Value (US)	~	~	~	~	~	~	~	57	129

1. Includes pills, LSD.

SOURCE: INS Port of Entry, El Paso, Texas; U.S. Department of Treasury, U.S. Customs Service, San Diego, California, and Calexico, California.

18

Tourism

U.S. TOURISTS TO MEXICO FROM U.S. BORDER STATES, 1935-70

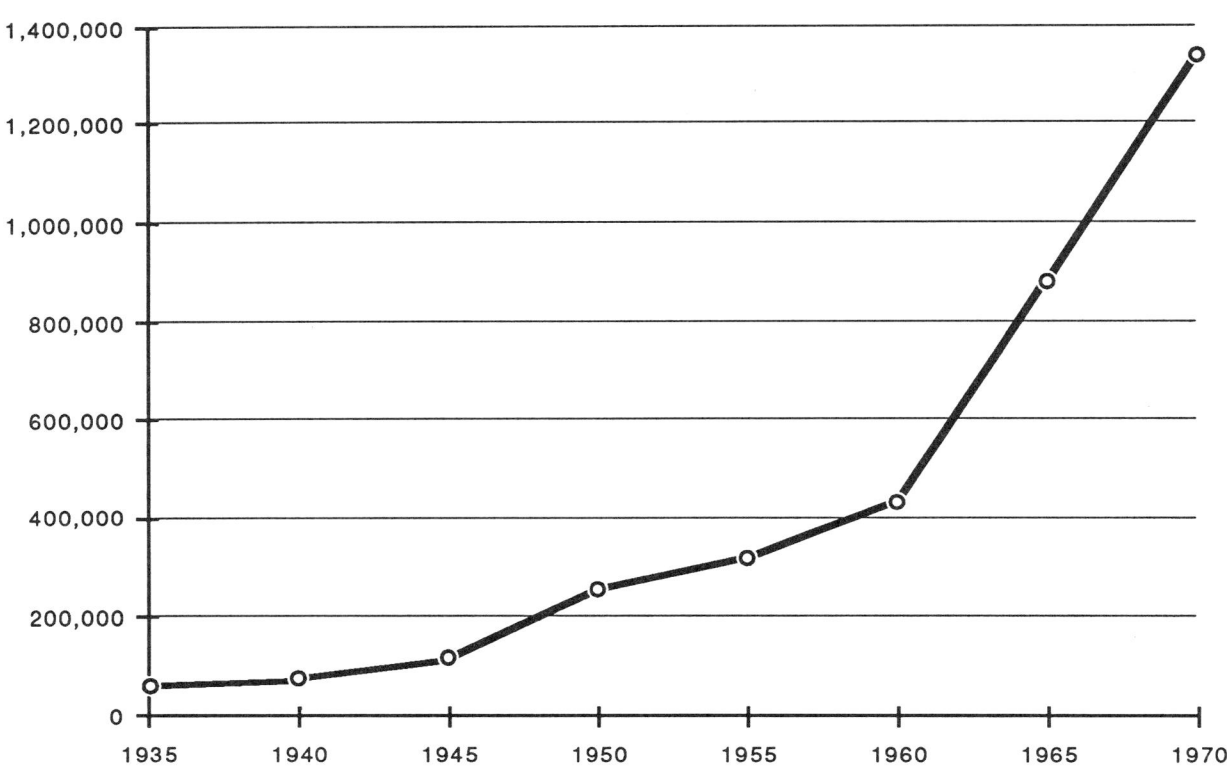

SOURCE: Table 1802.

Table 1800
MEXICO TOURISTS, 5 SC, 1965-84
(N)

PART I. Tourists, 5 S, 1965, 1972

	State/Municipality	1965	1972
A.	BAJA CALIF.	111,165	197,773
	Ensenada	13,698	27,139
	Mexicali	56,700	87,330
	Tijuana	36,198	79,215
	Other	4,569	4,089
B.	CHIHUAHUA	104,638	191,558
	Ciudad Juárez	96,266	165,905
	Other	8,372	21,133
C.	COAHUILA	39,352	139,382
	Ciudad Acuña	1,464	25,244
	Piedras Negras	37,880	113,700
E.	SONORA	250,570	463,837
	Nogales	121,270	222,046
	San Luis Río Colorado	18,937	25,348
	Other	99,190	195,172
F.	TAMAULIPAS	412,405	608,421
	Matamoros	55,710	79,736
	Nuevo Laredo	224,345	360,993
	Reynosa	82,092	137,457
	Other	50,087	44,821
	Mexico Total	1,350,413	2,912,234
	Mexico Border	918,130	1,600,971

SOURCE: Secretaría de Industria y Comercio, *Indicadores Socioeconómicos de la Frontera Norte* (México, D.F.: SIC, 1974), p. 113.

Table 1800 (Continued)

MEXICO TOURISTS, 5 SC, 1965–84

PART II. Border Tourists, by State and Port of Entry, 5 SC, 1971–84

(N)

State	1971	1972	1973	1974	1975	1976	1977	1978	1979	1980	1981	1982	1983	1984
A. BAJA CALIF.														
Mexicali														
Total Entering	87,726	87,330	92,783	89,383	71,345	57,104	58,569	50,389	53,169	52,272	49,427	52,148	57,658	55,743
Residents Abroad														
Mexicans	24,781	24,642	27,082	25,696	19,520	16,571	16,928	12,019	11,504	11,525	10,689	13,736	14,981	14,627
Foreigners	62,945	62,688	65,701	63,687	51,825	40,533	41,641	38,370	41,665	40,747	38,738	38,412	42,677	41,116
Total Departing	506	210	128	129	136	186	93	129	574	142	153	110	74	33
Tijuana														
Total Entering	74,916	79,215	84,578	95,091	96,585	92,501	86,136	78,488	79,164	72,397	64,459	106,292	221,314	157,790
Residents Abroad														
Mexicans	23,520	25,229	25,816	23,656	20,159	15,157	11,851	8,249	7,521	6,451	6,046	7,750	8,538	6,668
Foreigners	51,396	53,986	58,762	71,435	76,426	77,344	74,285	70,239	71,643	65,946	58,413	98,542	212,776	151,122
Total Departing	1,260	1,530	1,438	1,840	2,366	1,736	845	384	582	565	561	673	920	1,325
State Total														
Total Entering	44,766	44,238	44,112	265,582	234,640	202,934	193,977	184,629	183,965	177,219	174,193	188,546	285,007	219,791
Residents Abroad														
Mexicans	340	314	303	49,976	40,959	32,947	30,223	21,477	20,553	19,543	18,475	22,795	24,348	22,074
Foreigners	44,426	43,924	43,809	215,606	193,681	169,987	163,754	163,152	163,412	157,676	155,718	165,751	260,659	197,717
Total Departing	281	288	228	1,980	2,514	1,939	956	1,409	1,262	759	729	1,015	1,020	1,391
B. CHIHUAHUA														
Ciudad Juárez														
Total Entering	155,010	165,905	177,743	176,118	186,104	185,139	194,700	189,823	194,738	192,586	201,568	192,308	200,846	186,444
Residents Abroad														
Mexicans	44,045	44,772	48,387	50,707	58,156	62,718	69,547	64,137	68,083	64,246	69,636	66,254	57,132	57,280
Foreigners	110,965	121,133	129,406	125,411	127,948	122,421	125,153	125,686	126,655	128,340	131,932	126,054	143,714	129,164
Total Departing	7,182	5,826	5,884	1,655	877	723	548	658	3,587	958	1,224	608	393	390
State Total														
Total Entering	86,408	90,543	101,409	222,954	236,977	234,382	245,552	242,724	251,188	246,574	266,760	252,043	261,382	247,635
Residents Abroad														
Mexicans	25,489	26,126	26,486	59,827	69,557	75,625	84,513	80,195	86,387	82,281	92,418	88,111	76,157	77,635
Foreigners	60,919	64,417	74,923	163,127	167,420	158,757	161,039	162,529	164,791	164,293	174,342	163,932	185,225	170,000
Total Departing	2,596	2,455	2,338	3,300	2,297	2,443	2,544	2,073	5,667	2,677	4,496	2,480	2,502	1,305

Table 1800 (Continued)
MEXICO TOURISTS, 5 SC, 1965–84
(N)
PART II. Border Tourists, by State and Port of Entry, 5 SC, 1971–84 (Continued)

State	1971	1972	1973	1974	1975	1976	1977	1978	1979	1980	1981	1982	1983	1984
C. COAHUILA														
Piedras Negras														
Total Entering	85,943	113,700	97,513	95,886	103,224	103,636	100,127	80,150	78,200	79,152	79,722	76,316	89,435	77,419
Residents Abroad														
Mexicans	34,384	44,974	44,274	42,994	47,847	51,159	48,659	31,800	33,032	34,014	35,612	32,920	37,128	33,211
Foreigners	51,559	68,726	53,239	52,892	55,077	52,477	61,468	48,350	45,168	45,138	44,110	43,396	52,307	44,208
Total Departing	625	439	229	176	236	158	109	246	5,591	616	704	412	215	270
State Total														
Total Entering	94,130	127,701	150,577	126,837	135,320	135,051	135,390	111,593	108,554	106,612	117,153	105,105	115,786	103,506
Residents Abroad														
Mexicans	36,253	54,044	47,862	54,684	60,127	62,208	62,793	46,000	47,432	46,723	54,171	47,706	50,113	45,863
Foreigners	58,057	76,560	102,715	72,153	75,193	72,843	72,597	65,593	61,122	59,889	62,982	57,399	65,673	57,643
Total Departing	1,079	686	663	414	578	2,964	353	545	6,883	1,066	1,387	615	560	365
E. SONORA														
Nogales														
Total Entering	201,351	222,046	244,916	210,361	198,099	168,954	158,120	181,058	194,297	201,568	198,568	183,357	187,766	182,677
Residents Abroad														
Mexicans	18,072	22,962	26,087	26,870	31,571	33,768	36,339	41,465	42,536	47,279	51,822	–	44,761	44,069
Foreigners	183,279	199,084	218,899	183,491	166,528	134,826	121,781	139,593	151,761	154,289	146,746	–	143,055	138,608
Total Departing	584	219	917	291	1,161	593	810	715	2,638	434	1,371	909	310	402
San Luis Río Colorado														
Total Entering	26,170	25,348	27,959	21,610	16,636	12,994	11,825	11,743	13,540	12,350	11,699	14,091	14,714	13,391
Residents Abroad														
Mexicans	8,097	9,521	10,901	8,980	6,996	5,785	5,308	5,573	6,294	5,472	5,690	6,570	6,364	6,021
Foreigners	18,073	15,827	17,058	12,630	9,640	7,209	6,517	6,170	7,246	6,878	6,009	7,521	8,350	7,370
Total Departing	–	7	7	3	2	9	60	9	157	2	7	202	5	14
State Total														
Total Entering	283,284	298,672	293,182	447,702	422,669	366,672	330,929	384,726	416,045	424,883	420,507	392,747	404,295	406,795
Residents Abroad														
Mexicans	18,565	22,989	23,865	52,070	55,064	57,336	58,398	67,740	76,141	83,846	91,229	89,587	76,338	75,012
Foreigners	264,719	275,683	269,317	395,632	367,605	309,336	272,531	316,986	339,904	341,037	329,278	303,160	327,957	331,783
Total Departing	281	392	322	2,887	4,830	4,147	2,922	2,984	5,583	3,461	4,855	5,551	6,295	18,301

Table 1800 (Continued)
MEXICO TOURISTS, 5 SC, 1965–84
(N)
PART II. Border Tourists, by State and Port of Entry, 5 SC, 1971–84 (Continued)

State	1971	1972	1973	1974	1975	1976	1977	1978	1979	1980	1981	1982	1983	1984
F. TAMAULIPAS														
Ciudad Reynosa														
Total Entering	118,809	137,457	143,840	153,077	158,456	152,033	162,829	168,058	173,978	174,341	173,196	165,082	175,754	167,134
Residents Abroad														
Mexicans	13,683	16,381	19,081	19,035	24,316	30,161	35,897	38,674	42,147	43,317	45,049	43,977	38,899	39,621
Foreigners	105,126	121,076	124,759	134,042	134,140	121,872	126,932	129,384	131,841	131,024	128,147	121,105	136,855	127,513
Total Departing	1,299	956	933	912	798	781	711	1,115	4,352	2,395	3,378	2,324	1,543	2,005
Matamoros														
Total Entering	72,050	79,736	84,433	95,998	96,507	89,026	86,321	89,600	86,915	87,313	90,089	89,182	101,008	88,957
Residents Abroad														
Mexicans	5,001	5,944	7,514	9,468	10,381	11,653	11,593	12,801	13,584	14,038	14,910	15,701	14,787	13,876
Foreigners	67,049	73,792	76,919	86,530	86,126	77,373	74,728	76,799	73,331	73,275	75,179	73,481	86,221	75,081
Total Departing	6,004	7,138	7,635	9,333	8,681	9,088	7,931	7,056	7,403	12,731	19,538	13,026	7,852	11,683
Nuevo Laredo														
Total Entering	326,377	360,943	370,482	357,299	353,256	318,265	313,846	318,508	317,931	304,824	291,383	271,084	276,796	255,348
Residents Abroad														
Mexicans	30,992	34,943	38,780	41,907	46,857	50,972	55,993	63,452	67,635	71,182	74,015	70,413	67,007	66,071
Foreigners	295,385	326,050	331,702	315,392	306,399	267,293	257,853	255,056	250,296	233,642	217,368	200,671	209,789	189,277
Total Departing	2,248	2,341	2,199	1,551	2,041	1,740	1,406	1,162	10,201	1,807	4,610	1,532	1,051	1,014
State Total														
Total Entering	42,454	48,575	47,596	673,209	679,053	628,820	632,928	647,869	651,479	650,577	650,136	620,582	651,372	611,332
Residents Abroad														
Mexicans	3,604	4,121	4,862	86,316	100,060	112,973	123,649	137,001	145,612	156,543	166,304	162,290	151,266	149,883
Foreigners	38,850	44,454	42,734	586,893	578,993	515,847	509,279	510,868	505,867	494,034	483,832	458,292	500,106	461,449
Total Departing	3,023	3,060	2,298	12,995	12,561	12,801	11,346	10,621	25,633	20,793	32,882	19,963	12,419	17,105
Mexico Border														
Total Entering	551,222	609,732	636,876	1,736,284	1,708,659	1,567,859	1,538,776	1,571,541	1,611,231	1,605,865	1,628,749	1,559,023	1,717,842	1,589,059
Residents Abroad														
Mexicans	84,251	107,694	103,378	248,189	325,767	341,089	359,576	352,413	376,125	388,936	422,597	410,489	378,222	370,467
Foreigners	466,971	505,038	533,498	1,488,095	1,382,892	1,226,770	1,179,200	1,219,128	1,235,095	1,216,929	1,269,092	1,148,534	1,339,620	1,218,592
Total Departing	7,260	6,881	5,849	21,576	24,586	24,294	18,121	17,632	45,028	28,756	44,349	29,624	22,796	38,467
Mexico Total														
Total Entering	2,769,987	3,214,497	3,579,739	3,761,884	3,735,202	3,656,483	3,721,066	4,371,873	4,897,675	4,140,743	4,067,264	3,785,037	4,738,242	4,683,204
Residents Abroad														
Mexicans	271,340	308,045	337,571	344,653	372,232	397,893	430,305	456,560	515,303	527,699	584,352	529,798	497,900	513,319
Foreigners	2,238,593	2,604,189	2,901,183	3,006,800	2,844,431	2,691,656	2,830,479	3,300,802	3,622,172	3,613,044	3,482,912	3,255,239	4,240,342	4,169,885
Total Departing	2,266,012	2,657,829	2,966,352	3,089,943	3,044,904	2,994,351	3,079,982	3,670,319	4,111,985	981,020	1,283,190	781,137	494,589	757,704

SOURCE: AE, 1972–81, various tables.

Table 1801

U.S. TOURISTS IN MEXICO, BY U.S. STATE OF DEPARTURE, 4 SC, 1932–73

State	1932	1933	1934	1935	1936	1937	1938	1939	1940	1942	1943
G. ARIZONA	2,620	2,391	3,755	3,636	4,019	5,192	5,448	6,120	5,787	5,541	7,680
H. CALIFORNIA	4,779	5,042	8,583	9,577	12,290	16,156	13,497	17,302	18,864	10,254	14,440
I. NEW MEXICO	516	424	730	759	1,056	1,269	1,351	1,467	1,531	1,073	2,072
J. TEXAS	28,070	30,225	40,964	40,601	45,226	56,890	48,902	66,721	47,361	51,950	79,640
U.S. Border Total	35,985	38,082	54,032	54,573	62,591	79,867	69,198	97,730	73,543	68,818	103,832
U.S. Total	45,462	48,442	73,756	85,055	107,228	144,955	119,616	147,666	139,626	99,752	132,573

State	1944	1945	1946	1947	1948	1949	1950	1951	1952	1953	1954
G. ARIZONA	6,768	8,182	10,674	14,717	19,908	23,324	31,487	31,930	30,201	28,008	30,602
H. CALIFORNIA	15,819	20,999	33,270	31,984	34,072	39,294	63,867	66,427	70,703	70,605	88,168
I. NEW MEXICO	2,286	2,059	3,066	2,904	3,944	6,083	8,039	8,657	9,249	8,453	9,338
J. TEXAS	66,290	86,017	116,896	103,440	106,456	132,249	150,911	143,225	164,493	161,966	183,542
U.S. Border Total	91,163	117,257	163,906	153,045	164,380	200,950	254,304	250,239	274,646	98,613	311,650
U.S. Total	125,369	165,988	267,005	253,758	265,853	316,252	391,126	412,815	442,568	424,070	495,969

State	1955	1956	1957	1958	1959	1960	1961	1962	1963	1964	1965
G. ARIZONA	28,389	34,583	36,747	41,565	49,226	50,727	57,842	77,473	100,177	118,708	134,340
H. CALIFORNIA	95,280	109,990	125,668	-26,831	140,963	151,332	170,967	221,108	263,205	301,813	319,112
I. NEW MEXICO	9,879	9,663	9,901	11,093	12,296	11,371	11,694	12,400	13,603	16,046	18,513
J. TEXAS	183,502	197,601	197,476	208,943	221,763	219,576	228,270	284,695	309,608	372,429	410,408
U.S. Border Total	317,050	351,837	369,792	388,432	424,248	433,006	468,773	595,676	686,593	808,996	882,373
U.S. Total	532,834	593,281	625,104	657,567	712,615	719,138	760,202	897,534	1,012,959	1,159,811	1,266,260

State	1966	1967	1968	1969	1970	1971	1972	1973
G. ARIZONA	132,442	152,874	178,874	193,594	220,890	243,538	255,158	249,539
H. CALIFORNIA	394,162	361,887	418,777	454,699	492,981	545,505	602,969	614,999
I. NEW MEXICO	17,674	22,046	23,835	27,021	30,941	32,545	33,865	42,242
J. TEXAS	413,271	459,307	508,244	568,606	592,480	648,536	740,091	740,505
U.S. Border Total	957,549	996,114	1,129,730	1,243,920	1,337,292	1,470,124	1,632,083	1,647,285
U.S. Total	1,414,453	1,451,321	1,665,978	1,346,686	1,980,873	2,209,804	2,535,060	2,758,113

SOURCE: AE, 1939–74, various tables.

Table 1802

MEXICO INCOMING TOURISTS, BY LAND, SELECTED BORDER CITIES, 1981–84

(T)

City	1981	1982	1983	1984
Ciudad Juárez	196	185	197	181
Mexicali	31	36	44	42
Nuevo Laredo	287	267	274	252
Piedras Negras	80	97	91	79
Tijuana	34	62	173	148
Mexico Total	1,703	1,595	1,771	1,649

SOURCE: AE, 1985, p. 317.

Table 1803

MEXICO PASSENGER ARRIVALS, DOMESTIC AND INTERNATIONAL COMMERCIAL FLIGHTS, SELECTED BORDER CITIES, 1980–84

(T)

City	1980	1981	1982	1983	1984
Domestic Flights					
Ciudad Juárez	87.5	101.2	98.6	109.3	123.6
Matamoros	46.1	56.7	54.3	61.4	63.5
Mexicali	92.2	93.7	75.6	83.6	83.5
Nuevo Laredo	66.0	79.9	70.3	71.9	76.0
Reynosa	49.7	54.6	51.1	62.2	64.8
Tijuana	331.7	375.8	428.6	639.4	683.9
Total	673.2	761.9	778.5	1,027.8	1,095.3
International Flights					
Ciudad Juárez	~	~	~	~	.1
Matamoros	~	~	~	#	~
Mexicali	.2	.1	~	.2	~
Nuevo Laredo	.1	.1	~	~	.2
Reynosa	~	.1	~	~	~
Tijuana	.2	.1	.4	1.7	3.3
Total	.5	.4	.4	1.9	3.6
Domestic Flights					
Mexico Total	10,167.9	11,030.9	10,583.3	11,360.1	11,609.9
International Flights					
Mexico Total	3,361.4	3,399.0	2,904.2	3,133.8	3,458.6

SOURCE: SECTUR, Subsecretaría de Planeación, Dirección General de Política y Programas Sectoriales, 1984, pp. 71–72.

Table 1804

MEXICO FLUCTUATIONS IN PASSENGER ARRIVALS, DOMESTIC AND INTERNATIONAL COMMERCIAL FLIGHTS, SELECTED BORDER CITIES, 1980–84

(PC)

City	1980–81	1981–82	1982–83	1983–84
Domestic Flights				
Ciudad Juárez	15.7	–2.6	10.9	13.1
Matamoros	23.0	–4.2	13.1	3.4
Mexicali	1.6	–19.3	10.6	–.1
Nuevo Laredo	21.1	–12.0	2.3	5.7
Reynosa	9.9	–6.4	21.7	4.2
Tijuana	13.3	14.1	49.2	7.0
Total	13.2	2.2	32.0	6.6
International Flights				
Ciudad Juárez	~	~	~	~
Matamoros	~	~	~	~
Mexicali	–50.0	~	~	~
Nuevo Laredo	0	~	~	~
Reynosa	~	~	~	~
Tijuana	–50.0	300.0	325.0	94.1
Total	–20.0	0	375.0	89.5
Domestic Flights				
Mexico Total	8.5	–4.1	7.3	2.2
International Flights				
Mexico Total	1.1	–14.6	7.9	10.4

SOURCE: SECTUR, Subsecretaría de Planeación, Dirección General de Política y Programas Sectoriales, 1984, pp. 71–72.

Table 1805

MEXICO BOARDING ESTABLISHMENTS AND ROOMS, 6 SC, 1978-81

(N)

State	1978	1979	1980	1981
A. BAJA CALIF.				
Establishments	434	444	446	449
Rooms	11,731	12,286	12,316	12,732
B. CHIHUAHUA				
Establishments	303	312	316	319
Rooms	8,314	8,695	8,777	8,979
C. COAHUILA				
Establishments	342	346	351	357
Rooms	4,461	4,705	4,758	5,156
D. NUEVO LEON				
Establishments	126	127	127	127
Rooms	4,792	4,936	4,936	4,937
E. SONORA				
Establishments	165	172	183	188
Rooms	5,119	5,409	5,804	5,957
F. TAMAULIPAS				
Establishments	359	364	375	379
Rooms	8,669	9,001	9,199	9,297
Mexico Total				
Establishments	7,320	7,624	7,838	8,028
Rooms	213,901	231,021	237,564	246,356

SOURCE: AE, 1981.

Table 1806

MEXICO AVAILABLE HOTEL ROOMS AND OCCUPANCY, SELECTED BORDER CITIES, 1975-83

City	1975	1976	1977	1978	1979	1980	1981	1982	1983
Matamoros									
Rooms (N)	~	~	~	~	~	1,087	1,087	1,119	1,151
Occupancy (%)	~	~	~	~	~	61.2	61.4	61.1	58.3
Nuevo Laredo									
Rooms (N)	~	~	~	~	~	1,414	1,437	1,473	1,549
Occupancy (%)	~	~	~	~	~	52.4	57.7	54.1	50.7
Reynosa									
Rooms (N)	~	~	~	~	~	1,440	1,471	1,431	1,468
Occupancy (%)	~	~	~	~	~	56.2	57.2	55.1	55.6
Tijuana									
Rooms (N)	3,797	4,240	4,240	4,307	4,320	4,498	4,503	4,490	~
Occupancy (%)	59.4	60.0	63.0	63.6	63.4	62.4	64.0	63.9	~

SOURCE: SECTUR, Subsecretaría de Planeación, Dirección General de Política y Programas Sectoriales, 1984, pp. 53, 57, 60, 64.

Table 1807

MEXICO HOTEL OCCUPANCY, SELECTED BORDER CITIES, 1975–83

(T)

City	1975	1976	1977	1978	1979	1980	1981	1982	1983
Matamoros									
Mexicans	~	~	~	~	~	176.2	180.3	187.6	182.5
Foreigners	~	~	~	~	~	10.2	10.5	10.5	10.9
Total	~	~	~	~	~	186.4	190.8	198.1	193.4
Nuevo Laredo									
Mexicans	~	~	~	~	~	202.4	232.8	220.7	202.9
Foreigners	~	~	~	~	~	51.0	52.3	46.6	50.3
Total	~	~	~	~	~	253.4	285.1	267.3	253.2
Reynosa									
Mexicans	~	~	~	~	~	255.8	266.3	259.6	268.2
Foreigners	~	~	~	~	~	21.8	25.5	22.0	23.9
Total	~	~	~	~	~	277.6	291.8	281.6	292.1
Tijuana									
Mexicans	643.8	724.3	760.6	779.2	794.9	784.6	810.6	813.9	~
Foreigners	179.5	204.3	214.4	189.2	191.5	218.2	239.4	239.3	~
Total	823.3	928.6	975.0	968.4	986.4	1,002.8	1,050.0	1,053.2	~

SOURCE: SECTUR, Subsecretaría de Planeación, Dirección General de Política y Programas Sectoriales, 1984, pp. 53, 57, 60, 64.

Table 1808

ARTICLES PURCHASED IN RETAIL ESTABLISHMENTS BY U.S. VISITORS TO MEXICAN BORDER ZONES, BY TYPE, 1983

Category	% of Visitors[a]
Foodstuffs	58
Alcohol	72
Apparel	46
Electronic Household Appliances	2
Furniture	8
Perfumes	14
Medicines	25
Articles of Personal Care	30
Gasoline	33
Auto Parts	12
Other	10

a. Multiple reply.

SOURCE: *Review of the Economic Situation of Mexico*, vol. 59, no. 695 (October 1983), p. 323.

Table 1809

ANNUAL INCOME OF U.S. VISITORS TO MEXICAN BORDER ZONES, 1983

Income (US)	% of Visitors
Up to 5,000	20
5,000–10,000	28
10,000–20,000	24
20,000–30,000	14
30,000–40,000	10
40,000–50,000	3
Over 50,000	1
Total	100

SOURCE: *Review of the Economic Situation of Mexico*, vol. 59, no. 695 (October 1983), p. 321.

Table 1810

MEXICO TOURISM AND BORDER TRANSACTIONS, REVENUE AND EXPENDITURE, 1970–84
(M US)

	1970	1971	1972	1973	1974	1975	1976	1977	1978	1979	1980[‡]	1981	1982	1983	1984
Revenue	1,465.1	1,637.1	1,875.3	2,250.5	2,491.8	2,724.8	3,102.1	2,942.4	3,484.7	4,362.5	5,330.7	6,529.7	3,682.0	3,251.4	3,282.4
Tourism	415.0	461.0	562.6	724.2	842.0	800.1	835.6	866.5	1,121.0	1,443.3	1,670.1	1,759.6	1,405.9	1,624.5	1,953.4
Border Transactions	1,050.1	1,176.1	1,312.7	1,526.3	1,649.8	1,924.7	2,266.5	2,075.9	2,363.7	2,919.2	3,660.6	4,770.1	2,276.1[a]	1,626.9[a]	1,329.0[a]
Expenditure	1,019.6	1,068.9	1,198.7	1,406.7	1,644.2	2,034.6	2,270.0	1,757.0	2,150.8	2,954.8	4,067.2	6,155.4	3,204.5	1,897.9	2,166.5
Tourism	191.4	201.0	259.7	303.0	391.6	445.8	423.1	396.0	519.0	713.6	1,010.8	1,571.1	787.7	441.3	646.3
Border Transactions	828.2	867.9	939.0	1,103.7	1,252.6	1,588.8	1,846.9	1,361.0	1,631.8	2,241.2	3,056.4	4,584.3	2,416.8[a]	1,456.8[a]	1,520.2[a]
Balance	445.5	568.2	676.6	843.8	847.6	690.2	832.1	1,185.4	1,333.9	1,407.7	1,263.5	374.3	477.5	1,353.5	1,115.9

a. Source for these years notes that, due to the use of a new methodology, the figures are not comparable with data for previous years.

SOURCE: BM-MSD, 1981, p. 32; AE, 1984, p. 526; 1985, p. 486.

Table 1811

MEXICO TOURISM IN CURRENT ACCOUNT REVENUE, EXPENDITURE, AND BALANCE, 1970-84[a]

Category	1970	1971	1972	1973	1974	1975	1976	1977	1978	1979	1980	1981	1982[b]	1983[b]	1984[b]
Current Account Revenue	3,255	3,532	4,280	5,406	6,801	6,700	7,737	8,189	9,879	12,499	15,498	17,505	13,297	13,489	12,823
Revenue (M US)															
Tourism	415	461	563	724	842	800	836	867	1,121	1,443	1,671	1,760	1,406	1,625	1,498
Border Transactions	1,050	1,176	1,313	1,526	1,650	1,925	2,267	2,076	2,364	2,919	3,722	4,770	2,276	1,627	955
International Transactions	40	50	61	61	76	80	91	106	131	159	221	228	221	298	244
Total	1,505	1,687	1,937	2,311	2,568	2,805	3,194	3,049	3,616	4,521	5,614	6,758	3,903	3,550	2,697
Share (%)															
Tourism	12.7	13.1	13.2	13.4	12.4	11.9	10.8	10.6	11.3	11.5	10.8	10.1	10.6	12.0	11.7
Border Transactions	32.3	33.3	30.7	28.2	24.3	28.7	29.3	25.4	23.9	23.4	24.0	27.2	17.1	12.1	7.4
International Transactions	1.2	1.4	1.4	1.1	1.1	1.2	1.2	1.3	1.3	1.3	1.4	1.3	1.7	2.2	1.9
Total	46.2	47.8	45.3	42.7	37.8	41.9	41.3	37.2	36.6	36.2	36.2	38.6	29.4	26.3	21.0
Current Account Expenditure	4,443	4,461	5,286	6,935	10,064	11,577	11,961	10,774	14,346	21,134	32,171	43,354	33,798	22,736	20,566
Expenditures															
Tourism	191	201	260	303	392	446	423	396	519	684	1,044	1,571	788	441	453
Border Transactions	828	868	939	1,104	1,253	1,589	1,847	1,361	1,632	2,246	3,130	4,584	2,417[a]	1,457[a]	997[a]
International Transactions	51	50	68	74	107	124	141	127	184	246	360	509	272	166	150
Total	1,070	1,119	1,267	1,481	1,752	2,159	2,411	1,884	2,335	3,176	4,534	6,664	3,477	2,064	1,600
Share (%)															
Tourism	4.3	4.4	4.9	4.4	3.9	3.8	3.5	3.7	3.6	3.2	3.3	3.6	2.3	1.9	2.2
Border Transactions	18.6	19.5	17.8	15.9	12.4	13.7	15.4	12.6	11.4	10.6	9.7	10.6	2.2	6.5	4.8
International Transactions	1.2	1.1	1.3	1.1	1.1	1.1	1.2	1.2	1.3	1.2	1.1	1.2	.8	.7	.7
Total	24.1	25.1	24.0	21.4	17.4	18.6	20.1	17.5	16.3	15.0	14.1	15.4	10.3	9.1	7.8
Current Account Balance	−1,188	−929	−1,006	−1,529	−3,263	−4,877	−4,224	−2,585	−4,467	−8,635	−16,673	−25,849	−20,501	−9,247	−7,743
Balance															
Tourism	224	260	303	421	450	354	413	471	602	759	627	189	618	1,184	1,045
Border Transactions	222	308	374	422	397	336	420	715	732	673	592	186	−141		−42
International Transactions	−11	0	−7	−13	−31	−44	−50	−21	−53	−87	−139	−281	−51	170	94
														132	
Share (%)															
Tourism	18.9	28.0	30.1	27.5	13.8	7.3	9.8	18.2	13.5	8.8	3.8	.7	3.0	12.8	13.5
Border Transactions	18.7	33.2	37.2	27.6	12.2	6.9	9.9	27.7	16.4	7.8	3.6	.7	−.7	1.8	−.5
International Transactions	.9	0	.7	−.9	−1.0	−.9	−1.2	−.8	−1.2	−1.0	−.8	1.1	−.2	1.4	1.2
Total	36.7	61.1	66.6	54.3	25.0	13.2	18.5	45.1	28.7	15.6	6.5	.4	2.1	16.1	14.2

a. Data for years 1974–84 do not include crude oil.
b. Source notes that, due to the use of a new methodology, figures for 1982–84 are not comparable with data for previous years.

SOURCE: SECTOR, Subsecretaría de Planeación, Dirección General de Política y Programas Sectoriales, 1984, p. 35.

Table 1812

U.S. RECEIPTS FROM FOREIGN TRAVEL, SELECTED NATIONS AND REGIONS, 1970-86

(M NC)

Area of Origin	1970	1975	1978	1979	1980	1981	1982	1983	1984	1985	1986[‡]
Total Receipts	2,331	4,697	7,183	8,441	10,588	12,913	12,393	11,408	11,353	11,675	12,913
Canada	859	1,561	2,248	2,092	2,501	2,672	2,624	3,168	3,092	3,049	3,185
Mexico	583	1,311	1,456	1,975	2,522	3,775	3,098	1,951	1,905	2,013	1,897
U.S. Border	520	972	951	1,266	1,614	2,547	2,308	1,457	1,519	1,595	1,513
Western Europe	318	611	1,323	1,667	2,192	2,549	2,476	2,157	2,229	2,263	2,924
Caribbean, Central America	170	206	322	375	423	469	525	684	604	633	702
South America	164	303	660	793	1,063	1,273	1,269	1,091	879	921	1,113
Japan	101	410	539	699	824	949	1,084	1,128	1,294	1,418	1,614
Other	136	295	635	840	1,063	1,226	1,317	1,229	1,350	1,378	1,478

SOURCE: SAUS, 1988, table 389.

Table 1813

MEXICO AUTHORIZED AND ACTUAL PUBLIC FEDERAL INVESTMENT IN TOURISM, 6 SC, 1971-84

(M NC)

State	1971	1972	1973	1974	1975	1976	1977	1978	1979	1980	1981	1982	1983	1984
A. BAJA CALIF.														
Authorized	.2	~	19.3	.1	95.1	33.0	~	433.0	17.1	592.4	47.1	~	224.0	328.4
Actual	~	~	11.2	.2	1.8	59.3	~	3.4	17.1	551.0	~	~	43.3	~
B. CHIHUAHUA														
Authorized	~	~	~	1.0	.2	~	~	.6	6.0	3.6	~	~	215.6	368.9
Actual	~	~	~	1.0	~	~	~	1.3	1.6	3.6	~	~	194.7	~
C. COAHUILA														
Authorized	~	~	.5	~	~	~	~	~	~	~	~	~	245.0	320.6
Actual	~	~	.9	~	~	~	~	~	~	~	~	~	27.3	~
D. NUEVO LEON														
Authorized	~	~	5.0	1.4	~	~	~	~	~	~	~	~	102.0	133.6
Actual	~	~	.9	1.1	~	~	~	~	~	~	~	~	65.9	~
E. SONORA														
Authorized	~	~	~	~	~	.1	~	~	4.9	~	~	~	231.0	302.8
Actual	~	~	~	~	~	~	~	2.9	4.9	~	~	~	110.6	~
F. TAMAULIPAS														
Authorized	~	~	~	~	~	.5	~	~	~	~	~	~	537.0	161.4
Actual	~	~	~	~	~	~	~	~	~	~	~	~	322.2	~
Mexico Total														
Authorized	47.8	259.1	665.7	862.8	1,596.5	1,169.3	1,475.5	1,025.8	2,027.4	2,989.0	6,785.6	9,086.7	17,552.1	28,068.8
Actual	55.9	140.1	221.0	393.8	1,029.9	1,372.0	941.6	796.4	1,701.8	3,012.5	3,694.9	9,086.7	16,797.4	~

SOURCE: AE, 1984, pp. 326-328.

Table 1814
PROJECTS FINANCED BY FONATUR,[1] 6 SC, 1973–84

	State	1973–1976	1977	1978	1979	1980	1981	1982	1983	1984
A.	BAJA CALIF.									
	Approved Budget[2]	93.6	9.5	108.5	37.2	428.5	353.7	276.1	77.9	5,091.7
	Investment Generated[2]	204.7	14.3	197.8	55.5	693.2	359.2	493.6	179.0	4,017.1
	New Units[3]	568	48	386	114	1,570	591	136	40	782
	Remodeled Units[3]	~	~	~	15	443	200	~	~	74
	Jobs Created[3]	420	17	234	68	886	264	120	152	625
	Number of Projects[3]	9	1	3	4	7	6	4	3	11
B.	CHIHUAHUA									
	Approved Budget	14.6	5.3	6.2	17.1	143.9	497.1	259.0	707.8	~
	Investment Generated	45.0	9.9	10.4	35.5	262.7	954.9	449.0	19.6	~
	New Units	239	53	52	131	313	632	187	19	~
	Remodeled Units	~	~	~	~	9	36	38	29	~
	Jobs Created	111	22	18	42	503	606	99	8	~
	Number of Projects	10	2	3	5	6	10	6	6	~
C.	COAHUILA									
	Approved Budget	38.9	1.8	17.0	17.7	101.0	242.0	296.5	35.8	1.3
	Investment Generated	146.9	7.7	28.7	52.8	211.7	392.5	659.9	4.6	281.8
	New Units	478	35	98	142	335	321	398	~	112
	Remodeled Units	~	~	~	~	88	57	~	~	~
	Jobs Created	250	8	35	55	230	212	351	~	43
	Number of Projects	16	2	4	4	2	6	5	2	3
D.	NUEVO LEON									
	Approved Budget	40.6	19.9	4.2	11.7	278.7	50.9	126.6	706.5	615.0
	Investment Generated	169.2	27.0	7.6	28.7	682.5	117.5	272.5	1,572.5	615.0
	New Units	240	12	80	89	864	144	149	34	~
	Remodeled Units	~	~	~	29	268	52	~	~	262
	Jobs Created	400	~	19	32	516	126	129	197	~
	Number of Projects	5	2	4	5	6	2	4	7	2
E.	SONORA									
	Approved Budget	83.5	14.6	4.1	36.0	153.8	264.9	281.3	6.2	4,189.0
	Investment Generated	229.1	17.9	7.0	51.8	311.7	424.9	609.8	11.9	5,346.4
	New Units	577	50	18	168	494	250	172	18	1,123
	Remodeled Units	~	~	~	~	17	297	~	~	144
	Jobs Created	361	26	13	60	388	192	120	9	458
	Number of Projects	19	3	2	4	5	10	4	2	12
F.	TAMAULIPAS									
	Approved Budget	10.9	2.0	19.0	82.4	94.3	25.3	113.5	168.8	8.9
	Investment Generated	86.5	6.4	60.0	130.0	129.3	73.1	240.9	410.5	10.5
	New Units	339	21	203	299	223	87	204	137	~
	Remodeled Units	~	~	22	165	~	150	51	40	42
	Jobs Created	159	9	65	173	91	74	76	94	12
	Number of Projects	10	1	6	10	10	10	5	6	1
	Mexico Total									
	Approved Budget	3,585.5	1,309.4	3,085.1	3,382.2	6,683.9	11,197.7	8,351.8	6,703.9	30,595.9
	Investment Generated	8,147.1	1,838.9	5,956.4	6,192.7	13,158.0	21,887.4	15,542.4	10,403.9	61,218.0
	New Units	20,631	2,183	8,347	9,753	13,506	15,244	4,745	868	5,996
	Remodeled Units	~	~	1,179	1,336	1,521	2,092	2,001	356	3,196
	Jobs Created	15,595	1,773	6,235	6,826	10,055	12,320	3,845	929	4,958
	Number of Projects	427	58	135	188	185	196	127	65	110

1. FONATUR is Fondo Nacional del Turismo.
2. M NC throughout.
3. N throughout.

SOURCE: AE, 1984, pp. 321–325.

19

State Income and Expenditure, and Banking

FEDERAL CONTRIBUTION TO U.S. BORDER STATE REVENUE, 1930–1983/84

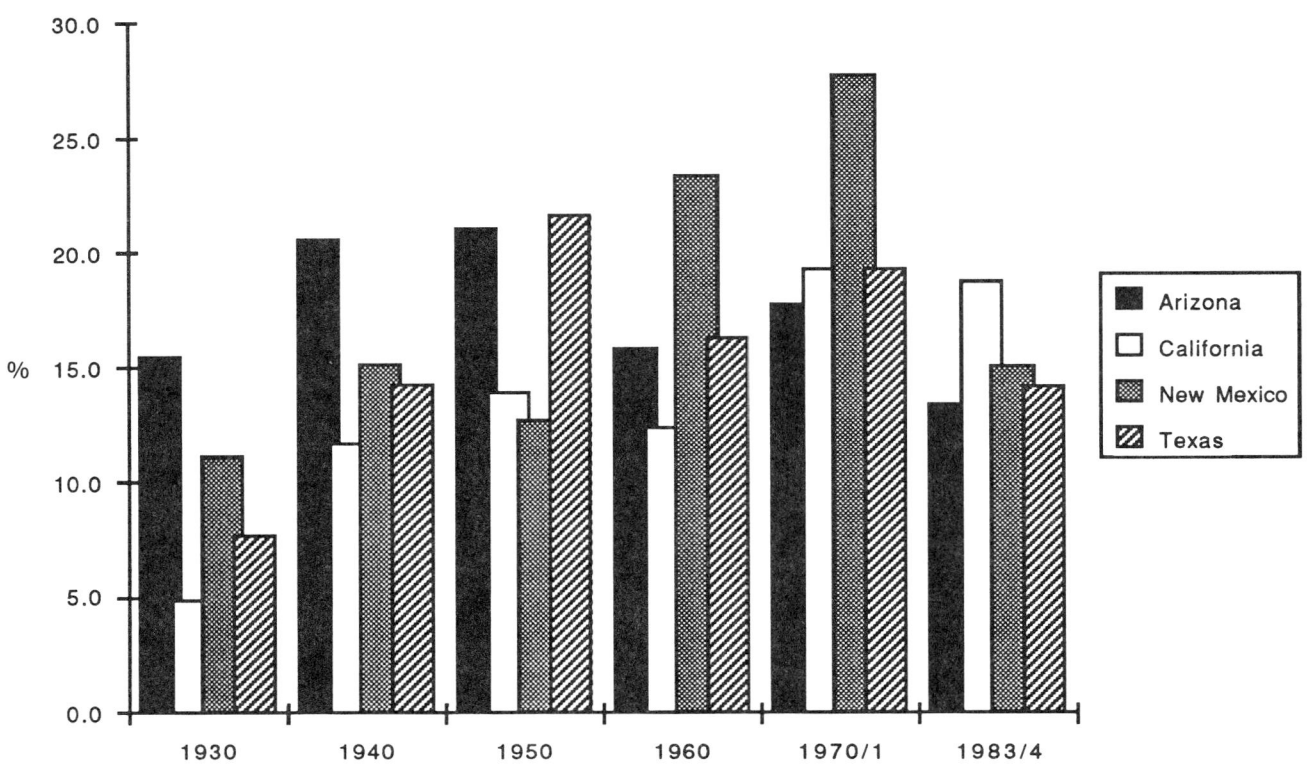

SOURCE: Table 1903, Part II.

Table 1900

MEXICO GROSS STATE REVENUE, 6 SC, 1979, 1984

(T NC)

	State	1979	Unadjusted Gross State Revenue, 1984
A.	BAJA CALIF.	7,392,203	62,683,858
B.	CHIHUAHUA	2,361,326	26,347,117
C.	COAHUILA	2,574,888	26,945,328
D.	NUEVO LEON	11,821,982	168,390,792
E.	SONORA	2,912,012	41,058,947
F.	TAMAULIPAS	2,887,603	37,832,736
	Mexico Total	196,456,510	1,746,711,699

SOURCE: AE, 1980, 1986.

Table 1901

MEXICO STATE REVENUE, BY SOURCE, 6 SC, 1950–83
(NC)

PART I. 1950–70

Year	State	Total	Taxes	Participaciones[1]	Permissions	Products	Unscheduled Income	Public Debt	Result of Operations	Disponi- bilidades
1950	A. BAJA CALIF.	~	~	~	~	~	~	~	~	~
	B. CHIHUAHUA	11,710	~	~	~	~	~	~	~	~
	C. COAHUILA	10,460	~	~	~	~	~	~	~	~
	D. NUEVO LEON	6,062	~	~	~	~	~	~	~	~
	E. SONORA	8,572	~	~	~	~	~	~	~	~
	F. TAMAULIPAS	9,682	~	~	~	~	~	~	~	~
	Mexico Total	153,505	~	~	~	~	~	~	~	~
1960	A. BAJA CALIF.	131,429	80,011	18,965	89	12,537	9,795	~	10,032	~
	B. CHIHUAHUA	415,085	128,390	13,227	39,181	25,900	163,308	8,558	36,521	~
	C. COAHUILA	68,254	34,157	6,029	111	13,428	12,959	~	1,570	~
	D. NUEVO LEON	96,086	82,160	8,150	211	522.7	~	~	338	~
	E. SONORA	155,938	89,891	10,908	22,070	23,115	5,673	~	4,281	~
	F. TAMAULIPAS	78,897	63,789	5,557	228	9,323	~	~	~	~
	Mexico Total	7,187,671	2,355,787	222,849	240,153	377,462	348,658	1,062,510	2,555,414	24,838
1970	A. BAJA CALIF.	337,398	150,555	35,572	15,068	43,296	~	~	68,746	24,161
	B. CHIHUAHUA	376,621	244,153	54,692	1,744	65,064	~	642	10,326	~
	C. COAHUILA	138,371	87,021	23,468	106	21,200	4,863	~	1,612	101
	D. NUEVO LEON	786,639	395,323	41,877	3,321	121,659	92,303	47,563	84,593	~
	E. SONORA	505,541	237,826	25,083	15,542	56,681	28	29,417	103,066	37,898
	F. TAMAULIPAS	271,847	133,581	29,007	2	55,731	21,416	32,080	~	~
	Mexico Total	17,540,684	6,660,848	916,329	451,094	2,000,880	1,500,680	3,677,398	2,171,875	161,580

PART II. 1981–83

Year	State	Total	Taxes	Participaciones[1]	Permissions	Products	Unscheduled Income	Public Debt	Result of Operations	Disponi- bilidades	Cuentas de Orden
1981	A. BAJA CALIF.	19,207,322	416,545	4,604,678	268,783	47,922	4,196,145	2,957,407	6,346,901	368,941	~
	B. CHIHUAHUA	5,785,090	609,019	4,093,143	252,965	66,396	576,204	~	~	187,363	~
	C. COAHUILA	5,246,495	166,241	3,297,472	78,166	529	1,312,236	~	~	188,986	202,865
	D. NUEVO LEON	34,467,600	1,439,060	9,612,707	276,551	69,299	1,173,473	~	17,101,454	4,795,056	~
	E. SONORA	7,898,703	400,233	5,552,810	162,150	55,420	83,731	534,290	405,597	29,194	675,279
	F. TAMAULIPAS	7,213,852	474,504	4,535,821	203,244	1,079	1,999,204	~	~	~	~
	Mexico Total	450,188,781	24,888,561	159,582,548	7,184,812	5,673,515	26,948,737	76,392,647	35,060,354	33,410,776	81,046,831
1982	A. BAJA CALIF.	25,857,093	562,465	6,147,815	308,012	115,480	4,893,139	6,211,442	7,500,999	117,741	~
	B. CHIHUAHUA	8,147,369	893,553	5,920,392	429,090	71,746	320,237	~	~	249,997	262,354
	C. COAHUILA	7,561,567	227,980	5,556,794	210,763	273	1,565,757	~	~	~	~
	D. NUEVO LEON	50,622,278	2,353,900	14,020,749	514,024	363,973	2,120,995	4,573,787	3,991,423	22,683,427	~
	E. SONORA	10,305,051	1,008,757	7,359,313	249,099	128,366	698,505	282,661	119,064	~	459,286
	F. TAMAULIPAS	10,356,742	832,680	7,306,050	520,675	785	1,245,950	~	14,610	435,992	~
	Mexico Total	589,573,994	47,688,068	223,226,023	15,342,155	20,945,315	48,251,182	150,703,921	15,746,539	29,115,508	38,555,283
1983	A. BAJA CALIF.	43,613,756	15,668,863	14,688,520	497,184	306,298	5,344,175	6,063,495	15,711,663	22,078	~
	B. CHIHUAHUA	16,571,419	15,519,109	14,131,140	355,166	165,244	239,740	~	~	292,160	~
	C. COAHUILA	15,274,297	12,692,107	12,300,449	135,445	849,514	1,140,912	~	456,319	~	~
	D. NUEVO LEON	101,336,827	27,270,026	24,385,546	534,172	2,240,021	4,521,888	5,347,821	60,773,811	201,018	448,070
	E. SONORA	22,167,116	18,338,731	17,268,361	334,798	1,365,232	347,625	715,024	581,059	237,145	247,502
	F. TAMAULIPAS	21,570,000	13,759,975	12,710,470	285,563	19	1,996,810	2,928,251	1,812,382	787,000	~
	Mexico Total	956,971,349	546,784,216	500,932,427	12,837,499	44,015,427	72,412,679	95,181,918	165,945,204	13,827,396	5,967,010

1. Some terms appear in Spanish because there is no exact English equivalent.

SOURCE: AE, 1953, 1960–61, 1970–71, 1985.

Table 1902
MEXICO STATE EXPENDITURE, BY CATEGORY, 6 SC, 1950–88

PART I. 1950–83
(NC)

Year		State	Total	Administrative Expenses	Public Works	Transfers	Public Debt	Result of Operations	Accounts of Compensated Movements
1950	A.	BAJA CALIF.	27,065	~	~	~	~	~	~
	B.	CHIHUAHUA	29,154	~	~	~	~	~	~
	C.	COAHUILA	34,811	~	~	~	~	~	~
	D.	NUEVO LEON	26,759	~	~	~	~	~	~
	E.	SONORA	41,364	~	~	~	~	~	~
	F.	TAMAULIPAS	23,633	~	~	~	~	~	~
		Mexico Total	856,520	~	~	~	~	~	~
1960	A.	BAJA CALIF.	131,429	99,849	23,616	6,982	~	982	~
	B.	CHIHUAHUA	415,085	152,227	11,621	18,741	193,787	38,709	~
	C.	COAHUILA	68,254	37,916	9,124	1,718	18,753	743	~
	D.	NUEVO LEON	96,086	72,485	14,267	6,228	929	2,177	~
	E.	SONORA	155,938	106,939	~	38,839	9,740	420	~
	F.	TAMAULIPAS	78,897	46,689	24,971	228	~	7,009	~
		Mexico Total	7,187,671	2,072,310	827,010	1,187,818	373,465	2,719,349	7,719
1970	A.	BAJA CALIF.	337,398	223,233	39,742	11,556	1,484	~	61,383
	B.	CHIHUAHUA	376,621	252,065	67,065	39,808	14,172	3,511	~
	C.	COAHUILA	138,371	92,920	36,383	6,260	~	2,808	~
	D.	NUEVO LEON	786,639	416,543	109,101	56,895	107,962	96,138	~
	E.	SONORA	505,541	303,506	~	54,820	~	109,322	37,893
	F.	TAMAULIPAS	271,847	153,047	46,269	48,241	18,295	5,995	~
		Mexico Total	17,540,684	5,706,447	2,502,675	4,844,833	2,247,961	2,131,628	107,140
1981	A.	BAJA CALIF.	19,207,322	5,742,632	1,190,796	4,236,614	278,498	117,741	7,641,041
	B.	CHIHUAHUA	5,785,090	3,330,117	663,072	1,003,225	10,877	777,799	~
	C.	COAHUILA	5,246,495	2,985,144	~	1,692,327	455,331	113,693	~
	D.	NUEVO LEON	34,467,600	9,637,749	3,311,682	17,010,603	~	4,507,566	~
	E.	SONORA	7,898,702	5,657,296	1,597,494	~	~	~	643,912
	F.	TAMAULIPAS	7,213,852	2,116,558	3,031,242	1,858,128	140,040	~	67,884
		Mexico Total	450,188,781	144,589,898	79,577,303	60,388,459	36,713,425	33,318,844	95,600,852
1982	A.	BAJA CALIF.	25,857,093	7,600,800	~	7,980,395	3,771,008	22,076	6,482,814
	B.	CHIHUAHUA	8,147,369	5,000,695	1,308,893	1,540,565	5,056	292,160	~
	C.	COAHUILA	7,561,567	4,711,686	~	2,068,624	~	781,257	~
	D.	NUEVO LEON	50,622,278	15,411,990	4,573,378	30,131,912	~	504,998	~
	E.	SONORA	10,305,051	9,390,456	~	~	35,976	237,145	641,474
	F.	TAMAULIPAS	10,356,742	3,410,196	4,058,661	2,629,764	140,040	118,081	~
		Mexico Total	589,573,994	264,499,903	76,107,353	92,710,660	103,026,610	9,457,365	43,772,103
1983	A.	BAJA CALIF.	43,613,756	11,625,280	2,947,879	20,975,241	7,654,551	410,805	~
	B.	CHIHUAHUA	16,571,419	7,179,057	3,690,561	3,428,245	8,695	2,264,861	~
	C.	COAHUILA	15,274,297	5,451,577	2,685,892	4,695,671	49,967	2,391,190	~
	D.	NUEVO LEON	101,336,827	21,788,045	9,212,846	63,081,324	~	6,888,223	366,389
	E.	SONORA	22,167,116	13,981,552	2,232,683	4,246,602	103,556	1,602,723	~
	F.	TAMAULIPAS	21,570,000	5,315,188	11,840,225	3,512,403	578,064	324,120	~
		Mexico Total	956,971,349	394,747,549	⁻44,807,711	259,045,712	66,189,629	85,926,520	6,254,228

SOURCE: AE, 1953, 1960–61, 1970, 1985.

PART II. 1988
(M NC)

	State	Total	Rural Development	Fishing	Education	Health-Care	Regional Development	Urban Development	Communications	Commerce	Tourism	Industry	Energy	Administration
A.	BAJA CALIF.	400,817.1	31,572.1	26.1	19,055.7	19,623.5	17,513.6	9,918.1	84,559.9	2,721.4	871.3	791.5	213,412.3	751.6
B.	CHIHUAHUA	361,161.4	33,379.5	251.9	16,640.1	23,094.3	13,670.3	10,464.1	110,552.0	4,132.7	~	22,790.6	123,869.8	2,316.1
C.	COAHUILA	381,300.2	13,074.2	136.8	12,098.4	27,207.9	12,602.9	4,889.3	76,612.1	2,103.9	~	130,420.2	102,067.2	87.3
D.	NUEVO LEON	349,679.8	16,717.4	27.1	17,019.3	37,981.8	21,780.5	2,948.5	130,403.4	6,648.3	~	219.0	113,552.9	2,381.6
E.	SONORA	658,833.6	47,371.7	1,762.9	15,507.8	37,947.8	37,632.3	4,227.7	87,315.9	3,279.0	~	8,927.4	414,774.3	86.8
F.	TAMAULIPAS	487,261.6	48,708.4	100.7	23,804.5	30,411.7	13,736.3	10,999.4	182,235.4	22,728.6	~	4,228.4	146,336.5	3,971.7
	Mexico Total	19,072,659.8	1,146,891.5	17,504.7	654,519.2	1,109,924.3	2,797,932.0	601,427.6	3,494,992.9	163,881.9	120,366.6	1,499,542.2	6,994,685.3	470,991.6

SOURCE: IP-AE, 1989.

Table 1903

U.S. STATE AND LOCAL GOVERNMENT REVENUE AND EXPENDITURE, 4 SC

PART I. 1950–85

(M US)

Year		State	General Revenue				General Expenditure							Total Capital Outlay
			Total Revenue	Federal Government	Total Taxes	Current Charges	Total	Education	Highways	Public Welfare	Health Hospitals	Natural Resources	All Other	
1950[a]	G.	ARIZONA	71	15[b]	51	4	76	6	3	13	~	~	~	16
	H.	CALIFORNIA	1,211	182[b]	935	94	1,368	83	25	203	~	~	~	206
	I.	NEW MEXICO	76	15[b]	55	5	80	7	4	10	~	~	~	16
	J.	TEXAS	485	114[b]	344	28	478	40	25	103	~	~	~	92
		U.S. Total	11,863	2,030[b]	8,940	893	13,183	829	567	1,578	~	~	~	2,112
1960	G.	ARIZONA	255	60	165	26	240	83	62	25	7	8	55[c]	~
	H.	CALIFORNIA	3,047	665	2,124	237	3,051	1,243	555	435	172	160	485[c]	~
	I.	NEW MEXICO	225	58	123	43	211	97	52	26	6	8	23[c]	~
	J.	TEXAS	1,312	363	793	151	1,225	487	395	177	63	22	81[c]	~
		U.S. Total	27,363	6,382	18,036	2,583	277,228	8,857	7,316	3,704	2,073	862	4,416[c]	~
1970	G.	ARIZONA	763	188	474	98	734	375	135	49	21	18	135	~
	H.	CALIFORNIA	9,543	3,017	5,498	763	9,508	2,840	1,342	2,589	431	437	1,868	~
	I.	NEW MEXICO	564	178	273	110	523	267	100	62	19	15	61	~
	J.	TEXAS	3,394	927	1,975	476	3,193	1,515	653	520	189	70	247	~
		U.S. Total	77,755	19,252	47,962	9,545	77,642	30,865	13,483	13,206	5,355	2,223	12,511	~
1980	G.	ARIZONA	2,566	541	1,684	324	2,447	1,182	337	150	156	35	~	~
	H.	CALIFORNIA	29,603	7,079	19,367	2,979	29,427	12,086	1,551	7,572	1,706	603	~	~
	I.	NEW MEXICO	1,984	422	926	620	1,663	753	206	162	136	41	~	~
	J.	TEXAS	11,927	2,898	6,759	2,251	10,815	5,518	1,688	1,455	823	174	~	~
		U.S. Total	233,592	61,892	137,075	32,190	228,223	87,939	25,044	44,220	17,855	4,346	~	~
1985	G.	ARIZONA	7,324	939	4,386	851	7,345	2,779	774	576	346	~	2,870	1,835
	H.	CALIFORNIA	73,542	13,526	43,365	9,170	68,429	22,271	3,271	9,938	6,004	~	26,945	7,831
	I.	NEW MEXICO	4,168	687	1,810	395	3,678	1,445	407	260	291	~	1,275	691
	J.	TEXAS	35,579	4,889	20,741	4,636	32,803	14,107	2,652	2,226	3,088	~	10,729	6,358
		U.S. Total	597,640	106,158	349,793	74,415	552,119	192,686	45,022	69,577	49,678	~	195,157	79,901

a. Expenditure of state governments only.
b. Aid received from other governments.
c. Includes expenditure on correction, general control, employment security administration, and other.

SOURCE: SAUS, 1952, table 420; 1962, table 556; 1972, table 666; 1982–83, table 441.

PART II. General Revenue and Federal Share of General Revenue per Capita, 4 SC, 1915–84

(US of 1958 per Capita)

	G. ARIZONA		H. CALIFORNIA		I. NEW MEXICO		J. TEXAS		U.S. TOTAL	
Year	Total	Federal	Total	Federal	Total	Federal	Total	Federal	Total	Federal
1915	.27	.01	.26	#	.20	.01	.14	#	.14	#
1930	64.40	9.63	40.99	1.71	44.62	4.56	38.96	2.45	36.93	1.98
1940	126.20	25.97	137.33	15.68	118.91	18.22	69.87	9.47	91.97	11.42
1950	127.89	27.25	151.27	21.39	141.61	27.61	83.25	18.44	108.70	16.73
1960	302.41	48.10	365.19	44.76	334.30	77.77	239.48	39.10	272.68	37.66
1970–71	541.67	96.11	688.91	133.14	585.13	162.43	425.22	81.91	527.27	95.12
1983–84	707.97	95.11	821.28	153.53	998.28	150.26	651.20	92.40	716.49	128.10

SOURCE: Calculated from HSUS, SAUS, CP and U.S. Department of Commerce, Bureau of Census, *Financial Statistics of States 1915* (Washington, D.C.: Govt. Printing Office, 1916); U.S. Department of Commerce, Bureau of Census, *Financial Statistics of States 1921* (Washington, D.C.: Govt. Printing Office, 1922); U.S. Department of Commerce, Bureau of Census, *Financial Statistics of States 1940* (Washington, D.C.: Govt. Printing Office, 1943); U.S. Department of Commerce, Bureau of Census, *Compendium of State Government Finances in 1950: States Finances: 1950* (Washington, D.C.: Govt. Printing Office, 1951); U.S. Department of Commerce, Bureau of Census, *State Government Finances in 1987* (Washington, D.C.: Govt. Printing Office, 1988).

Table 1904
MEXICO GROSS MUNICIPAL INCOME, 6 SC, 1979–86
(M NC)

	State	1979	1980	1981	1982	1983	1984	1985	1986
A.	BAJA CALIF.	1,108	1,332	2,112	3,379	5,107	11,475	17,033	27,458
B.	CHIHUAHUA	635	1,054	1,497	2,395	4,296	8,854	15,077	24,305
C.	COAHUILA	942	1,499	2,128	3,404	5,347	10,727	17,291	27,874
D.	NUEVO LEON	2,048	2,338	3,598	5,757	11,004	20,576	29,532	47,607
E.	SONORA	791	1,131	1,671	2,674	5,120	11,062	16,685	26,897
F.	TAMAULIPAS	577	1,121	1,617	2,587	4,562	6,419	14,229	22,938
	Mexico Total	18,125	27,531	41,409	66,254	120,710	262,602	423,325	682,417

SOURCE: *El Financiero*, July 19, 1988.

Table 1905

U.S. MUNICIPAL FINANCES, SELECTED CITIES, FY 1984

(M US)

	Revenue									Expenditure								
		General Revenue									General Expenditure							
			Intergovernmental Revenue		Taxes													
City[2]	Total[1]	Total[1]	From State and Local Governments	From Federal Government	Total	Property	Sales and Gross Receipts	Utility Revenue	Gross Debt Outstanding	Total[1]	Total[1]	Education	Highways	Public Welfare	Health and Hospitals	Police Protection	Fire Protection	Housing and Community Development	Utility Expenditure
Los Angeles, CA	3,830	2,118	163.8	236.8	1,045.2	359.3	488.2	1,335.0	3,372	3,406	1,868	4.7	79.0	0	4.6	364.4	151.1	93.9	1,174
San Diego, CA	601	493	73.0	57.0	184.5	63.3	105.1	70.4	818	520	392	0	30.0	#	3.9	72.2	31.7	25.2	102
Phoenix, AZ	691	605	159.9	81.2	171.0	56.7	102.2	62.0	1,003	722	574	4.4	84.3	.8	.3	88.9	40.9	24.3	141
San Antonio, TX	1,042	312	11.7	51.5	107.5	51.0	51.2	712.2	1,857	1,217	385	3.7	24.4	3.5	19.8	51.7	27.1	9.6	824
El Paso, TX	234	191	4.0	41.7	66.4	38.4	25.4	25.6	327	200	166	.8	15.1	.2	5.5	24.5	14.7	5.0	27
Tucson, AZ	284	233	60.3	25.5	85.4	11.1	69.0	42.5	522	303	233	0	28.3	2.0	0	28.6	18.1	16.7	67
Albuquerque, NM	345	311	72.9	39.7	74.7	34.1	37.2	34.0	774	334	293	0	21.5	0	6.1	30.8	17.8	12.9	41

1. Includes categories not shown separately.
2. Cities ranked by population size, 1982.

SOURCE: SAUS, 1987, pp. 276–277.

Table 1906

U.S. FEDERAL AID TO STATE AND LOCAL GOVERNMENTS, 4 SC, FY 1985

(M NC)

	Federal Aid			EPA[2] Waste Treatment Facilities Construction	HHS[3]			HUD[5]		ETA[6] Employment/ Training	Department of		
State	Total	Per Capita (US)	OE[1] Compensatory Education		SSA[4]	Medicaid		Lower Income Housing Assistance	Community Development		Transportation, Highway Trust Fund	Treasury General Revenue Sharing	
G. ARIZONA	1,122	352	69	16	59	61		73	43	45	247	55	
H. CALIFORNIA	10,589	402	269	241	2,101	2,408		468	383	297	926	508	
I. NEW MEXICO	891	615	59	19	55	115		49	21	18	114	33	
J. TEXAS	4,477	273	192	138	210	912		288	195	129	587	243	
U.S. Total	100,828	422	4,134	2,868	11,521	22,597		6,480	3,685	2,677	11,619	4,584	

1. Office of Education.
2. Environmental Protection Agency.
3. Department of Health and Human Services.
4. Social Security Administration.
5. Department of Housing and Urban Development.
6. Employment and Training Administration.

SOURCE: SAUS, 1987, p. 256.

Table 1907

MEXICO CREDIT ALLOCATED TO THE BANKING ESTABLISHMENT, BY SECTOR OF ECONOMIC ACTIVITY, 6 SC, 1978–81

(M NC)

State	1978[a]	1979[b]	1980[c]	1981[d]
A. BAJA CALIF.				
Total Consolidated Credit	12,571	15,610	20,797	32,445
Primary Sector[2]	1,429	2,056	2,671	3,993
Industrial Sector[3]				
Total	5,242	6,060	7,295	8,445
Construction Only	3,638	3,765	3,910	3,404
Public Housing	250	410	585	1,424
Services Sector[4]	2,270	2,382	3,016	4,372
Commercial Sector	2,998	4,567	6,759	13,209
Government	382	135	470	1,002
B. CHIHUAHUA				
Total Consolidated Credit	12,679	17,016	25,890	37,329
Primary Sector[2]	2,646	3,893	5,361	7,800
Industrial Sector[3]				
Total	3,811	4,339	6,740	10,842
Construction Only	1,000	1,240	2,439	3,979
Public Housing	712	883	1,962	2,240
Services Sector[4]	1,511	2,636	2,950	5,230
Commercial Sector	3,459	4,744	8,240	10,925
Government	541	521	637	292
C. COAHUILA				
Total Consolidated Credit	16,557	21,839	32,238	30,918
Primary Sector[2]	9,518	12,712	15,538	5,749
Industrial Sector[3]				
Total	2,715	3,385	6,508	11,255
Construction Only	424	571	1,271	2,270
Public Housing	522	616	531	951
Services Sector[4]	1,096	1,524	2,854	4,061
Commercial Sector	2,382	3,186	5,987	8,851
Government	324	415	820	51
D. NUEVO LEON				
Total Consolidated Credit	39,966	45,843	77,362	107,360
Primary Sector[2]	2,038	2,625	3,568	4,878
Industrial Sector[3]				
Total	24,104	22,981	39,957	83,941
Construction Only	2,198	2,555	3,772	9,702
Public Housing	474	2,986	3,145	4,683
Services Sector[4]	7,657	9,689	15,786	19,433
Commercial Sector	5,063	6,584	14,013	23,204
Government	631	979	894	1,221
E. SONORA				
Total Consolidated Credit	21,582	29,060	41,463	43,428
Primary Sector[2]	13,401	17,460	23,002	15,373
Industrial Sector[3]				
Total	2,538	3,453	5,346	5,939
Construction Only	393	510	907	1,512
Public Housing	219	640	598	1,461
Services Sector[4]	1,131	1,609	3,960	7,324
Commercial Sector	4,011	5,587	7,919	12,964
Government	283	312	638	367

Table 1907 (Continued)

MEXICO CREDIT ALLOCATED TO THE BANKING ESTABLISHMENT, BY SECTOR OF ECONOMIC ACTIVITY, 6 SC, 1978–81

(M NC)

State	1978[a]	1979[b]	1980[c]	1981[d]
F. TAMAULIPAS				
Total Consolidated Credit	11,530	15,468	24,969	32,829
Primary Sector[2]	5,174	6,370	9,406	12,356
Industrial Sector[3]				
Total	1,117	1,930	2,955	4,789
Construction Only	474	666	1,339	2,277
Public Housing	171	226	252	1,293
Services Sector[4]	1,450	2,134	4,103	6,202
Commercial Sector	3,421	4,439	7,642	8,136
Government	197	369	612	53
Mexico Total				
Total Consolidated Credit	638,561	775,852	1,265,038	1,296,534
Primary Sector[2]	92,189	119,605	183,982	132,310
Industrial Sector[3]				
Total	253,355	280,185	453,099	514,697
Construction Only	48,365	53,774	69,991	89,068
Public Housing	25,558	30,300	35,800	37,788
Services Sector[4]	95,961	121,712	250,384	289,456
Commercial Sector	90,395	120,488	198,089	289,810
Government	81,104	103,562	143,683	32,473

1. Includes private, national, and mixed banking institutions (except Bank of Mexico, S.A.), credit unions, federal government trustee funds, savings deposit institutions, federal fiduciary departments. Also the data include national and foreign money.
2. Includes land and cattle farming, forestry, and fishing.
3. Includes engineering, transformation, mining, and construction.
4. Includes services, transportation, communications, cinematography, recreation, banking services, and other services of financial intermediaries.

a. January 1977–December 1978.
b. January 1979–September 1979.
c. January 1980–December 1980.
d. January 1981–March 1982.

SOURCE: Banco de México, *Indicadores Económicos*, tables 12 and 85, various issues; INEGI, *Cuaderno* no. 1 (February 1984), table 6.2

Table 1908

MEXICO BANK RESOURCES, BY PRINCIPAL INSTRUMENT, 6 SC, 1981–85

(M NC)

State	1981	1982	1983	1984	1985
A. BAJA CALIF.					
Offices	~	172	169	169	170
Total	55,566	92,200	135,317	208,055	126,441
Checking	10,098	14,745	20,051	27,616	28,987
Savings	6,257	8,769	12,496	15,985	16,306
Certificate of Deposit (1)[a]	2,904	4,957	2,978	3,419	2,790
Certificate of Deposit (2)[b]	36,297	60,370	99,442	161,036	78,357
B. CHIHUAHUA					
Offices	~	187	192	192	191
Total	35,479	60,021	98,367	183,877	101,962
Checking	9,459	14,263	18,455	35,046	33,809
Savings	4,346	5,268	6,518	10,283	9,862
Certificate of Deposit (1)[a]	2,489	3,634	2,547	3,487	2,035
Certificate of Deposit (2)[b]	19,185	34,281	70,848	128,940	56,253
C. COAHUILA					
Offices	~	154	156	157	154
Total	36,990	62,473	94,373	171,705	95,330
Checking	9,736	12,791	18,941	26,170	24,508
Savings	3,029	3,239	5,019	6,655	6,359
Certificate of Deposit (1)[a]	2,734	3,140	1,596	4,580	2,132
Certificate of Deposit (2)[b]	21,491	39,092	68,816	134,300	62,331
D. NUEVO LEON					
Offices	~	271	270	270	265
Total	99,672	161,533	250,662	530,546	278,637
Checking	22,817	29,621	43,849	64,723	68,146
Savings	4,295	3,988	5,996	7,770	7,834
Certificate of Deposit (1)[a]	9,223	11,160	5,119	4,884	4,848
Certificate of Deposit (2)[b]	63,294	104,523	191,086	450,136	197,809
E. SONORA					
Offices	~	178	174	174	177
Total	40,351	63,596	111,849	184,385	100,100
Checking	10,340	13,975	22,618	37,048	34,445
Savings	3,484	4,811	7,141	10,983	10,979
Certificate of Deposit (1)[a]	2,377	3,214	2,610	3,112	2,090
Certificate of Deposit (2)[b]	24,150	39,078	79,329	133,242	52,575
F. TAMAULIPAS					
Offices	~	223	227	227	222
Total	52,647	81,797	123,333	218,603	114,171
Checking	10,839	15,030	18,525	33,078	32,527
Savings	4,611	5,236	6,400	10,200	10,087
Certificate of Deposit (1)[a]	3,392	4,296	2,813	3,198	3,047
Certificate of Deposit (2)[b]	33,805	53,054	95,596	170,206	68,510
Mexico Total					
Offices	~	4,465	4,533	4,532	4,477
Total	1,642,772	2,389,779	4,993,257	8,317,172	3,481,752
Checking	354,746	463,865	693,813	1,094,145	1,080,606
Savings	97,913	119,446	168,416	267,127	263,710
Certificate of Deposit (1)[a]	133,237	202,411	126,700	153,411	116,657
Certificate of Deposit (2)[b]	873,607	1,502,712	2,763,042	5,183,694	2,020,718

a. Short-term deposits.
b. Long-term depostis.

SOURCE: AEE, 1985, table IV.9.1.

Table 1909

BAJA CALIFORNIA BANK RESOURCES, BY PRINCIPAL INSTRUMENT, 1978-80

(M NC)

Instrument	1978	1979	1980
Checking Accounts	1,903.5	2,831.8	2,887.6
Savings Accounts	1,901.0	2,094.1	2,512.9
Certificates of Deposit	3,249.0	6,946.9	8,336.2
Loans from Foreign Banks	70.8	0	38.6
Total	7,125.2	11,872.8	14,575.3

SOURCE: Ramón de Jesús Ramírez Acosta and Víctor Castillo Rodríguez, *La Frontera México-Estados Unidos, Estudios de las Economías de Baja California y California* (Tijuana: Universidad Autónoma de Baja California, n.d.), p. 33.

Table 1910

U.S. COMMERCIAL BANKS AND COMMERCIAL BANK DEPOSITS, 4 SC

(June 30, 1985)

Entity	Commercial Banks (N)	Deposits (M US)	PC June 30, 1981– June 30, 1985
United States	14,517	1,839,156	31.5
G. CALIFORNIA	470	184,382	29.6
San Diego (MSA)[1]	68	11,157	73.1
Imperial	8	719	66.8
H. ARIZONA	49	19,322	65.0
Yuma	7	443	45.7
Pima (MSA)	8	2,870	54.4
Santa Cruz	4	549	191.6
Cochise	5	367	31.1
I. NEW MEXICO	96	7,955	48.2
Hidalgo	1	24	40.9
Luna	2	92	25.0
Dona Ana (MSA)	6	446	55.6
J. TEXAS	1,912	147,836	58.4
El Paso (MSA)	28	2,886	70.4
Hudspeth	1	5	51.6
Culberson	1	12	20.8
Jeff Davis	1	6	18.2
Presidio	2	36	56.4
Brewster	1	42	16.8
Terrel	1	14	21.0
Val Verde	4	216	77.1
Kinney		11	58.2
Maverick	2	168	106.4
Dimmit	2	50	64.8
Webb (MSA)	6	1,682	95.5
Zapata	2	48	121.0
Starr	2	104	123.8
Hidalgo (MSA)	26	2,222	107.3
Cameron (MSA)	23	1,658	91.0
All Border Counties	209	25,827	74.8
All Border MSAs	165	22,921	75.2
All Texas MSAs	83	8,448	88.0

1. Metropolitan Statistical Area.

SOURCE: Jeffery T. Brannon, Wilke D. English, and Patricia Kriner, "Commercial Banking on the U.S.-Mexico Border," *Journal of Borderland Studies*, vol. 2, no. 1 (Spring 1987).

Table 1911

TEXAS TEN LARGEST BORDER BANKS
(December 31, 1985)

Bank	Deposits (T US)	State Rank	Deposit Loan Ratio
Laredo National Bank, Laredo	891,460	16	.605
MBank, El Paso	832,377	17	.728
McAllen State Bank, McAllen	756,157	18	.688
Texas Commerce Bank, El Paso	723,114	22	.535
MBank, Brownsville	535,100	32	.247
International Bank of Commerce, Laredo	501,318	36	.461
Texas Commerce Bank, McAllen	408,385	44	.358
Texas Commerce Bank, Brownsville	385,239	50	.374
1st City National Bank, El Paso	323,746	66	.905
United National Bank of Laredo	256,080	79	.490

SOURCE: Jeffery T. Brannon, Wilke D. English and Patricia Kriner, "Commercial Banking on the U.S.–Mexico Border," *Journal of Borderland Studies*, vol. 2, no. 1 (Spring 1987).

Table 1912

CALIFORNIA RESOURCES OF FOREIGN BANKS WITH SUBSIDIARIES IN THE STATE, BY COUNTRY, 1979–82
(M NC)

Country	1979	1980	1981	1982
United Kingdom	8,832.8	9,461.5	10,360.7	10,609.9
Japan	5,612.7	6,694.3	8,826.7	9,441.5
Canada	709.8	912.4	1,008.6	1,350.9
France	121.8	249.4	839.1	991.2
Mexico	73.9	104.2	131.7	460.2
Korea	88.4	83.4	99.6	159.8
Philipines	27.3	49.2	60.6	187.8
Total	15,472.9	18,054.8	21,327.4	23,199.6

SOURCE: Ramón de Jesús Ramírez Acosta and Víctor Castillo Rodríguez, *La Frontera México–Estados Unidos, Estudios de las Economías de Baja California y California* (Tijuana: Universidad Autónoma de Baja California, n.d.), p. 32.

Table 1913

U.S. INVESTMENT IN MEXICO, 6 S, 1902

(US)

Investment	A. BAJA CALIF.	B. CHIHUAHUA	C. COAHUILA	D. NUEVO LEON	E. SONORA	F. TAMAULIPAS
Mining	78.1	66.6	12.3	20.1	74.2	4.4
Railroads		18.8	85.8	2.2	11.9	2.3
Haciendas Ranches, Farms	8.3	5.7	1.0	3.9	10.0	52.4
Manufacturing	.2		.1	21.6	.2	4.5
Other	13.4	8.9	.8	52.2	3.7	36.3

SOURCE: *Commercial Relations of the United States with Foreign Countries: The Year 1902* (Washington, D.C.: Government Printing Office, 1903), pp. 501–503.

Table 1914

MEXICO CORPORATIONS, 6 SC, 1980, 1985

		Value (T NC)	
State	N (1985)	1980	1985
A. BAJA CALIF.	758	875,472	3,373,868
B. CHIHUAHUA	453	471,084	2,657,447
C. COAHUILA	425	857,679	3,841,416
D. NUEVO LEON	1,256	7,080,474	31,276,533
E. SONORA	455	681,660	1,688,730
F. TAMAULIPAS	62	92,285	296,586
Mexico Total	11,731	35,476,802	81,633,806

SOURCE: AE, 1986.

QUANTITATIVE ANALYSIS OF
THE BORDER REGION

20

The United States–Mexican Border Region: Security and Interdependence

Paul Ganster and Alan Sweedler

The United States and Mexico share a 2,000-mile border, stretching from the San Diego–Tijuana region on the Pacific Ocean to the Brownsville–Matamoros region on the Gulf of Mexico. For purposes of definition and analysis, the border zone includes 25 counties found in the states of California, Arizona, New Mexico, and Texas and 35 municipalities in the Mexican states of Baja California, Sonora, Chihuahua, Nuevo León, Coahuila, and Tamaulipas. Approximately 10 million people live and work in the border region.

The region is complex. On the one hand, it is where the asymmetries between the two countries are most apparent. On the other, it is the region in which increasing interdependence and integration between the two nations are most visible. This dynamic region is the product of historical circumstances and the evolving relationship between the United States and Mexico. A discussion of the region's history and contemporary features, highlighted by the use of statistics and time-series data, will serve to introduce the border region.

For the most part, the border is undefended by either country and there exist no significant natural barriers, such as high mountains or impassable rivers, along the length of the border. In this sense, the U.S.–Mexican border is unusual compared with other boundaries between sovereign states, with the notable exception of the border between the United States and Canada.

Because of the enormous difference in military capabilities and levels of economic development between the two countries, Mexico poses no direct military threat to the United States. Nevertheless, the political and economic conditions in Mexico do have a bearing on U.S. security. Major disruptions and instabilities in Mexico, a country with over 80 million people and a projected population of 100 million by the year 2000, would surely be felt in the United States, particularly in the four border states. With increasing transborder economic linkages and economic interdependence in recent years, even relatively minor occurrences on one side of the border can have important impacts on the other. Thus, decisions made in Mexico City regarding the value of the peso relative to the dollar can have positive effects on the U.S. side of the border in terms of increased Mexican retail purchases and export of capital to the United States or negative effects such as precipitous declines in retail purchases by Mexican shoppers. Economic declines in regions of Mexico can increase pressure for outmigration to the United States, the impact of which is strongly felt in the border region. Of course, economic cycles or economic policy decisions made in the United States can have significant reverberations on the Mexican side of the border.

An important aspect of the interdependence of the two "distant neighbors" is that of security. It could be said that the United States and Mexico form a "security community," in the sense noted by Karl Deutsch and applied by K. J. Holsti to the relations between the United States and Canada.[1] Deutsch and Holsti point out that a security community exists between two nations when policy makers, as well as the general publics of both countries, do not contemplate the possibility of mutual warfare and when no resources are allocated for building military capabilities directed at the other.

Such a situation clearly exists between the United States and Canada and, we believe, also between the United States and Mexico. The commonality of interests between Canada and the United States is more obvious than between Mexico and the United States because of the strong cultural, political, and economic ties as well as many shared values between the United States and Canada. A common language also helps to strengthen these bonds and makes the

AUTHORS' NOTE: An earlier version of this essay was titled *U.S.–Mexican Border Region: Implications for U.S. Security*, Essays on Strategy and Diplomacy, 12 (Claremont, Calif.: The Keck Center for International Strategic Studies, 1988). The text presented here is significantly expanded, revised, and updated.

[1] K. J. Holsti, *International Politics: A Framework for Analysis*, 4th ed. (Englewood Cliffs, N.J.: Prentice-Hall, 1983), 441.

practice of diplomacy and everyday dealings between Canada and the United States relatively smooth. Similar levels of economic development and standards of living also facilitate formal and informal interactions. In addition, Canada has long actively participated in the defense of the United States against air attack from the north by allowing early warning and interceptor bases to be located on Canadian soil. The Canadian government points out that it is in Canada's interest to participate in the North American Aerospace Defense Command (NORAD), as a U.S.–Soviet war would have grave consequences for Canada. As members of NATO, each country is pledged to come to the other's aid if attacked by a third party.

Although the history of relations between the United States and Mexico, as well as present circumstances, are significantly different than between Canada and the United States, there is a broad range of common interests and concerns that also unite Mexico and the United States into a form of interdependence and shared security. Many of these overlapping areas come into focus in the borderlands between the two countries.

Most often, discussions of border relations between the United States and Mexico have emphasized conflictual situations. These include the war between the two nations in the mid-nineteenth century, later heightened tensions over Indian and bandit raids across the border, and U.S. intervention during the Mexican Revolution that included Pershing's futile incursion into Mexico in pursuit of Pancho Villa after the latter's 1916 raid on Columbus, New Mexico. Recently, illegal immigration and drug trafficking have produced conflict at the border, both in the direct deleterious effects of such massive violation of laws and in the response of both governments to these phenomena. All of these highly visible and well-publicized events often mask the underlying long-term record of productive and cooperative interaction of the two countries, generally as well as specifically at the border.

Stability in Mexico as well as good bilateral relations eliminate the need for the United States to secure its long southern border by military means. This, in turn, frees up considerable resources, which the United States uses to meet its many other commitments around the world. The cost, in terms of personnel and resources, to militarily secure the U.S.–Mexican border would likely be prohibitive.

The violent upheavals in Mexico during the 1910 revolution, some of which spilled over into the United States, are an example of how conditions in Mexico directly affect lives and property in the U.S. border region. The courting of the Mexican government by the Germans (overtures which were rejected by Mexico) during World War I and World War II resulted in great concern in the United States about the security of its southern border. The famous Zimmerman telegram in 1917 revealed a German proposal that Mexico join in hostilities against the United States, thereby tying down American troops who otherwise would be available for the European front. In exchange, Mexico would recover territories lost to the United States in 1848. The telegram was intercepted and decoded by British intelligence and made public by Washington before Mexico had a chance to respond.[2] Mexico remained neutral in the conflict, more than occupied by internal revolution that broke out in 1910, lasted a decade, cost a million lives, and left the nation devastated.

The period prior to World War II also saw increasing anxiety in the United States with regard to its southern flank. In the late 1930s, the United States was concerned about Nazi activities both in central Mexico and on the border. The Mexican Gold Shirt Fascist organization was born at a conference of Nazis and Mexicans held in the border city of Mexicali. Both the Mexican left and the Mexican right adopted a pro-German position after the Russo-German nonaggression pact of 1939. Moreover, the United States was aware of intelligence and espionage aspects of Japanese fishing activities off the coasts of Lower California and in the Gulf of California.[3]

Mexico's president, Lázaro Cárdenas, played on the fears of an Axis connection to win more favorable terms for his country in the compensation of United States and British subjects for their holdings in the petroleum industry, nationalized by Mexico in 1938. After the United States entered the war in Europe and German submarines sank Mexican ships, Mexico declared war on the Axis in May 1942 and contributed significantly to the war effort of the Allies. On the Pacific front, Mexico broke relations with Japan on the day following Pearl Harbor and provided materiel and men for the war in Asia. In 1944, Air Squadron 201 was dispatched from Mexico to take part in offensive operations in the Philippines and later Formosa; eventually eight of the aviators were killed in action. Thus, although often at odds with the United States, Mexico has served as an important ally. Mexico's important contributions to the war effort included raw materials, laborers for the United States, a military expeditionary force, and domestic control of Axis agents and sympathizers. Few in

---

[2] For the Zimmermann note, see *Historia general de México* (México, D.F.: El Colegio de México, 1976), IV, 85–87; also Alan Riding, *Distant Neighbors: A Portrait of the Mexicans* (New York: Alfred A. Knopf, Inc., 1984), 47.

[3] See Carleton Beals, *The Coming Struggle for Latin America* (New York: Halcyon House, 1940), 40 and passim, for a discussion of German and Japanese activities in Mexico. Also, see Michael C. Meyer and William L. Sherman, *The Course of Mexican History* (New York: Oxford University Press, 1979), 630.

the United States are aware of the total Mexican contribution to the war effort.[4]

The basis of a security community between the United States and Mexico, however, goes beyond the physical aspects of security and involves the economic and political realms as well. Mexico's important role in World War II as a supplier of raw materials continued during the postwar period. The Cold War reinforced the concept of strategic reserves of various raw materials for national defense and security and Mexico naturally entered the picture as a reliable source of some of these materials. Generally good relations with Mexico and the ability to transport materials on land across the border assured that supplies from Mexico would be relatively secure. Most recently, the oil crisis of the 1970s and the continued unrest in the Middle East have caused many U.S. observers to view Mexican oil as a strategic material necessary both for defense and for the economic well-being of the country. Again, the ability to transfer petroleum across the secure border region enhances the attractiveness of Mexico as a supplier of this material.

Indeed, the import of Mexican oil is another area which bears on the security relationship of the two countries. Imports of oil from Mexico began increasing significantly in the later 1970s, reaching a peak of 826,000 barrels per day in 1983. At that time, Mexico was the largest exporter of oil to the United States and accounted for 16 percent of all U.S. oil imports. The increase of imports in 1983 enabled the United States to increase its strategic stockpile of oil and provided Mexico with needed cash at a critical time. Table 2000 shows Mexican sales to the United States Strategic Petroleum Reserve.

Although Mexican oil exports to the United States declined from a high of 826,000 barrels per day in 1983 to 747,000 barrels per day in 1988, they still accounted for 10 percent of U.S. oil imports. Mexico ranks fourth behind Saudi Arabia, Canada, and Venezuela as principal exporters of oil to the United States.[5] Total oil exports from the Arab OPEC countries accounted for 25 percent of U.S. oil imports in 1988 while imports from Canada, Venezuela, and Mexico supplied 34 percent of U.S. oil imports. Although the United States is not critically dependent upon imported oil from Mexico, a severe disruption would have a major impact on U.S. oil supplies. Likewise, a halt to U.S. purchases of Mexican oil would have a serious impact on the Mexican economy. The United States is a natural market for Mexican oil, considering the geographical proximity, and Mexico has proven to be a reliable and stable source.

While World War II served to heighten awareness in the United States over availability of strategic supplies, it also served to crystallize U.S. anxiety about agents of unfriendly powers operating in Mexico. Most recently, Soviet activity in Mexico has been cause for concern in the United States. Over the years, the Soviet Union has made sporadic efforts to establish a presence in a northern Mexican border city. In 1984, the Soviet Union opened the Mexican Institute of Friendship and Cultural Exchange in Mexicali, Baja California. Early in 1987, the Soviet ambassador to Mexico toured the Baja California region, reportedly with the hidden agenda of exploring the possibility of the port city of Ensenada as a site for a Soviet consulate.[6] At about the same time, the director of the Soviet Academy of Sciences Latin American Institute visited academic research centers in Baja California. The United States has vigorously protested Soviet attempts to establish consular activities in the border region, citing the location of military bases as well as defense and high technology industries. The United States government has been particularly concerned about the California–Baja California border region, considering Southern California a particularly sensitive object of Soviet military and industrial espionage activities. Thus far Mexico has respected the concerns of the United States, given the lack of a legitimate Soviet reason—such as large numbers

Table 2000

MEXICAN SALES TO THE STRATEGIC PETROLEUM RESERVE, 1977–87

Year	Total Yearly Deliveries (M Barrels)	Deliveries From Mexico (M Barrels)	Percent Deliveries from Mexico
1977	7.2	0	0
1978	60.1	15.9	26.5
1979	23.2	17.2	74.1
1980	16.6	0	0
1981	122.5	24.0	19.6
1982	63.5	26.9	42.4
1983	85.3	50.7	59.4
1984	71.4	18.4	25.8
1985	42.8	18.5	43.2
1986	18.8	17.6	93.6
1987	28.7	26.0	90.6

SOURCE: U.S. Department of Energy as cited in Henry P. Santiago, "U.S.-Mexican Energy Relations," in George W. Grayson, ed., *Prospects for Mexico*, U.S. Department of State Publication 9674 (Washington, D.C.: U.S. Department of State, Foreign Service Institute, Center for the Study of Foreign Affairs, 1988), 237.

---

[4] See Howard F. Cline, *The United States and Mexico*, rev. ed. (New York: Antheneum, 1963), 261–282, for a discussion of Mexico's role in World War II.

[5] *Annual Energy Review 1988* (Washington, D.C.: Energy Information Administration, 1989). Also see Henry P. Santiago, "U.S.-Mexican Energy Relations," in George W. Grayson, ed., *Prospects for Mexico*, Department of State Publication 9674 (Washington, D.C.: Department of State, Foreign Service Institute, Center for Study of Foreign Affairs, June 1988), 233–238.

[6] See Bernard R. Thompson, "The Bear at the Border," *The Orange County Register*, February 2, 1987, Opinion Section, where he discusses recent Russian interest in the Mexican border port of Ensenada.

of Soviet tourists and considerable Soviet business activity—for an official presence in the region. Despite the improvement of U.S.–Soviet relations in 1989 and 1990, elements in the U.S. security community still express concern about the porosity of the border with Mexico and the risk of industrial and high technology espionage.

In recent years, economic relations between the two neighbors have flourished. At the height of the oil boom in 1981, bilateral trade between the United States and Mexico amounted to $32 billion and provided 450,000 Americans with employment. Despite the severe economic conditions in Mexico during the past eight years, Mexico is still the third largest trading partner of the United States, with purchases of American products exceeding those of West Germany, France, South Korea, and Taiwan.

Economic conditions within Mexico have a significant effect on U.S. businesses located near the border, as demonstrated by peso devaluations in recent years. For over twenty years, from 1954 to 1976, the Mexican peso was stable, at an exchange rate of 12.5 to 1, with respect to the U.S. dollar. This was possible because of relative price stability in Mexico as well as a policy of slowly overvaluing the peso relative to the dollar. A stable and overvalued exchange rate allowed Mexican consumers to take advantage of lower prices and a better selection of goods available in U.S. border cities. This preference for U.S. products was helped by the relative isolation of the Mexican north from the country's center, where over 75 percent of Mexico's industrial production is located. As well, Mexican consumers perceived that consumer products available in the United States were of higher quality than Mexican-produced items. San Diego and other U.S. border cities developed important retail sales to Mexican customers. Calexico, for example, depended on Mexicali for over 70 percent of its trade.

From 1976 to 1977, the peso fell almost 50 percent relative to the dollar and from 1981 to October 1987 the peso collapsed, dropping from 24.5 : 1 to 1,550 : 1, a 6,228 percent decline in 68 months.[7] In December 1987, as part of an economic solidarity pact to control inflation and maintain the standard of living of wage earners, continuing devaluation of the peso at one peso per day was established so that by mid-1990 the peso was at about 2,750 per dollar.

Such dramatic changes in relative values of the peso and dollar have had significant, and sometimes contradictory, effects in the border communities. The dramatic reduction in the purchasing power of Mexicans living in the border region initially had important consequences for U.S. businesses located near the border, mainly a precipitous decline of retail sales. It demonstrated to many border communities, particularly the smaller U.S. border towns such as Calexico and those along the border in the lower Rio Grande Valley, how dependent they had become on their Mexican neighbors. Local governments and economic development corporations in these communities embarked on major efforts to broaden the base of the local economy, often helping to recruit manufacturing firms to set up operations across the border in order to enjoy the positive spillover effects of such plants.[8] The task of the local governments and development corporations was made much easier as the lower Mexican wages in dollar terms were a great stimulus for the location of these manufacturing concerns in Mexico's northern border zone.

Initially, even though dollars were more expensive in peso terms, the devaluations stimulated lack of confidence in the Mexican investment environment and thus export of capital abroad. Major amounts of this capital were invested in U.S. border communities, in bank accounts, in real estate, in small businesses, and in U.S. financial markets through local investment houses. In some places, such as the elite Southern Californian communities of La Jolla and Rancho Santa Fe, inflation of real estate prices was credited to many cash purchases at premium prices by Mexicans.

Effects of the peso devaluations on the Mexican side of the boundary were also evident. The decline of the standard of living of wage earners paid in pesos was a continuing feature of the devaluations and inflation. However, the change in the peso/dollar created new opportunities for others. Border commuter workers, those who live in Mexico and cross each day to work legally in the United States and earn dollars, suddenly experienced a great increase in income in peso terms. Commuters who worked in minimum wage service industries in U.S. border communities often found their real incomes exceeded that of Mexican professionals. At the same time, those Mexicans connected to the tourism industry and to the growing maquiladora industry were able to maintain their incomes in dollar terms and, with costs in pesos declining, actually experienced increases in real incomes as well. Thus, the wealthier individuals in Mexican border cities were able to protect their economic positions and continued to engage in consumer purchases, tourism, and recreation across the border.

The growing number of Spanish-speaking individuals

---

[7] Jeffrey L. Bortz and Edur Velasco, "Briefing Paper on California-Mexico Economic and Business Relations," in *California-Mexico Trade and Commercial, Agricultural, and Environmental Relations: Recent Developments and Problems to Solve* (San Diego: San Diego State University, Institute for Regional Studies of the Californias and UCLA Progam on Mexico, November 1987). This work is an unpublished briefing report prepared for the Governor's Office of California-Mexico Affairs.

[8] Norris C. Clement and Stephen R. Jenner, *Location Decisions Regarding Maquiladora/In-Bond Plants Operating in Baja California, Mexico* (San Diego: Institute for Regional Studies of the Californias, San Diego State University, 1987), identifies these spillover effects for one area of the border.

in the United States, largely in the Southwest, and the close personal ties they have with Mexico is another factor that adds to the commonality of interests and interdependence between the two countries and plays a role in any discussion of common security. The Hispanic population of the United States in 1980 was estimated to be 14.6 million and Spanish is the major language, after English, in the United States.[9] In some regions of the country it is the principal language. In 1980, 60 percent of Hispanics were concentrated in the southwestern states of California, Arizona, New Mexico, Colorado and Texas. Moreover, within the border states, the 1980 Latino population was heavily concentrated in cities on, or near, the international boundary. The percent Latino population of these cities for 1980 was:[10]

Los Angeles	27.5
San Diego	14.9
El Paso	62.5
Laredo (1985)	93.0
Brownsville (1985)	87.3

Furthermore, the growth rate of this segment of the population is considerably higher than the dominant English-speaking sector. While the total U.S. population increased 11.5 percent from 1970 to 1980, the Hispanic population increased 61 percent during that same period. Approximately 60 percent of the growth of the Hispanic population is due to natural increase; the remainder is due to immigration.[11] Thus, the combination of declining growth rates for the majority population, high natural rates of increase for Hispanics, and Hispanic immigration will dramatically shift the ethnic composition of border states such as California. By the year 2000, about 29 percent of the population of California will be Hispanic.[12] These trends will undoubtedly increase the role that Hispanics play in U.S. politics and in future dealings between the United States and Mexico.[13]

The presence of Hispanic populations on both sides of the international boundary, stimulated by important transboundary economic linkages, has encouraged strong social and cultural linkages. Although difficult to quantify, these social and cultural aspects of interdependency are nonetheless real and growing. In a number of areas along the border, binational cultural activities are prospering. Transboundary cultural events in fine arts, classical and contemporary music, and literature are ubiquitous. The California–Baja California border region has a growing tradition of border literature; symphony halls in Mexicali, Tijuana, and San Diego regularly draw patrons from the other side of the border; the La Jolla Museum of Contemporary Art in San Diego and the Centro Cultural in Tijuana have initiated projects on border art and art of the other nation; and a binational group of artists—the Border Art Workshop/Taller de Arte Fronterizo—is active on both sides of the border.[14] The San Diego Repertory Theater has begun presentations of plays in Spanish, not only for the U.S. Spanish-speaking population, but also aimed at the Mexican audience. The San Diego–Tijuana International History Fair, now in its ninth year, annually involves thousands of junior and senior high school students in San Diego and their counterparts in Tijuana in the preparation of research projects on local and regional history. The yearly meeting for judging and display of projects alternates between sites in San Diego and Tijuana.

Transboundary linkages are also to be seen all along the border in the area of popular culture. *Corridos* and other traditional Mexican folk songs are encountered everywhere

---

[9] See Leobardo F. Estrada, "The Dynamic Growth and Dispersion of the Latino Population" (Los Angeles: UCLA Graduate School of Architecture and Urban Planning, n.d., unpublished manuscript), which is based on the 1980 census, for a discussion of the U.S Hispanic population.

[10] *Statistical Abstract of Latin America*, Vol. 25 (Los Angeles: UCLA Latin American Center Publications, 1987), table 667.

[11] Estrada, "Dynamic Growth and Dispersion."

[12] *Characteristics of California Population: 1985 Update and Projections to 1990, 1995, 2000* (Palo Alto: Center for Continuing Study of the California Economy, 1986), 204.

[13] The connection between the Latino population and U.S. foreign policy is noted in David E. Hayes-Bautista, Werner O. Schmick, and Jorge Chapa, "The Young Latino Population and the Future of an Aging American Society: The Next Ten Years" (unpublished manuscript, n.d.). The Mexican government has long noted this connection and at various times has made efforts to enhance its ties with the U.S. Latino population in order to influence U.S. policy as was the case during the presidencies of Luis Echeverría and José López Portillo; see Richard R. Fagen, "The Politics of the United States–Mexico Relationship," in Clark W. Reynolds and Carlos Tello, eds., *U.S.–Mexico Relations: Economic and Social Aspects* (Stanford: Stanford University Press, 1983), 344. Manuel Bartlett, Mexican Secretary of Government, remarked recently to a group of Hispanic journalists in Mexico that, as a bridge between Mexico and the United States, Hispanic journalists can foster greater understanding on the part of the American public of the reality of Mexico because of their greater appreciation of Mexican culture (personal communication, George Baker, New Mexico State University, October 1987). Also see Rudolfo O. de la Garza, "Chicanos and U.S. Foreign Policy: The Future of Chicano-Mexican Relations," Juan Gómez-Quiñones, "Notes on an Interpretation of the Relations Between the Mexican Community in the United States and Mexico," and Carlos H. Zazueta, "Mexican Political Actors in the United States and Mexico: Historical and Political Contexts of a Dialogue Renewed," in Carlos Vásquez and Manuel García y Griego, *Mexican–U.S. Relations: Conflict and Convergence* (Los Angeles: UCLA Chicano Studies Research Center and Latin American Center Publications, 1983).

[14] For examples of border literature, see José Manuel Di-Bella, Sergio Gómez Montero, and Harry Polkinhorn, eds., *Mexican/American Border Writing. Literatura de frontera México/Estados Unidos* (Mexicali and San Diego: Dirección de Asuntos Culturales de la Secretaría de Educación Pública y Bienestar Social and Institute for Regional Studies of the Californias, San Diego State University, 1987), and Harry Polkinhorn, Gabriel Trujillo Muñoz, and Rogelio Reyes, eds., *The Line: Essays on Mexican/American Literature* (Calexico and Mexicali: Binational Press of San Diego State University and Universidad Autónoma de Baja California, 1988).

in the binational border region, as are traditions in popular literature and folktales, humor, folk medicine, and other beliefs. Youth movements, such as that of the "cholos" from East Los Angeles, spread to U.S. and Mexican border cities and ultimately to Mexico City.[15] Sport is also a feature of the transboundary popular cultural life. Professional and intercollegiate athletic teams regularly draw fans from the other side of the boundary. Spanish-language radio and television broadcasts of the Los Angeles Dodgers (particularly when Fernando Valenzuela is pitching), the San Diego Padres, and the Dallas Cowboys are a few examples of the linkages at a popular level.

These cultural and social ties that link the two border communities seem to be increasing, creating what might be termed interdependency at the social and political levels. This sharing of many cultural features serves, in a modest way, to soften the impacts of political and economic asymmetries.

Other important aspects of U.S.–Mexican relations that have a bearing on U.S. security, and come into focus in the border region, are uncontrolled immigration, trade and commercial relations, law enforcement in the border region, illegal drug trafficking, and transboundary environmental problems.

All of the above features of border life link the two sides of the border together and provide continuities from south to north and north to south that enable us to speak of the border as a geographical region. The two parts of this region are far from Washington, D.C., and Mexico City, and people on the border often feel neglected by the national capital when dealing with transboundary issues of local, but vital, concern. Thus, over the years, border residents have evolved a whole range of informal arrangements to deal with transborder aspects of their daily lives. Examples that come to mind are seen in the informal, but regular, cooperation of fire departments, health authorities, and police to deal with emergencies without the intervention of either federal government. Implicitly, the use of state and local entities (such as police and fire departments) instead of federal military forces underscores what form a security community should take in an international zone. At some point, this sort of "microdiplomacy" will begin to bear upon the national policies of each country and will begin to redefine the nature of the security community that exists between the United States and Mexico.[16] Transboundary linkages, both informal and formal, reflect the increasing interdependency of the two nations, particularly in the border zone. To some degree, on the microlevel, interdependency offsets aspects of asymmetry, producing more collaborative, parity relationships at the local level. Growing transborder linkages and interdependency between the United States and Mexico have given U.S. border communities a much larger presence on the Mexican side. This has created a powerful lobby to temper the asymmetrical use of power by Washington, D.C., vis-à-vis Mexico.

Physical and Historical Dimensions

Observers of the U.S.–Mexican borderlands have much difficulty in agreeing on a definition of the region. Economists and demographers define the region according to the political and administrative units contiguous to the border that are the basis for gathering statistical materials. Linguists, sociologists, and students of culture look for the presence of cultural traits, patterns, and processes that do not necessarily coincide with any political boundary, either domestic or international. Despite these differences, most scholars researching the border agree that the borderlands are a distinctive geographical region of increasing importance.

From a physical perspective, the borderlands and the border also lack clear definition. The western half of the border region is characterized by natural features that trend north-south. The far west is occupied by the Pacific Coastal ranges and eastwardly is the interior basin and range region. Then, continuing toward the east, is the Sierra Madre Occidental, followed by the meseta central, or central plateau, of Mexico that gradually decreases in elevation from some 8,000 feet in Central Mexico to about 4,000 feet at El Paso–Ciudad Juárez on the international boundary. Still farther to the east is the broken, dissected range of the Sierra Madre Oriental that dies out just north of the border in the Big Bend country of Texas. Finally, on the far eastern edge of the border, are the gulf coastal plains, sloping gently toward the Gulf of Mexico.[17]

The outstanding natural characteristic of the borderlands is the region's aridity. Rainfall on the western edge at San Diego is approximately 10 inches per year. That figure increases slightly in the coastal range, decreases in the interior deserts, rises a bit in the Sierra Madre Occidental, is low for the Chihuahua desert region, and rises moderately on the moister gulf coastal plain. The Rio Grande and the Colorado River systems provide most of the water of the region used for human consumption, but water is scarce and a subject of increasing competition.

---

[15] See José Manuel Valenzuela Arce, *A la brava ése* (Tijuana: El Colegio de la Frontera Norte, 1988), for a discussion of *cholos*.

[16] For this concept of "microdiplomacy," see Ivo D. Duchek, "Internal Competence of Subnational Governments: Borderlands and Beyond," in Oscar J. Martínez, ed., *Across Boundaries: Transborder Interaction in Comparative Perspective* (El Paso: Texas Western Press, 1986), 11–28.

[17] Frederick R. Gehlbach, *Mountain Islands and Desert Seas: A Natural History of the U.S.–Mexican Borderlands* (College Station: Texas A&M Press, 1981), provides an excellent description of the ecology of the border region.

These natural features tend to facilitate northerly and southerly movement of humans, and to frustrate movement eastwardly and westwardly. The western half of the international boundary is simply a surveyed line cutting across mountains and deserts. On the east, the boundary follows the Rio Grande, but due to the aridity of the region, it is an intermittent body of water at its upper reaches and there is never enough water to either form an effective natural barrier or to serve as a usable inland water transportation route. Only for a small stretch along the Colorado River does water form an effective barrier between the two countries.

The natural features of the border have, to some extent, served to encourage north/south integration and to hamper east/west linkages. This is particularly true for the Mexican side of the border, where transportation and communications infrastructures are poorly developed. For example, residents of Mexicali and Tijuana regularly cross the border to use better highways in the United States to travel to the other city, even though distances are greater and border crossing delays into the United States can be bothersome. Likewise, Mexican air travelers between Tijuana and Ciudad Juárez often cross to use air links between El Paso and San Diego. In November 1987, there were a minimum of sixteen scheduled direct daily flights from San Diego to El Paso; the Tijuana–Ciudad Juárez route was served by three direct flights per week. By June 1989 service between San Diego and El Paso had increased to 36 direct flights per day; the Tijuana to Ciudad Juárez route had no direct flights.

A key to understanding this area is its historical development. The borderlands first emerged as the far northern frontier of the Spanish empire in America. For most of the colonial period the region grew slowly and the population was spread thinly in mission settlements, military garrisons (*presidios*), and scattered Spanish towns, mines, and ranches. Conflict between Spanish colonizers and Indian populations characterized much of the period, while the waning years of Spanish dominance saw northward expansion of the borderlands, in part to ward off other enroaching European powers.

Development was uneven along this frontier. New Mexico, with its relatively large sedentary Indian population, was where Spanish settlers first ventured northward in the late sixteenth century in sufficient numbers to leave a lasting imprint. Next came the expansion led by missionaries up the west coast of Mexico in the seventeenth and eighteenth centuries into Sonora and Arizona. Movement into Texas took place mostly in the early eighteenth century with groups of colonists as a response to the incursion of the French into Louisiana and Texas. Finally, California was established as the northwesternmost part of the empire with the founding of San Diego in 1769. Again, this was in response to the encroachment of another European power—the Russians in the northwest.

Firmly settled by the middle of the nineteenth century, the borderlands contained perhaps 250,000 people of Spanish descent. The region was thoroughly Hispanic and the early Spanish settlement patterns, not to mention economic and cultural features such as the techniques and terminology of cattle raising, remain today. However glorious the past of the borderlands seem today from the perspective of San Diego, El Paso, or Las Cruces, we must remember that historically the region was an isolated backwater on the fringes of European civilization. It was removed from the center of power; decisions that had major impact on the region were made far away and for reasons that did not always serve the best interests of people of the borderlands. To some degree, this historical relationship still characterizes the border areas of both the United States and Mexico.

Accelerated change came to the region with the conclusion of the war between Mexico and the United States in 1848. The Treaty of Guadalupe Hidalgo and the later Gadsden Purchase produced for the first time a sharply defined border in the region. The inhabitants had to choose on which side of the line they wanted to live and in which nation they wanted citizenship. Almost immediately, differences developed from one side of the boundary to the other.

This war with Mexico opened a vast area to Manifest Destiny and the dynamic U.S. economy. Economic cycles of mining, ranching, and agriculture—in combination with the building of extensive railroad networks—led to rapid economic development in the late nineteenth century. Linking of transportation networks of the United States and Mexico encouraged the development of border cities, stimulated the economy of the region, and altered the traditional social and cultural patterns.

The interdependence of the U.S. border region with Mexico was evident relatively early. Not only was increasing trade a factor, as was the use of Mexican technology for cattle raising and mining of placer (water-deposited sedimentary) deposits, but also much of the labor for the development of U.S. railroads, mines, ranches, agriculture, and urban areas came from Mexico. The flow of labor was conditioned, of course, by the dual push-pull factors of lack of jobs in Mexico and labor needs in the United States. These elements have been present in the border region for more than a century.

The economic development of the Southwest, followed in 1910 by the Mexican Revolution, produced great waves of migration northward from Mexico. These ebbed and flowed with economic cycles in the United States and then accelerated in the post–World War II period with the sunbelt growth phenomenon which was mirrored on Mexico's northern frontier by extremely rapid urban development. The demographic explosion, rapid urbanization, and increasing transboundary economic, cultural, and social linkages have increased interdependence with Mexico all along the border. Thus, increasingly what occurs on one side of the boundary has negative or positive impacts on the other side.

These historical forces have produced a border region of some diversity from east to west and strong contrasts from north to south. The human settlement of the borderlands is one of twin cities separated by expanses of lightly populated deserts, mountains, or, in the lower Rio Grande, agricultural land or undeveloped rolling plains with scrub vegetation. Ports of entry are located at these twin cities and have been increased in number, always lagging behind demand.

California, for example, now has ports of entry at San Ysidro, Otay Mesa, Tecate, Calexico, and Andrade on the west bank of the Colorado River. The only recent addition to ports of entry is Otay Mesa, which was opened in January of 1985. A good statistical indicator of the increasing interdependence of the U.S. and Mexican border regions is that of movement across the border at the ports of entry. As can be seen in Table 2001, northbound legal crossings at both San Diego ports have grown from 38 million in 1985 to more than 60 million in 1989.

The new Otay Mesa port of entry was opened to meet the needs of increased commercial and noncommercial crossings. Otay Mesa was selected because it was adjacent to an important industrial area of Tijuana, land was available on both sides of the border, and the contiguous area in the United States on Otay Mesa was designated for future industrial development. After four and one half years of operation, the commercial crossing facility at Otay Mesa was nearly at capacity due to the tremendous growth of the maquiladora industry in Tijuana and the increase in production of fresh fruits and vegetables in Baja California for the California market. U.S. Customs along with local business and trading interests began to plan for the expansion of the physical facilities as well as improved computerized methods of handling paperwork and began to experiment with inspection and sealing of cargo trucks at the plant site in order to meet the growing need for services. Finally, by 1990 border crossing bottlenecks for cargo and people had generated wide support in San Diego and in Tijuana for the construction of a third border crossing to serve the region.

Both Immigration and Naturalization Service (INS) and U.S. Customs personnel are used at the ports of entry since people crossing are questioned both regarding citizenship and goods in their possession. At the major ports of entry approximately 30 seconds or less are required to screen each vehicle, question inhabitants, inspect documents, and

Table 2001

LEGAL NORTHBOUND CROSSINGS AT THE SAN DIEGO–TIJUANA BORDER, 1985–89
(San Ysidro and Otay Mesa Ports of Entry)

Year	Total Border Crossings	% Increase
1985	38,438,729	~
1986	42,092,630	9.5
1987	44,536,976	5.8
1988	53,275,873	19.6
1989	60,223,426	13.0

SOURCE: San Diego Convention and Visitors Bureau, oral communication, 1990.

so forth. Even with this cursory inspection, and the use of secondary inspection lanes for detailed examinations, waiting times are often an hour or more. This not only causes considerable frustration among those trying to cross, but has a real economic cost to both the United States and Mexico in terms of lost time and deferred trips. Although over the last several years budget increases for INS and Customs have enabled more vehicle crossing lines to be open for longer periods of time, Congressional appropriations chronically lag behind the demand for services at the border.

These sorts of problems encountered by persons crossing for legitimate reasons are to be found at many locations along the border. Calexico, Nogales, Brownsville, San Diego, and El Paso, among others, are cities with problems of long delays.[18] Table 2002 illustrates the tremendous volume of crossing traffic along the U.S.–Mexican border; in 1986 the number of crossings exceeded the population of the United States. The long lines of idling vehicles contribute measurably to air pollution, particularly in the El Paso–Ciudad Juárez area. There, due to the natural features and inversion conditions, the vehicle lines have been a major contributory factor to the noncompliance status of El Paso with respect to EPA minimum air quality standards.

As indicated earlier, the natural features of the border do little to hinder the free crossing of people. Harsh environments in the deserts and mountains discourage some who would enter the United States illegally, but regularly there are those who travel through the desert and mountains to cross. These areas are now increasingly favored for drug smuggling as well.

Most of the illegal crossings take place in, or adjacent to, the urban areas along the border. The most heavily crossed section of the border by undocumented persons is the ten-mile stretch from the Pacific Ocean to the mountains to the east of Otay Mesa. Although fences have been

---

[18] The recently formed Border Trade Alliance, a coalition of border cities, economic development agencies, researchers, and others, continues to address these problems. This is an excellent example of border needs being distinct from those of Washington, D.C., and illustrates the attempt of the border to affect national policy.

Table 2002

CROSSINGS INTO THE U.S. ALONG THE U.S.–MEXICAN BORDER, 1985–89

Year	Total Crossings	Non–U.S. Crossings	% Non–U.S. Crossings
1985	176,844,524	105,771,089	60
1986	193,019,856	116,978,424	61
1987	195,920,926	118,768,977	61
1988	225,970,850	138,264,511	61

SOURCE: *INS Statistical Yearbook*, various years, and information supplied by Blanch Shanks, INS, Washington, D.C., June 22, 1989.

erected in some places, they are breached with holes so rapidly that INS repair crews cannot maintain the integrity of the fences. Thus, the impact of the "tortilla curtain" erected in 1979 in El Paso and in San Diego has been minimal. In other areas, fences are either nonexistent or they can easily be crossed by vehicles.

The strategy of the Border Patrol, which is charged with patrolling the border, has been to concentrate its resources where crossings are greatest and to employ technology to enhace its efficiency. Infrared night scopes, systems of sensors in the ground to detect human or vehicular movement, and helicopters are examples. Currently, field officers of the Border Patrol estimate that they are able to detain approximately 50 percent of those who attempt to cross in areas such as San Diego.

San Diego is the most popular area for illegal crossings into the United States, because the ultimate destination for many is metropolitan Los Angeles. El Paso is another heavily used crossing point, for urban Ciudad Juárez is separated from El Paso only by the Rio Grande which can be waded during most of the year. A quick dash across the river or across a railroad bridge is readily accomplished and if not apprehended immediately, the person can disappear easily into downtown El Paso.

An increase in use of motor vehicles to smuggle drugs and undocumented aliens into the United States on the Otay Mesa region of San Diego created, by 1983, mounting concern among federal law enforcement officials. In some cases, vehicles that crossed the border using dirt roads and fields were pursued by INS officers on local highways, resulting in high speed chases, accidents, and fatalities. Early in 1989, the INS announced a plan to construct a ditch along Otay Mesa to prevent vehicles from crossing illegally. Although the government of Mexico had requested a ditch to remove increased runoff of rainwater from new development on the U.S. part of Otay Mesa, the INS announced that its plan had been approved by Mexico. The government of Mexico protested strongly, as did scholars, public officials, and business leaders in the San Diego region. City and County of San Diego officials, who had not been consulted ahead of time by the INS, were particularly firm in their criticism of the unilateral actions they thought might negatively affect San Diego–Mexican relations and local attempts to improve transboundary cooperation on water pollution, crime, tourism, industrial development, a regional airport, and other matters. Perhaps most objectionable, according to observers in Mexico and San Diego, was the manner in which the INS decision to build the ditch was announced and the very negative message which that announcement conveyed about Mexico and about U.S.–Mexican relations.[19]

Mexico traditionally has been very critical of actions taken in the United States, particularly without prior consultation, to stem the illegal northward flow of people and goods across the border. The government of Mexico is especially sensitive to the manner in which policies are formulated and implemented and how they are articulated. The Mexican protest against the border ditch is one case in point. Another example is to be seen in the frequent proposals of U.S. interest groups and public officials to use the military to interdict drugs at the border. The use in 1988 of Air National Guard units in California and Arizona for aerial surveillance and to assist U.S. Customs personnel at commercial ports of entry and foot patrols of California National Guard in the Tecate region in the spring of 1989 drew strong criticism from Mexico, accusing the United States of "militarizing" the border. In response, U.S. authorities point out that Mexico regularly uses army units to patrol its northern border for interdiction of drugs and other contraband and uses troops on its southern border to interdict both people and goods.[20] U.S. policy makers, however, usually seem to miss the point that the manner in which policies are expressed is often as important as the policies themselves. Mexico, with a highly centralized government and a Secretariat of Foreign Relations that exercises tight control over all government agencies that interact in any way with the United States, has difficulty understanding that individual agencies in the United States such as the INS often function quite independently of the

---

[19] See published transcript of hearings, "Public Hearing on the Border Security Enhancement Project (Otay Mesa Ditch)," held March 22, 1989, in San Diego by the California Senate Select Committee on Border Issues, Drug Trafficking and Contraband, Senator Wadie P. Deddeh, Chairman. Also see "Environmental Assessment of Border Security Near Otay Mesa Port of Entry, San Diego County, California (Draft)," April 17, 1989, United States Immigration and Naturalization Service and United States Department of Justice, Washington, D.C.

[20] See Paul Ganster and Alan Sweedler, "Testimony on California National Guard Proposal to Support Drug Interdiction Operations on the U.S.–Mexican Border" and other presentations at the hearings held by California Legislature, Senate Select Committee on Border Issues, Drug Trafficking and Contraband, Senator Wadie P. Deddeh, Chairman. These hearings, "California National Guard Proposal to Support Drug Interdiction Operations on U.S.-Mexico Border," were held October 18, 1988, San Ysidro, California.

Department of State, even on matters that directly affect Mexico.

The porosity of the border and the ability of practiced individuals and well organized groups to pass back and forth easily has concerned U.S. law enforcement officials. The possibility of terrorist groups utilizing the border has been raised a number of times and apprehension of non-Mexican undocumented aliens along the border has served to fuel these concerns.[21] Public officials have also warned that the border is a natural exit for the illegal export of technology and intelligence operations directed at defense-related industries, particularly in Southern California. This last concern is heightened by the use for defense purposes, including the Strategic Defense Initiative, of electronic components assembled in plants located in Baja California and in other Mexican border areas.[22]

Local law enforcement officials normally do not become involved in patrolling the border because they feel that controlling the flow of undocumented aliens is a federal responsibility. There are, however, several exceptions. In San Diego there is a long history of "border bandits," both Mexican and U.S., who prey on undocumented immigrants on the U.S. side of the border, committing robberies, rapes, and murders. In the 1970s, the San Diego Police Department responded by forming a special unit to deal with the border bandits.[23] After some success, the special unit was disbanded and eventually replaced with joint patrols composed of San Diego police officers and INS officers. Increasing crime in this sector of the border led local officials in 1989 to reestablish the border task force.

Although border banditry in San Diego has received considerable publicity, local law enforcement officials along the border everywhere are concerned about the transboundary aspect of crime. Automobile theft and burglary of residences and businesses by criminals who operate out of Mexico are the most commonly cited problems. Some U.S. border area law enforcement officials estimate that 20 to 40 percent of all felonies in their jurisdictions are committed by undocumented aliens. Reliable data on this subject are hard to find but a recent study published by the San Diego Association of Governments demonstrates that in fiscal years 1985 and 1986 undocumented aliens accounted for at least 12 percent of the arrest population for a selected group of felonies in San Diego and for 15 percent in El Paso. Costs for processing these individuals in San Diego County by the criminal justice system were just over $15 million. Another recent study examined automobile theft, demonstrating that this crime is far more severe in Texas border towns than elsewhere in Texas. Much of the theft is to supply a sizable Mexican black market for illicitly obtained vehicles. Estimates of southbound thefts range from 90 percent of total thefts in Brownsville to 80 percent in El Paso. Although these figures may be inflated, vehicle theft and sale of the stolen vehicles in Mexico is an important problem in all U.S. border communities.[24]

Drug enforcement is another aspect of border law enforcement that brings to bear a new set of agencies. Although local police and the INS do become involved in the interdiction of illicit drug traffic, their resources are not equal to the task and other federal agencies carry the main charge for enforcement. Increasingly, illicit drugs are perceived in the United States as a serious threat to the well-being and security of the nation. With increased enforcement efforts in Florida and the Gulf States, drug trafficking has moved westward to the U.S.–Mexican border.[25] There, seizures of illicit drugs have escalated and drug interdiction has become the number one priority of U.S. Customs. It is on the border that policies aimed at drug interdiction or pressuring Mexico to more fully cooperate in the various antidrug efforts are felt. For example, when the United States was displeased with Mexican progress toward capturing and prosecuting the murderers of U.S. drug agent Enrique Camarena, pressure was exerted by tightening inspections at the border ports of entry during the spring of 1985, causing crossing delays of many hours and a subsequent decline in tourism and retail sales revenues in Mexican border cities. Likewise, this policy also caused negative impacts on the United States, but these were felt mainly in U.S. border communities. Thus, to some extent, the border and drug problems are linked to the minds of the U.S. public and officials. It should also be noted that local officials are often at odds with federal officials on how border law enforcement problems should be dealt with. Many local law enforcement agencies along the border, under intense pressure from local Hispanic organizations, refuse to assist the Border Patrol in the apprehension of undocumented persons.

---

[21] Benjamin Shore, "Apprehensions at Border Set Record for Third Year in a Row," *The San Diego Union*, October 11, 1985, A-3.

[22] See testimony by Dan Pegg of the San Diego Economic Development Corporation to International Trade Commission Hearing on Impact of Maquiladoras on U.S. Trade and Jobs, August 25, 1987.

[23] A fictionalized account of San Diego police efforts to deal with border banditry is Joseph Wambaugh, *Lines and Shadows* (New York: Bantam Books, 1984).

[24] Joe Gandleman, "Study Due on Aliens' Crime Role," *The San Diego Union*, October 4, 1986, B-1; Michael V. Miller, "Vehicle Theft along the Texas-Mexico Border," *Journal of Borderlands Studies*, 2:2 (Fall 1987), 12-33. The important study of felonies committed by undocumented persons is Susan Pennell, Christine Curtis, and Jeff Tayman, *The Impact of Illegal Immigration on the Criminal Justice System* (San Diego: San Diego Association of Governments, 1989).

[25] Patrick McDonnell, "Tougher Wars Against Drug Smuggling Urged," *Los Angeles Times*, January 16, 1986, Part II, 1.

Other aspects of border crime have become intertwined in one way or another with drug trafficking. Alien smugglers, or *coyotes*, often use undocumented aliens to transport drugs across the border, either by foot or by using vehicles stolen in the United States. Also, the large number of currency exchange houses along the border provides an opportunity for laundering of illicit drug profits.

The large number of law enforcement agencies involved on the U.S. side is mirrored on the other side of the border. In Mexico, municipal police, federal highway police, state judicial police, federal judicial police, customs officials, migration officials, the Federal Security Directorate, and the military all operate in the border zone.[26] As might be expected, transboundary coordination of so many agencies presents numerous difficulties. In San Diego, there is a monthly meeting of representatives from all these agencies in an attempt to better coordinate their activities. Despite these efforts, many individuals are able to continue to use the border for illegal activities, threatening the domestic security of each country, and challenging the good relations between the two.

Demographic Dimensions

The United States–Mexico border region, for purposes of population studies, is best defined by adminstrative units adjacent to the border: 25 counties in the states of California, Arizona, New Mexico, and Texas; and 35 municipalities in the Mexican states of Tamaulipas, Nuevo León, Coahuila, Chihuahua, Sonora, and Baja California. The demographic picture for this region is complex for not only are two countries involved, but the border zone is one of the most dynamic regions demographically and economically in each country. Reliable data are generally difficult to obtain for the border region. Internal and international migration, often hard to measure, are important factors in the population characteristics of the border region. The illegal nature of much of the international migration in the region compounds the measurement problems. Census data are also deficient in several ways. Census data, generated only every decade, quickly become outdated and accurate updates that are comparable in both countries are lacking. As well, most observers feel that the 1980 Mexican census significantly underreported the population of the border zone.

Mexico's population growth reached an annual rate of 2 percent in 1940, increased to 2.62 percent for 1950–55, rose to 3.37 percent for 1960–65, was 3.2 percent during 1965–70, reached a peak of about 3.6 percent during the early 1970s, began to taper down in the late 1970s, and currently has been reduced to about 2.6 percent per annum. By 1985 there were 80 million Mexicans, a 337 percent increase since 1950. Between 1950 and 1980, the population of Mexico's six border states nearly tripled from about 3.7 million to 10.7 million.[27]

Since the 1940s, Mexican border cities have grown rapidly. For example, the annual growth rate of Tijuana for the period 1940–50 was 13.42 percent; for 1950–60 it was 9.77; for 1960–70 it was 6.41; and for 1970–80 it was 4.32. Although annual growth rates are slightly different for Matamoros, Ciudad Juárez, and Mexicali, the long term trends are similar to those for Tijuana: most rapid growth in the 1940s, a moderate decrease in the 1950s, a larger decrease in the 1960s, and, finally, a significant decrease in the 1970s.[28] Due to the lack of reliable statistical data, it is difficult to estimate current growth rates of Mexican border cities. For example, if the 1980 census figures are accepted as accurate, it would appear that the growth of the principal border cities by that year was mainly due to natural increase in population. In other words, these cities were no longer strong poles of attraction for migration from elsewhere in Mexico, and in some cases were demonstrating slight outmigration.[29] Thus, if one were to accept the 2.2 percent growth rate for Mexico calculated by the Instituto Mexicano de Seguro Social, the border cities would be increasing at that rate (or less, for there is probably some outmigration to the United States). The physical growth of the cities, other visual indicators, and alternate estimates by Mexican and U.S. researchers generally contradict that notion.

The spatial distribution of the population in Mexico's border region is also of interest. An important characteristic of the border states is relative low population density when compared to the rest of the country. The six border states of Mexico constitute 40.6 percent of the national territory, but in 1970 they included only 16.3 percent of the national

---

[26] See Robert L. Wilhelm, "The Transnational Relations of United States Law Enforcement Agencies with Mexico," *Proceedings of the Pacific Coast Council on Latin American Studies*, 14:2 (Fall 1987), 157–164. This is another example of microdiplomacy, of people on the border resorting to informal and extralegal channels to solve regional problems. Also see H. G. Reza, "Attorney Says Client Was Kidnapped; Wants Drug Charges Dropped," *Los Angeles Times*, February 12, 1987, Part II, 6. In this case suspected drug smuggler René Martín Verdugo was "kidnapped" by six officers from various Mexican police agencies and pushed through a hole in the fence along the border at Mexicali, blindfolded and handcuffed, into the waiting arms of U.S. marshals.

[27] The basic sources for border population information are the 1980 Mexican census and the 1980 U.S. census. Works based on these and useful for border population data include Mario Margulis and Rodolfo Tuirán, *Nuevos patrones de crecimiento social en la frontera norte: la emigración*, Documentos de Trabajo (México, D.F.: El Colegio de México, Centro de Estudios Demográficos y de Desarrollo Urbano, 1983), and *County and City Data Book*, 10th ed. (Washington, D.C.: Government Printing Office, U.S. Department of Commerce, Bureau of Census, 1983).

[28] Margulis and Tuirán, *Nuevos patrones*.

[29] Margulis and Tuirán, *Nuevos patrones*, 7.

population. In that same year the density was 9.8 inhabitants per square kilomeer as compared to the national average of 24.5. By 1980, the population density of the north had increased to 13.3 inhabitants per square kilometer, but by then the national average was 34.3.[30] The border in 1980 included 15.7 percent of the total national population.[31] Another key feature of the population distribution in the north of Mexico is its urban nature. In the 1970 census, 58.2 percent of the population in the north was classified as urban (resident in cities of 20,000 or more) while the national average was 35.3 percent.[32]

The local unit of government in Mexico is the municipality which includes the urban nucleus and surrounding territory that extends to the boundaries of the neighboring municipalities. Thus, the arrangement is similar to a combining of the city and county units as found in the United States. Consequently, when speaking about population distribution, it is useful to distinguish between those people living in the urban core and those living in the surrounding rural area of the municipality. Some border municipalities are very urbanized, with high percentages of their population living in the urban core in 1970: Ciudad Juárez (96 percent); Tijuana (81 percent); Nuevo Laredo (98 percent); Reynosa (91 percent); and Nogales (97 percent). Other municipalities show less of a concentration: Mexicali (66 percent); Matamoros (74 percent); Ensenada (67 percent); and San Luis Río Colorado (79 percent).[33] The lower concentration in the second group can be accounted for by greater economic activities in their rural areas. Mexicali and San Luis Río Colorado are in the rich irrigated Mexicali Valley which has many small agricultural villages. Matamoros is also situated in a rich agricultural area and Ensenada has nearby pockets of agriculture and grazing as well as coastal towns.

Given the high birth rate in Mexico and its border states in recent years, the Mexican population is young. In 1970 about 46 percent of the population was 14 years of age or under.[34] In practical terms this means that educational facilities will be strained to provide schooling for the large numbers of children. The economy will likewise be hard pressed to create jobs for young Mexicans entering the labor market. Between now and the end of the century, in all of Mexico, approximately one million jobs will have to be created each year to accommodate those entering the labor market for the first time.

Racially, the Mexican population of the border is relatively homogeneous. Historically, the Indian admixture in the Mexican north was less than in the center and south, so northerners tended to be lighter skinned. The traditional source of migrants to the border was Mexico's north-central region characterized by a mestizo population. Over the past decade or so the northward migratory stream has changed to include more people from central Mexico and the Indian south. In some cases, these people are non-Spanish-speaking and are present in significant numbers. The San Quintín valley to the south of Ensenada has in recent years attracted thousands of Mixtec Indians from the state of Oaxaca as seasonal agricultural laborers. Thousands of Mixtecs have settled in Tijuana's Colonia Guerrero where these culturally and linguistically different Mexicans have encountered significant difficulties fitting into Mexican border society and constitute a regional underclass.[35]

The population trends in the U.S. border states show some parallels to the Mexican border states. From 1950 to 1980 the population of the U.S. border states more than doubled from 19.8 million to 41.9 million.[36] The border population during this period grew much faster than the national population. In 1950, the border states population was 13.1 percent of the U.S. total; in 1980 that figure was 18.5.[37]

The U.S. border cities have grown considerably since 1940, although generally at lower rates than their Mexican counterparts. San Diego's annual growth rates per decade were as follows: 1940–50, 6.4 percent; 1950–60, 7.1 percent; 1960–70, 2.1 percent; 1970–80, 2.6 percent. El Paso shows somewhat similar trends. Table 2003 shows annual growth rates for selected U.S. and Mexican border cities.

The U.S. border states in 1940 had about half the population density of the nation: 17.1 persons per square kilometer for all of the United States versus 8.5 for border states.[38] The more rapid population increase of the border states in recent years has raised the denisty of that region to that of the nation—24.7 persons per square kilometer for the United States and 24.8 for the border states.[39]

Due to the aridity of the region and other factors, the population of the border states is highly concentrated in ur-

---

[30] Jesús Tamayo and José Luis Fernández, *Zonas fronterizas (México–Estados Unidos)* (México, D.F.: Centro de Investigación y Docencia Económicas, A.C., Ensayos, 1983), 37. Also see Rodrigo Martínez del Sobral, *Perfil económico y demográfico de la zona fronteriza México–Estados Unidos*, Documentos de Trabajo (México, D.F.: El Colegio de México, Programa Desarrollo y Medio Ambiente, 1986).

[31] Peter L. Reich, ed., *Statistical Abstract of the United States–Mexico Borderlands* (Los Angeles: UCLA Latin American Center Publications, 1984), 5.

[32] Tamay and Fernández, *Zonas fronterizas*, 37.

[33] Tamayo and Fernández, *Zonas fronterizas*, 50.

[34] *Statistical Abstract of Latin America*, Vol. 22 (Los Angeles: UCLA Latin American Center Publications, 1983), 6.

[35] See, for example, Patrick McDonnell, "Mixtec Shed Pain of Oaxaca Poverty," *Los Angeles Times*, May 18, 1986, Part II, 1.

[36] Calculated from Reich, *Statistical Abstract*, 4.

[37] Reich, *Statistical Abstract*, 5.

[38] Reich, *Statistical Abstract*, 6.

[39] Reich, *Statistical Abstract*, 6.

Table 2003
ANNUAL GROWTH RATES OF TWIN CITIES, BY DECADE, 1940–80

Twin City	1940–50	1950–60	1960–70	1970–80
San Diego	6.4	7.1	2.1	2.6
Tijuana	13.4	9.8	6.4	4.3
Calexico	1.9	2.4	3.3	3.6
Mexicali	12.8	10.4	4.4	2.5
Nogales, Arizona	2.0	1.8	2.3	7.5
Nogales, Sonora	7.7	6.3	3.4	2.7
El Paso	3.5	11.2	1.6	3.2
Ciudad Juárez	9.4	7.5	5.1	3.3
Eagle Pass	1.3	6.6	2.7	3.9
Piedras Negras	7.6	7.6	–.04	7.2
Laredo	3.1	1.8	1.4	3.3
Nuevo Laredo	7.0	4.9	5.0	3.0
McAllen	6.9	6.3	1.5	7.6
Reynosa	13.4	8.1	6.6	3.4
Brownsville	6.1	7.5	9.1	6.2
Matamoros	11.0	7.3	4.2	3.1

SOURCE: For the United States, Peter L. Reich, ed., *Statistical Abstract of the United States–Mexico Borderlands* (Los Angeles: UCLA Latin American Center Publications, 1984), and *County and City Data Book*, 1983. For Mexico, Mario Margulis and Rodolfo Tuirán, *Nuevos patrones de crecimiento social en la frontera norte: la emigración*, Documentos de Trabajo (México, D.F.: El Colegio de México, Centro de Estudios Demográficos y de Desarrollo Urbano, 1983), table C2.

Table 2004
RACIAL AND ETHNIC COMPOSITION[1] OF U.S. BORDER STATES, 1980

State	White	Black	Hispanic
CALIFORNIA	77.0	7.7	19.2
ARIZONA	83.2	2.7	16.3
NEW MEXICO	76.0	1.8	36.6
TEXAS	79.6	12.0	21.0
United States	83.4	11.7	6.5

1. The racial categories of the 1980 census are White, Black, Indian, and Asian. There is a nonracial category for persons of Spanish origin, or Hispanics. Thus, most Hispanics are included in the White category, although some, particularly from the Caribbean basin, would be included in the Black category.

SOURCE: *County and City Data Book*, 1983.

ban areas. In 1980, California was 91.3 percent urban; Arizona was 83.8 percent; New Mexico was 72.1 percent; and Texas was 79.6 percent. The United States as a whole was 73.7 percent urban in 1980.[40] As with the Mexican municipalities, U.S. counties along the border show a range in urbanization. In 1980, San Diego County was 93.2 percent urban; El Paso County was 96.1 percent; Webb County (city of Laredo) was 95.7 percent; Santa Cruz (Nogales) was 76.7 percent; Hidalgo (Reynosa) was 75 percent; and Cameron (Brownsville) was 78.9 percent. Urbanization tends to be greatest in the arid west in areas dominated by large cities while the more humid lower Rio Grande, a rich agriculture area, tends to be more rural.

The racial and ethnic composition of the U.S. border population is more complex than on the Mexican side of the boundary. The major categories for the border states for 1980 are shown in Table 2004. The Hispanic category individuals are generally included within the White category in U.S. census data. It should also be noted that in 1980 83.1 percent of the Hispanics in the border states were of Mexican ancestry while 59.8 percent of all U.S. Hispanics were of Mexican origin.[41]

At the county level, considerable variation is present from west to east along the border. San Diego County in 1980 was 14.8 percent Hispanic; Santa Cruz County in Arizona (Nogales) was 74.4 percent; El Paso was 61.9; Webb County, Texas (Laredo) was 91.5; and Cameron County (Brownsville) was 77.1 percent. Thus, U.S. border counties, with the exception of San Diego, are more Hispanic than the border states. The greatest concentration of Hispanics in California is in Los Angeles County and only in the past decade or so has the percentage of Hispanics in San Diego begun to increase significantly. The characterization of the U.S. border as heavily Hispanic is largely accurate; Hispanics are the majority in most border counties.

Migration is the most important factor shaping the demographic picture of the binational border region. In 1980, 48.9 percent of the population of the border counties and municipalities were migrants. Of the 48.9 percent, 8.4 percent were from a foreign country. The 1980 population of the Mexican border municipalities had 31.8 percent migrants while the figure for the U.S. border counties was 58.2 percent. Seven percent of the migrants in the Mexican border municipalities were foreign born while the figure was a much larger 20 percent for the U.S. border counties.[42]

The demographic features provide a certain unity to the U.S.–Mexican border region. Ethnicity, bridging the international boundary with a significant percentage of Hispanics, is one factor. Spatial distribution of the population in a highly urbanized, twin-city pattern is another. Both sides of the border zone have a high percentage of migrants, although the United States side has significantly more. The number of undocumented immigrants is much greater on the U.S. side, although totals are hard to determine. For example, estimates for San Diego County indicate that there were about 90,000 undocumented aliens in San Diego County prior to implementation of the amnesty provisions of the 1986 Immigration Reform and Control Act (IRCA).[43] Some 38,967 persons applied for amnesty in San Diego in the nonagricultural category (had resided

---

[40] *County and City Data Book*, 1983. The racial categories of the 1980 census are White, Black, Indian, and Asian. There is a nonracial category for persons of Spanish origin, or Hispanics. Thus, most Hispanics are included in the White category, although some, particularly from the Caribbean Basin, would be included in the Black category.

[41] Reich, *Statistical Abstract*, 9.

[42] *County and City Data Book*, 1983, and Reich, *Statistical Abstract*.

[43] See Joseph Nalven, *Impacts and Undocumented Persons: The Quest for Usable Data in San Diego County, 1974–1986* (San Diego: Institute for Regional Studies of the Californias, San Diego State University, 1986).

continuously in the United States since January 1, 1982) and some 58,197 applied for amnesty under the agricultural category (had worked 90 days in the United States between May 1, 1985, and May 1, 1986). Of these applicants, 99 percent were granted temporary residency.[44] Approximately 2.7 million persons applied for amnesty in the United States under the provisions of the IRCA.

The U.S.–Mexican border region is also distinguished by population growth rates that are distinct from those of either Mexico or the United States. Both the Mexican and the U.S. border zones have, over the long run, exceeded natural growth rates (Table 2005). There is every reason to believe that population will continue to grow in the border zone. Projections made in 1981 by Security Pacific National Bank suggest that growth of the Mexican border states will be from 10.6 million in 1980 to 18.5 million by the year 2000; the U.S. border states are expected to grow from the 1980 figure of 41.7 million to 53.5 million by the year 2000.[45] On a more regional level, estimates are that the San Diego–Tijuana region will be at least 4.5 million by the year 2000. At that point, it will be one of the most populated conurbations in the world.

Economic Aspects of U.S.–Mexican Relations

Although not generally recognized, the economies of Mexico and the United States are closely interwoven. A major economic collapse in Mexico would have very serious repercussions in the United States, particularly in the states that border Mexico—California, Arizona, New Mexico, and Texas. Likewise, Mexico is heavily dependent upon the health of the U.S. economy for key aspects of its own economy. Although interdependent, and increasingly so, the economic relationship is asymmetrical. In 1985 the Gross National Product (GNP) of the United States was 4 trillion dollars, while that of Mexico was 207 billion dollars. Los Angeles County alone has a Gross Regional Product (GRP) of 200 billion dollars with a population of one-tenth that of Mexico. San Diego County's 1989 GRP was over $50 billion; that for the municipality of Tijuana was about $1.5 billion. This same asymmetry is seen on the local level as well. For example, the city budget of San Diego was $493 million in 1984; that for the entire state of Baja California was $68 million in the same year.[46] The 1990 combined budgets of the City and County of San Diego

Table 2005

ANNUAL POPULATION GROWTH RATES, 1950–80

Category	1950–60	1960–70	1970–80	1950–80
Mexico	3.1	3.3	3.4	3.3
Border States	3.9	3.5	3.1	3.5
Border Municipalities	5.1	3.8	2.8	3.9
United States	1.7	1.3	1.1	1.4
Border States	3.4	2.1	2.1	2.5
Border Counties	4.9	2.3	3.6	3.6
U.S.–Mexican Border Counties and Municipalities	5.0	2.9	3.3	3.7

SOURCE: *County and City Data Book*, 1983; Mario Margulis and Rodolfo Tuirán, *Nuevos patrones de crecimiento social en la frontera norte: la emigración*, Documentos de Trabajo (México, D.F.: El Colegio de México, Centro de Estudios Demográficos y de Desarrollo Urbano, 1983).

exceed $2 billion, or more than the GRP of the municipality of Tijuana.

While the economic asymmetry is most apparent in the San Diego–Tijuana region, these differences are less toward the eastern end of the U.S.–Mexican border. There, along the lower Rio Grande, local economies on the northern side of the border are among the poorest in the United States, thus reducing the differences with the Mexican twin cities across the river.[47] In a few areas, the Mexican side is the dominant partner, as in the case of Mexicali, a state capital with over one million inhabitants, and Calexico, a small U.S. town of less than thirty thousand. Despite economic asymmetries everywhere along the border, transboundary economic linkages and economic interdependence are growing. These economic ties have the tendency to blunt some of the more negative aspects of economic asymmetry. In support of this point, two cases can be mentioned. The booming maquiladora industry, with major investment by U.S. corporations, has created a powerful interest group, including many Fortune 500 companies, which have strong economic motives for improving U.S.–Mexican relations and which lobby against unilateral U.S. actions that might negatively affect the business climate in Mexico and at the border. A second case is that of agriculture, specifically fresh fruits and vegetable production. For the past decade, as land, water, and labor costs have increased in regions such as California, many U.S. growers and distributors have become involved directly or indirectly in Mexican operations. Thus, for many crops there is no unified domestic block to lobby against Mexican competition.[48]

---

[44] Source of data on San Diego District amnesty: County of San Diego, Department of Transborder Affairs, "Consultation on Cost and Benefits of Migration to the San Diego Region: A Local Response" (1990), based on INS statistics.

[45] Cited in Reich, *Statistical Abstract*, 7.

[46] Data are from SAUS, SALA, and IDB-SPTF. Also see Norris Clement, Bernardo González Aréchiga, and Kenneth Shellhammer, "San Diego's Economic Link to Mexico Is Growing," *The San Diego Union*, January 24, 1988.

[47] James T. Peach, *Demographic and Economic Change in Mexico's Northern Frontier*, Latin American Research Paper, Series 2 (Las Cruces: Joint Border Research Institute, New Mexico State University, 1984); also see Jerry R. Ladman, "The U.S. Border Regional Economy: Interdependence, Growth and Prospects for Change," in Stanley R. Ross and Jerry R. Ladman, eds., *Views Across the Border*, 2d ed. (Tempe: Latin American Center, Arizona State University, forthcoming).

[48] See, for example, Joseph Nalven and Aída Mostkoff, "California-Mexico Agricultural Relations," in *California-Mexico Trade and Commercial, Agricultural, and Environmental Relations: Recent Developments and*

Mexico is the third largest trading partner of the United States, with bilateral trade between the two countries amounting to $32 billion in 1985, $25.8 billion in 1986, an estimated $28.1 billion in 1987, and about $44 billion in 1988. U.S.–Mexican bilateral trade from 1981 to 1987 is shown in Table 2006. Although there has been a decline in U.S. exports from the boom year in 1981, Mexico has nonetheless maintained an average level of U.S. imports of $10.9 billion. Mexico buys 5.1 percent of all U.S. exports, an amount greater than West Germany, France, South Korea, or Taiwan.

Exports to Mexico represent jobs. Over 270,000 Americans owe their jobs to the purchase of American products by Mexicans.[49] The drop in U.S. exports to Mexico since 1981 translates into a loss of over 170,000 jobs in the United States and is a good example of how economic conditions in Mexico affect the United States.

Perhaps more important to the U.S. economy than overall trade with Mexico is the fact that over three quarters of U.S. exports to Mexico are industrial products: machinery, transport equipment, manufactured goods, and chemicals (Tables 2007 and 2008). Industrial products are sectors of the U.S. economy that have been particularly hard hit in recent years and have had difficulty competing with goods produced by the Japanese, Germans, Koreans, and others. Thus, declining (or increasing) exports to Mexico in this area directly impact a critical sector of the American economy, a sector whose continued vitality is important to the security of the United States.

The changes in Mexico's economic policy initiated under the presidency of Miguel de la Madrid (1982–88) and continued under Carlos Salinas de Gortari (1988–) have significantly altered the economic relations between the United States and Mexico. Mexico's decision to enter GATT (General Agreement on Tariffs and Trade) quickly produced the elimination of import licenses and the reduction of tariffs, providing much greater access for U.S. exporters to Mexican markets. In 1987, the United States and Mexico signed an umbrella Framework Understanding on Trade and Investment and since have concluded separate accords on trade in textiles, steel, beer, and wine, and—outside the agreement—on civil aviation. The Mexico government issued new foreign investment regulations in May 1989 designed to liberalize rules for foreign investment, including an extension of the bank trusts for real estate holdings by foreigners near the coast or border from 30 to 60 years, simpli-

---

Problems to Solve (San Diego: San Diego State University, Institute for Regional Studies of the Californias and UCLA Program on Mexico, November 1987), G1-G5. This work is an unpublished briefing report prepared for the Governor's Office of California-Mexico Affairs.

[49] The Commerce Department estimates that 25,000 jobs are created for each billion dollars in exports.

Table 2006
U.S.–MEXICAN MERCHANDISE TRADE, 1981–87
(B US)

Year	Exports to Mexico	Imports from Mexico	U.S. Balance of Trade
1981	17.8	14.0	+3.8
1982	11.7	15.8	−4.1
1983	9.1	17.1	−8.0
1984	12.0	18.3	−6.3
1985	13.6	19.4	−5.8
1986[a]	10.9	14.9	−4.0
1987[a]	9.7	19.4	−8.7

a. Estimate based on Bank of Mexico data.

SOURCE: U.S. Department of Commerce, Bureau of the Census, as reported in Jeffrey L. Bortz and Edur Velasco, "Briefing Paper on California-Mexico Economic and Business Relations," in *California-Mexico Trade and Commercial, Agricultural, and Environmental Relations: Recent Developments and Problems to Solve* (San Diego: San Diego State University, Institute for Regional Studies of the California and UCLA Program on Mexico, November 1987).

Table 2007
U.S. INDUSTRIAL EXPORTS TO MEXICO,[1] 1981–85

Year	U.S. Industrial Exports to Mexico (B US)	Industrial Exports as Percent of Total Exports
1981	14.4	81
1982	9.1	82
1983	6.5	74
1984	9.0	78
1985	10.7	82

1. Includes Manufactured Goods, Machinery and Transport Equipment, and Chemical Products.

SOURCE: U.S. Department of Commerce, Bureau of the Census, as reported in Jeffrey L. Bortz and Edur Velasco, "Briefing Paper on California-Mexico Economic and Business Relations," in *California-Mexico Trade and Commercial, Agricultural, and Environmental Relations: Recent Developments and Problems to Solve* (San Diego: San Diego State University, Institute for Regional Studies of the California and UCLA Program on Mexico, November 1987).

Table 2008
U.S. AND MEXICAN TRADE, ALL SECTORS, 1988

Item	U.S. Exports to Mexico (%) (Total, $20.6 billion)	Mexican Exports to U.S. (%) (Total, $23.5 billion)
Chemicals	8.9	3.2
Beverages, Tobacco	.1	1.1
Crude Materials	7.1	1.7
Agricultural Goods	8.0	8.3
Mineral Fuels	2.2	14.6
Manufactures	20.6	20.3
Machinery, Transportation Equipment	49.0	46.5
Other	4.1	4.3

SOURCE: "U.S.-Mexico Relations," *Latin America Regional Brief* (Washington, D.C.: United States Department of State, Bureau of Public Affairs, May 1989).

fied paperwork for foreign investment, and permitting foreign investment in some areas of the economy formerly restricted only to Mexicans. Also, in December 1989, a new decree was published for the maquiladora industry to facilitate investment in that sector. Finally, early in 1990 news of preliminary discussions between the United States and Mexico regarding a free trade agreement between the two nations surfaced in the press. In May 1990, following recommendations by the Mexican Senate, President Salinas announced that he would seek a free trade agreement with the United States.[50]

The new rules of the game for foreign investment in Mexico and other factors have combined to give Mexico the image in the United States of a region of significant investment opportunity. The maquiladora industry continues to expand dramatically, tourism development by U.S. concerns is moving forward rapidly, and U.S.-based firms are considering major venture capital investments in Mexico. Many of these projects are related to Mexico's border zone. For example, New Mexican investor Charlie Crowder is currently working with New York and Phoenix venture capital specialists and developers to create a new binational border community on the New Mexican–Mexican border. This project, Santa Teresa, will create a city on the U.S. side, a port of entry, and substantial infrastructure on the Mexican side, all with private capital. Tourism is likewise the focus of foreign investment interest. In June 1989, then Mexican tourism minister Carlos Hank González, in an interview with *The Wall Street Journal*, stressed the goal of doubling tourism by the end of his term in office. In his presentation, he underlined the new rules for foreign capital investment in tourism which include 100 percent foreign ownership, automatic approval for projects under $100 million, and provisions for doubling the 30-year land trust to 60 years for projects in the coastal and border zones.[51]

Economic Activity in the Border Region

Nowhere do economic conditions in Mexico have a greater impact on the United States than in the border region. Worsening (or improving) conditions in Mexico are more quickly and intensely felt in the border areas than in the interior of both countries. A good example of this is the enormous devaluation of the Mexican peso that has taken place since 1982, as shown in Table 2009.

[50] *New York Times*, October 7, 1987, 25; and Arthur Golden, "Mexico, U.S. Reach Accord on Trade," *The San Diego Union*, October 28, 1987, E-1, E-2; Juanita Darling, "Mexico Will Seek Free Trade Pact with U.S.," *Los Angeles Times*, May 23, 1990.

[51] "Mexican Official Seeks to Build Up Tourism," *The Wall Street Journal*, June 19, 1989. For some comments on the Santa Teresa project, see Pete V. Domenici, "Opportunities Growing for Twin Plant Operations in New Mexico," *Twin Plant News*, 5:2 (September 1989), 51–53, and the unsigned article in the same issue, "Santa Teresa," 54–55.

Table 2009

PESO-DOLLAR EXCHANGE RATE, SELECTED YEARS, 1970–87

Year	Exchange Rate	Real Exchange Rate[1]
1970	12.5	100.0
1975	12.5	94.3
1976	15.4	103.3
1977	22.6	129.4
1980	23.0	107.8
1981	24.5	90.8
1982	56.4	124.2
1983	120.1	133.3
1984	167.8	110.5
1985	257.0	106.2
1986	611.4	156.4
1987 (May)	1,226.9	170.6
1990 (May)	2,750.0	~

1. Based on complex calculations involving comparisons of consumer price indexes and other factors.

SOURCE: Bank of Mexico, as reported in U.S. Department of Commerce, Bureau of the Census, as reported in Jeffrey L. Bortz and Edur Velasco, "Briefing Paper on California-Mexico Economic and Business Relations," in *California-Mexico Trade and Commercial, Agricultural, and Environmental Relations: Recent Developments and Problems to Solve* (San Diego: San Diego State University, Institute for Regional Studies of the California and UCLA Program on Mexico, November 1987).

Economic activity in the northern border regions of Mexico is obviously linked to the overall performance of the Mexican economy. There are some significant differences, however, between the economies of the border region and other regions in Mexico. In general, the northern municipalities tend to have a somewhat higher per capita income and better employment opportunities than many interior areas. This is due primarily to the closeness of the United States which provides increased economic opportunities through tourism, trade-related services, enhanced educational possibilities, the maquiladora industry, and the income earned by thousands of Mexicans who commute daily to work in the United States.

Based on an analysis of the 1980 Mexican census information and other data, Peach has calculated that per capita income in the major Mexican border municipalities is higher than the national average.[52] Using 100 as the national average, Tijuana, Ensenada, Mexicali, Ciudad Juárez, and Matamoros have indexes of 150, 152, 153, 129, and 136, respectively (Table 2010). Thus, in some cases, per capita income may be 50 percent higher in the border than the national average.

The increasing economic importance of the Mexican border region in recent years has been due in part to the growth of the maquiladora industry. The border zone is where about 90 percent of the industry is located, despite recent efforts by the Mexican government to encourage the establishment of new plants in the interior. The industry is based on the assembly of components imported from the

[52] Peach, *Demographic and Economic Change*.

Table 2010
PER CAPITA INCOME, BORDER MUNICIPALITIES, 1980

Municipality	Population	Index of Per Capita Income[1]
Ensenada	175,425	152.6
Tijuana	461,257	150.5
Mexicali	510,664	153.2
San Luis Río Colorado	92,970	124.5
Caborca	50,452	117.9
Nogales	68,076	161.6
Agua Prieta	34,380	143.0
Ciudad Juárez	567,365	129.0
Ciudad Acuña	41,948	120.2
Piedras Negras	80,290	141.0
Nuevo Laredo	203,286	119.4
Reynosa	211,412	143.7
Matamoros	238,840	136.3

1. National average = 100.

SOURCE: James T. Peach, *Demographic and Economic Change in Mexico's Northern Frontier: Evidence from the X Censo General de Población y Vivienda* (Las Cruces: Center for Latin American Studies, New Mexico State University, 1984), as calculated from the 1980 Mexican Census.

Table 2011
GROWTH OF THE MAQUILADORA INDUSTRY SINCE 1980

Year	Plants[1]	Employees[1]	% Employment Increase
1980	620	119,546	–
1981	605	130,973	9.6
1982	585	127,048	–3.0
1983	600	150,867	18.7
1984	672	199,684	32.4
1985	760	211,968	6.2
1986	987	268,388	26.6
1987	1,259	322,743	20.3
1988	1,490	389,245	20.6
1989	1,785	482,492	24.0

1. The number of plants and employees for 1980–85 are averages for the year, while the figures for 1986–88 are representative of the total number in December of that year.

SOURCE: Instituto Nacional de Estadística, Geografía e Informática, *Estadística de la industria maquiladora de exportación*.

United States into finished products for export back into the U.S. market. Harmonized Tariff Schedule Subheadings 9802.00.60 and 9802.00.80 of the U.S. Tariff Code permit duty free entrance of U.S. components so that duty is assessed only on the value added by Mexican labor or other non–U.S. inputs. The maquiladora industry is part of the worldwide phenomenon of production sharing manufacturing that was made possible by technological innovations in transportation and communications which significantly reduced costs of carrying out global manufacturing operations.[53] Thus, it became possible to geographically separate manufacturing processes requiring capital-intensive plants and highly skilled labor from the assembly phase requiring low-skilled, labor-intensive operations. Initially, West Germany and Canada were responsible for the bulk of imports under this program, but Japan, followed by Mexico and various Southeast Asian countries, emerged by 1983 to be the leaders.

By the end of 1989, the maquiladora industry in Mexico included some 1,785 plants and provided employment to over 480,000 workers (Table 2011). It is the nation's second most important generator of foreign exchange earnings, behind petroleum and ahead of tourism, with current earnings of about $1.6 billion annually. In Mexico, a wide variety of goods are processed by the maquiladora industry, although most important are the various types of electrical and electronic goods, followed by apparel. Also included in the list of products are transportation equipment and accessories, services, furniture, toys and sporting goods, food processing, and tools.[54] The industry is growing rapidly at about 15 percent per year, although some optimists suggest that annual growth rates will be nearer 25 percent in the short and medium term. The continuation of the lower growth rate would mean that by 2000 the maquiladora industry would employ more than one million Mexicans.

The maquiladora industry has had its critics on both sides of the border.[55] According to its Mexican critics, the industry is an enclave with very few linkages to the national economy, the industry employs primarily female workers in low paid positions with little training, runaway shops characterize the industry, little meaningful transfer of technology takes place, and there are negative impacts on the health of workers and the environment. It has also been pointed out that Mexican border cities suffer from severe shortages of adequate infrastructure such as roads, sewage treatment capacity, potable water supplies, housing, and so forth. Maquiladoras are given priority for many of these urban services, and thus receive a subsidy from the Mexican government, while much of the local population does

[53] Joseph Grunwald and Kenneth Flamm, *The Global Factory: Foreign Assembly in International Trade* (Washington, D.C.: The Brookings Institution, 1985).

[54] See *Estadística de la industria maquiladora de exportación, octubre 1985* (México, D.F.: INEGI, Dirección General de Informática, 1985), as cited in Norris C. Clement, "An Overview of the Maquiladora Industry," in Paul Ganster, ed., *The Maquiladora in Trinational Perspective: Mexico, Japan, and the United States* (San Diego: Institute for Regional Studies of the Californias, San Diego State University, 1987), 9.

[55] See Ganster, ed., *The Maquiladora in Trinational Perspective*, for an overview of these. Also see "Maquiladoras: Do More Jobs for Mexico Benefit America as Well?" articles by Norris Clement and Stephen R. Jenner and also by William H. Bywater in *The San Diego Union*, February 22, 1987, Section C. For a feminist/dependency school critique, see María Patricia Fernández Kelley, *For We Are Sold, I and My People: Women and Industry in Mexico's Frontier* (Albany: State University of New York Press, 1983). For an opposing view, see Ellwyn R. Stoddard, *Maquila: Assembly Plants in Northern Mexico* (El Paso: Texas Western Press, 1987). Also see George Baker, "The Maquiladora as Southern Plantation," paper presented at Rocky Mountain Council on Latin American Studies Annual Meeting, Las Cruces, New Mexico, February 3, 1989.

without. U.S. criticism centers on the argument that maquiladoras displace U.S. workers with cheap foreign labor. The incresing number of maquiladoras owned by Japanese firms has drawn critical comment as well from observers who see this as a Japanese strategy to maintain access to the U.S. market via Mexico in the face of potential U.S. retaliation against Japan for unfair trading practices.

Supporters of the industry emphasize that maquiladoras are creating significant numbers of jobs in a contracting economy, the percentage of male employees is growing, more training is being provided to workers, and newer plants are much more capital-intensive and do in fact involve transfer of technology. Moreover, the maquiladora industry is one of the few in Mexico that is accustomed to competing on world markets and thus these management skills are being transferred to Mexico. They also point out that charges of negative health impacts are not based on scientific studies.

From the U.S. perspective, it is clear that the maquiladora industry does have both positive and negative impacts. The establishment of plants in the border region by U.S. corporations does often result in the loss of jobs in the United States. However, a Mexico border location retains more jobs in the United States than if the plant were relocated to the Far East or elsewhere in Latin America. Mexican border maquiladoras use, to a significant degree, components produced by firms all over the United States. Maquiladoras in Taiwan or Singapore mainly use non–U.S. components in the final product. The Mexican border location provides other positive spillover effects on the U.S. side. Often, management lives on the U.S. side of the border and administrative offices, warehouse facilities or, infrequently, a twin plant is located across the border. Additionally, a small percentage of maquiladora wages (5 to 15 percent) return to the United States as consumer purchases. A recent study of maquiladoras in Baja California indicates that in 1985 the direct impact of the industry on the California economy was important and created some 1,400 jobs. An economic impact analysis suggests that in 1985 the direct and indirect impact on the San Diego economy by the maquiladora industry was approximately $211 million and about 3,357 jobs.[56]

Many U.S. border communities are well aware of the positive impact on the United States of the development of the maquiladora industry across the international boundary. Many of the smaller communities, particularly in California's Imperial Valley and along the lower Rio Grande in Texas, had relied on agriculture and Mexican consumer purchases as twin props for the local economies. The economic difficulties of the U.S. agricultural sector combined with the 1976 and 1982 peso devaluations which drastically reduced Mexican consumer purchases struck a blow at the narrowly based economies of these communities.[57] U.S. border communities began in the early 1980s to actively recruit firms to set up maquiladoras in adjacent Mexican towns. Even San Diego, which has a broad-based economy, has actively begun to encourage maquiladora development in Tijuana through efforts of the San Diego Economic Development Corporation, the Greater San Diego Chamber of Commerce, the Mayor's Office of Binational Affairs, the County Department of Transborder Affairs, and other agencies. In fact, much of the marketing effort for light industrial and commercial development on the 4,000–acre Otay Mesa area that is on the U.S. side of the border has been based on establishing warehousing, twin plants, and administrative facilities linked to maquiladoras in Tijuana.

The nature of the growth of border industry is such that the region's development has moved from mainly a binational phenomenon to a multinational effort. Japanese, Taiwanese, Korean, French, Swedish, and other nations' firms are establishing operations on Mexico's northern border at a rapid rate. Many of these already have a presence in the United States, and often their Mexican operations are set up as subsidiaries of the U.S. firm. Thus, it is no easy matter to track the national origins of border investment.

The size of the invesments and the sheer number of plants in the border maquiladora industry belie the longstanding contention that the industry was characterized by "runaway" plants that relocated in the face of labor difficulties or increasing host government regulations. Newer and larger maquiladoras have larger capital investment and more sophisticated technology, invest more in the training of their labor force, and are more willing to invest in development of infrastructure.

Transboundary economic linkages are also evident in the agricultural sector of the border region. Rising costs for growers in the United States for land, water, energy, and labor as well as for packing and processing have produced a growth in production of fresh fruits and vegetables in Mexico for the U.S. market. At times the production is undertaken by Mexican growers; often U.S. growers and distributors are directly involved in Mexican production. A recent development has been the establishment of agricultural maquilas. For obvious reasons, much of the agricul-

---

[56] Norris Clement and Steve Jenner, *Location Decisions Regarding Maquiladora/In-Bond Plants Operating in Baja California, Mexico* (San Diego: Institute for Regional Studies of the Californias, San Diego State University, 1987).

[57] See "Impact of the Peso Devaluation on Retail Sales in San Diego County," *San Diego Economic Bulletin*, 33:3 (March 1985). Also see *The Impact of Increased United States–Mexico Trade on Southwest Border Development* (Washington, D.C.: United States International Trade Commission, 1986).

tural export development has been in the northern part of Mexico, adjacent to the markets in the United States.[58]

The tourism industry of the border is intimately linked to border interdependence. All Mexican border cities have an important tourism sector based on visitors from the United States. Nogales, Sonora, for example, has an important tourism industry that is largely based on day trips from the nearby cities of Tucson and Phoenix and the smaller retirement communities in the Arizona region. Matamoros draws tourists from throughout south Texas, and Ciudad Juárez is a tourism destination for residents of west Texas and New Mexico. Often, the tourism in the twin city pairs along the border is linked in some way. San Diego, for example, has determined that a significant number of the tourists that choose San Diego as a destination do so in order to be able to visit Mexico, principally Tijuana. Other U.S. border towns enjoy a similar effect of tourism directed at Mexico. At the same time, domestic Mexican tourism to Mexican border towns to some extent is linked to tourism destinations in the United States. Many Mexican tourists spend some time in Ciudad Juárez en route to New Mexico or Colorado; Mexicans likewise spend time in Tijuana on their way to Southern California. Border tourism is a complex, binational phenomenon and serves as one more illustration of interdependence.

More than 85 percent of Mexican tourists traveling abroad visit the United States; in 1986 5.6 million visitors came to the United States from Mexico, which represents about 22 percent of the total foreign visitors to the United States (Table 2012). Some 99 percent of these Mexican visitors had the border states of Texas, California, New Mexico, and Arizona as travel destinations.[59]

Tourism is probably the single most important source of foreign exchange and the greatest generator of employment in Tijuana and perhaps in some other Mexican border towns. For example, in 1987 San Diego tourists spent about $350 million in Tijuana; and non–San Diego tourists spent another $350 million, for a total of $700 million. Tourism, then, accounted for about 28 percent of the Gross Regional Product of Tijuana. At the same time, Mexican tourism to San Diego accounted for only 1 percent of that region's GRP.[60] Border tourism is, of course, very sensitive to economic cycles in either country. Transborder tourism plays a much larger role in the economy of the Mexican border than in the economies of its counterparts. Mexican border

Table 2012
MEXICAN VISITORS TO THE UNITED STATES, 1986

State Visited	Number (T)	Percent
Arizona	758	13.1
California	1,989	34.5
Colorado	19	.3
Florida	106	1.8
Illinois	42	.7
Nevada	34	.6
New Mexico	201	3.5
New York	45	.8
Pennsylvania	16	.3
Texas	2,557	44.3
Total Visitors	5,767	99.9[a]

a. Totals do not add to 100.0 because of rounding.

SOURCE: *Recap of International Travel to and from the United States in 1986* (Washington, D.C.: U.S. Department of Commerce, Office of Research, United States Travel and Tourism Administration, July 1987).

dependency has in the past been exploited by the U.S. government to pressure Mexico over policy issues. Two cases that come to mind are Operation Intercept in 1969 when all vehicles entering the United States from Mexico were subjected to a meticulous inspection to win more Mexican cooperation in interdiction of the drug traffic and a similar slowdown at the border in 1985 to pressure Mexico to move more quickly and forcefully against those responsible for the murder in Mexico of Drug Enforcement Agency agent Enrique Camarena. However, as border economic interdependence increases it seems likely that the ability of the U.S. federal government to undertake such actions in the face of increasing opposition at the state and local levels will diminish.

These examples illustrate the linkages of the U.S. border economy with external elements. The economy of the U.S. border region is composed of a number of contrasting subregions that derive their economic bases from different factors, including the border location (which entails levels of trade between two countries, population growth in Mexican cities, and tourism), the availability of natural resources, government works or military installations, markets for goods produced in the region, and transportation linkages. Population and economic activity are concentrated in subregions consisting of a U.S. border city and a twin city counterpart on the Mexican side of the boundary.[61]

---

[58] Nalven and Mostkoff, "California-Mexico Agricultural Relations."

[59] See *Recap of International Travel to and from the United States in 1986* (Washington, D.C.: U.S. Department of Commerce, Office of Research, United States Travel and Tourism Administration, July 1987).

[60] Clement, González Aréchiga, and Shellhammer, "San Diego's Economic Link."

[61] See sections by James T. Peach and Jerry R. Ladman in "Demographics and Economics of the U.S.–Mexican border: Implications for Texas, New Mexico, Arizona, and California (Summaries of Presentations, A Congressional Briefing)" (Washington, D.C.: Population Resource Center, September 27, 1985). Also see Ladman, "The U.S. Border Regional Economy."

The economies of the subregions differ and as a general rule these differences become more pronounced from east to west along the border. The economies along the eastern end of the border, in Texas, tend to be more narrowly based, depending heavily on agriculture and consumer spending by Mexicans. The western end of the border, San Diego, has the most diversified economy with significant amounts of manufacturing and tourism that are not dependent on Mexican linkages.

Among the four U.S. border states, the border economy has the most relative importance, compared to the total state economy, in Arizona, and then New Mexico. In contrast, California and Texas have large absolute amounts of economic activity in their border regions, but, relatively, this activity is much less important to these states than for the other two.

The U.S. border region is relatively high in poverty by national standards. In 1979, 13.6 percent of the families living in border counties were classified below the poverty line, compared to 9.6 percent for the nation. Border county per capita income was $9,172 compared to $10,495 for the nation and $11,542 for the non-border counties in the four border states. In general, income levels tend to decline from west to east along the U.S. side of the border. Income distribution in border counties was also worse than in the nation and the non-border counties in border states.[62]

Economic Crisis and Debt

The Mexican economy has been in serious difficulty for over seven years, since the major peso devaluation in 1982. Living standards, for example, have *dropped* 30 to 40 percent, in real terms, since that time.[63] After achieving high growth rates during the 1970s, the Mexican economy's performancy has been erratic, with *negative* growth of Gross Domestic Product (GDP) of 4.2 percent in 1983. Modest improvement took place during 1984 (3.6 percent) and 1985 (2.6 percent), but the GDP again contracted in 1986 by 4.0 percent. Growth of the Mexican economy for 1987 was a slow 1.4 percent.[64]

[62] Ellwyn R. Stoddard and John Hedderson, *Trends and Patterns of Poverty along the U.S.-Mexico Border* (Las Cruces: Joint Border Research Institute, New Mexico State University, 1987).

[63] Inter-American Development Bank, *Economic and Social Progress in Latin America: 1988 Report* (Washington, D.C.: Inter-American Development Bank, 1988), 456. Real minimum wages have declined each year since 1983: 1983 (–18.0%); 1984 (–7.4%); 1985 (–1.3%); 1986 (–7.9%); 1987 (–6.3%).

[64] Inter-American Development Bank, *Economic and Social Progress*, 456. For an analysis of the recent trends in the Mexican economy, see James W. Wilkie, "From Economic Growth to Economic Stagnation in Mexico: Statistical Series for Understanding Pre- and Post-1982 Change," in James W. Wilkie, David E. Lorey, and Enrique Ochoa, ed., *Statistical Abstract of Latin America*, vol. 26 (Los Angeles: UCLA Latin American Center Publications, 1988), 913–936.

The U.S. economy suffers when Mexican growth declines; U.S. jobs are lost, U.S. investment in Mexico becomes more vulnerable, and U.S. commercial banks are more exposed because of uncertainty regarding repayment of interest and principal on Mexico's large outstanding foreign debt. The economic interdependence of the two countries is significant and is increasing.

Mexico's total foreign debt stands at over $107 billion with an annual debt service of $13 billion. The debt has tripled in just eight years, and represents a heavy burden on the Mexican economy. Mexico's foreign debt affects the United States in several ways. First, about 25 percent of the debt is owed to U.S. commercial banks, with a few large banks holding a major portion of the portfolio.[65] Table 2013 lists these loans to Mexico as of 1987. Although many U.S. banks have moved to reduce their exposure and have sold off or written off a portion of their Mexican paper, significant sums are still at stake for these banks. A serious default by Mexico would have a detrimental impact on these banks, with unknown repercussions for the U.S. financial sector. Second, just to meet the annual service on this debt, Mexico must restrict imports, thereby denying export markets for U.S. products, particularly manufactured goods. Finally, the heavy debt burden means that Mexico does not have, and will be unable to generate, sufficient capital for the productive investments required if it is to grow and modernize its economy.

Fortunately, in July 1989 Mexican government negotiators reached an accord with a consortium of commercial banks to achieve a short-term solution to the debt crisis. The package, which has been greeted enthusiastically by Mexican and U.S. officials but criticized by many economists, will for the first time reduce both the total debt burden and the annual interest payments to foreign creditors and will also provide new credit. The plan, which could potentially provide the Mexican government with an estimated $3 billion in new loans while also reducing the overall debt by nearly $12 billion and the annual interest payments by around $1.5 billion, is dependent upon the participation of the some 500 commercial banks around the world that are owed half of Mexico's $107 billion foreign debt. Under the Brady initiative, the banks will have three options to provide debt relief to Mexico: (1) commercial banks with outstanding loans to Mexico will have the option to provide new loans equal to 25 percent of their total outstanding Mexican loans; (2) banks can reduce the principal on existing loans by exchanging a portion of that debt for thirty-year bonds whose interest payments are

[65] The percent figure is given in "U.S.-Mexico Relations," *Latin America Regional Brief* (Washington, D.C.: United States Department of State, Bureau of Public Affairs, May 1989).

Table 2013

COMMERCIAL BANKS AND MEXICO'S EXTERNAL DEBT, 1987

(B US)

Total external debt	106.0
Debt held by the banking system	78.0
Long- and medium-term debt held by commercial banks	53.0
Long-term debt held by U.S. banks	24.0
Debt held by 12 largest U.S. banking companies	16.2
Citicorp	2.8
Bank America Corporation	2.5
Manufacturers Hanover Corporation	1.9
Chemical New York Corporation/Texas Commerce	1.8
Chase Manhattan Corporation	1.7
Bankers Trust New York Corporation	1.3
J.P. Morgan and Company	1.2
First Chicago Corporation	.9
Security Pacific Bancorporation	.7
First Interstate Bancorporation	.7
Wells Fargo and Company	.6
First Republic Bank Corporation	.1

SOURCE: John F. H. Purcell, "Mexico's Debt: A Banker's Perspective," in George W. Grayson, ed., *Prospects for Mexico*, Department of State Publications 9674 (Washington, D.C.: Department of State, Foreign Service Institute, Center for the Study of Foreign Affairs, June 1988), 180.

guaranteed by U.S. Treasury zero-coupon bonds or securities backed by the International Monetary Fund and the World Bank which would, in effect, discount that portion of Mexico's debt by 35 percent; and (3) banks can cut interest rates for loans to 6.25 percent (compared to current market rates of more than 9 percent). Along with these options, Mexico will offer foreign banks equity in state-run enterprises that Mexico wants to sell to private investors in exchange for the balance of discounted debts. Finally, Japan and Spain will provide new loans to Mexico, and a short-term "bridge" loan of $2 billion from other industrial countries, including the United States, will provide immediate relief while the details of the plan are finalized. While it remains to be seen whether or not this plan will be adequate to bring about high, sustained growth for the Mexican economy, it is certainly an important first step.[66]

How did Mexico, which had steady, high economic growth for decades and a manageable debt, get into such a serious debt situation? There are no simple answers to this question, and no single source of blame. Some insight can be gained, however, by looking at the world economy, particularly the oil sector, during the late 1970s and early 1980s. During that time, oil prices increased dramatically which resulted in large transfers of dollars from the oil importing countries, mainly the United States, Western Europe, and Japan, to the oil producing nations located primarily in the Middle East. These countries, in turn, placed a large fraction of these "petrodollars" in Western banks. The banks found themselves with large cash reserves and began making available large sums to developing countries, usually at quite high interest rates.

Mexico, with a long period of economic and political stability as well as significant oil reserves, looked like a very good investment to the international financial community. In fact, between 1978 and 1982, Mexico's foreign borrowing increased and its debt more than doubled from $33.8 billion to $87.6 billion. Unfortunately, not all of this new foreign capital was put to productive use in Mexico. Exact data are difficult to obtain, but to some extent borrowing financed significant capital flight, much of it ending up in investments in the United States or in U.S. banks.[67] Much was wasted on poorly planned and poorly executed projects. Whatever the ultimate fate of these billions of dollars, it is clear that Mexico did not put these to as productive a use as did Brazil, for example. Although Mexican planners and policy makers deserve much of the credit for the foreign debt crisis of Mexico, it should be remembered that many developing nations now find themselves in a similar situation. Thus, the world economy as well must share responsibility for the current debt crisis.

By 1982, even with oil prices at $36 per barrel, Mexico ran a current account deficit of over $12 billion. Clearly, demand for imports, both goods and services, was growing faster than the capacity of the internal Mexican economy, export earnings, including oil, and capital inflow from foreign borrowing to meet the demand. Thus, the stage was set for collapse, which began in early 1982 with the first of a long series of peso devaluations which continue to the present day. In Mexico, this whole scenario is known today simply as "the crisis."

When the price of oil began its precipitous decline in 1985 it became even harder for Mexico to generate sufficient export earnings to service its debt, and thus it was forced to borrow even more. The banks had no choice but to go along, fearing that a default by a major debtor like Mexico could precipitate similar actions by other Third World nations, particularly Brazil and Argentina. By 1986, with Mexico's export oil selling at only $12 a barrel, the nation earned a scant $5.6 billion from the sale of 1.29 million barrels of oil per day, whereas as recently as 1984, 1.5 million barrels of oil per day brought in $15 billion annually to Mexico.

---

[66] This summary on the recent debt plan is taken from Norris C. Clement, Stephen R. Jenner, Paul Ganster, and Andrea Setran, *Maquiladora Resource Guide: Exploring the Maquiladora/In-Bond Option in Baja California, Mexico* (San Diego: Institute for Regional Studies of the Californias, San Diego State University, 1989).

[67] One estimate calculated that in recent years about $55 billion was exported from Mexico to the United States and elsewhere. See Valdemar de Murguía, *Capital Flight and Economic Crisis: Mexican Post-Devaluation Exiles in a California Community* (La Jolla: Center for U.S.–Mexican Studies, University of California, San Diego, 1986). Estimates widely cited in 1990 suggest that capital flight was about $80 billion.

Political Change

Beginning with the presidential election campaign of 1988, Mexico entered into a new era of political change of considerable complexity and uncertain direction. Carlos Salinas de Gortari was installed as president late in 1988 after disputed July elections gave him slightly over 50 percent of the vote. Although Salinas has emerged as a strong president, the political monopoly of the PRI (Partido Revolucionario Institucional) has been breached. A sufficient number of opposition parties are now seated in the Mexican Congress so that this body no longer serves as a rubber stamp for presidential dictates. It now appears that in order to function with the legislative branch, the PRI has to negotiate with the opposition, principally the center-conservative PAN (Partido de Acción Nacional) and the left coalition, the PRD (Partido Revolucionario Democrático). A principal thrust of the opposition parties in their dealings with the PRI and the Salinas administration has been to concentrate on electoral reform in order to permit them a greater share in the government of Mexico, assuming that they can win local, state, and federal elections.

Mexico's political reforms have the potential for influencing border relations. The opposition groups have traditional strengths in the border states; the PAN has a firm base in Chihuahua and Baja California; the PRD actually carried Baja California in the July 1988 presidential elections. Ernesto Ruffo Appel, the mayor of Ensenada and PAN candidate for governor, won the July 1989 gubernatorial race in Baja California, narrowly outpolling his chief rival, PRI candidate state senator Margarita Ortega. Much to the dismay of the Baja California PRI apparatus, the Salinas government and the national PRI leadership recognized the victory and Ruffo took office in November 1989. At the same time, however, a PRD candidate probably won the gubernatorial race in the central Mexican state of Michoacán, but the PRI candidate was officially recognized as victor. This partial respect for the vote in the July 1989 elections has led some political analysts to suggest that the PAN victory was recognized because of the border location of the election and its potential impact, both positive and negative, on U.S. opinion of Mexico.

The significance of the 1989 Baja California elections is hard to evaluate at this time. Some observers suggest that the increasing strength of political opposition groups regionally and nationally may ultimately contribute to the decentralization process in Mexican politics which has long been discussed and planned but not implemented. Almost all observers, however, do agree that Mexico has entered a period of change in the political structure. While some political changes potentially could cause difficulties for border residents, other changes could offer new opportunities for improved border relations and regional development. Although outcomes of the new political developments in Mexico are not easy to predict, it is clear that they will continue to be important, and many will be felt in the border region.

The internal opening of the Mexican political system has been accompanied by important changes in Mexico's approach to foreign relations with the United States. The Salinas administration has enhanced Mexican diplomatic presence in the United States with larger staffing of its embassy and consulates and has launched a vigorous outreach effort to Congress, local and state agencies, the private sector, academia, and U.S. Hispanics. President Salinas and his cabinet have set a tone of openness and frankness when dealing with the United States that has been reflected at even the lowest levels of government agencies. All along the border, observers report improved relations with officials in Mexican government agencies and a much warmer climate for working together to solve many of the day-to-day problems of life on the border. At the state and municipal levels, this is also apparent. For example, the Border Governors' Conference, which met most recently early in 1990, was characterized by lack of political rhetoric and cordial but direct discussions of border problems and opportunities. This stands in strong contrast to the formality and emphasis on protocol of earlier meetings of this group.

Summary and Conclusions

The international boundary between Mexico and the United States separates two sovereign states. It marks a significant division between the First World and the Third World, between the developed world and the developing world, reflecting all the usual asymmetries. As such, it is the arena in which conflicts and tensions between the two nations are often expressed. At times, these conflicts are generated in the border region but more often they reflect policy imperatives originating in Mexico City and/or Washington, D.C.

The border also serves an integrative function. It is where shared interests, mutual concerns, and cooperation are apparent, particularly at the daily and informal levels. It constitutes the keystone in the arch of what might be termed the U.S.-Mexican security community. It is in the border region that the two countries come together, both literally and figuratively. Many north-south linkages and shared characteristics bind the region together into a community of shared features, interests, and concerns. The border is also the region where both the asymmetries and interdependencies of the relations are most apparent, and where interdependencies tend to mitigate some of the effects of economic disparities.

The topography and natural features of the region provide a certain unity through a shared natural environment and the absence of significant natural barriers to the flow of people between the two nations. The common experience in the historical development of the borderlands provides a broad unity of sorts to the transboundary region. Settlement patterns of twin cities constituting binational conurbations, capital and labor flows, transboundary economic linkages, families on both sides of the border, language, and culture are important elements that link the two sides of the border together. Similarities in population characteristics, income levels, rapid growth rates, and inmigration along with daily informal cooperation to solve local problems neglected by the national capitals serve to make the region distinct from either country. These features create a buffer zone between the two countries that also cements the two nations together through common concerns and problems. Border interdependence, which is increasing constantly, is inexorably reinforcing a de facto U.S.-Mexican security community. Border interdependence, as well, acts as a counter force to the asymmetries between the two countries.

21

Prices and Wages in Tijuana and San Diego: A Binational Comparative Overview

Jeffrey Bortz

In any capitalist economy price and wage data are readily accessible. In fact, wage data are a kind of price data. This information abounds because knowledge of relative prices is one of the basic movers of the economic system. Such data provide information about specific markets. In order for them to serve as indicators of more general aspects of the economy, they require simplification and organization. With prices this entails the computation of price indexes. With wages matters are more complex.

Although price and wage data exist for both Mexico and the United States from a very early period, the generation of systematic indicators comes much later; in general it is a nineteenth-century development. Modern statistical and economic theories begin to be used in the indicators even later, usually (though there are important exceptions in the late nineteenth and early twentieth centuries) toward the 1930s and 1940s. Much of our best data for the earlier period have been retroactively generated by recently designed indexes.

Comparisons between Mexico and the United States can be hindered by the uneven and combined development of their respective price and wage indicators. The United States has and has had more resources to develop the academic and bureaucratic infrastructures necessary for generating systematic measures of prices and wages. Mexico imports much of its scientific and technical expertise. Many of its indicators combine the latest developments from the advanced industrial countries with a social and bureaucratic base that often lags behind.

Binational regional comparisons can be more difficult still. The Mexican government is highly centralized. Virtually all the entities that generate statistics operate from a Mexico City base. Measurements begin in the capital and then move outward.[1] We simply have less regional data on Mexico than we would like.

The United States is a much more homogeneous economy and society than Mexico, and is certainly less centralized. Even so, price and wage indicators are usually urban based; not all cities are included in the national surveys. Hence, most U.S. border cities, which did not become major urban areas until after World War II, are excluded from many of the historical and even current surveys.

This study reviews the development of the principal price indexes in Mexico and the United States, and summarizes briefly the most important official wage sources that have been generated in both countries. The development of regional indicators, with Tijuana and San Diego as the focus, are emphasized. The analysis then concentrates on: (1) national trends; (2) regional trends in Tijuana and San Diego in relation to the national trends; (3) a comparison of Tijuana and San Diego; and (4) binational relationships.

Price and Wage Indicators in Mexico and the United States

At present, the Mexican government generates four kinds of price indexes: wholesale, retail, implicit, and specific. The best of these are of relatively recent origin. For example, the Bank of Mexico's Consumer Price Index, the current standard CPI for the country, has been generated since 1968, and is still without retroactively generated values. The same is true for implicit indexes of gross domestic product (GDP), which cannot exist without input-output matrices for key sectors of the economy. Since these only go back to 1950 (and even these data were retroactively generated), what is now published as an implicit index for GDP prior to 1950 is really something else.

We can use 1950 as a benchmark to separate the Mexican price indexes into two groups, historical and recent. The former has values for the years prior to 1950; the latter does not. There are then five official historical price indexes. They have the virtue of being the longest continuing series in the literature, and the defect of not being designed to deflate wages (there is, in fact, a continuing theoretical discussion about what it is that they are designed to do). Two are retail price indexes. They have the virtue of,

---

[1] Under the current administration the Instituto Nacional de Estadística, Geografía e Informática, Mexico's principal statistical agency, has made a concerted effort to change this by converting regional centers into units that generate their own data rather than just respond to the capital.

among other things, being designed to deflate wage incomes. They also have, in the case of the indexes under discussion, structural deficiencies which make them less than ideal instruments.

The Bank of Mexico, which generates the country's most important price index, produces two of the three wholesale indexes: the 32-item wholesale price index devised in 1929 and the 210-item wholesale price index developed in 1939. The third is a product of the Dirección General de Estadística (DGE), now part of the Instituto Nacional de Estadística, Geografía e Informática (INEGI), which in turn is part of the Secretaría de Programación y Presupuesto (SPP). The DGE has been Mexico's most important statistic-generating agency since the Porfiriato, and the second most important source of official price indexes. In the 1940s it began to manufacture a 50-item wholesale price index. Retroactive values for this index were then generated back to 1918.

Most American scholars of Mexican economic history have used these wholesale price indexes.[2] Mexican scholars have leaned toward the historical retail price indexes.[3]

The DGE has generated both of the retail indexes. The Workers Cost of Living Index is based on a 1934 survey among 281 Federal District families. It uses only 23 items, none of which have been modified since 1934. The Retail Price Index was also developed in the 1930s and has continuous values from 1930 to date. Its 38 items are not based on a consumer survey, and have not been modified since the index was first developed.

While modern price indexes are sophisticated instruments requiring extensive manpower, the historical ones are generally simpler and easier to reproduce. As a result, some scholars have gone beyond the official indexes in their research.[4] In this study I have used the latter in order to generate a composite historical price index for Mexico City.

There are several recent price indexes that are currently generated in Mexico. For my purposes here the most important is the Bank of Mexico's Consumer Price Index. The CPI has values from 1968, weighted by the 1963 family income-spending survey. Its basket consists of 172 generic concepts, which cover some 5,162 items nationally.

Unlike the historical indexes which are virtually all based on Mexico City data, the CPI is a national index. It takes price data from a number of cities and weights them by population size. From 1968 to 1978, the cities included the Federal District, Mérida, Morelia, Guadalajara, Monterrey, Mexicali, and Ciudad Juárez. In 1978 the Bank added Acapulco, Culiacán, León, Puebla, San Luis Potosí, Tapachula, Toluca, Torreón, and Veracruz to the list. Nineteen additional cities were added in 1980: Villahermosa, Tampico, Chihuahua, Hermosillo, Monclova, Córdova, Aguascalientes, Tijuana, Matamoros, Colima, La Paz, Chetumal, Zamora, Fresnillo, Iguala, Navojoa, Tulancingo, Cortázar, and Parral. Mexicali and Ciudad Juárez were the first Mexican–U.S. border cities to be covered because they were the largest and most important. The 1978 additions included no northern border cities. In 1980, however, Tijuana and Matamoros were added. The major cities of Mexico's northern border are now well represented.

For this study I have used a combination of four different price indexes for Mexico. Table 2100 contains a Composite Consumer Price Index for Mexico City. From 1939 to 1968 it uses the Bortz Price Index.[5] Afterward it uses the Bank of Mexico's CPI for the Federal District.[6] Table 2102 reproduces the Bank's CPIs for Mexicali and the Federal District from 1968 to 1983. In Table 2104 the Naucalpan/Federal District minimum wage is deflated by the data in Table 2100, while the Mexicali/Tijuana minimum wage is deflated by a composite index consisting of the Bortz Price Index from 1939 to 1968, the Bank's Mexicali CPI from 1968 to 1980, and the Bank's Tijuana CPI from 1980. The composite index uses two important assumptions: (1) for each period the index chosen represents the best available historical alternative; (2) since indexes best represent short-term changes, their linkage is viable.

The U.S. government generates the same kind of indexes as the Mexican government does: wholesale, retail, implicit, and specific. The wholesale indexes are now called producer price indexes, the retail are known as consumer price indexes, and the others have their precise and detailed names. The Bureau of Labor Statistics is one of the principal index-generating agencies.

The Producer Price Index is the oldest continuous statistical series published by the Bureau. It has values from 1890, when it was known as the wholesale price index. The Bureau has revised it through the years, most recently in 1976. It is not, however, designed to deflate wages.

---

[2] Examples are Clark W. Reynolds, *The Mexican Economy* (New Haven, 1970); James W. Wilkie, *The Mexican Revolution: Federal Expenditure and Social Change since 1910* (Berkeley: University of California Press, 1970); and Stephen Haber, "Industrialization in Mexico, 1880–1930," Ph.D. diss., University of California, Los Angeles.

[3] See, for example, Ma. Amparo Casar and Carlos Márquez, "La política de salarios mínimos legales: 1934–1982," *Economía Mexicana* 5 (1983).

[4] Three important examples are Mike Everest, "The Role of the Mexican Trade Unions, 1950–1963," Ph.D. diss., Washington University, 1966; Enrique Florescano, *Precios de maíz y crisis agrícola en México* (Mexico: El Colegio de México, 1969); and Jeffrey Bortz, "Industrial Wages in Mexico City 1939–1975," Ph.D. diss., University of California, Los Angeles, 1984.

[5] Bortz, "Industrial Wages in Mexico City."
[6] Banco de México, *Indicadores Económicos*, 1983–1984.

Table 2100

MEXICO CITY COMPOSITE CONSUMER PRICE INDEX, 1939–83[a]

(1978 = 100)

Year	Index	PC
1939	2.78	~
1940	3.07	10.49
1941	3.34	8.66
1942	4.15	24.15
1943	5.27	27.12
1944	7.33	38.98
1945	8.44	15.10
1946	10.74	27.22
1947	11.60	8.04
1948	11.63	.21
1949	12.33	6.05
1950	12.81	3.85
1951	15.19	18.63
1952	16.90	11.24
1953	16.49	−2.44
1954	18.77	13.83
1955	20.48	9.08
1956	21.50	4.99
1957	22.53	4.77
1958	24.22	7.53
1959	25.63	5.82
1960	26.81	4.58
1961	27.07	.97
1962	27.96	3.27
1963	28.02	.22
1964	29.18	4.15
1965	29.76	1.98
1966	30.80	3.48
1967	30.17	−2.05
1968	31.49	4.37
1969	30.95	−1.69
1970	33.00	6.59
1971	34.90	5.75
1972	36.60	4.87
1973	40.80	11.47
1974	49.90	22.30
1975	58.30	16.83
1976	67.70	16.12
1977	85.50	26.29
1978	100.00	16.95
1979	117.80	17.80
1980	149.00	26.48
1981	191.90	28.79
1982	302.40	57.58
1983	598.00	97.75

a. See also Chapter 8.

SOURCE: Jeffrey Bortz, "Industrial Wages in Mexico City 1939–1975," Ph.D. diss., University of California, Los Angeles, 1984; Banco de México, *Indicadores Económicos*, 1970–1983.

The Consumer Price Index is designed to deflate wages as well as other consumer incomes. The Bureau of Labor Statistics began publishing complete indexes with weighted distributions in 1919. Major revisions followed in 1940, 1953, 1964, and 1978. In 1978 the Bureau started to publish the CPI for two population groups: (1) a new CPI for all urban consumers; and (2) a revised CPI for Urban Wage Earners and Clerical Workers. The former is more inclusive, the latter more historical.[7]

The national consumer price index for the United States, like its Mexican counterpart, is essentially a weighted average of city indexes, although for the United States these are often Standard Metropolitan Statistical Areas.

As of 1915 there exist index values for Los Angeles–Long Beach and San Francisco–Oakland. Since 1947 the State of California's departments of Industrial Relations and Finance have compiled a weighted average of the two cities in order to generate a California CPI. There are also index values for San Diego, beginning in 1965. San Diego is included in the weighted California index as of that year. The U.S. wage series in this study (Table 2106) have been deflated by the national CPI since neither the California nor the San Diego series goes back far enough. In any case, long-run regional variations are relatively insignificant for the type of wage comparisons presented here.

In both Mexico and the United States the first half of this century witnessed the development of sophisticated consumer price indexes, although the current Mexican CPI did not emerge until 1968. After the development of the indexes both countries turned toward the coverage of more cities. San Diego entered the list in 1965, Mexicali in 1968, and Tijuana in 1980. At present the U.S.–Mexican border is well covered on both sides. However, systematic wage coverage has lagged behind the price data.

Wage data are as abundant as wages themselves. Systematic wage studies, however, employ three kinds of sources: censuses (the universe), surveys (a sample), and legal documents. The census information is often the most complete data base, but there are important limitations. First, many national censuses do not capture wage information while others include only superficial data. Since censuses represent a major undertaking, which explains why they are done infrequently, they have little utility in the construction of wage series.

In Mexico the Instituto Nacional de Estadística, Geografía e Informática carries out three surveys which have important wage information. The Estadística Industrial Mensual is the most recent, having begun in 1964. The

---

[7] H. M. Douty, "A Century of Wage Statistics: The BLS Contribution," *Monthly Labor Review*, November 1984.

Table 2101
U.S. CONSUMER PRICE INDEX, 1915–83[a]
(1967 = 100)

Year	Index	PC	Year	Index	PC
1915	30.4	~	1951	77.8	7.90
1916	32.7	7.56	1952	79.5	2.18
1917	38.4	17.43	1953	80.1	.75
1918	45.1	17.44	1954	80.5	.49
1919	51.8	14.85	1955	80.2	−.37
1920	60.0	15.83	1956	81.4	1.49
1921	53.6	−10.66	1957	84.3	3.56
1922	50.2	−6.34	1958	86.6	2.72
1923	51.1	1.79	1959	87.3	.80
1924	51.2	.19	1960	88.7	1.60
1925	52.5	2.53	1961	89.6	1.01
1926	53.0	.95	1962	90.6	1.11
1927	52.0	−1.88	1963	91.7	1.21
1928	51.3	−1.34	1964	92.9	1.30
1929	51.3	.00	1965	94.5	1.72
1930	50.0	−2.53	1966	97.2	2.85
1931	45.6	−8.80	1967	100.0	2.88
1932	40.9	−10.30	1968	104.2	4.20
1933	38.8	−5.13	1969	109.8	5.37
1934	40.1	3.35	1970	116.3	5.91
1935	41.1	2.49	1971	121.3	4.29
1936	41.5	.97	1972	125.3	3.29
1937	43.0	3.61	1973	133.1	6.22
1938	42.2	−1.86	1974	147.7	10.96
1939	41.6	−1.42	1975	161.2	9.14
1940	42.0	.96	1976	170.5	5.76
1941	44.1	5.00	1977	181.5	6.45
1942	48.8	10.65	1978	195.4	7.65
1943	51.8	6.14	1979	217.4	11.25
1944	52.7	1.73	1980	246.8	13.52
1945	53.9	2.27	1981	272.4	10.37
1946	58.5	8.53	1982	289.1	6.13
1947	66.9	14.35	1983	297.4	2.87
1948	72.1	7.77			
1949	71.4	−.97			
1950	72.1	.98			

a. See also Chapter 8.

SOURCE: State of California, Department of Finance, *California Statistical Abstract*, 1970; *Statistical Abstract of the United States* (SAUS), 1982–1983; *Monthly Labor Review*, 1984.

Estadística Industrial Anual began in 1963. The two surveys cover essentially the same establishments and questions. The annual survey asks more comprehensive questions because it is implemented less frequently; it asks each establishment its total wage bill, total salary bill, total fringe benefits, and total profit sharing paid.

The third survey is Mexico's principal official wage survey. The Dirección General de Estadística first carried out Trabajo y Salarios Industriales as a pilot survey in the Federal District in 1938. The following year coverage was expanded to include the "industrial districts" of Atlixco, Guadalajara, Monterrey, Orizaba, Puebla, and Torreón. By the 1970s the survey had dropped Atlixco but added Cajeme, Chihuahua, León, Mexicali, the State of Mexico, and San Luis Potosí. Therefore Mexicali is the only Mexican border city that has good wage survey information, and these data are relatively recent.[8]

From 1875 to 1900 the world market witnessed an extraordinary expansion of economic activity. As a result, many national economies underwent profound structural change and accelerated growth. This gave rise to new governmental structures that attempted to adapt to new economic situations and necessities. Finally, governments everywhere tried to develop more sophisticated statistical

[8] Secretaría de Programación y Presupuesto, *Catálogo Histórico de Publicaciones* (Mexico, 1977).

apparatuses with which to monitor the cycles of their economies. In Mexico the Dirección General de Estadística was established in 1882. In the United States the Bureau of Labor Statistics (BLS) was created in 1884.

The availability of systematic wage information is essentially the same in the United States as in Mexico: censuses, surveys, and legal data. Prior to the BLS, most systematic wage studies in the United States were based on censuses. The Bureau, from inception to date, has concentrated on generating and analyzing surveys. The most important surveys currently carried out by the BLS are cross-industry labor market surveys, begun in 1948; industry wage surveys, originally developed in the late nineteenth century but substantially modified in the 1950s and 1960s; supplementary remuneration surveys, continuously implemented since 1959; the employment cost index, begun in the 1970s; and the Fair Labor Standards Act Surveys, significantly broadened in the 1970s.

The most commonly used legal wage data, both in Mexico and in the United States, are the minimum wage data. While it is a common misperception that there is, in both countries, a minimum wage, there are in fact a number of legal minimum wages. For example, for part of the period covered here, there are separate agricultural and urban minimum wages in Mexico and the United States. Even so, the number of different legal minimum wages is greater than the urban-rural dichotomy suggests.

While the minimum wage system in Mexico has roots in the Porfiriato, the modern system emerged in the 1930s, with substantial modifications in the 1960s. The current structure is based on a tripartite commission, with a representative from organized labor, organized capital, and the federal government. The Comisión Nacional de los Salarios Mínimos (CNSM) divides the country into a number of minimum wage zones. Each zone has two minimum wages, one general and one for agricultural work.

One of the difficulties in constructing legal minimum wage series in Mexico is that there is no national wage, and the number of wage zones and of different wages has varied significantly through the years. In the 1930s each of Mexico's approximately 2,500 municipalities constituted a minimum wage zone, and each of those could have a general minimum wage and an agricultural minimum wage. Today there are only 32 zones and only four different wages since many of the zones are grouped together for minimum wage purposes, and there are no longer separate urban and rural minimum wages.[9]

Many researchers have constructed historical minimum wage series despite these problems. These include (1) using the Federal District minimum wage, since its geographic boundaries have not varied and its agricultural sector has not been important since the 1930s;[10] and (2) using a weighted or unweighted mean of the zonal wages.[11]

In this study I have employed the general minimum wage covering two municipalities, Tijuana and Naucalpan.

Table 2102
CONSUMER PRICE INDEX, MEXICALI, B.C, AND FEDERAL DISTRICT, 1968–83[a]
(1978 = 100)

	Mexicali		México, D.F.	
Year	Index	Annual Change (%)	Index	Annual Change (%)
1968	30.2	~	30.2	~
1969	31.0	2.6	31.3	3.6
1970	32.2	3.9	33.0	5.4
1971	33.9	5.3	34.9	5.8
1972	35.9	5.9	36.6	4.9
1973	39.3	9.5	40.8	11.5
1974	47.9	21.9	49.9	22.3
1975	53.8	12.3	58.3	16.8
1976	62.1	15.4	67.7	16.1
1977	85.3	37.4	85.5	26.3
1978	100.0	17.2	100.0	17.0
1979	114.7	14.7	117.8	17.8
1980	140.0	22.1	149.0	26.5
1981	172.7	23.4	191.9	28.8
1982	304.4	76.3	302.4	57.6
1983	665.0	118.5	598.0	97.8

a. See also Chapter 8.

SOURCE: Banco de México, *Indicadores Económicos*.

Table 2103
U.S., CALIFORNIA, AND SAN DIEGO CONSUMER PRICE INDEXES, 1965–82[a]
(1967 = 100)

Year	U.S.	California	San Diego
1965	94.5	95.4	95.2
1966	97.2	97.3	97.1
1967	100.0	100.0	100.0
1968	104.2	104.1	104.1
1969	109.8	109.3	109.5
1970	116.3	114.9	115.3
1971	121.3	119.1	119.8
1972	125.3	123.1	124.4
1973	133.1	130.2	132.5
1974	147.7	143.5	147.2
1975	161.2	158.4	160.8
1976	170.5	168.3	170.7
1977	181.5	180.2	182.0
1978	195.3	194.3	199.5
1979	217.7	216.2	230.4
1980	247.0	250.6	264.6
1981	272.3	277.9	299.3
1982	288.6	295.4	320.4

a. See also Chapter 8.

SOURCE: *California Statistical Abstract*, 1983.

---

[9] Comisión Nacional de los Salarios Mínimos (CNSM), *Salarios Mínimos*, various years; and CNSM, *Memoria de los Trabajos 1972–1973*, 1975.

[10] See, for example, Jeffrey Bortz and Ricardo Pascoe, "Salario obrero y acumulación de capital en México," *Coyoacan* 1:2 (January–March 1978).

[11] See Casar and Márquez, "La política de salarios mínimos."

Table 2104

DAILY MINIMUM WAGE, NAUCALPAN AND TIJUANA, 1946–83[a]
(1978 Pesos)

	Naucalpan/Federal District		Mexicali/Tijuana	
Year	Nominal (NC)	Real (1978 Pesos)	Nominal (NC)	Real (1978 Pesos)
1946	3.00	27.92	6.50	60.50
1947	3.00	25.84	6.50	56.00
1948	3.00	25.79	10.00	85.97
1949	3.00	24.32	10.00	81.07
1950	3.75	29.27	10.00	78.06
1951	3.75	24.67	10.00	65.80
1952	4.87	28.80	15.00	88.72
1953	4.87	29.52	15.00	90.94
1954	5.25	27.96	17.25	91.87
1955	5.25	25.63	17.25	84.22
1956	8.00	37.20	20.00	93.00
1957	8.00	35.50	20.00	88.76
1958	10.00	41.27	23.00	94.92
1959	10.00	39.00	23.00	89.70
1960	13.00	48.48	25.00	93.23
1961	13.00	48.01	25.00	92.33
1962	17.00	60.79	29.00	103.70
1963	17.00	60.66	29.00	103.48
1964	21.50	73.66	32.00	109.63
1965	21.50	72.22	32.00	107.50
1966	25.00	81.15	35.70	115.89
1967	25.00	82.85	35.70	118.32
1968	28.25	89.70	40.00	127.01
1969	28.25	91.25	40.00	129.03
1970	32.00	96.96	46.00	142.86
1971	32.00	91.69	46.00	135.69
1972	38.00	103.82	53.85	150.00
1973	38.00	93.13	53.85	137.02
1974	63.40	127.05	84.00	175.37
1975	63.40	108.74	84.00	156.13
1976	78.60	116.10	99.80	160.71
1977	106.40	124.44	133.90	156.98
1978	120.00	120.00	147.00	147.00
1979	138.00	117.14	162.00	141.24
1980	163.00	109.40	180.00	128.57
1981	210.00	109.43	210.00	125.42
1982	322.00	106.48	322.00	108.22
1983	489.00	81.77	489.00	74.05

a. See also Chapter 8.

SOURCE: Comisión Nacional de los Salarios Mínimos, *Salarios Mínimos: Textos Legales y Series Numéricas de 1946 a 1963* (Mexico, 1963); *Anuario Estadístico de los Estados Unidos Mexicanos*, various years; Banco de México, *Indicadores Económicos*.

Table 2105

DAILY MINIMUM WAGE, NAUCALPAN AND TIJUANA, 1946–83[a]

	Naucalpan		Tijuana	
Year	Pesos	Dollars	Pesos	Dollars
1946	3.00	~	6.50	~
1947	3.00	~	6.50	~
1948	3.00	.61	10.00	2.05
1949	3.00	.34	10.00	1.15
1950	3.75	.43	10.00	1.15
1951	3.75	.43	10.00	1.15
1952	4.87	.56	15.00	1.73
1953	4.87	.56	15.00	1.73
1954	5.25	.42	17.25	1.38
1955	5.25	.42	17.25	1.38
1956	8.00	.64	20.00	1.60
1957	8.00	.64	20.00	1.60
1958	10.00	.80	23.00	1.84
1959	10.00	.80	23.00	1.84
1960	13.00	1.04	25.00	2.00
1961	13.00	1.04	25.00	2.00
1962	17.00	1.36	29.00	2.32
1963	17.00	1.36	29.00	2.32
1964	21.50	1.72	32.00	2.56
1965	21.50	1.72	32.00	2.56
1966	25.00	2.00	35.70	2.85
1967	25.00	2.00	35.70	2.85
1968	28.25	2.26	40.00	3.20
1966	28.25	2.26	40.00	3.20
1970	32.00	2.56	46.00	3.68
1971	32.00	2.56	46.00	3.68
1972	38.00	3.04	53.85	4.30
1973	38.00	3.04	53.85	4.30
1974	63.40	5.07	84.00	6.72
1975	63.40	5.07	84.00	6.72
1976	78.60	3.93	99.80	5.00
1977	106.40	4.67	133.90	5.88
1978	120.00	5.27	147.00	6.46
1979	138.00	6.05	162.00	7.10
1980	163.00	7.01	180.00	7.74
1981	210.00	8.00	210.00	8.00
1982	322.00	2.16	322.00	2.16
1983	489.00	3.03	489.00	3.03

a. See also Chapter 8.

SOURCE: Table 2104, above; SALA, 23; Secretaría de Programación y Presupuesto, *Cuaderno de Información Oportuna*, no. 141.

Today the Tijuana legal minimum wage is covered through the minimum wage zone centered in Mexicali. Similarly, Naucalpan now forms part of the greater metropolitan Mexico City area, and also part of its legal minimum wage zone. In other words, the minimum wage series presented here could also have covered Mexicali and Mexico City with one exception: in the early years Naucalpan was in a separate zone which had a lower minimum wage than Mexico City.

Table 2104 contains the nominal and real minimum wages for Naucalpan/Federal District and Mexicali/Tijuana. Table 2105 shows the minimum wage rates for the same zones in pesos and dollars.[12] Since the Mexicali/Tijuana zone has not changed during the period covered, there is little interpretive difficulty. Naucalpan/Federal District is more complex. In the 1930s and 1940s the municipality of Naucalpan, like others, constituted a minimum wage zone. From the 1930s to 1963 there existed two minimum wages specifically for the municipality—rural and urban. In 1964 Mexico was redivided into a number of minimum wage

[12] Peso-dollar ratio is from SALA, 23; and Secretaría de Programación y Presupuesto, *Cuaderno de Información Oportuna*, no. 141.

zones, each of which comprised a number of municipalities. Afterward the number and the composition of the zones changed. In any case, there are no specifically Naucalpan minimum wages but rather those for the larger zone that contains the municipality. For the tables here I have used the urban Naucalpan rate from 1946 to 1963, and the urban Federal District rate from 1964 forward since that is the zone that now includes Naucalpan.[13]

This introduces a bias with respect to a Federal District series for the same period because the Naucalpan wages from 1946 to 1963 are lower than the rates for the capital. Therefore a Naucalpan/Federal District series will show more improvement than a straight Federal District series. However, the apparent statistical bias reflects a real phenomenon. Prior to World War II Naucalpan was a typical State of Mexico municipality with more agriculture than industry. After the war it became one of the country's leading industrial zones. Agriculture almost disappeared (in 1980 only 1.3 percent of its economically active population worked in agriculture) as both population (730,000 in 1980) and industry soared. It finally merged into Mexico City (except politically, of course). As a result, there can be no doubt that wage rates grew there more than in the Federal District because in addition to normal developments, there is also the shift in economic structures from relatively low-paying agriculture to relatively high-paying industry. So the statistical anomaly of the tables actually represents a real phenomenon as Mexico industrialized.

The few historical studies on minimum wages in Mexico ignore the problem of zone continuity by: (1) concentrating on the Federal District only; (2) using a national or state mean wage, that is, a mean of the changing zones; and (3) using one series prior to 1963 and another afterward. In this study the Naucalpan/Federal District zone change was used in order to compare wage evolution in a northern border municipality with a recently industrialized municipality in central Mexico.

The minimum wage system has evolved differently in the United States. The federal minimum wage is established by Congress through amendments to the Fair Labor Standards Act (FLSA), first enacted in 1938. The act establishes minimum wages and overtime standards for employees engaged in interstate commerce, in the production of goods for interstate commerce, or in activities necessary for the first two. Through the years the amendments to the FLSA have changed not only the minimum wage but also the coverage of the law; the long-run trend has been toward an extension of coverage to greater numbers and categories.

The 1966 amendments to the FLSA resulted in three different minimum wage rates: (1) non-farm workers, old coverage; (2) non-farm workers, new coverage; and (3) farm workers. As in the Mexican case, this resulted in a variety of minimum wage rates, that is, the three federal rates and the various state rates.

Prior to the New Deal many states had their own minimum wage laws. Some of these applied only to women and minors, which meant that their function was somewhat different than that of the later FLSA. California's minimum wage legislation, for example, preceded the enacted laws of the federal government.

In 1911 the California legislature approved an eight-hour law for women. In 1913 the state passed a minimum wage law which created the Industrial Welfare Commission designed to protect the wage levels and working conditions of women and minors. From 1916 to 1972 the California state minimum wage covered women and minors. In 1972 the State Labor Code was amended to include men under its minimum wage provisions. Therefore the California minimum wage dates from 1916 to the present, whereas the federal minimum wage exists only from 1938 to date. In recent years the California rate has been the same as the federal rate. State law, however, now stipulates that the minimum for California may be higher than the federal figure, but not lower. In addition, federal and state coverages differ.[14]

The federal Fair Labor Standards Act applies to all states because of the interstate commerce provisions. This implies, as in the California example, that states may or may not have minimum wage laws of their own, that their minimum wage levels may be higher or lower than the federal figure, and that the scope of their exemptions and coverages may also vary. In May 1971, 38 states had minimum wage laws or codes. Many of the state minimums were significantly different than the federal rate. In 1984 the Federal basic minimum in non-farm employment was $3.35 an hour. Of the four U.S.–Mexican border states, California and New Mexico had state minimum wages equal to the federal rate; Texas had a rate of $1.40 an hour; and Arizona did not have a minimum rate for workers not covered by the FLSA.[15]

---

[13] From 1946 to 1963 data are from CNSM, *Salarios Mínimos: Textos Legales y Series Numéricas de 1946 a 1963* (Mexico, 1963). From 1964 they are from *Anuario Estadístico de los Estados Unidos Mexicanos*, various years.

[14] State of California, *Sixth Report of the Industrial Welfare Commission of the State of California for the Biennial Period July 1, 1926 to June 1930*, 1928. Also, State of California, Department of Industrial Relations, Industrial Welfare Commission, "Minimum Wage—California and the United States," unpublished.

[15] U.S. Department of Labor, *Wages and Hours of Work of Nonsupervisory Employees in Selected Nonagricultural Industries* (Washington, D.C., 1975); and The Council of State Governments, *The Book of the States 1984–1985*, vol. 25 (Lexington, 1984).

The major advantage of using the legal minimum for historical wage comparisons is that the series are readily available. They are more difficult to construct for Mexico because of the change from municipality zones to larger ones. In the United States it is easier, though one must take into account the change in coverages. Table 2106 shows the California minimum wage from 1916 to 1985, and the federal non-farm minimum from 1938 to 1985. Both have been operative in the San Diego economy since their inception.

The disadvantage of the minimum wage is that it is difficult to interpret because it is not an average wage for any given group. It would have been even more difficult to compare the legal minimum in Tijuana with actual wage levels from surveys in San Diego, where they are readily available. Further research will need to explore actual historical wage rates on both sides of the border.

Comparative Price Movement

There are four issues to be dealt with relative to comparative price movement: (1) long-run patterns of inflation in Mexico and the United States; (2) price movement on the border compared with national price movement; (3) comparison of inflation across the border; and (4) relationships between Mexican and U.S. price movements.

Table 2100, which contains the Mexico City composite consumer price index, indicates that consumer prices have risen some 215 times between 1939 and 1983 in the Federal District. These data represent a good proxy for the national consumer price change. They also suggest three distinct inflationary periods: high from 1939 to 1955, low from 1956 to 1972, and high again from 1973 to 1983. In the first period the mean annual compound rate of price increase is 13.3 percent. In the second it drops 75 percent to 3.4 percent. In the most recent phase it jumps 835 percent to 31.8 percent. In other words, there is a long period of double digit inflation followed by an equally long period of very stable prices, and then a final long period of double digit inflation.

Table 2101 contains the U.S. consumer price index (CPI) from 1915 to 1983. Comparing Table 2100, for the 1939–83 period, one again observes three alternating periods of inflation. Although U.S. absolute price rises are much lower than in the Mexican case, the transitions from a period of relatively high inflation are quite marked. From 1939 to 1949 the mean annual compound rate of price rise is 5.6 percent. This drops in half during the following two decades when the rate is 2.0 percent (1949–59) and 2.3 percent (1959–69). The rate jumps 300 percent from 1969 to 1979, reaching 7.1 percent, and stands at 8.1 percent from 1979 to 1983. It is interesting to note that the price-inflationary and price-stable periods in both countries tend to coincide, with two differences: (1) the specific years of transition vary; and (2) the absolute levels of inflation are much higher in Mexico than in the United States.

Tables 2102 and 2103 compare regional price indexes in Mexico and the United States. They demonstrate that national markets are integrated by national money, so that long-run significant regional variations in price movement are not sustainable. Table 2102, which compares the consumer price indexes of Mexicali and the Federal District, shows that the 1968 to 1982 variation between the two is less than 1 percent. Table 2103, which compares the consumer price indexes of the United States, California, and San Diego, shows that from 1965 to 1982 the California CPI moves within 2 percent of the national CPI, while the San Diego CPI is within 15 percent of the national figure, high but still less than 1 percent per year.

The regional variations, while not extremely significant, are still interesting. In 1982 Mexicali had a much higher rate of inflation than Mexico City, 76.3 percent as opposed to 57.6 percent. For the same year San Diego demonstrated greater price rise than the national average, 7.05 percent as opposed to 5.99 percent. The border variation of 32 percent in Mexico compares favorably with the border variation of 18 percent in the United States. It is important to note that the economic crisis struck Mexico in 1982, resulting in severe devaluations of the peso as well as steep declines in real incomes in Mexico, especially in dollar terms. The higher rate of inflation in Mexicali undoubtedly reflects the importance that American consumer goods came to have for many groups in Mexican border society. The drop in demand for those goods in San Diego following the devaluations does not explain why San Diego also suffered an increase in inflation with respect to the rest of the United States. More research is needed.

The most important point about comparing inflation across the border is that from the mid-1960s, when we have price indexes for Mexicali and San Diego, inflation is always higher in Mexico than in the United States. This is also true further back in time, if we use the Mexico City and U.S. indexes. Although the reasons are too numerous and complex to fully develop here, suffice it to say that this phenomenon arises from a confluence of social, economic, and political pressures on an underdeveloped but industrializing economy such as the Mexican one. In other words, the reason for Mexico's relatively high inflation and the relatively low inflation in the United States from 1939 to date has to do with structural differences between developed and underdeveloped economies in the context of the postwar period in which the United States was the world's predominant economic power, and in which Mexico industrialized and also expanded its economy beyond its "natural" limits.[16]

In addition to significant absolute differences in price increases, the data also show an important parallel in the price movement of the two countries. During the 1940s (to 1955 in Mexico, to 1948 in the United States) both countries suffered higher rates of inflation than during the next period (to 1972 in Mexico, to 1968 in the United States). Following a transitional period of relatively modest price rises, both countries experienced relatively high inflation, including most of the 1970s. These swings in the national inflation rates naturally occur in the border regions. The parallel is neither coincidental nor causal. There is, however, a relationship that will be discussed after examining a related parallel: wages.

Wages

There are four wage issues that parallel the price issues: (1) long-run wage trends in Mexico and the United States; (2) wages in the border region with respect to national wages; (3) a comparison of wages across the border; and (4) other relationships between wages in Mexico and the United States. It must be recognized that the data analyzed are legal minimum wage rates. Hence, the conclusions are tentative pending further research that incorporates actual wage levels.

Real daily minimum wages in Naucalpan and Tijuana in 1978 pesos (Table 2104) show that the movement of wages in Mexico can be divided in two periods. From 1946 to 1974 real wages increase, albeit irregularly. From 1974 to 1983 they descend, also somewhat irregularly. In Naucalpan the real legal minimum wage climbs from 27.92 pesos (1978) per day in 1946 to 127.05 pesos per day in 1974, an increase of 355 percent. In Tijuana wages rise from 60.50 pesos per day to 175.37 pesos per day, an increase of 190 percent. The real minimum wage, for both municipalities, peaks at an absolute high for the period covered in 1974. From 1974 to 1983 wage levels drop 35.6 percent to 81.77 pesos in Naucalpan, and 57.8 percent to 74.05 pesos in Tijuana. By 1983 wages in Naucalpan had declined to their 1966–67 level, and in Tijuana to their 1951–52 rate. Other wage studies on Mexico confirm the basic trend: rising wage rates from the late 1940s to the mid-1970s, and declining rates thereafter.[17]

Table 2106 documents the trends of nominal and real minimum wage rates for the United States (federal hourly minimum) and for California (state hourly minimum) from 1938 for the former and from 1916 for the latter. In order to later concentrate on the comparisons with Mexico we will look at the period from 1946 to 1983. The data show that the federal real minimum wage rate rises 125 percent, from 68 cents (1967 dollars) in 1946 to 1.53 dollars in 1968, the year real wages reach their highest level. From 1968 to 1983, they decline slowly and irregularly, dropping 26.1 percent to 1.13 dollars per hour. The California real hourly minimum wage shows a similar evolution combining two distinct periods: rising wage rates to 1968, declining ones thereafter. They climb 86 percent from 85 cents an hour in 1946 to 1.58 dollars per hour in 1968, the peak year. They then fall to 1.13 dollars in 1983, a decline of 28.5 percent. In other words, minimum wage rates in the United States, just as in Mexico, show two distinct periods: rising wages after World War II to the late 1960s, and falling wages thereafter.

While not directly useful to binational comparison, it is interesting to observe the earlier real wage tendencies in California, always taking into account their limited coverage and applicability. The real minimum wage rises from 1916 to 1922, and then declines, albeit quite slowly, to about 1930. Curiously, it then rises through the worst part of the Depression, from 1930 to 1936. A slight decline then follows to World War II, during which real wages are fairly constant at a relatively high level. The 1946 real wage rate is not quite double that of thirty years earlier.

It is difficult to generalize about border region wage rates with respect to their national markets on the basis of the "legal" rates dealt with in this study. Nonetheless, some interesting arguments suggest themselves. In both countries the border region had higher nominal rates to 1950 than other areas. Today the nominal rates along the border are in line with prevailing national rates. This suggests increasing homogeneity in the respective national labor markets, especially if this could be confirmed by actual wage data. Second, and even more striking, is the Naucalpan-Tijuana comparison. The real wage in Tijuana in 1983 is 22 percent higher than in 1946, but in Naucalpan it is 193 percent higher. Tijuana has long been a free-trade zone in which consumers came to rely upon goods sold in the United States. Naucalpan, however, developed into one of the leading postwar industrial zones in Mexico, with many multinational firms producing consumer goods for the local market. While this type of dependent industrialization has often been criticized, there can be no doubt that dependent industrialization generates more wage improvement than does the non-industrialization of the free-trade zones.

Table 2107 compares wages across the border. In 1948 the federal daily minimum wage (the hourly rate multiplied by eight) was 1.55 times the Tijuana daily minimum wage.

---

[16] Why this produces inflationary pressures is partially explained in Jeffrey Bortz, *La estructura de los salarios en México* (Mexico, 1985).

[17] See Bortz, "Industrial Wages in Mexico City."

Table 2106

U.S. AND CALIFORNIA HOURLY MINIMUM WAGE,
1916–85[a]

(NC)

Year	U.S. Nominal (NC)	U.S. Real (1967 US)	California Nominal (NC)	California Real (1967 US)	Year	U.S. Nominal (NC)	U.S. Real (1967 US)	California Nominal (NC)	California Real (1967 US)
1916	~	~	.16	.49	1951	.75	.96	.65	.84
1917	~	~	.16	.42	1952	.75	.94	.75	.94
1918	~	~	.21	.47	1953	.75	.93	.75	.94
1919	~	~	.28	.54	1954	.75	.93	.75	.93
1920	~	~	.33	.55	1955	.75	.93	.75	.94
1921	~	~	.33	.62	1956	1.00	1.22	.75	.92
1922	~	~	.33	.66	1957	1.00	1.18	1.00	1.19
1923	~	~	.33	.65	1958	1.00	1.15	1.00	1.15
1924	~	~	.33	.64	1959	1.00	1.14	1.00	1.15
1925	~	~	.33	.63	1960	1.00	1.12	1.00	1.13
1926	~	~	.33	.62	1961	1.15	1.28	1.00	1.12
1927	~	~	.33	.63	1962	1.15	1.26	1.00	1.10
1928	~	~	.33	.64	1963	1.25	1.36	1.25	1.36
1929	~	~	.33	.64	1964	1.25	1.34	1.30	1.40
1930	~	~	.33	.66	1965	1.25	1.32	1.30	1.38
1931	~	~	.33	.72	1966	1.25	1.28	1.30	1.34
1932	~	~	.33	.81	1967	1.40	1.40	1.30	1.30
1933	~	~	.33	.85	1968	1.60	1.53	1.65	1.58
1934	~	~	.33	.82	1969	1.60	1.45	1.65	1.50
1935	~	~	.33	.80	1970	1.60	1.37	1.65	1.42
1936	~	~	.33	.80	1971	1.60	1.31	1.65	1.36
1937	~	~	.33	.77	1972	1.60	1.27	1.65	1.32
1938	.25	.59	.33	.78	1973	1.60	1.20	1.65	1.24
1939	.30	.72	.33	.79	1974	2.00	1.35	2.00	1.35
1940	.30	.71	.33	.79	1975	2.10	1.30	2.00	1.24
1941	.30	.68	.33	.75	1976	2.30	1.34	2.50	1.47
1942	.30	.61	.50	1.02	1977	2.30	1.26	2.50	1.38
1943	.30	.57	.50	.97	1978	2.65	1.35	2.65	1.36
1944	.30	.56	.50	.95	1979	2.90	1.33	2.90	1.33
1945	.40	.74	.50	.93	1980	3.10	1.25	3.10	1.26
1946	.40	.68	.50	.85	1981	3.35	1.23	3.35	1.23
1947	.40	.59	.65	.97	1982	3.35	1.16	3.35	1.16
1948	.40	.55	.65	.90	1983	3.35	1.13	3.35	1.13
1949	.40	.56	.65	.91	1984	3.35	~	3.35	~
1950	.75	1.04	.65	.90	1985	3.35	~	3.35	~

a. See also Chapter 8.

SOURCE: State of California, Department of Industrial Relations, Industrial Welfare Commission, "Minimum Wage—California and the United States," unpublished.

The ratio climbed to 2.76 the following year, and to 5.19 in 1950. To 1957 it hovered around this figure, relatively unfavorable for Mexican workers. This wage ratio slowly though irregularly improves to 1974, falling to 2.38. It then stabilizes slightly above 3.1 until the massive devaluation of the peso in 1982 sets it at 12.35. The data indicate that the long period of prosperity in the postwar world market tended to narrow the gap between wages in the two countries, while the later period of stagnation has tended to push them apart.

The many and complex relationships between Mexican and U.S. minimum wage rates underscore one striking fact. In both countries real wages climb in the 1940s, 1950s, and 1960s. They decline through the 1970s (after 1968 for the United States, after 1974 for Mexico) and 1980s. In other words, the data provide clear evidence of a long wage cycle in both countries manifested in an upward movement in the first part and a downward one in the second. Since orthodox economic theory cannot provide an adequate "economic" explanation of wage cycles, and since their presence in two countries with quite distinct economic and political systems precludes assigning wage stagnation to extraneous factors (simply too much coincidence is necessary), perhaps it would be more useful to reexamine contemporary wage theory.

Table 2107

RATIO OF U.S. DAILY MINIMUM WAGE TO TIJUANA DAILY MINIMUM WAGE, 1948–83[a]

(US)

Year	Ratio
1948	1.55
1949	2.76
1950	5.19
1951	5.19
1952	3.46
1953	3.46
1954	4.34
1955	4.34
1956	5.00
1957	5.00
1958	4.34
1959	4.34
1960	4.00
1961	4.60
1962	3.96
1963	4.31
1964	3.90
1965	3.90
1966	3.50
1967	3.92
1968	4.00
1969	4.00
1970	3.47
1971	3.47
1972	2.97
1973	2.97
1974	2.38
1975	2.50
1976	3.67
1977	3.12
1978	3.27
1979	3.26
1980	3.20
1981	3.34
1982	12.35
1983	8.84

a. See also Chapter 8.

SOURCE: Tables 2104 and 2106, above.

Conclusions

Approximately one hundred years ago both the Mexican and the U.S. governments established their key statistical agencies concerned with price and wage measurements: the Dirección General de Estadística (1882) and the Bureau of Labor Statistics (1884). Over the last century both agencies have developed several indexes that have become increasingly sophisticated. While these indicators lend themselves to a general binational comparison, coverage of the border region is more difficult since the major indexes were applied to the area at a later date, reflecting the increasing prominence of the Mexican–U.S. border in the post–World War II period.

Price series exist for both countries from the last century. However, good consumer price indexes for Mexico date from the 1930s, and for the Mexican side of the border, from 1968. The United States has good wage series from the beginning of this century, while Mexico developed them from the 1930s. There are no developed historical wage series for the Mexicali-Tijuana region, which necessitated the use of legal minimum wage comparisons here. Further research will need to explore actual wage levels on both sides of the border.

The data generated in this study show that national markets are still more important in explaining the border economies than are binational movements. That is, price and wage movements in Tijuana look more like price and wage movements in central Mexico than like those in San Diego. Similarly, San Diego looks more like the rest of the United States than like Tijuana.

The data indicate some peculiar border effects. First, long-run inflation on the border is not necessarily higher than in the respective national markets, contrary to much current thinking. This is especially true if one discounts the San Diego land boom of the 1970s. The border region is apparently subject to price pressures of its own which, while not meaningful in the long run, are quite significant in the short run.

It is also interesting to note that real wages in Tijuana improved significantly less than those of Naucalpan in central Mexico. While this is superficially related to a restructuring of Mexico's legal minimum wage zones, at a deeper level it reflects: (1) Tijuana's free-trade zone; and (2) the postwar industrialization of Naucalpan. In other words, the dependent industrialization of Naucalpan was better for workers than the lack of industrialization in Tijuana, or, almost any industry is better than no industry.

More detailed binational comparisons show two striking elements: price cycles and wage cycles. Both countries suffered a postwar period of high inflation, followed by a period of low inflation, followed by another period of high inflation. Similarly, in both countries real wages grew from the early 1950s to the late 1960s. While the specific turning point varies, this growth was followed by declining real wages in both Mexico and the United States in the current period.

Despite the enormous importance of U.S. trade for Mexico, it is difficult to argue that the U.S. cycles cause the Mexican ones. Rather, it appears that we are confronted with a natural phenomenon in both economies: long price and wage cycles that reflect a variable unmeasured in this study, long profit cycles. A binational comparison of profits appears to be the next step on the research agenda.

22

Social Costs and Revenues of the Maquiladora Industry

George Baker

Every six years in Mexico, during the presidential election campaign, there is furious debate about what constitute valid social costs. For example, an urgent agenda item during the 1988 campaign was the meaning and validity of the interest payments on Mexico's foreign debt. With interest payments constituting social costs of $7 to $14 billion annually, other social costs, such as those associated with the maquila industry, may seem insignificant. Yet the social costs imposed by the rapid industrialization of the U.S.-Mexican border region over the last two decades present the United States and Mexico with a growing human and environmental crisis of major proportions.

Social cost is defined here as a cost paid by society from public funds. The operation and maintenance of the Mexico City rapid transit system, the metro, is a social cost, as are the salaries of the maintenance workers in Ciudad Juárez who paint the Mexican half of the international bridges. Social costs are not uniform throughout society nor in a given economy. Politics can be seen as the process of interpreting the scope and meaning of social costs.

Two categories of social costs are associated with the maquila industry: (1) the cost of cleaning up the environment, and (2) the cost of providing adequate infrastructure for both physical (economic) and human[1] (e.g., public health, recreational parks, public libraries, and public education) development.

This study addresses the first category and analyzes four alternatives to funding environmental cleanup costs along the U.S.-Mexican border. The focus is on the fourth approach, which suggests that Mexico negotiate a funding plan with the U.S. government on the basis of the contribution of Mexican inputs to the generation of U.S. taxes associated with the merchandising of maquiladora output. The methodology utilizes aggregate industry statistics to establish consolidated income statements for the wholesaler and retailer of maquiladora output, two elements of which are taxable income and taxes payable. The calculations show that in 1986 $6.7 billion in U.S. federal and state taxes were collected which derived from the merchandising of maquiladora output. Half, or $3.35 billion, can be allocated to Mexican inputs. The study proposes that ways be found to channel some of these tax revenues to meet the infrastructure needs of the U.S.-Mexican border.

It is hoped that this discussion will stimulate analogous approaches to raising funds to cover the cost of providing other public services.[2]

Although we know the social costs of Mexico's foreign debt, this is not the case for the maquiladora industry. Maquiladora proponents either deny altogether that there are social costs related to the maquiladora operations, or, at best, they claim that such costs are offset by the associated marginal public tax revenues and other benefits.

While reports of environmental pollution along the U.S.-Mexican border are plentiful,[3] I know of only one estimate of the cost of cleaning up the border. In 1983 the U.S. Embassy in Mexico estimated that $5 billion would be needed to fund border cleanup.[4] At an annual inflation

---

AUTHOR'S NOTE: An earlier version of this essay was presented at the National Conference on the Maquila Industry, El Colegio de México, Mexico City, June 5–7, 1989.

[1]The term "social infrastructure" is sometimes used to refer to the wide range of public services. To mean social in the sense of public, I use the term "human."

[2]Recent research in Hawaii scales funding requirements for the full spectrum of public services to the unit of a tourist-day (Kevin Boberg, New Mexico State University, personal communication). Applying this concept to the maquila industry would show that each line-hour worked requires a certain amount of expenditure on public health services, libraries, parks, police protection, housing, water, sewage, etc.

[3]See, for example, "Twin Plant Toxics May Reach Water Table," *El Paso Times*, May 21, 1989, p. 1, and the four-part series in *The Dallas Morning News*, Jan. 29–Feb. 1, 1989, titled "Blight on the Border." The titles of the individual articles in this series illustrate different aspects of the problem: "U.S. and Mexico Share Pollution, But Not Solutions" (Jan. 29), "U.S. Must Live with Border Pollution or Aid Mexico's Cleanup" (Jan. 30), "Haze Shrouding El Paso Knows No Boundaries" (Jan. 31), and "Mexico's Drive for Growth Eclipses Concerns about Toxic Waste from Border Plants" (Feb. 1). See also Leslie Kochan, *The Maquiladoras and Toxics: The Hidden Costs of Production South of the Border*, Publication no. 186 (Washington, D.C.: ALF-CIO, February 1989).

[4]Clifton Metzner, Institute for Regional Studies of the Californias, San Diego State University, personal communication, telephone interview, fall 1988. Metzner reported that only $150 million had been invested in border environmental cleanup since 1983.

rate of 10 percent,[5] the cleanup bill in 1989 would be approximately $9 billion.

How can Mexico raise $9 billion for border environmental cleanup? Four alternative methods are discussed below.

1. Taxation of Worker Base Pay

Traditionally, Mexican fiscal policy has required companies to pay miscellaneous taxes to help cover costs associated with public-financed infrastructure such as health services and housing. In the spring of 1988 the Mexican government proposed a 5 percent tax on the base pay of maquiladora workers as an equitable way to finance needed border infrastructure development. Lacking a guarantee from the Mexican government that the tax money collected would in fact be used for border infrastructure, maquiladora leaders opposed the measure, and the proposal was abandoned.

Table 2200

MAQUILADORA BASE PAY AND MEXICAN FEDERAL HOUSING TAXES, 1980–86

(B US)

Category	1980	1981	1982	1983	1984	1985	1986
WAGES							
Operator base wages[1]	.258	.333	.248	.199	.303	.326	.277
Fringe benefit factor (%)	21.9	22.1	23.1	23.0	22.6	22.5	23.4
Line supervision[1]	.06	.08	.06	.06	.09	.11	.10
Office workers (paid in pesos)[1]	.04	.06	.05	.04	.07	.08	.08
Subtotal peso-based wages	.36	.47	.35	.30	.46	.52	.46
IMPUTED MEXICAN TAXES							
Federal housing taxes (equivalent to 5% of base pay) (M US)[2]	18.01	23.32	17.58	14.95	23.23	25.87	23.01
As % of Mexican value added	2.33	2.39	2.07	1.83	2.01	2.04	1.78

1. Excludes fringe benefits by dividing gross wages (Table 2201) by benefit factor + 1.0.
2. Perhaps because of the controversy along the border concerning the administration of INFONAVIT taxes, no data on the fiscal history of the maquiladora industry are published.

SOURCE: Table 2201 and Wharton Econometrics Forecasting Associates (WEFA), *The Implication[s] for the U.S. Economy of Tariff Schedule Item 807 and Mexico's Maquila Program* (Bala Cynwyd, PA, May 1988), Table 4–7 for benefit factors.

It would, nevertheless, be useful to know how much tax revenue would have resulted from a 5 percent tax on base pay. Had this plan been carried out from 1980 to 1986, a total of some $150 million would have been collected (Table 2200). This hypothetical funding source, equivalent to less than 2 percent of Mexico's value added, is clearly not the solution.

[5]Mexican border inflation since 1983 has been much higher than 10 percent, but U.S. inflation has been lower (under 5 percent). I assume that the majority of inputs in an environmental cleanup effort would be dollar denominated.

2. Taxation of Maquiladoras

Suppose that the United States and Mexico agreed to share evenly the cost of border cleanup. Mexico has a $4.5 billion cleanup bill, and asks the maquiladora industry to pay it. The central argument of Mexican authorities to the maquila industry will not be based on conjectural, historical arguments as to who caused the problem, but rather would focus on the benefits of eliminating a problem that reduces maquiladora worker productivity.

Examples of problems and practical solutions are plentiful. Installing two hazardous waste facilities to handle the toxic wastes of the maquiladoras, one in the area of Ciudad Juárez and the other in the vicinity of Tijuana, would eliminate the health hazards caused by the contamination of regional water supplies. If 400,000 maquiladora workers are paid for 1,673 net hours per year,[6] then $4.5 billion can be raised in ten years with a special tax on actual hours worked of only $1.07/hr.

3. Loan Write-Down for U.S. and Japanese Banks

Let us imagine a third environmental cleanup scenario in which U.S. and Japanese banks are given a sufficient tax incentive to prompt them to "forgive" $9 billion of the loans owed them by Mexico. Such a tax incentive would mean that the American and Japanese governments would forego tax revenues which would then have to be replaced by the taxpayers to absorb the cost of the cleanup.[7]

In addition to this write-down, the U.S. and Japanese governments would agree to fund a third of the $9 billion, leaving Mexico with a $6 billion infrastructure cost. The forgiving mechanism is negotiated in the context of a trilateral agreement in which Mexico obligates itself to fund a special trust account for border environmental cleanup and infrastructure at a rate equivalent to 75 percent of the interest payments that otherwise would have been due (approx-

[6]Paul Fleming, general manager of NCR Industrial de México, S.A. de C.V., from 1981 to 1986, puts the total net work-days/year at 239 (365 less 126 days consisting of weekends, plus 10 holidays, 6 days of sick leave, and 6 days of vacation). He uses seven hours as the effective work-hours/day. Total man-hours/year are 7 × 239, or 1,673. Total man-hours worked in the maquiladora industry in a year of 400,000 workers employed would be 669.2 million, or 55.77 million/month. Calculations are for monthly payment where PV = −4.5 billion, i = 10/12, n = 120. Monthly payment divided by net monthly hours worked gives the hypothetical tax rate per hour. Where n = 60 (5 years), the hourly tax rate would be $1.71; where n = 36 (3 years), the rate would be $2.60.

[7]Spreading out the cleanup over the entire U.S. and Japanese tax bases would result in only a nominal per household expense.

imately $1 billion annually).[8] In this way, the infrastructure account would be funded at $783.7 million annually, and Mexico could amortize its $6 billion infrastructure debt at a 10 percent annual rate, compounded monthly, in just eight years. During the same period Mexico would have saved $2.1 billion in interest payments to U.S. and Japanese banks.

4. Tax on Merchandising of Maquiladora Output

In proposing the fourth, and most feasible, approach to funding border environmental cleanup, I argue that Mexican inputs in maquiladora processing generate substantial federal and state taxes in the United States, and that Mexico has a basis for asking the U.S. government for a fair share of those marginal tax revenues to meet needs common to both countries, such as border environmental cleanup.

Estimating annual revenues collected by U.S. federal and state governments associated with the sale of maquiladora output in the United States requires an estimate of total U.S. taxable income of the maquila industry. To estimate the amount of state and federal taxes, corporate and retail, attributable to the merchandising in the United States of maquila production, we need to know total sales. The shortest route to an estimate of total sales is to determine total, aggregate cost of goods sold for the industry against which an estimated average gross margin factor can be applied. In this analysis I assume that meaningful results are obtained by treating aggregate industry data as elements of the financial statements of a single firm.

Total Cost of Goods Sold (COGS).—U.S.-side (or Tokyo- or Seoul-side) costs plus Mexican-side costs is the total cost of goods sold (COGS). Applying a wholesale gross margin factor, which estimates the average factor for the whole industry, gives an estimate of total wholesale revenues. The estimates for total sales and taxes depend on the estimate for the aggregate cost of goods sold in the industry.

Three sets of considerations relate to estimating an average gross margin factor: The first is associated with the traditional maquiladora company that took its labor-intensive, manufacturing operations offshore because of foreign competition (i.e., pressure on its gross margins). Normally, the product is one that had been manufactured and marketed in the United States during the first phases of its life-cycle, when the gross margins were high. In general, therefore, in this segment of the maquila industry gross margins are lower than they would have been when the product was manufactured in the United States.

The second set of considerations related to the estimation of average gross margin concerns the gross margins of the Japanese and Korean maquiladoras, which come to Mexico to secure their market share in the United States by having a manufacturing site protected from potential discriminatory trade legislation from Washington. It is not at all certain that pressure on gross margins has anything to do with the decision to establish a Japanese or Korean maquiladora in Mexico. In other words, such companies come to Mexico for the purposes of trade and U.S. market-share insurance, not to relieve pressure on gross margins.

The third set of considerations concerns the stunning rise of the automobile sector of the maquiladora industry since 1983. Given the Mexican government's policy requiring foreign manufacturing companies to have export trade balances for its imports, the explanation for the growth in the automobile segment is probably related to the manufacturer's desire to increase market share in Mexico as much as it is to maintaining market share in the United States. Because of the exceptionally high gross margins obtainable by selling to the domestic market in Mexico, gross margins in the company's maquila subsidiary could be quite low.[9]

This discussion suggests that diverse factors influence gross margins in the maquila industry, and that the notion that companies were being forced offshore (e.g., Mexico) to seek relief from ruthless foreign competitors does not fit important segments of the maquiladora industry.[10]

Knowing annual sales and the cost of goods sold enables us to apply reasonable income statement ratios to determine corporate income tax liability of the product wholesaler. We can repeat this analytical process for the product retailer, and, in so doing, estimate the total amount of taxes collected in the United States on the successive, commercial transactions involving the product.

U.S.-side Costs.—Estimating U.S.-side costs is difficult because there are no relevant Mexican statistical data, and

---

[8] Assumes an annual interest rate of 10 percent compounded quarterly over a 20-year period on a principal of $9 billion.

[9] An analyst with a Fortune 500 electronics manufacturing company commented in September 1987 that one of his company's responses to balance-of-trade rules in countries such as Mexico was to establish export operations maquiladora style. "We ask our manager, 'How much additional market share can you obtain with an extra $1 million dollars in your foreign-exchange account for imported goods?' The economics may turn out that we will export from our maquiladora operation *at a loss* in order to provide our domestic operations the additional foreign-exchange credit."

[10] Based on gross margin considerations, we might say that there are three maquiladora industries in Mexico. The figure that I arbitrarily select as the estimate of the average gross margin for the industry is 45 percent.

Table 2201
OFFICIAL FINANCIAL DATA ON MAQUILADORA OPERATIONS, 1980–86
(B US)

Category	1980	1981	1982	1983	1984	1985	1986
MEXICAN INPUTS							
Labor							
Operator base wages	.258	.333	.248	.199	.303	.326	.277
Operator benefits	.061	.075	.034	.049	.082	.082	.080
Subtotal line operators	.320	.408	.282	.248	.385	.408	.358
Line supervision[1]	.069	.092	.070	.069	.114	.135	.127
Administrative personnel[1]	.055	.071	.058	.054	.084	.100	.099
Subtotal peso-based labor	.444	.571	.410	.371	.583	.643	.583
(Data adjustment)	.014	.025	.053	.014	.012	.017	.003
Total wages and benefits	.458	.596	.463	.385	.595	.660	.586
Materials and Other							
Raw materials and services	.027	.026	.025	.032	.048	.033	.044
Packing materials	.003	.003	.001	.005	.003	.003	.009
Other local suppliers	.155	.197	.189	.213	.303	.334	.360
Profits and other categories	.129	.153	.174	.183	.206	.238	.295
Subtotal	.315	.379	.388	.433	.560	.608	.708
Total Mexican value added	.773	.975	.851	.818	1.155	1.267	1.295
FOREIGN INPUTS							
Labor	~	~	~	~	~	~	~
Materials							
Components[2]	1.706	2.170	1.919	2.732	3.625	3.696	4.228
Packing Materials[2]	.044	.058	.059	.090	.124	.130	.123
Subtotal imported	1.750	2.227	1.979	2.823	3.749	3.826	4.351
Mexican-sourced materials	.030	.029	.026	.037	.051	.036	.053
Total materials	1.780	2.256	2.004	2.860	3.800	3.862	4.404
Mexican-sourced/total (%)	1.7	1.3	1.3	1.3	1.3	.9	1.2
OFFICIAL EXPORT VALUE	2.523	3.202	2.830	3.641	4.904	5.092	5.646
Mexican value added as % of total export value	30.6	30.5	30.1	22.5	23.6	24.9	22.9

1. Wages (including benefits) estimated using hourly rates × the number of workers × 2,194.4 average hours/year (WEFA, 1988, Table 4–7).
2. Assumed to be CIF values.

SOURCE: Banco de México, "La industria maquiladora de exportación, 1980–1986" (Mimeo, 1987), which provides INEGI data in current U.S. dollars.

Table 2202
COST OF GOODS SOLD (COGS) TO MAQUILADORA PARENT COMPANY,[1] 1980–86
(B US)

Category	1980	1981	1982	1983	1984	1985	1986
LABOR							
Variable							
Line operators (.9 wages)	.29	.37	.25	.22	.35	.37	.32
Line supervision	.07	.09	.07	.07	.11	.13	.13
Subtotal variable	.36	.46	.32	.29	.46	.50	.45
Fixed (Mexico wages as proxy)	.46	.60	.46	.38	.60	.66	.59
Total labor	.82	1.06	.79	.68	1.06	1.16	1.04
MATERIALS							
Components	1.71	2.17	1.92	2.73	3.62	3.70	4.23
Procurement, handling, and quality control							
U.S. side (.05 imported materials)	.09	.11	.10	.14	.19	.19	.22
Mexican side (.1 operator wages)	.03	.04	.03	.02	.04	.04	.04
Packing and other imported	.04	.06	.06	.09	.12	.13	.12
Local	.19	.23	.21	.25	.35	.37	.41
Total materials	2.05	2.61	2.32	3.24	4.33	4.43	5.02
GENERAL and ADMINISTRATION							
Salaries							
Office workers (paid in pesos)	.05	.07	.06	.05	.08	.10	.09
Management salaries (paid in U.S. dollars)	.03	.03	.03	.04	.05	.05	.06
Subtotal salaries	.08	.10	.09	.09	.13	.15	.16
Depreciation							
U.S. equipment (in-bond)[2]	.03	.04	.04	.06	.07	.08	.09
Mexican building and grounds[2]	.03	.04	.04	.06	.07	.08	.09
Subtotal depreciation	.07	.09	.08	.11	.15	.15	.17
Other (Profits and Other less depreciation)	.06	.06	.09	.07	.06	.08	.12
Total	.18	.21	.22	.21	.26	.31	.45
U.S. TARIFF (at 4.7% Mexico value added)	.04	.05	.04	.04	.05	.06	.06
TOTAL COGS	3.15	4.00	3.45	4.28	5.85	6.11	6.57
Mexican-side content	2.48	3.15	2.79	3.58	4.83	5.01	5.55

1. The definition of Cost of Goods Sold is initial inventory, plus purchases, less final inventory; for lack of inventory data, it is assumed that all purchases are sold in the accounting year acquired. The table treats aggregate industry data as a single firm.
2. For equipment in Mexico "in bond" depreciation is taken abroad. No data are published for maquila plant depreciation; 2% of value of imported supplies is used as a proxy.

SOURCE: Table 2200.

maquila parent companies are under no obligation to report their non-Mexican costs.[11]

Let us suppose that in 1986 a maquila plant assembled a product for $5.65,[12] including direct labor, materials, and overhead (Table 2201),[13] and that the total cost of goods sold in 1986 was $6.57 (Table 2202). Looking at the COGS in percentage terms, we see that Mexican labor content has declined from 11.3 percent in 1980 to 6.8 percent in 1986 (Table 2203).

[11]The forecast for the creation of a reliable database on total manufacturing costs, Mexican and non-Mexican, in the maquiladora industry is gloomy. The general manager of a maquiladora plant is responsible for knowing (and minimizing) Mexican-side costs (principally labor costs), but there is no incentive for him to estimate the total cost of goods sold.

[12]For ease of discussion, the dollar figures, which in the tables are in billions are presented as the cost of one unit produced by a maquiladora.

[13]The tables included in this section are taken from a larger research project in progress that subjects industry data to income-statement ratio analysis.

U.S.-side costs include fixed labor (such as product engineering), procurement, and quality control. Dollar-denominated salaries of maquila managers,[14] equipment depreciation, and tariffs on the Mexican value added came (in the initial, base estimate) to $1.01 in 1986 (Table 2204), or 15.4 percent of total manufacturing costs. Every $1.00 spent in Mexico on maquiladora output corresponded to an additional $0.16 spent in the manufacturing process in the United States (or Tokyo).

Nearly three-fifths of the estimated U.S.-side costs (Table 2204) are fixed costs, those that are independent of operations in Mexico; the value of this component is estimated

[14]Management salaries paid in dollars are estimated by taking 1 percent of the total maquiladora workforce and assuming an average annual salary of $25,000; an alternate estimate is given in Table 2205.

Table 2203
ELEMENTS OF COGS AS SHARE OF TOTAL,[1] 1980–86
(%)

Category	1980	1981	1982	1983	1984	1985	1986
LABOR							
Variable	11.3	11.5	9.4	6.8	7.9	3.2	6.8
Fixed (U.S. side)	14.5	14.9	13.4	9.0	10.2	10.8	8.9
Total labor	25.9	26.4	22.8	15.8	18.1	19.0	15.8
MATERIALS	65.2	65.1	67.3	75.6	74.0	72.5	76.4
GENERAL and ADMINISTRATION[2]							
Salaries	2.6	2.5	2.5	2.1	2.2	2.4	2.4
Depreciation	2.2	2.2	2.3	2.6	2.6	2.5	2.7
Other	1.9	1.6	2.7	1.6	1.0	1.4	1.8
Total	5.6	5.2	6.4	5.0	4.5	5.1	6.9
TARIFF DUTIES	1.2	1.1	1.2	.9	.9	1.0	.9
TOTAL	97.8	97.8	97.7	97.4	97.4	97.5	100.0

1. Based on COGS calculations in Table 2202. The table treats aggregate industry data as a single firm.
2. At the maquiladora plant.

SOURCE: Tables 2200 and 2202.

Table 2204
BASE ESTIMATE OF U.S.-SIDE COSTS,[1] 1980–86
(B US)

Category	1980	1981	1982	1983	1984	1985	1986
Itemized Mexican-side costs	2.485	3.154	2.787	3.582	4.825	5.012	5.554
Official export value	2.523	3.202	2.830	3.641	4.904	5.092	5.646
(Data adjustment)	.038	.048	.043	.059	.079	.081	.092
U.S.-side costs							
Fixed (Mexican variable labor as proxy)	.458	.596	.463	.385	.595	.660	.586
Quality control (5% components)	.087	.111	.099	.141	.187	.191	.218
Management salaries (paid in U.S. dollars)	.030	.033	.032	.037	.050	.053	.062
Equipment depreciation (in-bond)	.035	.045	.040	.056	.075	.077	.087
Customs (at 4.7% Mexico value added)	.036	.046	.040	.038	.054	.060	.061
Total U.S.-side costs	.647	.831	.673	.658	.962	1.040	1.014
Theoretical COGS[2]	3.131	3.985	3.460	4.240	5.787	6.052	6.568
Observed (itemized) COGS[3]	3.152	4.033	3.503	4.300	5.866	6.132	6.660
U.S.-side costs as % of theoretical COGS	20.7	20.8	19.5	15.5	16.6	17.2	15.4

1. Treats aggregate industry data as a single firm.
2. Sum of Mexico export value and U.S.-side costs.
3. Sum of Mexican-side costs (itemized COGS) and U.S.-side costs.

SOURCE: Tables 2201 and 2202.

using variable labor in Mexico as a proxy value. Alternative, inductive procedures for estimating U.S.-side costs are shown in Table 2205. The alternative gives U.S.-side costs that are lower than those in the base estimate ($0.39 versus $1.01 in 1986). This difference ($0.62) produces an estimated gross sales figure $0.97 lower than the $11.94 shown for 1986 in Table 2207.

The assumption thus far about U.S.-side costs has been that offshore manufacturing operations in general, including those in Mexico, are risk-free. Risk (such as exchange rate risk and political risk) is a cost borne by the U.S. or Tokyo side. While it is unlikely that U.S. (or Japanese) management is formally assigning a risk factor as a component of the cost of goods sold, we must do so in order to better understand the relationship among the factors of production in the two countries. From an accounting viewpoint, risk is an annual, non-cash expense that behaves like a self-insurance reserve fund. Risk may be calculated as a percentage of total costs of goods sold. For example, we can apply a 1 percent risk factor ($0.059) to the value for observed (itemized) COGS in 1986 ($5.94, Table 2205). This amount plus the previous estimate of U.S.-side costs ($0.388) totals $0.447, a 15.2 percent increase. A 2 percent risk factor ($0.113) brings an increase in U.S.-side costs of about 29.1 percent. With a 2 percent risk factor, U.S.-side costs rise to 8.3 percent of total costs, up 30 percent from the previous estimate of 6.4 percent.

This itemized estimate of U.S.-side costs omits values for the amortization of capitalized product development investments. For products near the end of their life-cycle, the residual amortization[15] would be negligible, but for new products (in the automobile subsector, for example) there would be substantial product development costs to be expensed as an amortization charge. The difference between the global and itemized estimates for U.S.-side costs gives a figure that, in this ad hoc theory, contains the amortization of product development costs (and other items as well). Scaling such values to wholesale revenue gives an estimate of the importance of product development costs as an element in the cost of production (Table 2206). For the years 1980–86 the model shows that, on average, product development costs were 6.4 percent of sales, doubtless an overstatement of the true value.

Wholesaler Income Statement.—The income statement of the wholesaler of the product shipped from Mexico for $5.65 shows that it sold for $12.09, taxable income was $4.21, and $1.73 in federal and state taxes was paid (Table 2207.

---

[15]The $1.20 may also be thought of as a tax on the right to engage in commerce in the United States.

Table 2205

ALTERNATIVE ESTIMATE OF U.S.-SIDE COSTS, 1980–86
(B US)

Category	1980	1981	1982	1983	1984	1985	1986
Maquila plants (N)	620	605	585	600	672	760	891
Itemized Mexican-side costs	2.485	3.154	2.787	3.582	4.825	5.012	5.554
(Data discrepancy)[1]	.038	.048	.043	.059	.079	.081	.092
Official export value	2.523	3.202	2.830	3.641	4.904	5.092	5.646
Itemized U.S.-side costs							
Quality control[2]	.031	.030	.029	.030	.034	.038	.045
Manufacturing engineering[2]	.031	.030	.029	.030	.034	.038	.045
Procurement[2]	.031	.030	.029	.030	.034	.038	.045
Accounting[2]	.031	.030	.029	.030	.034	.038	.045
General manager[3]	.043	.042	.041	.042	.047	.053	.062
Equipment depreciation (in-bond)	.035	.045	.040	.056	.075	.077	.087
Amortization of engineering and product development costs	~a	~a	~a	~a	~a	~a	~a
Customs (at 4.7% Mexico value added)	.036	.046	.040	.038	.054	.060	.061
Total U.S.-side costs	.239	.254	.238	.257	.311	.341	.388
Risk Factor (at 2% Mexican-side costs)	.050	.064	.057	.073	.098	.102	.113
Total risk U.S.-side	.289	.318	.294	.330	.409	.443	.501
COGS (Excluding risk factor)							
Theoretical COGS[4]	2.761	3.456	3.068	3.898	5.215	5.434	6.034
Observed (itemized) COGS[5]	2.724	3.408	3.025	3.839	5.136	5.353	5.942
COGS (Including risk factor)							
Theoretical (export value plus risk charge)	2.812	3.520	3.124	3.971	5.313	5.535	6.147
U.S. costs as % total costs							
Unrisked	8.6	7.3	7.7	6.6	6.0	6.3	6.4
Risked (at 2% Mexico export value)	10.5	9.2	9.6	8.5	7.8	8.2	8.3

1. Itemized costs should equal export value.
2. Includes overhead. Assumes 1 U.S.-side employee/plant at $50,000/year/plant (not adjusted for inflation).
3. Includes salary, overhead, and travel expenses of $70,000/year/plant (not adjusted for inflation).
4. Theoretical COGS is the sum of Mexico export value and U.S.-side costs.
5. Observed COGS is the sum of itemized Mexican-side costs and unrisked U.S.-side costs.

a. Not estimated. No data are available for the annual cost of the amortization of capitalized costs such as product engineering and patent costs. For products at the end of their life cycle, such amortization costs may be regarded as negligible.

SOURCE: Tables 2201 and 2202, and field interviews, June 1989.

Table 2206

COMPARISON OF GLOBAL AND ITEMIZED ESTIMATES FOR U.S.-SIDE COSTS, 1980–86
(B US)

Category	1980	1981	1982	1983	1984	1985	1986
Global estimate of U.S.-side costs (variable labor as proxy for amortization charge for product engineering and tooling)[1]	.647	.831	.673	.658	.962	1.04	1.014
Itemized estimate of U.S.-side costs (itemized, excluding 2% risk charge and product amortization charge)[2]	.239	.254	.238	.257	.311	.341	.388
Hypothetical amortization charge[3]	.408	.577	.435	.401	.651	.699	.626
Wholesale value of merchandise[4]	5.731	7.280	6.268	7.787	10.636	11.111	11.936
Hypothetical amortization charge as % of wholesale value	7.1	7.9	6.9	5.2	6.1	6.3	5.2

1. Total U.S.-side costs from Table 2204.
2. Total U.S.-side costs from Table 2205.
3. Table 2204 values less Table 2205 values.
4. Sales figure from Table 2207.

SOURCE: Tables 2204, 2205, and 2207. Wholesale value based on unrisked COGS.

Table 2207

WHOLESALE INCOME STATEMENT OF MAQUILADORA OUTPUT,[1] 1980–86
(B US)

Category	1980	1981	1982	1983	1984	1985	1986
Sales[2]	5.7	7.3	6.3	7.8	10.6	11.1	11.94
Cost of Goods Sold (COGS)	3.2	4.0	3.4	4.3	5.8	6.1	6.57
Selling, general, and administrative[3]	.4	.5	.5	.8	1.0	1.0	1.20
Profits from operations	2.8	3.5	3.0	3.5	4.8	5.1	5.36
Research and development[4]	.3	.4	.3	.4	.5	.6	.60
Interest expense[4]	.3	.4	.3	.4	.5	.6	.60
Taxable income	2.2	2.8	2.3	2.7	3.8	4.0	4.17
Taxes (U.S. corporate)							
Federal (at 35%)	.8	1.0	.8	1.0	1.3	1.4	1.46
State (at 6%)	.1	.2	.1	.2	.2	.2	.25
Total taxes	.9	1.1	1.0	1.1	1.6	1.6	1.71
Net profits	1.3	1.6	1.4	1.6	2.2	2.4	2.46
Profits as % of sales	22.4	22.5	22.1	20.6	21.0	21.2	20.60

1. Treats aggregate industry data as a single firm.
2. Estimated using a 45% gross margin factor.
3. Estimated as 15% of sales excluding U.S. fixed labor expense.
4. Estimated as 5% of sales.

SOURCE: Table 2202.

Table 2208

RETAILER INCOME STATEMENT OF MAQUILADORA OUTPUT,[1] 1980–86

(B US)

Category	1980	1981	1982	1983	1984	1985	1986
Sales[2]	11.81	15.00	12.91	16.04	21.91	22.89	24.59
Cost of Goods Sold (COGS)							
Wholesaler's price	5.73	7.28	6.27	7.79	10.64	11.11	11.94
Freight and handling[3]	.17	.22	.19	.23	.32	.33	.36
Subtotal COGS	5.90	7.50	6.46	8.02	10.96	11.44	12.29
Selling, general and administrative[4]	1.77	2.25	1.94	2.41	3.29	3.43	3.69
Profits from operations	4.13	5.25	4.52	5.61	7.67	8.01	8.61
Interest expense[5]	.12	.15	.13	.16	.22	.23	.25
Taxable income	4.01	5.10	4.39	5.45	7.45	7.78	8.36
Taxes (U.S. corporate)							
Federal (at 35%)	1.41	1.78	1.54	1.91	2.61	2.72	2.93
State (at 6%)	.24	.31	.26	.33	.45	.47	.50
Total taxes	1.65	2.09	1.80	2.24	3.05	3.19	3.43
Net profits	2.37	3.01	2.59	3.22	4.40	4.59	4.93
Profits as % of sales	20.1	20.1	20.1	20.1	20.1	20.1	20.1

1. Treats aggregate industry data as a single firm.
2. Estimated using a 50% gross margin factor.
3. Estimated at 3% of wholesaler's price.
4. Estimated at 15% of sales.
5. Estimated at 1% of sales. Unlike the manufacturer-wholesaler, who has an interest expense associated with production investments, the retailer has only a negligible interest expense associated with the merchandising of maquiladora output.

SOURCE: Table 2207.

Table 2209

SENSITIVITY TEST OF THE RELATIONSHIP BETWEEN MANUFACTURING COST AND RETAIL PRICE,[1] 1980–86

Category	1980	1981	1982	1983	1984	1985	1986
Total Mexico value added (B US)	.8	1.0	.9	.8	1.2	1.3	1.3
Total Mexico export value (B US)	2.5	3.2	2.8	3.6	4.9	5.1	5.6
Cost of Goods Sold (B US)	3.2	4.0	3.4	4.3	5.8	6.1	6.6
Retail sales revenue (B US)	11.8	15.0	12.9	16.0	21.9	22.9	24.6
Ratios (in relation to retail price)							
Retail sales/Manufacturing cost	3.7	3.7	3.7	3.7	3.7	3.7	3.7
Retail sales/Mexico export value	4.7	4.7	4.6	4.4	4.5	4.5	4.4
Retail sales/Mexico value added	15.3	15.4	15.2	19.6	19.0	18.1	19.0

1. Retail price should be between 3 and 4 times manufacturing cost.

SOURCE: Tables 2202 and 2208.

Table 2210

U.S. FEDERAL AND STATE TAXES COLLECTED FROM MAQUILA OPERATIONS,[1] 1980–86

(B US)

Category	1980	1981	1982	1983	1984	1985	1986
TAXES FROM WHOLESALERS							
Corporate							
Federal (at 35%)	.762	.973	.820	.952	1.325	1.398	1.459
State (at 6%)	.131	.167	.141	.163	.227	.240	.250
Total wholesaler taxes	.893	1.140	.961	1.116	1.552	1.637	1.709
TAXES FROM RETAILERS							
Corporate							
Federal (at 35%)	1.405	1.785	1.536	1.909	2.607	2.724	2.926
State (at 6%)	.241	.306	.263	.327	.447	.467	.502
Total retailer taxes	1.646	2.091	1.800	2.236	3.054	3.191	3.428
State sales taxes (at 6%)	.708	.900	.775	.963	1.315	1.373	1.475
Total corporate and sales taxes	3.247	4.130	3.535	4.314	5.921	6.201	6.612
TOTAL TAXES COLLECTED							
By U.S. government							
Wholesalers	.762	.973	.820	.952	1.325	1.398	1.459
Retailers	1.405	1.785	1.536	1.909	2.607	2.724	2.926
Customs duties	.036	.046	.040	.038	.054	.060	.061
Subtotal	2.203	2.804	2.397	2.900	3.987	4.181	4.446
By states							
Wholesalers	.131	.167	.141	.163	.227	.240	.250
Retailers	.241	.306	.263	.327	.447	.467	.502
Retailers	.708	.900	.775	.963	1.315	1.373	1.475
Sales tax	1.080	1.373	1.179	1.453	1.989	2.080	2.227
Subtotal							
TOTAL FEDERAL AND STATE TAXES[2]	3.283	4.176	3.575	4.353	5.976	6.261	6.673

1. Excludes corporate taxes paid by U.S. maquiladora suppliers.
2. Given the methodology, which is to estimate total sales as a function of an assumed average gross margin (across diverse industries), the estimate of taxes collected also depends on the gross margin selected. The figures in this table reflect a 45% gross margin factor.

SOURCE: Tables 2207 and 2208.

Retailer Income Statement.—The same argument applied to the commercial operations of the retailer shows that the product sold retail for $24.92, on which the retailer paid taxes of $3.21 (Table 2208). Corporate taxes on wholesaler and retailer income from the sale and resale of the $5.65 product came to $4.94.

The final retail price in 1986 was a normal 3.7 times the manufacturing cost, but a surprising nineteen times the Mexican value added (Table 2209).

Taxes Paid on the Commercialization of Maquiladora Output.—The total of federal and state taxes on corporate income, state sales taxes, and federal custom duties shows that in 1986 $6.67 was paid in U.S. taxes on the product exported for $5.65 (Table 2210). That is, for every $1.00 of Mexican export value, $1.18 was paid toward funding U.S. social costs.[16]

---

[16] Ellen Cook (University of San Diego) pointed out to me that Mexico's contribution to U.S. tax revenues should be understood in marginal terms; that is, some production (and hence tax revenue) would have taken place without the existence of the maquiladoras. What, then, is the incremental production (hence incremental tax revenue) attributable to operations in Mexico?

We can now reason in three ways about what percentage of the $6.67 in U.S. taxes corresponds to Mexican inputs: (1) Since Mexico's value added of $1.30 (Table 2201) represents 19.8 percent of the total cost of goods sold ($6.57) (Table 2202), Mexico should be credited with that percent of $6.67, or $1.32; (2) Mexico's value added of $1.30 is only 10.9 percent of the wholesaler's price of $11.94 (Table 2207), which suggests that, using that rate, Mexico's credit for having generated U.S. taxes in 1986 should be $0.73; and (3) Based on what maquiladora trade association representatives say about the economics of their industry—that without the maquiladora option most of the product lines would have to be discontinued—, Mexico should get a much higher credit for generating U.S. taxes than is suggested by either of the first two ways. I suggest that Mexico receive credit for 50 percent of U.S. tax revenues associated with maquiladora output, or, in 1986, $3.34.

Mexican inputs in 1986 contributed somewhere between $726 million and $3.34 billion of tax revenues to U.S. federal and state governments.[17] The Mexican government could propose, as part of the annual quid pro quo policy trade between Mexico City and Washington, that the U.S. government establish a trust account earmarked for border environmental cleanup and infrastructure development to be funded at the highest of the three estimated levels of Mexico's contribution to U.S. federal and state taxes. At the $3.34 billion annual funding level, and if Mexico were to be held responsible for the full $9 billion, the total amount (with compounding) could be funded in three years.[18]

Conclusion

It has been shown here that $9 billion for border environmental cleanup (an illustrative proxy for all social costs associated with the maquila industry) could be funded by three of the four options discussed. The only way it cannot be funded is through the current mechanism.

The bulk of the substantial amount of the U.S. taxes presently being collected goes either to Washington, D.C. (as federal taxes) or to the Rust Belt, home of most of the U.S. maquila parents (as state taxes). Based on reports of maquila operators, Mexican taxes do not, except in theory, support housing programs on the border. What is reasonably certain, therefore, is that the maquila industry, under its present fiscal constitution in U.S. and Mexican tax law, is not a viable way to fund the social costs of the border region.

---

[17] Assuming a 10 percent annual interest rate compounded monthly.

[18] The proposed tax of 2 percent on maquiladora inventories is intuitively counterproductive: suppose Mexico invests in education to make workers more efficient. The result will be better just-in-time inventory management and a corresponding lower inventory level and tax base.

Guide to Background Reading and Quantitative Studies

This selected bibliography of works on the U.S.-Mexican border focuses on historical studies and studies that utilize time-series quantitative data. Works that are representative of the literature and that are readily available in research libraries are emphasized. The preponderance of studies in English in the selection reflects the great number of books published in the United States on the border region.

Reference

Stoddard, Ellwyn, R. *A Bibliographical Resource Guide: Ancient and Modern Cultures of Northern Mexico and the Greater Southwest*. El Paso: University of Texas at El Paso, 1981.

Stoddard, Ellwyn R., Richard L. Nostrand, and Jonathan P. West. *The Borderlands Sourcebook: A Guide to Literature on Northern Mexico and the American Southwest*. Norman: University of Oklahoma Press, 1983.

Valk, Barbara G. *Borderline: A Bibliography of the United States–Mexico Borderlands*. Los Angeles: UCLA Latin American Center Publications, 1988.

General

Flores Caballero, Romeo R. *Evolución de la Frontera Norte*. Monterrey: Centro de Investigaciones Económicas, 1982.

Gibson, Lay J., and Alfonso Corona Rentería, eds. *The U.S. and Mexico: Borderland Development and the National Economies*. Boulder and London: Westview Press, 1985.

Hall, Douglas Kent. *The Border: Life on the Line*. New York: Abbeville Press, 1988.

Langley, Lester D. *MexAmerica: Two Countries, One Future*. New York: Crown, 1988.

Martínez, Oscar. *Troublesome Border*. Tucson: University of Arizona Press, 1988.

Miranda, Mario, and James W. Wilkie. *Reglas del juego y juego sin reglas en la vida fronteriza—Rules of the Game and Games without Rules in Border Life*. México, D.F.: ANUIES/PROFMEX, 1985.

Piñera Ramírez, David, coordinator. *Visión histórica de la frontera norte de México*. N.p. [Mexicali]: Universidad Autónoma de Baja California, 1987.

Rosenthal-Urey, Ina, ed. *Regional Impacts of U.S.–Mexican Relations*. San Diego: Center for U.S.–Mexican Studies, 1986.

Ross, Stanley R., ed. *Views Across the Border: The United States and Mexico*. Albuquerque: University of New Mexico Press, 1978.

Weber, David J., ed. *Foreigners in Their Native Land: Historical Roots of the Mexican Americans*. Albuquerque: University of New Mexico Press, 1973.

Life on the Border

Abalos, David T. *Latinos in the United States: The Sacred and the Political*. Notre Dame: University of Notre Dame Press, 1986.

Acuña, Rodolfo. *Occupied America: A History of Chicanos*. New York: Harper and Row, 1981.

Beegle, J. Allan, Harold F. Goldsmith, and Charles P. Loomis. "Demographic Characteristics of the United States–Mexican Border." *Rural Sociology*, 25, no. 1 (March 1980), 107–162.

Elasser, Nan. *Las Mujeres: Conversations from a Hispanic Community*. New York: McGraw-Hill, 1981.

Fernández Kelly, María Patricia. *For We Are Sold, I and My People: Women in Mexico's Frontier*. Albany: State University of New York Press, 1983.

García, Mario T. *Desert Immigrants: The Mexicans of El Paso, 1880–1920*. New Haven: Yale University Press, 1981.

Goodall, Leonard E. *Urban Politics in the Southwest*. Tempe: Arizona State University, 1967.

Grebler, Leo. *The Mexican American People: The Nation's Second Largest Minority*. New York: Free Press, 1970.

Greenberg, Bradley S. et al. *Mexican Americans and the Mass Media*. Norwood, NJ: Ablex, 1983.

Hundley, Norris, ed. *The Chicano: Essays*. Santa Barbara: Clio Books, 1975.

Jaffe, Abram J. *The Changing Demography of Spanish Americans*. New York: Academic Press, 1980.

McWilliams, Carey. *North from Mexico: The Spanish Speaking People of the United States*. New York: Monthly Review Press, 1961.

Nicholl, Larry. *Quality Education for Mexican Americans and Minorities: Sí, Se Puede!: Yes, It Can Be Done!* Lanham, MD: University Press of America, 1980.

Work and Migration

Arizpe, Lourdes. "The Rural Exodus in Mexico and Mexican Migration to the U.S." *International Migration Review* 15 (Winter 1981), 629–633.

Briggs, Vernon M. *The Chicano Worker*. Austin: University of Texas Press, 1977.

Brown, Peter G., and Henry Shue. *The Border That Joins: Mexican Migrants and U.S. Responsibility*. Totowa, NJ: Rowman and Littlefield, 1983.

Bustamante, Jorge. "Facts and Perceptions of Undocumented Immigration from Mexico." In Barry W. Poulson and T. Noel Osborn, eds., *U.S.–Mexico Economic Relations*. Boulder: Westview Press, 1979.

Cardoso, Lawrence A. *Mexican Emigration to the United States, 1897–1931*. Tucson: University of Arizona Press, 1980.

Cockcroft, James D. *Outlaws in the Promised Land: Mexican Immigrant Workers and America's Future*. New York: Grove Press, 1986.

Cornelius, Wayne. *Mexican Immigrants and Southern California: A Summary of Current Knowledge*. San Diego: Center for U.S.-Mexican Studies/UCSD, 1982.

Corwin, Arthur F., ed. *Immigrants—and Immigrants: Perspectives on Mexican Labor Migration to the United States*. Westport: Greenwood Press, 1978.

Craig, Richard B. *The Bracero Program: Interest Groups and Foreign Policy*. Austin: University of Texas Press, 1970.

Cross, Harry E., and James Sanders. *Across the Border: Rural Development in Mexico and Recent Migration to the United States*. Berkeley and Los Angeles: University of California Press, 1981.

Fogel, Walter A. *Mexican Americans in Southwest Labor Markets*. Los Angeles: Mexican American Study Project, University of California, 1967.

———. *Mexican Illegal Alien Workers in the United States*. Los Angeles: Institute of Industrial Relations, University of California, 1978.

Gómez-Quiñones, Juan, and David Maciel. *Historia de la clase obrera en México: Al norte del Río Bravo (Pasado Lejano, 1600–1930)*. México, D.F.: Siglo XXI, 1981.

Herrera-Sobek, María. *The Bracero Experience: Elitelore versus Folklore*. Los Angeles: UCLA Latin American Center Publications, 1979.

Jenkins, Craig J. "Push-Pull in Recent Migration to the U.S." *International Migration Review* 11:2 (Summer 1977), 178–189.

Kiser, George C., and Martha Woody Kiser, eds. *Mexican Workers in the United States: Historical and Political Perspectives*. Albuquerque: University of New Mexico Press, 1979.

Maciel, David. *Historia de la clase obrera en México: Al norte del Río Bravo (Pasado Inmediato, 1930–1981)*. México, D.F.: Siglo XXI, 1981.

Morales, Patricia. *Indocumentados mexicanos*. México, D.F.: Grijalbo, 1982.

Muller, Thomas. *The Fourth Wave: California's Newest Immigrants*. Washington, DC: Urban Institute Press, 1985.

North, David S. *The Characteristics and Role of Illegal Aliens in the U.S. Labor Market: An Exploratory Study*. Washington, DC: Linton and Co., 1976.

Samora, Julian. *Los Mojados: The Wetback Story*. Notre Dame: University of Notre Dame Press, 1971.

Stoddard, Ellwyn, "A Conceptual Analysis of the 'Alien Invasion': Institutionalized Support of Illegal Aliens in the U.S." *International Migration Review* 10:2 (Summer 1976), 157–189.

Verea, Mónica. *Entre México y Estados Unidos: Los indocumentados*. México, D.F.: Ediciones El Caballito, 1982.

The Border Economy

Baerresen, Donald. *The Border Industrialization Program of Mexico*. Lexington, MA: Lexington Books, 1971.

Borjas, George J., and Marta Tienda, eds. *Hispanics in the U.S. Economy*. Orlando, FL: Academic Press, 1985.

Dethloff, Henry C., and Irvin M. May, Jr. *Southwestern Agriculture, Pre-Columbian to Modern*. College Station: Texas A&M University Press, 1982.

Grunwald, Joseph, and Kenneth Flamm. *The Global Factory: Foreign Assembly in International Trade*. Washington, DC: The Brookings Institution, 1985.

Hansen, Niles. *The Border Economy: Regional Development in the Southwest*. Austin: University of Texas Press, 1981.

Levy Oved, Albert. *Las maquiladoras en México*. México, D.F.: CONAFE, 1983.

Machado, Manuel A. *The North Mexican Cattle Industry, 1910–1975: Ideology, Conflict, and Change*. College Station: Texas A&M Press, 1981.

Mares, David R. "Agricultural Trade: Domestic Interests and International Relations." In Jorge I. Domínguez, ed. *Mexico's Political Economy: Challenges at Home and Abroad*. Beverly Hills: Sage Press, 1982.

Selligson, Mitchell, and Edward J. Williams. *Maquiladoras and Migration: Workers in the Mexico–United States Border Industrialization Program*. Austin: University of Texas Press, 1981.

Sklair, Leslie. *Assembling for Development: The Maquila Industry in Mexico and the United States*. Boston and London: Unwin Hymar, 1989.

Stoddard, Ellwyn R. *Maquila: Assembly Plants in Northern Mexico*. El Paso: Texas Western Press, 1987.

Border Regions and Border Cities

Arthur Young and Company. *An Economic and Demographic Study of U.S. Border Cities*. Washington, DC: National Technical Information Service, 1978.

Eaton, David J., and John Michael Andersen. *The State of the Rio Grande/Río Bravo*. Tucson: University of Arizona Press, 1988.

Martínez, Oscar. *Border Boomtown: Ciudad Juárez since 1848*. Austin: University of Texas Press, 1978.

Price, John A. *Tijuana: Urbanization in a Border Culture*. Notre Dame: University of Notre Dame Press, 1973.

Proffitt, Thurber D. "The Symbiotic Frontier: The Emergence of Tijuana Since 1769." Ph.D. dissertation, University of California, Los Angeles, 1988.

Contributors

George Baker received his Ph.D. in history from Duke University in 1970. From 1987 to 1989 he was associate professor at the Center for Latin American Studies at New Mexico State University, where he was also executive secretary of the Consortium of U.S. Research Programs for Mexico (PROFMEX). He resides in Berkeley, California.

Jeffrey Bortz teaches Latin American history at Appalachian State University. He lived in Mexico City for eleven years, where he published *La estructura de los salarios en México* (UAM, 1985), *El salario en México* (El Caballito, 1986), and *Los salarios industriales en la Ciudad de México* (Fondo de Cultura Económica, 1988). He is currently writing a book on industry and labor in postwar Mexico.

Paul Ganster is Director of the Institute for Regional Studies of the Californias at San Diego State University. His degrees include a B.A. from Yale University, an M.A. from the University of California, Riverside, and a Ph.D. in Latin American history from UCLA. He has taught at Utah State University, the Universidad de las Américas in Puebla, Mexico, and the Universidad de Costa Rica. Ganster's recent research has focused on U.S.–Mexican relations, policy questions of the U.S.–Mexican border region, border environmental issues, and the border and U.S. security.

David E. Lorey received his B.A. from Wesleyan University and his M.A. and Ph.D. in history from UCLA. Currently, he is Coordinator of the UCLA Program on Mexico. He has taught Mexican and Latin American history at Pomona College and UCLA in the United States and at the Universidad de las Américas in Puebla, Mexico. He is presently completing a study of twentieth-century Mexico titled "Economic Development and the University System in Mexico since 1929."

Alan Sweedler is professor of physics, Director of the Center for Energy Studies, and Codirector of the Institute for International Security and Conflict Resolution at San Diego State University. He has served as an energy advisor to UNESCO for energy policy and planning in Brazil and has worked on energy and development issues in Mexico. He is presently working on conventional arms control in Europe and broadening the concept of national security to include energy and environmental concerns.

Index

Abstention, voter, 510, 511
Agrarian reform, 1105
Agricultural production, 1109, 1110, 1112, 1114
Aid, federal, 309, 1906
Airlines: commerical, 608; international, 1803, 1804
Airports, 607
Aliens, 900–903, 909; apprehended, 913, 917–919; deportable, 912, 914, 915, 917, 1013; deported, 913, 916; illegal, 724–726, 816; naturalization of, 1017, 1018
Alien Address Program, 1015
Archdiocese, Los Angeles, 506, 507
Arrivals, passenger, 1803, 1804
Automobile industry: employment in, 1423; restructuring of, 1424

Banks: commercial, 1910, 2013; foreign subsidiaries of, 1912; resources of, 1908, 1909, 1912; Texas, 1911
Barite, production of, 1302
Beans, production of, 1115, 1116
Birth, country of, 118, 1003, 1016
Births: 200–202; by residence of parents, 1024
Blacks, income of, 809
Boarding establishments (Mexico), 1805
Border crossings, 900–905, 2001, 2002
Border Patrol, 910, 911, 914–919, 2001, 2002
Braceros, 920, 921
Buses, 603
Butter, manufacture of, 1411

Catholics, population of, 501, 503
Cattle, 1200, 1201
Cheese, manufacture of, 1411
Chinese, population of, 127
Christians (U.S.), population of, 505
Citizens, entries of, 900, 902, 909
Citizenship, 1003
City, twin, 110, 111
Class, occupational, 720, 722
Clothing, external, 1408, 1409
Coal, production of, 1315
Commerce. *See* Trade
Commuters, 720, 906–908, 1004
Composite Price Index, 2100
Construction: contracts for, 1421; cost index for, 308. *See also* Housing; Housing and Urban Development
Consumer Price Index, 802, 817, 818, 2101–2103
Consumption, imports for, 1711–1713
Copper, production of, 1303, 1304
Corn, production of, 1117, 1118
Corporations (Mexico), 1914
Cotton, production of, 1119, 1120
Cream, manufacture of, 1411
Credit, allocation of, 1907
Crops, 1109–1112, 1114
Customs district, 1708–1713

Dairy, 1203, 1411
Death, principal causes of, 315–320
Deaths, 203–205
Debt, 2013
Deportation. *See* Aliens
Deposits, commercial bank, 1910
Disease: enteric, 321, 323; in-patients by, 322
Divorces, 207
Drainage, housing with, 305, 306
Drugs, seizures of, 1722–1724
Drug trafficking, campaign against, 1719–1721

Earnings. *See* Wage
Economic sector: economically active population by, 701, 704, 706, 707, 709, 710, 712; employment by, 702, 703; gross product by, 1600, 1605, 1606; income by, 806
Education: enrollment in higher, 417, 418, 421; expenditure on, 419, 420; level of, by immigrant status, 1007. *See also* Schools
Ejido, 1103
Elections: California, 514; congressional, 513; gubernatorial, 512; presidential, 509, 513. *See also* Voter
Electricity, 1417, 1418
Employers (U.S.): of illegal aliens, 724, 725
Employment, 702, 705, 708, 714, 1503–1508; in agriculture, 713; in automobile industry, 1423; estimates of, 703; in government, 705; growth of, 713; Hispanic, 719
English, proficiency in, 1008
Entries. *See* Border crossings
Ethnicity, 119, 422, 423, 723, 808–811, 2004
Exchange rate, 2009
Expenditure (Mexico): on education, 419; on irrigation, 1101; by state, 1902, 1903; on tourism, 1810, 1811
Exports, 1706, 1708–1710; of maquiladoras, 1512; (U.S.) to Mexico, 2007

Farms, 1102; population on, 106
Fertilizer, sale of, 1108
Films, national origin of, 612
Finances, municipal, 1905
Fisheries, production of, 1218, 1219
FONATUR, 1814
Fondo de Garantía y Fomento, 1428
Food industry (Mexico), 1410
Forage (U.S.), 1217
Forestry production, 1220, 1221

Gas, natural: production of, 1318, 1319, 1321, 1322
Gasoline stations (Mexico), 605
Gold, production of, 1306, 1307
Grasses, natural and cultivated, 1216
Green cards, commuters with, 906, 907
Gross product (Mexico), 1402–1404, 1600–1606
Gross revenue (Mexico), 1900, 1901

Hay (U.S.), 1217
Hispanics. See Population, Mexican-origin
Hogs, 1208, 1209
Horses, 1204, 1205
Hospitals, 310, 311, 313
Hotels, 304; occupancy of, 1806, 1807
Housing: construction, 308; occupied, 300–305; public investment in, 307
Housing and Urban Development, 309

Immigrants: admitted, 1004, 1010; distribution of, 1011
Immigration: legal, 1000; Mexican, 1001; status, 1005–1009, 1020; U.S., 1002
Imports, 1707, 1711–1714; maquiladora, 1512
Impoverishment. See Poverty
Income: household, 803, 808–810; levels of, 811; median, 809; monthly, 803; municipal, 1904; per capita, 2010; personal, 804–808; Texas, 811; U.S., 810
Index: composite price, 2100; consumer price, 817, 818, 2101–2013; cost, 308; minimum wage, 802
Industry: automobile, 1423, 1424; characteristics of, 1406, 1407; classification of, 1009; employment in, 713, 1423; food and beverage, 1410; gross product of, 1402, 1403; manufacturing, 1405; small, 1428
Infants, deaths of, 204, 205
In-patients, 322
Investment: (Mexico) in industrial sector, 1427; in tourism, 1813; (U.S.) in Mexico, 1913
Iron, production of, 1308, 1309
Irrigation, expenditure on, 1101

Jews (U.S.), 504, 505
Juárez, population of, 112

Labor: civilian, 719; Los Angeles County, 721–723; organization of, 734
Labor market, 733
Lambs, 1212
Land: cultivated, 1111; distribution of, 1104, 1105; ejido, 1103; farm, 1102; harvested, 1113; irrigated, 1100; loss of surface, 1106, 1107
Language, Indian, 128
Laredo, wage structure of, 812
Lead, production of, 1310
Livestock: cattle, 1200–1202; dairy, 1203; goats and sheep, 1210–1212; hogs and pigs, 1208, 1209; horses and mules, 1204–1207; poultry, 1213, 1214
Los Angeles: occupational distribution in, 723; priests in, 507; wages in, 814, 815

Manganese, production of, 1311
Manufacturing: employees and value added in, 1400, 1401; gross product of, 1403, 1404; payroll of, 705, 735, 813
Maquiladoras, 1500–1502; in Coahuila, 1508; COGS (cost of goods sold), 2202, 2203; employment in, 715, 1500, 1507, 1508; exports of, 1512; growth of, 1513, 2011; imports of, 1512; inputs of, 1509, 1510; operations of, 2201, 2210; output of, 2207, 2208; parent companies of, 2202; U.S.-side costs of, 2204–2206; value added in, 1509, 1510; wages in, 1503, 1504, 2200
Metal, production of, 1300, 1301
Migration: undocumented, 1021, 1022; internal, 1023
Milk: consumption of, 208; pasteurization of, 1412
Minimum wage, 800–802, 2104–2107
Mining: coal, 1316; copper ore, 1304; gold, 1307; iron ore, 1309; silver, 1307
Mules, 1206, 1207
Municipality: causes of death by, 316; population of, 107, 108, 110, 120

Narcotics. See Drugs
Natural gas, production of, 1318, 1319, 1321, 1322

Naucalpan, minimum wage in, 2104, 2105
Nonimmigrants, 1016

Occupation: distribution of, by surname, 711
Oil, crude, 1318, 1319, 2000. See also Petroleum
Oranges, production of, 1121
Otay Mesa, border crossing at, 2001

Paper, production of, 1413
Parks, industrial, 1422
Passengers: airline, 608; arrival of, 1803, 1804; bus, 603
Personnel, health, 314
Petroleum, production of, 1317, 1320–1322
Pharmaceuticals, production of, 1414
Phoenix, illegal alien workers in, 816
Pigs, 1208, 1209
Population: alien, 1014; of California, 123, 124; change, 108, 111, 2005; characteristics of (U.S.), 118; Chinese, in Mexico, 127; of Ciudad Juárez, 112; density, 102; economically active, 700, 701, 704, 706, 707, 709, 710, 712; ethnicity of, 119; farm, 106; foreign-born, 113–115, 118, 120–125, 1003; of Los Angeles, 125; Mexican-origin, 120–122, 124, 202, 209, 211, 719, 721, 732, 808, 809, 1005–1009; by municipality, 107, 108, 110, 120; projections, 103; rural, 100; Spanish-origin, 121; by state, 100, 101; Texas, 109; twin city, 110, 111; urban, 104, 105, 116, 117; of U.S. residents in Mexico, 126
Post offices, 611
Poultry, 1213, 1214
Poverty, 209–211
Power, electric, 1419, 1420
Price Index: composite, 2100; consumer, 802, 817, 818, 2101–2103
Priests, 506, 507
Primary sector, production of, 1607
Production: agricultural, 1109, 1110, 1112, 1114; barite, 1302; bean, 1116; clothing, 1408, 1409; coal, 1315; copper, 1303, 1304; corn, 1117, 1118; cotton, 1119, 1120; crude oil, 1318, 1319; crude petroleum, 1321, 1322; dairy, 1203; fisheries, 1218, 1219; forestry, 1220, 1221; iron ore, 1308; lead, 1310; metal, 1300, 1301; orange, 1121; natural gas, 1318, 1319, 1321, 1322; paper, 1413; petroleum, 1317, 1320–1322; pharmaceuticals, 1414, 1415; tomato, 1122–1125; vegetable, 1126; wheat, 1127, 1128
Productivity, 1425, 1426

Race, 2004
Radios, homes with, 613
Railroads, length of, 606
Religion, 500, 502
Residence, state of, 1014
Residents (U.S.), in Mexico, 126
Revenue: gross state, 1900, 1901; state, 1903
Roads, length of, 601

Salaries, 414, 1503, 1504
San Diego, 1717, 1718; Consumer Price Index of, 818, 2103; economic impact of, 1717, 1718
San Ysidro, border crossings at, 904, 2001
Schools: enrollment in, 402, 403, 409–411, 417, 418, 421–423; primary, 400–406, 411, 414; public, 401, 403, 405, 408, 410, 413, 421–423; secondary, 407–416, 421, 423
Schooling: years completed, 425, 426
Sheep, 1211, 1212
Shipments, value of, 1405
Shipping, 1700
Silver: mining, 1307; production, 1312
Smugglers, alien, 918
Steel, 1416
Strikes, 1514
Students, movement of, in school, 406, 415
Suicides, 324

Taxation, 2200, 2210
Teachers: primary school, 404, 405; salary of, 414; secondary school, 412, 413
Telephones, 609, 610
Televisions, homes with, 613
Tijuana: economically active population in, 712; impact of sales in, 1717, 1718; minimum wage in, 2104, 2105, 2107
Tomatoes, 1124, 1125
Tonnage, shipping, 1700
Tourism: federal investment in, 1813; Mexican, 1810, 1811; in current account, 1811
Tourists, 1800–1802
Trade: balance of, 1512, 1715; employment in, 713, 716; merchandise, 2006; Mexico–U.S., 1701–1703, 2008
Transactions, border, 1704, 1705, 1810
Travel, receipts from foreign, 1812
Trucks, 604
Twin cities: growth of, 2003; population of, 110, 111

Underemployment, 728, 729, 733
Undocumenteds, estimate of, 1019
Unemployment (Mexico), 727, 730; (U.S.), 719, 731–733, 906
Unions, membership of, 734
Universities, enrollment in, 422

Value added, 1400, 1401, 1405, 1500, 1501, 1509, 1510
Vegetables, production of, 1126
Vehicles, registered, 601, 602
Visitors (U.S.), to Mexican border zones, 1808, 1809; (Mexican) to U.S., 2012
Voter: abstention, 510, 511; preferences, 508, 509

Wage, 1500; change in, 815; comparisons, 814; hourly, 813; of illegal aliens, 816; minimum, 800–802, 2104–2107; structure, 812
Water: federal expenditure on, 1101; piped, 305; potable, 306
Wheat, production of, 1127, 1128
Workers: agricultural, 714; experience of, 722; Hispanic-origin, 732; illegal alien, 724–726; immigrant, 1020; Mexican, 717–721; production of, 735, 813; undocumented, 718

Symbols, Abbreviations, and Sources

Symbols

~	Data not available in source	‡	Preliminary, provisional, or unofficial
#	Zero or negligible (less than half of unit employed)	†	Estimate by or in source
--	Source does not specify whether data are recorded separately, not applicable, zero, or negligible	**	Data not applicable

Abbreviations

B	billion	Me^3	cubic meter
C	comparison with border region and/or nation. *See also* S.	MET	metric ton
		Mw	megawatt
CPI	consumer price index	N	number
cwt	hundredweight	NC	national currency
GNP	gross national product	P	per
H	hundred	PC	percent change
Ha	hectare	PTI	per thousand inhabitants
I	inhabitant	S	states; example: 10 SC = Data on all ten U.S. and Mexican border states and comparison with border-region data and/or national-level data
km	kilometer		
kw	kilowatt		
M	million		

Sources

AE	INEGI, *Anuario Estadístico de los Estados Unidos Mexicanos*. Mexico.
AEE	INEGI, *Anuario de Estadísticas Estatales*. Mexico.
AEPM	Dirección General de Estadística, *Anuario Estadístico de Producción Minera*. Mexico, D.F.
ANUIES	Asociación Nacional de Universidades e Institutos de Enseñanza Superior.
ANUIES-AE	*Anuario Estadístico*. Mexico.
AS	United States Department of Agriculture, *Agricultural Statistics*. Washington, D.C.
BANAMEX	Banco Nacional de México
BM-MSD	Banco Nacional de México, *Mexico Statistical Data*. Mexico.
CA	U.S. Department of Commerce, Bureau of the Census, *Census of Agriculture*. Washington, D.C.
CEPAL	Comisión Económica para América Latina y el Caribe
CGP	Dirección General de Estadística, *Censo General de Población*. Mexico.
CGP-RG	*Censo General de Población. Resumen General*. Mexico.
CGPV-RG	Secretaría de Programación y Presupuesto, Coordinación General de los Servicios Nacionales de Estadística, Geografía e Informática, *Censo General de Población y Vivienda. Resumen General*. Mexico.
CH	U.S. Department of Commerce, Bureau of the Census, *Census of Housing*. Washington, D.C.